La memoria y la vida

La memoria y la vida

Somos lo que recordamos

JOSÉ MARÍA RUIZ-VARGAS

Papel certificado por el Forest Stewardship Council®

Primera edición: junio de 2023
Cuarta reimpresión: octubre de 2025

© 2023, José María Ruiz-Vargas
© 2023, Penguin Random House Grupo Editorial, S. A. U.
Travessera de Gràcia, 47-49. 08021 Barcelona

Penguin Random House Grupo Editorial apoya la protección de la propiedad intelectual. La propiedad intelectual estimula la creatividad, defiende la diversidad en el ámbito de las ideas y el conocimiento, promueve la libre expresión y favorece una cultura viva. Gracias por comprar una edición autorizada de este libro y por respetar las leyes de propiedad intelectual al no reproducir ni distribuir ninguna parte de esta obra por ningún medio sin permiso. Al hacerlo está respaldando a los autores y permitiendo que PRHGE continúe publicando libros para todos los lectores. Ninguna parte de este libro puede ser utilizada o reproducida con el propósito de entrenar tecnologías o sistemas de inteligencia artificial. PRHGE se reserva expresamente la reproducción, la extracción y el uso de esta obra y de cualquiera de sus elementos para fines de minería de textos y datos y el uso a medios de lectura mecánica u otros medios que resulten adecuados (art. 67.3 del Real Decreto Ley 24/2021). Diríjase a CEDRO (Centro Español de Derechos Reprográficos, http://www.cedro.org) si necesita reproducir algún fragmento de esta obra.
En caso de necesidad, contacte con: seguridadproductos@penguinrandomhouse.com

Printed in Spain – Impreso en España

ISBN: 978-84-19399-72-4
Depósito legal: B-5.845-2023

Compuesto en Pleca Digital, S. L. U.
Impreso en Liberdúplex
Sant Llorenç d'Hortons (Barcelona)

C 3 9 9 7 2 A

A Mercedes, Carolina y Daniel

Índice

Prólogo..................................... 17

I. La memoria...

1. **Introducción. El delicado equilibrio de tu memoria** . 25
   El río de la vida 25
   A la búsqueda de la memoria.................... 30
   ¿Por qué y para qué tenemos memoria?............ 37
   No existe una sino muchas memorias............. 39
   El delicado equilibrio de la memoria 46
   Pero ¿cómo puede ser fiable algo tan cambiante?...... 48
   La vida se fragua en la factoría de la memoria 50
   Memoria e identidad: eres tu memoria............. 51

2. **Viaje a la fábrica de los recuerdos**............... 55
   La factoría del pasado personal................... 55
   Una distinción necesaria: memoria episódica
   y memoria autobiográfica..................... 59
   El conocimiento autobiográfico.................. 63
   ¿Qué aporta la memoria episódica a la memoria
   autobiográfica?............................ 67
   Detalles, montañas de detalles de todo tipo 68
   Cuando recordamos, vemos el pasado 69
   Mirando al pasado desde diferentes perspectivas....... 71

Lo que estoy recordando me sucedió a mí 77
Una cosa son los «recuerdos» y otra los «hechos»
autobiográficos. 80
¿Cómo se construyen los recuerdos? 82
   Construyendo un recuerdo voluntariamente 84
   Pero ¿por qué me acuerdo de esto ahora? 87
¿Qué papel cumple la memoria autobiográfica
en nuestras vidas? 90
   La memoria define, fortalece y protege el yo 90
   La función social de la memoria 92
   La función directiva de la memoria. 102

3. **¿Quiénes somos?**. 107
Sin memoria no eres nada, sin memoria
no eres nadie 107
Memoria e identidad 110
Yo, *self* y memoria: creación y mantenimiento
de la identidad personal. 114
   Desarrollo del yo y emergencia de la memoria
   autobiográfica 116
¿Cómo se estructura y organiza la especial relación
entre la memoria y el yo? 120
   Contribuciones de la memoria autobiográfica 121
   Un yo controlador en busca de coherencia. 130
La identidad personal a través del tiempo o cómo
el yo construye y reconstruye el pasado. 134
   Valoración temporal del propio yo 136
   Distancia subjetiva de los éxitos y los fracasos
   de nuestro pasado. 137
Pero ¿y la verdad?, ¿qué hacemos con la verdad? 138
Identidad narrativa: las historias de vida 143
Los recuerdos que nos definen. 148

II. ...Y LA VIDA

4. Atrapando la fugacidad de la vida............... 159
   La vida no espera............................ 159
   Una vida sin recuerdos........................ 166
   Pero ¿qué es el pasado y dónde está?............. 170
   El laberinto del tiempo........................ 181
   El pasado, una realidad incomprendida............ 188
   ...Y la luz se hizo........................... 191

5. El pasado nunca pasa......................... 199
   Somos pasado................................ 199
   De vivencias cotidianas....................... 201
   De las experiencias cotidianas a las situaciones
      dramáticas............................... 203
   La experiencia del trauma: cuando el horror anida
      en la memoria, el pasado es tu enemigo......... 209
   Atrapados en un pasado aterrador................ 216
      *El trastorno de estrés postraumático y la memoria
      autobiográfica*........................... 218
      *El carácter intruso de un pasado lleno de miedo
      e indefensión*............................ 221
      Flashbacks o el regreso al infierno........... 223
   El pasado nos alcanza por diferentes caminos:
      el cuerpo recuerda......................... 226

6. En busca del tiempo vivido.................... 231
   El pasado aguarda............................ 231
   Recordar, la necesidad de recordar............... 235
   Pero ¡el pasado se aleja!...................... 238
   Recordar es siempre una lucha contra
      el paso del tiempo......................... 239
      El estudio pionero........................ 241
      El procurador de Judea: un homenaje al olvido..... 242
      *¿Por qué el tiempo se nos antoja enemigo
      de la memoria?*........................... 245

ÍNDICE

    Lo que no se usa se debilita, pero no se pierde........ 247
    La emoción, el gran aliado de la memoria.......... 252
        ¿Cómo afecta la emoción a la memoria?.......... 252
        Tenemos más recuerdos emocionales
           que recuerdos neutros...................... 253
        Recuerdos vívidos y rebosantes de detalles:
           los recuerdos fotográficos................... 256
        ¿Dónde estaba usted cuando se enteró de...?........ 257
        Algunos estudios sobre recuerdos fotográficos......... 257
    A la búsqueda del tiempo vivido: la curva de
        recuperación del ciclo de la vida............... 262
    Lo que recordamos son historias................ 266
        Aprendiendo a contar historias................ 268
    Los caminos del recuerdo son... enigmáticos......... 269
        Modo recuperación........................ 271
        Las claves de recuperación: el «dedo» que pulsa «on» ... 274
    No es voluntario todo lo que recuerdas............ 283
    ¿Qué guarda la memoria de todo lo vivido?......... 286

7.   Paraísos perdidos.......................... 293
    Somos nuestra infancia....................... 293
    Descubriendo el mundo...................... 294
    Memoria del paraíso........................ 296
    El poder determinante de las experiencias de la infancia 299
    Primeros recuerdos......................... 305
    Origen de los recuerdos más tempranos............ 311
    ¿A cuándo se remontan los primeros recuerdos?...... 318
        Encuesta sobre los primeros recuerdos............. 318
        Repercusión e importancia de la «encuesta» de los Henri. 320
    ¿Cuál es tu recuerdo más antiguo?................ 323
    Algunas cualidades de los primeros recuerdos........ 325
        Los primeros recuerdos están cargados de emociones.... 325
        El valor proyectivo del primer recuerdo........... 329
    Amnesia infantil: ¿por qué los adultos no tenemos
        recuerdos de los primeros años de la vida?........ 331
        Los recuerdos infantiles son inaccesibles........... 333
        Los niños pequeños... ¿no tienen memoria?......... 334

Los recuerdos tempranos de los niños pequeños
   son frágiles y se olvidan 335
Sin un «yo» no hay recuerdos 336
Los recuerdos necesitan lenguaje 337
¿Qué hemos aprendido sobre la amnesia infantil
   durante el último siglo? 338
¿Por qué la memoria de la infancia funciona
   de un modo tan extraño? 339
Apego o la creación de vínculos emocionales
   entre las personas y su mundo 343
     Apego a los lugares 345
     El paraíso privado de nuestra casa 350

8.   **La cara oculta de la memoria** 361
    El olvido o la cara oculta de la memoria 361
    ¿Qué entiende la ciencia por olvido? 366
       El olvido como «borrado» o destrucción de huellas 367
       El cerebro elimina grandes cantidades de información ... 368
       El papel del sueño REM en la memoria y el olvido 370
       El olvido como «fallo de recuperación» 373
    ¿Lo guardado en la memoria es para siempre? 374
    Todos los olvidos no son iguales 382
    ¿Por qué se produce el olvido espontáneo? 383
       La interferencia como una forma de competición 384
       La interferencia como degradación de la memoria 388
       Interferencia y olvido asociados al propio recuerdo 389
       ¿Cómo supera nuestra memoria la interferencia? 392
       El olvido como inhibición 394
    Necesidad de olvidar 397
       El hombre que tuvo que aprender a olvidar 400
    Olvido voluntario, ¿realidad o quimera? 403
       Del «arte de la memoria» al (anhelado) «arte del olvido». 404
       ¿Qué nos dice la ciencia de la memoria sobre
         el olvido voluntario? 414
       ¿Puede una persona olvidar voluntariamente
         información? 415

      *¿Puede una persona olvidar voluntariamente
    una experiencia emocional?* 417
    Represión 423
    A modo de conclusión 428

9. Fantasmas en la memoria 431
    La fragilidad de la memoria 432
    El recuerdo y la verdad no siempre coinciden 435
    Recordar es construir más que reproducir 436
    Rumores: ver, oír y... contar 438
    Desinforma que algo queda 441
    El factor sugestión 442
    Creación e implantación de recuerdos falsos 444
        Creación de recuerdos falsos en el laboratorio 444
        Implantación de recuerdos autobiográficos falsos 445
    La procedencia de los recuerdos 449
        ¿Lo hice o sólo me imaginé haciéndolo? 450
        Realidad versus *fantasía* 455
    El poderoso influjo de la imaginación 458
    ¿Somos todos propensos o susceptibles
       a crear recuerdos falsos? 461
    Criptomnesia o las «malas pasadas» de la memoria 462
    Déjà vu, ¿trastorno o engaño de la memoria? 471
    Entre fantasmas y enredos... la vida sigue 477

10. Mirando hacia atrás sin ira 479
    Mi memoria ya no es la que era 479
    Creencias o ideas falsas sobre el envejecimiento
       y la memoria 482
    Envejecimiento y memoria: ¿qué dice la ciencia
       actual? 486
    Envejecimiento del cerebro y declive cognitivo:
       una breve exposición 488
    Hacia una visión positiva del envejecimiento 491
    ¿Cómo se refleja el envejecimiento cerebral
       en la memoria? 494

¿Cómo y por qué declina la memoria operativa
con el envejecimiento?   494
Cambios en la memoria episódica asociados a la edad . .   497
   No es un problema de memoria, sino de atención   499
   Déficit asociativo o la dificultad para crear
   «todos» cohesionados   500
   Recordar los nombres de las personas: una asociación
   difícil para todo el mundo   503
   ¿Por qué el recuerdo de los nombres propios
   se hace más difícil con el envejecimiento?   506
Trayectorias de envejecimiento y memoria   508
   Mecanismos moduladores de las trayectorias
   de envejecimiento   509
   ¿Se deteriora o no se deteriora la memoria episódica? . . .   513
   Trascendencia de los primeros años de la vida   514
Envejecimiento y memoria semántica: del saber
a la sabiduría   515
   ¿Qué es la sabiduría para la ciencia actual?   519
Y la memoria autobiográfica, ¿qué cambios
experimenta durante el envejecimiento?   523
   La recuperación genérica del pasado no es exclusiva
   del envejecimiento   527
   Islas de recuerdos vívidos y rebosantes de detalles   530
   ¿Declive o evolución?   534
Envejecimiento, recuerdos emocionales y felicidad   537
   Reminiscencia o cómo la memoria selecciona
   los recuerdos de «nuestra época»   539
   El efecto de positividad o cómo el envejecimiento
   orienta la memoria hacia la felicidad   545
   El horizonte temporal marca los objetivos vitales   550
   ¿Y el tiempo por qué se acelera con la edad?   554

11. La memoria y la vida. *Reprise*   561

Notas   563
Índice alfabético   639

Prólogo

> La obra que se lleva dentro siempre parece más bella que la que se ha hecho. ¡Cuántas cosas se pierden en el breve viaje de la cabeza a la mano!
>
> ALPHONSE DAUDET

La memoria es el mayor misterio de la biología y la psicología. La frase no es mía, pero la asumo de principio a fin. Entender cómo lo vivido queda registrado en nuestro cerebro sigue desafiando a la ciencia. Porque, en el fondo, lo que la memoria hace es algo tan fascinante como detener el tiempo, fragmentarlo en imágenes llenas de emociones y sentimientos y construir historias que acabarán alumbrando a un individuo con una identidad y una biografía. Nuestra vida, la vida de cada uno de nosotros, no es sino la historia que vamos construyendo mientras nos debatimos entre la fugacidad temporal y los esfuerzos de nuestra memoria por neutralizarla. Somos criaturas con la necesidad de fijar como sea lo vivido, atraparlo, retenerlo, si queremos entender quiénes somos y cómo hemos llegado a serlo. Porque somos memoria, y eso significa que el pasado, el tiempo vivido, la experiencia acumulada se alían con nuestras expectativas y planes para guiar nuestra conducta. Biológica y psicológicamente estamos hechos para guardar lo vivido —lo bueno y lo malo— y usarlo como salvaguarda frente a los avatares de la aventura inexplorada y misteriosa de la vida. Así se manifiesta la función adaptativa y protectora de nuestra memoria. Lo que la memoria guarda no se pierde jamás, el olvido no es más que una ausencia, muchas veces inoportuna, un eclipse parcial que oculta temporalmente lo que estorba a la memoria, pero no borra nada: si lo hiciera, el olvido sería el gran enemigo de la supervivencia.

Sobre estas ideas se ha vertebrado este libro, en el que se analizan los problemas o las cuestiones que realmente interesan o preocupan a las personas en su vivir cotidiano. ¿Es fiable la memoria? ¿Se ajustan los recuerdos al pasado o son una invención de la memoria? ¿Cómo funciona la memoria de los niños? ¿Por qué no hay recuerdos de los primeros años? ¿Cambian y se distorsionan los recuerdos? ¿Hay recuerdos falsos? ¿Es posible recordar hechos que nunca ocurrieron? ¿Por qué se olvidan tantas cosas? ¿Por qué, sin embargo, no puedo olvidar lo que tanto me duele? ¿Por qué me acuerdo ahora de algo que creía olvidado hace una eternidad? ¿Acaso nada se olvida? ¿Cómo reacciona el cerebro frente al envejecimiento? ¿Conduce inevitablemente el envejecimiento a la pérdida de lo aprendido? ¿Se deteriora la memoria con la edad en todas las personas? ¿Por qué el tiempo se acelera durante la vejez? Estas y otras muchas cuestiones relacionadas se analizan y abordan en este libro aunando y contrastando el rigor de los estudios científicos con las respuestas que intuitivamente ofrecieron a las mismas muchos de los filósofos y escritores más destacados de todos los tiempos.

La idea de escribir un libro como este empezó a rondar mi cabeza hace muchos años. Sin embargo, a diferencia de lo que he hecho con mis otros libros publicados, en este caso no comencé a escribir de inmediato. Desde el principio tuve una cosa muy clara: la escritura de un libro sobre las relaciones, la dependencia o, mejor aún, la simbiosis entre la memoria y la vida exigía un bagaje de conocimientos y de experiencia con los que yo creía que aún no contaba. Porque este tenía que ser un libro que no se limitara a recoger o reflejar los avances de la ciencia de la memoria, como había hecho siempre antes. Este tenía que ser un libro distinto, aunque en un principio no supiese concretar bien lo que eso significaba. Para ello, durante bastantes años dediqué gran parte de mi tiempo a conocer la obra de grandes novelistas, filósofos, ensayistas, pensadores y autobiógrafos sin dejar de atender, naturalmente, a los avances científicos que al mismo tiempo se iban produciendo en el dominio casi inabarcable de la memoria humana y sus diferentes niveles de análisis (cognitivo y neurobiológico). Esa extensa e intensa actividad me llevó más de una década, durante la que creé un archivo con miles de notas, citas, ideas y argumentaciones acerca del entrecruzamiento de la memoria, el recuerdo, el olvido, las emociones y los sentimientos, y el reflejo que todo ello tiene en la vida cotidiana de la gente. Hacia el final de esa aventura intelectual enormemente rica, empecé a pergeñar los primeros borradores sobre el hipotético contenido y estructura de mi proyecto original. No fue tarea fácil. Hice y deshice infinidad de esquemas hasta encontrar uno que me animase a empezar a escribir. Hace algo más de diez años, por fin, me sentí en disposición de enfrentarme al primero de los dos momentos más difíciles, comprometidos y terribles de la creación de una obra escrita: el comienzo o la apertura (el otro es el cierre). Mas antes de adentrarme en ese proceloso mar en blanco, me aseguré de asumir un determinado y personal código de trabajo que incluía tres principios irrenunciables: primero, el tiempo no existe durante la escritura; segundo, sé feliz y goza con tu trabajo, y tercero, trabaja como un orfebre de la palabra. Hoy, cuando el libro está ya cerrado, puedo decir que he trabajado duro, muy duro, pero que ha valido la pena. ¡Qué razón tenía Maurice Blanchot, el gran crítico francés, cuando dijo: «escribir es entregarse a la fascinación de la ausencia de tiempo»![1] Trabajar, escribir, sin prisas, sin una fecha límite, sin ese amenazante *deadline* de los anglosajones, que te atenaza y acorrala día y noche y te impide disfrutar del placer de jugar con las palabras, escribirlas, borrarlas, sustituirlas, las veces que necesites hasta sentirte satisfecho, elaborar y pulir el texto meticulosamente como el orfebre labra con infinita paciencia la filigrana de oro; escribir así, en tu soledad fuera del tiempo, es un regalo que he saboreado ahora por primera vez. El resultado —cuya calidad valorará el lector— es la obra que usted tiene en sus manos.

Este libro no es un texto académico sino un *ensayo* sobre la inextricable relación entre *la memoria y la vida* en el que se hace converger la evidencia científica más actual aportada por la psicología y la neurociencia de la memoria con el pensamiento profundo y crítico que acerca del pasado y su fiabilidad, el recuerdo o el olvido se encuentra en las grandes obras de la filosofía, el ensayo, la novela o la autobiografía, tamizado todo ello por mi larga experiencia académica y vital, y expresado en un tono riguroso pero que he intentado que a la vez resulte ameno y asequible para cualquier lector.

Quien esto suscribe es un convencido de que la comprensión de la condición humana y su realidad exige traspasar las fronteras del positivismo científico y abrirse a las múltiples perspectivas desde las que históricamente se han tratado. Desde ese compromiso teórico (o, más exactamente, epistemológico) he abordado la construcción de este trabajo.

Durante el largo proceso de escritura de la presente obra he contado con el apoyo desinteresado de muchas personas a las que quiero expresar mi agradecimiento. Comenzaré dando las gracias a mis amigos y compañeros de la Facultad de Psicología de la Universidad Autónoma de Madrid Florentino Blanco, que leyó una de las primeras versiones del capítulo 4 e hizo observaciones muy sugerentes, y Amalio Blanco, que leyó con interés y espíritu crítico el capítulo 3. Las sugerencias de ambos mejoraron sustancialmente dichos capítulos. Por otro lado, ha sido un auténtico privilegio que mi amiga Anna Caballé, profesora de Literatura Española en la Universidad de Barcelona y experta en narraciones biográficas, me regalase buena parte de su tiempo del verano de 2021 leyendo la penúltima versión de la obra completa. Muchas gracias, Anna; sabes que tus observaciones y consejos han ejercido una profunda influencia en mi ánimo y en la calidad de este libro.

Doy las gracias muy especialmente a Mercedes Belinchón, compañera de facultad y de vida, por hacer posible mi dedicación casi exclusiva a este proyecto, y por su permanente apoyo y total disponibilidad para ir leyendo, corrigiendo y mejorando los innumerables manuscritos a medida que se los iba pasando.

Quiero, por último, dejar constancia de mi agradecimiento a una serie de personas de la editorial Debate que, cada una desde su ámbito profesional, me han resuelto todo tipo de problemas con una amabilidad extrema. Gracias, Paloma Abad, Carmen Carrión, Irene Laborda, Elena Martínez Bavière y Anna Villada. Gracias, Julio Fajardo por tu excelente y delicada labor como editor técnico. Y muchas gracias, Miguel Aguilar, director editorial, por tu entusiasta recepción del manuscrito y por tu actitud cercana y amable frente a cualquiera de mis dudas y observaciones.

Aunque resulte obvio expresarlo, la responsabilidad del contenido y las opiniones expresadas en este trabajo son enteramente mías.

Tres Cantos, diciembre de 2022

I. LA MEMORIA...

1

Introducción
El delicado equilibrio de tu memoria

> Yo, como tú,
> he intentado con todas mis fuerzas combatir el olvido.
> Como tú, he olvidado.
> Como tú, he querido tener una memoria inconsolable,
> una memoria de sombras y de piedra.
> He luchado todos los días,
> con todas mis fuerzas,
> contra el horror de no comprender del todo
> el porqué del recordar.
> Como tú, he olvidado.
> ¿Por qué negar la evidente necesidad de la memoria?
>
> MARGUERITE DURAS

EL RÍO DE LA VIDA

En el epílogo de su relato autobiográfico *El tío Tungsteno*, el neurólogo Oliver Sacks cuenta cómo, unos días antes de que acabase 1997, recibió un regalo muy especial de un amigo químico. Conocedor este último de la afición de Sacks por la química, decidió enviarle un paquete con un contenido muy particular: un cartel de la tabla periódica, un catálogo químico y una barrita de tungsteno, un metal muy denso que, al abrir el paquete, cayó al suelo produciendo un fuerte clonc.

Aquel clonc fue mi magdalena de Proust —escribe Sacks—, y al instante me acordé de mi tío Tungsteno, sentado en su laboratorio con su cuello de pajarita, la camisa remangada, las manos negras de polvo de tungsteno. Otras imágenes surgieron de inmediato en mi mente: su fábrica, donde se hacían bombillas, sus colecciones de bombillas viejas, de metales pesados y minerales. Y cómo me inició, a mis diez años, en los prodigios de la metalurgia y la química.[1]

La repentina aparición de aquel caudaloso torrente de recuerdos y emociones de la infancia, dormidos durante tanto tiempo, empujaron a Sacks a escribir algo sobre su tío Tungsteno, unas páginas, una breve historia; «pero los recuerdos, una vez accionados —continúa diciendo Sacks—, no dejaban de surgir, recuerdos no sólo del tío Tungsteno, sino de todos los sucesos de mis primeros años, de mi infancia, muchos de ellos olvidados durante cincuenta años o más». Y aquel proyecto inicial de escribir «un breve esbozo» del tío Tungsteno le absorbió de tal manera que acabaría involucrado en «una excavación de cuatro años» que daría como fruto un libro de más de trescientas páginas.

¡Qué misteriosa y qué sorprendente es la memoria humana! Como si del más eficaz escribano se tratase, toma nota, registra, clasifica y guarda diligentemente nuestras experiencias, emociones y sentimientos, conocimientos y habilidades. Lo guarda y mantiene todo, aunque sin fecha exacta de entrada y, por supuesto, sin fecha de caducidad, porque el tiempo del calendario significa muy poco o nada en la memoria. «El pasado del que uno se acuerda no tiene tiempo», nos dice el narrador en *La ignorancia*, de Milan Kundera.[2] La memoria preserva ese tesoro íntimo y único de cada ser humano en su universo privado, y un día, no importa de qué año, de pronto, sin previo aviso, un perfume, las primeras notas de una canción, la llamada de un viejo amigo, una fotografía de tu adolescencia que irrumpe entre las páginas de tu primer ejemplar del *Quijote*, el clonc de una barrita metálica contra el suelo obran el milagro de exhumar de las profundidades de tu pasado experiencias rebosantes de imágenes, emociones y afectos que te sacuden hasta el estremecimiento y te hacen revivir momentos, ambientes y atmósferas empapados de sensaciones grises como la tristeza o radiantes como la amistad. Es el pasado que revive. Es el río de la vida o, más precisamente, de tu vida, que te trae hasta la orilla de ese preciso momento al niño atrevido y alocado, al adolescente asombrado ante los misterios de la vida o al joven resuelto y decidido que todavía palpitan dentro de ti.

El gran teórico de la memoria Endel Tulving, profesor emérito de la Universidad de Toronto, dijo hace algunos años algo que a mí siempre me ha parecido acertadísimo: la memoria es un «un truco que ha inventado la evolución para que sus criaturas puedan *comprimir* el tiempo físico».[3] Brillante metáfora que probablemente encierra más verdad que cualquier otro aserto sobre la sustancia de la memoria: un momento de felicidad o de dolor, un día de sorpresas y emociones, un año de lucha y tesón por el logro de un objetivo o una vida entera quedarían *comprimidos*, reducidos a un instante de trabajo de la factoría cerebral, a un chispazo sideral en el universo de nuestra memoria. Después, no importa cuándo, el más leve indicio o un deseo deliberado por evocar alguna de aquellas experiencias pueden actuar como claves con la suficiente fuerza como para descomprimir instantáneamente aquel átomo de memoria y transformarlo, como por arte de magia, en un caudal de vida.

Inmersos en la corriente imparable de la vida, «a merced de una corriente salvaje» (como reza la figura shakesperiana que parafraseó Henry Roth), nos levantamos cada día entre rutinas esperables y emociones aparentemente conocidas, marchamos a nuestros lugares de trabajo o de estudio dispuestos a cumplir nuestro cometido, a cumplir con nuestro deber. Y mientras la vida va pasando, nos relacionamos con nuestros semejantes con mejor o peor fortuna. A veces, algún desconocido se incorpora a nuestra vida, y la sorpresa o la novedad pueden formar parte del paisaje diario. Con frecuencia, las emociones y los sentimientos aparecen y desaparecen, entran y salen en nuestro quehacer cotidiano, unas veces con suavidad y otras con violencia. Y la vida sigue su curso. Pasa el tiempo, pasan los días y las semanas, pasan los meses y pasan los años, puede pasar casi una vida entera, y un día de sosiego, cuando las prisas están ausentes y tu yo se repliega sobre sí mismo, compruebas que ese vivir, al que apenas has prestado atención, no ha pasado sin embargo desapercibido ni por tu vida ni por tu cerebro, sino que ha ido dejando allí su huella.

Ese vivir cotidiano, casi imperceptible, en el que no reparas en el trabajo callado de tu memoria hasta que un día te desbordan los recuerdos, lo describe con su elegante y bellísima prosa y una imaginación sin límites Jorge Luis Borges en el inicio de *El hacedor*, un brevísimo relato/ensayo sobre el gran poeta griego Homero. Estas son sus palabras:

> Nunca se había demorado en los goces de la memoria. Las impresiones resbalaban sobre él, momentáneas y vívidas; el bermellón de un alfarero, la bóveda cargada de estrellas que también eran dioses, la luna, de la que había caído un león, la lisura del mármol bajo las lentas yemas sensibles, el sabor de la carne de jabalí, que le gustaba desgarrar con dentelladas blancas y bruscas, una palabra fenicia, la sombra negra que una lanza proyecta en la arena amarilla, la cercanía del mar o de las mujeres, el pesado vino cuya aspereza mitigaba la miel podían abarcar por entero el ámbito de su alma. [...] Cuando supo que se estaba quedando ciego, gritó. [...] *Ya no veré* (sintió) *ni el cielo lleno de pavor mitológico, ni esta cara que los años transformarán*. Días y noches pasaron sobre esa desesperación de su carne, pero una mañana se despertó, miró (ya sin asombro) las borrosas cosas que lo rodeaban e inexplicablemente sintió, como quien reconoce una música o una voz, que ya le había ocurrido todo eso y que lo había encarado con temor, pero también con júbilo, esperanza y curiosidad. Entonces descendió a su memoria, que le pareció interminable, y logró sacar de aquel vértigo el recuerdo perdido que relució como una moneda bajo la lluvia, acaso porque nunca lo había mirado, salvo, quizá, en un sueño.[4]

Pero ¿cómo es posible —podríamos preguntarnos, siguiendo con nuestra reflexión— que hoy encuentre en mi memoria tantas aventuras del ayer si prácticamente en ningún momento de ese largo pasado fui consciente de estar guardando nada en ella ni tuve intención alguna de hacerlo? ¿Por qué razón, cuando echo la vista atrás, compruebo con sorpresa que, sin darme cuenta, sin el más mínimo esfuerzo, sin ningún acto deliberado por guardar en la memoria todo o parte de lo que me ha ido ocurriendo, existe en ella un registro monumental de mi vida pasada?

Esta es una de las muchas pruebas del poder de la memoria humana, del poder y del valor y trascendencia de nuestra memoria.

Porque, gracias a ese repertorio de experiencias y saberes, todo el mundo es dueño exclusivo de una historia que le dice quién ha sido y quién es, lo que ha sido y lo que es y, más aún, qué quiere ser y adónde quiere llegar; lo que ha hecho, lo que ha experimentado, lo que ha sentido y lo que proyecta hacer; lo que ha aprendido y lo poco o mucho que sabe acerca del mundo que le rodea. La memoria se convierte así —se dice ahora— en una «base de datos» (fría expresión, pero buena analogía), en un fiel aliado con un formidable archivo a sus espaldas que nos permitirá responder con rapidez y eficacia a las más diversas y complejas situaciones, porque ahí tenemos a nuestra disposición un repertorio muy extenso y variado de respuestas.

La memoria se constituye, pues, en un colosal registro que nos permitirá trazar una línea continua entre los primeros años de nuestra vida y el momento presente, y entre el momento presente y el futuro que imaginamos. En definitiva, la memoria pasa a ser un archivo íntimo que nos muestra que somos personas con una historia, con una biografía, con una identidad. Porque la memoria, nuestra memoria, contiene la verdad suprema acerca de quiénes somos y cómo somos, una verdad a la que nadie tiene acceso excepto nosotros mismos.

La sorpresa que produce comprobar que, en efecto, la memoria va registrando —con mayor o menor tino, ya lo veremos— las experiencias vividas no debería agotarse en dicha constatación, porque el fenómeno contiene más matices admirables. Por ejemplo, que el registro del tiempo vivido se produce sin necesidad de tener que repetir nada.

La memoria humana actúa como los artistas magistrales: construye su obra a la primera, sin necesidad de más ensayos. Una tarde, de camino a casa, nos encontramos a un viejo amigo, lo saludamos y le preguntamos por su familia, por su trabajo, por sus planes, etcétera, y después podemos contar ese encuentro con todo lujo de detalles a otros amigos; asistimos a una fiesta donde coincidimos con un buen número de viejos conocidos que nos presentan a otras personas, con quienes charlamos, reímos, bebemos, cenamos y, después, al día siguiente, transcurrida una semana o varios meses más tarde, podemos evocar con quiénes estuvimos, sobre qué hablamos, qué cenamos o cómo nos sentimos. Los científicos de la memoria utilizan el término «memoria de ensayo único» para referirse al sistema de memoria que funciona así y, aunque la memoria humana incluye diferentes sistemas, como veremos después, sólo los incluidos en la llamada «memoria declarativa» tienen la capacidad de registrar la experiencia a partir de un único encuentro con la realidad.

Así es: nuestra memoria no exige que los impredecibles lances de la vida se repitan para ir construyendo, con los productos de nuestras peripecias vitales, la historia de nuestra vida, un descomunal registro del que irá emergiendo desde las primeras fases de la infancia la idea de individualidad, de identidad, de yo, de mí mismo, la sensación clara e inmanente de que soy una persona única y distinta a todas las demás. Este último, precisamente, es uno de los regalos más preciados de la memoria: dotarnos de una identidad, hacernos saber quiénes somos, por qué y para qué hacemos lo que hacemos, de dónde venimos y adónde queremos llegar.

Sin embargo, la memoria resulta ser una gran desconocida para la mayoría de las personas, quienes, quizá por eso, la minusvaloran y relegan a un segundo plano en su devenir constante por el gran teatro del mundo y de la vida.

A LA BÚSQUEDA DE LA MEMORIA

El fenómeno de la memoria se resiste como el más impenetrable arcano a revelar sus secretos a la investigación científica, tanto si se aborda desde un plano neurobiológico como si se hace desde un plano cognitivo o mental. ¿Cómo retiene o *guarda* el cerebro copias de la información que le envían los sentidos?, ¿cómo *traduce* después lo retenido en redes bioeléctricas y neuroquímicas a imágenes, sensaciones y emociones?, ¿cómo se produce la *edición* de los recuerdos, esto es, cómo se transforman los cambios neurobiológicos en historias?, ¿cómo, en última instancia, se pasa de las sinapsis[5] a la narración? Las respuestas a estas cuestiones, las básicas o fundamentales en mi opinión, son todavía muy parciales, aunque es innegable el extraordinario avance que se está produciendo en las últimas décadas. En esa búsqueda sin tregua de respuestas al fenómeno de la memoria, los científicos están llegando a acuerdos sobre otras cuestiones relacionadas y de extraordinaria relevancia. Por ejemplo, hasta hace relativamente pocos años, se pensaba que los recuerdos estaban guardados en un «banco de memoria», una especie de almacén localizado en alguna zona concreta del cerebro en el que se iban depositando las «huellas» de nuestras experiencias vividas, que, después, en el momento del recuerdo, sacaríamos y utilizaríamos para, más tarde, devolverlas a ese depósito de memoria. Resulta curioso comprobar cómo esta idea, a pesar de contar con una mínima o nula evidencia científica en su favor, se ha mantenido durante siglos.

La idea de que la memoria, como otros procesos mentales, podría estar localizada en una zona concreta del cerebro se remonta a los primeros filósofos griegos y su búsqueda del alma. Desde entonces, esta doctrina, denominada «localizacionismo cerebral», ha experimentado cambios extraordinarios y ha pasado por momentos de gloria y también de rechazo hasta que los resultados provenientes, por un lado, de las observaciones y estudios con pacientes con graves alteraciones de memoria fruto de importantes daños cerebrales y, por otro, de los estudios con las modernas técnicas de neuroimagen funcional,[6] han llevado a los científicos a la conclusión de que dicha suposición resulta inconsistente y poco adecuada.

La opinión dominante en la actualidad respecto a *dónde* y *cómo* están guardados los recuerdos en nuestro cerebro apunta a varias ideas muy interesantes. Por un lado, ningún recuerdo está localizado en ningún punto o lugar concreto del cerebro (no existe, por tanto, nada parecido a un «banco de memoria»); los recuerdos están ampliamente distribuidos por todo el cerebro en las llamadas «redes de memoria». El profesor Joaquín Fuster, de la Universidad de California en Los Ángeles, un investigador pionero en este campo, dice al respecto: «Nuestros recuerdos son redes de neuronas corticales interconectadas, que se han formado por asociación, y que contienen nuestras experiencias en su estructura conectiva».[7]

Por otro lado, y en contra de lo que quizá tenderíamos a pensar, los recuerdos *no son representaciones mentales permanentes*, es decir, historias completas que se mantienen a buen recaudo entre los pliegues de la memoria, como los libros en una biblioteca, y que sacamos y contamos cuando lo consideramos oportuno para, a continuación, volverlos a guardar. Muy al contrario, las investigaciones más recientes nos dicen que los recuerdos son *construcciones mentales transitorias*, lo que significa que el acto de recordar supone siempre la puesta en marcha de un proceso de *formación* de recuerdos. ¿Significa esto, entonces, que cada vez que usted cuenta a sus amigos, por ejemplo, la historia de cómo se enteró, dónde estaba, qué estaba haciendo y lo que hizo a continuación, la tarde del 23 de febrero de 1981, cuando le dijeron que un grupo de guardias civiles había tomado el Congreso de los Diputados, tiene que construir (o, mejor, reconstruir) ese recuerdo? Exactamente, así es. Pero ¿qué pasa —se preguntará usted con toda razón— con las versiones anteriores, las que se construyeron para todas y cada una de las veces que previamente narró esa experiencia?, y ¿qué pasará con la última construcción que acaba de hacer? Aunque le resulte insólito, todas las versiones de esa experiencia que usted ha contado están guardadas en su memoria; de modo que, si la ha evocado siete veces, en su memoria estará el registro de las siete versiones.[8]

Este modo «extraño» de funcionar ofrece varias ventajas dignas de mención. Por un lado, la creación de una nueva huella cada vez que se evoca un viejo recuerdo hace que se fortalezcan las huellas más antiguas; por otro, la existencia de muchas huellas sobre el mismo evento hará más fácil la extracción de la información común a todas ellas en la siguiente recuperación y construcción del recuerdo. Además, el hecho de que los viejos recuerdos (los que han tenido más oportunidades de ser evocados) estén representados cada vez por huellas más fuertes y numerosas los hace más resistentes ante posibles deterioros o daños cerebrales.

Ahora bien, a primera vista, este planteamiento de huellas múltiples pudiera parecer que entra en contradicción con la idea de que los recuerdos son representaciones transitorias; sin embargo, no es así. La razón estriba en que, como muy oportunamente señaló el psicólogo británico Frederic Bartlett en su influyente obra *Remembering*,[9] publicada en 1932, lo que nuestra memoria guarda no son copias literales de lo que experimentamos o vivimos, sino versiones esquematizadas.

La evidencia empírica resulta inequívoca al respecto: lo que nuestra memoria codifica y guarda son las experiencias personales de los acontecimientos, porque sobre la percepción general de los mismos siempre se produce una abstracción, es decir, una selección, que estará determinada por la intervención ineludible de los múltiples factores emocionales, orécticos y cognitivos del propio yo.

En línea con todo ello, existe abundante investigación que avala la idea de que, al tiempo que experimentamos un suceso, *construimos* significados e inferencias, y son precisamente esas construcciones lo que se almacena en la memoria, no lo que sucedió realmente; después, en el momento de la evocación, recuperamos el esquema o «boceto» de la experiencia vivida y *reconstruimos* una historia con abundantes detalles de acuerdo con el conocimiento que tenemos acerca del mundo.

Un sencillo experimento que realicé hace unos años ilustra con claridad el fenómeno.[10] A un grupo de alumnos se les leyó la siguiente historia con la consigna de que la aprendiesen para su posterior recuerdo:

> Ana entró corriendo y cerró el paraguas. Mientras buscaba unas monedas para llamar por teléfono, el camarero le sirvió el café. Ana no pudo localizar a su padre y tuvo que regresar en autobús.

Veinticuatro horas más tarde, se les pidió que recordasen lo oído el día anterior con la mayor fidelidad posible. El recuerdo de una de las participantes fue este:

> Ana entró en una cafetería, y al entrar sacudió su paraguas. Llovía a cántaros. Se acercó al camarero y pidió un café. Mientras el camarero lo preparaba, Ana sacó unas monedas y se acercó a un teléfono. Llamó y habló con su padre sobre si podía ir a recogerla, pero no podía ser. Al final, Ana tendría que regresar en autobús.

¿Qué nos revela este sencillo experimento? La comparación entre la historia original y la historia recordada nos enseña varias cosas interesantes acerca de nuestra memoria, que, en síntesis, podríamos compendiar en dos: por un lado, la memoria guarda y recuerda la esencia de la historia cabalmente, y, por otro, lo que se recuerda después es una *reconstrucción* en la que se integran el núcleo de la historia original y todos los pensamientos, sentimientos y creencias que se han ido activando y generando mientras se oía.

Desde el trabajo mencionado de Bartlett, los psicólogos que estudian la «memoria de historias» no han dejado de corroborar algo que dijo ese eminente psicólogo británico, y es que mientras leemos, mientras observamos lo que sucede a nuestro alrededor o mientras nos cuentan una historia, estamos *construyendo* significados e inferencias (en el ejemplo anterior, la alumna del recuerdo había inferido, pero no había oído, por ejemplo, que había entrado en una cafetería y que llovía a cántaros, que una vez dentro de la cafetería había pedido un café, que había hablado por teléfono con su padre, que le había pedido que fuese a recogerla y que no había podido ser) que, como tales, *no están explícitos* en la historia leída u oída, sino que los construye el lector o el oyente y los guarda en su memoria. Posteriormente, en el momento del recuerdo, lo que hace es evocar esa construcción que ha llevado a cabo *reconstruyendo* los detalles a partir del conocimiento que posee acerca del mundo o del grupo social y cultural al que pertenece (por ejemplo, que se puede entrar en una cafetería para llamar desde un teléfono público, pedir un café o cualquier otra bebida o llamar al padre para que venga a recogerte llegada la hora de volver a casa; todos estos detalles son comportamientos propios de personas pertenecientes a una cultura muy familiar para muchos de nosotros).[11]

Como recalcaremos más adelante, la memoria humana no está diseñada para registrar copias isomorfas de la realidad; entre otras razones, porque la realidad no existe hasta que una mente la interpreta. La realidad esquematizada e interpretada, en la que sólo están representados los elementos perceptivos que tienen un significado personal, es lo que codifica y guarda nuestra memoria.

El psicólogo estadounidense Daniel Schacter, de la Universidad de Harvard y uno de los mayores expertos en memoria, ha resumido la idea que acabamos de señalar con estas palabras:

Ahora sabemos que no registramos nuestras experiencias como lo hace una cámara. Nuestros recuerdos funcionan de otra manera. Extraemos los elementos clave de las experiencias y los almacenamos. Después, en lugar de recuperar copias de las mismas, las recreamos o reconstruimos. A veces, en el proceso de reconstrucción añadimos sentimientos, creencias o incluso conocimiento adquirido después de la experiencia. En otras palabras, influimos en nuestros recuerdos atribuyéndoles emociones o conocimiento que adquirimos después del evento.[12]

Si todo esto es así, entonces cada reconstrucción y relato de un episodio debería ser siempre diferente (poco o mucho) de los anteriores. Y, en efecto, así sucede: cada versión de un episodio es distinta a las demás. Todos sabemos por experiencia que cada vez que alguien (o nosotros mismos) cuenta la misma anécdota personal es fácil comprobar que omite algunos detalles y añade otros nuevos; es decir, que siempre introduce cambios. Nadie es capaz de recordar ni, por consiguiente, contar la misma historia de un acontecimiento de su pasado dos, tres o cinco veces de la misma manera. Siempre que lo haga tendremos una historia más o menos diferente. Esta evidencia empírica saca a la luz otra característica de nuestra memoria, su dinámica interna: los recuerdos son representaciones muy plásticas y cambiantes. La poeta y ensayista polaca Wisława Szymborska, premio Nobel de Literatura en 1996, expresó con toda claridad el poder transformador de la memoria con respecto a sus propios contenidos cuando decía: «Sigo convencida de que los recuerdos que tengo de los otros todavía no han alcanzado su forma definitiva. A menudo converso con ellos mentalmente, y en estas conversaciones se plantean nuevas preguntas y respuestas».[13]

Lo cual tiene, además, una consecuencia sobre la exactitud de nuestros recuerdos y la fiabilidad de la memoria, y es que, y esto está comprobado científicamente, cuando se recuerda muchas veces el mismo episodio personal se acaba distorsionando; a veces, hasta límites irreconocibles. Retomaremos más adelante este interesante asunto sobre la distorsión de los recuerdos y la consiguiente falibilidad de la memoria.

Al margen de las innumerables cuestiones concretas que, como las anteriores, iremos tratando a lo largo de este libro, lo que en este momento interesa destacar es que la intensa y rigurosa investigación sobre la memoria ha ido acumulando un monumental corpus teórico en el que encontramos sólidas teorías acerca de las estructuras y los procesos básicos que permiten entender cómo funcionan los diferentes sistemas de memoria y las reglas que rigen su funcionamiento; explicaciones de la fragilidad y vulnerabilidad de la memoria a los efectos de numerosos factores de toda índole que modelan y distorsionan sus contenidos, los debilitan o los arrojan a los abismos del olvido e incluso llegan a generar recuerdos completamente falsos; potentes teorías sobre la neurobiología de la memoria, esto es, sobre las regiones y estructuras cerebrales en las que están implementados los diferentes sistemas de memoria, porque —y sobre esta idea también se dispone de un rico corpus de conocimiento— la memoria no es una entidad unitaria como se ha creído tradicionalmente, sino un conjunto de sistemas especializados en el procesamiento de los diferentes tipos de información. O, dicho de otra manera, a la luz del conocimiento científico lo apropiado no es hablar de *la* memoria, sino de *las* memorias, como veremos enseguida.

La memoria como fenómeno neurocognitivo (en tanto en cuanto es de naturaleza biológica y mental) es un proceso de extraordinaria complejidad diseñado por la evolución para alargar la vida de los estímulos y garantizar así que lo vivido quede registrado —un modo elegante de detener el tiempo y de poner a nuestra disposición la experiencia—. Porque, expresado de una manera sencilla y como he señalado en trabajos previos, la función básica de la memoria es «permitirnos sacar provecho de todo lo vivido».[14] Por tanto, la memoria se definiría, parafraseando a Tulving,[15] como la capacidad para *adquirir* (este sería el «aprendizaje»), *retener* y *utilizar* diferentes tipos de *información, conocimiento* (relativo a uno mismo y acerca del mundo) y *destrezas* o habilidades (motoras y cognitivas, como caminar, conducir, montar en bicicleta, leer, escribir, manejar el ordenador...).

INTRODUCCIÓN

¿POR QUÉ Y PARA QUÉ TENEMOS MEMORIA?

La capacidad para guardar, conservar y hacer uso de las experiencias de la vida no es, naturalmente, exclusiva de la especie humana. Claro que no, de lo contrario cómo nos iba a reconocer nuestro perro, antes incluso de vernos, y correr y saltar de alegría en cuanto entramos en casa.

Cuando era niño, pasaba la mayor parte de la época estival en el campo, en una finca de viñas y olivos que mi abuelo tenía a pocos kilómetros de mi pueblo. Podría evocar en este instante miles de anécdotas de aquellos veranos de mi infancia que ahora se me antojan paradisiacos, pero no es ese el propósito de esta digresión. Lo que pretendo contar es que a aquel paraje solía ir y volver, unas veces a lomos de un precioso caballo negro, aparejado convenientemente para llevarnos con comodidad a mi padre y a mí, y, otras, montado en una burrita muy dócil; tanto que mi padre le confiaba por completo mi seguridad. El camino que seguíamos para trasladarnos desde la casa del pueblo hasta la casita del campo era un itinerario realmente complicado: tras serpentear por varias calles desde la puerta de casa hasta la salida del pueblo, tomábamos la carretera en una dirección concreta y, a unos dos kilómetros, dejábamos aquella carretera para seguir por otra muy similar que salía de la primera en dirección a otro de los pequeños pueblos de la región. Tras recorrer poco más de un kilómetro por la nueva carretera, nos incorporábamos a un camino ancho y empinado que encontrábamos a nuestra derecha y del que salían numerosas veredas a uno y otro lado que conducían a las diferentes viñas que tapizaban de verde, salpicadas de olivos, aquellos contornos. Pero no había que seguir por aquel camino hasta el final, sino que, a una determinada distancia, había que tomar otro distinto que, a su vez, nos permitía tomar una vereda y luego otra para, finalmente, entrar en nuestra propiedad. Un recorrido, como digo, lleno de variantes y vericuetos cuyo aprendizaje exigiría a cualquiera una mente muy atenta, una buena memoria y mucha práctica. Pues bien, ni al caballo ni a la borriquita había necesidad jamás de guiarlos en ninguna de las intersecciones y cambios de dirección: una vez aupado a cualquiera de aquellos nobles animales, podías olvidarte, incluso dormirte, y despreocuparte de adónde querías llegar, porque su excelente memoria los guiaba siempre, con toda precisión y sin el menor titubeo, por aquel complicado itinerario hasta el destino correcto.

Todos los animales están dotados de sistemas de memoria más o menos poderosos y complejos. La heterogeneidad de cualquier entorno o hábitat terrestre y su intrínseca variabilidad exigen a sus inquilinos capacidades de aprendizaje y de memoria a cambio de la supervivencia. Cualquier organismo incapaz de modificar su conducta ante los cambios ambientales está condenado a la desaparición. Piénsese, por ejemplo, en un cambio ambiental bien conocido como una caída o una subida brusca de la temperatura. Cada vez que ocurre algo así, resultan eliminados miles de pequeños animales, tantos como individuos no dotados de los mecanismos de adaptación necesarios para hacer frente a tal eventualidad. Esto es así porque para efectuar cualquier modificación o cambio de conducta, por elemental que sea, el animal debe incorporar algo nuevo a sus patrones de actividad, lo que supone que su sistema nervioso, o su cerebro si se trata de un animal suficientemente evolucionado, tiene que estar capacitado para recoger la información nueva, analizarla, guardarla y poder recuperarla de su memoria siempre que sea necesario. Pero no todas las especies animales poseen «sistemas nerviosos» preparados para tales operaciones; de modo que sólo los equipados con sistemas *abiertos* de memoria[16] podrán elaborar y utilizar los recursos necesarios para hacer frente a la variabilidad constante del medio. Un equipamiento cerebral así garantiza una respuesta adaptativa y, por ende, la supervivencia ante los cambios ambientales.

Como indiqué hace años,[17] si viviésemos en un mundo invariable, es decir, en un mundo donde nunca cambiase nada, donde nunca se produjese ninguna novedad, donde todo, absolutamente todo, fuese fijo y previsible, no necesitaríamos sistemas de memoria como los que tenemos. Sin embargo, en un ambiente como el nuestro, tan propenso a la novedad, a la renovación, incluso a la alteración y a la perturbación de todo lo existente, sus criaturas tienen que estar necesariamente equipadas con las capacidades que les permitan ajustar sus conductas a cualquier variación de los patrones establecidos para poder mantenerse y no ser eliminadas; esto es, tienen que estar preparadas para sobrevivir al cambio. Pues bien, esa renovación continua en la que viven inmersos todos los seres vivos es el origen y el motor de todas las adaptaciones, desde las más elementales a las más altamente especializadas, como, por ejemplo, los sistemas humanos de aprendizaje y memoria.[18]

Lo que trato de señalar con todo ello es que los sistemas de memoria son la solución evolucionista a las presiones de un medio extraordinariamente variable. En definitiva, en la medida en que la vida sobre la tierra implica cambio, tenemos memoria.

Entonces ¿para qué sirve la memoria?, ¿cuál es su función? En mi opinión, y así lo expresé en 1994: «La función primaria de la memoria [es] dotar a los individuos del conocimiento necesario para guiar su conducta [de manera adaptativa] con independencia de la complejidad de la situación».[19]

No existe una sino muchas memorias

La vida es siempre compleja y, con frecuencia, difícil. Básicamente porque vivir implica muchas exigencias. En términos informativos, la extraordinaria presión que el medio ejerce sobre nosotros se concretaría en la inconmensurable cantidad y diversidad de información que continuamente llega a nuestro cerebro.

Ante tal estado de cosas, parece razonable pensar que para gestionar de manera adecuada los diferentes tipos de información la memoria contenga diferentes sistemas especializados. Desde la década de los noventa del pasado siglo, la evidencia científica ha permitido desterrar la vieja idea de que la memoria es una entidad unitaria y asumir la existencia de distintas memorias o, más exactamente, distintos sistemas cerebrales de memoria que difieren no sólo en cuanto al tipo de información que procesan, sino también respecto a los *loci* cerebrales en los que están implementados, así como a las reglas que rigen su funcionamiento. Esta realidad multisistémica se pone especialmente de manifiesto bajo condiciones que provocan las llamadas «disociaciones de memoria». Un ejemplo muy ilustrativo se encuentra en los casos de amnesia orgánica, esto es, pacientes que a consecuencia de daños cerebrales sufren un deterioro gravísimo de su «memoria personal» y, sin embargo, siguen conservando una «memoria genérica» intacta. Enseguida veremos que los apelativos «personal» y «genérica» corresponden a sistemas de memoria con otras denominaciones.

Volviendo a los diferentes tipos de información que hemos de afrontar en el día a día, parece lógico asumir que procesar la información relativa a «si suelto el objeto que tengo en la mano, caerá al suelo», la relativa al «primer día de mi actual trabajo» y, una tercera, la relativa a «cómo tocar la guitarra» requerirán la intervención de sistemas distintos porque esas tres informaciones son diferentes e incompatibles por naturaleza.

¿Qué queremos decir con que son «incompatibles»? Concretamente, que la primera información es de naturaleza general; esto es, que no se refiere a nada concreto, sino que hace referencia a regularidades o «invariantes» de la naturaleza; es decir, a todo aquello que se mantiene estable a través del tiempo o, más concretamente aún, a fenómenos que se repetirán siempre que se den ciertas condiciones necesarias: por ejemplo, la fuerza de la gravedad hace que, siempre que suelte lo que tenga en la mano, caiga al suelo. Por tanto, este primer tipo de información exigiría para su procesamiento un sistema de memoria diseñado para codificar y guardar principios generales, tales como «si suelto la botella de cristal que tengo en la mano, caerá y se romperá en mil pedazos», «si estamos en invierno es probable que llueva y haga frío», «si por la ventana entra un sol radiante es de día», «si cojo un artículo de la estantería de un supermercado debo pasar por caja y pagarlo antes de salir», etcétera.

Ese sistema se denomina *memoria semántica* y tiene como función adquirir, retener y utilizar conocimiento acerca del mundo en el sentido más amplio, esto es, hechos, ideas, creencias y conceptos. De modo que saber que el perro es un mamífero, que las cosas se caen si se me escapan de las manos, que en invierno hace frío y en verano calor, que Marte es un planeta del sistema solar o que el terrorismo es una amenaza real para cualquier ciudadano serían ejemplos de memoria semántica.

El contenido de la memoria semántica incluye el conocimiento general de los individuos acerca del mundo y el conocimiento del lenguaje que permite hablar sobre este. Gracias a este sistema de memoria, las personas podemos representar mentalmente estados, objetos y relaciones entre unos y otros sin necesidad de que estén presentes físicamente. Por eso, el profesor Tulving nos dijo hace años que la representación estructurada de ese conocimiento semántico tiene como función principal «el modelado cognitivo del mundo». Lo cual significa que gracias a lo que sabemos, esto es, gracias a nuestro conocimiento, construimos modelos mentales del mundo en general y de los múltiples ámbitos de ese mundo en el que vivimos y nos movemos en particular. Esto quiere decir, por tanto, que cualquier adulto dispondrá en su memoria semántica de conocimiento acerca de las condiciones y fenómenos físicos, interpersonales y sociales que le van a permitir actuar adecuadamente cuando, por ejemplo, llueva o nieve, cuando el calor sea sofocante, cuando se bañe en una piscina o cuando lo haga en el mar, cuando camine por la calle de una ciudad o lo haga por el arcén de una carretera, cuando conduzca un automóvil, cuando manipule un cable eléctrico o cuando limpie y abrillante un delicado jarrón de cristal de Bohemia. En todos y cada uno de esos casos, su conducta estará guiada por el modelo mental correspondiente en el que se incluirán, sin duda, grandes cantidades de conocimiento sobre las propiedades de esas condiciones u objetos que le van a garantizar llevar a cabo cada una de esas actividades de la manera más segura y eficaz. Asimismo, cualquier adulto tiene conocimiento sobre las circunstancias, el temperamento, las creencias, etcétera, de las personas con las que se suele relacionar, y dispone también de modelos sociales sobre lo que se puede y no se puede o no se debe hacer, digamos, en un restaurante, en un aula, en un supermercado o en una sala de cine.

Nuestra memoria semántica puede considerarse, por tanto, como la trama y la urdimbre dentro de la cual construimos nuestra particular visión del mundo: un conjunto de modelos o patrones que irán emergiendo de la acumulación de conocimiento sobre el mundo físico y social y que nos servirán de guía y de referente para saber hacer en cada momento lo más adecuado.

La memoria semántica no hace referencia al yo (algo específico del sistema de memoria autobiográfica, que veremos a continuación), ni se acompaña, precisamente por ello, de conciencia de pasado. La memoria semántica es un sistema diseñado por la evolución para manejar conocimiento desligado de las circunstancias personales, espaciales y temporales de su adquisición o, lo que es lo mismo, conocimiento libre de contexto. Así, la recuperación de información semántica sólo implica conciencia de *saber*, pero no de revivir ni de volver a experimentar acontecimientos pasados. Por todas estas razones, el contenido de la memoria semántica es muy similar en los miembros de la misma sociedad o grupo cultural.

Por otra parte, el segundo ejemplo de información mencionado (el recuerdo del día, de la mañana, del lugar y de muchas cosas más asociadas al primer día del actual trabajo) claramente se refiere a un episodio concreto y específico vivido en un contexto determinado; por tanto, no se trataría de un principio general ni de ninguna regularidad, sino de una «particularidad». Por consiguiente, su procesamiento exigirá la existencia de un sistema de memoria especializado no en la codificación y mantenimiento de información genérica, sino de episodios concretos o, más exactamente, de experiencias personales concretas; es decir, un sistema preparado para manejar contextos espaciotemporales precisos en los que vivimos y sentimos experiencias personales significativas del tipo «mi primer día de trabajo», «el día que nació mi hija» o «la tarde que perdí la primera pluma estilográfica que tuve». A este sistema de memoria, con un contenido exclusivo y personal, se le ha llamado tradicionalmente *memoria episódica*, si bien los descubrimientos científicos más recientes aconsejan llamarlo *memoria autobiográfica*.

La *memoria autobiográfica* es, pues, el sistema de memoria que nos permite registrar, guardar y recuperar las experiencias de los acontecimientos vividos personalmente. Gracias a este sistema podemos recordar las experiencias de nuestro pasado que nos ocurrieron en un momento y en un lugar concreto. En este sentido, el hecho de que en este preciso instante yo pueda recordar con toda claridad, por ejemplo, el día que mi padre me llevó por primera vez al internado cuando yo apenas tenía diez años, o el día y el lugar exactos donde impartí mi primera clase como profesor en la Universidad Autónoma de Madrid en octubre de 1974, o la tarde del 23 de febrero de 1981, cuando me enteré del asalto al Congreso de los Diputados, son proezas de mi memoria autobiográfica. Un tipo de memoria con unas características tan especiales y únicas que hace que la evocación de cualquier experiencia pasada signifique *revivir*, es decir, vivir de nuevo o volver a experimentar ese episodio correspondiente de nuestro pasado. Esto es lo que implica exactamente «recordar»:[20] volver a sentir una vivencia pasada cargada con las imágenes, las sensaciones y las emociones del episodio original que, además, aparece siempre acompañada de una conciencia clara de que dicho acontecimiento forma parte de nuestra vida, es decir, que fue vivido por el mismo yo que ahora lo está evocando.

Cuando yo recuerdo la peripecia del niño al que mi padre llevó a un internado de jesuitas el 5 de octubre de 1956, justo unos días antes de cumplir los diez años, la primera certeza absoluta que tengo es que aquel niño era yo. Todos los demás componentes de ese recuerdo, incluido el viaje largo e incómodo hasta llegar a una ciudad nueva y desconocida, las personas con quienes compartí aquella expedición, las primeras imágenes del escenario solemne e inquietante del internado y sus inquilinos, y la incertidumbre, la ansiedad y el desamparo que sentí durante todo aquel interminable día y, de un modo especialmente intenso, cuando mi padre se marchó y me sentí solo y desvalido en aquel enorme, laberíntico y frío colegio, y muchas cosas más, todo esto, decía, lo veo y lo siento cada vez que evoco aquel lejanísimo trance de mi vida, que siempre aparece envuelto en una conciencia clara e incuestionable de que fui yo quien vivió aquello. A esa «sensación» o experiencia fenoménica de que el suceso que revive un individuo es algo que le sucedió a él en su pasado, se le denomina *conciencia autonoética*.[21] Una propiedad que convierte al sistema de memoria autobiográfica en un logro evolutivo exclusivamente humano.

En definitiva, todo acto de recuperación de la memoria autobiográfica supone *viajar mentalmente hacia atrás a través del tiempo subjetivo* y revivir, mediante la conciencia autonoética, experiencias ya vividas, así como proyectar experiencias similares sobre el futuro personal. En otras palabras, el sistema de memoria autobiográfica no sólo nos permite re-experimentar conscientemente nuestro pasado, sino pre-experimentar lo que está por venir, es decir, imaginar y construir el futuro. Esa capacidad de nuestra memoria de poder viajar hacia atrás y hacia delante está muy presente en las palabras de Lewis Carroll: «¡Qué pobre memoria aquella que sólo funciona hacia atrás!».

Esta memoria llamada «autobiográfica» por los científicos es «la memoria» de la que la gente de a pie habla cotidianamente y de la que tanto se queja. Pero, ironías de la vida, esta memoria «personal» tan devaluada y maltratada socialmente resulta ser un auténtico tesoro para la vida de todos y cada uno de nosotros. Una joya merecedora de una especial atención por nuestra parte a la que dedicaremos los dos próximos capítulos, donde profundizaremos en sus propiedades, en su estructura, en su dinámica, en su interacción con nuestro yo y con nuestra identidad y en el valor especial que tiene para nuestra vida.

Nos quedaría por comentar, por último, el sistema de memoria encargado del procesamiento de todo lo relacionado con nuestras habilidades y destrezas o, lo que es lo mismo, el conjunto de procedimientos aprendidos que nos permiten, por ejemplo, tocar la guitarra.

Parece evidente que el conocimiento general acerca del mundo, por un lado, y el cúmulo de experiencias personales de nuestro pasado, por otro, hacen referencia a tipos de información y de conocimiento diferentes de los necesarios para aprender y no olvidar, por ejemplo, cómo se toca la guitarra o cualquier otro instrumento musical. Porque, aunque por lo general la gente no suele pensar en la memoria cuando habla de actividades tales como tocar la guitarra o montar en bicicleta, resulta fundamental tener presente que realizarlas sólo es posible porque nuestra memoria está equipada también con otro sistema llamado *memoria procedimental*, que posibilita la adquisición, mantenimiento y recuperación de los procedimientos subyacentes a la ejecución de tales actividades. No debemos olvidar, por tanto, que, si cualquiera de nosotros seguimos sabiendo montar en bicicleta a pesar de que aprendimos hace muchos años, probablemente cuando éramos niños, es gracias a nuestra memoria.

Esta *memoria procedimental* es un sistema diferente de la memoria semántica y de la memoria autobiográfica. Diferente por varias razones. Por un lado, por el tipo de información que maneja: la memoria procedimental no contiene representaciones traducibles a proposiciones verbales como los otros dos sistemas, sino procedimientos o modos relativos a *cómo* se hacen cosas tales como caminar, correr, montar en bicicleta, conducir, tocar la guitarra, cocinar un exquisito asado, escribir a máquina o cualquier otra habilidad o destreza adquirida. Por todo ello, mientras la memoria semántica y la memoria autobiográfica se consideran *memorias declarativas* (precisamente porque sus contenidos se pueden declarar o traducir verbalmente; por ejemplo, «el área del rectángulo es igual a base por altura» o «el domingo pasado estuve cenando con mi amigo Luis») la memoria procedimental se considera una *memoria no-declarativa*.

Por otro lado, la memoria procedimental es diferente porque se pone en marcha al margen de nuestra conciencia: como mucho, uno puede verse a sí mismo, por ejemplo, montando en bicicleta, pero no es posible tener conciencia de los algoritmos cerebrales que subyacen a la habilidad motora que posibilita dicha actividad. La capacidad para llevarla a cabo es independiente de cualquier forma de recolección consciente. Quien haya pasado por la experiencia de tratar de enseñar a un niño a montar en bicicleta recordará la impotencia que sintió al darse cuenta de que no sabía qué decirle o qué enseñarle exactamente. Tú sabes montar en bicicleta, sí, pero no sabes qué es lo que hay que hacer y, por ello, no sabes qué decirle a tu hija para que aprenda. En definitiva, el contenido de la memoria procedimental resulta muy difícil o prácticamente imposible de traducir a palabras, razón por la cual se dice que la memoria procedimental es una *memoria de acción* o, lo que es lo mismo, que sólo se expresa de forma adecuada a través de la acción.

La existencia de los tres tipos de memoria comentados es una conquista evolutiva que garantiza la adaptación y la supervivencia en un mundo heterogéneo y cambiante que demanda afrontar problemas de muy distinta naturaleza y, con frecuencia, informativamente incompatibles. Lo interesante y destacable de este planteamiento es que los neurocientíficos y los psicólogos cognitivos contemporáneos han acumulado en los últimos años abundante conocimiento científico como para poder afirmar con rotundidad que, en efecto, la capacidad mental o proceso cognitivo llamado *memoria* no es una sola cosa, sino un conjunto de sistemas independientes, aunque interactuantes, especializados, como ya se ha dicho, en diferentes tipos de información. Estos descubrimientos resultan cruciales para entender tanto el funcionamiento de nuestra memoria en el vivir cotidiano como para explicar los declives y las ganancias diferenciales que experimenta la memoria a medida que se envejece, como veremos en el capítulo final, o las graves y particulares carencias y trastornos que sufre la memoria de algunas personas como consecuencia de daños graves en su cerebro.

Estos tres grandes sistemas de memoria —procedimental, semántica y autobiográfica— no son los únicos que configuran la memoria humana, aunque sí pueden considerarse sus componentes básicos a largo plazo. Los tres juegan un papel fundamental en nuestras vidas; no obstante, en esta obra, nuestro viaje alrededor del *binomio memoria-vida* transcurrirá fundamentalmente por los caminos de la *memoria autobiográfica*, el tipo de memoria al que la gente se refiere cuando habla de «la memoria» y dice cosas como: «Cada día tengo una peor memoria»; «Mi padre tiene ochenta y cuatro años y, sin embargo, tiene una memoria excelente»; «La memoria, en realidad, sirve para poco», y otras lindezas parecidas.

El delicado equilibrio de la memoria

«La memoria nos engaña». «La memoria miente». «Todo recuerdo es una invención». La memoria es «caótica», «desordenada», «caprichosa»... Sorprende la facilidad con la que la gente vierte sobre la memoria todo tipo de descalificaciones; aunque sorprenden aún más las continuas referencias que aparecen en la literatura para desacreditarla, para advertir de sus trampas y ardides, de sus mentiras y, en última instancia, de su poca o nula fiabilidad.

De las muchas críticas que los escritores, novelistas y autobiógrafos hacen frecuentemente de la memoria, sólo referiré en este momento el argumento esgrimido por el novelista checo Milan Kundera por entender que ataca a la esencia misma del recuerdo como recurso humano para retener la vida, como decía Canetti. En su novela *La ignorancia*, Kundera hace un alegato profundo y extenso contra la capacidad de la memoria humana para restaurar el pasado, revivir lo vivido, sentir lo vivenciado. Desde la admiración profunda que siento por este escritor, entiendo que se equivoca cuando escribe: «No comprenderemos nada de la vida humana si persistimos en escamotear la primera de todas las evidencias: una realidad, tal cual era, ya no es; su restitución es imposible».[22]

La tesis que vertebra y fundamenta este libro plantea justo todo lo contrario: gracias a la memoria autobiográfica la vida de cada ser humano se llena de sentido y de propósito, precisamente porque a través del recuerdo los humanos restituimos lo vivido. La memoria humana ni miente ni engaña a nadie porque no es su función restaurar realidades, sino vivencias. Volveremos una y otra vez sobre este asunto a lo largo y ancho de las páginas que están por venir.

El territorio de la memoria autobiográfica podría asemejarse a una colosal vidriera de catedral gótica, un puzle admirable y primoroso, pero de una fragilidad extrema, donde cada uno de los infinitos recuerdos sería una pieza de ese puzle vivo y palpitante sutilmente encajada en el lugar preciso según su temática y su color o valencia emocional. Aunque hay que señalar una notable diferencia en esa analogía: frente a la estabilidad y fijeza de la vidriera gótica, el puzle de la memoria es un terreno en permanente cambio. La casa de la memoria vive en un trasiego constante entre los recuerdos que se activan y los nuevos inquilinos que a cada instante se incorporan. Cada vez que recuperamos un recuerdo, se rompe el equilibrio del puzle, toda la vidriera vibra y de un extremo a otro se propaga un cierto estremecimiento, porque, al evocar una experiencia del pasado, se rompe momentáneamente el equilibrio interno de nuestra memoria. El acto de recordar conlleva no sólo la extracción de una pieza del puzle, sino la puesta en marcha de procesos constructivos, además de toda una serie de procesos encargados de reajustar *a posteriori* el recuerdo evocado y restaurar así el equilibrio perdido (a nivel neurocognitivo, este último proceso se llama «reconsolidación»). Por otro lado, la entrada de recuerdos nuevos supone asimismo la ruptura del equilibrio en la medida en que lo nuevo se asociará o se integrará con aquellos recuerdos antiguos con los que comparta similitudes, familiaridad, detalles o emociones. En definitiva, el territorio de la memoria autobiográfica está sometido de forma continua a una dinámica que conlleva necesariamente cambios, modificaciones o distorsiones de los recuerdos a cambio de ajustarlos e integrarlos allí donde adquieren significado y mantienen la coherencia. ¿Cambian los recuerdos? Necesariamente. La memoria autobiográfica no es una biblioteca donde reina la calma y la estabilidad, aunque a veces se recurra a esa metáfora. La memoria es plástica y cambiante por naturaleza, un reino donde la evocación y el mantenimiento de los recuerdos implica la transformación y el cambio; a veces, hasta la distorsión quimérica o la creación de recuerdos completamente falsos. Todo tiene sus costes.

Como tendremos ocasión de analizar, la memoria autobiográfica es un sistema extraordinariamente sensible a un sinfín de factores, además de los procesos de recuperación y registro que hemos comentado, cuya influencia sobre lo que guarda y lo que excluye, sobre lo que recupera y cuándo y cómo lo recupera o sobre lo que oculta en los rincones del olvido perfila, a veces, una imagen equivocada y tendenciosa según la cual la memoria acaba siendo considerada como una facultad voluble, nada fiable, extravagante y caprichosa, imposible de entender. Sin embargo, como la evidencia científica certifica y aquí trataremos de mostrar, no es el caos ni el desorden, ni la extravagancia ni los caprichos, sino una extraordinaria precisión y complejidad lo que caracteriza a la memoria humana.

PERO ¿CÓMO PUEDE SER FIABLE ALGO TAN CAMBIANTE?

Como estamos viendo, adquirir, mantener y recuperar información implica construir y reconstruir: construimos recuerdos, reconstruimos el pasado. Y es que la memoria es creativa por naturaleza y esa condición coloca su fiabilidad en entredicho: si los recuerdos están sometidos a una dinámica permanente que los modifica, ¿hasta qué punto podemos confiar en ellos?; si la memoria contiene errores e incluso recuerdos completamente falsos, ¿cómo es posible pensar que es fiable?; en definitiva, ¿hasta qué punto nuestra memoria nos permite recuperar fielmente el pasado?

INTRODUCCIÓN

No hay duda de que este es un asunto delicado; aunque, como muy oportunamente han señalado destacados psicólogos, asumir que la memoria humana es constructiva y reconstructiva no implica desconfiar de su fiabilidad, sino reconocer que la construcción y la reconstrucción son los procesos naturales para la creación de los recuerdos, tanto si son verdaderos como falsos. Más aún, según algunos científicos, la naturaleza constructiva de nuestra memoria es un logro evolutivo que nos ayuda a entender quiénes somos y por qué hacemos lo que hacemos.[23]

No es el momento de entrar en detalles, eso es algo que reservamos para más adelante, aunque sí es importante tener en cuenta que la evidencia científica disponible nos dice que los errores e imprecisiones que contienen a veces los recuerdos no afectan al núcleo central del evento, que se mantiene estable y preciso, sino a los detalles adyacentes o periféricos que, por definición, suelen jugar un papel secundario en la historia que se evoca y que, con frecuencia, son un recurso narrativo que permite dar coherencia a lo que se cuenta, al tiempo que aumenta, precisamente, la confianza en lo que se narra. Es un hecho comprobado y bien conocido que con frecuencia aparecen discrepancias entre lo que recordamos acerca de un evento y lo que realmente sucedió, pero ello no significa, como demostró experimentalmente el profesor Craig Barclay, de la Universidad de Rochester, que «la sustancia alrededor de la cual se organiza la memoria autobiográfica sea una invención total de los acontecimientos de la vida. *En todo recuerdo autobiográfico* —concluyó— *existe siempre una fidelidad básica*» a lo ocurrido.[24]

Como tendremos ocasión de ver, el contenido de la memoria no va a ser nunca un reflejo exacto de nada externo en tanto en cuanto no guarda facsímiles ni duplicados de lo vivido, lo cual no significa que su contenido sea un mundo de fantasías fabricadas por nuestro yo. Como nos dice al respecto el profesor Daniel Schacter, «hay buenas razones para creer que *los recuerdos* de las amplias fronteras *de nuestras vidas son precisos en su esencia*».[25]

LA MEMORIA Y LA VIDA

LA VIDA SE FRAGUA EN LA FACTORÍA DE LA MEMORIA

«Para poder vivir, para poder reconocer nuestra propia vida —piensa el profesor Sonnabend, personaje central de la novela *Un lugar tan hermoso*—, en realidad necesitamos manipularla, reapropiarla, interpretarla».[26] Y eso es justo lo que hace nuestra memoria: manipular, interpretar y hacer suyo todo lo vivido. En la factoría de nuestra memoria, el trabajo consiste fundamentalmente en filtrar, interpretar, comparar y evaluar lo percibido a la luz de lo que ya sabemos sobre el mundo, es decir, en contraste permanente con nuestra experiencia acumulada. El resultado de todo ello son otras experiencias, experiencias nuevas, que quedarán guardadas en forma de recuerdos. No son, por tanto, los sucesos o los episodios de la vida lo que queda registrado en nuestra memoria, sino las experiencias personales, las «vivencias» de tales sucesos. Unas vivencias que en nuestra memoria quedarán escritas, narradas, en forma de historias que nos contamos a nosotros mismos y a los demás. Y eso significa que lo vivido, lo experimentado, la vida, se convierte en «mi vida» en tanto en cuanto va siendo narrada por mi memoria.

De ese modo, nuestra memoria convierte nuestro vivir cotidiano en «nuestra vida». Vivimos en interacción permanente con los demás, compartimos con ellos todo tipo de experiencias, pero la historia que se fragua cada día en la factoría íntima e intransferible de nuestra memoria es siempre una historia personal, un relato íntimo que es nuestro y sólo nuestro: la historia de nuestra vida.

«La memoria es la vida», solía decir a sus clientes el fundador del Instituto Mnemosyne de Filadelfia, en el relato de Saul Bellow *El contacto Bella Rosa*.[27] ¡Claro que la memoria es la vida!; porque ¿qué somos sino lo que recordamos? Cuando decimos «nuestra vida» estamos haciendo referencia al relato narrado que de lo experimentado ha ido elaborando y guardando nuestra memoria. Una historia continua que podemos evocar y contar a otros bajo la forma de recuerdos: eso es nuestra vida, lo que la memoria nos proporciona acerca de nuestro pasado. La vida, nuestra vida, no es lo que sucedió, sino lo que recordamos.

Por tanto, lo que caracteriza a nuestra memoria, esa memoria que hemos llamado «autobiográfica», es la sensación clara y profunda de que el yo o el sujeto que revive ahora una experiencia de su pasado a través del recuerdo es el mismo que la vivió en un primer momento, y que, por tanto, sabe que esa experiencia le pertenece, que es suya, que es parte de su vida. Nuestros recuerdos son sólo nuestros, de nadie más. Esa sensación íntima que nos acompaña cada vez que evocamos algo de nuestro pasado, y a la que ya nos hemos referido con el término «conciencia autonoética», es el hilo invisible que atraviesa y ensarta, como cuentas de un collar, las incontables vivencias de la historia larga y continua a la que llamamos «mi vida».

Esta idea de conciencia autonoética —que viene a ser lo mismo que la «corriente de conciencia» de la que habló William James— se encuentra magistralmente expresada por Carlos Castilla del Pino al comienzo de su autobiografía *Pretérito imperfecto*, cuando escribe:

> No me he sumergido en mi memoria; he traído los recuerdos a *mí*, es decir, al yo de este momento, el que ahora me siento ser, como si fuera posible decir «he sido», como si no fuera el mismo que en otros momentos fui [...]. No me veo *habiendo sido y no siendo ya*. Mi vida me aparece como una formación singular en la que las etapas anteriores de mi existencia son peldaños que me conducen al que ahora soy.[28]

Y es precisamente de esa experiencia consciente de la que emergerá la conciencia de pasado, la certeza de pasado o, mejor aún, la certeza de *mi* pasado. Por todo ello, podemos afirmar que gracias a mi memoria sé que soy una persona con una historia, gracias a mi memoria sé que tengo un pasado, gracias a mi memoria sé que tengo una vida, gracias a mi memoria sé quién soy.

Memoria e identidad: eres tu memoria

Un día de junio de 1976, recibí en mi casa a un joven de diecinueve años al que llamaré Álvaro. Unos amigos me habían pedido que, como psicólogo, intentase ayudar al hijo de unos conocidos suyos que estaba «pasando una mala racha, una crisis», fueron sus palabras.

Aunque les dejé muy claro que yo era profesor universitario y que no me dedicaba al ejercicio profesional de la psicología, ellos insistieron en que accediese a verlo, «al menos una vez», y charlase con él sobre sus problemas, «aunque sólo sea para darnos tu impresión sobre el muchacho», me rogaron, porque «sus padres están muy angustiados y no saben a quién acudir».

El problema de Álvaro parecía haberse desencadenado, según pude comprobar a partir de lo que me contó, cuando este joven descubrió, a raíz de un acontecimiento fortuito, el secreto mayor y mejor guardado en el seno de su familia: que su hermana era, en realidad, su madre y que sus padres eran, en consecuencia, sus abuelos. Este descubrimiento lo dejó tan desconcertado y perplejo que desde entonces vivía atormentado por «la sensación insoportable» —me dijo— de que había sido engañado, traicionado durante toda su vida. Entre una mezcla de rabia, desconfianza, frustración y desamparo profundos, aquel muchacho llegó a decirme: «¿Y ahora qué hago yo con mi vida, si todo era mentira... si mis padres de siempre resulta que ahora son mis abuelos ¡y mi hermana es mi madre!...? ¿Sabe usted lo que es quedarse sin pasado?, porque todo mi pasado es mentira... Yo no tengo vida, yo no tengo pasado. Mi memoria está llena de mierda, ¡de mentiras de mierda! ¿Qué puedo hacer ahora si ya ni sé quién soy?».

La memoria autobiográfica, esto es, el registro personal e íntimo de nuestra vida o, mejor aún, la historia narrada de nuestras experiencias personales no puede entenderse como una mera narración de sucesos o episodios de la vida de un individuo, sino como el auténtico soporte sobre el que se erige y desde el que se organiza la propia biografía. Gracias a la acumulación de las experiencias personales y a su evocación, los seres humanos organizamos nuestro mundo y, sobre todo y muy especialmente, organizamos el conocimiento sobre nosotros mismos; esto es, configuramos nuestro yo y creamos nuestra identidad.

De ahí que el acto de recordar, es decir, la evocación autobiográfica, esté siempre ligada al yo de un modo especial y único, porque el acto mismo de evocación personal representa al yo y proyecta una imagen suya como una entidad psicológica coherente que persiste a lo largo del tiempo y cuyas experiencias pasadas son consideradas como pertenecientes al yo actual. Cuando por determinadas circunstancias —patológicas o no— se pierde la sensación de continuidad del yo a través del tiempo, la persona se siente incapaz de representar sus experiencias pasadas y presentes como aspectos de su identidad personal, lo que se traducirá en la sensación desgarrada de encontrar muy difícil o imposible atribuir las representaciones mentales de un sinfín de recuerdos (con unos personajes, entre los que se incluye ese yo, escenarios y hechos, y envuelto todo ello en emociones y sentimientos) a episodios de su propio pasado. Es la sensación de que la propia identidad se escapa, se difumina, y acabará rompiéndose en mil pedazos porque el yo que la regulaba se desdibuja y se desmorona como un castillo de arena. Y es que, como muy sabiamente ha escrito Siri Hustvedt, «sin un pasado identificable se cierra el camino que conduce al conocimiento de uno mismo».[29]

Ese era el drama de Álvaro, el joven de diecinueve años, cuando, ante el *horror vacui* provocado por *la desintegración* inesperada de lo que hasta entonces había considerado *su pasado*, su historia, su biografía, dice angustiado no saber quién es. La clave reside en que, como veremos más adelante, la memoria autobiográfica es un prerrequisito esencial del yo al tiempo que el yo es un prerrequisito de esa memoria.

En mi opinión, esa relación inexorable entre memoria, sentido del yo e identidad personal nos coloca necesariamente frente a la realidad psicológica suprema de que el individuo humano consiste en su memoria. *Somos memoria.* Tú eres tu memoria como yo soy mi memoria. «Somos nuestra memoria / somos ese quimérico museo de formas inconstantes / ese montón de espejos rotos», escribió Borges.[30]

Por eso, si la memoria se pierde, el yo se disuelve y la identidad se diluye. Porque lo que nuestra memoria guarda es la materia prima de nuestra individualidad, la sustancia y el fundamento de lo que somos y de quiénes somos. Y por eso también tiene sentido afirmar que somos lo que somos y sabemos quiénes somos gracias a la memoria. Como iremos viendo, nuestra memoria no sólo representa nuestro más valioso talismán contra la fugacidad de la vida, dado que detiene el tiempo al registrar lo vivido y borra las fronteras entre pasado y presente gracias al recuerdo, sino que, además, se constituye en el organizador de lo vivido y lo vivido se convierte en nuestra vida.

LA MEMORIA Y LA VIDA

La norteamericana Eudora Welty (1909-2001), una de las más respetadas y queridas escritoras sureñas, cerró su deliciosa y entrañable obra autobiográfica *La palabra heredada* con estas profundas y hermosas palabras:

> Mi memoria es mi tesoro más preciado, tanto en mi vida como en mi obra de escritora [...] La memoria es algo vivo; la memoria es tránsito. Pero mientras dura su instante, todo lo que se rememora se une y vive: lo viejo y lo nuevo, el pasado y el presente, los vivos y los muertos.[31]

2
Viaje a la fábrica de los recuerdos

> Entre los fenómenos de la conciencia, el mecanismo de la memoria es, para mí, el milagro más temible y misterioso.
>
> SÁNDOR MÁRAI
>
> El recuerdo es el único paraíso del que no podemos ser expulsados.
>
> JEAN PAUL
>
> La memoria, capaz de reconstruir con paciencia las horas pasadas, segundo por segundo, le abría paraísos infinitos.
>
> ITALO CALVINO

LA FACTORÍA DEL PASADO PERSONAL

Viajar a la fábrica de los recuerdos es entrar en el territorio de la memoria personal, un lugar íntimo y privado donde se construye nuestra biografía, un espacio mental exclusivamente nuestro, donde narramos y escribimos cada día la historia de nuestra vida. Este sistema de memoria, llamado con todo derecho *memoria autobiográfica*, es un regalo excepcional de la naturaleza porque nos permite no sólo guardar registros de lo vivido y fabricar recuerdos de nuestras experiencias personales, sino, más importante aún, construir nuestra identidad, construir nuestro yo, erigirnos como individuos que saben quiénes son y mantener viva la corriente de conciencia que une lo que hemos sido con lo que somos y con lo que queremos ser.

La memoria autobiográfica es uno de los ingredientes esenciales de lo que nos hace humanos. Ningún otro animal está capacitado para desarrollar una memoria así; a lo sumo, los animales con cerebros más evolucionados disponen de *memoria episódica*, un sistema que les capacita para recordar episodios concretos en lugares concretos, pero sus «recuerdos» carecen de conciencia de sí mismos y de continuidad entre el pasado y el presente. La memoria autobiográfica es exclusivamente humana y aparece siempre acompañada de *conciencia autonoética*, lo que significa —como hemos visto en el capítulo anterior— que hay un yo que recuerda y es consciente de que narra una historia vivida por ese mismo yo.

Si, como ya hemos comentado, el sistema de memoria autobiográfica está diseñado para registrar, guardar, construir y reconstruir recuerdos de los acontecimientos vividos personalmente, entonces, en sentido estricto, todas las experiencias vividas por cualquier persona, desde las más elementales y anodinas como levantarse, ir de compras al centro comercial o tomar una pizza para cenar, hasta las más trascendentales y significativas como casarse, combatir en un frente de guerra o tener un hijo deberían quedar registradas por igual en su memoria autobiográfica. Sin embargo, este sistema de memoria, cuya extraordinaria complejidad se empieza a vislumbrar en el marco de la ciencia, no se caracteriza precisamente por tratar de igual forma todo lo que vivimos. No, en absoluto. Si hay un sistema de memoria que, como ya señalé hace años, «no es un guardián neutral del pasado»,[1] ese sistema es la memoria autobiográfica.

La memoria autobiográfica es, en efecto, la que guarda las experiencias personales, pero no cualquier experiencia, sino sólo aquellas cargadas de significado para nuestra historia vital. En ese sentido, mi memoria autobiográfica es la que me permite, por ejemplo, recordar experiencias lejanas tan íntimas y cargadas de emociones y afectos como ir subido sobre los pies de mi padre mientras él camina despacio y agarra mis manos con las suyas desde su imponente altura, o la de la noche en que mis padres me llevaron al cine de verano a ver *El libro de la selva*, la vieja y mágica película que Zoltan Korda había dirigido en 1942, o la de aquella tarde en la que fui con mis padres a una tienda de la plaza de las Tendillas de Córdoba y me regalaron la pluma estilográfica que yo elegí.

La memoria autobiográfica no es la memoria de lo que tomé ayer o el domingo pasado para cenar ni lo que aprendí en la escuela o el instituto, pero sí la del primer día que fui a la escuela unitaria y dejé de asistir a la de párvulos y la de la inseguridad y el miedo que sentí aquel día al verme entre chicos extraños y mayores.

La memoria autobiográfica tampoco es la memoria del lugar en el que he aparcado el coche esta mañana ni la de las cosas que compré el sábado en el supermercado. La memoria autobiográfica es la memoria de aquella mañana de julio de 1968 en que formalicé la matrícula para empezar a estudiar en la universidad, la del día que defendí mi tesis doctoral o la de aquel 19 de febrero de 1985 en que el vuelo de Iberia Madrid-Bilbao se estrelló en el monte Oiz, cerca de Bilbao, y murió mi colega de universidad y gran amigo Isidoro D., además del resto de los ocupantes.

La memoria autobiográfica no registra, por tanto, todo lo que acontece en nuestro día a día, sino sólo lo que vivimos y experimentamos entre emociones y sentimientos cargados de significado y trascendencia para nuestra vida. Por todo ello, decimos que la memoria autobiográfica es la memoria personal, singular e íntima que va forjando nuestro carácter y nuestra identidad y nos hace a cada uno diferente de los demás.

Hablar de memoria autobiográfica, por tanto, es hablar de los recuerdos que una persona tiene de las *experiencias* de su vida. Porque, como ya hemos dicho, las personas no evocamos los episodios, sino nuestras experiencias de dichos episodios. Esta es una matización fundamental porque nos coloca frente al atributo esencial de la llamada memoria autobiográfica; a saber, el sentido de «yo» o de «mí» que comporta.

La obra magna de la memoria autobiográfica es la construcción de una *narración* coherente acerca de quiénes somos mientras va entretejiendo las infinitas vivencias fugaces de nuestras experiencias pasadas. Una narración repleta de historias que nos contamos a nosotros mismos y a los demás una y mil veces, porque todos somos contadores de historias; tanto que nos pasamos la vida entera contándonos historias personales.

¿Y por qué esa necesidad de contarnos nuestras vidas? ¿Qué conseguimos con ello? El escritor mexicano Juan Villoro ha escrito al respecto: «Quien recuerda sus días hace algo más que repetirlos: se conoce en ellos, descifra enigmas psicológicos que no fueron evidentes cuando ocurrieron como hechos».[2] Y en efecto así es, pero es que, además, al contarnos a nosotros mismos y a los demás lo vivido se produce un hecho fundamental, y es que no sólo reconstruimos y reinterpretamos lo vivido, sino que, y esto tiene una especial relevancia, se va fraguando y consolidando en nuestro fuero interno la sensación imprescindible de que somos una identidad narrativa llena de significado, esto es, de que cada uno de nosotros es un individuo con un yo continuo, coherente y estable a través del tiempo.

Tiempo y memoria: el pasado, el presente y el porvenir. Memoria y tiempo: dos elementos trenzados inextricablemente en una dinámica continua de la que emerge nuestra autobiografía.[3]

Como reivindica el psicólogo John Kotre,[4] nos creamos a nosotros mismos a través de la memoria; y es que a través de los recuerdos vamos construyendo una historia y un protagonista, que no son otra cosa que nuestra vida y nuestro yo. Pero ¿cuándo y cómo aparece y se desarrolla la propia memoria autobiográfica?, ¿cómo emerge en su seno el sentido del yo?, ¿cómo dialogan y se relacionan el yo y la memoria?, ¿qué función cumple o para qué sirve la memoria autobiográfica?

Por el momento, digamos que entre el yo y la memoria autobiográfica existe un vínculo indisoluble: por un lado, el yo es una condición necesaria y esencial de la memoria autobiográfica y, a la vez, esta memoria es un requisito indispensable del propio sentido del yo. Esa relación recíproca implica, por una parte, que el yo se considera un producto de los recuerdos del pasado personal, y, por otra, que el acto de recordar el pasado personal presupone lógicamente un sentido del yo.[5] Esto significa que los recuerdos van siempre atados a un yo que recuerda. No es posible recordar nada sin la existencia de un yo, es decir, sin contar con una entidad psicológica estable y continua a lo largo del tiempo cuyas experiencias pasadas son consideradas como pertenecientes al yo actual.

La extraordinaria complejidad del sentido del yo, su emergencia y desarrollo, su continuidad y coherencia a través de las diferentes etapas de la vida, así como su papel crucial en la creación de la identidad, serán abordados en el próximo capítulo, donde trataremos de arrojar luz sobre un proceso tan enigmático y recóndito como el de convertirnos en quienes somos. Mientras tanto, continuaremos nuestro viaje por la factoría de la memoria autobiográfica y sus asombrosos productos.

Aunque, antes, conviene esclarecer un asunto al que ya hemos aludido anteriormente. Se trata de especificar la diferencia entre la «memoria episódica» y la «memoria autobiográfica».

UNA DISTINCIÓN NECESARIA: MEMORIA EPISÓDICA
Y MEMORIA AUTOBIOGRÁFICA

Hasta la década de 1970, la única distinción que se establecía cuando se hablaba de formas diferentes de memoria era entre una memoria a *corto plazo* y otra a *largo plazo*. A partir de 1972, los teóricos de la memoria empezarán a considerar dos tipos de memoria a largo plazo: memoria *episódica* y memoria *semántica*. El investigador responsable de esta propuesta fue Tulving,[6] quien, desde un principio, y en lo que se refiere a la memoria *episódica*, entendió que uno de los atributos esenciales de este sistema de memoria es su carácter *autobiográfico*. Con el correr de los años, los investigadores fueron aportando evidencia suficiente para ampliar el número de sistemas de memoria a largo plazo, de modo que a los sistemas episódico y semántico se añadieron otros sistemas, entre los que merece ser mencionada la memoria *procedimental*.[7]

Volviendo al asunto que tenemos entre manos —el carácter autobiográfico de la memoria episódica—, prácticamente desde el principio, y hasta hace muy pocos años, la mayoría de los investigadores se han referido a la memoria de los recuerdos personales utilizando los términos *episódica* o *autobiográfica* como sinónimos; de modo que lo habitual en libros y artículos científicos ha sido la expresión «la memoria episódica o autobiográfica». En los últimos años, sin embargo, han cambiado las cosas, y así, en la actualidad, dada la acumulación de conocimiento acerca de las características específicas de la memoria episódica y de la memoria autobiográfica, tal equiparación resulta insostenible y se hace necesario, por tanto, considerarlas no como un mismo sistema, sino como dos formas diferentes de memoria.

¿En qué se diferencian, pues, la memoria episódica y la memoria autobiográfica? Para responder a esta pregunta, recurramos a una de las definiciones últimas que Tulving ha ofrecido de la memoria episódica. En un trabajo de 2002, el profesor Tulving[8] nos dice que la memoria *episódica* es la que nos permite recordar el *qué*, el *cuándo* y el *dónde* vivimos una experiencia concreta, y añade que eso es posible porque la memoria *episódica* nos permite realizar un viaje mental a través del tiempo subjetivo, esto es, desde el presente hasta el pasado a través de la *conciencia autonoética*. Durante muchos años, esta definición ha sido considerada como un retrato adecuado de «la memoria episódica *o* autobiográfica»; sin embargo, avances recientes en el estudio de la memoria, tanto en el ser humano como en diferentes especies animales, han puesto de manifiesto que la definición de Tulving resulta poco precisa porque ambas memorias son, en realidad, dos fenómenos diferentes. Entonces ¿por qué hemos recurrido a esta definición? Básicamente, porque en ella aparecen explícitamente los componentes definitorios de la memoria episódica y de la memoria autobiográfica.

En concreto, la memoria responsable del recuerdo específico del *qué*, *cuándo* y *dónde* de una experiencia sería la memoria *episódica*. Pero el hecho de que dicho recuerdo implique un viaje mental a través del tiempo subjetivo, una conciencia autonoética y un sentido del yo son atributos de la memoria *autobiográfica*. Veamos un ejemplo: en este momento, yo puedo evocar el recuerdo de la primera vez que visité las desaparecidas Torres Gemelas, en septiembre de 1979, aprovechando mi primer viaje a Nueva York para comentar con el profesor George Sperling los datos de mi tesis doctoral. Este recuerdo, como todos los recuerdos de cualquier persona, se ha construido a partir de *información episódica* (*qué*: la visita a las Torres Gemelas; *cuándo*: en septiembre de 1979; *dónde*: en la ciudad de Nueva York) y de *conocimiento autobiográfico* (yo tengo plena conciencia de que esa visita ocurrió en un momento de *mi* pasado, hace más de cuarenta años, y de que *la persona* que vivió aquella experiencia soy *yo*).

Ahora bien, ¿cómo es posible diferenciar estos componentes y atribuirlos a sistemas diferentes de memoria? Básicamente, porque ni en todos los momentos del desarrollo humano ni en todas las especies animales se encuentra disponible el segundo grupo de atributos. Los niños pequeños, incluso de pocos meses de edad, demuestran ser capaces de recordar experiencias pasadas concretas como, por ejemplo, un móvil con unas figuras y unos colores determinados colocado sobre su cuna. Esto demuestra que, desde momentos muy tempranos de su desarrollo, los niños son capaces de recordar experiencias específicas.[9] Al mismo tiempo, se dispone de evidencia experimental sólida de que animales de diferentes especies pueden basar sus acciones en experiencias pasadas cuando necesitan recordar información específica sobre *qué*, *cuándo* y *dónde*. En otras palabras, muchas especies animales están capacitadas para recordar experiencias del pasado y utilizarlas para guiar su conducta.[10]

Estas investigaciones con niños y con animales de otras especies ponen de manifiesto que la capacidad para recordar un episodio concreto forma parte del repertorio cognitivo tanto a nivel filogenético (es decir, a lo largo de la evolución de las especies animales) como ontogenético (es decir, a través del desarrollo del individuo, en este caso, humano). Como señala la profesora Robyn Fivush, de la Universidad Emory de Atlanta, en una excelente revisión sobre el desarrollo de la memoria autobiográfica, «resulta difícil imaginar un organismo adaptativamente evolucionado que no pueda representar experiencias pasadas concretas que le informen y guíen en sus acciones presentes».[11] Ahora bien, ni en el caso de los niños pequeños ni en el de los animales se dispone de *conciencia autonoética*; para realizar sus acciones ni unos ni otros necesitan ningún yo que haya experimentado esa situación con anterioridad. En definitiva, los niños pequeños y animales de diferentes especies están dotados de alguna forma de memoria *episódica* (recordar *lo que sucedió* en un *momento* y un *lugar* determinados), pero carecen de memoria *autobiográfica* (recordar que *eso me sucedió a mí*).

¿Cómo podríamos caracterizar o definir, entonces, la memoria episódica y la memoria autobiográfica? La *memoria episódica* es un sistema que retiene los detalles sensoriales y perceptivos —es decir, específicos y concretos— de las experiencias vividas: *qué* ocurrió, *dónde* y *cuándo*, y todo ello cargado de innumerables *atributos visuales* (imágenes de todo tipo, colores, tamaños, localizaciones, etcétera), *auditivos* (sonidos, ruidos, qué se dijo y quién lo dijo, etcétera), *olfativos* (los olores juegan a veces un papel determinante en los recuerdos), *gustativos, hápticos* (o táctiles, como la suavidad, la aspereza, el frío y el calor, o la textura, en general, de los objetos y de las personas que formaron parte de la experiencia) y, por último, pero no por ello menos importantes, los *atributos emocionales y afectivos* (por ejemplo, si resultó una experiencia agradable, angustiosa, frustrante, etc.).

Por su parte, la *memoria autobiográfica* es una forma de memoria exclusivamente humana que se expande más allá de lo que es el recuerdo de un acontecimiento para refrendar que ese acontecimiento lo viví yo. O, lo que es lo mismo, la memoria autobiográfica sobrepasa las representaciones de las experiencias pasadas para destacar las representaciones de un yo involucrado en ellas, un yo que es el hilo que ensarta todas esas experiencias en un continuo a lo largo del tiempo. La memoria autobiográfica implica, por tanto, la capacidad para representarse a uno mismo como el yo que experimentó las experiencias pasadas (conciencia autonoética), esto es, como un yo con una continuidad entre el pasado, el presente y el futuro. Esa sensación de un yo continuo permitirá, a su vez, integrar y convertir las representaciones de los episodios concretos en una cadena significativa de acontecimientos, es decir, en una historia personal o narración vital, que es lo que, en definitiva, define a una persona y define una vida. Esta es la esencia de la memoria autobiográfica: la capacidad para *crear una biografía del yo*.[12] Una aventura que hace a la memoria autobiográfica exclusivamente humana, porque, como señaló hace años Katherine Nelson,[13] la creación de una autobiografía sólo es posible si existe un yo que interactúa compartiendo e intercambiando sus historias con otras personas.

A la luz de estas ideas, se considera que la *memoria autobiográfica* es el auténtico sistema para las experiencias personales, la construcción del yo y la construcción de la historia de nuestra vida, mientras que la *memoria episódica* sería aquella parte o componente del sistema autobiográfico que aporta los detalles sensoriales, perceptivos y emocionales al recuerdo.[14] Como veremos un poco más adelante, una teoría reciente postula que la condición esencial para que se forme un recuerdo autobiográfico es que la *memoria episódica se conecte* con el *conocimiento autobiográfico*. A grandes rasgos, el *conocimiento autobiográfico* conforma lo que se ha dado en llamar «el componente semántico» de la memoria autobiográfica, mientras que los *recuerdos episódicos* constituyen el denominado «componente episódico» de la memoria autobiográfica.[15]

En resumen, los términos «memoria *episódica*» y «memoria *autobiográfica*» no son equivalentes ni sinónimos, sino que hacen referencia a dos fenómenos distintos: una *parte* (la memoria episódica) y un *todo* (la memoria autobiográfica). Ese todo, el *sistema de memoria autobiográfica*, resulta de la integración de dos componentes básicos: el conocimiento autobiográfico y los recuerdos episódicos.[16]

¿Qué aporta cada uno de estos componentes a la construcción de un recuerdo? Vayamos por partes.

El conocimiento autobiográfico

El llamado *conocimiento autobiográfico* podría entenderse como el depósito de la memoria a largo plazo en el que se encuentra representado todo el conocimiento que cada persona tiene de sí misma y de su biografía. A partir de estudios con individuos sanos y pacientes con diversas alteraciones neuropsicológicas o psicopatológicas (como, por ejemplo, pacientes con amnesia, pacientes con esquizofrenia o pacientes con depresión) sabemos que este tipo de conocimiento está organizado jerárquicamente en diferentes estructuras que varían entre sí respecto a su nivel de abstracción o de concreción.

Se han identificado tres estructuras de conocimiento autobiográfico: *historias de vida, periodos de la vida* y *acontecimientos generales*.[17] Matizaré esta cuestión un poco más adelante. Analicemos, ahora, estas estructuras de conocimiento autobiográfico.

El nivel superior y más abstracto corresponde a la llamada «*historia de vida*», un esquema de conocimiento muy general de la historia personal. Analizaremos los pormenores de las *historias de vida* en el siguiente capítulo, cuando abordemos el asunto de *la identidad*, razón por la cual sólo presentaré ahora un brevísimo esbozo de esta estructura de conocimiento.

Las *historias de vida* son construcciones narrativas llenas de significado sobre la propia vida. El psicólogo Daniel McAdams, de la Universidad de Northwestern, considera que, hacia el final de la adolescencia y arranque de la juventud, las personas comienzan a reconstruir su pasado personal, perciben el presente y anticipan el futuro en términos de una historia-del-yo internalizado y en evolución, esto es, en términos de una *historia de vida* que toma forma en una narración integradora del yo y que les proporciona una visión de su vida actual con un grado aceptable de unidad y propósito psicosocial.[18] Como se ha indicado, abordaremos con detalle este asunto en el siguiente capítulo.

En el nivel inmediato inferior de la jerarquía organizativa del conocimiento autobiográfico están los *periodos de la vida*, que representan lugares, personas, actividades, sentimientos y objetivos de cada periodo concreto. Estos periodos, que podrían ser considerados como los «capítulos» de la novela de nuestra vida, se miden en años o décadas y guían el acceso a la memoria autobiográfica. Así, por ejemplo, «cuando iba a la escuela», «cuando estaba en el internado» o «cuando vivía en mi pueblo» son expresiones que hacen referencia a periodos concretos de mi vida y que me resultan especialmente apropiados para guiar la recuperación y construcción de mis recuerdos autobiográficos de esos años. Los *periodos de la vida*, además, incluyen valoraciones. Así, por ejemplo, el periodo de mi vida «cuando estaba en el internado» no sólo contiene representaciones de lugares, personas, actividades, sentimientos y objetivos comunes a dicho periodo, sino también una valoración general del mismo que se concreta en pensamientos del tipo «aquellos fueron tiempos difíciles pero decisivos para mí», «vivir alejado de casa y de mi familia resultaba, a veces, muy angustioso», «estaba solo, pero tuve la suerte de hacer muy buenos amigos», etcétera.

Por último, los *acontecimientos generales*, que son más específicos que los periodos de la vida, se refieren unas veces a *acontecimientos únicos* (por ejemplo, la primera vez que vi el mar, el día que nació mi hija o el día que visité Strawberry Field en Liverpool), otras a *acontecimientos repetidos* (por ejemplo, la compra semanal de los sábados en el hipermercado o la cena de Nochebuena con mi familia) y otras a *acontecimientos prolongados* (por ejemplo, las vacaciones que pasé en Berlín, o la última Semana Santa que he pasado en mi pueblo).

Los *acontecimientos generales* suelen abarcar días, semanas o meses. A veces tienen la forma de minihistorias, pueden referirse a experiencias de una especial significación para el yo o pueden estar agrupados en función de su semejanza emocional.

Ahora bien, quisiera llamar la atención sobre el hecho de que el conocimiento contenido en las «historias de vida», los «periodos de la vida» y los «acontecimientos generales» es un *conocimiento genérico o conceptual* procedente de la memoria semántica. Aunque todas ellas son representaciones relativas a la propia vida y forman parte del depósito de «conocimiento autobiográfico», en este depósito no existen *recuerdos* en sentido estricto. Una de las razones fundamentales es porque, como ya se ha dicho, el conocimiento autobiográfico no es episódico, sino semántico. La otra gran razón es que (y así quedó establecido en el capítulo anterior) los recuerdos *no son representaciones permanentes*, es decir, historias completas y cerradas que guarda nuestra memoria como los documentos clasificados de un archivo, sino *construcciones mentales transitorias*, es decir, compilaciones o composiciones temporales que se llevan a cabo en el momento de la evocación *conectando* conocimiento procedente de los diferentes niveles que acabamos de comentar con los detalles específicos procedentes de la *memoria episódica*. El contenido de la memoria episódica, esto es, los *recuerdos episódicos*, es lo que conforma junto con el *conocimiento autobiográfico* «la *base de conocimiento de la memoria autobiográfica*»; por consiguiente, los *recuerdos episódicos* ocuparían el nivel inferior de esa organización jerárquica.

Así pues, las *estructuras de la memoria autobiográfica* mantienen entre sí no sólo una relación jerárquica, sino «partonómica», es decir, que cada una de ellas es parte de la inmediata superior. Así, y empezando por el nivel inferior de la jerarquía, los *recuerdos episódicos* son parte de los acontecimientos generales, los *acontecimientos generales* son parte, a su vez, de los periodos de la vida y *los periodos de la vida* forman parte de las *historias de vida*.[19] El siguiente recuerdo permite observar la organización estructural y jerarquizada de la memoria autobiográfica:

> Lo que voy a contar a continuación sucedió en Oakland, California, al final de la Segunda Guerra Mundial. Yo tenía entonces seis años. No sabía entonces lo que era la guerra, pero sí era consciente de algunas de sus consecuencias. El racionamiento, por ejemplo, ya que yo tenía una libreta de racionamiento con mi nombre. [...] Recuerdo los apagones, las alarmas antiaéreas y los aviones de combate volando sobre mí. Mi padre era patrón de un remolcador y recuerdo que hablaba de buques de transporte de tropas, de submarinos y de destructores. [...] Pero lo que mejor recuerdo es al señor Bernhauser. Era nuestro vecino de atrás y era especialmente malvado y antipático con los niños, además de ser grosero con los mayores. Tenía un ciruelo italiano cuyas ramas colgaban por encima de la valla trasera de nuestro jardín. Si las ciruelas colgaban de nuestro lado, podíamos cogerlas, pero Dios nos librara de traspasar la valla. Se desataban truenos y centellas. Nos gritaba e insultaba hasta que mi padre o mi madre acudían [...]. Normalmente, venía mi madre, pero aquella vez lo hizo mi padre. El señor Bernhauser no le caía bien a nadie, pero mi padre le tenía una manía especial porque nunca nos devolvía los juguetes y las pelotas que caían en su jardín. Así que allí estaba el señor Bernhauser gritándonos que nos fuéramos al infierno y dejáramos su árbol en paz, cuando mi padre le preguntó qué era lo que pasaba. El señor Bernhauser tomó aliento y lanzó una diatriba contra los niños ladrones, los transgresores de la ley que robaban fruta y contra los monstruos en general. Creo que a mi padre se le colmó la paciencia, porque lo que hizo a continuación fue gritarle al señor Bernhauser que se muriera. El señor Bernhauser dejó de gritar, miró a mi padre, se puso colorado, después morado, se llevó la mano al pecho, se puso gris, se fue doblando lentamente y cayó al suelo. Que mi padre le gritase a un viejo miserable ordenándole que se muriera era algo que escapaba a mi comprensión. Creí que mi padre era Dios.[20]

En concreto, en este recuerdo aparecen *tres* de las estructuras del sistema de memoria autobiográfica; a saber: los *periodos de la vida*, que el narrador sitúa en su infancia y concretamente durante los años de la Segunda Guerra Mundial; los *acontecimientos generales*, que se concretan en el episodio del señor Bernhauser y las ciruelas, y los *recuerdos episódicos*, esto es, todo lo relativo a las *experiencias sensoriales y perceptivas* (por ejemplo, «la libreta de racionamiento con mi nombre», «los apagones, las alarmas antiaéreas y los aviones de combate volando sobre mí» o que el señor Bernhauser «se puso colorado, después morado, se llevó la mano al pecho, se puso gris, se fue doblando lentamente y cayó al suelo» y un largo etcétera); las *experiencias conceptuales* (por ejemplo, la idea de guerra, los conceptos de ladrón y de transgresión de la ley, la creencia de que «mi padre era Dios», etc.) y las *experiencias afectivas* que envuelven todo el recuerdo (por ejemplo, las características personales del señor Bernhauser, que era malvado, antipático y grosero, y, en general, todo el episodio de la reacción emocional del padre ante la conducta violenta del señor Bernhauser y el efecto fulminante y sorprendente que tuvieron las palabras del padre sobre la vida del vecino). Por definición, el carácter concreto y específico de este recuerdo, como de cualquier otro, no permite acceder al nivel abstracto de una *historia de vida*.

En resumen, la base de conocimiento de la memoria autobiográfica incluye las cuatro estructuras descritas antes, cuya organización jerárquica sigue un continuum que iría desde el polo superior de la jerarquía representado por las *historias de vida* —el conocimiento más abstracto y conceptual— al inferior representado por la *memoria episódica* —el más concreto y específico—.

¿QUÉ APORTA LA MEMORIA EPISÓDICA A LA MEMORIA AUTOBIOGRÁFICA?

El hecho de que la memoria episódica registre lo que sucedió en un *momento* específico de nuestro pasado y en un *lugar* determinado y, además, todo ello quede cargado de *detalles sensoriales y perceptivos* de todo tipo, así como de los *atributos emocionales y afectivos* que envolvieron el episodio vivido, va a permitir que esta memoria aporte a cada uno de nuestros recuerdos autobiográficos una gran riqueza de matices y propiedades verdaderamente sorprendentes y merecedores de nuestra atención.

Detalles, montañas de detalles de todo tipo

Para empezar, destacaremos algo que acabamos de comprobar al analizar los componentes del recuerdo sobre el señor Bernhauser y las ciruelas, y es que se trata de una historia repleta de detalles visuales, conceptuales y emocionales. La mayor parte de nuestros recuerdos autobiográficos aparecen siempre cargados de detalles, montones de detalles de todo tipo, visuales, auditivos, olfativos, táctiles y, por supuesto, afectivos. Esto significa que su contenido está muy próximo a la experiencia vivida; sin embargo, no quiere decir que los recuerdos sean registros literales de la experiencia, aunque existen casos especiales en los que pueden contener fragmentos casi literales del evento experimentado. En el capítulo 5, veremos cómo, por ejemplo, algunas víctimas de experiencias traumáticas conservan en su memoria episódica detalles extraordinariamente específicos como sonidos, olores, ruidos, colores o cualquier otro rasgo físico del escenario del trauma que, cuando acceden a su conciencia, les producen sensaciones tan intensas que les llevan a revivir el trauma sufrido. Aquí, por el momento, bastará con hacer constar que el poder evocador de los olores, por ejemplo, es muy conocido por todo el mundo, pero que resulta especialmente dramático para muchas víctimas de traumas. Así, la sobreviviente de los atentados terroristas del 11-M en Madrid, Rosa María Ventas, cuenta que, estando un día sola en casa, casi seis meses después de la masacre, comenzó a llorar y a llamar a su marido gritando: «¡Huele al tren! ¡Huele al tren!».[21] El olor producido por un cortocircuito en la lavadora había disparado la re-experiencia del trauma. La fuerza evocadora de los olores la encontramos también en la obra autobiográfica de Jorge Semprún *La escritura o la vida*,[22] y sus recuerdos imborrables del «extraño olor» de los hornos crematorios de Buchenwald, un «olor de carne quemada» que había ahuyentado a los pájaros de los bosques de Ettersberg.

Detalles tan vívidos como estos suelen retenerse también de experiencias no necesariamente traumáticas, aunque sí con una fuerte carga emocional y un elevado significado personal y/o público, como veremos cuando analicemos más adelante el caso de los llamados «recuerdos fotográficos» (*flashbulb memories*).

Cuando recordamos, vemos el pasado

Gracias a la memoria episódica, cuando recordamos vemos literalmente el pasado. Toda evocación o todo recuerdo siempre se acompaña de *imágenes visuales*. Es cierto que la memoria episódica puede contener información de cualquier modalidad sensorial, pero resulta evidente que por encima de todo predomina la visual. «La memoria episódica —escriben Tulving y Lepage— nos permite visitar mentalmente y "ver" el pasado».[23]

El componente visual de la memoria episódica está tan presente en los recuerdos autobiográficos que la gente, en general, considera esa propiedad de «ver» el pasado como lo definitorio. Más aún, cuando alguien rememora un suceso y lo acompaña de comentarios del tipo «es como si lo estuviese viendo», su relato se hace más creíble y más verídico para sí mismo y para los demás. Este aumento de la credibilidad y de la veracidad de las evocaciones propiciado por las imágenes se pone especialmente de manifiesto en las declaraciones de los testigos presenciales de actos delictivos. Y también, como no podía ser de otra manera, siempre que una persona evoca un episodio personal o lo narra como parte de su autobiografía, lo «carga» de imágenes.

El escritor polaco Stanislaw Lem (1921-2006) nos ofrece en su obra autobiográfica *El castillo alto* un sinfín de recuerdos nítidos rebosantes de imágenes visuales. De entre todos ellos quiero destacar el que narra el modo, realmente original y divertido, como llegó a «conocer tan de cerca» a su padre. Este recuerdo es pura imagen y comienza con una pregunta del autor a sus lectores: «¿Recuerdas el inventario de cosas misteriosas que los liliputienses encontraron en los bolsillos de Gulliver?». Pues bien, «una vez yo también fui liliputiense», nos dice Lem, para de ese modo abordar y conocer al «gigante» de su padre. Nos lo cuenta así:

> El modo en que llegué a conocer a mi padre fue trepando sobre él cuando se recostaba en su butaca. De su traje de gala negro podía revolver sólo los bolsillos a los que tenía acceso. Su traje olía tanto a tabaco como a hospital. El bolsillo izquierdo de la chaqueta contenía un cilindro metálico que parecía un cartucho de caza mayor. El cilindro, al desenroscarse, mostraba una serie de embudos niquelados contenidos uno dentro de otro. Se trataba de espéculos. En el bolsillo contiguo encontré un lápiz. Tenía una arandela dorada. Al apretar con una fuerza mayor de la que podía, al hacer clic, aparecía más trozo del lápiz. En el bolsillo de la levita guardaba una caja de metal que se abría con un chasquido amenazador, poseía un forro de terciopelo que contenía una minúscula bala con un parche de gamuza desplegable al accionar un botoncito. Había también una cajita de plata con un broche en la tapa; y dentro, una pieza de plata unida a la base por una goma elástica, de color violeta oscuro. Si la tocabas te manchabas los dedos de tinta. En el otro bolsillo de la levita de mi padre había un espejo redondo con un agujero en el centro, roto, con banda elástica y hebilla. El espejo me hacía la cara enorme y convertía mi ojo en un estanque donde el iris flotaba como un enorme pez marrón, y mis pestañas se convertían en los juncos de la orilla. A lo ancho del chaleco había una cadena de oro anclada a un lado; aguantaba un reloj, también de oro, con tres compartimentos. El reloj tenía números romanos y una pequeña manecilla segundera. Yo no era capaz, pese a intentarlo una y otra vez, de lograr abrir la tapa, bajo la que habitaban unas ruedecillas con ojos de rubí que brillaban en su movimiento.
> Así, tan de cerca, llegué a conocer a mi padre.[24]

La relación entre nivel de imágenes visuales y credibilidad de los recuerdos ha sido estudiada por William Brewer,[25] de la Universidad de Illinois en Urbana-Champaing, quien comprobó que los participantes en su estudio confiaban tanto más en sus recuerdos autobiográficos cuantas más imágenes visuales contenían. Estos hallazgos han sido confirmados posteriormente por el grupo de trabajo de David Rubin,[26] de la Universidad de Duke, quienes encontraron una correlación clara entre «la creencia de que los recuerdos son exactos» y el grado de viveza de las imágenes visuales que los propios sujetos atribuían a sus recuerdos.

Por otro lado, también la neuropsicología ha confirmado la naturaleza predominantemente visual de la memoria autobiográfica. Daniel Greenberg y David Rubin[27] analizaron la memoria autobiográfica de pacientes que habían perdido su memoria visual por daños en ambos lóbulos occipitales (diagnosticados de *amnesia por déficit de memoria visual*) y de pacientes con pérdida de memoria auditiva. Los hallazgos fueron consistentes con su hipótesis acerca del papel crucial que juegan las imágenes visuales en la memoria autobiográfica. En concreto, los pacientes visuales sufrían una pérdida casi total de memoria autobiográfica (de hecho, ni siquiera los recuerdos infantiles estaban preservados), mientras que los pacientes auditivos no presentaban amnesia alguna.

Mirando al pasado desde diferentes perspectivas

Tratemos ahora de evocar algunos recuerdos concretos. Por ejemplo, intente recordar la última vez que salió a cenar a un restaurante. Tómese un momento y deje que esa experiencia vuelva a su mente con las emociones y muchos de los detalles que contiene. Lo más probable es que su recuerdo aparezca cargado de imágenes visuales, como las personas que le acompañaban a la mesa y la posición de cada una de ellas. También puede que contenga imágenes no visuales, como, por ejemplo, el ruido de los platos que llegaba desde la cocina, aunque seguro que predominan por su número y por su claridad las imágenes visuales. Como hemos visto en el apartado anterior, las imágenes visuales resultan cruciales para la recuperación de los recuerdos autobiográficos.

En la imagen visual del restaurante que usted acaba de crear seguro que puede *ver* a través del «ojo de su mente» muchos detalles, como, por ejemplo, la disposición de su mesa respecto a las de otros comensales, el pequeño jarrón con flores que adornaba el centro, los platos y los cubiertos, las copas, una botella de vino y otra de agua, y el lugar exacto de sus amigos respecto a usted mismo, etcétera. Ahora bien, y esto es fundamental, dese cuenta de que está viendo ahora todo aquello tal y como lo veía con sus propios ojos aquella noche. Es decir, que usted está recordando aquella cena a través de una imagen visual que se ha originado en este momento desde el mismo punto de vista o desde la misma perspectiva que usted experimentó originalmente. A esta manera o punto de vista de recuperar el pasado se le llama «perspectiva de primera persona» o «perspectiva de campo».

Desde esa misma perspectiva, es decir, tal y como vio y experimentó toda la escena original, relata Doris Lessing el que considera su primer recuerdo:

> Mi primer recuerdo es anterior a los dos años, y es el de un enorme y peligroso caballo allá arriba, allá arriba, y sobre él mi padre, aún más alto, su cabeza y hombros en algún lugar del firmamento. Allí se sienta con su pata de palo siempre presente, bajo los pantalones, una cosa grande, dura, resbaladiza, oculta. Intento no llorar, mientras me levantan unas manos que me apretujan, y me colocan delante del cuerpo de mi padre, me dicen que debo agarrarme a la parte delantera de la silla, un duro borde prominente que me obliga a estirar los dedos para cogerlo. Estoy dentro del calor de caballo, del olor de caballo, del olor de mi padre, todo ardientes olores acres. Cuando se mueve, el caballo da sacudidas y bandadas, y echo la cabeza y los hombros para atrás, hacia el estómago de mi padre, y allí siento las duras correas de los arreos de la pierna de madera. Mi estómago se tambalea cuando nos alzamos del suelo, que queda ahora tan lejos de mí. Este es ahora el recuerdo real, violento, oloroso... físico.[28]

Sin embargo, esa es sólo una posibilidad o una perspectiva para recordar el pasado, porque existe otra. En concreto, el pasado también puede ser contemplado desde fuera de la escena en la que se desarrolló el evento; esto es, convirtiéndonos en observadores externos de nuestra propia experiencia. Así pues, trate ahora de visualizar aquella cena con amigos desde fuera de la escena, es decir, tal y como la vería un espectador que le mira a usted y al grupo de amigos con los que está cenando; de este modo, puede verse a sí mismo como un actor en esa imagen que hay ahora en su memoria. Este punto de vista externo desde el que se puede contemplar el pasado recibe el nombre de «perspectiva de tercera persona» o «perspectiva del observador».

Desde esa perspectiva exterior evoca su vida y escribe su *Autobiografía* Charles Darwin, y así lo advierte al lector: «He intentado componer el relato de mí mismo que viene a continuación como si hubiera muerto y estuviera mirando mi vida desde otro mundo».[29]

El hecho de que los recuerdos autobiográficos se puedan recuperar desde perspectivas visuales que no se corresponden necesariamente con la perspectiva desde la que se experimentó en un primer momento el acontecimiento es algo que ya fue advertido por Freud en su trabajo de 1899 «Los recuerdos encubridores». Allí escribió: «En la mayoría de las escenas infantiles importantes, el sujeto se ve a sí mismo en edad infantil y sabe que aquel niño que ve es él mismo; pero lo ve como lo vería un observador ajeno a la escena».[30] Ese es también el caso del siguiente recuerdo, descrito por Castilla del Pino en su autobiografía *Pretérito imperfecto*.

> Me veo subido sobre la espalda de mi niñera. Ella está de rodillas fregando el suelo de la cocina. Yo, quizá con tres años, me he subido a sus espaldas y juego a que voy montado a caballo. Me muevo como se mueve el jinete cuando va al trote.[31]

Aunque la distinción entre «perspectiva de campo» y «perspectiva del observador» está reconocida en el ámbito psicológico incluso desde antes del mencionado trabajo de Freud,[32] el primer estudio experimental sobre dicha distinción no se llevó a cabo hasta 1983, y corrió a cargo de Georgia Nigro y Ulric Neisser, de la Universidad de Cornell. Estos investigadores informaron de varios hallazgos interesantes. Por un lado, que, en general, los recuerdos de campo eran más frecuentes que los de observador; por otro, que aparecía una tendencia a evocar los recuerdos recientes desde la perspectiva del participante y los recuerdos antiguos desde la perspectiva del observador, y, por último, que cuando los sujetos se concentraban en sus «sentimientos» aumentaban los recuerdos de campo, mientras que cuando se concentraban en el «contexto físico» aumentaban los recuerdos de observador.

Resulta interesante destacar que, si bien tras aquel primer estudio la investigación sobre las perspectivas visuales del recuerdo se desarrolló lentamente, en las dos últimas décadas estamos asistiendo a un crecimiento exponencial de la investigación sobre estas cuestiones. La razón de ese crecimiento estriba, fundamentalmente, en que los científicos han descubierto que la perspectiva desde la que se representa un individuo su pasado no es una cuestión experiencial o fenomenológica intrascendente, sino un factor que determina cuestiones tan relevantes como la intensidad emocional que se experimenta durante el recuerdo, el tipo de información que se recuerda o cómo evaluamos nuestro yo actual en comparación con nuestros yoes pasados. Además, cada vez está más claro que la perspectiva del recuerdo juega un papel clave también en trastornos clínicos tales como la depresión, la ansiedad social, la agorafobia, el trastorno obsesivo-compulsivo o el trastorno de estrés postraumático.

Un hallazgo básico importante para entender el papel de las perspectivas del recuerdo es que, en contra de lo que se ha pensado durante años, un recuerdo concreto no se recupera necesariamente desde una única perspectiva. Es decir, que una evocación no implica una posición excluyente en el sentido de que o es «un recuerdo en primera persona» o es «un recuerdo en tercera persona», sino que puede involucrar ambas perspectivas. Por ejemplo, el recuerdo de unas vacaciones en la playa siendo niño podría iniciarse con una imagen de perspectiva en tercera persona (es decir, podría incluir una panorámica de la playa con tus padres y tú y tus hermanos frente al mar) y continuar con una perspectiva en primera persona (por ejemplo, tú estás sentado en la arena mirando al mar mientras sientes el calor del sol en la espalda, oyes el ruido de las olas y ves cómo estas se acercan y se alejan de tus pies). Estos descubrimientos me parecen de extraordinaria importancia porque ponen de manifiesto no sólo que las posiciones desde las que podemos ver nuestro pasado son flexibles y permiten el cambio, sino, sobre todo, que pueden ser consideradas como *estrategias cognitivas* que utilizamos básicamente para controlar las emociones.

Diferentes estudios con adultos sin patologías han confirmado que, tal y como observaron Nigro y Neisser, los recuerdos recuperados desde la perspectiva del observador frente a los recuperados desde la perspectiva de campo tienden a ser, por un lado, recuerdos mucho más antiguos, y, por otro, recuerdos que se reviven con muy poca carga emocional. Asimismo, disponemos de evidencia experimental que demuestra que cuando se instruye a los individuos para que se concentren durante el recuerdo en los detalles emocionales (por ejemplo, cómo se sintieron cuando vivieron el episodio que ahora tratan de evocar; es decir, si se sintieron bien, mal, felices, tristes, asustados, etc.), generan más recuerdos de campo y menos recuerdos de observador que cuando se les dice que se concentren en las circunstancias objetivas del evento (por ejemplo, el lugar, el momento del día, la ropa que llevaban, etc.). Hallazgos como estos han llevado a analizar también si las diferentes perspectivas del recuerdo afectan al humor o estado de ánimo. Y, en efecto, se ha comprobado que, por ejemplo, cuando se imaginan eventos positivos, la perspectiva de campo aumenta el humor positivo, mientras que la perspectiva del observador lo reduce. En resumen, la perspectiva de campo o de primera persona produce una mayor intensidad emocional que la perspectiva del observador, que parece estar asociada a una menor emocionalidad y a un menor impacto sobre el estado de ánimo.[33]

Ahora bien, si estos hallazgos con adultos sanos resultan interesantes, no lo son menos los encontrados en personas que sufren algún tipo de estrés emocional.[34] En concreto, está demostrado que las personas que sufren ansiedad, incluyendo el trastorno de estrés postraumático y la fobia social, así como los pacientes con depresión, recurren preferentemente a la perspectiva del observador cuando recuerdan su pasado. Este descubrimiento ha llevado a los investigadores a preguntarse qué función cumple la perspectiva del observador en las condiciones de estrés emocional.

Aunque hasta la fecha no se ha llegado a un acuerdo general respecto a si la perspectiva del observador juega un papel adaptativo o desadaptativo en muchos trastornos clínicos, disponemos de algunos descubrimientos muy sugerentes. Por ejemplo, en el caso de los pacientes con *trastorno de estrés postraumático* se ha planteado que la tendencia dominante de estos pacientes a formar imágenes desde la perspectiva del observador se debe a un esfuerzo por evitar revivir los acontecimientos traumáticos. Es decir, que la perspectiva de tercera persona, al aumentar la distancia «física» entre el paciente que recuerda y la imagen traumática, funcionaría como un mecanismo de *evitación cognitiva* que genera un mayor distanciamiento emocional.

En el caso de la *depresión*, el incremento de la perspectiva del observador parece deberse a razones similares. En los últimos años se han realizado distintos estudios con pacientes con depresión en los que se ha analizado el papel de diferentes formas de evitación cognitiva, tales como la supresión de pensamientos o de recuerdos, los esfuerzos por disociarse o separarse de los componentes afectivos de la experiencia traumática, el pensamiento «rumiativo» y las perspectivas del recuerdo, y, aunque los datos son aún provisionales, se ha encontrado que, en efecto, el empleo de todos estos mecanismos cognitivos tiene como función *impedir* el reprocesamiento emocional de los eventos negativos del pasado. En concreto, respecto a las perspectivas del recuerdo, se ha encontrado que el distanciamiento o desenganche emocional que produce la perspectiva del observador parece ser un mecanismo de evitación cognitiva más eficaz que la supresión de pensamientos y la rumiación.[35]

En resumen, en general las personas con niveles patológicos de ansiedad y los pacientes con depresión recurren preferentemente a la perspectiva del observador cuando recuerdan porque ello parece permitirles distanciarse de las emociones que acompañan a sus recuerdos. Tal estrategia funcionaría, por tanto, como un *mecanismo de defensa* que impediría revivir las emociones estresantes, lo que significa que, como señalamos un poco más arriba, la perspectiva de tercera persona o del observador es una estrategia cognitiva para la autorregulación de las emociones.

Para terminar este apartado, me gustaría hacer una observación que considero de gran relevancia teórica. En concreto, quisiera poner de manifiesto que el hecho innegable de que las personas nos veamos a veces como actores en nuestros recuerdos apoya la naturaleza reconstructiva de los recuerdos autobiográficos, y contradice la idea de que la memoria humana funciona como una especie de cámara de vídeo que registra pasivamente y de un modo literal nuestras experiencias y las reproduce más tarde con absoluta fidelidad.[36]

Lo que estoy recordando me sucedió a mí

La experiencia de recordar es realmente única. La razón estriba en que, como comentamos en el capítulo 1, cada vez que evocamos un episodio de nuestro pasado personal, sentimos que aquella anécdota o aquella aventura —alegre o dramática, no importa— fue algo que nos sucedió a nosotros. A esa «sensación» o experiencia fenoménica —ya lo dijimos también— se le denomina *conciencia autonoética*. Por eso, en psicología de la memoria decimos que el pasado personal siempre se recupera *autonoéticamente*, es decir, con la conciencia clara de que el yo actual que recuerda sabe que es el mismo que vivió la experiencia original. Esta propiedad, la *autonoesis* (o autoconocimiento), en la que la memoria episódica juega un papel clave, convierte al sistema de memoria autobiográfica en un logro evolutivo exclusivamente humano.

Investigaciones recientes nos dicen que la conciencia autonoética que acompaña al acto de recordar autobiográfico se activa justo en el momento en que un recuerdo episódico entra en el proceso de construcción de un recuerdo autobiográfico (un poco más adelante veremos cómo se lleva a cabo ese proceso de construcción). Dicho con otras palabras, «sólo cuando los recuerdos episódicos son incorporados a una memoria autobiográfica durante su construcción, el pasado es experimentado autonoéticamente y se forma un recuerdo específico».[37]

Imaginemos la siguiente situación:

> Ana está con sus amigas María y Lucía tomando café en una confortable cafetería. No se han visto en toda la semana y aprovechan para contarse cómo les ha ido en el trabajo, en casa y con la familia y los amigos. De pronto, Lucía interrumpe la conversación y dice:
> —Por cierto, ¿sabéis que hace un par de días me llamó Alberto y hemos quedado a cenar el viernes?
> —¡Bien! —responden al unísono María y Ana con cara de alegría.
> —Me ha dicho —continúa diciendo Lucía— que iremos al restaurante Seda y Plata, aquel en el que estuvimos una vez, hace bastantes años, con los compañeros de promoción, ¿os acordáis?

—Sí, claro —responde María—. Un restaurante precioso. Y, además, se come muy bien.

—Sé qué restaurante dices —añade Ana—, pero en este momento no me acuerdo de aquella cena. Conozco ese restaurante y sé que he estado allí, pero... ahora mismo no recuerdo nada, absolutamente nada de aquella cena y... casi tampoco me acuerdo del restaurante.

—Sí, mujer. —Lucía salta como un resorte—. ¿Cómo no te vas a acordar? El restaurante que está justo enfrente de Correos.

—Ya, ya lo sé —dice Ana—. Pero si sé cuál es perfectamente... y que hemos estado allí, pero ahora mismo... no consigo acordarme de ningún detalle.

¿Qué está ocurriendo en la memoria de Ana? Ella tiene conocimiento del lugar del que están hablando y sabe que ha estado allí alguna vez, lo que significa que tiene conciencia de que ese restaurante forma parte de su conocimiento autobiográfico; es decir, de que es una pieza del rompecabezas de su biografía. Entonces ¿por qué no puede recordar nada en ese momento? Sencillamente, porque el *recuerdo episódico* del día que estuvo en dicho restaurante, es decir, los detalles sensorio-perceptivos (imágenes visuales, imágenes auditivas, olores, sabores, etc.) y los detalles afectivos no se han activado y, por consiguiente, no pueden integrarse en «el recuerdo» autobiográfico que intenta reconstruir; en consecuencia, el resultado es que sólo experimenta *«conocimiento* autobiográfico». Ello significa que Ana «sabe» que ha estado en el restaurante del que están hablando, pero en este momento no tiene ningún «recuerdo autobiográfico» que la sitúe en ese establecimiento.

Lo que le ocurre a Ana no es infrecuente ni sintomático de nada raro ni patológico. Todo lo contrario, es relativamente frecuente y seguro que resulta familiar a todo el mundo. La cuestión, por tanto, es que a veces, sin saber por qué, se accede al «conocimiento autobiográfico» sin la intervención de los «recuerdos episódicos». Cuando eso ocurre, no se produce experiencia autonoética, sino que el acceso sólo se acompaña de la llamada «sensación de saber» (o «conciencia noética»): «Yo sé que he estado en ese restaurante, pero en este momento no consigo recordar nada concreto del día que estuve», serían las palabras que nos decimos a nosotros mismos o a nuestros acompañantes cuando nos vemos en una situación parecida.

No obstante, por lo general las historias como la de Ana no suelen acabar de esa manera, porque la gente que nos acompaña suele insistir en que sí podemos recordar, para lo cual buscan y rebuscan en su memoria otras pistas que nos conduzcan al episodio que buscamos en nuestra memoria.

—Pero, Ana, ¿cómo no te puedes acordar de aquella cena —insiste María— si aquella noche fue cuando nos enteramos de que Susana y Carlos habían roto, y tú, y esto lo recuerdo muy bien, me diste un codazo y me echaste una mirada de complicidad asesina...?

A Ana, de pronto, le brillan los ojos de alegría y toda la cara se le ilumina. En milésimas de segundo, al oír las últimas palabras de María, una explosión de luz se ha producido en su memoria.

—¡Ah, sí! ¡Ya me acuerdo! ¡Ya me acuerdo! —exclama Ana, totalmente aliviada—. ¡Claro que me acuerdo! Y de la mesa del rincón donde estuvimos... Y luego fuimos a tomar una copa al Savoy. ¡Claro que me acuerdo!... ¡Perfectamente! Ahora me acuerdo de todo, de todo. ¡Uf, qué alivio! Pues no me acordaba de nada.

El milagro se ha producido: en milésimas de segundo, Ana ha pasado de no recordar nada a recordar con todo detalle un episodio de su pasado. Ana ha recuperado un episodio autobiográfico, que no conseguía encontrar, gracias a que el recuerdo episódico de aquella cena —cargado con los detalles del contexto y que antes parecía no existir— se ha encendido, se ha activado y se ha integrado con éxito en su recuerdo autobiográfico correspondiente. Ahora, Ana recuerda una experiencia pasada con la conciencia (autonoética) clara —«¡Ya me acuerdo!»— de que ella vivió aquel episodio, es decir, de que ella fue protagonista también de la historia a la que se están refiriendo sus amigas. Parece magia, pero así funciona nuestra memoria autobiográfica todos los días.

Como iremos viendo, la intervención de la memoria episódica en el proceso de *recordar* (la cara visible de la construcción de un recuerdo autobiográfico) resulta fundamental, porque es gracias a la carga de detalles sensorio-perceptivos y afectivos que aporta como el sujeto que recuerda «es consciente» de que la representación mental que está manejando es realmente el *recuerdo* de una experiencia que vivió y no una fantasía, un sueño, un plan o cualquier otra construcción mental. Es la memoria episódica, por tanto, la que con su aportación de abundantes y ricos detalles nos proporciona la sensación de estar re-experimentando algo ya vivido y, en consecuencia, la que inicia el viaje mental del yo a través del tiempo subjetivo. Más adelante nos detendremos en las confusiones, en los errores y en las ilusiones a las que a veces nos lleva nuestra memoria, precisamente porque las características episódicas o son escasas o se confunden con las de otras operaciones mentales como la imaginación o los sueños.

Una cosa son los «recuerdos» y otra los «hechos» autobiográficos

Hace años que William Brewer[38] planteó la necesidad de distinguir diferentes tipos de contenidos autobiográficos a partir de la intervención de varios factores, entre los que destacan el grado de implicación del yo y la cantidad de imágenes mentales. En concreto, este investigador distinguió entre *recuerdo autobiográfico* (o «recuerdo personal»), que supone «revivir» la experiencia fenoménica individual del episodio original, y *hecho autobiográfico*, que representa el *conocimiento* relativo al episodio concreto en el que la persona participó, pero carece de cualquier representación personal e imaginística de dicho evento (es decir, los recuerdos episódicos).

Esta distinción, que ilustra el caso recién comentado de Ana, se pone de manifiesto en situaciones de la vida cotidiana tanto en personas sin patologías como en pacientes neuropsicológicos (por ejemplo, pacientes amnésicos) que sufren disociaciones de memoria a consecuencia de daños cerebrales.

Si tenemos en cuenta que todo acto de memoria autobiográfica supone siempre la activación de diferentes tipos de representaciones, al analizar, por ejemplo, mi *recuerdo autobiográfico* de «mi primer día de clase como profesor universitario» comprobamos que contiene las siguientes representaciones: un *estado mental* que representa el *conoci-*

miento autobiográfico de mi primer día impartiendo clase en la universidad («sé que hubo un primer día en mi carrera como docente universitario»), otra representación mental de aquel evento como *algo que me ocurrió a mí* en un *momento* y en un *lugar* concretos de mi vida pasada («me acuerdo perfectamente de aquel día: era por la tarde, la primera clase la impartí en un aula que estaba en la cuarta planta de la antigua biblioteca, etc.»), una representación con los *detalles* periféricos conectados a dicho evento («recuerdo perfectamente que era un aula con las paredes forradas de madera, con unos ventanales enormes al fondo que daban a la parte central del campus, que la pizarra estaba apoyada en un trípode, etc.») y una representación más de las *emociones y sentimientos* que me embargaron aquella «primera vez» («recuerdo, como si hubiese sido ayer, lo nervioso que estaba, la incertidumbre acerca de si lo haría bien o no y, al mismo tiempo, lo emocionado que me sentía al verme como profesor en la misma universidad en la que muy pocos años antes yo había sido estudiante»). Cuando se dan juntas todas estas representaciones, uno puede decir, con todo rigor, que *recuerda* un episodio de su pasado; en este caso, se puede afirmar que las diferentes representaciones mentales expuestas configuran mi *recuerdo autobiográfico* de mi primera clase como profesor en la universidad.

Pero supongamos que yo *sólo* hubiese podido acceder a la primera representación; es decir, al *conocimiento autobiográfico* de que impartí una primera clase y nada más (situación que yo expresaría más o menos así: «Naturalmente, sé, sin ningún género de dudas, que un día concreto impartí mi primera clase, pero no me acuerdo en absoluto de aquel día»). Entonces, no se trataría de un recuerdo autobiográfico, sino sólo de un *hecho autobiográfico*, es decir, algo que *sé* que ha pasado en *mi vida*, pero de lo que *no puedo recordar* nada.

Si, en efecto, me estuviese ocurriendo eso, como le pasó a Ana al principio, cuando no recordaba el episodio del restaurante, diríamos que no encuentro en mi memoria o que no puedo acceder al *componente episódico* de ese recuerdo autobiográfico. Como ya se ha dicho, esta circunstancia forma parte del funcionamiento cotidiano de la memoria de las personas sanas, por lo que resulta muy fácil encontrar ejemplos. He aquí otro, que es por completo real: yo sé que el día 5 de octubre de 1965 viajé a Úbeda para iniciar el último curso académico en el internado donde cursé mis estudios de Magisterio porque indefectiblemente en aquel centro el curso comenzaba todos los años el 5 de octubre; sin embargo, no recuerdo ningún detalle concreto, absolutamente nada, de aquel viaje. Por tanto, respecto a aquel viaje, en mi memoria queda el *hecho autobiográfico* «Yo sé que el 5 de octubre de 1965 hice un viaje desde mi pueblo, Doña Mencía, a Úbeda», pero no tengo ningún *recuerdo autobiográfico* de aquel evento.

William James[39] ya vislumbró esta condición necesaria de los recuerdos autobiográficos cuando escribió:

> La memoria requiere algo más que el simple hecho de fechar un evento en el pasado. Debe ser fechado en *mi* pasado. En otras palabras, debo creer que yo experimenté directamente su ocurrencia. Debe tener esa «calidez e intimidad» que [...] caracteriza a todas las experiencias de las que se «apropia» el pensador como suyas.[40]

En el ámbito de la neuropsicología, la distinción entre «recuerdos autobiográficos» y «hechos autobiográficos» resulta dramáticamente nítida porque el paciente con daños cerebrales, concretamente el que sufre de amnesia, lo que presenta, en realidad, es una profunda *disociación* de memoria que se concreta en un déficit grave e irreversible para evocar el más mínimo recuerdo (estos pacientes no tienen *recuerdos episódicos*) a pesar de que puede conservar grandes cantidades de *conocimiento autobiográfico* (el llamado «componente semántico» de la memoria autobiográfica). Es el caso del paciente amnésico K.C. que comentaremos en el capítulo 4.

¿CÓMO SE CONSTRUYEN LOS RECUERDOS?

Anteriormente nos preguntábamos por lo que añade o aporta la *memoria episódica* a la *memoria autobiográfica*. Los fenómenos y propiedades comentadas en los apartados anteriores demuestran que *los recuerdos episódicos* son especialmente relevantes porque son los portadores de los detalles concretos y específicos sobre la experiencia vivida, aparecen siempre cargados de imágenes, especialmente visuales, permiten ver el pasado desde dos perspectivas, intervienen de manera crucial en la generación de la experiencia autonoética y, en definitiva, porque con su especificidad limitan y encauzan los objetivos futuros. La *memoria episódica* resulta fundamental, por tanto, no sólo para conformar el llamado sistema de *memoria autobiográfica*, sino para algo tan concreto y fundamental en nuestra vida como es la construcción de los *recuerdos autobiográficos*.

Recuérdese que, aunque se tienda a pensar que los recuerdos son archivos *permanentes* e inmutables, que se mantienen guardados en nuestra memoria desde el momento en que vivimos el episodio concreto al que se refieren, todos los datos apuntan a que las cosas no son así. El cerebro humano, el órgano más evolucionado de la naturaleza, se rige, entre otros principios, por el llamado «principio de economía». Así pues, se mire desde donde se mire, el problema de la retención de lo vivido no podría haberse resuelto guardando todos los recuerdos como los archivos de una oficina o los libros de una biblioteca, es decir, como obras completas, fijas e inmodificables. Eso resultaría extraordinariamente costoso a todos los niveles: de conexiones, de recursos de procesamiento, de consumo de energía, de espacio, etcétera. En lugar de ello, lo que al parecer hace nuestro cerebro es guardar un *esquema* con los elementos esenciales de cada una de las experiencias vividas y, después, en el momento de la evocación, reconstruye la historia.

La idea más reciente al respecto —cuyo germen se encuentra en la obra *Remembering* del psicólogo británico Frederic Bartlett, publicada en 1932— es que los recuerdos autobiográficos, en general, son *construcciones mentales transitorias* a cargo del yo, de lo que se desprende que todo acto de recuperación de un recuerdo autobiográfico implica un proceso previo de construcción o de formación de dicho recuerdo. Ahora bien, conviene advertir que, a pesar del notable progreso que se ha producido durante la última década en la comprensión de la estructura y organización de la memoria autobiográfica, seguimos sabiendo poco sobre los procesos de construcción de los recuerdos autobiográficos.

Para iniciar esta andadura, conviene señalar que los recuerdos autobiográficos, como cualquier otro contenido de memoria, se pueden recuperar de un modo *voluntario*, es decir, intencional o planeado (como cuando alguien te pregunta: «¿Recuerdas cómo se llamaba el profesor de Latín?» o «¿Te acuerdas de dónde guardamos el libro de familia?»), o bien de un modo *involuntario*, espontáneo o accidental (como cuando un perfume, una canción o un objeto actúan como disparadores del recuerdo).

¿Cómo se construye un recuerdo autobiográfico? El psicólogo británico Martin Conway y sus colaboradores llevan años desarrollando un modelo de memoria que propone que los recuerdos autobiográficos se generan en lo que han llamado «Sistema Yo-Memoria» (*the Self-Memory System* o SMS, en inglés),[41] formado por dos componentes: el *yo operativo* (que podríamos considerar como el aspecto dinámico y ejecutivo del yo) y la *base de conocimiento de la memoria autobiográfica*. Este modelo o marco conceptual pone el énfasis en las interconexiones entre el yo y la memoria. En concreto, lo que se plantea es que entre el yo y la memoria se establece una relación bidireccional y compleja: los recuerdos autobiográficos se utilizan para construir nuestra representación mental del yo, y el yo resultante controla cómo acceder, almacenar y construir los recuerdos.[42]

En pocas palabras, y siguiendo el modelo SMS, la condición general clave para la formación de un recuerdo autobiográfico es que *la memoria episódica se conecte con el conocimiento autobiográfico*. En teoría, este proceso se puede producir bajo el control del yo, es decir, de un modo *voluntario*, o con una intervención mínima o nula del yo, en cuyo caso se habla de modo *involuntario*.

Construyendo un recuerdo voluntariamente

Siguiendo a Martin Conway,[43] la *recuperación voluntaria* (o estratégica) comienza siempre con una *clave*[44] (por ejemplo, un amigo te pregunta: «*¿Dónde estuviste el verano pasado?*»); a continuación, se inicia un proceso de *búsqueda* en la memoria que ofrece un resultado y, finalmente, ese resultado es *evaluado* o verificado a la luz de unos criterios establecidos de antemano. Si el conocimiento recuperado es consistente con tales criterios, se da por terminado el proceso de recuperación de un recuerdo; de lo contrario, se inicia de nuevo todo el ciclo, con una clave nueva o con la clave anterior modificada.

Imaginemos que estamos celebrando la reunión anual con los viejos compañeros del internado y, en un momento determinado, uno de ellos te pregunta: «¿Te acuerdas del día que don Antonio P. nos pilló fumando y estuvieron a punto de expulsarnos del colegio?». Ante esta pregunta (o clave de recuperación), pueden ocurrir varias cosas. Una, que tú respondas:

>Sí, claro que me acuerdo. ¡Menudo susto nos metió en el cuerpo! Me acuerdo perfectamente de aquel día. Recuerdo que hacía buen tiempo. Debíamos estar en abril o mayo. Era después de comer y habíamos estado fumando en los vestuarios del campo de fútbol de los mayores. Pero acuérdate —continúas tú con el relato— de que él no nos había visto fumar, sino que nos vio salir de los vestuarios desde lejos y, cuando íbamos por la tribuna del campo de fútbol, se acercó, nos paró y nos dijo que veníamos de fumar. «Nosotros no hemos fumado, don Antonio», respondimos todos con rapidez y contundencia. «Vosotros habéis estado fumando», continuó insistiendo él. Nosotros seguimos negando y él acusándonos. Hasta que, en un momento determinado, viendo que no había más argumento que su palabra contra la nuestra, nos colocó a los cuatro o cinco que íbamos uno al lado del otro, hombro con hombro, y dijo: «A ver, abrid la boca e id echándome el aliento». Y aquello fue nuestra perdición, porque todos apestábamos a tabaco. Al final, todo se quedó en una mala nota en Conducta. Pero, sí, me acuerdo muy bien del miedo con el que estuvimos hasta que llegó el día de la lectura de notas. ¡Qué tiempos aquellos, amigo!

En este caso, el análisis nos permite comprobar que, ante la «clave de recuperación» proporcionada por nuestro amigo, nosotros iniciamos un proceso de búsqueda en nuestra memoria autobiográfica que da como resultado una historia que, al ir siendo evaluada y confirmada por nuestro amigo y por nosotros mismos, es aceptada por ambos y termina el proceso de construcción del recuerdo.

Pero podría ocurrir algo distinto. Supongamos que ante la pregunta: «¿Te acuerdas del día que don Antonio P. nos pilló fumando y estuvieron a punto de expulsarnos del colegio?», nuestra respuesta fuese: «En este momento no me acuerdo de aquel día. Ha pasado ya tanto tiempo...». Cuando ocurre esto o algo parecido, lo más frecuente es que nuestro interlocutor no se olvide del asunto y pase a otra cosa, sino que insistirá para que consigamos recordar la anécdota que él desea compartir, tal y como las amigas de Ana insistían y la animaban. Y esa insistencia generalmente se traduce no en repetir la pregunta de forma idéntica a la primera vez, sino en plantearla de una forma diferente, es decir, modificada, bien porque se cambia la estructura o bien porque se le añade lo que llamaríamos «claves» nuevas y, así, se empieza de nuevo el ciclo de construcción del recuerdo. En nuestro ejemplo, ante nuestra respuesta negativa, nuestro amigo, podría decir entonces:

Sí, hombre, sí, ¡cómo no te vas a acordar de aquel día! ¿No te acuerdas de que don Antonio se iba enfadando cada vez más porque nosotros decíamos muy serios que no habíamos fumado, y entonces nos dijo: «Sacad lo que tenéis en los bolsillos de los pantalones» y, cuando estábamos vaciando nuestros bolsillos, a nuestro amigo Pozo se le cayó al suelo un pañuelo arrugado y salió dando saltos una caja de cerillas?

¡La-ca-ja-de-ce-ri-llas! Esas cuatro palabras entran en tu memoria como «mensajeros del pasado» y van a producir el milagro de la recuperación:

Sí, sí, sí. ¡Ya me acuerdo! —respondes tú con la cara iluminada por la recuperación de aquel episodio remoto pero ilusionante—. Uf, ¡menuda aventura la de aquel día! Sí, sí, ahora me acuerdo de todo, de todo. Perfectamente. Y de cuando, a continuación de lo de la caja de cerillas, nos hizo echarle el aliento. Sí. Ahora recuerdo toda la historia muy bien. Toda la historia. Y el miedo que pasamos..., bla bla bla.

¡Qué misteriosa es nuestra memoria! El proceso de construcción del recuerdo, que en un primer intento había resultado fallido, con las nuevas «claves» del segundo intento resulta todo un éxito. Esta es la dinámica que sigue nuestra memoria en la construcción de los recuerdos autobiográficos voluntarios: tomando como guía una o varias «claves de recuperación» nos adentramos en el territorio de la memoria como un explorador incansable que busca el tesoro escondido y que no desiste de su objetivo ante el primer fallo, sino que no ceja en su empeño e inicia una y otra vez el mismo proceso hasta encontrarlo. El ejemplo comentado ayuda a entender lo que los expertos nos dicen: que el proceso de construcción *voluntaria* de un recuerdo autobiográfico es un proceso *cíclico* que entraña la búsqueda, composición y recuperación de los recuerdos por «aproximaciones sucesivas». (No obstante, y a pesar de toda esa explicación, el carácter «voluntario» de los recuerdos es algo que, en mi opinión, hay que poner en entredicho. Más adelante, concretamente en el capítulo 6, retomaré este asunto).

Por otra parte, todos sabemos que con más frecuencia de la deseada nuestra memoria falla, incluso cuando se dispone de diferentes claves de recuperación. Es decir, que no siempre recordamos lo que queremos. Todo el mundo está familiarizado con situaciones en las que hay que decir: «No me acuerdo. Se me ha olvidado». En principio, no poder recordar algo en el momento en que se desea forma parte del funcionamiento normal y cotidiano de nuestra memoria y, como veremos con detalle en el capítulo 8 cuando abordemos el fenómeno del olvido, tales situaciones se producen por diferentes motivos.

Pero ¿por qué me acuerdo de esto ahora?

Por otra parte, y como ya se apuntó, los recuerdos pueden venir a nuestra mente de un modo *involuntario* o *espontáneo*. Seguro que más de una vez se ha preguntado por qué se encuentra tarareando ahora esa vieja canción o ese anuncio de la tele que no le importa nada, o por qué le viene en este momento a la cabeza el recuerdo de las exquisitas tostadas que le preparaba con todo cariño su abuela cuando era niño o por qué se acuerda de repente de aquella atractiva chica con la que coincidía todos los días en el autobús que lo llevaba al trabajo. Los ejemplos podrían alargarse indefinidamente, pero no creo que sea necesario; sobre todo, porque para ilustrar esos recuerdos involuntarios contamos con una de las experiencias de recuperación involuntaria más conocidas y hermosas: el episodio de la magdalena descrito por Marcel Proust en el primer volumen de su obra *En busca del tiempo perdido*. La belleza formal, la intensidad emocional y la perspicacia introspectiva del propio Proust justifican traer a colación el siguiente extracto de dicho pasaje:

> Hacía ya muchos años que no existía para mí de Combray más que el escenario y el drama del momento de acostarme, cuando un día de invierno, al volver a casa, mi madre, viendo que yo tenía frío, me propuso que tomara, en contra de mi costumbre, una taza de té. [...] Mandó mi madre por uno de esos bollos, cortos y abultados, que llaman magdalenas. [...] Y muy pronto, abrumado por el triste día que había pasado y por la perspectiva de otro tan melancólico por venir, me llevé a los labios una cucharada de té en el que había echado un trozo de magdalena. Pero en el mismo instante en que aquel trago, con las migas del bollo, tocó mi paladar, me estremecí, fija mi atención en algo extraordinario que ocurría en mi interior. Un placer delicioso me invadió, me aisló, sin noción de lo que lo causaba. [...] ¿De dónde podría venirme aquella alegría tan fuerte? Me daba cuenta de que iba unida al sabor del té y del bollo. [...] Y de pronto el recuerdo surge. Ese sabor es el que tenía el pedazo de magdalena que mi tía Leoncia me ofrecía, después de mojado en su infusión de té o de tila, los domingos por la mañana en Combray (porque los domingos yo no salía hasta la hora de misa) cuando iba a darle los buenos días a su cuarto.[45]

Resulta interesante destacar que los *recuerdos involuntarios* se producen siempre en momentos en los que nuestro sistema cerebro-mente *no* está en «modo recuperación», es decir, cuando no se encuentra involucrado en una búsqueda consciente de experiencias pasadas (nos detendremos en el «modo recuperación» en el capítulo 6). El proceso de recuperación que nos trae un recuerdo involuntario se inicia siempre ante la presencia de una clave, que con frecuencia pasa inadvertida, pero es lo suficientemente distintiva como para activar un proceso de *construcción automática* de un recuerdo, gracias a que dicha activación se propaga por una red asociativa de memoria autobiográfica al modo como se propaga una corriente eléctrica por un circuito. Valgan estas pocas palabras como explicación de lo que sucede en los laberintos recónditos y desconocidos de nuestra memoria cada vez que, sin saber por qué, recordamos momentos, lugares, personas, experiencias y emociones de nuestro pasado.

Como señalábamos al inicio de este apartado, el conocimiento científico acerca de los procesos de construcción de los recuerdos autobiográficos es todavía muy escaso, algo que se pone especialmente de manifiesto cuando se trata de los recuerdos involuntarios. Hoy en día, se sabe muy poco sobre el modo como el ambiente presente, externo e interno, guía la *recuperación involuntaria* o espontánea en la vida cotidiana.

Es un hecho fácilmente constatable que los recuerdos involuntarios son un fenómeno muy frecuente en nuestra vida diaria; sin embargo, también es cierto que este tipo de recuerdos no han despertado el interés de los investigadores hasta hace muy pocos años. Sin embargo, estos recuerdos resultan muy relevantes en determinados contextos clínicos, como en el caso de los pacientes con diagnóstico de *trastorno de estrés postraumático* (TEPT), un síndrome psiquiátrico crónico derivado de experiencias abrumadoras de alto estrés que sume a las víctimas en un estado de sufrimiento y desamparo del que difícilmente pueden salir. Más adelante (en el capítulo 5) abordaremos este trastorno y comprobaremos el papel crucial que desempeñan los recuerdos traumáticos, esos recuerdos que de manera involuntaria e intrusiva invaden la conciencia del paciente y perpetúan los síntomas que tanta aflicción provocan.

La figura más destacada en el estudio de los recuerdos autobiográficos involuntarios es la psicóloga danesa Dorthe Berntsen, de la Universidad de Aarhus. En uno de sus originales estudios, esta investigadora comprobó que los recuerdos involuntarios, en primer lugar, se acompañan de un «revivir» más intenso de la experiencia original que los voluntarios; segundo, influyen en el estado de ánimo del sujeto, y tercero, se acompañan de una reacción corporal muy característica —el *estremecimiento* (recuérdese la cita anterior de Proust cuando escribe «me estremecí»)—. Todo ello vendría a demostrar que *los recuerdos autobiográficos involuntarios* reactivan de un modo especial las experiencias emocionales de nuestro pasado.[46]

¿QUÉ PAPEL CUMPLE LA MEMORIA AUTOBIOGRÁFICA EN NUESTRAS VIDAS?

En los últimos años, el foco de interés de los investigadores de la memoria autobiográfica se ha ido centrando cada vez más en cuestiones de corte funcional; en concreto, hoy en día interesa sobre todo encontrar respuestas a cuestiones del tipo *por qué* recordamos, *para qué* recordamos o *cómo* recordamos los seres humanos los acontecimientos de nuestras vidas.

Este abordaje funcional de la memoria no está interesado en etiquetar la información recordada como veraz o errónea, real o inventada, como se ha venido haciendo tradicionalmente. La exactitud o veracidad de la memoria no es una cuestión relevante en la actualidad. Lo importante es entender cómo funciona la memoria en las relaciones humanas, cómo funciona en la vida cotidiana. Se trata de saber, de comprender, como plantea la psicóloga Susan Bluck, de la Universidad de Florida, por qué y para qué recuerdan las personas las experiencias de sus vidas, piensan y reflexionan sobre ellas y las comparten con los demás.[47]

Para responder a tales cuestiones, resulta de vital importancia analizar las posibles funciones que la memoria autobiográfica cumple en nuestras vidas. Funciones que los teóricos de la memoria han agrupado en torno a tres categorías: una función relativa al *yo* (específicamente, la construcción, continuidad e integridad del yo), una función *social* o comunicativa y una función *directiva*.[48]

La memoria define, fortalece y protege el yo

Gracias a los recuerdos del propio pasado es posible la existencia de un yo. Cuando una persona, por la razón que sea, pierde su pasado, pierde su identidad. Si una persona se queda sin recuerdos autobiográficos, pierde su sentido del yo, y eso significa que la sensación de autoconocimiento, el hecho de saber quién es, desaparece. Cada persona sabe quién es gracias a su memoria personal. A través de nuestros recuerdos damos significado no sólo a nuestro yo, sino a todo nuestro mundo personal y social.

La memoria autobiográfica —ya lo hemos apuntado— mantiene con el yo una relación decisiva, porque la memoria no sólo sirve para organizar nuestro mundo, sino, por encima de todo, para organizar el conocimiento sobre nosotros mismos. Entre la memoria y el yo se trenza una relación bidireccional y recíproca: el conocimiento del yo en el pasado o, más específicamente, de los múltiples yoes pasados, así como su proyección en el futuro personal es un tipo de conocimiento autobiográfico. Pero, a su vez, es el sentido del yo el que hace que los recuerdos se integren en una «historia de vida» *coherente* y *continua* que recoge y expresa la esencia de quiénes somos y lo que somos.

El desarrollo del yo, en tanto que representación consolidada, permanente y estable de nosotros mismos, es un proceso que abarca toda la vida, comienza en la primera infancia y se extiende hasta la vejez. La memoria autobiográfica juega un papel fundamental en dicho proceso, porque es a través de las narraciones autobiográficas personales como se desarrolla, se mantiene y se da continuidad al yo. Entre las historias personales que contamos y el yo se establece un vínculo tan íntimo que esas historias acaban convirtiéndose en parte de nosotros mismos. Porque no se trata de meras narraciones, sino de *historias situadas*, esto es, de expresiones narrativas de la memoria personal construidas por un individuo concreto, en una situación concreta, ante una audiencia determinada y con un objetivo determinado.[49]

Abundantes estudios empíricos coinciden en señalar que, si bien los niños de pocos años tienen recuerdos de los eventos pasados, esos recuerdos no están organizados en una línea temporal coherente porque todavía no tienen un sentido permanente del yo.[50] A medida que empiezan a representar eventos de duraciones temporales cada vez mayores, como, por ejemplo, rutinas diarias como ir a la guardería, o rutinas semanales como ir los domingos a visitar a los abuelos, los niños empiezan a desarrollar un concepto de sí mismos que continuará existiendo a través del tiempo. Como veremos más adelante, hacia el final de la adolescencia o comienzos de la juventud, la trayectoria evolutiva del desarrollo de la identidad biográfica comienza a reconstruir el pasado personal en una narración integradora del yo, en una *historia de vida* que aúna por primera vez los diferentes yoes en una configuración que proporciona a la vida unidad y propósito. Esa configuración es, precisamente, la *identidad* (en el sentido de Erikson),[51] asunto sobre el que profundizaremos más adelante.

La función social de la memoria

Los seres humanos —no importa repetirlo— nos pasamos la vida entera contándonos historias de lo que nos sucede. Para la psicóloga estadounidense Katherine Nelson el auténtico valor de la memoria autobiográfica está precisamente en eso, en que «se puede compartir con otros y cumple así una función de solidaridad social».[52]

En esa misma línea, las psicólogas Nicole Alea y Susan Bluck[53] han analizado las variables y procesos involucrados cuando las personas comparten sus recuerdos autobiográficos. Según estas investigadoras, usamos la memoria autobiográfica, básicamente, con tres objetivos:

1) Para *iniciar, mantener y desarrollar buenas relaciones* con nuestros semejantes: cada día, en cuanto nos encontramos con alguien conocido, iniciamos la interacción preguntando algo que va a exigir echar mano de nuestras memorias respectivas para contarnos algún episodio de nuestra vida.

—Hola, Juan. ¿Cómo estás?
—Hola, María. Me alegro de verte.
—Hace tiempo que no te veía. ¿Ha ocurrido algo?
—Bueno, no ha ocurrido nada importante, aunque podría haber sido serio. Resulta que hace un par de semanas mi padre sufrió un desmayo y, aunque en principio temimos algo serio, como un infarto o algo parecido, todo quedó en un simple desvanecimiento producido, según los médicos, por una bajada brusca de tensión. Como te

digo, la cosa no pasó del susto, porque hubo que llamar al servicio de urgencias, lo ingresaron y ha estado hospitalizado cinco días, hasta que su tensión se estabilizó. Pero ya pasó todo. Está otra vez en su casa y se encuentra muy bien.

Conversaciones como esta, en la que alguien cuenta un episodio personal a una amiga, forman parte del devenir cotidiano y ponen de manifiesto la disposición natural de las personas a contarnos lo que nos ocurre, sabedores de que al hacerlo alimentamos las buenas relaciones y reforzamos la solidaridad social.

2) Para *dar consejos, enseñar e informar* a otros: introducir en las conversaciones recuerdos personales es una estrategia que aumenta la cercanía entre los interlocutores y aporta a la conversación credibilidad y poder de persuasión.

Todos conocemos innumerables ejemplos del uso de esta estrategia; no obstante, quisiera ilustrarla. Para ello voy a recurrir a parte de un diálogo, de la aclamada serie de televisión *Breaking Bad*, entre Walter White, el químico, y Jesse Pinkman, su ayudante, que ilustra magistralmente el recurso a recuerdos autobiográficos para apoyar un argumento, dar consejos y persuadir a alguien de algo. En un momento determinado del episodio seis de la quinta temporada, Jesse visita a Walter en casa de este con la intención de convencerlo para que venda su parte de metilamina a un cartel mexicano, tal y como están dispuestos a hacer sus otros dos socios (el propio Jesse y Mike), y de ese modo poner fin a la cada vez más sangrienta y arriesgada aventura de «cocinar» metanfetamina («la meta», como ellos dicen). Walter, el químico, se niega desde el principio a vender su parte y Jesse trata de convencerlo recordándole que cada uno de ellos recibirá cinco millones de dólares, pero sólo si los tres venden la totalidad del producto.

Jesse le recuerda que, cuando dejó atrás su vida de ciudadano ejemplar y empezó a procesar la droga, no aspiraba a ganar tanto como cinco millones, sino que sólo se metió en tan azaroso lío para conseguir los 737.000 dólares que en aquel momento calculó que le hacían falta para dejar cubiertas las necesidades de su familia. Jesse lo anima a vender para evitar más muertes, y para que pueda volver a estar tranquilo con los suyos y ahorrarles disgustos. Walter le responde que sería malvender una mercancía cuya producción les ha costado mucho trabajo, y que no quiere echar por tierra todo ese esfuerzo. El diálogo adquiere un tono profundo y sincero, pero Walter no consigue hacer entender a Jesse por qué se niega a vender, hasta que decide contarle una historia personal para persuadirlo.

Entonces, Walter cuenta a su ayudante que, cuando era joven y cursaba un posgrado, fundó una empresa llamada Materia Gris junto a dos compañeros a los que, por un incidente que tuvo lugar entre los tres y sobre el que prefiere no contarle nada, más adelante decidió vender su participación por ¡sólo cinco mil dólares! Le dice que esa empresa ahora está valorada en miles de millones, lo cual es tanto como decir que regaló absurdamente la herencia de sus hijos a cambio de un par de meses de alquiler... Con esta historia personal, Walter logra transmitirle a Jesse que bajo ningún concepto está dispuesto a cometer otro error como aquel, porque lo que se propone esta vez, con la meta, no es ganar dinero, sino crear un imperio.

La vida nos enseña, y las investigaciones lo confirman,[54] que el recurso de compartir con otros experiencias e historias personales mediante la narración de recuerdos crea las condiciones idóneas para informar, aconsejar, guiar o persuadir. Un ejemplo familiar y cercano para muchos lo encontramos en las charlas entre padres e hijos.

3) Para *mostrar y generar empatía*: cuando se comparten recuerdos personales, quien recuerda y quien escucha se involucran en la misma historia. Los recuerdos personales de quien habla provocarán la empatía del oyente, dando lugar, por lo general, a que este a su vez continúe y enriquezca la historia con sus propios recuerdos personales.

Resulta interesante introducir en este punto la sutil pero relevante diferencia que implica *compartir* recuerdos autobiográficos *cuando el oyente no estuvo presente* y *cuando sí estuvo presente* en el episodio que se narra.

Cuando se comparte un recuerdo personal con alguien que *no estaba presente* en el episodio recordado, la narración tiene una función informativa, ya que supone dar a conocer al oyente —a través de un acto denominado «revelación del yo biográfico»— información sobre el hablante y su mundo.⁵⁵ Para ilustrar esta condición recurriré a un pasaje lleno de gracia y ternura de la magistral *David Copperfield*, la novela más autobiográfica de Charles Dickens. Se trata del momento en el que David Copperfield acude por primera vez a casa de su tía, la señorita Betsey Trotwood, a quien no conoce, con la intención de presentarse como su sobrino, y le cuenta sus muchas desventuras hasta llegar allí. La escena transcurre en el jardín, cuando la señorita Betsey se dispone a cortar unas raíces, y adonde David Copperfield se ha acercado:

—¡Fuera de aquí! —dijo la señorita Betsey, moviendo la cabeza y agitando el cuchillo en el aire—. ¡Márchate! ¡No queremos niños por aquí!
[...]
—Por favor, señora —empecé a decir.
Ella se sobresaltó y levantó la mirada.
[...]
—Por favor, tía, soy su sobrino.
—¡Dios mío! —dijo la señorita Trotwood. Y cayó sentada en el sendero.
—Soy David Copperfield, de Blunderstone, en Suffolk... donde usted acudió la noche en que nací para visitar a mi querida madre. He sido muy desgraciado desde que ella murió. Me han dejado de lado, han descuidado mi educación, me han abandonado a mi suerte y me han buscado un empleo muy poco apropiado para mí. Por eso me escapé para venir a verla. Me robaron antes de salir de Londres, he hecho todo el camino a pie y no he dormido en una cama desde que empecé el viaje.
Al llegar aquí, mi estoicismo me abandonó y, haciendo un gesto con las manos para mostrarle mis harapos y que estos confirmaran mi sufrimiento, rompí a llorar a lágrima viva, después de haberme reprimido toda la semana.
Cualquier expresión que no fuera la de asombro había desaparecido del rostro de mi tía, que siguió sentada sobre la grava, con los ojos clavados en mí, hasta que estallé en llanto; se apresuró, entonces, a ponerse en pie y, después de agarrarme del cuello, me condujo a la sala. [...] al ver que seguía en el mismo estado de histerismo, incapaz de contener mis sollozos, me tendió encima del sofá y colocó un chal

bajo mi cabeza y el pañuelo que llevaba en el sombrero bajo mis pies, a fin de que no ensuciara la tapicería; después, se sentó detrás del abanico...

—¡Que Dios se apiade de nosotros! —decía de vez en cuando.[56]

Dickens maneja de forma magistral los sentimientos humanos, así como los tiempos en los que estos deben entrar en juego para generar en el narrador (David) y provocar en el oyente (la tía Betsy) la empatía necesaria para alcanzar el fin buscado. David Copperfield abre su corazón y cuenta a su tía su desdichada biografía a fin de que ella se apiade de aquel niño huérfano y desvalido. Esa «revelación del yo biográfico» hace que Copperfield alcance el objetivo deseado: ser adoptado por su tía.

Cuando, por el contrario, los recuerdos se comparten con alguien que *sí estuvo presente* en el episodio que se narra, estos tienen sobre todo una función de «vinculación social», ya que al contar historias personales a otros que compartieron esas experiencias con nosotros lo que hacemos es crear vínculos interpersonales sobre la base de un «sentido de historia compartida».[57]

El delicioso diálogo entre don Quijote y Sancho que aparece a continuación, rebosante de esa ironía taimada y burlona que sólo un genio como Cervantes ha sabido expresar, ilustra magistralmente la vinculación que surge, o se refuerza si ya existía, cuando se comparten recuerdos de historias y aventuras comunes.

>En tanto, don Quijote se encerró con Sancho en su aposento y, estando solos, le dijo:
>—Mucho me pesa, Sancho, que hayas dicho y digas que yo fui el que te saqué de tus casillas, sabiendo que yo no me quedé en mis casas: juntos salimos, juntos fuimos y juntos peregrinamos; una misma fortuna y una misma suerte ha corrido por los dos: si a ti te mantearon una vez, a mí me han molido ciento, y esto es lo que te llevo de ventaja.
>—Eso estaba puesto en razón —respondió Sancho—, porque, según vuestra merced dice, más anejas son a los caballeros andantes las desgracias que a sus escuderos.
>—Engáñaste, Sancho —dijo don Quijote—, según aquello «quando caput dolet», etcétera.

—No entiendo otra lengua que la mía —respondió Sancho.

—Quiero decir —dijo don Quijote— que cuando la cabeza duele, todos los miembros duelen; y así, siendo yo tu amo y señor, soy tu cabeza, y tú mi parte, pues eres mi criado; y por esta razón el mal que a mí me toca, o tocare, a ti te ha de doler, y a mí el tuyo.

—Así había de ser —dijo Sancho—, pero, cuando a mí me manteaban como a miembro, se estaba mi cabeza detrás de las bardas, mirándome volar por los aires, sin sentir dolor alguno; y pues los miembros están obligados a dolerse del mal de la cabeza, había de estar obligada ella a dolerse de ellos.

—¿Querrás tú decir ahora, Sancho —respondió don Quijote—, que no me dolía yo cuando a ti te manteaban? Y, si lo dices, no lo digas, ni lo pienses, pues más dolor sentía yo entonces en mi espíritu que tú en tu cuerpo. Pero dejemos esto aparte por ahora...[58]

El papel fundamental que puede desempeñar la memoria autobiográfica en el desarrollo, mantenimiento y reforzamiento de los vínculos sociales ha sido interpretado como reflejo de su potencial valor adaptativo. Esta función, no obstante, depende de una serie de variables evolutivas, individuales y sociales. En tal sentido, el análisis de la fuerza del *contexto* o el momento del *curso de la vida*, la cantidad de *detalles* recordados y la *carga emocional*, o las características de *quien recuerda* y de *quien escucha* ayudan a entender las razones por las que las personas reflexionan sobre su pasado y comparten sus recuerdos con otros.[59] Veamos el papel básico de cada uno de estos factores.[60]

El contexto del ciclo vital. Existen abundantes estudios que muestran cómo los cambios en la edad cronológica (o la fase del desarrollo vital de cada individuo) y el contexto vital de las personas determinan el tipo de función social utilizada y el grado de adaptabilidad empleado.[61] En concreto, y siguiendo el modelo del «ciclo vital» de Erik Erikson,[62] los jóvenes tienden a utilizar los recuerdos del pasado para desarrollar y mantener relaciones cercanas o íntimas, como buscar pareja. Hacia la mitad de la vida, las personas empiezan a utilizar su pasado para la consecución de objetivos y aspiraciones, así como para guiar y enseñar a otros. Por último, en la edad avanzada, los recuerdos autobiográficos servirán, básicamente, para mantener la continuidad del yo, para generar empatía en los otros y para adaptarse a las pérdidas (por ejemplo, para ajustarse a la viudedad o a la jubilación).

Detalles y carga emocional. Los recuerdos más significativos se codifican o se registran en la memoria envueltos en emociones y cargados de detalles. Por tanto, las cualidades fenomenológicas del recuerdo o, siendo más precisos, la cantidad de detalles y la carga emocional de los recuerdos se convierten en factores clave de la función social de la memoria. En general, las personas tenemos recuerdos muy vívidos, esto es, repletos de afectos y de numerosos detalles, de acontecimientos de gran trascendencia personal y/o nacional. Un excelente ejemplo nos lo proporcionan los llamados «recuerdos fotográficos» (*flashbulb memories*): recuerdos muy ricos en detalles, muy exactos y extraordinariamente duraderos de las circunstancias en las que uno se encuentra cuando se entera de una noticia impactante (serán descritos en el capítulo 6). Así, ¿qué adulto español, por encima de los sesenta años, no conserva en su memoria un recuerdo altamente emocional y muy nítido del lugar donde se encontraba, lo que estaba haciendo, con quién estaba y cómo se enteró del intento de golpe de estado del 23-F de 1981?

La relación entre la cantidad de emoción y de detalles y las funciones sociales de la memoria autobiográfica resulta evidente por diferentes razones. Por un lado, está comprobado que los recuerdos cargados de detalles resultan más creíbles para quien recuerda y para quien escucha, y también más persuasivos, por lo que aumentan su función social de enseñar e informar. Por otro, compartir un recuerdo rico en detalles y con una alta carga emocional incrementa la confianza, hace que el oyente se identifique con la historia y acaba suscitando empatía y afecto con los demás.

La relevancia de los *detalles* para el recuerdo y cómo el papel de estos es aumentar la credibilidad de lo que se cuenta y, en consecuencia, ayudar a persuadir y a empatizar han sido demostrados convincentemente por la psicóloga estadounidense Elizabeth Loftus en numerosos estudios sobre el fenómeno que ella ha denominado «persuasión trivial».

Loftus, una de las mayores autoridades en el ámbito de la memoria de los testigos, quedó muy impresionada —como millones de ciudadanos— cuando se hicieron públicas las cintas con el testimonio de John Dean, exconsejero de Richard Nixon, ante el comité del Senado del caso Watergate en 1973. El testimonio de Dean contenía una cantidad abrumadora de detalles, algo que impresionó tanto a los periodistas como al público en general, que se referían a él con el alias «la grabadora humana».[63] A partir de ese hecho, Loftus se hizo varias preguntas: «¿La cantidad de detalles que una persona recuerda influye en las decisiones de los oyentes? Y, si es así, ¿por qué a las personas les impresionan los detalles?».[64]

Diferentes estudios de Loftus y otros investigadores han demostrado que los testimonios que contienen detalles triviales persuaden fácilmente a las personas. En un estudio de esta investigadora sobre «juicios simulados», los participantes que hacían de «jurado» debían juzgar la culpabilidad o inocencia de un hombre acusado de asesinar a un empleado de un supermercado durante un robo. A una parte del jurado, un testigo le relataba la escena diciendo que el acusado había robado «unos cuantos productos» (esta condición se denominaba «nivel de detalle bajo»), mientras que al resto del jurado otro testigo le contaba que el acusado había robado «un paquete de Kleenex, una caja de Tylenol y un pack de seis latas de Pepsi Diet» («nivel de detalle alto»). Los resultados pusieron de manifiesto que los jurados que habían recibido el testimonio con un alto nivel de detalles eran significativamente más proclives a considerar «culpable» al acusado.

La confirmación de estos resultados en subsiguientes estudios ha llevado a Loftus a insistir en el impacto persuasivo que tienen los detalles triviales sobre las decisiones de la gente, y a recomendar a los comunicadores que «elijan sus palabras con sumo cuidado, porque los detalles pequeños o triviales (que se incluyen en un relato) pueden llegar a ser tan influyentes como la información que se considera significativa y relevante».[65]

Características de quien recuerda. Como advierten Alea y Bluck, y es fácil de asumir, el nivel de emoción y de detalle de los recuerdos está fuertemente determinado por las características de la persona que recuerda. La psicóloga Monisha Pasupathi, de la Universidad de Utah, ha comprobado que las características propias de quien recuerda afectan a la manera en que se construyen y narran los eventos del pasado; de modo que la *edad*, el *género* y la *personalidad* del narrador acaban afectando al tipo de función social de la memoria autobiográfica.[66] Diversos estudios han documentado la influencia de la *edad*. Por ejemplo, está comprobado empíricamente que los adultos mayores reflexionan más sobre el pasado que los adultos jóvenes con el propósito de enseñar e informar a otros. Asimismo, se ha constatado que compartir los recuerdos personales para mantener relaciones de calidad aumenta uniformemente desde los veinte hasta los ochenta años y más.[67]

En cuanto a la variable *género*, está demostrado que las mujeres tienden a compartir sus recuerdos con más frecuencia que los hombres y evocan también un mayor número de experiencias emocionales. Además, las mujeres comparten sus recuerdos más que los hombres con el fin de mantener relaciones de calidad, pero menos para la función de enseñar e informar a otros. En general, parece que las mujeres están más capacitadas para poner su memoria autobiográfica al servicio de las funciones sociales.[68]

Resulta muy interesante constatar cómo tales diferencias entre hombres y mujeres aparecen muy temprano en el desarrollo. Distintos estudios del grupo de trabajo de Robyn Fivush han encontrado que a los tres años ya existen diferencias entre las niñas y los niños respecto al modo como describen sus experiencias. En una de dichas investigaciones, un estudio longitudinal en el que entrevistaron cuatro veces, a lo largo del periodo preescolar, al mismo grupo de niñas y niños acerca de experiencias pasadas, se observó que las narraciones de las niñas eran más largas y más detalladas que las de los niños. Las niñas hacían más referencias a estados internos y comentaban en mayor grado que los niños sus emociones y cogniciones. Y, aún más, se comprobó que estas diferencias se mantenían estables hasta los seis años. En un nuevo estudio, continuación del anterior, se volvió a entrevistar a los participantes cuando tenían ocho años y se observó que las narraciones de las chicas seguían siendo más extensas y más detalladas que las de los chicos. Además, las chicas mencionaban más personas y más relaciones e incluían en sus relatos más información emocional que los chicos. En conclusión, las diferencias observadas desde una edad muy temprana entre las niñas y los niños en el modo de reconstruir sus experiencias pasadas sugieren que, en general, las mujeres están más orientadas hacia las relaciones sociales que los hombres cuando presentan su yo, y que este sesgo es un aspecto fundamental en la construcción del yo desde los primeros años del desarrollo.[69]

Por último, además de la edad y el género, la *personalidad* o, más concretamente, ciertos rasgos de personalidad (por ejemplo, extraversión, estabilidad/inestabilidad emocional o responsabilidad) parecen tener efectos claros sobre el modo de relatar los episodios del pasado y sobre el contenido de las historias que nos contamos unos a otros.

Características de quien escucha. En cualquier interacción diádica, y compartir recuerdos lo es, tan determinante es el hablante como el oyente. Monisha Pasupathi ha recalcado no sólo el importante papel de quien recuerda, a la hora de construir y narrar las experiencias del pasado, sino también el de quien escucha. Esta investigadora propone que los intercambios conversacionales sobre el pasado se rigen por dos principios: la *construcción conjunta* (o co-construcción) y la *consistencia.* Para nuestros objetivos, resulta primordial el *principio de co-construcción,* que postula que las historias personales que se comparten en una conversación se construyen y reconstruyen a partir de las características tanto del hablante como del oyente.

En el devenir cotidiano de nuestras interacciones sociales, las personas elegimos contar, o se nos pide que contemos, determinadas experiencias de nuestro pasado, con la particularidad de que al hacerlo vamos reconstruyendo dichas experiencias de forma consistente tanto con nuestras características personales como con las características de nuestros oyentes. Porque, al tiempo que narramos episodios de nuestro pasado, «nuestros interlocutores discuten los detalles —añade Pasupathi— completan nuestras frases, refuerzan con entusiasmo una buena historia o expresan sin disimulo su aburrimiento, desacuerdo o confusión ante una mala historia».[70] Nuestros compañeros de conversación juegan, por tanto, un papel determinante en la construcción narrativa de nuestro pasado, lo que convierte esta en un acto social.

Existen muchos estudios en los que se han analizado los efectos de un sinfín de características del oyente sobre el recuerdo del hablante. Por ejemplo, está demostrado que tanto los hombres como las mujeres prefieren a las mujeres como interlocutores cuando revelan sus experiencias pasadas, especialmente cuando se trata de experiencias emocionales.[71]

La *familiaridad* o la cercanía del interlocutor es otra variable crucial. Las personas compartimos nuestras experiencias del pasado con la familia, con los amigos y los compañeros, con los conocidos y también con los extraños. Todos y cada uno de estos niveles de familiaridad ejercen su influencia. Por ejemplo, se ha comprobado que se recuerdan más detalles emocionales y de todo tipo, esto es, más información episódica, en presencia de amigos que de extraños. Aunque, a veces, la presencia de familiares puede constreñir las historias que se recuerdan, sobre todo cuando los familiares que escuchan también estuvieron presentes en el evento que se cuenta.[72]

La *similitud* entre hablante y oyente es otra variable relevante, teniendo en cuenta que ambos pueden ser similares o diferentes respecto a características como la edad, el género o la personalidad. En resumen, está comprobado que se recuerda más y se revela más información personal y emocional cuando el interlocutor resulta familiar, cercano, similar o coetáneo. Así pues, parece demostrado que las personas seleccionamos y cambiamos lo que contamos dependiendo de con quién estemos conversando, lo que, en última instancia, viene a poner de manifiesto la función social de la memoria autobiográfica de establecer y mantener relaciones de calidad.[73] Como nos dicen Hirst y Mainer: «Los recuerdos no surgen de las profundidades de un almacén que hay en nuestra cabeza, sino de un deseo de comunicarnos con los demás sobre nuestro pasado personal».[74]

La función directiva de la memoria

En 1994, en mi libro *La memoria humana: Función y estructura*, abordé por primera vez el análisis funcional de la memoria. Por aquel entonces, este era un asunto raro entre los estudiosos de la memoria; de modo que, salvo unos pocos artículos, no existía bibliografía que documentase que el análisis de la utilidad o la significación adaptativa de la memoria —como diría el profesor Darryl Bruce[75]— fuese una cuestión de interés para el estudio de la memoria. A partir de aquel análisis, establecí la conclusión —ya expuesta en el capítulo 1— de que la función básica de la memoria es proporcionar a los individuos una base de conocimiento lo suficientemente amplio y variado como para *guiar* su conducta de manera eficaz.

Este es un asunto sobre el que ya hemos establecido algún principio; en concreto, en el capítulo anterior hemos destacado el papel de «guía» que la memoria semántica cumple en nuestras vidas. Ahora, en este punto, queremos centrarnos en la *función directiva* de la *memoria autobiográfica*.

La idea fundamental que vengo planteando desde hace años es que, gracias a nuestra memoria, el cerebro utiliza la experiencia para dotarse de una base de conocimiento de donde recuperar la respuesta adecuada a cada situación concreta. Por otro lado —y esta sería una segunda idea básica—, el cerebro está diseñado para generar predicciones sobre el futuro. Lo que nos permite establecer —y he aquí una tercera idea primordial— que nuestro cerebro utiliza los recuerdos para formar predicciones sobre lo que espera experimentar *antes de que suceda*.

Los científicos del comportamiento humano tienen muy claro que para poder responder adecuada y eficazmente a los cambios y las novedades del ambiente las personas debemos hacer predicciones sobre los eventos futuros, y ello implica elaborar planes de acción apropiados. Como es natural, la elaboración de un plan de acción adecuado exige poder disponer de una memoria que contenga información relevante de experiencias previas, a partir de la cual haremos predicciones y elegiremos las correspondientes estrategias más adecuadas.

Los psicólogos de la memoria no han sido ajenos a la función directiva de la memoria, aunque es bien cierto que la mayoría —incluidos autores tan influyentes como los profesores Ulric Neisser y Endel Tulving— ha atribuido tales funciones a la memoria semántica, es decir, al sistema que registra y guarda el conocimiento general acerca del mundo.[76] Una posición alternativa y que ha despertado gran interés es la de David Pillemer, profesor de Psicología del Wellesley College, quien, en su original y sugerente libro *Momentous events, vivid memories*,[77] plantea que ciertas clases de recuerdos autobiográficos, aunque no sean excepcionales, pueden desempeñar funciones predictivas y directivas.

Siguiendo a este autor, entre los más frecuentes se encuentran los llamados *mensajes inolvidables*, que incluyen consejos, advertencias o máximas que, con frecuencia, se dan a niños o adolescentes. Estos mensajes pueden influir de manera significativa en su conducta y persistir en la memoria el resto de sus vidas. Muy probablemente, todos hemos oído alguna vez, o hemos dicho nosotros mismos, algo como: «En situaciones como esta, siempre me acuerdo de las palabras de... mi padre... mi profesor... mi abuela...». Si me permiten una confesión, nunca he olvidado ni olvidaré lo que me dijo mi padre cuando yo tenía menos de diez años, antes de entrar en el internado, y que posteriormente le oí en repetidas ocasiones: «Hijo mío, el saber, el conocimiento, es lo más grande de este mundo». No me cabe la menor duda de que aquellas palabras han marcado mi carrera y mi vida, y siguen estando tan vivas en mi memoria como la primera vez que salieron de su boca.

Otro tipo de recuerdos influyentes son los derivados de los llamados *eventos originarios*, esto es, de los momentos que marcan el inicio de la trayectoria que conduce a la situación actual de la persona. Uno de los ejemplos que emplea Pillemer es el momento en el que a Einstein, siendo aún un niño de cuatro o cinco años, se le mostró una brújula: «El que la aguja se comportara de manera tan determinada —escribió el adulto Einstein— no cuadraba para nada con la clase de fenómenos que tenían cabida en el mundo inconsciente de los conceptos. Aún recuerdo —o creo recordar— que esta experiencia me causó una impresión honda e indeleble».[78] Aunque por lo general este tipo de eventos ocurre durante la infancia y la adolescencia, la mayoría de la gente recuerda cuándo, dónde y cómo empezaron eventos significativos de su vida que experimentaron siendo adultos: una relación amorosa, una carrera profesional, etcétera.

Por último, mencionaré los llamados *momentos decisivos* o puntos cruciales (*turning points*), esto es, episodios concretos, o series de episodios, que cambian o alteran el curso de la vida de las personas.

Un ejemplo, que sobrecoge por la precocidad del narrador, lo encontramos en la obra del joven Friedrich Nietzsche *De mi vida. Escritos autobiográficos de juventud (1856-1869)*. A lo largo de la segunda quincena de agosto de 1858, Nietzsche —que en aquel momento tenía trece años y diez meses de edad— escribió la que sería la primera historia de su vida. Aquella narración autobiográfica la tituló *De mi vida*, y en ella narra tres acontecimientos «*cuyas consecuencias cambiaron el curso de toda mi vida*». Los acontecimientos que significaron para Nietzsche *momentos decisivos* fueron la muerte de su padre, ocurrida el 27 de julio de 1849, cuando él sólo tenía poco más de cuatro años; la muerte de su hermano pequeño Joseph, seis meses más tarde, y el subsiguiente abandono de su querida Röcken, la villa donde nació, para trasladarse a Naumburg, «hecho con el que concluyen los cinco primeros años de mi vida».[79]

En definitiva, la memoria autobiográfica no sólo nos hace humanos, sino que nos hace humanos sociales o, como diría Harré,[80] «seres sociales» que interactúan compartiendo experiencias, recuerdos e historias. Necesitamos el pasado, tenemos que recordar lo experimentado, pensar en lo vivido, reflexionar sobre ello y compartirlo con los demás porque estamos hechos para vivir con otros. Somos personas que necesitan conectar sus vidas individuales con otras vidas, básicamente para saber quiénes somos. Ese es el gran papel, el trascendental papel, que juega nuestro pasado o, mejor aún, nuestra memoria autobiográfica en nuestras vidas: permitirnos «explicar el mundo en el que nos encontramos», conectarnos con los demás y decirnos quiénes somos para así predecir y planificar nuestro futuro.[81]

Aunque el trecho recorrido ha sido extenso, el viaje a la factoría del pasado personal no acaba aquí; más bien empieza ahora, cuando, desbrozado el camino y abiertas las puertas de la fábrica mágica de nuestros recuerdos, ante nuestros ojos emerge el territorio vasto y poliédrico de la memoria autobiográfica y sus infinitos reflejos, efectos y creaciones.

3
¿Quiénes somos?

El conocimiento de uno mismo es el primer paso para toda sabiduría.

ARISTÓTELES

No pretendo encontrar al que fui, eso sería una empresa estéril, pretendo dirigir miradas de entonces sobre mí ahora.

ELIAS CANETTI

El sujeto construye yoes porque tiene memoria.

CARLOS CASTILLA DEL PINO

Basta con la facultad de la memoria para que alguien siga siendo el mismo en diferentes tiempos y en diferentes espacios.

JAVIER MARÍAS

SIN MEMORIA NO ERES NADA, SIN MEMORIA NO ERES NADIE

La mañana del 5 de mayo de 1995, en las escaleras de acceso a una iglesia del centro de Bolonia, la policía recogió a un hombre joven que pedía ayuda a los transeúntes porque no sabía quién era ni dónde estaba. Tras ser ingresado en un hospital, se comprobó que aquel hombre de aspecto limpio y saludable, que aparentaba unos treinta años, no llevaba ningún documento ni efecto personal que permitieran su identificación, excepto la llave de un coche. El vacío de la memoria de aquel hombre era tal que no pudo dar ningún detalle acerca de su identidad personal ni sobre su pasado. La historia completa de su vida parecía haber sido borrada de su mente... y, sin memoria, aquel individuo no era nadie. Al encontrar en su bolsillo la llave de un coche, exclamó: «Ah, probablemente tengo un coche»; sin embargo, no recordaba nada ni sabía quién era ni dónde o cuándo había nacido ni dónde vivía o en qué trabajaba. Tampoco sabía por qué estaba en Bolonia o cómo había llegado allí. Las exploraciones médicas no mostraron ningún tipo de daño ni anomalía alguna. Desde una perspectiva médica, «todo estaba bien» y, sin embargo, aquel hombre estaba aterrorizado frente al vacío abismal en que se había convertido su mundo interior: un agujero negro que había engullido hasta su propio yo.[1]

Este es el caso de un hombre que sufrió un tipo de amnesia llamada *amnesia disociativa*,[2] que se caracteriza, en este caso concreto, por una primera fase, llamada *fuga*, en la que la persona escapa o se fuga de manera literal del lugar en el que está sin tener ninguna conciencia de ello, y por una segunda fase en la que toma conciencia de sí mismo, pero con el desconcertante descubrimiento de que no sabe quién es. Esta segunda fase, en la que comienza propiamente la amnesia retrógrada (de tipo *generalizada* en este paciente), deja al descubierto que la persona ha olvidado la historia de su vida, es decir, que se ha quedado sin memoria autobiográfica, y eso equivale a decir que se ha quedado sin biografía y, en consecuencia, sin identidad. Quedarse sin identidad significa perder esas cualidades únicas y permanentes que nos permiten saber quiénes somos. Cuando eso ocurre, mirar en tu interior debe ser tan aterrador como asomarse a un abismo espectral en el que todo ha desparecido, incluido tú mismo.

La construcción de la identidad es un proceso lento en el desarrollo humano y, como ya se ha señalado en los capítulos anteriores y seguiremos ahondando en ello, depende sobremanera de la acumulación en nuestra memoria autobiográfica de información, conocimiento, ideas, sensaciones y sentimientos acerca de nosotros mismos y de nuestro mundo circundante, incluidos los otros, de cuyas opiniones, valoraciones y reacciones se alimenta también nuestra identidad.[3] En este sentido, la tesis sobre la que se vertebra mi exposición, y que ya ha sido explicitada, es que el yo es un prerrequisito esencial de la memoria autobiográfica y que, a la vez, esta memoria es un prerrequisito del propio sentido del yo. Esa relación especial implica, por una parte, que el yo se considera un producto de los recuerdos del propio pasado personal (es decir, los recuerdos autobiográficos se utilizan para construir la representación mental del yo), y, por otra, que el acto de recordar el pasado personal presupone lógicamente un sentido del yo (una vez construido el yo sobre la base de los recuerdos, este controla no sólo el acceso a los mismos, sino cómo construirlos y almacenarlos).

La evocación autobiográfica, esto es, recordar, es un acto ligado al yo de un modo especial y único, ya que —como ha señalado el profesor Stanley B. Klein, de la Universidad de California en Santa Bárbara— representa al yo como una *entidad psicológica coherente que persiste a lo largo del tiempo* y cuyas experiencias pasadas se consideran que pertenecen al yo actual. Por otro lado, Klein, apoyándose en autores tan influyentes como William James, Jerome Bruner y otros muchos, plantea que la experiencia de *la continuidad del yo* a través del tiempo requiere al menos tres condiciones: capacidad de «autorreflexión» (es decir, la capacidad de pensar en mis propios estados mentales), un sentido de «agentividad» personal (es decir, la presunción de que yo soy quien causa mis pensamientos y acciones) y un sentido de «propiedad» personal (es decir, la sensación de que mis pensamientos y actos son realmente míos; esto es, que me pertenecen).[4] Respecto a esta última condición, recordemos cómo William James insistió en que la memoria no sólo requiere situar un hecho en el pasado, sino situarlo en *mi* pasado. Cuando por determinadas condiciones patológicas se rompe la continuidad del yo a través del tiempo, la persona se vuelve incapaz de representar sus estados pasados y presentes como aspectos de la misma identidad personal, quedando por tanto incapacitado para saber que un estado mental actual representa un episodio vivido en su pasado.

Memoria e identidad

La relación entre la memoria autobiográfica y el yo es una relación dialéctica permanente. Relación recogida, a veces, en expresiones que parafrasean a otras con ecos clásicos o muy extendidos. Por ejemplo, frente al postulado cartesiano «Pienso, luego existo», los psicólogos de la memoria declaran «Recuerdo, luego existo», o, frente a la popular sentencia «Somos lo que comemos», en memoria establecemos «Somos lo que recordamos». Naturalmente, esta especie de eslóganes lo único que pretenden es llamar la atención sobre la fuerte interdependencia entre *memoria* e *identidad*, al margen de la exactitud de la correspondencia.

Desde antiguo, se ha considerado que evocar y pensar en el pasado personal, es decir, entrar en el territorio de la memoria autobiográfica y reflexionar sobre las experiencias vividas, resulta fundamental para ir consolidando una sensación coherente de identidad y de continuidad personal. William James subrayó esa dependencia entre la memoria y la identidad personal con la siguiente suposición:

> Si un buen día un individuo despierta siendo incapaz de recordar ninguna de sus experiencias pasadas, hasta el punto de que tiene que aprenderse su propia biografía de nuevo, o si sólo recuerda los hechos de ella de un modo abstracto y frío como cosas que él está seguro de que sucedieron algún día; o si, sin esta pérdida de memoria, todos sus hábitos corporales y espirituales cambian durante la noche, de modo que cada órgano dé un tono diferente, y que el acto de pensar llegue a ser percibido por sí mismo de un modo diferente; él *siente*, y *dice*, que es una persona diferente.[5]

Somos memoria, ya lo hemos dicho. Nuestros recuerdos constituyen y conforman nuestra vida, porque es a través de ellos como nos identificamos a nosotros mismos y mantenemos la continuidad del yo, de nuestro sentido de que somos alguien, a través del tiempo. El 2 de julio de 2003, alrededor de las siete de la mañana, Douglas Bruce,[6] un hombre de treinta y cinco años, se da cuenta de que está en un vagón del metro de Nueva York. No sabe adónde va ni de dónde viene, ni tampoco sabe quién es. Este es otro caso real de *amnesia disociativa* de tipo *generalizada*, el caso real de un hombre que pierde *todo* el contenido de su memoria autobiográfica, el caso real de una persona que, de pronto, se ha quedado sin pasado, el caso real de una persona que, de pronto, ha dejado de saber quién es. Este es otro caso de un hombre ¡que no es nadie! La desorientación, el vértigo, el terror que probablemente genera una experiencia tan terrible quedan reflejados con toda crudeza en el relato del protagonista, justo una semana después de haber perdido todo su pasado:

> Lo primero que veo [desde el vagón de metro en el que toma conciencia de sí mismo] es un lugar en el que no recordaba haber estado nunca en absoluto, ¡jamás!... Lo que veo son unos bloques de pisos modestos, unos antiguos y deteriorados edificios de hormigón y... apenas si había gente en el metro. Lo cual también me produjo gran desasosiego. Además, no sabía dónde iba; de modo que, de repente, pensé: «¿De dónde he salido?». Estás en un lugar donde no puedes orientarte, no conoces nada. ¡Es aterrador! Es sencillamente aterrador. [...] Intentas recordar qué puedes haber estado haciendo o dónde cenaste la noche anterior o qué estabas haciendo o qué... ¡y no te acuerdas de nada! Tratas de aferrarte a algo. Es un poco como estar a oscuras e ir a tientas, guiándote por el tacto, e intentar encontrar algo a lo que agarrarte, pero sin conseguirlo.

En aquella situación de total desorientación respecto a sí mismo y al ambiente, de pronto, Doug se da cuenta de que lleva algo sobre los hombros: la mochila. Registra su contenido, pero nada de lo que contiene le da ninguna pista acerca de quién es él. Y acude a la policía. «Me dicen —continúa relatando Doug—: «¿Qué, podemos ayudarle?», y respondo: «Sí, sí. No sé quién soy». Pero la policía fracasa en su intento de identificarlo, por lo que decide trasladarlo al servicio de urgencias del hospital de Coney Island. Tras las preguntas de rigor y las exploraciones oportunas para completar su historia clínica, es trasladado al ala de psiquiatría, donde se le somete a más pruebas médicas. En un momento determinado, continúa relatando Doug:

[...] me dicen: «¿Puede firmar esto?» y cojo el boli y... es como si algo hiciese así —mueve con rapidez la mano con la que escribe— y empiezo... y digo: «Jod*r, sí puedo. ¡Soy alguien! ¡Tengo una firma!». Y... la cosa es complicada, porque mi firma consiste en poco más que un garabato, es bastante ilegible, pero me doy cuenta de que la primera letra es una D, ¡y llevan todo el día llamándome Johnny! Me preguntaron: «¿Cómo quiere que lo llamemos, quiere que lo llamemos John?», y dije: «Sí, vale, está bien», y, de pronto, ¡me di cuenta!, y dije: «Miren, ¡soy alguien!».

Sobrecogen esas últimas palabras: «¡Soy alguien!».

Ante casos como este, en que una persona pierde su memoria y deja de ser «alguien», parece acertado afirmar que, en efecto, somos lo que recordamos. Pero ¿lo somos realmente? ¿En qué medida y cómo nuestras experiencias pasadas contribuyen a convertirnos en lo que somos?, ¿qué parte de nuestra personalidad, de nuestra identidad, de nuestro modo de ser están determinadas por la experiencia acumulada en nuestra memoria? ¿Depende la identidad de la memoria autobiográfica o esta de la identidad? De momento, digamos que la relación parece recíproca más que unidireccional, como tradicionalmente se ha tendido a suponer; por lo que se asume que nuestros recuerdos influyen en nuestra identidad y viceversa.

Considero oportuno comentar que la literatura científica sobre *identidad* ofrece con frecuencia un panorama un tanto confuso, sobre todo en lo relativo a la definición de este concepto. Básicamente, porque un número nada desdeñable de científicos no establece distinción alguna entre el término «identidad» y el término «yo», como suele ocurrir entre la gente a pie. Sin embargo, en sentido estricto, y aunque hasta ahora no lo haya explicitado, considero que el *yo* es una cosa y la *identidad* otra diferente.

Desde muy pequeños, los niños saben quiénes son y te lo dicen, saben a qué categoría social pertenecen (algunos ejemplos de categorías sociales serían sexo, etnia, clase social o nacionalidad),[7] al igual que saben cuáles son *sus* juguetes o *sus* zapatos; sin embargo, son incapaces de ver su vida como una configuración con apariencia de unidad y propósito, como hacen los adultos. Esto significa que los niños tienen *yoes*, pero aún no tienen una *identidad* (biográfica o narrativa). Hay un momento en la evolución progresiva del mal de Alzheimer en el que el paciente todavía sabe quién es y puede decir su nombre, pero ya no dispone de referentes ni personales ni sociales en los que ubicar quién ha sido; es decir, le falta un marco vital en el que definirse a sí mismo y a los otros. Cuando eso ocurre, podemos afirmar que el paciente de alzhéimer conserva su *yo*, pero ha perdido su *identidad*.

No obstante, como decía, hay una tendencia a utilizar ambos términos como sinónimos. De modo que no es extraño encontrarse con declaraciones como estas: «El *autoconcepto* y la *identidad* ofrecen respuestas a las cuestiones básicas: "¿Quién soy yo?", "¿de dónde vengo y adónde voy?"» o «El *concepto de yo* y la *identidad* es lo que nos viene a la mente cuando pensamos en nosotros mismos, incluyendo tanto la identidad personal como la social. Son nuestra teoría de nuestra propia personalidad, lo que sabemos o podemos saber acerca de nosotros mismos».[8] Resulta innegable que, cuando pensamos en el concepto de «yo», inmediatamente lo asociamos con «identidad», y es lógico, porque el *yo* nos define en muchos sentidos y contribuye de manera crucial en la construcción de la *identidad*. Sin embargo, un análisis más profundo nos pone en la pista de que el concepto de *yo* parece que, además de distinto, es más extenso que el concepto de *identidad*. De hecho, un nutrido número de investigadores (psicólogos del desarrollo, psicólogos de la personalidad y psicólogos sociales) considera que el concepto de *yo* es un constructo más general, del que la *identidad* sería sólo una parte.[9] Cuando el psicólogo social Henri Tajfel define la «identidad social», parte de esta misma idea: «Entendemos por identidad social aquella parte del autoconcepto de un individuo que deriva de su pertenencia a un grupo (o grupos) social junto con el significado valorativo y emocional asociado a dicha pertenencia».[10] Porque el yo no es una entidad psicológica suspendida en el vacío social, como diría George H. Mead. Los rasgos que lo definen sólo adquieren sentido y significado (valor) por comparación con los que definen a otras personas. Cabría decir, entonces, que el *yo* es un espacio multidimensional dentro del cual se encuentra la *identidad*.

Así utilizaré aquí el concepto de «identidad»: como una parte del «yo». Para ello, seguiré la propuesta del psicólogo del desarrollo Erik

Erikson,[11] quien propuso una distinción clara entre el *yo* y la *identidad*. Asimismo, y sin renunciar en ningún momento a dicha distinción, utilizaré el concepto de *yo* como sinónimo de «identidad personal», y me referiré a la idea eriksoniana de *identidad* con la expresión «identidad narrativa». Contraponiendo *identidad personal* a *identidad narrativa* entiendo que, además de mantener la coherencia teórica, podré destacar aún más las diferencias entre ambos conceptos.

Yo, *self* y memoria: creación y mantenimiento de la identidad personal

Antes de adentrarnos por los vericuetos del concepto de *identidad personal*, considero oportuno hacer referencia al *self*. Hablar del *self* no es exactamente hablar del *yo* ni tampoco de la *identidad*, aunque con frecuencia se utilicen los tres términos de modo intercambiable. El término inglés *self*, del que no tenemos un equivalente exacto en español (el «sí mismo» es la traducción más aproximada), hace referencia a un concepto muy rico y en el que William James introdujo una distinción de extraordinaria relevancia psicológica; a saber, el *self* como sujeto (*yo*) frente al *self* como objeto (mí/mío). Por lo que «yo» hace referencia al sentido subjetivo del *self*, en cuanto «yo» soy quien piensa, quien recuerda, quien experimenta o quien es agente causal, mientras que «mí/mío» se refiere al contenido del *self* o el objeto que hay que describir («lo mío» o todo lo que percibo y conozco de mí). No obstante, no es fácil separar nítidamente ambos sentidos, tal y como el propio James advirtió:

> [...] está claro que entre lo que una persona llama *mí* (o *yo*) y lo que simplemente llama *mío* es difícil trazar una línea divisoria. [...] pues estamos ocupándonos de un material fluctuante; a veces el mismo objeto es tratado como parte de mí, otras veces como simplemente mío, y otras más como si yo no tuviera nada que ver con él. *En su acepción más amplia posible,* sin embargo, *el self de un individuo es la suma total de todo lo que PUEDE llamar suyo,* no sólo su cuerpo y sus facultades psíquicas, sino sus ropas y su casa, su esposa e hijos, sus antepasados y amigos, su reputación y sus obras, sus tierras y caballos, y su yate y su cuenta bancaria.[12]

Como señaló el destacado psicólogo de la personalidad Gordon Allport, «es mucho más fácil sentir el *self* que definir el *self*», algo que históricamente han comprobado los filósofos interesados en la ontología del *self*.[13]

Dejando al margen la perspectiva ontológica, lo que resulta oportuno para nuestros propósitos es considerar el *yo*[14] desde una perspectiva fenomenológica; esto es, desde la experiencia humana en primera persona. Como han señalado destacados psicólogos cognitivos, un individuo tiene sentido del *yo* si es capaz de generar pensamientos en primera persona, si posee conocimiento en primera persona. Y añaden esta interesante observación:

> El ojo no puede verse a sí mismo, pero el yo sí puede conocerse a sí mismo: el estatus simultáneo del yo como sujeto y objeto de la conciencia es uno de los problemas perennes de la filosofía.[15] Para los seres humanos, al menos, y quizá para algunos otros animales también, la cognición no se dirige simplemente al medio externo. Nuestras mentes también se vuelven hacia dentro, permitiéndonos adquirir, almacenar, recuperar y utilizar conocimiento sobre nosotros mismos.[16]

Desde esa perspectiva, el concepto de *yo* resulta extraordinariamente útil para nuestros objetivos, porque lo que nos interesa entender es cómo llegamos a saber quiénes somos y lo que somos.

En efecto, nuestro sentido del *yo* está ligado de manera muy íntima a la «historia» de cómo nuestras experiencias pasadas han hecho de nosotros quienes somos, y cómo quienes somos nos ha llevado a hacer lo que hemos hecho y lo que hacemos. Destacadas psicólogas del desarrollo coinciden en señalar que nuestra memoria cumple dos funciones básicas al registrar las experiencias personales: por un lado, organiza nuestro conocimiento sobre el mundo y, por otro, organiza y da sentido a nuestro conocimiento sobre nosotros mismos.[17] Ahora bien, el conocimiento que vamos acumulando día a día sobre nosotros mismos valdría de poco si no estuviésemos capacitados para representar nuestro *yo* como una entidad psicológicamente *coherente* y *estable* a través del tiempo, capaz de evocar las experiencias pasadas y de sentir que le pertenecen, es decir, que el pasado recordado es *su* pasado. Como ha señalado Tulving repetidas veces,[18] el sistema de memoria episódica (autobiográfica) cumple justo esta función, al permitir a su poseedor viajar mentalmente hacia atrás a través del tiempo subjetivo y revivir las experiencias pasadas con la sensación clara de que entre el *yo* actual que recuerda y el *yo* que vivió originalmente el episodio existe una identidad y una continuidad.

Desarrollo del yo y emergencia de la memoria autobiográfica

Cada persona es autora de la historia de su propia vida, una historia que va escribiendo poco a poco, día a día, a medida que construye y comparte su pasado. Porque al contar nuestras experiencias (a nosotros mismos y a los demás) estamos, en realidad, construyendo y reconstruyendo simultáneamente nuestros *yoes*.

El escritor y premio Nobel de la Paz Elie Wiesel escribió: «Las personas se convierten en los relatos que escuchan y en los relatos que cuentan». Y es que a través de las «historias» que nos contamos unos a otros a diario se va configurando la imagen que cada cual tiene de sí mismo, se va construyendo nuestro *yo* y se acaba creando el propio autoconcepto, es decir, quiénes somos y cómo somos. Los psicólogos George Rosenwald y Richard Ochberg lo expresaron así:

> El modo como las personas cuentan sus historias —lo que destacan y lo que omiten, su papel como protagonistas o como víctimas, la relación que establece la historia entre el relator y la audiencia— conforma lo que la gente puede declarar de sus propias vidas. Las historias personales no son simplemente una vía para que alguien (o uno mismo) cuente la propia vida; son la manera a través de la cual se forjan las identidades.[19]

Todos somos capaces de recordar innumerables momentos específicos de nuestro propio pasado, pero no todos esos recuerdos merecen ser contados ni incluidos en una historia de vida o en una autobiografía, porque no todos los recuerdos de nuestro pasado tienen el valor o el significado personal que los haría valedores de ser considerados auténticamente autobiográficos. De ahí que, cuando compartimos nuestro pasado con otros, elegimos lo que queremos contar. Las razones que guían la selección de esas experiencias que deseamos que los demás conozcan pueden ser muchas y diversas, además de tener relevancia. Pero de lo que no hay duda es de que, a pesar de que nos pasamos la vida contándonos unos a otros nuestro pasado, inmediato y remoto, nadie cuenta todo lo vivido. Tendemos a contar lo que consideramos más significativo (aunque la significación personal de los recuerdos podría cambiar en función de las circunstancias del presente), pero también lo que resulta más consistente con la propia imagen de nuestro *yo* actual, del mismo modo que omitimos e incluso cambiamos y hasta falsificamos los recuerdos que entrarían en conflicto con nuestro *yo* presente. En resumen, que acabamos contando y recontando los recuerdos que consideramos que mejor nos definen como personas, los recuerdos que Singer y Salovey denominaron «definidores del yo» (y que analizaremos más adelante en este mismo capítulo). Por tanto, compartir con otros nuestro pasado en un formato conversacional se revela como un fenómeno de extraordinaria relevancia en el proceso de construcción de nuestra identidad personal y en la transmisión a los demás de la imagen de nuestros *yoes*.

La construcción de la identidad personal corre (casi) paralela, por tanto, con la aparición y el desarrollo del sistema de memoria autobiográfica, aunque la emergencia del *yo* parece una exigencia previa. En efecto, el psicólogo Mark Howe[20] mantiene la teoría de que los recuerdos autobiográficos dependen de la presencia previa de un «yo cognitivo». En pocas palabras, lo que este autor propone es que, en el desarrollo ontogenético, la emergencia de la memoria autobiográfica como sistema depende de la existencia previa de un organizador y regulador de la experiencia, denominado «yo cognitivo», es decir, un *sentido de sí mismo*, que hacia los dieciocho meses de edad se revela en el reconocimiento que hace el niño de su propia imagen en el espejo, y que se expresa o se comunica primero por medios gestuales y más adelante verbales. El «yo cognitivo» se compone de registros de experiencias y de memoria (genérica más que autobiográfica) «experimentados» personalmente por el niño con la ayuda del lenguaje de los adultos, lo que va a permitir organizar la información y las experiencias de forma autobiográfica. En esencia, lo que el «yo cognitivo» va a posibilitar es el agrupamiento y la personalización de los recuerdos en lo que será la memoria autobiográfica.

Desde el momento del nacimiento, el adulto, con su lenguaje, está describiendo y destacando las experiencias del niño: lo que le duele, lo que le gusta, lo que hace, cómo es; de esta manera, el lenguaje del adulto facilita que el niño segmente su experiencia en unidades que posteriormente irá asociando con etiquetas o representaciones lingüísticas.[21] El empleo por parte del niño de los primeros términos relativos a su persona («nene», «mío» o su nombre de pila), hacia los dieciséis-dieciocho meses, es un indicador de que ese «yo cognitivo» se está constituyendo ya como una representación diferenciada. Más adelante, los progresos en cuanto a la comprensión y uso de los pronombres personales (destacando en especial el pronombre «yo»), las formas verbales de pasado y los enlaces sintácticos que permiten combinar dos ideas u oraciones, a partir de los veinticuatro-treinta meses, harán posible la emergencia de una memoria autobiográfica con una estructura ya propiamente narrativa. Algo que ocurrirá, según Howe,[22] a partir del «encuentro entre el *yo* y la memoria», hecho que suele producirse hacia el final del segundo año de vida, y que dará lugar a que la memoria de un acontecimiento se convierta en la memoria de un evento que me sucedió a mí. A partir de entonces, esa memoria, por definición, es autobiográfica. Así pues, la *memoria autobiográfica* aparece cuando los niños han consolidado un sentido básico del *yo* y han comenzado a construir de manera reflexiva una comprensión rudimentaria del *mí*.

Conviene precisar que, aunque los niños pequeños recuerdan eventos antes de esa edad (los niños disponen desde muy temprano en su vida de un sistema de memoria episódica), no es hasta el final del segundo año cuando *la memoria episódica se personaliza* y empiezan a organizar los eventos que han experimentado como «cosas que me sucedieron a mí». Desde ese momento, el *mí* se expande hasta incluir recolecciones autobiográficas, recordadas como pequeñas historias que han ocurrido en «mi vida». Pero debe tenerse muy presente que ese proceso de personalización de las experiencias es sobre todo de naturaleza social.

En ese sentido, el presupuesto básico de la *teoría sociocultural del desarrollo de la memoria*, del grupo de trabajo liderado por la recientemente fallecida profesora Katherine Nelson, es que la memoria autobiográfica emerge y se desarrolla en un contexto social.[23] Esta teoría, sobre la que dicho grupo viene trabajando y aportando datos empíricos desde hace tres décadas, propone que la memoria autobiográfica emerge de forma gradual a lo largo de los años preescolares, a través de procesos de interacción social y de desarrollos cognitivos fundamentales, entre los que destacan el desarrollo del lenguaje, de la memoria y del *yo*.[24]

A grandes rasgos, el proceso de construcción del sistema de memoria autobiográfica arrancaría con las interacciones conversacionales que desde muy temprano establecen los padres con sus hijos. Por lo general, los padres empiezan a contar historias o anécdotas personales a sus hijos bastante antes de que estos sean capaces de entenderlos, pero dejándolos participar en tales historias. Una vez que los niños son capaces de tomar parte en esos relatos, algo que suele ocurrir alrededor de los veinte-veinticuatro meses de edad, los padres los animan a hablar de sus experiencias personales. Naturalmente, al principio los padres toman la iniciativa en la estimulación de la memoria y narración del pasado haciendo que el niño recuerde los eventos recientes, tales como el paseo de la mañana por el parque o la visita del día anterior a casa de los abuelos. Sin embargo, gracias a este temprano andamiaje conversacional proporcionado por el adulto, al poco tiempo los propios niños introducen sus episodios personales como temas de conversación y, además, lo hacen con una frecuencia en verdad muy alta.[25] De modo que hacia los tres años los niños ya están involucrados de forma activa en la construcción de su experiencia pasada a través de conversaciones con los adultos y hacia el final de los años preescolares son capaces de ofrecer una narración relativamente coherente del pasado.

Esas «charlas sobre recuerdos» (*memory talks*) resultan interesantes por diferentes razones. Primero, porque en esos contextos conversacionales los niños aprenden a participar en conversaciones sobre el pasado; segundo, porque así van conociendo las estructuras narrativas que las personas de su entorno suelen utilizar cuando hablan de lo que les ha ocurrido; tercero, porque aprenden a estructurar narrativamente sus propias experiencias para compartirlas con los otros;

cuarto, porque de ese modo están aprendiendo a contar y a representar su pasado personal, y quinto, y muy especialmente, porque así acaban aprendiendo a recordar.

Además, las «charlas sobre recuerdos» resultan interesantes porque los niños van construyendo sus propias historias de vida al tiempo que van creando una historia compartida con los miembros de la familia. Esto significa que el hecho de compartir las experiencias personales se constituye, por un lado, en un importante *modo de socialización y de construcción de la identidad* y, por otro, en una actividad fundamental para la creación y mantenimiento de vínculos interpersonales.[26] Como ha señalado Nelson, «una vez que los niños aprenden a compartir sus recuerdos con los demás, se encuentran en el camino que les permitirá compartir todo el conocimiento culturalmente acumulado que se les irá ofreciendo en casa, en la escuela y en cualquier parte».[27]

¿CÓMO SE ESTRUCTURA Y ORGANIZA LA ESPECIAL RELACIÓN ENTRE LA MEMORIA Y EL YO?

La idea básica que ya adelantamos es que la memoria autobiográfica y la identidad personal (o el *yo*) están interconectadas; en concreto, entre la memoria autobiográfica y el *yo* se da una relación dinámica y recíproca, no unidireccional: la memoria autobiográfica fija el *yo* en la realidad recordada y limita lo que el *yo* puede ser, pero al mismo tiempo el *yo* modula los procesos de memoria.[28] Esto significa que, por un lado, las experiencias almacenadas en la memoria son la materia prima de la que se nutre el *yo* y la sustancia que facilita el mantenimiento de un autoconcepto dinámico a través del tiempo. Y, por otro, que el *yo* dirige el modo como los recuerdos personales son codificados, organizados y recuperados en la memoria autobiográfica; es decir, que el *yo* controla el acceso a la memoria.

En el contexto teórico actual, el *yo* no se considera una sustancia ni mental (el alma) ni física (el cuerpo), sino *una entidad mental que se construye, se expresa y se reconstruye a través de narraciones del pasado.*[29]

Si bien el pasado es inamovible —pues lo que ocurrió no se puede cambiar—, las personas alteran con frecuencia los recuerdos de su pasado a fin de conectarlos y encajarlos en su presente, un proceso —como veremos un poco más adelante— guiado por los objetivos y motivaciones del *yo* actual. Como señala Howe, en realidad la memoria y el *yo* mantienen una relación no ya recíproca, sino *simbiótica*, donde el conocimiento autobiográfico restringe lo que es, ha sido y puede llegar a ser el *yo*, mientras el *yo* modula el acceso al conocimiento registrado en la memoria en su búsqueda constante de una coherencia vital. Veamos, con un poco más de detalle, los dos lados de esta simbiosis.

Contribuciones de la memoria autobiográfica

Aunque todavía no se ha llegado a entender adecuadamente la complejidad de las relaciones entre memoria autobiográfica e identidad personal, parece claro que la memoria contribuye de un modo crucial al *contenido* y la *continuidad* del *yo*. Para Erikson,[30] la unidad y la continuidad del *yo* (o la «mismidad interior», según su expresión) son los factores responsables del sentido de identidad personal. Es la misma idea que, desde la filosofía, nos legó Unamuno cuando escribió: «Lo que determina a un hombre, lo que le hace un hombre, uno y no otro, el que es y no el que no es, es un principio de unidad y un principio de continuidad».[31]

En cualquier momento de su vida, toda persona cuenta con diferentes *yoes* pasados, diferentes *yoes* presentes y posibles *yoes* futuros, lo cual no implica ningún tipo de disgregación o ruptura de su identidad.[32] En su novela *Orlando*, Virginia Woolf escribe respecto a los diferentes *yoes* del personaje: «Una biografía se considera completa con que dé cuenta de seis o siete yoes, mientras que una persona puede llegar a tener muchos miles».[33]

Y es que ¡guardamos en nuestra memoria tantos *yoes*! El niño alegre e impetuoso que corría a todas horas jugando y riendo con los amigos de su calle, el alumno aplicado que acudía cada día a la escuela, el adolescente impulsivo que descubrió amores imposibles, el joven soñador y dedicado al estudio que aspiraba a ser un hombre de provecho «el día de mañana», el padre tierno y entregado al cuidado y educación de su hija, el profesor apasionado por la investigación y la docencia, el ciudadano sensibilizado ante los problemas sociales y políticos, el hombre maduro dueño de secretos e historias imaginadas, vividas y no vividas.

Antonio Muñoz Molina dedica un capítulo de su magna obra *Sefarad* a la polifonía del *yo*, y lo hace con la brillantez de ideas y de palabra que le caracteriza. Ese capítulo, titulado «Eres», se abre así:

> No eres una sola persona y no tienes una sola historia, y ni tu cara ni tu oficio ni las demás circunstancias de tu vida pasada o presente permanecen invariables. El pasado se mueve y los espejos son imprevisibles.

Y, un poco más adelante, continúa diciendo:

> Eres cada una de las personas diversas que has sido y también las que imaginabas que serías, y cada una de las que nunca fuiste, y las que deseabas fervorosamente ser y ahora agradeces no haber sido.

Para concluir:

> Eres cualquiera y no eres nadie, quien tú inventas o recuerdas y quien inventan y recuerdan otros. [...] Eres quien imaginaba porvenires quiméricos que ahora te parecen pueriles, y quien amó tanto a mujeres de las que ahora ni te acuerdas, y quien te avergüenzas de haber sido, quien fuiste a veces sin que lo supiera nadie.[34]

Nuestra memoria crea y guarda multitud de *yoes* en un orden y organización sabiamente establecidos que se relacionan, dialogan, se reconocen y se respetan, se funden a veces, pero no se confunden, porque todos ellos no son más que ventanas a la vida de una sola y única identidad. «Yo, que tantos hombres he sido, no he sido nunca aquel en cuyo abrazo desfallecía Matilde Urbach», se lamentaba el inefable Borges,[35] en un alarde más de perspicacia y sabiduría acerca del alma humana.

La experiencia cotidiana y personal nos demuestra que, a pesar de los diferentes *yoes* del pasado y del presente y de los futuros «yoes posibles»,[36] la identidad personal se percibe en todo momento como un todo compacto y unificado. Porque *no somos* múltiples *yoes*, sino que *hemos sido y podemos ser* otros *yoes*. La simultaneidad de *yoes* nos llevaría a la locura. Por eso, la unidad del *yo* es un estado mental necesario y permanente que se produce gracias a la integración de los componentes de los diferentes niveles de la identidad a través de un proceso que McAdams llama «*selfing*» (o «yoificación», valga la expresión), en el que la identificación de experiencias diferentes de «yo/mí/mío/mi» («Sí, soy yo», «Ahora me toca a mí», «Este libro es mío», «Esa es mi casa», etcétera) hace que las diversas identidades se integren creando un sentido de unidad.

El *yo* se nutre, pues, de la memoria autobiográfica; pero ¿qué componentes de esta memoria resultan cruciales para conformar el *contenido* del *yo* (y también la continuidad del *yo*)?

Recuérdese que, como vimos en el capítulo 2, la memoria autobiográfica incluye dos componentes: la *memoria autobiográfica episódica* o componente episódico y la *memoria autobiográfica semántica* o componente semántico.[37] La llamada actualmente *memoria autobiográfica episódica* se refiere a los recuerdos de los acontecimientos vividos en primera persona con todos los detalles contextuales, es decir, sensoriales, perceptivos y emocionales específicos del lugar y del momento en que experimentamos tales eventos. Pero, claro, en nuestra memoria autobiográfica existe otro abundante tipo de conocimiento relacionado con nuestro *yo* que, sin embargo, no tiene un origen experiencial, sino que se trata de conocimiento conceptual que hemos aprendido de otros o es el resultado de un conocimiento acumulado de naturaleza genérica y no episódica. Dicho conocimiento es a lo que actualmente se denomina *memoria autobiográfica semántica*. Por ejemplo, el conocimiento relativo a la fecha de nuestro nacimiento, a nuestro domicilio, nuestra estatura, nuestro peso, nuestros gustos y aficiones, etcétera; el conocimiento acerca de nuestros amigos y conocidos, incluyendo sus nombres, caras o rasgos de personalidad; el conocimiento relativo a las personas famosas, sus caras, profesiones, etcétera, o los nombres de nuestros compañeros de colegio y de nuestros profesores serían todos ellos ejemplos de conocimiento autobiográfico, pero no de conocimiento episódico en sentido estricto.

Entonces ¿cómo contribuyen los componentes episódico y semántico al contenido del yo? Aunque existe un cierto debate entre los estudiosos respecto al papel de cada uno de estos componentes, parece claro que tanto la memoria autobiográfica *episódica* como la memoria autobiográfica *semántica* contribuyen al contenido del *yo*, así como a la creación del sentido de *continuidad narrativa*. Aunque todo hace pensar que es, sobre todo, la *memoria autobiográfica episódica* «con sus cualidades de conciencia autonoética y de viaje mental en el tiempo la que contribuye a la *continuidad fenomenológica*»[38] del *yo*.

El sentido de la identidad personal surge, pues, de la propia memoria autobiográfica, de la acumulación de conocimiento y recuerdos relativos al *yo* y de la interacción con los otros. Recuerdos y conocimiento que utilizamos, interpretamos y reinterpretamos al contar la historia cotidiana de nuestra vida; primero, a nosotros y, después, a los demás. La construcción de la identidad, por tanto, podría entenderse como una «autocomposición» de nosotros mismos, porque, en efecto, nosotros somos los auténticos artífices de nuestra identidad: cada persona es la autora de su vida, de su historia, de la narración de su (auto)biografía en estrecha relación con los otros.

La necesidad del «otro» o de los otros para la construcción del «yo» es una idea presente en los trabajos de destacados científicos sociales de los dos pasados siglos (excelentes ejemplos serían Charles Cooley, George H. Mead, Norbert Elias, Karl Mannheim o Solomon Asch). Cooley definió el «yo» a través de la metáfora «el yo del espejo» (*looking-glass self*), porque, como señaló, no puede haber sentido del «yo» sin sentido del «tú» ni sentido del «él» o del «ellos». Mead extendió y dio un giro psicológico a las ideas de Cooley y escribió:

> El individuo se experimenta a sí mismo como tal no directamente, sino sólo indirectamente, desde los puntos de vista de los miembros particulares de su mismo grupo social o desde el punto de vista del grupo al que pertenece como un todo.[39]

También el filósofo soviético Mijaíl Bajtín (1895-1985) abordó la relación entre el *yo* y el *otro*, entre la conciencia propia y la de los demás, para tratar de explicar el surgimiento del *yo* o la emergencia de la *subjetividad*. Bajtín subraya la trascendencia del *otro* para la construcción del *yo*, porque sin el otro no hay posibilidad subjetiva: «Yo existo para otro y con la ayuda del otro», escribió. Y añadió:

> Todo lo que se refiere a mi persona, comenzando por mi nombre, llega a mí por boca de otros (la madre), con su entonación, dentro de su tono emocional y volitivo. Al principio, tomo conciencia de mí mismo a través de los otros: de ellos obtengo palabras, formas, tonalidad para la formación de una noción primordial acerca de mí mismo. [...] Como el cuerpo se forma inicialmente en el seno (cuerpo) materno, así la conciencia del ser humano despierta inmersa en la conciencia ajena.

En definitiva, concluye Bajtín: «Sólo al revelarme ante el otro, por medio del otro y con la ayuda del otro, tomo conciencia de mí mismo, me convierto en mí mismo».[40] Y es que, como muy acertadamente nos dicen los psicólogos sociales Blanco, Horcajo y Sánchez: «Los otros no sólo son necesarios para saber quién soy, sino que son, todavía más, un espejo en el que todos los días me veo, me miro y en el que se refleja mi imagen».[41]

La *identidad personal* vendría a ser, por tanto, la roca sólida y profunda sobre la que se apoya nuestra esencia como personas, una amalgama de experiencias de *múltiples* «yoes» que actúan e interactúan con *múltiples* «otros» en *múltiples* contextos, haciendo uso de *múltiples* facetas de la *misma y única* identidad.

La integración de los diferentes *yoes* pasados, presentes y futuros es un proceso fundamental para lograr la otra característica básica de nuestra identidad: el sentido de *continuidad del yo* a través del tiempo de vida. Cuando Erikson habla de «mismidad» está haciendo referencia básicamente al *sentido de continuidad del yo*; es decir, al hecho de que, aunque en este momento yo me sienta diferente de cuando, con seis o siete años y pantalón corto, corría cada mañana a la escuela de mi pueblo, o cuando con dieciséis me sorprendieron fumando en el internado y estuve a punto de ser expulsado, o cuando con veintisiete fui contratado como profesor ayudante en mi universidad, o cuando con treinta y cuatro nació mi hija, o cuando con cuarenta y tres visité las cataratas de Iguazú, o cuando con cincuenta y ocho años paseé bajo la Puerta de Brandeburgo en Berlín, o cuando con sesenta y dos entré en la mítica The Cavern en Liverpool, a pesar de todo, es decir, a pesar de recordarme distinto, yo tengo una conciencia clara de que soy la misma persona de entonces, es decir, de que por muchos años que hayan pasado sigo siendo el mismo y lo seguiré siendo de modo permanente mientras viva. «Somos siempre el mismo, pero nunca lo mismo», sentenció Kant.

Este sentido de *mismidad* y *continuidad* temporal es un rasgo inherente del *yo*, un rasgo inherente a nuestra identidad personal. Una condición *sine qua non* para la supervivencia psicológica. Cuando esta condición queda destruida por algún accidente cerebral, la persona queda atrapada en un ahora perpetuo, eterno, atenazador que la deja *desconectada* del flujo de la vida. Esto le ocurrió a Clive Wearing,[42] un excepcional músico británico, productor de música clásica de la BBC y una de las mayores autoridades mundiales en música renacentista, tras sufrir una encefalitis por herpes simple que le afectó a los lóbulos temporales y a las regiones inferiores y posteriores de los lóbulos frontales. En un cuaderno en el que escribía lo que sentía en un intento por detener, por fijar, su ambiente permanentemente cambiante, este hombre había escrito: «3.15 pm: *Now I am awake* (Acabo de despertar)», y a continuación aparecía tachado «3.15» y sustituido por «3.20: Acabo de despertar», «3.25: Acabo de despertar», y así sucesivamente. En los nueve diarios que este paciente había completado hasta octubre de 1993, prácticamente sólo aparece la misma observación una y otra vez, cientos, miles de veces, siempre precedida por la hora del día y con intervalos de minutos: «*Now I am awake*», que refleja su preocupación constante por aprehender lo que no pasaba de ser más que una sensación tan repetitiva como fugaz de «Acabo de despertar». «Así que —como señala su esposa Deborah Wearing—, los diarios son, línea por línea, una sucesión de asombrados despertares».

El mundo actual de Clive —declaró en una ocasión Deborah a la BBC— consiste en un *momento*, sin pasado en el que anclarlo y sin futuro hacia el que mirar. Cada momento es como un parpadeo. Él ve lo que tiene enfrente, pero, en cuanto la información le llega al cerebro, se esfuma. Nada queda registrado. Todo le llega perfectamente bien... Él percibe su mundo como usted o como yo, pero, en cuanto lo ha percibido y mira a otro lado, desaparece. Por tanto, es algo así como una conciencia de momentos... vacía de tiempo.

El propio Wearing calificó su vida tras la encefalitis como «el infierno en la tierra; es como estar muerto». Y es que todos los seres humanos tenemos la necesidad trascendental de construir una historia de la propia vida, una autobiografía íntima, que no es sino una *narración interna continua y sin fisuras* sobre la que apoyar nuestra vida o, mejor, sobre la que cimentar lo que le da sentido, es decir, nuestra identidad, nuestro *yo*. La humanamente insoportable vida-sin-tiempo del paciente amnésico Clive Wearing, o como él mismo la definió «mi vivir-ahora», que parece más propia de una pesadilla que de la vida real, ilustra de forma dramática la ineludible necesidad que todos tenemos de construir nuestra propia biografía, esa sucesión de experiencias personales íntimamente relacionadas, causal e intencionadamente encadenadas y cronológicamente ordenadas, donde el tiempo ni se rompe ni se detiene, porque la historia de nuestra vida o la memoria autobiográfica es impensable sin el vector tiempo.

Ahora bien, el *sentido de continuidad*, además de experimentarse de esa forma narrativa, lo hace también a un nivel *fenomenológico* o, lo que es lo mismo, de un modo experiencial, vivencial, subjetivo y con conciencia de ello. Esa experiencia fenomenológica de continuidad la sentimos cada vez que recordamos un episodio de nuestro pasado personal, porque, como ya se ha dicho, evocar el pasado implica siempre un viaje mental en el tiempo y la conciencia autonoética de que el *yo* que recuerda es el mismo *yo* que vivió el episodio recordado.

Evocar el pasado, recordar experiencias pretéritas, significa viajar por una dimensión histórico/temporal que es inevitablemente particular y única, porque el tiempo de mi memoria no coincide con el tiempo de la memoria de nadie, ni siquiera con el tiempo de aquellos con quienes he compartido los mismos eventos. Por eso, cuando Tulving afirma, como se recordará, que «la memoria es un truco que ha inventado la evolución para que sus criaturas puedan comprimir el tiempo físico»,⁴³ a mí me parece que acierta de lleno. La metáfora de la *compresión del tiempo* (¿o no será una metáfora?) recoge sabiamente la idea de que la memoria transforma el tiempo físico en tiempo psicológico: las experiencias de mi memoria se extienden en dimensiones temporales que poco o nada tienen que ver con las de los demás y, por supuesto, pertenecen a un nivel ontológico por completo diferente de aquel del tiempo físico. Una dimensión temporal que, como decía, es necesariamente única porque pertenece al *tiempo psicológico* o *subjetivo* por el que cada persona viaja cada vez que evoca una experiencia pasada.

En mi opinión, la idea de *autonoesis* (esa capacidad del adulto que permite tomar conciencia de la propia existencia a lo largo del tiempo subjetivo) sintetiza cabalmente las complejísimas relaciones entre memoria y tiempo⁴⁴ y, en consecuencia, es la que nos certifica en todo momento nuestra *continuidad* existencial o fenomenológica. Gracias a la conciencia autonoética, nos percatamos de nuestra identidad y de su continuidad; de que somos poseedores de una biografía completa (aunque no acabada), de «una narración interior continua» —como dice Oliver Sacks—, en la que seguro que faltan datos, pero en la que no encontramos (o no deberíamos encontrar) fracturas ni vacíos. Gracias a la conciencia autonoética, viajamos continuamente por nuestra vida pasada sin sensación de rupturas ni extrañamientos («el lenguaje no se ajusta a lo que realmente experimento, pues no dejo de reconocerme en cada secuencia de mi vida»,⁴⁵ confiesa Carlos Castilla), porque el protagonista de nuestra historia no deja ni por un momento de ser el mismo *yo*. De ahí que sea la conciencia autonoética la que, en última instancia, permite la emergencia y la construcción de la propia identidad. Y por eso, cada vez que evocamos una experiencia pasada, la sensación que experimentamos es algo fenomenológicamente muy especial, algo que no tiene nada que ver con responder que «Júpiter es un planeta de nuestro sistema solar» o que «la manzana es una fruta», porque al evocar el pasado personal «nos recordamos» —como diría Castilla del Pino⁴⁶—, re-experimentamos, revivimos algo nuestro a través de una complejísima combinación de pasado y de presente, de lo que fuimos y de lo que somos, conscientes de que los inconmensurables momentos de nuestra vida están ensartados como las perlas de un collar por la flecha del tiempo experimentado subjetivamente, ese hilo sutil, resistente y continuo de nuestro yo que une las dos orillas de nuestra memoria autobiográfica. Y por eso también, cuando la autonoesis desaparece, el yo se rompe en mil pedazos, con la consiguiente desintegración de la identidad, y el individuo pierde sus referentes y todo lo que le permite utilizar expresiones tales como «yo», «mí», «mi vida», «ayer», «mañana», etcétera, lo que le deja confinado en «un mundo sin tiempo» en el que no hay posibilidad de instalar al *yo*.

Es un hecho sobradamente constatado que los seres humanos de todas las culturas y edades pensamos en nuestro pasado y hablamos de él con nuestros semejantes, lo que revela que este es un rasgo universal y definitorio de «lo humano». Las psicólogas Susan Bluck y Nicole Alea realizaron un estudio con el fin de encontrar respuesta a la pregunta: «¿Por qué y para qué las personas recordamos tantas cosas de nuestro pasado?». La respuesta general es que el recuerdo y narración del pasado personal cumple diferentes funciones psicológicas y sociales, un asunto desarrollado en el capítulo anterior. Sin embargo, el estudio de Bluck y Alea trató de concretar al máximo la función que el recuerdo del pasado cumple en las vidas de la gente. Para ello, administraron el cuestionario TALE (*The Thinking About Life Experiences*) a dos grupos de personas (un grupo de jóvenes con una edad promedio de diecinueve años y un grupo de personas mayores con una edad media de setenta y tres; en ambos grupos había un número similar de mujeres y hombres). De los diferentes hallazgos de este estudio merece la pena destacar que las personas, en general, con independencia de su edad y de su sexo, pensamos en nuestro pasado y lo contamos a los demás con el fin de crear y mantener la *continuidad de nuestro yo*.

Y es que cada vez que recordamos un episodio personal se genera en nosotros un tipo de experiencia consciente que es, en esencia, la experiencia del *yo* a través del tiempo.

En resumen, la memoria autobiográfica llena de contenido y da continuidad al *yo* en esa relación simbiótica a la que antes nos referimos. Pero ¿qué papel juega el *yo* en esa particular e indisoluble relación?

Un yo controlador en busca de coherencia

El «sistema yo-memoria» es un sistema coherente, estable, sin desavenencias entre lo que guarda la memoria y los aspectos esenciales del *yo*, y para eso el *yo* dinámico y ejecutivo tratará en todo momento de mantener la *coherencia*, es decir, la conexión armónica y congruente entre los *yoes* pasados y el *yo* actual o, lo que es lo mismo, entre los recuerdos y el *yo*, entre el ayer y el hoy. Entre el pasado y el presente no puede haber incongruencias ni enfrentamientos ni incompatibilidades, y, para conseguirlo, el *yo* recurrirá —como veremos— a todo tipo de estrategias.

La coherencia, como señala Conway,[47] es una fuerza poderosa de la memoria humana que actúa en todo momento, esto es, mientras estamos viviendo un acontecimiento (en términos técnicos, hablaríamos de *codificación*), durante el acto de *recordar* y, también, durante la *recodificación* (lo que se correspondería con los análisis e interpretaciones que hacemos ya sea cuando evocamos para nosotros mismos un acontecimiento pasado o bien cuando estamos contando la historia correspondiente a otros: el producto resultante en ambas circunstancias quedará guardado en la memoria). La *coherencia* siempre presidirá los objetivos del *yo* para modular (o controlar) tanto la accesibilidad de los recuerdos como su pertinencia y disponibilidad.

Hoy en día poseemos abundante conocimiento empírico y teórico que demuestra que los recuerdos pueden ser cambiados, distorsionados e incluso inventados para apoyar el *yo* actual, es decir, para mantener la *coherencia* (también llamada *coherencia del yo*). Mediante esa dinámica, el *yo* consigue que la memoria no entre en conflicto con los objetivos presentes, con la autoimagen actual del individuo ni con sus creencias.

En *El buen relato*, un libro fascinante que recoge los diálogos que mantuvieron el premio Nobel de Literatura J. M. Coetzee y la psicoterapeuta Arabella Kurtz acerca de la inclinación humana a contar historias, dice Coetzee a propósito de la —digamos— «objetividad» narrativa del *yo* para mantener la coherencia:

En nuestra cultura liberal y religiosa, solemos considerar que la imaginación narrativa es una fuerza benigna que tenemos dentro. Pero hay otra forma de verla, basada en la experiencia de cómo funcionan las narrativas del yo en las vidas de muchas personas: en cuanto que facultad que usamos para elaborar de cara a nosotros mismos y nuestro círculo social la historia que más nos convenga, una historia que justifique nuestro comportamiento tanto en el pasado como en el presente, una historia en la que por lo general nosotros tenemos razón y los demás se equivocan.[48]

Justo eso es lo que encontramos en un momento de la novela de Patrick McGrath, *Trauma*, cuando Charlie y Agnes, una pareja divorciada, revisan algunos episodios de su vida de casados. Como suele suceder, sus historias del mismo acontecimiento difieren significativamente. (Este es un fenómeno muy conocido para cualquiera de nosotros: un día concreto, vives con tus amigos o con tu familia un acontecimiento alegre o triste, no importa, y después es fácil comprobar cómo cada uno de los que estuvimos allí contamos versiones ligeramente diferentes o sorprendentemente muy diferentes). Las razones de tal disparidad son diversas y un poco más adelante las abordaremos; por tanto, sigamos con la historia de Charlie y Agnes. Charlie, el narrador de *Trauma*, se queja de que Agnes cambia con frecuencia sus versiones de momentos de discusión y desacuerdo; aunque reconoce que eso es algo común a todos nosotros. He aquí sus palabras:

> Estoy convencido de que ella revisó sus recuerdos a toro pasado para poder hacerlos concordar con su ira. Aquella falsificación del recuerdo —el ajuste, la abreviatura, la invención y hasta la *omisión* de la experiencia— es algo que hacemos todos, es el trabajo de la vida psíquica, y a mí nunca me molestó demasiado. Sé cómo de veleidosa es la mente humana, y cómo de maleable, cuando tiene que hacer sitio para la creencia, o bien negar lo que resulta intolerable.[49]

La especial relación que se establece entre el *yo* y la memoria es un asunto extraordinariamente sugerente y atractivo: una especie de juego de intrigas y miradas cómplices para mantener estable el edificio interior de nuestra propia identidad. Una tensión permanente que Stanislaw Lem refleja de forma magistral, para cerrar su obra autobiográfica *El castillo alto*, con la siguiente figura: «La memoria y yo somos un par de caballos que se observan con suspicacia, que tiran del mismo carruaje. Así que vamos allá, inseparable y desconocido compañero mío, mi enemigo, mi amigo».[50]

Como veremos con detalle un poco más adelante, es esa complicidad férrea entre la memoria y el *yo* la que permite formar un sistema coherente en el que las creencias y el conocimiento sobre uno mismo son confirmados y apoyados por recuerdos de experiencias personales concretas.

El papel del yo como controlador y organizador del conocimiento personal ha sido puesto de manifiesto por muchos estudiosos desde diferentes perspectivas teóricas. En su trabajo de 1894 *Las neuropsicosis de defensa*, Freud escribió: «El yo rechaza la representación intolerable conjuntamente con su afecto y se conduce como si la representación no hubiese jamás llegado a él».[51] Unas décadas después, el psicólogo británico Frederic Bartlett, eminente psicólogo social y pionero en la investigación experimental de la memoria, escribió: «Tanto en el individuo como en el grupo, el pasado se rehace constantemente, reconstruyéndose en aras del presente».[52] En 1980, y en total consonancia con tales planteamientos, el psicólogo social Anthony Greenwald publicó un artículo con un título muy sugerente: «The Totalitarian Ego»,[53] para referirse precisamente a esa dinámica controladora del *yo*.

La tesis de Greenwald es que el *ego* o el *yo* funciona con arreglo a determinados sesgos o «predisposiciones cognitivas» que tienen como función garantizar una organización coherente de las estructuras de conocimiento; sesgos que, por cierto, resultan sorprendentemente análogos a las estrategias de control de información puestas en práctica en los regímenes totalitarios. Como adelanto de dicha tesis, el autor recurre, en una cita *exergo*, a la obra *1984* de Orwell y al amenazador y perverso eslogan del Partido: «El que controla el pasado controla también el futuro. El que controla el presente controla el pasado».[54]

Según Greenwald, el *yo* estaría básicamente al servicio de la percepción y de la memoria, en el sentido de que observa, registra y recuerda las experiencias personales, razón por la cual el *yo* debe ser considerado un «historiador personal», aunque se trataría de un «historiador» con un *modus operandi* poco ortodoxo. Tanto es así que —como argumenta Greenwald tomando como referencia la evidencia empírica procedente de investigaciones en psicología de la personalidad, psicología cognitiva y psicología social— «el *ego* inventa y modifica la historia personal».

Como decíamos, la actuación del *yo* está sesgada por una serie de predisposiciones, entre las que destacan las tres siguientes: *egocentrismo* o disposición a funcionar como un historiador más centrado en sí mismo que en los eventos, «*beneffectance*» o tendencia a atribuirse el mérito ante los éxitos y a negar su responsabilidad ante los fracasos (la frase de John F. Kennedy «el éxito tiene muchos padres, pero el fracaso es huérfano» ejemplifica a la perfección este sesgo) y *conservadurismo* o resistencia al cambio cognitivo. Bajo esas premisas actúa el yo, al que Greenwald no dudó en calificar de «totalitario».

Y es que el *yo* impone sus propias normas; es decir, *sus* motivaciones, *sus* creencias, *sus* actitudes, *sus* valores y *sus* representaciones sociales en pos de *sus* objetivos, que siempre buscan conciliar el pasado con el presente para mantener la coherencia y, además, ofrecernos una imagen favorecida y positiva de nosotros mismos. De modo que, si para ello hay que cambiar parte del pasado, se cambia; si hay que borrarlo, se borra, y, si hay que embellecerlo o inventarlo, se embellece o se inventa. En contra de la idea de que el pasado no se puede cambiar, nuestro *yo* nos demuestra que nada puede llegar a ser tan inestable como nuestro propio pasado, idea que verbaliza con todo cinismo el siniestro V. M. Varga en el último episodio de la tercera temporada de *Fargo* (la serie de televisión), cuando recuerda a la agente de policía Gloria Burgle que, como dice un proverbio ruso, «el pasado es impredecible». Y es que en los humanos parece dominar un deseo ancestral de cambiar el pasado, tal y como explica Milan Kundera en *El libro de la risa y el olvido*:

> El futuro es un vacío indiferente que no le interesa a nadie, mientras que el pasado está lleno de vida y su rostro nos excita, nos irrita, nos ofende y por eso queremos destruirlo o retocarlo. Los

hombres quieren ser dueños del futuro sólo para poder cambiar el pasado.[55]

Seguramente, tanto el personaje V. M. Varga como Kundera, cuando hablan de lo impredecible o de lo alterable o fácilmente modificable que resulta ser el pasado, se están refiriendo al pasado histórico o colectivo más que al personal, pero la idea (recuérdese lo que apuntaba Bartlett unas líneas más arriba) es igualmente válida en ambos tipos de pasado. Y es que, siguiendo con el tono mayestático de Kundera, diré que la realidad nos enseña que los humanos podemos cambiar y cambiamos a nuestro antojo el pasado de un pueblo con la misma facilidad con la que podemos cambiar y cambiamos nuestro pasado individual.

Entremos a analizar, a continuación, algo tan íntimo y personal como es la construcción, modificación e invención, si procede, del propio pasado.

La identidad personal a través del tiempo
o cómo el yo construye y reconstruye el pasado

La *identidad actual* de cada persona no es algo que se construye sólo sobre el momento presente. No, en absoluto. Ese *yo* «del momento», si se hiciese realidad, estaría desprovisto, por un lado, de la profundidad y los infinitos matices que proporcionan los sedimentos destilados de la propia experiencia autobiográfica y, por otro, del sabor de las expectativas y sueños futuros de cada uno. De ahí que cuando las personas pensamos en nuestro «yo actual» *volvemos* la vista a los *yoes* pasados y *levantamos* la mirada hacia los *yoes* futuros, y lo que experimentamos es un combinado de interconexiones complejas entre identidades pasadas, presentes y futuras, con la particularidad de que tanto el recuerdo del pasado como las imágenes del futuro favorecen y potencian el *yo* actual.[56]

William James describió esa capacidad mental nuestra para englobar el pasado, el presente y el futuro en un solo acto cognitivo con la siguiente figura:

El presente tal y como lo percibimos no es el filo de un cuchillo, sino algo así como una silla de montar, con una cierta amplitud propia, donde nos encaramamos, y desde la que oteamos las dos direcciones del tiempo.[57]

Porque esa atalaya del presente tiene, como también señaló James, su proa y su popa, es decir, «un extremo mirando al pasado y otro mirando al futuro». Y es desde ahí, desde la lente interpretativa del presente, desde donde el pasado personal es inevitablemente contemplado, valorado y ajustado al *yo* actual.

Las personas reconstruyen y, sobre todo, interpretan su pasado bajo la implacable influencia de su actual autoconocimiento y del contexto social en el que viven. Cuando los historiadores actúan de esa manera, se habla de «presentismo», la tendencia a recrear e interpretar la historia a partir de las ideas y valores actuales en lugar de hacerlo desde el conocimiento y los valores de la época. Las consecuencias no deseadas del presentismo pueden ser muy diferentes, y algunas resultan especialmente conocidas, como la tendencia a escribir la historia desde el lado del vencedor (en España sobran los ejemplos) o a crear historias que justifiquen y glorifiquen el presente.

El presentismo histórico tiene sus peligros y los historiadores lo saben, aunque cada uno actúa como lo estima oportuno. Pero, por lo general, cuando la gente recupera su pasado no advierte o no le importa caer en la cuenta de que está actuando como un auténtico presentista. Y es así, básicamente, porque necesitamos manejar en el presente narraciones o relatos que justifiquen y fortalezcan nuestro *yo* actual.[58]

Al menos en la cultura occidental la evaluación positiva del propio *yo* es un aspecto importante de la identidad personal.[59] Para establecer tales juicios positivos los individuos pueden o podrían recurrir a distintas fuentes de información, tales como las comparaciones sociales, el *feedback* de los otros, los recuerdos del pasado personal y las comparaciones con los *yoes* pasados, futuros y posibles. Sin embargo, la gente recurre preferentemente a su memoria autobiográfica para autovalorarse. Las razones resultan muy convincentes: en el pasado personal el individuo se encuentra con información exenta de riesgos y con la seguridad de que le servirá de apoyo para su idea preferida de sí mismo, mientras que en las otras fuentes, aunque puede descubrir información favorable, corre el riesgo de encontrar también defectos y, lo que es peor, opiniones contrapuestas.[60] Por ejemplo, una persona que haya desempeñado en el pasado un destacado cargo público corre menos riesgos, a la hora de autovalorarse, si recurre a recuerdos personales que si apela a la memoria de los demás, que podrían contradecir la historia y la valoración que ella hiciera de sus actos públicos. Un caso claro y extremo sería el de los *impostores* (personas que falsifican su vida y hacen un uso descarado y, con frecuencia, obsceno de su nueva identidad) y, más concretamente, el de los impostores desenmascarados, entre los que encontramos casos de extraordinaria repercusión social y mediática.[61]

Michael Ross, profesor de Psicología de la canadiense Universidad de Waterloo, ha comprobado que, a pesar de la tendencia a valorarse de manera positiva, la gente tiende a ser muy crítica con sus *yoes* pasados, tanto más cuanto más distantes se perciben. Este descubrimiento iría en contra de la idea expuesta antes de que las personas tendemos a reconstruir nuestro pasado de forma coherente con la visión del *yo* actual.

Valoración temporal del propio yo

¿Por qué, entonces, las personas son críticas con sus yoes pasados?, ¿cómo afecta esa visión desfavorable de los *yoes* antiguos a la visión actual del propio *yo*? En su *teoría de la valoración temporal del yo*,[62] Ross propone que las valoraciones que las personas hacen de sus *yoes* pasados están fuertemente afectadas por la distancia temporal subjetiva o, lo que es lo mismo, por lo lejos o cerca que se sientan de tales *yoes*. Según este investigador, las personas estamos motivadas a valorar favorablemente los *yoes* pasados que percibimos cercanos y a censurar los que consideramos psicológicamente lejanos.

No obstante, es un hecho que, por una parte, la gente se siente alejada y separada de unos *yoes* pasados y cercana y conectada a otros, y, por otra, se puede sentir cercana a eventos y *yoes* de hace muchos años (por ejemplo, su etapa de estudiante) y alejada de *yoes* muy recientes (por ejemplo, su actividad política en el año anterior). Muchos psicólogos (entre ellos, William James) hace tiempo que advirtieron de que la relación entre tiempo subjetivo y tiempo real es imperfecta. Y es que, por encima de todo, lo que las personas intentamos es evaluar nuestros yoes pasados en modos que nos permitan sentirnos bien con nuestro yo actual.

«Admito que entonces me porté mal —me confesaba con pesar un viejo amigo—. Pero de eso hace ya mucho tiempo. Tanto que la persona egoísta que fui la veo hoy como a un extraño». De esa manera, contraponiendo el *yo* actual a un *yo* pasado denigrado se encumbra la imagen del yo actual.[63] Y es que, en efecto, la experiencia vital y la investigación científica confirman que todos estamos fuertemente motivados para realzar, ensalzar o engrandecer, como sea, el yo actual.

Distancia subjetiva de los éxitos y los fracasos de nuestro pasado

Resulta interesante descubrir que para mantener una visión positiva del *yo* actual las personas manipulamos mentalmente a nuestra conveniencia la distancia temporal de los acontecimientos, de modo que tendemos a sentirnos más alejados de los fracasos que de los éxitos del pasado, incluso cuando unos y otros pudieran tener la misma antigüedad. Michael Ross y su equipo lo demostraron pidiendo a un grupo de estudiantes universitarios que recordasen la asignatura del curso anterior en la que habían obtenido la mejor nota y a otro grupo que recordasen la asignatura con la peor nota. Una vez identificada dicha asignatura, se les dijo que indicasen cómo la sentían de distante (muy cercana-muy alejada). Los resultados pusieron de manifiesto con toda claridad que los estudiantes se sentían mucho más alejados del fracaso de la mala nota que del éxito de la mejor nota, que la sentían como si hubiese ocurrido ayer, a pesar de que el tiempo transcurrido había sido exactamente el mismo en ambos casos.[64] Lo interesante de este hallazgo fue comprobar que se producen efectos parecidos en la otra dirección también, es decir, que la distancia temporal subjetiva de las experiencias pasadas también desempeña un papel significativo en la valoración del *yo* actual. En concreto, las personas evalúan más favorablemente su *yo* actual cuando los logros o los éxitos del pasado se sienten cerca que cuando los sienten lejos.[65]

La investigación científica demuestra que la imagen de sí mismo que un individuo tiene en el momento presente (por ejemplo, su identidad personal actual), unida a las motivaciones personales, muestra unos efectos decisivos sobre la reconstrucción e interpretación de su pasado, aunque la dirección de esos efectos no está determinada por *lo que* se recuerda, sino por *cómo* se recuerda; es decir, que el mismo recuerdo tiene un impacto diferente según la distancia temporal subjetiva a la que se sienta.

En resumen, el pasado personal no es inamovible, sino todo lo contrario. Los recuerdos no son inmutables, sino que se mantienen en nuestra memoria a disposición del *yo*, que los modifica, los transforma, los embellece o los elimina según convenga a los intereses actuales. Por eso decimos que la gente recuerda su pasado de manera que apoye las opiniones que tienen de sí mismos. Todos tendemos a reconstruir el pasado de un modo que nos haga sentirnos bien con nosotros mismos porque tendemos a proteger y potenciar una visión positiva de quiénes somos.[66]

Como indiqué hace unos años, «la función directiva del *yo* sobre la memoria y la función identitaria de la *memoria* sobre el yo ponen de manifiesto la íntima y recíproca relación entre identidad personal y memoria autobiográfica. En definitiva, el *yo* y la memoria autobiográfica se entrelazan para crear la sustancia de la experiencia humana».[67]

Pero ¿y la verdad?, ¿qué hacemos con la verdad?

Llegados a este punto, donde la evidencia no deja lugar a dudas respecto a que nuestro pasado no es una historia fija ni inamovible, sino «una historia que no para de cambiar», como dice la psicoterapeuta Arabella Kurtz,[68] y que esos cambios son, en muchas ocasiones, resultado de decisiones conscientes e intencionadas de la propia persona, surgen diversas preguntas que nos sacan del ámbito psicológico y nos llevan directamente al terreno de la ética.

Detengámonos un momento en lo que plantea Coetzee, a propósito de la libertad que parece acompañar a las personas para cambiar su pasado.

La cuestión es si realmente queremos movernos en una sociedad en la que todo el mundo que nos rodea se siente dotado de poder para ser «quienes quieren ser» a base de representar los mitos personales (las verdades «poéticas») que se han construido para sí mismos.[69]

Porque, si eso es así, ¿todo el mundo puede llegar a ser, en su autobiografía íntima —que puede contar y airear ante los demás—, quien le gustaría ser? Y, más aún, ¿significa esto que se puede enterrar el pasado, o la reconstrucción del pasado tiene unos límites? Al respecto, Coetzee dice lo siguiente:

> No estoy seguro de adónde lleva todo esto. Por un lado, me alarma la perspectiva de un mundo donde la idea de libertad que maneje la gente incluya la libertad para reconstruir sus historias personales todo el tiempo y sin miedo a sanciones (sin miedo al principio de realidad). Por otro lado, si a un individuo que es profundamente desgraciado se le puede hacer feliz animándolo a que revise la historia de su vida, dándole un giro positivo, ¿quién podría oponerse a esto?[70]

Las opciones que plantea Coetzee difieren significativamente en que la primera pone sobre la mesa la cuestión de si importa o no la verdad, mientras que en la segunda la verdad es irrelevante, porque lo que importa es liberar a un individuo de su desgracia y hacerlo sentir mejor.

El problema de la verdad en memoria es extremadamente escurridizo, porque ¿quién posee la verdad acerca de mi vida?, ¿quién guarda el recuerdo verdadero de algo vivido de forma compartida?, ¿los otros o yo? A este respecto, Coetzee se hace la siguiente pregunta:

> Cuando le cuento a otra gente la historia de mi vida —y, lo que es más importante, cuando me cuento a mí mismo la historia de mi vida—, ¿acaso debería intentar convertirla en un artefacto bien construido [...] dar forma a la historia [...]? O, al contrario, ¿debería ser

neutral y objetivo y esforzarme por contar un tipo de verdad que cumpliera con los criterios de un tribunal: la verdad, toda la verdad y nada más que la verdad?[71]

En el Evangelio de san Juan (8:32), Jesús dice: «La verdad os hará libres». Esta máxima (que ignoro si es original de Jesucristo) nos ha condicionado tanto que apenas caemos en la cuenta de si, en efecto, el único camino para alcanzar la libertad ha de atravesar el pórtico de la verdad. Sobre todo, cuando de lo que se trata es de enfrentarse a la verdad de la propia vida en la búsqueda legítima de la felicidad. Sea como fuere, la pregunta inevitable es esta: ¿cuál es esa verdad?, porque ¡hay tantas verdades! ¡Los seres humanos somos tan enigmáticos! Tenemos un mundo interior que es el más insondable de los arcanos, donde todo es único y exclusivamente nuestro, y donde rigen reglas emocionales y éticas envueltas en misteriosos y, a veces, impenetrables códigos. ¿Se puede, entonces, alcanzar la verdad? Pero no la verdad histórica ni la verdad filosófica ni la verdad poética, sino la verdad moral, esa que te hace sentir en paz cuando tus palabras coinciden con tus pensamientos.

Coetzee duda de que en la práctica psicológica se pueda alcanzar la verdad, por lo que plantea si no sería más práctico «conformarse con una versión de la verdad que funcione en cierto sentido». Kurtz —en ese diálogo tan sugerente con el escritor— le responde introduciendo la idea de «verdad emocional».

¿A qué se refiere exactamente Kurtz con verdad emocional? He aquí sus propias palabras:

> Por supuesto que hay que contentarse con una versión de la verdad que funcione. [...] en mi experiencia la verdad es lo que funciona [...]. Cuando una persona llega al punto de pedir visitar a un psicoterapeuta, casi siempre es porque ha agotado todas las explicaciones verosímiles y sensatas de lo que le está pasando y ha probado todas las formas disponibles de ayuda práctica. Hace falta entonces que el psicoterapeuta ayude al paciente a escarbar más hondo y a obtener un entendimiento, de por qué es tan infeliz, al que no ha podido acceder, normalmente porque era incapaz de hacer frente a algo doloroso y difícil. Cuando esto sucede, da la impresión de que se ha llegado a la verdad, por imperfecta o incompleta que sea.[72]

Esa verdad dolorosa que se resistía a ser desvelada es, para Kurtz, la *verdad emocional*. Mas esa verdad emocional es una verdad dinámica, como el pasado de todos y cada uno de nosotros, porque —como dice Kurtz— «deriva de la perspectiva de un ser vivo cuyas características internas y externas experimentan cambios, aunque sean pequeños, a lo largo del tiempo».

En mi opinión, la «verdad emocional» de Kurtz, por un lado, viene a coincidir con la denominada «verdad narrativa» por Donald Spence en su influyente obra *Narrative Truth and Historical Truth*, y, por otro, resulta de especial interés porque refuerza nuestro planteamiento sobre la *coherencia* interna del *yo* y la lucha por mantenerla.[73]

Para Spence, profesor de Psiquiatría en la Universidad de Rutgers, la narrativa creada por el paciente es veraz, aunque su valor de verdad no reside en su exactitud histórica. Y añade: «No parece haber duda de que una historia bien construida posee una especie de verdad narrativa que es real e inmediata y tiene un impacto significativo en el proceso de cambio terapéutico».[74] De hecho, en el contexto psicoterapéutico se considera más importante que el paciente cree una verdad narrativa a que alcance la verdad histórica. En palabras de Spence: «Establecer contacto con el pasado real puede ser mucho menos significativo que crear un relato coherente y consistente de un determinado evento».[75] De ahí que Kurtz señale que cuando una persona no soporta la angustia y acude al psicoterapeuta es porque no encuentra su verdad interior («la verdad de lo que hay en el corazón y la mente del paciente», dice) al haberse producido «una ruptura real de la coherencia de los sistemas de recuerdo y la noción anexa del *yo*».

Cuando una persona vuelve los ojos hacia sí misma y se coloca cara a cara ante su pasado, la verdad es un compromiso entre su *yo* y su conciencia moral; lo cual no implica abrazar un relativismo moral, sino asumir una historia personal que no entre en conflicto con el mundo. Y, como la memoria no se resiste a ser modificada, las personas tienen la capacidad para cambiar su pasado y construir historias personales que les hagan más felices. Esto no es un desiderátum, sino una realidad. ¿Cuántas personas a las que el pasado que les ha tocado vivir les genera pesadumbre o ansiedad a partir de un momento concreto de su vida lo esconden o cambian por otro mejor? En el mundo de la ficción tenemos a don Quijote como ejemplo inmortal de invención de un nuevo *yo* y de una vida llena de fantasía y heroicidad para escapar del anonimato y la mediocridad. En el mundo real encontraríamos de todo, desde individuos anónimos que embellecen su pasado en el ámbito exclusivo e inexpugnable de su intimidad, con el único fin legítimo y honesto de mantener la coherencia vital, hasta mentirosos compulsivos e impostores descarados que falsifican sus vidas con propósitos inconfesables. En el caso de los primeros, no creo que haya nada moralmente reprobable; entre otras razones, porque nuestro universo mental es en esencia dinámico y cambiante y siempre está sujeto a mecanismos y estrategias defensivas. En el caso de los farsantes, de los impostores, se trata sencilla y llanamente de mentirosos que han inventado una vida repleta de engaños y falsedades con el único fin de obtener un reconocimiento social y, en muchos casos, beneficios de los que no son merecedores. Como es natural, aquí no estamos hablando de los impostores.

Todo lo anterior es posible porque el *yo* no sólo tiene a su disposición las experiencias vividas, sino todo un bagaje de fantasías, ilusiones, sueños y vidas paralelas, además de unas creencias, unos principios y una escala de valores morales; es decir, material suficiente para modificar o *construirse* un pasado que le ayude a contrarrestar las incertidumbres y miedos del pasado, del presente y del futuro. *Construcción* que —como advirtieron Singer y Salovey[76]— no implica que el individuo fabrique a sabiendas el nuevo pasado. La coherencia que emana de la alianza entre la memoria y el *yo* podría ser considerada, por tanto, como una fuerza protectora de nuestra mente. Porque, si aceptamos la vulnerabilidad intrínseca del ser humano a los conflictos morales y emocionales, parece claro que no se puede vivir sin defensas.

Desde ese planteamiento realista de la fragilidad humana, tienen mucho sentido las palabras de Coetzee cuando dice: «Puede que las historias que nos contamos sobre nosotros mismos no sean verdad, pero son lo único que tenemos».[77]

Y es que, para saber quiénes somos, para conocernos a nosotros mismos, tenemos que construir una historia, un relato, una narración interior de nuestra aventura vital, con independencia de que esa narrativa sea históricamente exacta. Porque, como señaló Spence: «Una vez que una construcción determinada ha adquirido verdad narrativa, se vuelve tan real como cualquier otro tipo de verdad».[78]

IDENTIDAD NARRATIVA: LAS HISTORIAS DE VIDA

La reconstrucción del pasado implica, como estamos viendo, no sólo la puesta en marcha de procesos básicos de memoria como la construcción y reconstrucción de recuerdos de la propia vida, sino la activación también de procesos de interpretación y evaluación de tales recuerdos o, según la expresión de los psicólogos Tilmann Habermas y Susan Bluck,[79] procesos de razonamiento autobiográfico. El *razonamiento autobiográfico* se refiere, pues, a un proceso de pensamiento autorreflexivo, o de conversación con uno mismo sobre el pasado personal, con el fin de establecer vínculos entre los elementos de la propia vida y el propio *yo* en un intento por relacionar el pasado y el presente personal.

Esta «perspectiva de vida» pone de manifiesto la necesidad de ampliar la actual concepción de la memoria autobiográfica más allá de la visión puramente cognitiva para incluir el papel de los factores sociales, de personalidad, emocionales y motivacionales en el proceso de reconstrucción narrativa de la propia vida. De hecho, cada vez son más las propuestas que asumen ensanchar las fronteras del estudio de la memoria autobiográfica para incluir no sólo la consideración de los episodios concretos de la memoria, sino cómo estos son seleccionados, ensamblados y articulados en una *historia de vida*.[80]

La narración de la vida no incluye, obviamente, todos los recuerdos del pasado, sino un conjunto seleccionado de entre todos los posibles recuerdos autobiográficos, con la salvedad de que dicha narración nunca es reducible a la suma de tales recuerdos. Las historias de vida son, y esto debe ser subrayado, el resultado de engarzar los recuerdos en una historia llena de significado, porque, como acabamos de ver, si bien las narraciones que las personas crean de sus vidas están basadas en acontecimientos reales y en los recuerdos de tales acontecimientos, el pasado que se recuerda es reconstruido, restaurado, modificado o alterado por los objetivos y motivaciones del *yo* actual.

Dentro de este enfoque reciente de la memoria autobiográfica, en el que se combina una perspectiva de vida con una perspectiva de todo el ciclo vital, resulta ineludible el trabajo de Dan McAdams y su *teoría de la identidad como una historia de vida*, que, en esencia, postula que las personas construyen narraciones internalizadas y continuas de su *yo* a partir de las experiencias representadas en su memoria autobiográfica para dar sentido y unidad a su vida.

McAdams señala que el interés de los últimos años por examinar las historias que la gente cuenta acerca de su vida estriba en que tales historias nos hablan de manera directa del tema de la identidad y, en concreto, de la llamada «identidad narrativa»; de ahí que todo su trabajo descanse sobre la idea básica de que *la identidad* en sí misma *es una historia de vida internalizada*. Porque, como señala Jefferson Singer,[81] otro reputado psicólogo en este ámbito de estudio, entender cómo se forma la identidad es entender cómo los individuos crean narraciones a partir de sus experiencias, se cuentan internamente esas historias a sí mismos y se las cuentan a los demás, y las utilizan para conocerse, para conocer a los otros y para conocer el mundo en general.

Las historias de vida se levantan, por tanto, sobre experiencias autobiográficas, pero, como estamos viendo, van bastante más allá de ellas, dado que las personas seleccionan aspectos de su experiencia e interpretan coherentemente tanto el pasado como el futuro para construir historias que les dan sentido a ellos y a sus audiencias, historias que animan e integran la vida y la hacen más o menos significativa. Por todo ello, *la historia de vida* es un componente clave de lo que constituye la individualidad de una persona, localizada en una familia concreta, entre amigos y conocidos concretos y que vive en una sociedad determinada en un momento histórico determinado.[82]

He aquí un caso real:

> Soy una mujer de treinta y cinco años, estoy casada y tengo un hijo de ocho años. Desde pequeña he querido ser actriz, pero nunca he conseguido alcanzar ese sueño. Fui una adolescente muy soñadora e idealista y, según mis padres, una chica muy rebelde. A los dieciocho años entré en la universidad con la intención de hacerme abogada,

como mi padre. Abandoné mis estudios de Derecho cuando estaba en tercer curso. Aquello me valió un enfrentamiento con mi familia que dio lugar a que me fuese de casa. Entonces tenía veinte años y no tenía nada, ni casa ni trabajo. Conocí a M y nos fuimos juntos a Londres, donde trabajamos en algunos bares. A los cinco meses nos volvimos. Aquella relación se rompió. Hasta entonces creo que mi vida fue un poco desastre, todo me salía mal. Tuve muy mala suerte. Pero aquello cambió. Fue durante una cena de Navidad. Conocí a un hombre siete años mayor que yo. Él estaba divorciado y nos enamoramos. Creo que por primera vez empecé a sentirme verdaderamente feliz. Nos casamos al año siguiente. Yo tenía entonces veintiséis años y él treinta y tres. Él tenía un trabajo muy bien remunerado, vivíamos muy bien. Mi marido me convenció para que reanudase los estudios de Derecho y me matriculé de nuevo en la facultad; sin embargo, aquel verano me quedé embarazada. Cuando tenía que empezar el curso no me encontraba demasiado bien; de hecho, mi médico me recomendó reposo y una vida lo más tranquila posible. No fui a clase ni un solo día. Mi hijo nació en marzo. El nacimiento de mi hijo marcó el inicio de un enfriamiento que no dejó de crecer entre mi marido y yo. Hace tres años me abandonó. Volví con mi hijo a casa de mis padres y ahí sigo. No tengo nada, sólo a mi hijo. No tengo ilusión ni proyectos de futuro. Me considero una mujer fracasada.[83]

El relato identitario de esta mujer pone de manifiesto que las *historias de vida* permiten a las personas organizar sus recuerdos y el conocimiento más abstracto de su pasado en una visión biográfica coherente. Además, evidencia que las historias de vida son construcciones psicosociales que la persona elabora en el contexto social en el que está inmersa y da sentido a su propia historia, de ahí que recojan y reflejen los valores y las normas culturales, las actitudes y las creencias del sujeto y de su contexto. Se trata de narraciones que contienen asimismo imágenes del *yo* y su evolución a través de los *yoes* pasados, presentes y futuros. En definitiva, toda historia de vida es una narración que *integra* el *pasado reconstruido* y el *futuro anticipado* y define, identifica y da significado a toda una vida.

Aunque la *identidad narrativa* no se convierte en una cuestión psicosocial hasta los años de la adolescencia, la construcción y narración de las historias de vida tiene su origen en la primera infancia y continúa desarrollándose hasta el final de la vida.[84]

La *identidad* toma la forma de una historia, con un escenario, escenas, personajes, lugares y temas, hacia el final de la adolescencia. A esa edad, los jóvenes reconstruyen su pasado, perciben el presente y anticipan el futuro en términos de una historia interna y continua del *yo*, una narración integradora que proporciona una visión de la propia vida con una cierta unidad y propósito psicosocial.[85]

Como el propio McAdams reconoce,[86] el punto de partida de su modelo de historias de vida es el concepto de «identidad del yo» de Erikson,[87] para quien las personas se enfrentan por primera vez al problema de la *identidad* durante la adolescencia, cuando las normas para las que se constituye un «mí» apropiado cambian dramáticamente. Aceptando la distinción de James entre «yo» y «mí», Erikson consideró la identidad como una cualidad o sabor peculiar del yo-como-mí, o la manera como el «yo» comienza a organizar o configurar el «mí» en esa etapa de la vida. Así pues, es durante la adolescencia cuando los individuos exploran por primera vez las opciones ideológicas y ocupacionales disponibles en la sociedad, experimentan con un amplio rango de roles sociales y tratan de integrar sus diversos roles, aptitudes, inclinaciones y compromisos sociales en una *configuración* normalizada de pensamiento y actividad que dará a su vida unidad y propósito. El psicólogo estadounidense Louis Breger escribió a este respecto:

> La idea de un yo unitario o global en el que los recuerdos pasados de lo que uno fue, la experiencia actual de lo que uno es y las expectativas futuras de lo que uno será es el tipo de abstracción sobre la que el niño sencillamente no piensa. Pensar sobre el propio yo —hacer uso de la introspección— es algo que el niño no hace. En consecuencia, el niño en la fase de las operaciones concretas no se preocupa por su identidad ni por la integración del yo dadas las limitaciones de su nivel intelectual. [Sin embargo] con la aparición de las operaciones formales en la adolescencia, la totalidad, la unidad y la integración se convierten en problemas introspectivamente reales.[88]

Los niños —ya se ha dicho— tienen «yo», pero no tienen «identidad». Ellos saben quiénes son y pueden decírtelo, pero aún no cuentan con un *yo* y un *mí* organizados en un todo unificado y propositivo que les defina un nicho significativo en el mundo de los adultos. Según palabras de McAdams:

> [L]a identidad se convierte en un problema cuando el adolescente o el joven adulto se da cuenta por primera vez de que es, ha sido o podría ser muchas cosas diferentes (y en conflicto), y experimenta un fuerte deseo, animado por la sociedad, de ser sólo *una* cosa (importante, integrada y dinámica).[89]

En efecto, no será hasta el final de la adolescencia y el comienzo de la juventud, cuando el individuo decide entre «la confusión de roles» que ha caracterizado hasta entonces su vida y *la configuración integradora del yo-en-el-mundo-adulto* que supone la «identidad». Conceptualmente, por tanto, la *identidad* eriksoniana es esa *configuración* normalizada de pensamiento y conducta que proporciona por primera vez al joven individuo una visión unificada y propositiva de su vida. En definitiva, y como subraya McAdams, esa «configuración» es la identidad.

Ahora bien, la configuración identitaria se produce tanto sincrónica como diacrónicamente. En primer lugar, la identidad debe integrar aquí-y-ahora, es decir, sincrónicamente, el amplio abanico de roles y relaciones diferentes, y probablemente en conflicto, que caracterizan una vida determinada. «Cuando estoy con mi padre —confiesa un adolescente—, me siento malhumorado y deprimido; pero, cuando hablo con mis amigos, siento una gran oleada de optimismo y amor por la humanidad».[90] La identidad tiene que integrar estos dos estados a fin de que, aunque sean diferentes, puedan ser contemplados como partes integrantes de la misma configuración del *yo*. En segundo lugar, la identidad debe integrar diacrónicamente, esto es, a través del tiempo. Si se me permite la autorreferencia, les confesaré que yo de pequeño quería ser vendedor, de esos que estaban en las tiendas detrás de un mostrador; luego, siendo adolescente, soñaba con ser cantante de rock; hasta que un día sentí que deseaba fervientemente ser psicólogo clínico y comencé a estudiar Psicología. Desde hace años, soy un psicólogo cognitivo dedicado plenamente a la docencia y la investigación. Gracias a la identidad, esos diferentes deseos y aspiraciones, repartidos a través del tiempo, son integrados en un todo significativo y temporalmente organizado.

Hablar de identidad en el sentido de Erikson significa, pues, hablar de la historia de un individuo, de su vida, de su biografía, de la narración que él mismo va construyendo a partir de *los recuerdos que mejor le definen*. De ahí que resulte adecuado, en mi opinión, hablar de «identidad narrativa» o de «identidad biográfica», incluso de «identidad histórica (individual)» para referirnos al proceso de creación de un sentido de unidad y propósito personal a través de la narración de la propia vida.

En definitiva, lo que somos o quiénes somos es, básicamente, una creación personal: nos creamos a nosotros mismos a partir de la reconstrucción de nuestro pasado, que toma la forma de una historia internalizada de nuestro *yo* y que cambia y evoluciona a lo largo de nuestra vida. Lo que, en definitiva, viene a corroborar que nuestra memoria autobiográfica es lo que da sentido a nuestra existencia.

Los recuerdos que nos definen

Quizá resulte obvio, pero no creo que esté de más recordar algo que ya se ha dicho; a saber, que todos los recuerdos personales no son en realidad recuerdos «autobiográficos», sino sólo aquellos que aportan significado y sentido a nuestra historia de vida, porque como pensaba Goethe: «Un hecho de nuestra vida no vale en la medida en que sea verdad, sino en la medida en que signifique algo».[91]

Cualquier persona adulta tiene innumerables recuerdos de su pasado personal, pero seguro que no todos esos recuerdos merecen ser contados ni mucho menos incluidos en una historia de su vida o en una autobiografía. Si a una persona se le pide que seleccione aquellos recuerdos que no podrían faltar en una historia de su vida, probablemente elegirá sólo aquellos que tienen un especial significado para ella; es decir, recuerdos que están ligados con fuerza al *yo*, a su identidad, a la persona que es, recuerdos que tienen una profunda significación emocional y motivacional para su propia vida; en definitiva, elegirá aquellos recuerdos que mejor le representan ante ella misma y ante los demás, recuerdos que contienen una explicación de sus logros y de sus fracasos, de adónde ha llegado, de lo que deseaba y de lo que ha conseguido. Esos son los auténticos recuerdos autobiográficos, precisamente porque son *recuerdos que definen* a su poseedor, recuerdos que te dicen a ti mismo, y dicen a los demás, quién eres.

La especial vinculación de tales recuerdos con el propio *yo* y sus objetivos presentes los convierte en estructuras de conocimiento autobiográfico muy accesibles. Lo que significa que se trata de esas historias personales que la gente recuerda y cuenta con frecuencia porque sabe que a través de esas historias se revela su verdadera forma de ser, su *personalidad*, sus valores y principios; en definitiva, su *identidad*.

Los psicólogos estadounidenses Jefferson Singer y Peter Salovey llamaron a tales recuerdos *self-defining memories*, recuerdos definidores del yo. Y los conceptualizaron como los recuerdos:

> [Q]ue dan forma a nuestras vidas al tiempo que son configurados por ellas. Son los recuerdos de nuestros más orgullosos éxitos y de nuestros más humillantes fracasos, los recuerdos de los amores ganados y también de los perdidos. [...] Son los recuerdos que responden a la pregunta de quiénes somos.[92]

Empezaré con un recuerdo personal:

> Recuerdo un día, siendo todavía un niño en edad escolar, que mi maestro estaba explicando los números quebrados a los chicos de primer curso del Bachillerato Elemental. Había sacado a uno de ellos a la pizarra que, claramente, no sabía qué hacer para sumar unos quebrados de distinto denominador. Yo tendría entonces unos ocho años y estaba en aquel preciso momento dedicado a mis deberes en aquella escuela unitaria. Tras repetidos intentos sin éxito alguno por parte del bachiller por sumar los malditos números quebrados y ante la desesperación de mi maestro, este, en un intento por demostrar al grupo de bachilleres su injustificada ignorancia sobre algo que hasta un niño

de primaria era capaz de resolver, levantó la cabeza, miró hacia donde yo estaba, dijo mi nombre en voz alta y añadió: «Sal a la pizarra y enséñales a estos gandules cómo se suman quebrados de distinto denominador». Nervioso, muy nervioso, salí tímidamente y fui a la pizarra. Todavía recuerdo el silencio tenso que se hizo en toda la escuela y me puedo ver a mí mismo, con pantalón corto, de cara a la pizarra y de espaldas a mi maestro y al resto de los alumnos, resolviendo con total decisión el problema. Nada más terminar con éxito la operación matemática, mi maestro dijo solemnemente: «Ahí tenéis, un niño de ocho años que sabe más que vosotros. ¡Vergüenza os debería dar!» y siguió elogiando y alabando mi conducta y mi aplicación. Extremadamente emocionado, con una mezcla de profundo orgullo y enorme satisfacción por haber sido el elegido entre todos mis compañeros y por haber resuelto satisfactoriamente lo que mi maestro esperaba de mí, volví a mi pupitre y me senté. Aquel episodio fue muy comentado en la escuela y, naturalmente, en mi propia casa, donde conté la anécdota a mi familia con todo detalle. Desde aquel día, el especial cariño de mi maestro hacia mí no dejó de aumentar y su estímulo y ánimo fueron determinantes en muchos momentos decisivos de mi adolescencia.

Este es un recuerdo propio que, a pesar de tener más de sesenta y cinco años de antigüedad, sigue apareciendo en mi conciencia con una extraordinaria claridad, rebosante de detalles y con una carga emocional muy intensa. No es un recuerdo que yo haya contado mucho a otras personas (a lo sumo, dos o tres veces a lo largo de mi vida); sin embargo, sí lo he evocado muchas veces para mí y otras muchas también ha aparecido de manera involuntaria, y, en ese ámbito inexpugnable de mi intimidad, siempre le he prestado gran atención y he reflexionado mucho sobre lo que significó entonces aquel evento para mí y lo que ha seguido significando prácticamente el resto de mi vida. Se trata, sin duda, de uno de esos recuerdos que no faltarían en una hipotética historia de mi vida, porque el recuerdo de los números quebrados y la confianza absoluta de mi maestro en mí contiene muchas claves acerca del niño que fui y del adulto que soy. Por todo ello, quedó grabado a fuego en mi memoria como uno de los recuerdos más significativos de mi vida.

Estos recuerdos tan nuestros, que nos retratan con tanta precisión, tienen una serie de características muy concretas. La que más destaca es, sin duda, su gran *viveza* y *nitidez*, acompañadas de una marcada *intensidad afectiva*. Se trata de recuerdos extraordinariamente vívidos, muy visuales, que aparecen en la conciencia con la claridad de una experiencia actual. Tanto que las personas dicen que ven el recuerdo «como si tuvieran una película dentro de la cabeza» o como un sueño poderosamente evocador. «Usted siente, más que recuerda, esa experiencia», afirman Singer y Salovey.[93] Además, los participantes en los numerosos estudios realizados coinciden en señalar lo mucho que les afectaron emocionalmente estos recuerdos desde la experiencia original y les siguen afectando, por mucho tiempo que haya transcurrido, cada vez que los evocan.[94]

Todo ello queda patente en el relato autobiográfico *La vergüenza*, de la escritora francesa Annie Ernaux, cuando recuerda un acontecimiento de su niñez que la marcó para toda la vida. Dejemos que sea ella la que nos lo cuente:

> Mi padre intentó matar a mi madre un domingo de junio [así comienza Annie Ernaux su relato]. Fue a primera hora de la tarde. Yo había ido como de costumbre a misa de doce menos cuarto. [...] Cuando volví, me quité la ropa de domingo y me puse un vestido de estar por casa. Después [...] empezamos a comer. [...] Mi madre, que estaba de muy mal humor, no dejó de discutir con mi padre durante toda la comida. Una vez que hubo recogido la vajilla. [...] continuó dirigiendo reproches a mi padre. [...] Mi padre permanecía sentado, sin responder, con la cabeza vuelta hacia la ventana. De pronto empezó a temblar de forma convulsiva y a resoplar. Se levantó y le vi agarrar a mi madre y arrastrarla gritando con una voz ronca, desconocida. Corrí al piso de arriba, me tiré encima de mi cama y metí la cabeza debajo de la almohada. Después oí a mi madre dar alaridos: «¡Hija!». [...] Corrí escaleras abajo gritando «¡Socorro!» con todas mis fuerzas. En la bodega mal iluminada pude ver cómo mi padre agarraba con una mano a mi madre, no sé si por los hombros o por el cuello, y cómo en la otra tenía el hacha para cortar leña. [...] Lo único que recuerdo de aquella escena son los sollozos y los gritos. En la siguiente escena, nos encontramos otra vez los tres en la cocina. [...] Después

nos fuimos los tres a pasear en bicicleta. [...] Nunca más se volvió a hablar del asunto.
Aquello ocurrió el 15 de junio de 1952, la primera fecha concreta de mi infancia.[95]

Ernaux tenía entonces doce años y «el indescriptible terror» que sintió aquel domingo dejó en su memoria un recuerdo imborrable cargado del sentimiento de vergüenza que la acompañará siempre.

No tengo ningún recuerdo concreto —continúa diciendo— de aquella mañana de domingo. [...] Pero de lo que sí estoy segura es de que yo llevaba un vestido azul de lunares blancos, pues durante los dos veranos siguientes, cada vez que me lo ponía, pensaba: «Es el vestido de aquel día». También estoy segura del tiempo que hacía: una mezcla de sol, nubes y viento.
A partir de entonces, aquel domingo se interpuso como un filtro entre la vida y yo.[96]

Aquel verano de 1952 se inicia «la época en la que ya no dejaría de sentir vergüenza», un sentimiento que la marcó para toda la vida. Porque, aunque pasen los días y los años, y el olvido vaya ocultando algunos detalles, en su «sistema mental de entonces era imposible escapar a la vergüenza». Tanto es así que, en octubre de 1996, fecha en que Annie Ernaux pone fin a su relato, lo hace con estas palabras:

Miro la foto de Biarritz [en la que aparece con su padre en esa ciudad, durante un viaje organizado a Lourdes, en agosto de 1952]. Mi padre murió hace veintinueve años. Ya no tengo nada en común con la niña de la foto salvo la escena del domingo de junio que lleva en la cabeza y que me ha hecho escribir este libro, *porque esa escena nunca me ha abandonado*.[97]

Además de la claridad y la intensidad emocional extremas, los recuerdos definidores del yo se caracterizan por su *vinculación con otros recuerdos similares*. Al tratarse de recuerdos portadores de las características esenciales del autoconcepto o la autoimagen de una persona, tienen una alta probabilidad de conectarse a otros recuerdos relacionados con los que comparten objetivos, intereses, logros o respuestas afectivas similares. Una prueba de ello la encontramos en el mismo relato autobiográfico de Annie Ernaux. He aquí sus palabras:

> El domingo siguiente, el 22 de junio, participé, como el año anterior, en la fiesta de la Juventud de los colegios cristianos en Ruan. El autobús nos trajo a las alumnas bastante tarde. La señorita L. se encargó de acompañar a las niñas que vivían en una zona determinada, que incluía mi barrio. Era alrededor de la una de la mañana. Golpeé con los nudillos el cierre de la puerta de la tienda. Después de un rato [...] apareció mi madre en el umbral de la puerta, desgreñada, medio dormida, muda, con un camisón arrugado y lleno de manchas. [...] La señorita L. y las alumnas, dos o tres, dejaron de hablar. Mi madre farfulló un buenas noches al que nadie respondió. Me metí en la tienda de ultramarinos para poner fin a la escena. [...] En mi recuerdo, esta escena, aunque no tenga nada que ver con la otra en la que mi padre quiso matar a mi madre, se me presenta como una prolongación de aquella. [...] Todo lo que ocurrió durante aquel verano me pareció entonces la confirmación de nuestra indignidad.[98]

Asimismo, estos recuerdos definidores del *yo* se caracterizan porque tienden a *evocarse con mucha frecuencia*. Son recuerdos que, en efecto, la gente repasa y evoca una y otra vez, para sí misma o para compartirlos con otros, como si fuesen talismanes o puntos de referencia en sus vidas. Y lo hacen porque esos recuerdos funcionan como fuentes de información acerca de lo que desean y no desean en sus vidas, como guías o como reforzadores en momentos difíciles. En este sentido, no es raro encontrar u oír comentarios como estos: «Cada vez que me vengo abajo, pienso en aquel recuerdo de... y me animo»; «Cada vez que intento superar el miedo, recuerdo aquella vez que...»; «Siempre que me encuentro en dificultades, me acuerdo de aquel día en que...».[99]

Una última característica de este tipo de recuerdos es que pueden estar *centrados en asuntos o preocupaciones antiguas y persistentes o en conflictos no resueltos*, como, por ejemplo, los conflictos con los padres, la rivalidad entre hermanos, los momentos de conciencia de género, los fracasos, etcétera.

En definitiva, se trata de recuerdos que giran en torno a la identidad, al autoconcepto, a la esencia de nuestra personalidad, a los rasgos, valores y creencias que nos definen e identifican como personas distintas y únicas. De ahí que, como ha destacado McAdams, se trate de recuerdos que contienen «episodios nucleares» de la vida tan personales y definidores que ocupan las posiciones más destacadas dentro de la identidad cuando esta se configura como una historia de vida.[100]

Como he referido en un trabajo previo,[101] un ejemplo que ilustra dramáticamente cómo se conectan la identidad y los recuerdos definidores del *yo* es el de los prisioneros de guerra que resistieron los intentos de lavado de cerebro durante su cautiverio en la China comunista, en la década de 1950. En aquellas circunstancias, lo que los captores deseaban destruir realmente era la identidad de los prisioneros, los viejos *yoes* de «abogado», «profesor» o «comerciante». Los que lograron resistir aquellas terribles condiciones lo hicieron apartándose a algún lugar adonde sus captores no pudieran llegar, un lugar donde poder recrearse en los momentos más entrañables de su vida. Un profesor consiguió «aislarse» en una esquina de su celda y se concentró en los recuerdos de experiencias agradables de su pasado, que plasmó en papel en forma de dibujos y de narraciones sobre aquellos momentos concretos de su vida. Esas narraciones ilustradas llegaron a convertirse en algo tan valioso para él que decidió sacarlas del campo de concentración, para lo que no dudó en recurrir al contrabando, a sabiendas de que ponía en serio peligro su vida. Otro ejemplo parecido es el de Margaret Rathbun, una americana prisionera de guerra en la guerra del Golfo, quien a pesar de no disponer ni de papel ni lápiz durante su cautiverio se las arregló para evocar los recuerdos más significativos de su vida y recrearse en ellos siempre que podía. Viviendo en los recuerdos de su pasado, estos prisioneros conseguían conectar con quiénes eran y de ese modo protegían y reforzaban sus propios *yoes* con la esperanza de continuar siendo las personas que habían sido.[102]

En resumen, los *recuerdos definidores del yo* o, lo que es lo mismo, los *recuerdos que nos definen* son esos recuerdos que evocamos una y otra vez precisamente porque constituyen el núcleo de nuestra personalidad. En el inmenso mar de su memoria autobiográfica, cada persona cuenta con una colección única de recuerdos que le van a decir quién es. Narraciones autobiográficas a las que vuelve con frecuencia y se cuenta a sí misma, reflexionando y analizando las historias que las generaron en un intento por conocerse, por saber quién es, por definirse, por conocer la materia de la que está hecha.

¿Quiénes somos?, nos preguntábamos.

Nuestra memoria tiene las respuestas.

II. ...Y LA VIDA

4

Atrapando la fugacidad de la vida

> Nuestra vida no dura más que un momento, y todavía menos de un momento.
>
> SÉNECA

> ¿Para qué vivimos si el viento que sigue a nuestro zapato ya borra nuestra última huella?
>
> STEFAN ZWEIG

> No cabe dudar de la verdad de aquello que, como un oráculo, dejó dicho el mayor de los poetas: «De la vida es escasa la parte que vivimos». Porque todo el espacio restante no es vida, es mero tiempo.
>
> SÉNECA

> Sólo perduran en el tiempo las cosas que no fueron del tiempo.
>
> J. L. BORGES

LA VIDA NO ESPERA

Estamos hechos de tiempo: la dimensión fugaz de la existencia. Y de memoria: el mejor y más eficaz antídoto contra la fugacidad temporal. Somos partículas de tiempo y de memoria en una tensión perpetua. Y en esa lucha de contrarios entre la vida que se escapa y nuestros conjuros por retenerla va emergiendo nuestra biografía. Qué somos sino instantes fugaces en la delgada frontera del «olvido que seremos».[1] Nuestra existencia es un resplandor momentáneo en ese devenir inexorable que llamamos tiempo. «La cuna se balancea sobre un abismo, y el sentido común nos dice que nuestra existencia no es más que una breve rendija de luz entre dos eternidades de tinieblas», escribió Nabokov.[2] Y, ante el vértigo de la transitoriedad de la vida, pocas salidas encontramos: incertidumbre, desasosiego, confusión. Somos seres indefensos que luchan desesperadamente por atrapar los momentos antes de que se evaporen. «Si hubiera sabido que las cosas se acaban, habría intentado recordarlo todo mejor», dice el protagonista en un momento de la película *Liberty Heights*.[3]

Y es que, como muy sabiamente escribió Eudora Welty, «la vida no espera, no permanece quieta»,[4] de ahí la necesidad de fijar como sea lo vivido, atraparlo, retenerlo, si queremos entender quiénes somos.

> Mediante la fotografía y la palabra escrita —confiesa Isabel Allende— intento desesperadamente vencer la condición fugaz de mi existencia, atrapar los momentos antes de que se desvanezcan, despejar la confusión de mi pasado. [...] Con estas fotografías y estas páginas mantengo vivos los recuerdos; ellas son mi asidero a una verdad fugitiva, pero verdad de todos modos, ellas prueban que estos eventos sucedieron y estos personajes pasaron por mi destino.[5]

Fotografías, objetos de todo tipo, diarios, dietarios, escritura biográfica, conjuros alentadores para mantener hilos de conexión con los recuerdos de nuestra fugaz existencia. Porque, como escribió el poeta checo Jaroslav Seifert, «recordar es la única manera de detener el tiempo».

En sus agudos y penetrantes ensayos en torno a la fotografía, recopilados en un volumen titulado genéricamente *Sobre la fotografía*, Susan Sontag[6] reflexiona sobre el apasionante tema de la fotografía y sus, en mi opinión, enigmáticas relaciones con la realidad, la memoria y el modo como el hombre contemporáneo se ve a sí mismo. Mediante la fotografía, escribe Sontag, capturamos y certificamos la experiencia y la convertimos en recuerdo. Por eso, quizá, la gente despojada de su pasado es la más ferviente defensora de sus fotografías.

El profundo e inescrutable significado de las fotografías, sobre todo cuando se convierten en un talismán para revivir realidades perdidas, lo pone reiteradamente de manifiesto la escritora Dubravka Ugresic, exiliada de su ex-Yugoslavia natal, en *El museo de la rendición incondicional*,[7] una novela apasionante y conmovedora sobre la memoria y la lucha desesperada de una emigrante croata por preservar su identidad. En un momento determinado, la narradora pone en boca de un refugiado bosnio estas palabras: «Los refugiados se dividen en dos clases: aquellos con fotografías y aquellos sin fotografías». Impresiona esta clasificación. Impresiona y nos hace caer en la cuenta de que el desarraigo del exilio sin esa complicidad mágica y protectora que brota de las fotografías arroja a la víctima a una situación de desamparo insoportable. En esas condiciones, el exiliado no sólo es un desterrado al que se ha despojado de sus pertenencias, sino un ser humano condenado a una vida sin derecho a la memoria.

En esa obra, Ugresic refiere una historia de un cinismo atroz protagonizada por el general y criminal de guerra Ratko Mladic, una historia, por lo demás, psicológicamente cruel y perversa. Mladic estuvo durante meses destruyendo la ciudad de Sarajevo, sus bibliotecas, iglesias, monumentos, calles y puentes. Se cuenta que un día que tenía en su punto de mira la casa de un conocido suyo, antes de disparar telefoneó a su conocido y le dijo que le concedía cinco minutos para recoger sus álbumes de fotografías familiares antes de volarle la casa por los aires. Mladic, sabedor de que la destrucción de una ciudad o de una casa significaba la destrucción de la memoria, quiso ser «magnánimo» con su conocido y le regaló sus álbumes y, con ellos, «una vida con derecho a la memoria».

Sontag escribió que «coleccionar fotografías es coleccionar el mundo». Para mí, coleccionar fotografías es primordialmente coleccionar recuerdos o, lo que es lo mismo, coleccionar momentos vividos o, mejor aún, coleccionar estampas o cromos de tu vida. De ahí que tu colección de fotos personales y familiares se acabe convirtiendo con los años en una exposición, en una muestra de tu vida o incluso en el expediente de tu vida, como le ocurrió a la madre de la narradora en *El museo de la rendición incondicional*. Esa mujer, una anciana exiliada que siente cómo su identidad corre el peligro de diluirse ante la ausencia de elementos que le ayuden a reconstruir sus recuerdos y su vida, se agarra desesperadamente a su último y único aliado: las fotografías familiares.

    Al volver a casa, se sentaba sola en su ardiente piso como en un tren, se sentaba así, sin protector ni bandera, sin patria, casi sin nombre, sin su pasaporte, ni carnet de identidad, de vez en cuando se levantaba y se asomaba por la ventana esperando ver las escenas de un país destruido por la guerra [...]. Se sentaba así [...], sin viajar a ninguna parte, porque no tenía adónde, y sujetaba en las rodillas sus únicas pertenencias, sus álbumes, su modesto expediente de vida.[8]

Porque esa mujer siente, en lo más profundo de su alma, que sus fotos son el talismán aliado de su memoria, y con memoria, como escribió Juan Cruz, «no hay soledad ni exilio».[9]

Pienso desde hace años que las fotografías son en verdad objetos misteriosos: ¿cápsulas de tiempo, cápsulas de vida, fragmentos de existencia robada a quien ya no existe, testigos indelebles del pasado? Probablemente, todo eso y mucho más. Cada fotografía «es a la vez una pseudopresencia y un signo de ausencia», escribe Sontag, y yo creo que por eso las fotografías nos conmueven, nos emocionan y nos trasladan siempre al pasado y con frecuencia al territorio de la nostalgia. La fotografía detiene el tiempo, inmortaliza un momento, anula el deterioro de las personas y las cosas. Y quizá por todo ello la fotografía se convierte —como también dice Sontag— en *memento mori*: recuerda que morirás.

Hace años, ya en plena madurez, una de esas tardes en las que la fuerza de un destino oculto parece guiar tus decisiones, saqué de uno de los rincones de mi territorio personal mi colección de fotografías más antiguas (un álbum y dos cajitas grises rebosantes de fotos) y me dispuse a... no sé muy bien a qué. Y mientras viajaba y revivía los mundos en blanco y negro de mi primera adolescencia, tomé conciencia de un detalle que hasta entonces había carecido de la importancia que a partir de aquel día le atribuyo: todas las fotografías de mi colección, absolutamente todas, tienen anotado por detrás, de mi puño y letra, el lugar y la fecha exacta del momento que quedó grabado y detenido para siempre en la instantánea. Este detalle, que hasta entonces sólo había tenido para mí un mero valor informativo (la ciudad y el día, el mes y el año en que fue tomada la foto), sentí que se convertía de pronto en un asunto de enorme trascendencia. En primer lugar, por las muchas preguntas que me ha generado desde entonces: ¿por qué desde pequeño consideré de interés datar la realización de cada fotografía?, ¿me aconsejó algún adulto hacer aquello o brotó de forma espontánea en mí?, ¿pensaba entonces, como pienso ahora, que una fotografía sin fecha se acaba convirtiendo en un instante exiliado de tu vida, en un episodio dislocado en el tiempo narrativo de tu historia y por eso consigné la fecha?, ¿acaso yo ya tenía la intuición de que el pasado que había quedado atrapado en aquellas imágenes me iba a resultar tan valioso muchos años después?, ¿quizá estaba añadiendo a aquellas imágenes todos los detalles sobre espacio y tiempo para así fijar con la máxima precisión la fugacidad de mi existencia? No tengo respuesta para ninguna de estas preguntas.

Y de enorme trascendencia, en segundo lugar, porque me ha hecho reflexionar acerca de la necesidad que todos tenemos de retener como sea lo vivido y de cómo las fotografías, esas disecciones congeladas de momentos pasados, acaban convirtiéndose en testigos perennes de «la despiadada disolución del tiempo», como dice Sontag.

Muy consciente de esa caducidad perentoria de todo lo vivido y, a la vez, de la fragilidad de la memoria, Carlos Castilla del Pino trató durante toda su vida de rodearse de objetos —no deshaciéndose de ellos— que ayudaran a su memoria a evitar vacíos o rupturas en la construcción y mantenimiento de su identidad. «A lo largo de mi vida he tratado de evitar que esas fisuras se produjesen, en una compulsión a recordar *todo*».[10] La historia del calzador, elocuentemente colocada en la primera página de su autobiografía *Pretérito imperfecto*, ilustra magistralmente cómo un objeto pequeño, insignificante, sin valor aparente, puede convertirse en un valioso talismán en su narración biográfica. El pequeño calzador metálico lo había pedido su madre al dependiente de una zapatería de La Línea para que él se lo llevase al internado de Ronda, unas semanas antes de cumplir los diez años, y permaneció a su lado el resto de su vida. No sin antes ser objeto —muchos años después— de una historia llena de incertidumbre e inquietud ante la sospecha de su posible pérdida. La anécdota del calzador es una historia tierna y conmovedora que revela el poder de determinados objetos para organizar parcelas muy significativas de nuestra memoria autobiográfica.

Evidentemente, no todos los objetos alcanzan el mismo valor en nuestras vidas, pero sí actúan como claves o, como los llamaba Castilla del Pino, «tiradores» («porque tiran de mi memoria hasta el presente o hacia el pasado»). Y así, la «compulsión a recordar todo» le llevó a conservar desde pequeño todo tipo de objetos:

> Un pito de latón, la camisa de cuando, a los cinco años, fui explorador; algunos libros de la escuela [...], pipas, agendas, algún resguardo de telegrama de hace sesenta años, un lápiz de minas azul y roja, reducido a la mínima expresión, como lo dejó mi tutor a su muerte [...], un cuentahílos, la moneda arrojada a mis pies en la playa de Valdoviños [...], diarios, con sueños y acontecimientos anotados, dietarios».[11]

Fotografías, objetos, registros escritos de episodios personales. Hay que fijar como sea lo vivido, retenerlo, para poder entender quiénes somos. Y la vida acaba siendo una carrera incesante contra el tiempo. Necesitamos retener la experiencia, siquiera los restos de nuestra experiencia, y hacer que persista a través del tiempo para poder construir nuestra historia, para poder construirnos a nosotros mismos, para tener un pasado, para tener una vida, para que nuestra vida se llene de sentido.

Es por eso que Herman Roth insiste en que «no hay que olvidar nada», según nos cuenta Philip Roth, su hijo, en *Patrimonio*,[12] una obra que conmueve profundamente por el amor, la honestidad y la sensibilidad con la que Philip crea y narra la historia de su padre: un anciano de ochenta y seis años que sufre un tumor cerebral y que se aferra a la vida recordando, recordándolo todo, porque, como recalca con vehemencia, «estar vivo... es estar hecho de recuerdos», porque «quien no esté hecho de recuerdos no está hecho de nada».

«¿Ves la escalinata esa? Ahí me sentaba yo, en 1917, con Al Borak. Sí, ¿te acuerdas de Al Borak? El de la tienda de muebles. Ahí estábamos sentados el día en que Estados Unidos entró en la guerra. Era por primavera, abril o mayo, no sé muy bien. Ahí es donde tu abuela tenía la tienda de golosinas. Ahí es donde mi hermano Morris puso su primera zapatería. ¡No me digas que todavía está ahí!», dice. Y así sucesivamente. Pasamos por el colegio, el de la Décima Tercera Avenida, donde era el preferido de la maestra. «Mi maestra me quería muchísimo. Herman, me decía». Y así sigue, mientras atravesamos la ciudad. «Es la vida».[13]

Y es que, como le ocurre a Herman Roth, nadie puede vivir sin recuerdos. Elie Wiesel nos lo dice también con la máxima contundencia: «No se puede vivir... No se puede existir sin el recuerdo».[14] Porque no es posible la vida sin un pasado. «Mi vida se vació de todo recuerdo y se volvió plana como los pastizales que me rodeaban», confiesa Aharon Appelfeld en *Historia de una vida*,[15] un doloroso ejercicio de evocación, en el que exhuma de la oscuridad más profunda de su memoria la infancia tenebrosa vivida en un campo de concentración nazi, para calmar sus «ansias de vivir una vida con sentido».[16]

Somos memoria —no lo olvidemos—, porque nuestros recuerdos son los testigos perennes de lo que hemos sido y también de lo que queremos ser. Creo profundamente que mis recuerdos son mi vida, porque la vida no es sino una narración que se erige en el universo de mi memoria. De ahí la necesidad de todo ser humano de conocer su pasado en su tarea permanente de dar sentido y coherencia a su propio yo y a su propia vida. Isabel Allende cierra su obra *Retrato en sepia* con esta misma idea: «Escribo para dilucidar los secretos antiguos de mi infancia, definir mi identidad, crear mi propia leyenda. Al final lo único que tenemos a plenitud es la memoria que hemos tejido».[17]

Buscar el pasado para hacerlo nuestro es una necesidad *vital* en el sentido literal del término, porque la reconstrucción de lo vivido y la traducción de nuestras vivencias en la historia de quiénes somos es lo que da sentido a nuestra existencia. Elias Canetti lo dijo con la máxima pasión: «Busca, mientras haya algo que encontrar dentro de ti; recuerda, entrégate *voluntariamente* al recuerdo, no lo desdeñes, es lo mejor, es lo más verdadero que tienes, y todo cuanto se te pierda en el recuerdo estará perdido, y *para siempre*».[18]

Porque sin memoria no hay vida, no hay biografía, no hay identidad, no hay subjetividad, no hay posibilidad de crear un *yo*, no hay drama personal, no hay posibilidad de construirnos a nosotros mismos como individuos separados y diferentes de los demás. La afirmación «Yo soy... fulano de tal» sólo puede emerger de una mente cimentada sobre una memoria autobiográfica.

UNA VIDA SIN RECUERDOS

El 30 de octubre de 1981, un hombre de treinta años, natural de Toronto, conocido en el ámbito de la amnesia como el paciente K.C.,[19] sufrió un accidente de motocicleta que le produjo lesiones cerebrales muy graves que afectaron sobre todo al hipocampo de ambos hemisferios (el hipocampo es una estructura fundamental para el funcionamiento de la memoria episódica). A resultas de tales lesiones, K.C. padece una amnesia profunda con unas características verdaderamente peculiares y excepcionales incluso en el propio ámbito de la amnesia. Por ejemplo, sus capacidades intelectuales, su inteligencia y su lenguaje son normales, y lee y escribe con fluidez; su memoria a corto plazo es normal, lo que significa —entre otras cosas— que puede mantener una conversación o puede repetir series cortas de dígitos o de letras si no sufre ninguna distracción; su conocimiento de las matemáticas, la historia, la geografía y cualquier otra materia escolar es similar al de las personas de su nivel educativo; sus procesos de pensamiento son normales; toca el órgano, juega al ajedrez y a diferentes juegos de cartas; sus modales son ejemplares y tiene un buen sentido del humor. Podría decirse, por tanto, que la memoria de K.C. es normal en términos generales; sin embargo, sus lesiones cerebrales afectaron dramáticamente a su memoria autobiográfica. En consecuencia, K.C. ha quedado convertido desde el accidente en *un hombre sin recuerdos* o, lo que es lo mismo, en un hombre incapaz de *recordar* nada de su pasado personal.

Sin embargo, este hombre sabe y conoce muchas cosas acerca del mundo, lo que le permite acceder a *hechos autobiográficos* que podrían llevarnos a pensar que su memoria es normal. Por ejemplo, K.C. *sabe* que su familia tiene una casita de campo y dónde se encuentra, incluso puede localizarla en un mapa de Ontario, *sabe* a qué distancia está de su casa de Toronto, cuál es el camino más corto e incluso lo que se tarda en llegar en coche con el tráfico de los fines de semana y, por supuesto, *sabe* que él ha pasado allí mucho tiempo; sin embargo, es incapaz de *recordar* nada, absolutamente nada, acerca de él en aquella casa. K.C. *sabe* jugar al ajedrez desde antes del accidente y *sabe* que juega con frecuencia, pero *no tiene ningún recuerdo* de ninguna partida concreta con nadie; lo único que puede es *adivinar* que ha jugado con su padre porque *sabe* que su padre juega al ajedrez. K.C. *sabe* que tiene un coche y conoce la marca, el modelo y el color, pero *no puede recordar* ni un solo viaje realizado en su coche.

Se trata, por tanto, de un paciente que *sabe* o tiene mucho conocimiento sobre sí mismo y sobre su pasado, pero con la particularidad de que ese conocimiento es impersonal, objetivo, público, como el que se puede tener sobre los demás. En otras palabras, todo lo que K.C. sabe acerca de sí mismo es un conocimiento de la propia vida, pero desde el punto de vista de un observador y no desde el punto de vista de su propio yo; es un conocimiento, en suma, semejante al que se tiene de los amigos o de los familiares.

K.C. es un caso claro de disociación o de desconexión entre el sistema de memoria *semántica* (el conocimiento general del mundo, como ya comentamos), que no ha sufrido daños significativos a consecuencia de las lesiones cerebrales, y el sistema de memoria *autobiográfica*, concretamente, la memoria episódica, que ha quedado devastada. El resultado dramático de todo ello es que K.C. ha sido desalojado de su vida, porque nadie puede hablar de «vida» cuando se han perdido todos los *recuerdos autobiográficos*. Como diría Castilla del Pino, K.C. continúa viviendo, pero ha dejado de existir: sigue vivo biológicamente, pero ha muerto biográficamente. Y eso significa que, al igual que otros pacientes con amnesia, K.C. ha quedado confinado en *un mundo sin tiempo* o, lo que es lo mismo, en *un presente permanente* donde no hay pasado ni futuro y donde, además, no es posible «viajar hacia atrás a través del tiempo subjetivo».

¿Qué significan estas últimas palabras sobre «viajar hacia atrás...»? Significan algo fundamental para entender la esencia y la dinámica de nuestra memoria autobiográfica. En su espléndido trabajo «On the Uniqueness of Episodic Memory» [«Sobre la singularidad de la memoria episódica»], publicado en 1999, el profesor Tulving, a propósito de las diferencias entre la memoria semántica y la memoria episódica, nos decía lo siguiente respecto a la memoria episódica:

> La memoria episódica se refiere a un sistema que hace posible el «viaje en el tiempo» mental a través del tiempo subjetivo: desde el presente hacia el pasado y hacia el futuro, una proeza que no puede realizar ningún otro sistema de memoria. Al hacerlo, permite al individuo re-experimentar, mediante la conciencia autonoética, las experiencias previas, y proyectar experiencias similares sobre el futuro.[20]

Estas palabras de Tulving deberían servirnos para caer en la cuenta —si aún no lo hemos hecho— de que cada vez que recordamos una experiencia pasada, y eso es algo que estamos haciendo casi continuamente, estamos literalmente «viajando hacia atrás en el tiempo» desde el momento actual hasta el momento cercano o lejano en el que vivimos lo que ahora recordamos, esto es, desde el presente al pasado, desde el hoy al ayer. Pero, atención, ese «viaje» no es una metáfora ni la ilusión novelesca de «viajar por el túnel del tiempo». No. El viaje hacia atrás en el tiempo que nos proporciona todo acto de memoria autobiográfica es una realidad cotidiana, que se hace objetiva y dramáticamente visible cuando algunos pacientes amnésicos, como K.C., se ven privados de ella.

Cuando en una de las entrevistas se le pidió a este paciente que intentase «viajar hacia atrás en el tiempo de su propia mente», bien por el pasado representado por unos minutos antes o por muchos años atrás, dijo que no podía. Y cuando, a continuación, se le pidió que tratase de volver «el ojo de su mente» hacia el pasado, lo único que pudo decir es que ese pasado «estaba en blanco». ¡Su pasado estaba en blanco! ¿Se imaginan una experiencia así? Mejor no; pero el dato real y dramático es que K.C. no encuentra nada cuando vuelve su mirada interior hacia atrás. Sencilla y llanamente porque K.C. se ha quedado sin pasado. Este hombre no tiene recuerdos: no puede recordar nada de lo que ha sucedido en su vida, ya sea unos minutos antes, el día anterior o hace varios años.

Pero resulta que, además, K.C. tampoco puede pensar en el futuro porque no puede imaginarlo: cuando se le pidió que contase lo que iba a hacer después, cuando terminase la entrevista o al día siguiente o en cualquier momento del resto de su vida, fue incapaz de contestar, y, cuando se le dijo que describiese el estado de su mente cuando pensaba en el futuro, su respuesta fue otra vez: «Está en blanco». Así pues, este paciente no sólo es incapaz de evocar su pasado, sino que tampoco puede imaginar su futuro. K.C. está anclado para siempre en el presente, sin pasado y sin futuro. K.C. está condenado a vivir en un presente perpetuo.

La incapacidad de los pacientes con amnesia como K.C. para viajar hacia atrás o hacia delante a través del tiempo subjetivo es el resultado de la falta de un tipo muy especial de conciencia. Algo que se demuestra cuando, por ejemplo, a K.C. se le pregunta por la marca de su coche o cuál es la capital de Canadá. Ante preguntas de ese tipo, no presenta el más mínimo signo de incapacidad; es decir, responde correctamente. Ello es así porque, en situaciones como esas, la conciencia o la experiencia consciente de este paciente es normal, dado que la conciencia que se requiere en tales situaciones es un tipo de «conciencia del mundo» que no involucra o que no tiene nada que ver con el tiempo subjetivo. Cuando, por el contrario, se le pide que evoque algún episodio en el que estuvo involucrado su *yo*, su incapacidad es total, su mente aparece vacía, en blanco, porque carece no de conciencia del mundo, sino de «conciencia de sí mismo», que es algo muy distinto.

Que alguien no tenga «conciencia de sí mismo» significa que no tiene «sentido del yo». Lo hemos dicho antes y no importa repetirlo, el *sentido del yo* emerge y se erige sobre el universo de la memoria autobiográfica o, dicho con otras palabras, el *yo* —la perspectiva en primera persona— se construye, se manifiesta y se reconstruye a través de narraciones del pasado. Es decir, que somos quienes somos porque así nos lo hemos contado a través de una narración que estamos revisando y creando continuamente, porque cada uno de nosotros es el auténtico autor de la historia de su vida. Por tanto, podemos decir con firmeza que toda persona necesita un pasado para mantener su *yo*; y, al contrario, la desaparición del pasado supone siempre la aniquilación del *yo*. En definitiva, sin pasado, sin recuerdos, no hay vida.

Pero ¿qué es el pasado y dónde está?

Si el pasado existe, ¿dónde está? «El pasado surge con la memoria», escribió George H. Mead.[21] Si no tuviésemos memoria no habría posibilidad alguna de atrapar lo que ha pasado. Por tanto, el pasado es un producto de la memoria. La memoria recoge y guarda el pasado y nos permite revivirlo y, al evocarlo, nos trae lo vivido envuelto en una sensación clara de pretérito. ¿El pasado reside, pues, en la memoria? Los científicos de la memoria no dudarían en responder de manera afirmativa: por supuesto, el pasado es una creación de la memoria. Todo lo vivido deja en nuestra memoria huellas lo suficientemente ricas como para reconstruir en cada recuerdo lo experimentado en otro momento. Por tanto, el pasado sólo existe en tu memoria, concluirían los científicos.

He dedicado prácticamente mi vida entera al análisis y la investigación de la memoria y mi conocimiento y los datos científicos de que dispongo me conducen de forma invariable a la misma conclusión: el pasado existe gracias a la memoria, el pasado es un producto de la memoria. El pasado, tu pasado, sólo está en tu memoria. Esta es la «opinión correcta» para la ciencia. Esto es lo que dicta la ortodoxia.

Sin embargo, permítanme salir, apartarme siquiera un poco de las lindes de esa ortodoxia y plantear esta sencilla duda: el pasado está en la memoria, de acuerdo, pero ¿*sólo* en la memoria?

Les contaré una experiencia personal: es mediodía de un caluroso día de agosto de 2006 en el corazón mismo de Andalucía. Un nutrido grupo de familiares y amigos estamos pasando el día en una casa de campo en una finca de viñas y olivos que en la actualidad pertenece a una prima mía. Durante mi niñez, esta propiedad pertenecía al hermano de mi abuelo materno, quien, por su parte, era el propietario de una finca contigua muy similar. El origen de ambas propiedades había sido una sola hacienda que mi bisabuelo Juan repartió a su muerte entre sus dos únicos hijos: mi abuelo Julián, el mayor, y su hermano Francisco Manuel. Desde mucho antes de mi nacimiento, ambas familias pasaban el largo y cálido verano en sus respectivas propiedades. Toda mi niñez y parte de mi adolescencia pasé las vacaciones estivales en aquellos parajes rebosantes de verde oliva y extensos viñedos salpicados de higueras, duraznos y granados, con dos inmensos nogales que hacían sombra junto a un pozo que nos abastecía de agua y un arroyo de más hondura que un hombre, como decía mi abuelo, con ambas orillas jalonadas de membrillos y donde crecían libremente zarzas, corregüela, ortigas, avena, juncos, yerbabuena, menta, albahaca, poleo, carrizos, margaritas y un sinfín de plantas silvestres. Un paraíso en el que corríamos, jugábamos y soñábamos con total libertad mis primos, mis hermanas y yo durante aquellos largos e interminables veranos de la infancia.

Hemos terminado de comer. Un sol pardo y pesado mantiene el entorno en un silencio espeso. Todo el campo parece dormido. Sólo el sonido estridente de las chicharras atraviesa el velo invisible de un calor inmóvil y mudo. Es la hora de la siesta, del sosiego general, de la búsqueda del alivio fresco de las sombras. Sin decir nada, salgo de la casa y decido acercarme a los lugares de mi infancia. Hace años que desapareció la vereda que llevaba de la casa donde me encuentro ahora a la casa de mi abuelo, un camino corto y bien definido que de niños recorríamos cada día infinitas veces en ambas direcciones y del que ya no queda ni rastro, pero que yo ahora recorro con la misma seguridad que cuando aquel caminito de tierra blanca, firme y compacta era una realidad serpenteante entre cepas y olivos. En pocos minutos, llego al lugar exacto donde sesenta y tantos años atrás había un oasis de vida, la de mi familia. Ahora tampoco queda ninguna huella de todo aquello, nada que pueda hacer pensar a un extraño que allí, en un espacio antes abierto y ahora ocupado por grandes olivos, una explosión de vida reinaba todos los veranos de hace muchos años. Conozco cada palmo de ese lugar y recuerdo con absoluta claridad los lugares exactos que ocupaban la casa y las muchas dependencias anejas. Desde donde me encuentro puedo «ver» ahora mismo todo el escenario de un día cualquiera de aquellos lejanísimos estíos: la cocina, anexa a la casa y protegida con un emparrado para dar sombra, donde mi abuela preparaba cada día la comida y la cena; a continuación, la casa y, unos metros más allá, a la izquierda, en una simbiosis perfecta con un olivo centenario, el comedor, protegido del sol con un enramado rectangular que cada año era saneado con ramas nuevas en su cubierta, amueblado con una mesa rectangular lo suficientemente grande como para acoger a diez, doce o más comensales, y a su alrededor el sillón de mi abuelo en el centro de la parte interior, sillas, taburetes y un banco largo de madera de olivo en el que solíamos sentarnos mis padres y yo; a continuación, siguiendo una trayectoria redondeada, una choza alargada, de base elíptica y de una armonía perfecta, con una entrada pequeña para impedir la invasión del calor y que utilizábamos sobre todo los niños para jugar durante las horas de la siesta; unos metros a la izquierda, la cuadra, con doble entrada y un pesebre para dos caballos y, en una de sus esquinas, un gallinero, y, cerrando aquel entorno circular, dos higueras muy frondosas, una al sur y otra al este.

Nada de aquello existe ya, incluidas las dos higueras. Todo ha desaparecido. Todo ha sido borrado. En estos momentos, me encuentro en el lugar que ocupó la higuera de la parte este. Me resguardo del ardiente sol y me siento en el suelo al pie de un olivo. Estoy muy cerca del lugar de lo que fue la cocina y enfrente del inexistente comedor. Reina un silencio atronador. Las chicharras no se cansan de cantar. Tengo apoyada mi espalda en el tronco áspero del olivo. Cruzo los brazos y me quedo mirando al lugar vacío que en aquel lejano pasado ocupaba el comedor. No tengo ninguna prisa. Me olvido del tiempo.

Y, de pronto, aparece el escenario completo, tal y como era antes: la cocina, la casa, la cuadra y, frente a mí, a la sombra de aquella enramada que hacía de comedor, toda mi familia tomando la comida del mediodía. Veo con total nitidez la escena y sus personajes, mis abuelos, mis tíos, mis primos, mis padres, mis hermanas y yo, todos comiendo. Oigo las voces, oigo sus risas, veo sus movimientos, veo al niño que fui allí sentado entre mi padre y mi madre, veo a nuestros dos perros dormidos bajo un sol incandescente, unas gallinas que picotean y corren cerca de una higuera, siento el calor y la brisa que a veces nos refrescaba, siento el despertar brusco de mis emociones y un estremecimiento recorre mi cuerpo de arriba abajo porque lo que estoy viviendo no es una experiencia parecida, ni siquiera idéntica, a las que viví en aquel mismo lugar hace tantísimos años; no, lo que estoy sintiendo es *la misma experiencia*. Una realidad tan robusta que, como diría Nabokov, ha convertido el presente en un fantasma.[22] La sacudida emocional que siento es de tal intensidad que por unos instantes pierdo la noción del tiempo y del espacio. La línea que separa la realidad de la imaginación se desdibuja durante unas fracciones de segundo. Me doy cuenta de la experiencia disociativa que estoy viviendo y noto un escalofrío. Me estremezco. Me siento sobrecogido. «No puede ser», me digo. «Ahí enfrente ya no hay nada más que unos olivos solitarios. Yo estoy aquí solo, sentado, y ahí enfrente ya no hay nada ni nadie. Todo está en mi memoria».

Probablemente, todo ha ocurrido en milésimas de segundo, pero la vivencia —como diría Ortega— ha sido larga y, sobre todo, tan intensa que de inmediato me asalta la duda. Estos recuerdos —me digo— de un ayer lejanísimo, tan nítidos, con tantas imágenes visuales y auditivas, tan intensos emocionalmente, tan llenos de vida, tan reales, ¡no pueden estar *sólo* en mi memoria! ¿Seguro que ahí fuera no hay nada de ese ayer? Lo que acabo de vivir ha sido *tan real* que más que *pasado* parece *presente*. Pero ¿qué ha ocurrido, entonces, con el tiempo? ¿Acaso se ha desintegrado momentáneamente borrando las fronteras entre *el ayer* y *el ahora*? ¿Por qué se ha roto el orden del tiempo? ¿Cómo se ha producido este caos temporal, donde presente y pasado se confunden y se identifican?

[Un relámpago en mi memoria me recuerda que Proust hablaba de «resurrecciones del pasado»].

Cada vez estoy más convencido de que este «pasado/presente» ¡tiene que estar en algún lugar más! Sí, tiene que estar también por aquí, además de en mi memoria. Pero ¿dónde?, continúo diciéndome. Otro fogonazo en mi memoria me recuerda cómo Virginia Woolf sintió algo parecido cuando se preguntaba: «¿No será posible que las cosas que se han sentido con gran intensidad tengan una existencia independiente de nuestra mente?».[23]

Siento cómo mi razón se echa a un lado y deja paso a la voz atrevida que brota de mi cerebro primitivo: «Sí, lo que acabo de ver, de oír, de sentir, de vivir tan intensamente no puede ser sólo *pasado* que mi memoria me trae hoy con la etiqueta de tiempo vivido. ¡También *es* presente! ¡Y sigue estando por aquí! Quizá está en el aire o en el espacio invisible, quizá en la energía de estos olivos centenarios, testigos mudos de tantas aventuras humanas, quizá en la tierra que ahora piso, quizá en el calor abrasador que todo lo envuelve, quizá en el silencio pegajoso que resuena en mi cabeza o, quizá, en mi ensambladura con todos esos elementos a la vez».

Quizá, como escribió Pessoa, ese pasado, «por una paradoja maternal del tiempo, subsiste hoy, aquí mismo, entre el que soy y el que he perdido».[24] O quizá, como aventuró Borges, en su poema «El pasado»: «Esas cosas pudieron no haber sido /... / Y esa tarde inasible que fue tuya / Son en su eternidad, no en la memoria». No lo sé —me digo—, todo es tan confuso ahora mismo que la experiencia cuasialucinatoria que acabo de vivir no resulta fácil de entender apelando sólo a lo que guarda mi memoria y a la división artificial del tiempo en pasado y presente, en ayer y hoy.

¿O sí?

Vuelvo al presente actual, pero «aquella experiencia» sigue desafiándome, sigue desconcertándome. No sé cómo explicarla. Leo, reviso, releo mis escritores favoritos, esos pensadores que me sirven de guía para entender la vida: Roth, Proust, Canetti, Borges, Woolf, Pessoa... Cuánta sabiduría. De pronto, reencuentro estas palabras de Pessoa:

> Dicen los ocultistas, o algunos de ellos, que hay momentos supremos del alma en que esta recuerda, con la emoción o con parte de la memoria, un momento, o un aspecto, o una sombra de una encarnación anterior. Y entonces, como regresa a un tiempo que está más cerca que su presente del origen y del comienzo de las cosas, siente, en cierto modo, una infancia y una liberación.[25]

Me alivian estas palabras, porque compruebo que alguien más ha tenido experiencias parecidas. Me tranquilizan las palabras de Pessoa porque sé que él me entendería. Lo que me ocurrió aquella tarde de verano les ocurre a otras personas también.

En tales disquisiciones me encuentro, cuando, de repente, como suele actuar nuestra memoria, aparece en el escenario de mi conciencia Marcel Proust. Es un recuerdo involuntario, como haciendo honor a la admirable y profundísima perspicacia del propio Proust para desentrañar hasta los más ocultos mecanismos de esa «memoria involuntaria» que tanto le obsesionó, lo que trae a mi presente su colosal obra *En busca del tiempo perdido* y, concretamente, el séptimo y último volumen, *El tiempo recobrado*. Tomo el citado volumen, leo y no exagero nada si digo que un nuevo mundo acerca del tiempo y la memoria se abre para mí. Porque Proust no sólo describe e ilustra con innumerables ejemplos personales vivencias similares a la que acabo de contarles, sino porque nos muestra que el orden temporal pasado-presente-futuro no es lineal, porque la memoria juega con el tiempo, lo rompe y lo disloca, nos eleva sobre nosotros mismos y nos saca de él. Los recuerdos trascienden los límites del tiempo y nos colocan en una realidad imposible e intemporal. En palabras del propio Proust:

> Aquellas diversas impresiones dichosas [...] que yo las sentía a la vez en el momento actual y en un momento lejano, hasta casi confundir el pasado con el presente, hasta hacerme dudar en cuál de los dos me encontraba; en realidad, el ser que entonces gustaba en mí aquella impresión la gustaba en lo que tenía de común en un día antiguo y ahora, en lo que tenía de extratemporal, un ser que sólo aparecía cuando, por una de esas identidades entre el presente y el pasado, podía encontrarse en el único medio donde pudiera vivir, gozar de la esencia de las cosas, es decir, fuera del tiempo.[26]

Proust se adelanta a los grandes psicólogos de la memoria y, en su búsqueda del «tiempo perdido», del «tiempo evaporado» (ambas expresiones son suyas), encuentra el Tiempo a través de los recuerdos y descubre que, en realidad, la memoria rompe la flecha del tiempo: la memoria ignora la unidireccionalidad del tiempo, desbarata la división y el orden temporal y construye el suyo propio: el *tiempo subjeti-*

vo. Una dimensión en la que el pasado y el presente pueden confundir sus identidades porque los recuerdos nos colocan fuera del tiempo. Porque la memoria, nos dice Proust: «[A]l introducir el pasado en el presente sin modificarlo, tal como era cuando era presente, suprime precisamente esa gran dimensión del Tiempo con arreglo a la cual se realiza la vida».[27]

Interesantísima observación de Proust: la memoria introduce el pasado intacto en el presente y, al hacerlo, desbarata la flecha del tiempo. Esto significa que los recuerdos nos sacan del tiempo cronológico y nos colocan en otra dimensión: el *tiempo subjetivo*. Cuando tal aventura se vive intensamente, el desconcierto y la confusión nos envuelven. Y así me sentí yo, desconcertado y confuso, aquel día caluroso en que visité los lugares de mi paraíso perdido y mi memoria me llevó fuera del tiempo.

Y es que no sabemos funcionar fuera del tiempo cronológico. «Se me enmaraña la conciencia si pienso en estas cosas», escribió Pessoa respecto a los juegos de la memoria con el orden temporal.[28] La confusión y el desconcierto, y también la inquietud, se apoderan de nosotros ante experiencias de renacimiento del pasado libres de las ataduras del tiempo. No conocemos aún el lenguaje profundo de nuestra memoria. Creemos saber bastante sobre nuestra memoria y, sin embargo, la recuperación del pasado sigue apareciendo como un fenómeno enigmático y, en ocasiones, sobrecogedor. La experiencia personal relatada más arriba es un modestísimo ejemplo. Por eso, permítanme recurrir a una experiencia del propio Proust, donde la belleza de sus palabras y su singular perspicacia introspectiva ilustran magistralmente la atemporalidad misteriosa de nuestros recuerdos.

La siguiente experiencia narrada por Proust nos traslada a un día en el que acude como invitado al hotel de los príncipes de Guermantes, en París. Ese día se siente feliz y rebosante de vida porque ha notado renacer en él, «por tres veces, un verdadero momento del pasado». Una de esas veces ha sido al llegar al primer piso del hotel, donde un mayordomo le pide que espere en el saloncito-biblioteca hasta que finalice la pieza que están tocando, pues la princesa ha prohibido que abran las puertas mientras dura el concierto. En aquel ambiente de silencio sepulcral, un camarero comete la torpeza de dejar caer una cuchara sobre un plato. Aquel ruido inoportuno e insolente va a actuar, de inmediato, como la llave de la puerta de su pasado: «El ruido idéntico de la cuchara contra el plato —escribe Proust— me dio [...] la ilusión del ruido del martillo de un empleado que estaba arreglando algo en una rueda del tren mientras estábamos detenidos ante aquel bosquecillo».[29] Estos encuentros, en los que el pasado y el presente se «funden», como el momento en el que saboreaba la magdalena mojada en una infusión de tila, envuelven a Proust en una clase especial de felicidad: una sensación única, excepcional, que sólo aparece en esos momentos igualmente excepcionales en los que la memoria nos regala «un poco de tiempo en estado puro». Pero dejemos que sea el propio Proust quien nos lo siga contando:

[...] de pronto [...], un expediente maravilloso de la naturaleza hizo resplandecer una sensación —ruido del tenedor y del martillo...— *a la vez en el pasado,* lo que permitía a mi imaginación saborearla, *y en el presente*, donde la sacudida efectiva de mi sentido por el ruido, [...] añadió a los sueños de la imaginación aquello de que habitualmente carecen: *la idea de existencia,* y [...] *permitió a mi ser lograr, aislar, inmovilizar* —el instante de un relámpago— lo que no apresa jamás: *un poco de tiempo en estado puro.* El ser que renació en mí cuando, con tal *estremecimiento* de felicidad, percibí el ruido común a la vez a la cuchara que choca con el plato y al martillo que golpea la rueda, [...] se nutre sólo de la esencia de las cosas, sólo en ella encuentra su subsistencia, sus delicias, languidece en la observación del presente donde los sentidos no pueden llevarla, en la consideración de *un pasado que la inteligencia le deseca,* en la espera de un futuro que la voluntad construye con *fragmentos del presente y del pasado a los que quita además parte de su realidad* no conservando de ellos más que lo que conviene al fin utilitario, estrechamente humano, que les asigna. Pero si un ruido, un olor, ya oído o respirado antes, se oye o se respira de nuevo, *a la vez en el presente y en el pasado reales sin ser actuales,* ideales sin ser abstractos, enseguida se encuentra liberada *la esencia permanente y habitualmente oculta de las cosas,* y *nuestro verdadero yo,* que, a veces desde mucho tiempo atrás, parecía muerto pero no lo estaba del todo, *se despierta, se anima* al recibir el celestial alimento que le aportan. *Un minuto liberado del orden del tiempo ha recreado en nosotros,* para sentirlo, *al hombre, liberado del orden del tiempo* [...] *situado fuera del tiempo* [...].[30]

La delicada sensibilidad de Proust, unida a su extraordinaria capacidad introspectiva y a su asombroso don para iluminar los más oscuros recovecos de su mente, le llevan a descubrir mundos insólitos en el enigmático universo de la memoria. Lo que Proust busca y persigue obsesivamente en su colosal obra *En busca del tiempo perdido* y que encuentra definitivamente en *El tiempo recobrado*, como muestran textos como el anterior, es la realidad imposible que de niños anhelábamos acariciar al otro lado del espejo. A través de las «resurrecciones del pasado», Proust escapa del tiempo y del espacio y penetra en «la esencia permanente y habitualmente oculta de las cosas» para encontrarse frente a frente con el «hombre liberado del orden del tiempo», con su yo «fuera del tiempo».

En 1955, Albert Einstein escribió: «Si persiguiéramos a la velocidad de la luz un rayo de luz, veríamos una onda independiente del tiempo».[31] Es decir que, teóricamente al menos, si se dieran ciertas condiciones físicas sería posible sentir el tiempo puro. Aunque inmediatamente Einstein concluye: «¡Tal cosa, sin embargo, no existe!». No lo dudamos. Desde las coordenadas epistemológicas de la física relativista, sentir «una onda independiente del tiempo» parece tener una probabilidad cero de realizarse; sin embargo, cuando Proust consigue aislar, inmovilizar y apresar «un poco de tiempo en estado puro» ¿no está experimentando algo similar, o idéntico incluso, a lo que Einstein afirmaba que no existe? Desconozco la respuesta, aunque me atrevo a afirmar que nadie podría negar rotundamente cierto paralelismo entre ambas condiciones. El horizonte de desconocimiento que sigue desafiando a los físicos (relativistas y cuánticos) no es mayor ni menor que el que envuelve a los científicos de la mente en general y de la memoria humana en particular.

El viaje de Proust al centro de su memoria me parece una hazaña prodigiosa y única en la historia universal de conquistas y logros. Porque lo que Proust consigue no es sólo ahondar en las profundidades del alma humana hasta límites inimaginables, sino, al mismo tiempo, romper las barreras del tiempo y del espacio exterior para situarse en una dimensión donde el tiempo se vuelve intemporal y la realidad pierde su actualidad.

No me resulta fácil aprehender todo el tesoro que Proust nos legó, pero, sin duda alguna, la experiencia asombrosa y yo diría que mágica de aquel día caluroso de verano en el territorio de mi infancia se me empieza a hacer ahora más comprensible. Ahora empiezo a entender que la sensación que me desconcertó y estremeció acercándome a lo que creí en aquel momento que era el umbral de la enajenación fue la experiencia de lo que Proust identifica con *el tiempo en estado puro*: una dimensión en la que la apariencia del tiempo se borra, donde la linealidad del orden temporal desaparece y donde pasado y presente se funden en una sola realidad, aunque esa realidad no sea la actual. ¿Cómo no sentirse sobrecogido en una situación así, en la que el control de las operaciones mentales que te permiten separar el ayer del hoy y la realidad de la fantasía se ha perdido? ¿Cómo no sentirse casi enajenado ante el quebrantamiento brutal de toda regla o principio de contradicción? ¿Cómo asimilar esa sensación que resplandece a la vez en el pasado y en el presente, como decía Proust? ¿Cómo no estremecerse ante la presencia de un presente y un pasado que se viven como reales sin ser ambos actuales?

Nuestra mente no está preparada, aunque quizá sería más adecuado decir que no está *entrenada*, para sentirse fuera del tiempo. Ya lo hemos apuntado un poco más arriba: no sabemos funcionar fuera del tiempo cronológico, a pesar de que cada vez que evocamos un episodio de nuestro pasado el recuerdo nos está liberando momentáneamente del tiempo. Generalmente, los recuerdos generan en nosotros sensaciones similares a las experimentadas en el pasado correspondiente, pero en ocasiones «especiales» lo que sentimos ante la resurrección del pasado no es «únicamente un eco, un doble de una sensación pasada, sino la sensación misma», advierte Proust.[32] Estas experiencias tienden a ser muy breves, pero nos sorprenden cargadas de una intensidad turbadora e inquietante. Así he descrito antes mi propia experiencia: «Probablemente, todo ha ocurrido en milésimas de segundo, pero la vivencia ha sido larga y, sobre todo, tan intensa...». Y así nos lo transmitió Proust: «Pero este falso efecto que me acercaba un momento del pasado incompatible con el presente, este falso efecto no duraba».[33] Y continúa profundizando hasta descubrir el choque extratemporal que se produce entre el pasado y el presente y del que emana la tensión y el sobrecogimiento:

En estas resurrecciones, el lugar lejano engendrado en torno a la sensación común se acopló siempre por un momento, como un luchador, al lugar actual. Y siempre el lugar actual quedó vencedor [...] para abandonarme enseguida en el seno de los lugares nuevos, pero permeables para el pasado. Y si el lugar actual no venciera enseguida, creo que perdería el conocimiento; pues esas resurrecciones del pasado, en el segundo que duran, son tan totales que no sólo obligan a nuestros ojos a dejar de ver la estancia que tienen cerca [...]: obligan a nuestras narices a respirar el aire de lugares sin embargo lejanos, a nuestra voluntad a elegir entre los diversos proyectos que nos proponen, a toda nuestra persona a creerse rodeada por ellos, o al menos a tropezar entre ellos y los lugares presentes, en el aturdimiento de una incertidumbre parecida a la que a veces experimentamos ante una visión inefable en el momento de dormirnos.[34]

Las palabras de Proust me hacen pensar que no resultó desacertado calificar lo que sentí aquella tarde de verano como una «experiencia disociativa» o disgregadora de mi *yo*. De hecho, ante experiencias como la de la visita al hotel de los Guermantes o la del día en que mojó la magdalena en la infusión caliente, Proust llega a dudar «de la realidad actual de su yo».[35] Proust me tranquiliza, como antes lo hizo Pessoa, porque su sabiduría ensancha hasta tal punto las fronteras de nuestro conocimiento sobre los recuerdos y el orden temporal que experiencias inquietantes y misteriosas pasan a ser vistas como regalos mágicos de nuestra memoria. Lo que siento en este momento me hace evocar las palabras de Newton a propósito de sus progresos en la comprensión de la ley de gravitación universal gracias a las aportaciones de Kepler o Copérnico: «Si he visto más lejos es porque estoy sentado sobre los hombros de gigantes». Leyendo a Proust, créanme, uno se siente también a hombros de un gigante.

Sin embargo, al mismo tiempo, siento que Proust me ha colocado en el filo de un precipicio por el que no puedo evitar caer. Creo que muchos de mis referentes intelectuales entraron y quedaron atrapados, como yo me siento ahora, en el mismo enigma irresoluble del *laberinto del tiempo*.

«No sé lo que es el tiempo», confiesa Pessoa. «No sé cuál es su verdadera medida»,[36] añade. La vida está hecha de tiempo. Nosotros estamos hechos de tiempo, ya lo hemos dicho, y, quizá por eso, el tiempo nos devora y nos confunde. Nos obsesiona, como en el caso de Borges, quien en su intento vano por aprehenderlo acaba rindiéndose y negando su existencia. El tiempo no existe, parece gritar, el tiempo es una ilusión. ¿Qué es, pues, el tiempo? «Si nadie me plantea la cuestión, lo sé —responde san Agustín—. Si quisiera explicarla a quien la plantea, no lo sé».[37] Quizá porque, como confesará Emil Cioran muchos siglos después, «el tiempo no está hecho para ser conocido, sino para ser vivido».[38]

El laberinto del tiempo

El intrincadísimo enigma del tiempo nos obsesiona, nos devora y nos confunde porque se esconde tras un manojo inagotable de paradojas: nada nos parece más *objetivo* que el tiempo que nos indican los relojes y, sin embargo, ese mismo tiempo se torna insoportablemente *subjetivo* cuando el deseo lo acelera y la espera o el aburrimiento lo paralizan. A propósito de la lentitud subjetiva del tiempo escribe Proust:

> [...] yo, que tan largos trayectos había hecho para verla en el Bois [se refiere a Odette], que la primera vez que estuve en su casa había oído caer de su boca el sonido de su voz como un tesoro, ahora los minutos pasados junto a ella me parecían interminables, porque no sabía qué decirle.[39]

En ocasiones somos inmensamente ricos en tiempo y en ocasiones su fugacidad nos martiriza. Nada hay más abundante ni más escaso que el tiempo. La vida es tiempo y, a la vez, es una carrera contra el tiempo. Generosidad, abundancia, lentitud, cicatería, mezquindad, rapidez, desasosiego... son algunas de las infinitas máscaras del tiempo. El tiempo nos hace y, a la vez, el tiempo nos consume. Desde el nacimiento hasta la muerte, toda nuestra vida es un aleteo imparable a favor y en contra del tiempo: el tiempo nos envuelve, el tiempo nos engulle, nuestras experiencias están en el tiempo, nuestros pensamientos y representaciones mentales giran sobre el eje del tiempo. Somos tiempo. «Tu materia es el tiempo, el incesante tiempo», exclama Borges. El tiempo domina nuestra existencia. «¿Qué importa que el deseo y la voluntad queden en un punto si el tiempo pasa y nos lleva?», escribió el pensador uruguayo Rodó.[40] Hay razones, por tanto, para expresar, como hace la filósofa mexicana Illescas Nájera, que «el hombre siente en las entrañas su mordedura implacable y a lo largo de milenios, desde horizontes culturales muy diversos, ha buscado insistentemente vencerlo, adentrándose en el enigma que su significado le representa».[41] Necesitamos saber algo acerca de su naturaleza, acerca de sus límites, acerca de nuestro *tempo*, acerca de cómo nos lo representamos, de cómo lo experimentamos, de cómo lo medimos.

A propósito, ¿cuál es la medida del tiempo, si es que tiene alguna? Pessoa muestra así su desconcierto:

> La del reloj sé que es falsa: divide al tiempo espacialmente, por fuera. La de las emociones sé también que es falsa: divide, no al tiempo, sino a la sensación de él. La de los sueños es errónea: en ellos rozamos al tiempo, una vez prolongadamente, otra vez deprisa, y lo que vivimos es apresurado o lento conforme alguna propiedad del decorrer cuya naturaleza ignoro.[42]

«Alrededor del tiempo surgen los conflictos que tejen la existencia», escribe el filósofo colombiano Serna Arango.[43] Filósofos, científicos y pensadores de todas las épocas se han enfrentado al enigma del tiempo en su afán por definirlo y delimitarlo para, de esa manera, tener al menos la «ilusión de control» sobre ese «misterioso agente de la creación y de la destrucción» —en palabras de Illescas Nájera— que se escapa a todo intento de aprehensión por parte de la mente humana. Sin pretender en absoluto entrar de lleno en una disquisición acerca de la naturaleza del tiempo, detengámonos por un momento en las dos posiciones que recogen el pensamiento de los grandes físicos, filósofos y pensadores en general sobre el tiempo.

Por un lado, encontramos la idea propugnada por Isaac Newton de que el tiempo es un fenómeno natural y *objetivo*. En su monumental *Philosophiæ naturalis principia mathematica* (1687), Newton escribe: «El tiempo absoluto, verdadero y matemático, en sí mismo y por su naturaleza, fluye uniformemente sin relación a ninguna cosa externa». Por otro lado, y en contraposición con la anterior, tenemos la posición teórica de aquellos que consideran el tiempo como un fenómeno *subjetivo*. Para ilustrar la postura subjetivista, recurriré a «la autobiografía vital y espiritual más extensa y minuciosa que nos ha legado la Antigüedad»,[44] las *Confesiones* de san Agustín (c. 397-400), donde el obispo de Hipona se adelanta a la opinión de los físicos modernos más de quince siglos cuando escribe: «En ti, espíritu mío, mido los tiempos». Porque el tiempo es un proceso mental, esto es, un fenómeno interior. Así lo entendieron también los escolásticos, tal y como recoge su famosa sentencia «*Tempus est ens rationis cum fundamento in re*» («El tiempo es una creación de la razón con fundamento en la realidad»).

El tiempo, como reconocen los físicos actuales, es un constructo mental inventado por los hombres para ordenar, en primer lugar, sus experiencias y vivencias, y, a continuación, los fenómenos. El físico teórico Julian Barbour, una autoridad en la «cosmología del tiempo», publicó en 1999 una obra con un título contundente: *The End of Time*, o *El fin del tiempo*, donde mantiene que el tiempo, tal y como lo percibimos, no existe. El tiempo es una ilusión, concluye. «La única evidencia directa que tenemos del tiempo y del pasado —afirma Barbour— proviene de los registros, ya sean naturales, como los fósiles, o de origen humano, como los recuerdos».[45] Por tanto, más allá de nuestra memoria no hay evidencia ni del tiempo ni del pasado.

En definitiva, el tiempo newtoniano, el tiempo absoluto, no existe. Para nosotros, como criaturas humanas que somos, lo que existe y lo que importa es el *tiempo vivido* o, como algunos lo han llamado, el tiempo humano (frente al tiempo físico). San Agustín entendió el problema y comprendió que es precisamente la *memoria* la que humaniza el tiempo. Porque la memoria conserva las huellas, las experiencias, «la impresión que forman en ti las cosas cuando pasan de largo y que permanece cuando ellas han pasado», y concluye: «Esa es la que mido cuando mido los tiempos. Por lo tanto, o son esas impresiones los tiempos o no mido tiempos».[46]

El tiempo es, pues, un producto mental generado en la factoría de nuestra memoria. Por eso, en páginas previas, ya lo hemos llamado «tiempo subjetivo». En nuestra memoria reside el centro de la experiencia temporal humana, ahí es donde se produce el proceso de «temporalización», porque gracias a la memoria nos construimos como tiempo. Ahí, en la memoria, se va construyendo nuestra existencia; en la memoria, en definitiva, se construye nuestra vida. Y es la memoria de la memoria —es decir, los recuerdos— la que nos va a permitir tomar conciencia del tiempo pasado, del tiempo vivido, del tiempo presente y del tiempo que está por venir. Leon Tolstoi reflejó esa misma idea de que es en la memoria donde se construye la idea humana del tiempo cuando escribió: «El tiempo está detrás de nosotros, el tiempo está delante de nosotros, pero en el presente, el tiempo no existe».[47] La memoria es, por tanto, el punto del que emerge el orden temporal que nos proyecta al pasado, al presente y al porvenir.

No obstante, la experiencia humana del tiempo, quizá porque este es un producto mental, no es necesariamente lineal ni uniforme. El tiempo subjetivo no se ajusta siempre a las leyes físicas. La capacidad asombrosa de la mente humana para representarse el mundo y lo que en él ocurre en armonía con las propias creencias nos permite crear, según expresión de Borges, «infinitas series de tiempos». En su relato *El jardín de senderos que se bifurcan*, el narrador asume, en contra de Newton, la idea de que el tiempo no es absoluto, sino que tiene infinitas dimensiones que se aproximan, se cruzan o se bifurcan o se ignoran sin razón comprensible en un laberinto caótico que acaba encerrado en el infinito. He aquí sus palabras:

> [...] una red creciente y vertiginosa de tiempos divergentes, convergentes y paralelos. Esa trama de tiempos que se aproximan, se bifurcan, se cortan o que secularmente se ignoran, abarca todas las posibilidades. No existimos en la mayoría de esos tiempos; en algunos existe usted y no yo; en otros, yo, no usted; en otros, los dos. En este, que un favorable azar me depara, usted ha llegado a mi casa; en otro, usted, al atravesar el jardín, me ha encontrado muerto; en otro, yo digo estas mismas palabras, pero soy un error, un fantasma.[48]

La relevancia de esta cita de Borges estriba en su convencimiento de que el tiempo no puede entenderse ni explicarse transitando exclusivamente por los caminos de la lógica y la razón. El tiempo es una fiera salvaje imposible de domesticar. Cualquier intento por domeñarlo acaba siempre arrastrándote a la contradicción, porque el tiempo anida en la paradoja. Borges lo comprobó *in extenso*: la condición irreversible y unidireccional del tiempo se convierten en su obsesión. Y Borges cae en el laberinto paradójico del tiempo. El tiempo es polimorfo en su fugacidad: es isotrópico, apunta en todas direcciones, y, a la vez, es circular, «el tiempo es como un círculo que girara infinitamente».[49] Desde sus contradicciones, Borges trata de conjurarlo reivindicando la *eternidad* frente a la brevedad del tiempo: «El estilo del deseo es la eternidad»,[50] para después reducirlo al *instante*: «No hay otro tiempo que el ahora, este ápice / del ya será y del fue, de aquel instante / en que la gota cae en la clepsidra»,[51] y, finalmente, negarlo: «El tiempo no existe». El tiempo es «una delusión», un engaño de los sentidos, pues «la indiferencia e inseparabilidad de un momento de su aparente ayer y otro de su aparente hoy basta para desintegrarlo».[52]

Y sin embargo...

En el párrafo que cierra su ensayo *Nueva refutación del tiempo*, Borges comienza con la expresión inglesa «*And yet, and yet...*» como advertencia de que, a pesar de todo lo dicho en esa «inquisición» y en toda su obra acerca del tiempo:

> [...] negar la sucesión temporal [como hizo él mismo], negar el yo [como hizo Hume], negar el universo astronómico [como en el caso de Berkeley],[53] son desesperaciones aparentes y consuelos secretos. Nuestro destino [...] no es espantoso por irreal; es espantoso porque es irreversible y de hierro. El tiempo es la sustancia de que estoy hecho. El tiempo es un río que me arrebata, pero yo soy el río; es un tigre que me destroza, pero yo soy el tigre; es un fuego que me consume, pero yo soy el fuego. El mundo, desgraciadamente, es real; yo, desgraciadamente, soy Borges.[54]

Y Borges acaba devorado por las contradicciones y las paradojas del tiempo. Le obsesionó la condición irreversible y unidireccional del tiempo, reivindicó el instante y la eternidad para conjurarlo, intentó descifrar sus misterios, pero acabó reconociendo su derrota. En el poema «Soy», declara:

> *Soy el que pese a tan ilustres modos*
> *de errar, no ha descifrado el laberinto*
> *singular y plural, arduo y distinto*
> *del tiempo, que es uno y es de todos.*

Me gusta recurrir al genio de Borges, y de otros maestros del pensamiento y la palabra, porque a la postre acaban concluyendo, pero con un discurso de una belleza insuperable, lo mismo que los grandes físicos frente al enigma del tiempo. Y no creo distorsionar el pensamiento de nadie al hacer esta afirmación. Si no, he aquí lo que dice el físico Barbour en la entrevista ya citada:

> El tiempo newtoniano es como un río invisible que fluye uniformemente y para siempre. El problema con esto es que no podemos ver ese marco invisible; todo lo que vemos son cosas que se mueven unas con respecto a otras.[55]

No hay manera de salir del laberinto del tiempo si no es envuelto en la contradicción: el tiempo es un río, es un tigre, es el fuego que me destruye, pero yo soy el río, el tigre y el fuego, porque yo estoy hecho de tiempo, confiesa Borges. Estamos hechos de tiempo. Sí, y de ahí la necesidad de reconstruir *el tiempo vivido* para así reconstruirnos a nosotros mismos.

Vivir supone caminar sobre el filo del presente con la vista puesta en el futuro bajo la atenta mirada de la experiencia acumulada en el pasado. Así se desarrolla la vida, atrapando y cobijando en la morada del pasado la fugacidad del presente y los sueños del futuro bajo la guía de nuestra memoria. Somos criaturas temporales dependientes del pasado, porque sin ayer no puede haber hoy, y sin hoy no es posible el mañana.

Pessoa expresó la fuerza y el peso ineludible del pasado en nuestras vidas de esta manera:

Supongo que la mayoría de aquellos con quienes me cruzo en el acaso de las calles [...] tienen, como yo, un corazón exaltado y triste, los conozco bien: unos son dependientes de tiendas, otros son empleados de oficina, otros son comerciantes de pequeños comercios; otros son los vencedores de los cafés y de las tascas, gloriosos sin saberlo en el éxtasis de la palabra egotista, [...] Pero todos, pobrecillos, son poetas, y arrastran, a mis ojos, como yo a sus ojos, la igual miseria de nuestra común incongruencia. *Tienen todos, como yo, el futuro en el pasado*.[56]

«El pasado es siempre una morada», escribe también Benedetti en «Olvidadores», uno de los poemas contenidos en su obra poética con nombre mágico: *El olvido está lleno de memoria*. El pasado es siempre una morada y «no existe olvido capaz de demolerla», concluye. El pasado es nuestra morada, claro que sí. El pasado es la casa grande del alma, el fondo del océano donde se hunde el ancla que fija la nave de nuestra vida.

No es posible la vida, ni el drama ni la biografía, sin un pasado. ¿Quién habló del peso del pasado como una rémora que ahoga y frena nuestros pasos? ¿Por qué esa creencia tan extendida de que el pasado es un estorbo, un atascadero del presente? El pasado da cobijo y protege nuestro patrimonio, ahí están nuestras señas de identidad y las pautas que guían nuestra vida. «Uno hace lo que ha sido», escribió Canetti. Y añadió:

> Esto suena como si uno fuese libre de hacerlo. Pero no es así, ya que no inventa nada. Avanza un par de pasos creyendo que es uno quien los determina libremente, pero, en cuanto los ha dado, nota que estaban prefijados.[57]

El pasado nos determina, porque ahí reside nuestra esencia. El pasado es nuestro tiempo vivido, ese que buscamos cuando recordamos. Ese que necesitamos para dar sentido a nuestra vida. Era la idea del poeta escocés Robert Burns (1759-1796) cuando escribió: «Si no tuviéramos pasado, estaríamos desprovistos de la impresión que define a nuestro ser».

Sin embargo, en mi opinión, el establecimiento humano del orden temporal en pasado, presente y porvenir ha desfigurado la concepción humana del *pasado*. Porque debemos reconocer que el intento humano por desvelar los misterios del tiempo ha contaminado nuestras mentes con una imagen falaz del pasado y de todo orden temporal. No debe extrañar que el apasionado Canetti, consciente de tal desaguisado, proclamase que «la obra de arte más perfecta y aterradora de la humanidad es su división del tiempo».[58] No tan radical, pero en absoluta concordancia con esa afirmación, es la siguiente declaración de Einstein: «Para nosotros, físicos convencidos, la diferencia entre pasado, presente y futuro no es más que una ilusión, aunque sea tenaz».[59]

Una ilusión que, como acabo de señalar, ha generado en nuestras mentes una imagen errónea, falsa, equivocada de la naturaleza del *pasado*. Quién no ha oído, y quizá comparta, que el *pasado* es algo que ocurrió en un momento pretérito y, precisamente por ello, es algo liquidado, cerrado, enterrado. «Lo pasado, pasado; borrón y cuenta nueva», reza un refrán popular, o «lo pasado, pasado, y lo mal hecho, perdonado», nos dice otro. En definitiva, esta creencia tan extendida sentencia que el *pasado* ya no existe, el *pasado* está muerto y, en consecuencia, no ejerce influencia alguna sobre nuestra vida presente. «Añorar el pasado es correr tras el viento», dice la voz popular, y se recalca con «agua pasada no mueve molino».

Reconozco que se me escapan las razones profundas que han conducido a tales ideas sobre la inutilidad del pasado, sobre todo teniendo en cuenta que la realidad cotidiana de todos y cada uno de nosotros nos está demostrando a todas horas justamente lo contrario, esto es, que el *pasado*, nuestro pasado, no nos abandona en ningún momento, que «el pasado siempre está presente»,[60] que «el pasado —como sabiamente escribió Shakespeare— es un prólogo», un preámbulo, un requisito previo de lo que estamos viviendo.

Entonces ¿por qué tenemos una idea tan desacertada del pasado? ¿Dónde está el origen de esa creencia tan errónea sobre el pasado?

El pasado, una realidad incomprendida

El «pasado» es lo vivido, lo experimentado, lo vivenciado, lo sentido. El pasado es lo que ya ha pasado, sí, pero, como enfatizó George H.

Mead, «*It is not true that what has passed is in the past*» («No es verdad que lo que ha pasado esté en el pasado»).[61] No, claro que no: lo que ha pasado no está en el pasado si por «pasado» entendemos algo perdido. Lo que ha pasado no es algo que se llevó la «negra espalda del abismo del tiempo», parafraseando a Shakespeare.[62] Lo que ha pasado no está arrumbado en el desván oscuro y desdibujado de nuestra vida. Lo que ha pasado no es algo perdido ni destruido. Lo pasado sigue vivo en nuestra memoria y, porque el pasado es memoria, sigue presente en nuestra vida. «El pasado nunca muere», escribió William Faulkner en *Réquiem para una mujer*, y recalcó su veredicto: «El pasado... ni siquiera ha pasado».

Por eso, cuando Jorge Semprún, tras muchos años librando una batalla infernal en su memoria contra los recuerdos insoportables de su inhumana experiencia en Buchenwald, consigue narrar y plasmar en papel aquella memoria de la muerte, se da cuenta de que:

> A pesar de los rodeos, de los ardides del inconsciente, de las censuras deliberadas o involuntarias, de la estrategia del olvido; a pesar de las huidas hacia delante y de las interferencias del recuerdo; a pesar de tantas páginas ya escritas para exorcizar esta experiencia, volverla por lo menos parcialmente habitable; a pesar de todo eso, *el pasado seguía conservando su resplandor* de nieve y de humo, *como el primer día*.[63]

Y por eso, también, entendemos perfectamente a Henry Miller cuando, en *Trópico de Capricornio*, escribe: «Hay ocasiones en que el sabor de aquella gran rebanada de pan de centeno que su madre me dio aquella tarde es más fuerte que el de la comida que estoy saboreando».[64] Y a la poeta rusa Marina Tsvetaieva, cuando grita con la pasión que le caracterizaba: «¡Era, era, era! ¡El pasado está mucho más vivo que el "es" del presente!».

Y, sin embargo, a pesar de todos estos testimonios y de muchos más que podríamos referir reivindicando la presencia del pasado, nuestra mente parece estar deformada o sesgada en una dirección diferente cuando pensamos en el *tiempo vivido*. Influyentes filósofos como Kant o Husserl, entre otros, elaboraron profundos tratados sobre el tiempo y el orden temporal, pero cayeron —en opinión del filósofo Henri Bergson[65]— en el mismo error que los físicos de todos los tiempos: confundieron *el tiempo* con *el espacio*.

Como metafísicos naturales, todos nosotros también tendemos a «espacializar» el tiempo; es decir, a desplegarlo en el espacio. Miramos hacia atrás en nuestra vida, miramos al pasado e inmediatamente aparece en nuestra mente alguna de estas imágenes: un camino largo que va quedando atrás y sigue alargándose según pasan los días, los meses, los años; una línea recta que empieza en el momento del nacimiento y se alarga progresivamente a medida que el tiempo pasa y vamos creciendo, o, como escribió Virginia Woolf: «una gran avenida que se prolonga hacia atrás; una gran cinta de escenas, emociones. Y allá, al final de la avenida, todavía están el cuarto infantil y el huerto».[66]

Los físicos introdujeron la metáfora de «la flecha del tiempo», filósofos y poetas vienen hablando desde hace siglos del «río de la vida», en nuestras conversaciones cotidianas distinguimos entre un pasado «próximo o cercano» y un pasado «remoto o lejano». Todas estas metáforas o analogías espaciales sirven, fundamentalmente, para hacernos ver la irreversibilidad del tiempo, la imposibilidad de volver atrás. Irreflexivamente, sin percatarnos bien de lo que estamos haciendo, imaginamos y describimos el tiempo con atributos propios del espacio: cerca, lejos, próximo, lejano, largo, corto, y, sin embargo, ¡el mundo del tiempo es tan diferente del mundo del espacio!

George Lakoff y Mark Johnson, dos filósofos del lenguaje estadounidenses, ofrecen una explicación plausible de la tendencia humana a espacializar el tiempo en su célebre y reputada obra *Metáforas de la vida cotidiana*.[67] El punto de partida de Lakoff y Johnson es que nuestro sistema conceptual es fundamentalmente de naturaleza metafórica, o, lo que es lo mismo, nuestro pensamiento, nuestro lenguaje y nuestras acciones cotidianas están cargadas de metáforas. Tanto es así que las metáforas configuran el modo como percibimos y nos representamos el mundo. Algo que se pone especialmente de manifiesto cuando se trata de pensar o manejar conceptos abstractos o intangibles, tales como bondad, virtud, amor o tiempo, por citar algunos. En cuanto al tiempo, Lakoff ha ido aún más lejos al afirmar que nuestra comprensión metafórica del tiempo en términos espaciales es algo determinado biológicamente. Y escribió al respecto:

En nuestro sistema visual tenemos detectores del movimiento y detectores de objetos y sus localizaciones; sin embargo, no disponemos de detectores del tiempo (se entienda lo que se entienda por tiempo). Así pues, tiene mucho sentido desde el punto de vista biológico que el tiempo tenga que ser comprendido en términos de cosas y movimiento.[68]

Probablemente, la mente humana no se enfrenta a desafío mayor que cuando intenta entender y explicar el tiempo. No hay manera de aprehenderlo. La historia universal del pensamiento lo pone de manifiesto. En consecuencia, no hay otra salida que recurrir a las metáforas: *el tiempo es oro, el tiempo es dinero, el tiempo vuela, el pasado quedó atrás, el futuro está a la vuelta de la esquina*, etcétera, etcétera. De las diferentes metáforas acerca del tiempo, me atrevería a decir que la *espacial* es la más recurrente y consolidada. En otras palabras, tendemos a utilizar el *espacio* para entender y explicar el *tiempo*. Pero *el tiempo no ocupa espacio* alguno.

Sin embargo, ese no es el problema. No. El verdadero problema, el monumental problema, surge porque las características espaciales atribuidas al tiempo de forma metafórica han traspasado en nuestras representaciones mentales el ámbito de la metáfora y han acabado invadiendo nuestra propia concepción de la vida y su devenir. Y, así, metáforas en las que *el pasado está atrás y el futuro está delante; el pasado está abajo y el futuro está arriba, el pasado está muerto y el futuro aún no ha nacido*, y otras parecidas, han acabado configurando una idea errónea de la dimensión temporal que denominamos *pasado*, en tanto en cuanto *ese pasado* tiende a considerarse algo consumado, caducado, viejo, liquidado o perdido y, por ende, inerte o sin actividad ni efecto alguno.

...Y LA LUZ SE HIZO

Llevo años cavilando sobre la realidad ontológica del *pasado personal*. Me he hecho muchas preguntas al respecto: ¿existe el pasado o sólo es una construcción mental? Si existe, ¿dónde está? ¿Qué papel juega en el presente y en el porvenir? ¿Qué importancia tiene en nuestras vidas? ¿Es el pasado una realidad mental sólida y permanente o un mero residuo inerte de la memoria? ¿Representa el pasado un factor determinante de nuestros planes y acciones o se limita a ser un pobre fantasma en clara decadencia? Más aún, ¿es el pasado una argucia convenida, una excusa inconfesable, un argumento pactado con tu propio *yo* para justificar tus acciones, una coartada frente al presente?

Creo en el pasado, en su realidad, en su verdad ontológica. Hago mías las palabras de Ortega cuando dice: «Soy un hombre que ama verdaderamente el pasado»,[69] porque lo veo, lo siento y lo experimento en mí. Estoy convencido de su vitalidad y de su fuerza, de su presencia permanente y de su continuidad inmanente en el presente. Y, sin embargo, ¿cómo capturar su esencia?, ¿cómo aprehender la auténtica naturaleza del pasado?

En tal situación de desamparo teórico me encontraba cuando descubrí la original y revolucionaria propuesta de Henri Bergson *contra* «el tiempo» y en favor del pasado. Leyendo algunas de sus grandes obras, *Ensayo sobre los datos inmediatos de la conciencia* (1889), *Materia y memoria* (1896) y *La evolución creadora* (1907),[70] he descubierto no sólo un planteamiento teórico sólido en el que encajar mis dudas, sino un despliegue soberbio y elegantemente expuesto de exactamente lo que a mí me hubiese gustado decir. Porque leer a Bergson, en este momento de mi vida, ha significado encontrar la luz en un laberinto desesperadamente oscuro del que no sabía salir. Creo que hay pocos placeres intelectuales comparables a ir descubriendo en escritos ajenos, expuesto con absoluta claridad, lo que tú llevabas años barruntando y sin capacidad de expresar.

¿Cuál es la propuesta de Henri Bergson? Como hemos apuntado unas líneas más arriba, Bergson reaccionará contra la filosofía y la física por haber confundido históricamente el *tiempo* con el *espacio*. Para escapar de esa confusión, Bergson prescindirá del concepto tradicional de «tiempo», e incluso de ese término, e introducirá en su lugar el concepto de «duración» (*durée*). Este cambio va a significar la transformación radical de la concepción tradicional del tiempo. El tiempo, tal y como lo ha entendido la mecánica y la tradición filosófica y científica, no es el tiempo real —nos dice el filósofo francés—, sino un concepto de tiempo espacializado. Pues bien, continúa Bergson, ese tiempo impregnado de espacio es una ilusión.

Desde la perspectiva bergsoniana, lo que se entiende por *tiempo* consiste en una *corriente fluida e irreversible* que se da en el ámbito de nuestra conciencia. Esa *corriente de conciencia*, como la había llamado William James en 1890, es la *duración* de Bergson, que, según sus propias palabras, «*es el progreso continuo* del pasado que corroe el porvenir y que se dilata al avanzar». Porque «nuestra duración no es un instante que reemplaza a un instante»; si fuese así, «entonces, no habría nunca otra cosa que el presente, no habría prolongación del pasado en lo actual, ni evolución, ni duración concreta».[71] La *duración*, a diferencia del tiempo espacializado, es algo indivisible y continuo, algo que no puede detenerse. La duración, escribe Bergson, «es la forma que toma la sucesión de nuestros estados de conciencia cuando nuestro yo se deja vivir, cuando se abstiene de establecer una separación entre el estado presente y los estados anteriores».[72]

Tradicionalmente, pasado, presente y porvenir se han distinguido entre sí por considerarse partes distintas, heterogéneas. Pero estas partes, siguiendo con el razonamiento del filósofo francés, por muy heterogéneas que sean, no deben considerarse como tales, pues se interpenetran y funden sus límites hasta crear la *duración* indivisible y continua.

Para Bergson, el *pasado* no es algo perdido ni destruido, ni algo arrojado al agujero del olvido. Aunque el tiempo nunca se mantiene idéntico a sí mismo, el pasado se sitúa siempre en el devenir temporal —«el amontonamiento del pasado sobre el pasado se prosigue sin tregua», señala Bergson[73]— y continuamente es transformado en su camino hacia el porvenir. Y añade:

> En realidad, el pasado se conserva por sí mismo, automáticamente. Todo entero, sin duda, nos sigue a cada instante: lo que hemos sentido, pensado, querido desde nuestra primera infancia, está ahí, pendiendo sobre el presente con el que va a unirse, ejerciendo presión contra la puerta de la conciencia que querría dejarlo fuera. El mecanismo cerebral está hecho precisamente para hacer refluir su casi totalidad en lo inconsciente y para no introducir en la conciencia más que lo que por naturaleza está destinado a iluminar la situación pre-

sente, a ayudar a la acción que se prepara, a dar, en fin, un trabajo *útil*. A lo más, recuerdos de lujo alcanzan a pasar de contrabando por la puerta entreabierta. Y ellos, mensajeros de lo inconsciente, nos advierten de lo que arrastramos detrás de nosotros sin saberlo. Pero, incluso aunque no tuviésemos clara la idea, sentiríamos vagamente que nuestro pasado nos queda como presente.[74]

La *duración* es la esencia de la conciencia, el fluir de nuestros estados mentales sucediéndose y penetrándose mutuamente; la duración es el *yo* y su devenir; en definitiva, *la duración es la memoria del pasado galopando sobre el porvenir*. En su obra *Materia y memoria*, publicada originalmente en 1896, Bergson matiza con claridad esta idea:

> Pero ¿cómo el pasado, que en hipótesis ha dejado de ser, podría conservarse por sí mismo? ¿No hay ahí una auténtica contradicción? Nosotros respondemos que la cuestión es precisamente saber si el pasado ha dejado de existir o si simplemente ha dejado de ser útil. Ustedes definen arbitrariamente el presente como *lo que es*, cuando el presente es simplemente *lo que se hace*. Nada *es* menos que el momento presente, si por ello entienden ese límite indivisible que separa el pasado del porvenir. Cuando pensamos este presente como debiendo ser, todavía no es; y, cuando lo pensamos como existente, es ya pasado. Por el contrario, si consideran el presente concreto y realmente vivido por la conciencia, se puede decir que ese presente consiste en gran parte en el pasado inmediato. En la fracción de segundo que dura la más corta percepción posible de luz, trillones de vibraciones han tenido lugar, la primera de las cuales está separada de la última por un intervalo enormemente dividido. Vuestra percepción, por instantánea que sea, consiste pues en una incalculable multitud de elementos rememorados y, a decir verdad, toda percepción es ya memoria. *Nosotros no percibimos prácticamente más que el pasado*, siendo el presente puro como el imperceptible progreso del pasado carcomiendo el porvenir.[75]

No hay, pues, presente puro ni pasado puro ni futuro puro. Nuestra vida, la conciencia de haber vivido, es un fluir continuo sin rupturas ni vacíos ni interrupciones. La tradicional división temporal en pasado, presente y porvenir no es más que un artificio, una conveniencia, un recurso humano para manejar el tiempo y organizar la narración de nuestra vida. El tiempo no existe, existe la experiencia psicológica de la duración. En definitiva, la duración es esencialmente memoria y la memoria es conciencia de continuidad.

Y de esta manera Bergson nos lleva de vuelta a Proust. Sí, porque ambos coinciden en que el pasado «se introduce en» o «carcome» el presente. Recordemos las palabras ya citadas de Proust en las que incide precisamente en la misma idea: «La memoria, al introducir el pasado en el presente sin modificarlo [...] suprime [...] la gran dimensión del Tiempo con arreglo a la cual se realiza la vida» (ver la nota 27 de este capítulo). Entre pasado y presente sólo hay continuidad, no ruptura, señala Bergson, y Proust habla una y otra vez de «identidades entre el pasado y el presente». Si existe el tiempo —y en esto vuelven a coincidir ambos autores—, es un tiempo interior, subjetivo, íntimo y continuo.

Ese devenir temporal sin solución de continuidad ha inquietado casi obsesivamente a Javier Marías en algunos momentos de su extensa obra escrita. Marías se ha hecho eco del enigma del tiempo y, especialmente, de la pervivencia del pasado, en un intento por romper la arrolladora y aparentemente indestructible idea de que el ayer es una historia apagada en las cenizas de nuestro pasado. Un ejemplo soberbio lo encontramos en su «novela» *Negra espalda del tiempo*, donde sus reflexiones sobre el tiempo y los tiempos, la memoria y los recuerdos, la vida y la muerte, las vidas vividas y las no vividas, el destino y el azar, lo pasado y lo no pasado, el ayer y el hoy le llevan a expresar con pasión y dramatismo el desconcierto mental en el que se cae cuando se intentan conciliar las sensaciones y sentimientos más íntimos con las dimensiones tradicionales del tiempo. He aquí sus palabras:

> No es sólo que todo pueda volver a pasar, es que no sé si en realidad nada ha pasado ni se ha perdido, *a veces tengo esa sensación de que todos los ayeres laten bajo tierra como si se resistieran a desaparecer del todo*, el enorme cúmulo de lo conocido y lo desconocido, lo contado y lo silenciado, lo registrado y lo que nunca se supo o no tuvo testigos o fue ocultado, una masa ingente de palabras y acontecimientos, pasio-

nes y crímenes e injusticias, de temores y risas y aspiraciones y ardores, y sobre todo de pensamientos, que son lo que más se transmite de unos intrusos y usurpadores a otros y entre las generaciones usurpadoras e intrusas, lo que más pervive y apenas cambia y nunca concluye, como una ebullición permanente bajo el delgado suelo en que están enterrados o desperdigados los infinitos hombres y mujeres que por aquí anduvieron...[76]

En un ejercicio admirable de introspección y búsqueda de sus propias vivencias, Marías llega a la misma conclusión que tantos otros pensadores cuando aseveran que el pasado nunca pasa: «Parecía como si el pasado estuviera latiendo siempre», escribe Marías. Más aún, busca y encuentra el origen de la «importancia desmesurada» que solemos atribuir al presente en detrimento de lo ya vivido. Según él, todo parece empezar con las palabras de alivio con las que nuestras madres nos trataban de calmar cuando de niños sufríamos algún percance doloroso o molesto: «Ya pasó, ya está, ya pasó», nos decían, mientras nos acariciaban y secaban nuestras lágrimas. Pero aquella negación del malestar presente estaba, de hecho, convenciéndonos de que aquello no había ocurrido, como si nos estuviesen diciendo: «Lo que ya no es, no ha sido». Y, sin embargo, continúa Marías:

> [...] cabría pensar si no sucede más bien al contrario y si lo que ha sido sigue siendo indefinidamente por eso, por haber sido, aunque sólo sea por quedar ya incorporado a la suma incesante y frenética de los hechos y las palabras cuya cuenta tampoco se molesta en llevar nadie. [...] Que algo haya cesado no parece fuerza ni razón bastante para que se borre del todo, sus efectos aún menos y todavía menos su inercia.[77]

Y, al igual que Canetti sentenció «jamás hay nada que haya pasado»,[78] Marías concluye:

> [...] no hay forma de acabar con nada, cada cosa concluida es abono para la siguiente o para otra inesperada y lejana y quizá por eso nos fatigamos tanto, al sentir que la precaria solución de las madres no es verdad en modo alguno, «Ya pasó, ya está, ya pasó». Más bien nada pasa ni nada está ni nada pasa.[79]

Porque el tiempo es una construcción mental, porque somos memoria y la memoria convierte la experiencia temporal en duración, porque nuestra vida es continuidad y fluir constante, porque tenemos conciencia de lo vivido; eso, lo vivido, o el pasado, nunca muere, siempre está presente, galopando sobre nuestras espaldas como el faro que guía al marinero en la noche más oscura.

Y porque, una vez atrapado en nuestra memoria, *el pasado nunca pasa.*

5

El pasado nunca pasa

> Arrastramos con nosotros, sin enterarnos de ello, la totalidad de nuestro pasado.
>
> Henri Bergson
>
> Vuelve la memoria como un enemigo al que nunca se derrota.
>
> Rafael Chirbes

El historiador y geógrafo estadounidense David Lowenthal abre su colosal obra *El pasado es un país extraño* con estas palabras:

> El pasado está en todas partes. A nuestro alrededor encontramos formas que, al igual que nosotros y nuestros pensamientos, tienen antecedentes más o menos reconocibles. Reliquias, historias y recuerdos cubren la experiencia humana. A la larga, todas las huellas particulares del pasado acaban pereciendo; sin embargo, si las consideramos de forma conjunta son inmortales. Da igual si lo celebramos o lo rechazamos, si le prestamos atención o lo ignoramos: el pasado se encuentra omnipresente.[1]

Somos pasado

Si el *pasado* fuese desapareciendo a medida que la vida pasa, si el *pasado* desapareciese una vez vivimos el instante del presente, ¿para qué serviría la memoria? Si el *pasado* no fuera una realidad mental, ¿qué sentido tendría hablar no ya de memoria, sino de *experiencia*? Si el *pasado* fuese un ave de paso, si el *pasado* fuese el tiempo perdido, si el *pasado* fuese las cenizas del ayer, todos nosotros no seríamos más que una manada de criaturas ciegas caminando a tientas hacia el abismo de la nada. La realidad del *pasado*, su presencia permanente, es lo que da sentido a la memoria y, por eso mismo, a la experiencia y, por eso mismo, a la vida. ¿Qué es la vida sino mi pasado narrado en una historia, maleable, sí, pero indestructible, que yo he ido escribiendo día tras día y sobre la que he puesto toda mi confianza para conquistar el porvenir que me espera?

El *pasado* nunca pasa, la memoria lo detiene, se apropia de él y lo convierte en el palacio de nuestra experiencia. La *experiencia*, el manual privado, la guía íntima con las instrucciones de uso de la vida.

Una de las características del sujeto humano —escribió Castilla del Pino— es «su dependencia del pasado, la imposible abdicación de su pasado, del saber indeclinable de que uno es lo que ha-ido-siendo hasta ahora».[2] ¡Claro que sí!

Somos hijos del pasado. El *presente* es evanescente por naturaleza y el *futuro* es una construcción de nuestra imaginación. El filósofo rumano Emil Cioran, quien se sintió excluido del tiempo —«El tiempo se ha retirado de mi sangre», escribió—, afrontó el «infortunio inusitado» que significa «no tener derecho al tiempo» cuando comprueba la imposibilidad de atrapar el presente. «Por mucho que me aferre a los instantes, escapan», afirmó. Y, desde el desamparo que siente por haber «caído del tiempo» (no como los demás, decía, que caemos «en» el tiempo), confesó con su proverbial y exacerbado pesimismo:

> A fuerza de permanecer sentados al borde de los *instantes* para contemplar su paso, acabamos no distinguiendo ya en ellos sino una sucesión sin contenido, tiempo que ha perdido substancia, tiempo abstracto, variedad de nuestro vacío [...]. Nos toca ahora devolverle la vida.[3]

Y es que el *presente*, en efecto, carece de sustancia, es tiempo vacío que recuperará la vida —siguiendo con la figura de Cioran—

al fundirse e «interpenetrar» sus límites con el *pasado*, como nos dijo Bergson.

Sólo el pasado permanece. Y en su permanencia guarda las claves, los significados y los secretos que nos ayudarán a dar sentido y a rellenar cada uno de los instantes de esos destellos fugaces e inasibles que llamamos *presente.* Más aún, creamos mundos posibles e imaginamos el porvenir tomando de nuestro pasado los materiales de construcción de nuestros hipotéticos futuros. Por tanto, sin pasado no hay presente ni tampoco puede haber futuro, ya lo hemos dicho, porque *el pasado es la esencia de la duración* indivisible y continua que proclamó Bergson, esa sucesión de nuestros estados de conciencia cuando nuestro yo se deja vivir y se abstiene de establecer una separación entre pasado, presente y porvenir. La misma idea a la que llegará Cioran cuando escribe:

> Vivir es sufrir la magia de lo posible; pero, cuando en lo posible se percibe incluso lo caduco que está *por venir,* todo se vuelve virtualmente pasado y deja de haber presente y futuro. Lo que distingo en cada instante es su jadeo y su estertor y no la transición hacia otro instante.[4]

Si *somos memoria,* y lo somos, *somos pasado.* Y lo somos para siempre. Porque el pasado es nuestro propio patrimonio, la herencia de nuestro tiempo vivido, el granero de nuestras cosechas, con años prósperos y venturosos, y años de escasez y tribulaciones. Hay pasados suaves y ligeros como una pluma que alivian y endulzan el presente, y pasados forjados en hierro y dolor que agotan y arruinan vidas. De esos pasados que pesan como plomo y marcan el alma para siempre vamos a hablar ahora.

De vivencias cotidianas

El escritor noruego Karl Ove Knausgård, autor de una monumental obra autobiográfica genéricamente titulada *Mi lucha,* cierra su tercer volumen, *La isla de la infancia,* con estas palabras:

Cuando el camión de la mudanza se hubo marchado y mis padres y yo nos metimos en el coche, bajamos la cuesta y cruzamos el puente, pensé con un alivio enorme que jamás volvería a ese lugar, que todo lo que veía lo estaba viendo por última vez. Que las casas y los sitios que desaparecían a mis espaldas también desaparecían de mi vida, y para siempre. Poco sabía yo que cada detalle de ese paisaje, y cada ser humano que en él vivía, estarían pegados a mi memoria, con precisión y exactitud, como una especie de oído absoluto de los recuerdos.[5]

Knausgård reconoce con sorpresa lo que tantos otros hemos sentido en algunas ocasiones: que el pasado, incluso el que guarda escenarios, personas y atmósferas que en su momento deseamos abandonar para no volver nunca jamás, con la vana ilusión de que así sería, está grabado a fuego en nuestra memoria y nos acompañará toda la vida.

Y así lo testimonia también el escritor afgano-estadounidense Khaled Hosseini en su aclamada obra *Cometas en el cielo*:

Me convertí en lo que hoy soy a los doce años. Era un frío y encapotado día de invierno de 1975. Recuerdo el momento exacto: estaba agazapado detrás de una pared de adobe desmoronada, observando a hurtadillas el callejón próximo al riachuelo helado. De eso hace muchos años, pero con el tiempo he descubierto que lo que dicen del pasado, que es posible enterrarlo, no es cierto. Porque el pasado se abre paso a zarpazos.[6]

¡Enterrar el pasado! La empresa humana más huera e inútil que imaginarse pueda. Hosseini comprueba la imposibilidad de sepultar el pasado cuando, al relatar el episodio anterior, en diciembre de 2001, en su residencia estadounidense, lejos de su Afganistán natal, se da cuenta de que lleva «los últimos veintiséis años observando a hurtadillas ese callejón desierto».

Porque el pasado no se pierde. Nada de lo vivido se pierde. El último apartado de la novela de Antón Chéjov *Mi vida, relato de un hombre de provincias* se abre con estas palabras de Misaíl Alekséich, el protagonista, un obrero, un hombre sencillo, alejado de las convenciones sociales pero honesto y sabio:

De haber querido hacerme un anillo, hubiera elegido esta inscripción: «*Nada pasa*». Estoy convencido de que nada pasa sin dejar huella y que cada uno de nuestros actos, por pequeño que sea, tiene importancia para la vida presente y la futura.[7]

No se trata de repetir lo que con tanta insistencia venimos afirmando desde la última parte del capítulo anterior, que el pasado no muere nunca ni deja de ejercer su influencia. Lo que pretendo ahora, al continuar abundando en que nada de lo vivido pasa definitivamente, es mostrar los diferentes grados de impacto emocional que el pasado puede ejercer sobre el corazón humano.

De las experiencias cotidianas a las situaciones dramáticas

La fragilidad humana es una marca individual que viene determinada de un modo crucial, aunque no exclusivo, por la *sensibilidad* de cada persona. No creo aventurar nada al asumir que la vida nos enseña a todos lo diferentes que pueden llegar a ser las personas en sus reacciones a lo que sucede a su alrededor. Quiero decir que es fácil comprobar que hay personas muy sensibles, o muy susceptibles, y personas menos sensibles, o poco sensibles, a los muchos y diversos hechos y acontecimientos que encuentran en su vivir cotidiano. Me parece oportuno traer a colación la diferente sensibilidad de las personas porque considero que puede ayudarnos a entender por qué el pasado marca de un modo tan intenso y duradero el devenir de algunos seres humanos.

En los últimos años, el grupo de investigación de los psicólogos Elaine Aron y Arthur Aron, de la Universidad de Nueva York en Stony Brooks, ha aportado numerosas pruebas científicas que demuestran la existencia de un rasgo de la personalidad humana, desconocido hasta ahora, que ellos han llamado «*sensibilidad al procesamiento sensorial*» (SPS), y que permite explicar el hecho observable de que todas las personas no reaccionamos de la misma manera ante los estímulos que llegan a nuestros sentidos y activan nuestro cerebro. La SPS se considera un rasgo innato asociado a una sensibilidad aumentada, o una mayor reactividad, ante los estímulos ambientales y sociales.

En 1997, Elaine Aron acuñó el término «persona altamente sensible» (PAS) para referirse a aquellos individuos que puntúan alto en su escala de SPS; es decir, personas muy sensibles a la estimulación física del entorno y, de un modo muy especial, a las respuestas emocionales de los demás.

Este no es un asunto baladí en absoluto, ni mucho menos infundado. Actualmente está demostrado que este rasgo está vinculado a genes concretos, conductas y reacciones fisiológicas especiales y patrones específicos de activación cerebral. Además, resulta especialmente interesante constatar que tanto desde la biología evolucionista como desde la psicología del desarrollo se ha documentado rigurosamente la existencia de diferencias individuales en reactividad biológica, o sensibilidad al ambiente, en múltiples especies animales (por ejemplo, aves y mamíferos), incluida la especie humana, desde el nacimiento.[8]

Las *personas altamente sensibles*[9] se caracterizan por una conciencia aumentada para los estímulos de todo tipo, desde los más salientes a los más sutiles (su intensa percepción sensorial hace que lo capten todo, se dice), por procesar la información más profundamente (su especial sensibilidad hace que desarrollen un estilo de procesamiento cognitivo profundo) y por una elevada reactividad emocional (o reactividad fisiológica al estrés), tanto ante los estímulos positivos como negativos. Desde una perspectiva biológica, las *personas altamente sensibles* tienen unos umbrales sensoriales más bajos y, en consecuencia, un cerebro especialmente reactivo. En diferentes estudios, en los que se ha utilizado la técnica de IRMf (imagen por resonancia magnética funcional), se ha observado que los participantes con altas puntuaciones en la escala de SPS presentan una activación significativamente mayor en regiones cerebrales involucradas en la atención, conciencia, integración de la información sensorial, empatía y planificación de la acción.[10] Todo ello las convierte en personas más reflexivas, orientadas hacia dentro y con un rico mundo interior; son personas que no soportan los estímulos intensos (sean luces, ruido, aromas, sabores o ambientes sobrecargados), con una especial sensibilidad al dolor y con una capacidad superior de empatía que las lleva a identificarse emocionalmente y conectar fácilmente con los demás.

En mi opinión, esas características facilitan no sólo la codificación profunda de las experiencias vividas, sino también la formación de huellas de memoria especialmente ricas en detalles sensoriales y emocionales. Por otro lado, sabemos que las huellas de memoria con esas características son una garantía de recuerdos nítidos, precisos y de una extraordinaria longevidad. Por tanto, no resulta aventurado asumir que las *personas altamente sensibles* guardarán en su memoria (con una probabilidad mayor que el resto) un pasado cargado de experiencias emocionales especialmente intensas que, al mantenerse extraordinariamente vívidas, les acompañarán mientras vivan.

Si las experiencias guardadas están empapadas en emociones negativas, si los recuerdos contienen dolor y miedo y estremecimiento, ese pasado imborrable se retorcerá en nuestra memoria como una fiera incontrolable que araña y muerde y devora poco a poco el ánimo y la ilusión y, en ocasiones, hasta la propia vida. No importa el tiempo que haya pasado: sabemos que ese «enemigo interior» permanece agazapado en los rincones más oscuros de la memoria y, cuando menos te lo esperas, suelta una dentellada.

Karl Ove Knausgård, un hombre con una alta sensibilidad, lo sabe muy bien. En diferentes volúmenes de su obra autobiográfica nos retrata al niño que fue como una criatura «pusilánime» y «llorona»: un ser humano muy emotivo, angustiado, temeroso y de lágrima fácil.[11] No sorprende, por tanto, que el trato cruel que su padre le infligió durante su infancia dejase una herida en su alma que no ha superado ni superará jamás. En la ya citada *La isla de la infancia*, ofrece un retrato tan descarnado del terror y el odio que sentía hacia su padre que su lectura te mantiene con el corazón en un puño, casi temblando, casi con tanto miedo como el que él sentía cuando oía el crujir de los pasos de su padre en la escalera. Estas son sus palabras cuando evoca aquellas experiencias:

> Le tenía tanto miedo que soy incapaz, incluso con el mayor de los esfuerzos, de recrearlo; los sentimientos que tenía hacia él no he vuelto a tenerlos nunca, ni siquiera de lejos. Sus pasos en la escalera,

¿venía a mi habitación? La ferocidad de sus ojos. El gesto de la boca, los labios que se separaban descontrolados. Y luego su voz. Estoy a punto de echarme a llorar aquí sentado, escuchándola con mi oído interior.[12]

Otro ser humano marcado por la angustia y el miedo que un padre de trato fiero y despiadado le inoculó desde niño lo encontramos en el escritor argentino Ernesto Sabato. En su desgarrada autobiografía *Antes del fin*, Sabato escribió:

> La tierra de mi infancia, como un pueblo estremecido por fuerzas extrañas, se hallaba invadida por el terror que sentía hacia él. Lloraba a escondidas, ya que nos estaba prohibido hacerlo y, para evitar sus ataques de violencia, mamá corría a ocultarme. Con tal desesperación mi madre se había aferrado a mí para protegerme, sin desearlo, ya que su amor y su bondad eran infinitos, que acabó aislándome del mundo. Convertido en un niño solo y asustado, desde la ventana contemplaba el mundo de trompos y escondidas que me había sido vedado.

Y añade:

> De alguna manera, nunca dejé de ser el niño solitario que se sintió abandonado, por lo que he vivido bajo una angustia semejante a la de Pessoa: *seré siempre el que esperó a que le abrieran la puerta, junto a un muro sin puerta*.[13]

Y es que el pasado no sólo no pasa, sino que, en ocasiones, una experiencia emocional intensa, vivida en los albores de tu vida, puede llegar a afectarte o a herirte tan profundamente que, además de acompañarte mientras vivas, puede cambiar para siempre tu autoimagen, tu autoconcepto, tus creencias, tus actitudes ante el mundo, tu escala de valores, tu visión de la existencia.

En sus *Diarios*, el dramaturgo Eugène Ionesco relata un recuerdo de su infancia que le afectó de tal manera que, según sus propias palabras, «determinó mi psicología». He aquí un extracto:

Yo debía tener cuatro años y seguíamos viviendo en el hotel de la calle Blomet. [...] mi hermana estaba ausente. Yo estaba sentado en el suelo, cerca de la puerta. [...] A mi izquierda estaba la cama, donde él [su padre] estaba tumbado, con un periódico en la mano, vestido con un largo camisón blanco por encima de sus calzoncillos largos. Le veo con sus zapatos, sus calcetines, sus ligas. Mi madre paseaba, nerviosa, de la cama a la ventana. [...] Mi madre es muy desdichada. Llora. Él le gruñe, grita, sin abandonar la cama. Mi madre se acerca a mí, se aleja. [...] se acerca a la cama donde se encuentra él, habla, se aleja, se irrita cada vez más. Él no se enternece. Tiene una voz muy fuerte, un aspecto malvado. Continúa. Debe de ser muy duro lo que le dice. Mi madre estalla en sollozos. De repente, se dirige rápidamente hacia el tocador [...]. Toma el vasito de plata que le habían regalado, para mí, el día de mi bautizo. [...] vierte en él un frasco entero de tintura de yodo, que se desborda, como lágrimas, como sangre y mancha la plata. Llorando, [...] mi madre se lleva el vasito a la boca. Él se ha levantado ya, muy aprisa, [...] se precipita y detiene la mano de mi madre. La llama por su nombre, intenta tranquilizarla. Mi madre continúa llorando, mientras él le quita el vasito de la mano. El vasito, que todavía conservo, sigue estando lleno de manchas indelebles. Cada vez que lo miro, me recuerda esta escena.[14]

Ionesco confiesa que aquella escena de horror y violencia entre sus padres, donde la madre es víctima de la supremacía del padre —«Un títere en las manos de mi padre»—, determinó su personalidad: «Si soy como soy y no de otra manera —escribió—, todo lo debo a este hecho». Una experiencia que, sin duda, quedó registrada en la memoria de Ionesco como un «recuerdo definidor del yo».[15]

Hay experiencias que parecen haber sido grabadas en la memoria con hierro candente. Recuerdos que mantienen durante una vida entera la intensidad emocional y perturbadora del momento en que se vivieron; y, aunque el paso del tiempo suavice e incluso pueda cambiar el signo de su valencia emocional, su influencia y su efecto inicial sobre nuestra identidad se mantendrán inmutables. Ionesco nos lo confirma:

Hoy, al cabo de los años, esa escena me parece más bien ridícula: es probable que mi madre no tuviese, de verdad, la intención de envenenarse, sabía que él iba a impedírselo. Sin embargo, esa escena se ha grabado en mí, y el horror que me produjo en su momento nunca ha podido ser tranquilizado por la razón. Esa escena hogareña determinó en mí un sentimiento de desgracia, la seguridad de que no podemos ser felices. Todavía la estoy viendo, con sus lágrimas, despeinada, con la cara contraída; oigo todavía sus sollozos.[16]

El impacto de aquella vivencia de terror fue tal que configuró, como el propio Ionesco confiesa, su forma de ser, sus valores y principios, sus actitudes y sentimientos. Dejemos que sea él mismo quien nos lo confirme:

> No sé por qué, aquello determinó la actitud que adopté frente a mis padres, aquello debió, incluso, determinar mis odios sociales. Tengo la impresión de que a causa de aquello odio la autoridad, de que allí está la fuente de mi antimilitarismo [...], de todo lo que es [...] el mundo marcial, de todo lo que es sociedad basada en la primacía del hombre en relación con la mujer.[17]

Más aún, aquel acontecimiento traumático generó en Ionesco actitudes cargadas de culpa hacia las mujeres y un sufrimiento personal que le acompañaron toda su vida:

> Desde entonces he sentido piedad, con razón o equivocadamente, por todas las mujeres. Me he sentido culpable. Asumí la culpabilidad de mi padre. Por miedo a hacer sufrir a las mujeres, a perseguirlas, me he dejado perseguir por ellas. Son ellas las que me han hecho sufrir. He hecho sufrir a las mujeres. Porque todo el mundo hace sufrir a todo el mundo, porque todo el mundo hace penar a todo el mundo.[18]

Impresiona encontrar en las palabras de Ionesco algo que la vida enseña y que la ciencia de la psicología ha confirmado: que determinadas experiencias del pasado, no importa que sea remoto o próximo, producen un impacto tan intenso y tan hondo en la mente y el corazón de algunas personas que marcarán su vida y su visión del mundo para siempre. Como en el caso ya comentado de la escritora francesa

Annie Ernaux (ver capítulo 3), cuando aquel domingo de su incipiente adolescencia «mi padre intentó matar a mi madre». El recuerdo de aquel espantoso día la acompaña desde entonces y los sentimientos de vergüenza y de indignidad que le generó aquel suceso continúan atados a su evocación.

Pero el pasado doloroso e hiriente no sólo puede torcer el sentir y el modo de mirar el mundo, sino que, en situaciones de especial dureza, puede alterar temporal o definitivamente la capacidad de las personas para afrontar con éxito los retos de la vida diaria, su percepción del peligro y de la amenaza, sus conceptos sobre sí mismas, sobre los demás y sobre el mundo en general y convertirse en una fuente de sufrimiento del que la víctima difícilmente puede escapar. Cuando esto sucede, nos encontramos cara a cara frente al trauma.

La experiencia del trauma: cuando el horror anida en la memoria, el pasado es tu enemigo

> Esto es lo que recuerdo. Tenía los labios cortados. Me los mordí cuando él me cogió por detrás y me tapó la boca. Dijo estas palabras: «Si gritas te mataré». Me quedé inmóvil. «¿Lo entiendes? Si gritas date por muerta».[19]

La noche del 8 de mayo de 1981, Alice Sebold, de dieciocho años, fue brutalmente asaltada y violada en el campus de su universidad. Casi veinte años después de aquella terrible experiencia, esta mujer tuvo la valentía de narrar los hechos con toda la crudeza y el horror sufridos en su obra-testimonio *Afortunada*. En ese impactante relato autobiográfico —cuyas palabras de apertura me he permitido colocar al inicio de este apartado—, Sebold nos revela cómo aquella demoledora experiencia quedó incrustada en su memoria y continúa influyendo negativamente tanto en su actitud ante la vida como en su conducta. La tortura de vivir atada noche y día a su verdugo queda patente cuando escribe:

> Comparto mi vida no con las chicas y chicos con los que crecí, ni con los estudiantes con los que fui a Syracuse [su universidad, en el

estado de Nueva York], ni siquiera con los amigos y la gente que he conocido después. Comparto mi vida con mi violador. Está ligado a mi destino.[20]

Las palabras de Sebold sirven para caer en la cuenta de un fenómeno crucial, a la vez que terrible, para entender un poco más el sufrimiento infinito de las víctimas de actos violentos. Y es que, además de los daños físicos y del destrozo psicológico y moral, las víctimas han de soportar una afrenta más, porque la bestia del terror no se limita a profanarlas, sino que anida en ellas y en muchos casos para siempre. Desde hace años vengo planteando que todas las víctimas de la violencia humana sufren dos tipos de heridas: la agresión física y psíquica del perpetrador de la tragedia y la tortura psicológica de llevárselo en su memoria.[21] Y así, el recuerdo cruel y doloroso de una situación insoportable seguirá torturando, a veces durante toda la vida, a la víctima inocente.

Esa persistencia del recuerdo martirizante hace que las personas que han sufrido algún tipo de trauma tiendan a comportase como si su vida hubiese quedado atada, ligada (como decía Sebold) o «psíquicamente fijada al trauma», como señaló hace ahora un siglo Sigmund Freud.[22]

Es la misma sensación de sentirse encadenados a los recuerdos dolorosos de la tragedia que atenaza a tantas mujeres y hombres víctimas de ataques sexuales, a los niños que han sido objeto de abusos de cualquier tipo, a los supervivientes de experiencias tan brutales e injustificadas como las guerras, a los soldados con experiencias en los frentes de batalla, en los campos de prisioneros, en los batallones de trabajos forzados y un largo etcétera donde la sinrazón, el odio y la maldad han doblegado incontables voluntades y vidas de inocentes condenados a vivir el resto de sus días cautivos de sus recuerdos y ahogados en el horror vivido.

Los testimonios de algunos supervivientes del holocausto nazi, donde se nos muestra de manera despiadada y brutal las inhumanas vivencias de lo que significa para un ser humano sentirse humillado, sojuzgado, vilipendiado, derrotado, destrozado por la violencia y la impiedad de otros seres humanos, ilustran el estrago no sólo físico, sino psicológico y moral de toda víctima de experiencias tan brutales y traumáticas como las mencionadas. Primo Levi describió así sus recuerdos lacerantes y enloquecedores de su primer día en el campo de Buna, en Monowitz, cerca de Auschwitz:

> Ahora estamos desnudos porque van a ducharnos y a desinfectarnos, cosa que harán inmediatamente después de diana [...]. Al sonar la campana se ha oído despertar al oscuro campo. Inesperadamente, el agua ha empezado a caer, hirviendo, de las duchas, cinco minutos de beatitud; pero inmediatamente después irrumpen cuatro tipos (puede que los barberos) que, empapados y humeantes, nos echan a gritos y empellones a la sala contigua, que está helada; aquí, otras personas que gritan nos echan encima no sé qué andrajos y nos arrojan a las manos un par de zapatones de suela de madera; sin tiempo para entender lo que pasa nos encontramos ya al aire libre, sobre la nieve azul y helada del amanecer y, descalzos y desnudos, con el ajuar en la mano, tenemos que correr hasta otra barraca, a un centenar de metros. Aquí podemos vestirnos. Al terminar, nos quedamos cada uno en nuestro rincón y no nos atrevemos a levantar la mirada hacia los demás. No hay donde mirarse, pero tenemos delante nuestra imagen, reflejada en cien rostros lívidos, en cien peleles miserables y sórdidos [...]. Entonces por primera vez nos damos cuenta de que nuestra lengua no tiene palabras para expresar esta ofensa, la destrucción de un hombre [...] hemos llegado al fondo. Más bajo no puede llegarse: una condición humana más miserable no existe, y no puede imaginarse.[23]

El peso insoportable de un pasado tan cruel y despiadado no podía ser verdad, aquel horror resultaría increíble para quien no lo hubiese vivido y, por tanto, de nada serviría contarlo a otros. Nadie los creería, pensaron muchos. Jorge Semprún necesitó cincuenta años para decidirse a contar su «memoria de la muerte» de Buchenwald en su conmovedora *La escritura o la vida*. Pasó décadas intentándolo. ¿Escribir o vivir? Ese fue su gran dilema. Y eligió vivir. Hasta que, recuperada su alma y su vida, construyó una hermosísima obra literaria. Porque, como él mismo declaró, «no era imposible escribir: habría sido imposible sobrevivir a la escritura. [...] Tenía que elegir entre la escritura y la vida, y opté por la vida».[24] El caso de

Primo Levi resulta especialmente dramático, porque, si bien trató de narrar en varias obras las atrocidades vividas en Auschwitz, enfrentarse a la imposibilidad de contarnos aquel horror inimaginable pudo ser la razón profunda que —como señaló Castilla del Pino[25]— lo empujó al suicidio.

Como he expresado en algún otro trabajo anterior,[26] la historia de la humanidad está impregnada de violencia. Porque todos somos presas potenciales de la violencia y el terror. Y, aunque nuestra larga historia animal nos haya preparado para afrontar con éxito las situaciones más difíciles, la vida se encarga de demostrarnos que, con frecuencia, nuestros mecanismos de control y nuestras capacidades para hacer frente a los peligros, que hasta entonces han funcionado de un modo eficaz, pueden quedar inutilizados por la furia demoledora de algunos sucesos. La barbarie de individuos o grupos que hieren, degradan, violan o matan a otros seres humanos; las fuerzas descontroladas de la naturaleza que siembran la muerte y el dolor a través de terremotos, volcanes, inundaciones o cualquier otra forma de desastre natural; y el azar que provoca accidentes, enfermedades y muerte son acontecimientos que pueden conducir a las personas a situaciones de un grado tal de indefensión que sus sistemas de afrontamiento y control queden inutilizados.

En tales circunstancias, la sensación de estar a merced de fuerzas ajenas turba y desborda psicológicamente, de modo que la persona tiene la terrible «experiencia de que ha sido convertida en un objeto, en una cosa, en víctima de la furia de otro, en víctima de la indiferencia de la naturaleza».[27] Se habla entonces de «experiencias traumáticas», un tipo de vivencia que llega a alterar de forma severa la capacidad de las personas para hacer frente cada día a los lances de la vida, un tipo de experiencia que cambia con violencia el modelo de mundo social y personal y que deja a las víctimas mutiladas emocionalmente e indefensas frente al resto del mundo. Las siguientes palabras de una mujer que fue brutalmente violada expresan con toda crudeza el desastre emocional y vital en el que queda sumida toda víctima de un trauma: «Me aterrorizaba ir sola a cualquier parte [...]. Me sentía demasiado indefensa y demasiado asustada, así que dejé de hacer cosas [...]. Me limitaba a quedarme en casa y a estar asustada».[28]

El impacto de las experiencias traumáticas es tan intenso que la vivencia queda grabada a fuego en la memoria, pero con la particularidad de que el cerebro no puede analizar y categorizar de forma adecuada una experiencia que aparece envuelta en un huracán incontrolable de estrés. La consecuencia inmediata es que ese recuerdo se mantendrá descontrolado dentro de la propia memoria y atormentará a la víctima a todas horas.

Numerosas víctimas de experiencias traumáticas —y de un modo en especial doloroso los pacientes con *trastorno de estrés postraumático* (un trastorno psiquiátrico sobre el que ahora hablaremos)— ofrecen una prueba palpable de que el pasado, que nunca pasa, en esas ocasiones consideradas extremas se convierte en el peor enemigo. Un mensajero del mal del que la víctima no puede escapar y que cargado de dolor y muerte la atormenta día y noche. Es el pasado convertido en tu peor enemigo. Un enemigo interior, sólo tuyo, escondido entre los pliegues de tu propio *yo*, desde donde no deja de torturar tu cuerpo y tu alma.

Una sobreviviente del holocausto nazi describía así la lucha permanente con los monstruos interiores que cincuenta años atrás se adueñaron de su memoria... y de su vida:

> Siento que mi cabeza está llena de basura: todas esas imágenes, ¿sabe?, y los sonidos, y mis narices llenas del hedor a carne quemada. Y es..., no puedes quitártelo, es como... como que hay otra piel debajo de esta piel y esa piel se llama Auschwitz, y no puedes mudarla, ¿sabe? Es algo que te acompaña constantemente. [...] No puedes borrarlo. No desaparecerá jamás. [...] Le diré que es terrible... Le hablo a usted y no estoy sola aquí, porque veo a Mengele [esta mujer vivió en el barracón del que Mengele seleccionaba a las mujeres —incluida su hermana— para sus experimentos] y veo el crematorio y veo todo aquello. Y es demasiado; es muy duro envejecer con esos recuerdos, ¿sabe?... Es muy duro.[29]

Las experiencias traumáticas tienen un impacto impredecible sobre la memoria, aunque este siempre es o acaba siendo negativo y perturbador. En ocasiones, las experiencias abrumadoras desaparecen de la conciencia y permanecen en el olvido total o parcial durante meses, años o décadas: como si el horror hubiese sido enterrado o expulsado de la memoria. Lo terrible de estos casos es que los demonios de ese pasado-que-nunca-pasa no han desaparecido: siguen ocultos, agazapados, esperando la ocasión para salir de su letargo. Sorprende y desconcierta la resistencia al paso de los años de estos recuerdos de ayeres atroces. Pero su pervivencia ilimitada nos demuestra que son inmunes al paso del tiempo.

Les contaré un caso real que viví muy de cerca.[30]

F.R.C. fue un hombre con una historia a sus espaldas llena de dramas, esfuerzo, trabajo, honestidad y, a pesar de todo, mucha felicidad, cariño y alegría. A los veintitrés años, al enterarse del golpe de Estado de julio de 1936 contra el Gobierno legítimo de la República, decidió marchar a Madrid desde su pequeño pueblo en el corazón de Andalucía para defender la República y el régimen democráticamente establecido. En 1939, finalizada la guerra, regresó a su pueblo, donde intentó llevar una vida normal a pesar del acoso, estigmatización y avasallamiento diarios de los «vencedores». Él era un joven de profundas convicciones democráticas que se sentía ahora señalado como un «rojo» sin derecho a nada. Las privaciones impuestas por los bravucones adictos al Gobierno golpista, que sin la menor legitimidad imponían su orden y sus leyes en aquella pequeña comunidad rural, no sólo le robaron a él y a toda su familia su buen nombre y sus bienes materiales (fincas rurales y su propia casa), sino que lo obligaron a él y a todos los «perdedores» a tragar sus lágrimas y su dolor, a ocultar o renegar de sus ideas, a sentir vergüenza de su condición ideológica, a autoimponerse el más férreo de los silencios; en definitiva, a ahogar su propia memoria y con ella toda posibilidad de elaboración, duelo y superación de los horrores de la guerra. En definitiva, F.R.C. se sintió privado de todo, incluida la palabra.

No satisfechos con el castigo moral y social impuesto a aquellos honrados «perdedores», cuyo único delito había sido defender el orden constitucional, los «vencedores» decidieron, casi dos años después de finalizada la contienda, castigar a F.R.C. y a noventa y nueve paisanos más a trabajos forzados en el Batallón de Trabajadores n.º 55, localizado en las cercanías de la estación de San Roque, en la provincia de Cádiz. Allí permaneció y sobrevivió F.R.C. desde el 8 de enero hasta el 15 de mayo de 1941. De las calamidades, privaciones, injusticias, atropellos y todo tipo de tropelías que allí hubo de soportar, como de los horrores y sufrimientos que unos años antes había vivido en los frentes de guerra, F.R.C. no se atrevió a hablar prácticamente en toda su vida.

Los años fueron pasando, F.R.C. se casó, tuvo tres hijos y con su trabajo y su honradez este hombre fue capaz de superar aquellos traumas y de ser feliz durante muchos muchos años... Hasta que un día de julio del año 2002, y como consecuencia de una intoxicación medicamentosa por un fallo en la prescripción de su facultativo, aquel anciano de noventa años entró en un estado agudo de agitación, desorientación y confusión mental.

Aquella preocupante alteración de conciencia e inquietud mórbida indicaba que este hombre había «perdido la cabeza» y el control mental de todo su mundo interior, y el destino, que a veces resulta más que cruel, parece que aprovechó aquella falta de vigilancia en el «teatro de la conciencia»[31] de aquel ser humano desvalido para que la diosa Mnemosina[32] sacara a escena lo que durante más de sesenta años había permanecido oculto y silenciado por el miedo y la ignominia en el gulag privado del lado tenebroso de su memoria: los recuerdos aterradores de sus años de posguerra.

El calendario decía que aquello había ocurrido sesenta y tantos años atrás, pero los viejos fantasmas del miedo y el terror de sus días en el batallón de trabajadores y de los interminables años de dictadura, que durante tanto tiempo habían sido ahogados y, supuestamente, expulsados de su memoria, irrumpieron en su conciencia con toda su violencia original. Era el pasado más tenebroso de su vida que reaparecía gritando como quien de tiempo no entiende. Negros recuerdos de agresores fanáticos formando parte ineludible del paisaje de su propia memoria, recuerdos anegados de terror y de rabia forjados entre la muerte «gratis» y la vida desahuciada del batallón de trabajadores al que había sido arrojado aquel inocente como «premio» a sus principios democráticos y a su integridad moral. ¿Qué importaba que hubiese transcurrido más de medio siglo desde aquella barbarie si la memoria no entiende la lengua del tiempo oficial, si la memoria —como señaló el escritor Mauricio Rosencof— no tiene calendario?

Antes de ser ingresado en el servicio de urgencias en el que sería diagnosticado de «síndrome confusional agudo», aquel anciano de cabello abundante y blanquísimo no dejó de pedir ansiosamente a sus hijos, durante una noche interminable de agitación extrema y profunda angustia, que consultasen los periódicos para comprobar si su nombre figuraba en la lista de los que serían fusilados al amanecer.

¡Qué imagen tan descorazonadora! ¡Qué injusticia tan brutal! ¡Hasta el final de sus días aquel inocente iba a ser torturado por el terror inoculado sesenta años atrás por los sicarios del franquismo! Y es que la crueldad del destino resulta a veces insaciable.

Como tantos otros miles de inocentes, víctimas como él de la humillación y el oprobio de los vencedores, este hombre tuvo que soportar todavía una última y diabólica risotada más de parte de sus agresores. Porque nadie —así lo creo— puede escapar a los efectos perversos de una memoria traumatizada a la que no se le ha dado la oportunidad de lavar sus heridas, de una memoria a la que se ha amordazado y enmudecido privándola de la más breve ocasión para expulsar definitivamente de su territorio a los verdugos que ocuparon furtiva e impunemente su propia casa. Esta es la doble ofensa que sufren todas las víctimas, a la que me refería anteriormente: la agresión física y psíquica de sus verdugos y la tortura psicológica de llevárselos a todos en su memoria.

F.R.C. parecía haber superado aquellos traumas de guerra y de esclavitud; durante décadas y décadas había vivido tranquilo y ajeno a aquellas experiencias de sufrimiento y terror, pero, en realidad, no había sido así. El férreo y cruel silencio impuesto por los sicarios de la maldad mantuvo atrincherado aquel pasado-tenebroso-que-nunca-pasa, como la fiera que acecha a su presa, esperando el momento oportuno para infligirle un último zarpazo.

Atrapados en un pasado aterrador

A lo largo de la vida todos vivimos alguna vez experiencias dolorosas, terribles, desoladoras, traumáticas o insoportables. Y nuestro cuerpo y nuestra alma se resienten, sufren heridas. El trauma psíquico hace referencia precisamente a una herida que no se ve, una herida emocional grave trabada a un daño cognitivo serio y a un profundo destrozo moral que atormentarán a la víctima desde el territorio privado de su memoria.

Las experiencias traumáticas dañan el organismo tanto a nivel psicológico como fisiológico. La mayor parte de las personas superan esas situaciones de sufrimiento y cierran sus heridas. Sin embargo, también es una realidad que la duración y la intensidad de los periodos de aflicción tras una experiencia traumática varían mucho de unas personas a otras; de modo que, mientras unas responden al trauma con síntomas de duración limitada —lo que se considera una reacción «normal» o esperable— (si la duración de los síntomas no supera un mes, se habla de *trastorno de estrés agudo*), otras sucumben a la ferocidad del daño y quedan atrapadas en el miedo, la indefensión, la desesperanza y el terror. Esta forma anormal o patológica de respuesta a la experiencia traumática es el llamado *trastorno de estrés postraumático* (TEPT), que tiene un carácter crónico.[33]

En el año 1980 el TEPT fue categorizado por primera vez como un síndrome psiquiátrico crónico e incluido por la American Psychiatric Association en el DSM-III (Manual Diagnóstico y Estadístico de los Trastornos Mentales, tercera edición) para referirse exclusivamente al trastorno sufrido por excombatientes de frentes de guerra.[34] En ediciones sucesivas de dicho manual, el origen de este trastorno ha ido vinculándose también a los ataques personales violentos, ataques terroristas, agresiones y abusos sexuales, maltrato familiar, secuestros, torturas, encarcelamientos como prisionero de guerra, internamientos en campos de concentración, accidentes graves de tráfico o diagnóstico de enfermedades potencialmente mortales.

En mi opinión, lo más destacable de este ensanchamiento de los límites causales del TEPT ha sido el reconocimiento de que la aflicción humana por experiencias de violencia extrema no era patrimonio exclusivo de los hombres, sino que las mujeres y, por supuesto, los niños también son víctimas potenciales del mismo trastorno sin necesidad de luchar en los campos de batalla. Judith Herman, profesora de Psiquiatría en la Universidad de Harvard, recogió magistralmente esta idea en su magnífico ensayo *Trauma y recuperación*, cuando, no sin cierta ironía, escribió: «La histeria de las mujeres y la neurosis de guerra de los hombres [resulta que] son la misma cosa».[35]

El trastorno de estrés postraumático y la memoria autobiográfica

Los pacientes diagnosticados de TEPT pueden presentar un amplísimo rango de síntomas, incluyendo ahogos, palpitaciones y taquicardia, cefaleas, dolores articulatorios, diarrea, vértigos, mareos y desmayos, alteraciones del sueño y pesadillas, pensamientos recurrentes, olvidos y fallos de memoria, distracciones y dificultad de concentración, depresión crónica, ansiedad, irritabilidad, ira, culpa del superviviente, aislamiento social, etcétera. Todos estos síntomas se agrupan en tres grandes categorías: *re-experiencias*, *hiperactivación* y *evitación* de los recordatorios del trauma. Resulta muy interesante señalar que, en opinión de los grandes expertos, estas tres categorías de síntomas nucleares —en las que nos detendremos a continuación— apuntan a una alteración seria del sistema de *memoria autobiográfica*, un asunto sobre el que volveremos un poco más adelante.

1. Los *episodios de «re-experiencia» del trauma* se refieren a las diferentes condiciones a través de las que los pacientes con TEPT vuelven a experimentar el sufrimiento y el terror del trauma original. Se consideran el rasgo fundamental y distintivo del TEPT, y se suelen manifestar a través de recuerdos recurrentes e intrusos en forma de imágenes, *flashbacks*, pesadillas e impresiones sensoriales como olores, sonidos o sensaciones táctiles (volveremos sobre estos síntomas). Estas invasiones no deseadas de la conciencia de las víctimas por *recuerdos del escenario del trauma* perturban constantemente el curso de sus vidas diarias y tienden a sumirlas en un estado de culpa y alienación.

Los ejemplos del efecto perturbador del *pasado traumático* son incontables, pero resulta muy ilustrativo el caso de los niños camboyanos emigrados a Estados Unidos después de haber sobrevivido a los horrores del régimen sanguinario de Pol Pot y su incapacidad para prestar atención en el colegio. Según recoge el profesor Robert McNally,[36] de la Universidad de Harvard, estos niños se quejaban de que, mientras trataban de atender a sus profesores, su mente se veía perturbada por la irrupción repentina de *recuerdos* cargados de imágenes horripilantes de los asesinatos de los que habían sido testigos en su país. Una experiencia similar fue la relatada por algunos de los bomberos neoyorquinos que participaron en las operaciones de rescate de las Torres Gemelas tras los ataques terroristas del 11-S, que decían sentirse atrapados por las imágenes horribles y muy vívidas de personas saltando al vacío desde los edificios en llamas.

2. Por su parte, el *estado de hiperactivación* es algo así como «estar en guardia» permanente, y se manifiesta de muchas maneras: hipervigilancia, irritabilidad, problemas de memoria, falta de concentración, dificultad para conciliar o mantener el sueño y una «respuesta de sobresalto»[37] aumentada o exagerada. Y es que las personas que sufren *trastorno de estrés postraumático* viven en un estado permanente de alarma o de alerta. No hay tranquilidad en sus vidas, no hay reposo para su cuerpo ni para su mente, ni de día ni de noche. La vida de estos pacientes es un sinvivir en el que nunca se baja la guardia ante el temor de que el mal aparezca de nuevo.

La razón de esa inquietud continua estriba en que la experiencia traumática desarboló completamente sus sistemas de defensa y de control y los dejó tan indefensos que quedaron encadenados al terror. Todo ello hace que se alteren e irriten fácilmente, que sus umbrales de frustración estén muy bajos y, en consecuencia, que tengan reacciones desproporcionadas de malestar y/o de ira ante cualquier contratiempo. Como indicaron Roy Grinker y John Spiegel, dos expertos psiquiatras estadounidenses que destacaron por sus estudios con soldados traumatizados de la Segunda Guerra Mundial, las víctimas de estrés postraumático «*sufren* una estimulación crónica del sistema nervioso simpático».[38]

3. Por último, las llamadas conductas de *evitación* incluyen los intentos por no pensar en el trauma, por eludir las situaciones que puedan *recordarlo*, como lugares, personas, trenes o todo aquello que pudiera actuar como «recordatorios». Uno de los signos más claros y frecuentes de *evitación* de la mayoría de los supervivientes de los atenta-

dos terroristas del 11-M (Madrid, 11 de marzo de 2004) fue, y sigue siendo todavía para algunos de ellos, negarse a montar en los trenes de las líneas que sufrieron los atentados e incluso en cualquiera de los trenes de cercanías de la Comunidad de Madrid.[39] La evitación de todo lo que pudiera evocar la experiencia traumática puede cronificarse y generalizarse a más ámbitos cada vez y acabar llevando a la víctima a todo tipo de restricciones tanto a nivel de pensamiento o memoria como de la acción y la iniciativa. El miedo y la búsqueda de seguridad pueden conducir a las víctimas de traumas a la retirada social y al aislamiento. La psiquiatra Judith Herman refiere algunos casos de mujeres víctimas de violación a quienes el miedo posterior al trauma impuso tantas restricciones en sus vidas que se comportaban como animalillos asustados escondidos en sus madrigueras.

VÍCTIMA 1: Me aterrorizaba ir sola a cualquier parte. [...] Me limitaba a quedarme en casa y a estar asustada.
VÍCTIMA 2: Me corté el pelo. No quería resultar atractiva a los hombres. [...] Sólo quería tener un aspecto neutro durante un tiempo porque eso me hacía sentir más a salvo.[40]

No es extraño que la evitación se acompañe, a veces, de una especie de *embotamiento* psíquico y emocional que sume a la víctima en un estado de indiferencia, de extrañamiento, de abotargamiento perceptivo con una anestesia parcial que se manifiesta en la pérdida de algunas sensaciones y de una profunda pasividad que la llevan a renunciar a toda iniciativa e incluso a toda forma de resistencia. Como en el caso de otra mujer víctima de violación, que recordaba su aterradora experiencia con estas palabras: «No podía gritar. No podía moverme. Estaba paralizada [...] como una muñeca de trapo».[41]

Ese estado de paralización al que se refiere la víctima se denomina «inmovilidad tónica». Hasta hace relativamente poco, se pensaba que la respuesta de *inmovilidad tónica*, también conocida como respuesta de «congelación» o de «hacerse el muerto», que se caracteriza por la profunda inhibición motora que aparece en situaciones de amenaza de las que no hay escapatoria, era algo exclusivo de algunas especies animales. Sin embargo, estudios experimentales recientes han demostrado que la «inmovilidad tónica» también forma parte del repertorio humano de respuestas y actúa como una estrategia de defensa involuntaria ante situaciones amenazantes para la vida.[42] Un veterano de la Segunda Guerra Mundial relataba así su experiencia de inmovilidad tónica o «congelación»:

> Como la mayoría de la cuarta, estaba completamente abotargado, en un estado de absoluta disociación. Hay una condición [...] que nosotros llamábamos «la mirada de los dos mil años». Era una mirada anestesiada, con los ojos abiertos y vacíos de un hombre al que todo le da igual. Yo no había llegado a ese estado, pero el embotamiento era absoluto. Casi sentía que nunca había entrado en combate.[43]

El carácter intruso de un pasado lleno de miedo e indefensión

En 1919, el psiquiatra francés Pierre Janet escribió: «Cuando un hombre atormentado por un triste recuerdo trata de olvidarlo alejándose de él, el dolor se levanta y viaja con el hombre».[44] Esa idea de *persistencia* e *intrusividad* de los recuerdos traumáticos ya había sido advertida en 1895 por Breuer y Freud con su famosa sentencia de que «el histérico padecería principalmente de reminiscencias»,[45] y sería objeto de minuciosos análisis por parte de Freud en diversos trabajos posteriores. En efecto, Freud insistió en el carácter intruso y recurrente de las experiencias traumáticas, que lleva a «las pacientes histéricas» a vivir «fijadas a un determinado fragmento de su pasado, siéndoles imposible desligarse de él»,[46] en una especie de «compulsión repetitiva».[47]

Todos los investigadores han insistido y siguen insistiendo en que el rasgo esencial al tiempo que más dañino del trauma es su carácter intruso, la presencia permanente de la experiencia traumática cargada de miedo y terror. La intrusión de los recuerdos traumáticos es tan incesante que, como dice Herman, las víctimas «no pueden retomar el curso normal de sus vidas porque el trauma las interrumpe constantemente»[48] (recuérdese lo que les ocurría en el colegio a los niños camboyanos emigrados a Estados Unidos que hemos comentado anteriormente).

Esa «fijación al trauma», esa dependencia emocional y mental de la experiencia demoledora del trauma, refleja que el terror se ha instalado furtivamente en la memoria de la víctima como un elemento extraño, desligado de toda narrativa y fuera de todo control. Una de las víctimas sobrevivientes de los atentados del 11-M decía, seis meses después de aquella masacre, que veía las espantosas imágenes del tren «cada vez que cierro los ojos». Un hombre diagnosticado de TEPT, tras sufrir un atropello en la carretera, aseguraba seguir viendo los faros del coche viniendo hacia él a toda velocidad varios meses después del accidente. Un veterano de Vietnam confesaba que no podía dejar de ver las caras de los niños tal y como las vio antes de disparar sobre ellos.[49] En fin, un infierno interior que puede perpetuarse durante décadas y décadas e incluso durante la vida entera.

Como en el caso del grupo de soldados holandeses que sufrieron durante siete años las calamidades y torturas de un campo de concentración japonés durante la Segunda Guerra Mundial. Cincuenta años después la totalidad de ellos declaró que sus recuerdos traumáticos seguían tan vivos y tan presentes como el primer día.[50]

Podría seguir exponiendo casos reales sobre la persistencia e intrusividad de los recuerdos traumáticos, pero no lo veo necesario. Creo que la idea de que «el pasado nunca pasa» se convierte en una realidad sólida e indestructible frente a cualquier refutación precisamente cuando se entra en el territorio del pasado tenebroso, el de los recuerdos de esas vivencias pretéritas que agitaron y sacudieron violentamente la vida. Lo que resulta enigmático o al menos todavía no ha recibido una explicación plenamente satisfactoria es por qué las experiencias traumáticas se resisten a abandonar la conciencia de las víctimas y las atormentan y avasallan día y noche. En otras palabras, ¿por qué los recuerdos traumáticos actúan como intrusos insolentes de los que resulta imposible escapar?, ¿a qué obedece o qué función cumple —si es que cumple alguna— la intrusión recurrente del pasado traumático?

Desde una posición funcionalista o adaptacionista, me parece fundamental tratar de entender por qué nuestra mente ha conservado la recurrencia intrusa de los recuerdos traumáticos a pesar del dolor y sufrimiento que conlleva. Freud trató de entender ese revivir constante del trauma, y, si bien su primera explicación fue que la repetición compulsiva busca la curación, acabaría abandonando esa propuesta adaptativa y apelando al «instinto de muerte» como la fuerza que atrae a la conciencia el tormento y la tortura. Los científicos posteriores han rechazado de forma mayoritaria esa explicación y, dando un salto a etapas más recientes, la opinión actual más consensuada plantea que, teniendo en cuenta que los acontecimientos traumáticos no han podido ser procesados e integrados en la base de conocimiento autobiográfico a consecuencia del elevado nivel de estrés experimentado (y de ahí su carácter fragmentario e intruso), la persistencia e intrusividad de tales recuerdos cumplen una importante función adaptativa. La idea básica es que cada irrupción o cada intrusión en el escenario de la conciencia supone una oportunidad para que tales recuerdos puedan recibir el procesamiento y elaboración que la experiencia del trauma impidió hasta ser asimilados o integrados en la narrativa vital de la víctima.[51]

Flashbacks *o el regreso al infierno*

Siempre que recordamos un episodio de nuestro pasado, revivimos una experiencia personal que ocurrió en un lugar determinado y un día concreto, o en un periodo concreto de nuestra vida. Esa información contextual sobre el espacio (o el lugar) y el tiempo juega un papel fundamental en la organización de nuestro conocimiento autobiográfico precisamente porque sobre ella se va erigiendo la historia continua de nuestra vida, y hace que la recuperación de la memoria autobiográfica, esto es, los recuerdos, se acompañen siempre de un tipo de experiencia única, singular y exclusiva de este tipo de memoria que, como se recordará, se denomina *conciencia autonoética*.

Frente a ese hecho básico, la investigación sistemática de los recuerdos de víctimas de experiencias traumáticas, que sufren TEPT, ha revelado un rasgo sorprendente, y es que los recuerdos traumáticos carecen de referentes temporales, están como *congelados fuera del tiempo*. Las víctimas de traumas cuentan sus historias dolorosas una y otra vez, pero siempre de una forma estereotipada, con las mismas palabras. Son historias desconectadas de un contexto temporal y también espacial que lleva a las víctimas a creer que esa parte tenebrosa y cruel de su pasado, cuando reaparece, irrumpe como algo que está ocurriendo en el momento presente y no como el recuerdo de algo que sucedió en un tiempo anterior.

Así lo describe Charlie Weir, protagonista y narrador de la novela de Patrick McGrath, *Trauma*, cuando, tras un sueño inquietante en el que asiste a un funeral, despierta sobresaltado, temblando, sudando y sin aliento:

> Sentí que me estaba asfixiando. Era aquel horror ya familiar, ver el cadáver como si fuera la primera vez. Eso es precisamente el trauma. El suceso siempre está teniendo lugar *ahora*, en el *presente*, por *primera vez*.[52]

Una de las formas más dramáticas y perturbadoras de re-experiencia intrusa son los llamados *flashbacks* o «estados disociativos que pueden durar de pocos segundos a varias horas, o incluso días, durante los cuales se reviven aspectos del suceso y la persona se comporta como si en ese momento se encontrara en él».[53]

Los *flashbacks* son, en efecto, experiencias alucinatorias (en tanto en cuanto la realidad espacial y temporal se distorsiona) de una intensidad emocional turbadora y gran abundancia de detalles sensoriales, como imágenes visuales muy vívidas, sonidos, olores y otras sensaciones. El genial escritor estadounidense Philip Roth nos ofrece, en su colosal novela *La mancha humana*, la descripción de una experiencia de *flashback* con un realismo y una intensidad emocional tan estremecedores que me resisto a no compartirla con usted, querido lector. Es el momento en el que Lester Farley, un veterano de Vietnam con la vida destrozada por la experiencia inhumana de la guerra, aquejado de TEPT desde hace veintiséis años, abandonado por su esposa, sumido en la desesperación y la ira, encolerizado y rabioso tras contemplar una tarde, oculto durante horas entre los arbustos, cómo su mujer lo está engañando con «un anciano flaco y de cabello gris», entra enloquecido en el abismo espectral y solitario de su casa y allí, a solas con su desolación y sus fantasmas, su furia, sus rugidos y sus miedos, sus recuerdos intrusos del campo de batalla que lo despedazan interiormente, su mente se disloca, se quiebra, se rinde ante la avalancha de emociones insoportables y su locura se desborda... Pero dejemos que sea el propio Roth quien cuente la historia:

> Aquella noche, cuando llegó a casa [...], Lester lo vio todo de una sola vez, allí mismo, en su propia casa, soportando el calor, la lluvia, el barro, las hormigas gigantes, las abejas asesinas en el suelo de linóleo al lado de la mesa de la cocina, aquejado de diarrea y jaquecas, enfermo por la falta de alimento y agua, sin apenas municiones, seguro de que aquella era su última noche, esperando que sucediera, Foster pisando la trampa explosiva, Quillen ahogándose y él mismo a un tris de ahogarse, presa de alucinaciones, arrojando granadas en todas direcciones y gritando: «¡No quiero morir!», los pilotos confusos y disparándoles, Drago que perdía una pierna, un brazo, la nariz, el cuerpo quemado de Conrity pegado a sus manos, incapaz de conseguir que aterrizara un helicóptero, el piloto diciendo que no podía aterrizar porque les estaban atacando y él loco de ira, sabiendo que iba a morir, y tratando de derribarlo, de derribar nuestro propio helicóptero..., la noche más inhumana que había vivido jamás, y ahora estaba allí, en su casa de mierda, y es también la noche más larga, la noche más larga que ha vivido, petrificada con cada movimiento que hace, los chicos gritando y cagándose encima y llorando, y él desprevenido ante tanto llanto, chicos alcanzados en la cara y moribundos, exhalando su último aliento, muriéndose, el cuerpo de Conrity en sus manos, Drago desangrándose, Lester tratando de despertar a un muerto y chillando, gritando sin parar: «¡No quiero morir!». La muerte que no cesa. La muerte sin pausa. Es inútil huir de la muerte. No da respiro. Lucha contra la muerte durante la mañana y todo es intenso, el miedo es intenso, la cólera es intensa, ningún helicóptero está dispuesto a aterrizar, y el olor terrible de la sangre de Drago allí, en su puñetera casa.[54]

Horroriza y sobrecoge la experiencia de este hombre, en la que las sensaciones, representaciones y emociones, a cuál más espantosa, de su vivencia *flashback* aparecen con toda su fuerza e intensidad emocional, pero dislocadas de su contexto temporal. Y es que el infierno que devora a toda víctima de esas disociaciones alucinatorias *no son recuerdos* de algo vivido en el pasado, sino *realidades* que les torturan en ese preciso instante, acontecimientos que están teniendo lugar aquí y ahora.

Esa distorsión temporal, que anula el sentido del tiempo y con ello la sensación de pasado, convierte las experiencias *flashbacks* en recuerdos carentes de *conciencia autonoética*. Una anomalía neurocognitiva que ha llevado a los psicólogos de la memoria a plantear que el TEPT es esencialmente, como ya se advirtió, un *trastorno de la memoria autobiográfica*.[55]

El pasado nos alcanza por diferentes caminos:
El cuerpo recuerda

Parafraseando al apóstol Pablo en su Epístola a los Romanos,[56] me atrevería a decir que *los caminos de vuelta de nuestra memoria son inescrutables*. No hay que olvidar que la memoria se refiere a un conjunto de sistemas de recogida, mantenimiento y recuperación de información. Y, si bien esos tres procesos son básicamente los mismos en todos los sistemas de memoria, la expresión o la manifestación del contenido de estos últimos sigue caminos diferentes. En otras palabras, y centrándonos en las experiencias o vivencias humanas, ese pasado personal guardado en nuestra memoria, que en un momento determinado evocamos y contamos en forma de historia, no está registrado sólo en el sistema de memoria autobiográfica, sino que involucra también a otros sistemas que difieren respecto al primero, fundamentalmente, en el modo como se manifiestan o expresan sus contenidos.

La diferencia básica entre los distintos sistemas implicados en el registro de un acontecimiento personal estriba en que el pasado guardado en la memoria autobiográfica se manifiesta de un modo consciente y explícito, mientras que los componentes emocionales de ese mismo pasado se expresan de un modo automático e inconsciente o implícito, porque proceden de sistemas de memoria diferentes. Esta distinción entre «recuperación explícita» y «recuperación implícita» resulta especialmente relevante cuando, como ahora, estamos analizando el modo como el pasado traumático vuelve una y otra vez al presente de la víctima y la martiriza frente a su total indefensión para impedirlo.

Si la historia que reconstruimos y evocamos en un recuerdo se puede considerar como el «componente frío» de una experiencia vivida que se expresa verbalmente de forma narrativa, los componentes emocionales tales como el miedo, el terror, la rabia, la impotencia, la vergüenza, la culpa y otros muchos sentimientos que pudieron surgir bien durante la experiencia del trauma o bien pasada esta se consideran el «componente caliente» de la misma experiencia. Pues bien, en términos generales, el «componente frío» o la historia de lo sucedido se construye y recupera de un modo consciente o explícito a través de la narración, mientras que el «componente caliente» se manifestará siempre de un modo automático o implícito, fuera de nuestro control y, además, y esto es fundamental, elegirá como vehículo de expresión no las palabras, sino el propio cuerpo.

Porque... *el cuerpo recuerda*. Y lo hace mediante el malestar, el dolor y reacciones fisiológicas tan desagradables como náuseas y vómitos, sudor frío, taquicardia, temblores, etcétera. El siguiente caso, como muchos de los comentados con anterioridad, ilustra muy bien cómo el *cuerpo* recuerda las experiencias traumáticas. He expuesto este caso en varios trabajos anteriores[57] y quiero comentarlo de nuevo aquí porque ilustra magistralmente cómo, en ocasiones, la experiencia traumática disocia con total claridad los componentes conscientes, explícitos y declarativos, que quedan reprimidos, de los componentes inconscientes, implícitos y no verbales, que continúan expresándose a través del propio cuerpo.

Una tarde de otoño, una mujer (C.M.) fue atacada y violada mientras corría por una zona de bosque.[58] A consecuencia del ataque, la mujer quedó tirada en el suelo semiinconsciente hasta que otro corredor la auxilió y ayudó a recuperar la conciencia. C.M. fue llevada a un centro hospitalario donde se pudo comprobar que no tenía el más mínimo recuerdo de lo que había sucedido ni sabía quién era ni dónde vivía. Tras ser examinada y recibir un primer diagnóstico de *amnesia disociativa generalizada*, quedó ingresada. Tres semanas después del suceso traumático, su amnesia retrógrada (la incapacidad para recordar lo vivido antes del asalto) comenzó a remitir, aunque los recuerdos personales que podía recuperar eran todavía muy escasos. Por esos mismos días, y como parte de la investigación del caso, acompañó a la policía a la zona donde había sido encontrada tras la violación. Una vez en aquel paraje, se comprobó que C.M. reaccionaba con gran ansiedad al pasar por lugares muy concretos, hasta que en un momento determinado dijo espontáneamente: «...y después hay ladrillos». Ella no entendía ni podía explicar por qué le venían a la mente esos detalles, sólo sabía decir: «Los ladrillos y el sendero». Una vez en el sendero vio trozos de ladrillos y sintió que su malestar y su angustia aumentaban. A pesar de no recordar absolutamente nada del ataque ni de la violación, esta mujer sentía que todo su cuerpo le decía, le gritaba, que en aquel lugar le había ocurrido algo malo. Cuando, en contra de su voluntad, volvieron de nuevo al lugar del asalto, comenzó a llorar y a sudar abundantemente y sintió unas intensas náuseas que aconsejaron sacarla rápidamente de aquel paraje.

Este caso pone de manifiesto cómo en ocasiones la experiencia traumática oculta los recuerdos del suceso mientras el cuerpo sigue conservando y expresando el terror vivido, que, en presencia del contexto adecuado (los lugares donde se produjo la agresión, que actúan de claves), se manifiesta en forma de malestar, sensaciones corporales desagradables y un raudal de emociones negativas.

Los recuerdos del trauma son así, por un lado, recuerdos desestructurados, rotos, fragmentados: muchas víctimas no recuerdan lo que ocurrió o, sencillamente, como en el caso de C.M., sólo recuerdan pequeños fragmentos; por otro, se trata de recuerdos que quedan fuera del control consciente de la víctima y a expensas de disparadores externos, lo que los convierte en recuerdos intrusos que invaden el presente de la víctima en cualquier momento: todas las formas de re-experiencia conocidas, desde las imágenes intrusas, *flashbacks*, pesadillas y malestar físico hasta las reacciones fisiológicas, son manifestaciones anómalas de esa memoria herida y dislocada que generan un sufrimiento atroz cada vez que las víctimas tienen un encuentro con algún estímulo evocador del suceso traumático. Asimismo, al tratarse de huellas de memoria que han quedado desgajadas de la base de conocimiento de la memoria autobiográfica, se manifestarán por caminos insospechados (como por ejemplo el propio cuerpo) a través de las llamadas expresiones somatosensoriales, tales como imágenes visuales, sensaciones olfativas, auditivas o cinestésicas relacionadas con el escenario del trauma, además de sudor intenso, taquicardia, temblores, náuseas, etcétera.

Y es que... el pasado siempre nos alcanza. Siempre. Por unos caminos o por otros. Y si, como estamos viendo, ese pasado es tenebroso y cruel se abrirá paso a través del cuerpo al modo como lo haría el intruso más insolente y despiadado: con violencia, a deshoras, sin respetar regla alguna, como un invasor perverso que se apodera de nuestro territorio más íntimo rompiendo y destrozando nuestro equilibrio físico y con él nuestro equilibrio emocional, cognitivo y moral.

«Ya han pasado más de cincuenta años desde el final de la Segunda Guerra Mundial», escribe Appelfeld, en *Historia de una vida*:

> [...] y, a pesar de todo, siento aquellos días con todo mi cuerpo. Cada vez que llueve, hace frío o sopla un fuerte viento, regreso al gueto, al campo de concentración, a los bosques donde pasé muchos días. Al parecer, la memoria tiene raíces profundas en el cuerpo. A veces basta con el olor a paja descompuesta o el sonido de un pájaro para transportarme lejos y hacia el interior.[59]

Un «interior» ensombrecido con «poderosas manchas de memoria» que Appelfeld no es capaz de traducir a palabras. Cuando lo intentó, confiesa, todo lo que consiguió fue «un revoltijo de palabras» desordenadas, imprecisas, sin ritmo. Y es que el cuerpo, ya se ha dicho, tiene su propio lenguaje para recuperar lo sufrido, un lenguaje de sensaciones y reacciones que el propio Appelfeld nos confirma de esta forma:

> Lo que se me quedó grabado de aquellos años son, principalmente, fuertes sensaciones corporales. Hambre de pan. Hasta el día de hoy, me levanto por la noche con mucha hambre. Los sueños de hambre y de sed se repiten todas las semanas.[60]

La memoria del cuerpo de Appelfeld está tan intensamente presente que parece haber anulado su memoria narrativa. Hasta tal punto que tiene la sensación de que no fue él quien estuvo en la guerra, sino otra persona que va a contarle lo que ocurrió, «porque yo —nos dice— no recuerdo qué sucedió ni cómo». Y añade:

Todo lo que sucedió se grabó en las células de mi cuerpo y no en mi memoria. Las células recuerdan más que la memoria, cuyo cometido es recordar. Durante muchos años, después de la guerra no caminé por en medio de la acera ni por en medio del camino: siempre iba pegado a las paredes, siempre por la sombra y siempre a paso ligero, como si me estuviera escabullendo.[61]

La historia de Appelfeld, como la de tantas otras víctimas de experiencias crueles e inhumanas, ilustra dramáticamente la naturaleza nociva y perversa de un pasado traumático: una fiera interior sin control a la que hay que domeñar cuanto antes si se quiere evitar que acabe aniquilando las aspiraciones, los proyectos y las ilusiones de las víctimas; porque, hasta que esos recuerdos disociados no sean integrados en una narración personal coherente y consciente, seguirán invadiendo de forma incontrolada la conciencia y generando sufrimiento y dolor.

Este otro testimonio de Appelfeld es lo suficientemente elocuente como para cerrar estas páginas sobre los estragos de un pasado tenebroso que nunca pasa:

He dicho «no recuerdo» y, aun así, recuerdo miles de detalles. Hay veces en que basta el olor de una comida, o humedad en los zapatos, o un ruido repentino, para devolverme a los años de la guerra, y entonces tengo la impresión de que la guerra no ha acabado, continúa sin yo saberlo; y ahora que he despertado sé que desde que comenzó no ha cesado.[62]

Es el pasado malherido que no puede escapar de la aflicción. Es el pasado que nunca pasa.

6
En busca del tiempo vivido

> Mi propia profecía es mi memoria: mi esperanza de ser lo que ya he sido.
>
> J. M. CABALLERO BONALD

> Lo que yo soy sería insoportable si no pudiese acordarme de lo que he sido.
>
> FERNANDO PESSOA

> Cobarde, verdaderamente cobarde, es sólo aquel que teme a sus recuerdos.
>
> ELIAS CANETTI

> ¿Cuándo llegarás a saber que estaría bien que fueras capaz de traer a la memoria tu vida, incluso esa gran parte de ella que te repugna?
>
> ITALO SVEVO

EL PASADO AGUARDA

Que el pasado nunca pasa no significa que esté siempre presente, sino que no se ha perdido irremediablemente al modo como las palabras se desvanecen y desaparecen con el viento. El pasado no nos abandona. El pasado, como buen escudero, se mantiene fiel a su señor, velando y protegiendo el tiempo vivido, convencido de que sin él la vida no sería nada.

El pasado nos espera, nos aguarda, para ser encontrado en esa búsqueda necesaria que todos y cada uno emprendemos para saber quiénes somos. Porque hay momentos, en el largo y tortuoso camino del vivir, en los que la vida puede parecer vacía, plana o como un proyecto con poco sentido. Son momentos de duda y tribulación, de desánimo y desesperanza. Y son momentos en los que el pasado, la vida vivida, emerge de las profundidades del alma y consigue salvarnos. Porque, como dice Appelfeld, «el pasado, incluso el más duro, no constituye una malformación ni una vergüenza, sino una fuente de vida».[1]

El viaje agónico de Proust en sus últimos años de vida, encerrado día y noche, escribiendo, escarbando en su pasado, obsesionado hasta la desesperación por recuperar el tiempo vivido, por encontrarse a sí mismo, nos muestra la necesidad de llenar el inmenso vacío en el que a veces se nos antoja la propia vida. La obra de Proust es el testimonio descarnado del ser humano entregado de un modo obsesivo, enfermizo y casi letal a la búsqueda de su identidad a través de la recuperación del pasado. Estremece observar cómo vive el tránsito doloroso desde una vida superflua y vacía («¡Qué pena comprobar lo poco que revivía mis años de otro tiempo!», confiesa) hasta ese momento final en el que se da cuenta de la «inmediata, deliciosa y total deflagración del recuerdo».[2] Y así, en el cierre de su colosal obra *En busca del tiempo perdido*, cuando ese tiempo ha sido *recobrado*, escribe:

> Me producía un sentimiento de fatiga y de miedo percibir que todo aquel tiempo tan largo no sólo había sido vivido, pensado, segregado por mí sin una sola interrupción, sentir que era mi vida, que era yo mismo, sino también que tenía que mantenerlo cada minuto amarrado a mí, que me sostenía, encaramado yo en su cima vertiginosa, que no podía moverme sin moverlo.[3]

Necesitamos recuperar el pasado, aprehender lo vivido, fijarlo, hacerlo nuestro, sentirlo «como algo tangible», decía Canetti; porque en el pasado están las claves, los secretos y las respuestas a lo que somos. «Lo que yo soy sería insoportable si no pudiese acordarme de lo que he sido», escribió Pessoa.[4]

Comparto la idea de Ortega de que hay que *amar el pasado*, con la salvedad de que eso no significa reivindicar la añoranza melancólica y estéril de un pretérito idealizado y embellecido que ningún presente podrá igualar, sino, como escribió el filósofo, «congratularse de que efectivamente haya pasado y de que las cosas, perdiendo esa rudeza con que al hallarse presentes arañan nuestros ojos, nuestros oídos y nuestras manos, asciendan a la vida más pura y esencial que llevan en la reminiscencia». Es la reivindicación del pasado para descubrir el sentido profundo de lo vivido: «Es conveniente —concluye Ortega— volver de cuando en cuando una larga mirada hacia la profunda alameda del pasado: en ella aprendemos los verdaderos valores, no en el mercado del día».[5] Es también la reivindicación del pasado —como en el caso de Canetti— en busca del poder «salvador del recuerdo» y de su capacidad para «retener la vida».

> El recuerdo es bueno porque aumenta la medida de lo conocible. Pero hay que tener especial cuidado de que no excluya nunca lo terrible. Puede que el recuerdo de lo terrible aprehenda la realidad de un modo distinto a como se apareció en su tremendo presente; diferente, pero no menos cruel, no más soportable, no menos absurdo, hiriente, amargo; este recuerdo no debe estar contento de que lo terrible haya pasado: jamás hay nada que haya pasado. El auténtico valor del recuerdo consiste en hacernos comprender que no hay nada que haya pasado.[6]

De este espléndido alegato de Canetti sobre el poder salvador del recuerdo («lo único inmortal», escribió en 1979), me interesa destacar dos ideas. La primera, que no debemos excluir nunca lo trágico de nuestra memoria, porque, y he aquí la segunda, nuestros recuerdos nos demuestran que lo terrible o lo doloroso, como lo agradable de nuestro pasado, siguen siempre presentes en nuestras vidas: porque nada de lo vivido queda liquidado definitivamente. Así lo sintió también Pessoa cuando escribió:

> Memorias, domingos, misas, placer de haber sido, milagro del tiempo que quedó por haber pasado, y *no olvida nunca porque ha sido mío*... Diagonal absurda de las sensaciones probables, ruido súbito del

carruaje de la plaza que suena ruedas en el fondo de los silencios ruidosos de los automóviles, y de cualquier modo, por una paradoja maternal del tiempo, subsiste hoy, aquí mismo, entre el que soy y el que he perdido, en el anteromirar mío que soy yo...[7]

Pero volvamos a nuestro filósofo universal, quien, con la lucidez que le caracteriza, insiste en la importancia de recuperar el tiempo vivido para dar sentido a nuestro «íntimo ayer» y acabar siendo auténticos poseedores de nuestra vida. En su trabajo *Azorín: Primores de lo vulgar*, Ortega escribe:

> Cada individuo es como un ser múltiple que avanza dejando a cada paso, tendido sobre el polvo, un compañero interior. La divina alegría que danza, la tullida tristeza, la hora de plenitud y la hora en que todo es ausente... Allá queda, bajo la tolvanera del camino, todo nuestro existir: primero la rosa, luego el harapo...
> Pero ¿muere, en efecto, ese íntimo ayer? [...] nada muere en el hombre mientras no muere el hombre entero. El yo pasado, lo que ayer sentimos y pensamos, vivo perdura en una existencia subterránea del espíritu. Basta con que nos desentendamos de la urgente actualidad para que ascienda a flor de alma todo ese pasado nuestro y se ponga de nuevo a resonar.

Ortega no dudó en subrayar lo que tantos otros nos vienen diciendo, que el pasado sigue vivo, esperando ser recuperado, porque nuestro tiempo vivido es una pieza ineludible en la construcción de nuestra vida. Y continúa diciendo:

> Pienso que no debiera llamarse culto sino al hombre que ha tomado posesión de todo sí mismo. [...] Decía Goethe que no podía estimar a un hombre que no llevase un diario de sus jornadas. [...] Un ser que desprecia su propia realidad no puede *verdaderamente* estimar nada ni haber en él nada verdad. Sus ideas, sus actos, sus palabras tendrán sólo una calidad ilusoria: no serán nunca lo que aparentan ser. No por su contenido son reales mi fe o mi duda, sino como trozos de mi vida personal.

Y concluye:

> La norma de llevar un diario que Goethe nos propone [...] equivale a que no dejemos trasvolar nuestro ayer sin subrayarlo [...]. Dando de este modo frecuente reviviscencia a todo lo que fuimos y lo que aspiramos a ser, vivimos en actual y plenaria posesión de nuestra vida y la hacemos gravitar íntegra sobre cada hora transeúnte.[8]

Recuperar el tiempo vivido a través del recuerdo es el milagro del que fluye la historia individual de cada ser humano. Si antes del recuerdo todo era oscuridad, al recordar se hace la luz: los recuerdos dan espesor a lo vivido, ahogan el vértigo del vacío y dan sentido a la propia vida. No se puede vivir sin recuerdos. «No se puede existir sin el recuerdo», decía Elie Wiesel. Una vida sin recuerdos —añado yo—, una vida sin pasado, es un cascarón vacío sin identidad ni pertenencia. Los recuerdos nos dicen quiénes somos mientras dan sentido a esa historia personal que llamamos «mi vida».

Recordar, la necesidad de recordar

En el principio fue la experiencia, la vivencia, la aprehensión de lo vivido. Pero ¿qué guardó de todo eso la memoria? ¿Cómo se pasa de la experiencia al recuerdo?

Nuestro cerebro no es un simple receptáculo de imágenes y voces, sabores, olores o caricias. El mundo que nos rodea está enviando señales de manera continua a nuestras ventanas sensoriales, los sentidos, desde donde esas señales son reenviadas a los centros cerebrales de análisis e interpretación. A continuación, nuestro cerebro, el sistema de procesamiento de información más perfecto conocido, somete a análisis extraordinariamente minuciosos todo lo que le llega antes de decidir si lo guarda o lo elimina. En pocas palabras, todo lo que llega a nuestro cerebro deja algún tipo de huella, pero no todas las huellas sobreviven y quedan convertidas en parte de nuestra memoria. Lo que significa que no todas nuestras experiencias se convierten en recuerdos.

La transformación de una *experiencia* en un *recuerdo* es un proceso de una extraordinaria complejidad que exige no sólo la participación de numerosas redes de células nerviosas, o redes neuronales, que cruzan y atraviesan a lo largo y a lo ancho y de arriba abajo y de abajo arriba los diferentes lóbulos y regiones cerebrales, sino, sobre todo, la puesta en marcha del proceso de *recordar* (en términos técnicos, se habla del proceso de «recuperación») en forma de narrativas del yo, que va a traer consigo la interpretación de lo vivido y la conversión de esa huella inicial en un *recuerdo* personal.

Porque, como ha dicho con toda claridad el profesor Tulving, hasta que no se recuerda o se «recupera» lo que nuestro cerebro ha guardado, no hay memoria. He aquí su pensamiento expresado con el rigor de un científico de la memoria:

> El almacenamiento o el engrama solos, en ausencia de recuperación, no suponen ninguna ventaja frente a la no existencia de almacenamiento o de engrama. Si usted conoce algo, o si ha almacenado información sobre un evento del pasado lejano, pero nunca utiliza esa información o nunca piensa en ella, entonces su cerebro es funcionalmente equivalente a otro cerebro supuestamente idéntico pero que no «contiene» esa información. Y esto no es más que un pequeño paso de esta idea de equivalencia funcional a la idea de equivalencia estructural: un engrama *no existe independientemente de la recuperación*, es decir, un cerebro que «contenga» un engrama no-recuperado es estructuralmente equivalente a un cerebro supuestamente idéntico que no «contenga» ese engrama concreto.[9]

La observación de Tulving resulta fundamental para entender el valor del recuerdo, porque lo que nos viene a decir es que hasta que no se recuerda lo que nuestro cerebro ha guardado no hay «pasado». Nuestra memoria autobiográfica, por tanto, no se refiere a todo lo que el cerebro guarda, sino a aquello de lo experimentado que después es recuperado y transformado en narrativas conscientes del pasado personal a través del recuerdo. Así pues, el tiempo vivido se convierte en nuestra vida, en nuestro pasado, justamente cuando atraviesa el tamiz del recuerdo. Canetti lo expresó muy bien cuando dijo: «Sólo lo que ha pasado por el recuerdo se deja reconocer».[10]

Y Ortega lo describió con una precisión idéntica a la de Tulving cuando, en un artículo publicado en *El Imparcial*, en 1910, decía:

> Lo que nuestros sentidos percibieron de una manera directa no es plenamente pasado; su recuerdo conserva la cualidad de la percepción original, la nota presente de lo intuido, de lo inmediato. [...] Para darnos cuenta de ello realizamos una operación mental que es muy distinta de aquella en que retrotraemos lo visto. Esta es recordar.[11]

Recordar se convierte, pues, en *un proceso necesario* en la dinámica de la memoria autobiográfica porque, al tiempo que nos permite revivir el pasado, transforma las experiencias vividas en parte de nuestro yo. Me atrevería a decir que ahí está el origen de esa necesidad de todo ser humano de buscar y recuperar el tiempo vivido para hacerlo suyo mediante el recuerdo, para construir su yo, para levantar su identidad. Es como si una voz interior, inaudible pero convincente, nos empujase a recordar, a recuperar el tiempo vivido para aprehenderlo definitivamente y hacerlo nuestro. Para hacerlo real, como escribió Canetti, porque «sólo adquiere consistencia *real* aquello que reconocemos una vez vivido».

Llegados a este punto, me pregunto: ¿acaso hay algo más legítimo que andar a la búsqueda del tiempo vivido? ¿Acaso existe una aventura más humana que emprender la búsqueda de uno mismo, si al recordar, recuperar, reconstruir el propio pasado lo que realmente conseguimos es el (re)encuentro con el propio *yo*?

El siempre apasionado Canetti comprendió muy bien el valor del recuerdo para la construcción de la historia de la propia vida y nos lo dejó escrito con su proverbial coraje:

> Busca, mientras haya algo que encontrar dentro de ti; recuerda, entrégate *voluntariamente* al recuerdo, no lo desdeñes, es lo mejor, es lo más verdadero que tienes y todo cuanto omitas en el recuerdo estará perdido, y *para siempre*.[12]

El pasado nos espera para ser reconstruido, ya lo hemos dicho. Basta «vivir un poco inclinado sobre la propia vida», como tan bellamente escribió Ortega, y desentenderse de la chirriante y con frecuencia insolente realidad para que nuestro ayer resuene de nuevo. Y será la convergencia en el presente del resonar de nuestros yoes pretéritos con las aspiraciones de nuestros yoes futuros la que otorgue al presente —como escribió Ortega— «plenitud, triple dimensión, grosor, volumen». Porque, continúa Ortega:

> Cuantas más porciones de nosotros se hallen presentes en nuestro presente, mayor será su realidad. Una decisión tomada en el momento, sin consultar a nuestro yo de ayer y al de mañana, tendrá mucha menos densidad personal, será mucho menos *nuestra* decisión que la formada con la asistencia y colaboración del resto de nuestra vida.

Por todo ello, concluye el filósofo: «Conviene que cada cual se recuerde a sí mismo y recorra a menudo sus días pretéritos, reavivándolos, como un buen general la ondulante línea de sus ejércitos».[13]

Pero ¡el pasado se aleja!

El pasado sigue vivo, el pasado nos aguarda, el pasado es necesario. Sin embargo, la realidad cotidiana nos dice que no siempre resulta fácil acceder a ese pasado personal. La sensación de que el pasado se aleja como un tren en la oscuridad y se enturbia y desaparece arrastrado por el viento de la historia de cada cual es una sensación arisca y desalentadora. Es el desamparo ante la fugacidad de lo vivido y el desconcierto frente a la fuerza imparable del tiempo. Es el convencimiento de que el paso del tiempo acaba convertido en el gran enemigo en nuestra búsqueda del tiempo vivido.

Por eso, y aunque el pasado sigue, sin duda, en nuestra memoria, su recuperación es siempre un proceso de reconstrucción delicado, frágil, frustrante a veces, porque el paso del tiempo araña, empalidece, debilita y deforma, y, con frecuencia, entierra y oculta incontables vivencias. Decíamos, páginas atrás, que la memoria juega con el tiempo, que lo detiene, lo desbarata, que rompe la flecha del tiempo y construye su propio tiempo: el tiempo subjetivo. De esa manera, la memoria confiere permanencia al pasado y lo pone a nuestra disposición. El problema es que, aunque lo vivido esté disponible en nuestra memoria, no siempre podemos acceder a él.

Y es que el tiempo está dotado del don de la ubicuidad: nada escapa a sus efectos. El tiempo parece que arrastra los instantes vividos, que se los lleva, y, a la vez, ese mismo tiempo anida entre los propios recuerdos. Es el juego de la vida que nos envuelve y que nos habita: una lucha de contrarios de la que no escaparán jamás el tiempo y la memoria, el paso inexorable del tiempo y la *salud* de los recuerdos. Y digo «salud» porque los recuerdos sufren cambios y transformaciones que, a veces, los convierten en historias irreconocibles e incluso falsas para el propio sujeto.

Necesitamos, pues, saber qué pasa en nuestra memoria cuando el tiempo pasa.

RECORDAR ES SIEMPRE UNA LUCHA CONTRA EL PASO DEL TIEMPO

El paso del tiempo parece que, en efecto, aleja nuestro pasado y lo envuelve en niebla y oscuridad. «El tiempo, según dicen, es Leteo», escribió Thomas Mann refiriéndose al *río del olvido* de la mitología griega.[14] Pero ¿el paso del tiempo borra realmente los recuerdos? En innumerables ocasiones así lo creemos. Si preguntas a un amigo qué hizo anoche, recordará con toda facilidad y absoluta claridad lo que hizo y dónde estuvo; si le preguntas qué hizo la noche del mismo día de hace una semana o, mejor, un mes, probablemente te dirá que no se acuerda. Siempre me sorprende cuando en el cine la policía, o un fiscal en pleno juicio, plantea a un sospechoso de un delito preguntas como esta: «¿Dónde estaba la noche del 5 de junio de 2014?», sabiendo que ya han pasado, desde entonces, dos o tres años, con la esperanza de que el sospechoso recuerde y cuente dónde estaba y qué hizo aquella noche. Como es previsible, en esos casos, el individuo interrogado suele decir que no lo recuerda. Y nadie se extraña, sencillamente porque la pérdida creciente de accesibilidad a la información guardada en nuestra memoria por el paso del tiempo es algo conocido y aceptado como «normal» para cualquiera de nosotros.

Sin embargo, ese principio o regla no funciona siempre así, porque hay recuerdos que apenas parece que sufran algún daño a pesar del mucho tiempo transcurrido. No obstante, y basándonos por el momento sólo en la experiencia de la vida cotidiana, asumamos que el paso del tiempo ensombrece el pasado, lo decolora, lo debilita y, en consecuencia, aumenta la dificultad para recordarlo.

En el capítulo XV del inmortal *Don Quijote de la Mancha*, «*Donde se cuenta la desgraciada aventura que se topó don Quijote en topar con unos desalmados yangüeses*», nos ofrece Cervantes uno de los incontables diálogos llenos de sabiduría y gracejo entre don Quijote y Sancho, en el que el primero viene a decirle a su escudero que *el tiempo borra todo recuerdo*. He aquí un extracto de esa conversación:

—Sábete, amigo Sancho —respondió don Quijote—, que la vida de los caballeros andantes está sujeta a mil peligros y desventuras [...]. Digo esto porque no pienses que, puesto que andamos de esta pendencia molidos, quedamos afrentados, porque las armas que aquellos hombres traían, con que nos machacaron, no eran otras que sus estacas, y ninguno de ellos, a lo que se me acuerda, tenía estoque, espada ni puñal.

—No me dieron a mí lugar —respondió Sancho— a que mirase en tanto; porque apenas puse mano a mi tizona, cuando me santiguaron los hombros con sus pinos, de manera que me quitaron la vista de los ojos y la fuerza de los pies, dando conmigo adonde ahora yago, y adonde no me da pena alguna el pensar si fue afrenta o no lo de los estacazos, como me la da el dolor de los golpes, que me han de quedar tan impresos en la memoria como en las espaldas.

—Con todo eso, te hago saber, hermano Panza —replicó don Quijote—, que no hay memoria a quien el tiempo no acabe, ni dolor que muerte no le consuma.[15]

La opinión de don Quijote seguro que la comparten la mayoría de las personas: el tiempo acaba *borrando* los recuerdos del mismo modo que la muerte acaba con las penas. Pero ¿ocurre así realmente?, ¿se borra nuestra memoria con el trascurso de los días y los años? ¿Qué nos dice la ciencia, la investigación científica, acerca de los efectos del paso del tiempo sobre nuestros recuerdos?

El estudio pionero

El filósofo alemán Hermann Ebbinghaus llevó a cabo, casi en las postrimerías del siglo XIX, el primer estudio científico y experimental sobre la memoria. Su trabajo es de una importancia extraordinaria por muchas razones, sobre todo de naturaleza metodológica, pero lo que nos interesa traer a colación ahora son los resultados que obtuvo al estudiar cómo el paso del tiempo producía olvido y cómo este último tenía una evolución muy especial. En concreto, Ebbinghaus comprobó que el olvido o la pérdida de la información aprendida era relativamente rápida tras el aprendizaje, pero después se enlentecía. Por ejemplo, comprobó que el olvido era muy pronunciado tras demoras de entre una y ocho horas y, sin embargo, tras intervalos de dos o cinco días, e incluso de un mes, el olvido disminuía. En resumidas cuentas, Ebbinghaus concluyó que la mayor parte del olvido se produce casi inmediatamente después del aprendizaje para después, es decir, con el paso del tiempo, enlentecerse.

Resulta fundamental decir que, si bien *el curso del olvido* encontrado por Ebbinghaus no ha sido desconfirmado por la investigación posterior, esta ha introducido una serie de matizaciones. Por ejemplo, que, aunque el olvido se ralentiza con el paso del tiempo, el tipo de información y otros factores —entre los que yo destacaría la carga emocional que acompaña a la experiencia, el momento de la vida en el que se generan los recuerdos y la relevancia de estos para la construcción de la identidad— juegan un papel decisivo en la configuración de la «curva del olvido».[16]

La idea general en la que coinciden los investigadores viene a ser la misma que tiene la gente de a pie, es decir, que a medida que el tiempo va pasando los recuerdos van haciéndose cada vez más imprecisos, más difíciles de recuperar; en otras palabras, cada vez están menos accesibles. Canetti expresó esta idea de un modo muy gráfico cuando escribió: «Hasta el recuerdo se enrancia. ¡Apresúrate!»[17] a recuperarlo.

La pregunta crucial que nos hacemos los psicólogos de la memoria es ¿por qué se deterioran, ensombrecen o se pierden los recuerdos por el simple paso del tiempo? Convencidos de que el tiempo por sí mismo no hace nada con los recuerdos (del mismo modo que el tiempo ni cura ni agrava nada por muy popular y asumido que esté el aforismo «el tiempo todo lo cura»), sino que existen factores que ejercen efectos significativos a través del tiempo, nuestra labor es identificar esos factores responsables del olvido o de la pérdida de accesibilidad que, con el paso del tiempo, se produce en la memoria.

El procurador de Judea: *un homenaje al olvido*

Antes de comentar algunos estudios que nos van a ayudar a encontrar respuestas a la cuestión planteada, me gustaría detenerme en un cuento que, en mi opinión, eleva al nivel máximo de sorpresa un olvido achacable (¿quizá?) al paso del tiempo. El autor del cuento es el escritor francés Anatole France (1844-1924), laureado con el Nobel de Literatura en 1921, y el cuento se titula *Le procurateur de Judée*.[18]

El procurador de Judea cuenta la historia de dos viejos amigos romanos, Aelio Lamia y Poncio Pilatos, quienes, entrados ya en la ancianidad, se encuentran en la bella y señorial ciudad de Bayas, en la costa noroeste de Nápoles, célebre por sus baños y aguas minerales, adonde han ido en busca de remedio a sus dolencias. Tras la alegría y el júbilo inicial por el encuentro, Pilatos y Lamia no pueden evitar, como dos buenos amigos que no se han visto en muchos años, empezar a recordar los años vividos juntos en Palestina: «Me recuerdas, ay —dice Pilatos—, los días del pasado, cuando era procurador de Judea. Hace treinta años que te vi por primera vez. [...] me seguiste hasta esa triste Jerusalén, en donde los judíos me colmaron de amargura y asco».

Todo el relato está impregnado de la queja de Pilatos contra los judíos. Una queja que aparece en su primera evocación e irá en aumento y, aunque Lamia trata de animarlo haciéndole ver su importante labor como procurador, Pilatos sólo mostrará hastío, desprecio y odio al pueblo judío, «esos enemigos del género humano», según sus palabras.

Pilatos dice a Lamia que, a pesar de sus setenta y dos años, conserva, «loados sean los dioses, el vigor del pensamiento: no se me ha debilitado la memoria». Y, cuando comienza a relatar las intrigas y las calumnias tejidas contra él por los samaritanos y cómo el odio le «persiguió sin tregua», advierte a su amigo: «Tengo aquellos acontecimientos tan presentes como si hubiesen ocurrido ayer».

Con una memoria nítida y fresca, Pilatos recuerda con abundancia de detalles numerosos momentos y acontecimientos de sus años de procurador. Y, así, relata a su amigo el levantamiento de los samaritanos en el monte Gerizim y cómo sofocó con sus tropas aquella rebelión y condenó a muerte a los jefes por sedición; su rivalidad con otros oficiales romanos e incluso su distanciamiento del César Cayo (Augusto), que no escuchó sus explicaciones aconsejado por el judío Agripa; la humillación que sufrió cuando el emperador Vitelio le ordenó, presionado este por las protestas de la plebe y de los sacerdotes judíos, que los legionarios romanos retiraran los estandartes con la imagen del César de Jerusalén.

Pilatos no abandona la queja, pero lo recuerda todo: su proyecto para construir «un acueducto de doscientos estadios que debía llevar a Jerusalén agua pura y en abundancia» y cómo, ante los «desconsolados alaridos» de los jerosolimitanos «clamando que era un sacrilegio», Vitelio otra vez les dio la razón y Roma le ordenó la suspensión de las obras. «Sólo los judíos nos odian y nos desafían», se lamenta Pilatos. «No cuentan —sigue diciendo a Lamia— con un conocimiento exacto de la naturaleza de los dioses. [...] sabes tan bien como yo que los mercaderes tienen su comercio bajo los soportales del templo [...]. Incluso me avisaron un día de que un exaltado acababa de arrojar al suelo, junto con sus jaulas, a esos vendedores de ofrendas».

Nada parece escapar a su memoria. Pilatos murmura y refunfuña y continúa criticando a los judíos: «Cien veces los he visto agolpados, ricos y pobres, [...] asediar enfurecidos mi asiento de marfil y tirarme de los pliegues de la toga y de las correas de las sandalias para reclamarme, para exigirme la muerte de algún desdichado cuyo crimen no conseguía yo vislumbrar y que únicamente me parecía tan loco como sus acusadores». No puede ocultar su odio al pueblo judío: «No podremos domeñar a ese pueblo. [...] Hay que destruir Jerusalén de arriba abajo. [...] Y ese día al fin me veré vindicado», concluye Pilatos.

La historia está a punto de terminar cuando Lamia, en un intento por calmar el ánimo y la amargura creciente de Pilatos, da un giro a la conversación y le cuenta que ha conocido a una judía de Jerusalén de tal belleza y voluptuosidad que «habría hecho palidecer de envidia a la mismísima Cleopatra»; aunque hace tiempo que no sabe nada de ella. Tras un tiempo buscándola, Lamia cuenta que se había enterado de que esa hermosísima mujer estuvo siguiendo, con otras mujeres y hombres, «a un joven taumaturgo galileo que se hacía llamar Jesús el Nazareo; lo crucificaron por no sé qué delito. Poncio, ¿te acuerdas de ese hombre?».

Y Pilatos, que ha demostrado recordar todo como si hubiese ocurrido ayer, ante la pregunta de Lamia se queda en silencio, se lleva la mano a la cabeza «como quien rebusca en su memoria» y dice: «¿Jesús? ¿Jesús el Nazareo? No lo recuerdo».

Desconcertante final con el que Anatole France cierra su narración: ¡Pilatos no recuerda a Jesús!

¿Es posible, cabría preguntarse, que Pilatos haya olvidado a Jesús, el personaje al que indirectamente alude en dos ocasiones en su conversación con Lamia y gracias al cual el propio Pilatos pasó a la historia? ¿Cómo explicar que el mismo Pilatos que recuerda con tanto detalle su pasado como «procurador» de Judea se haya olvidado por completo de Jesucristo? ¿Quizá porque ha pasado mucho tiempo desde aquellos acontecimientos?, ¿porque su avanzada edad ha deteriorado su memoria?, ¿porque miente a su amigo Lamia? o ¿porque Pilatos se impuso la obligación de olvidar todo lo relacionado con Cristo y los cristianos, en cuyo caso estaríamos ante un acto de desmemoria?

El cuento de Anatole France no nos saca de dudas respecto a las posibles causas del olvido de Pilatos, pero, sin embargo, sí nos permite descartar al menos dos de las posibles razones apuntadas: su avanzada edad y el hecho de que hayan transcurrido muchos años. Ambas podrían rechazarse con un único argumento; a saber, porque el propio Pilatos le dice a su amigo Lamia que tiene «aquellos acontecimientos tan presentes como si hubiesen ocurrido ayer» y, en efecto, demuestra que su memoria no sólo no se ha «debilitado» a pesar del paso de los años, sino que es excelente, tal y como lo demuestra al contarle con todo lujo de detalles numerosos acontecimientos acaecidos en los mismos años de su olvidada relación con Jesús.

El procurador de Judea es ficción, un cuento en el que el ingenio de France atrapa al lector desde el principio para dejarlo desconcertado con un final inesperado e inimaginable. Leonardo Sciascia, que tradujo este cuento al italiano, lo considera, en una nota a dicha traducción, un «homenaje al olvido».[19] Yo he creído oportuno traerlo aquí para, por un lado, señalar algunas de las razones que pueden provocar olvido y, lo más importante en mi opinión, para hacer ver que el paso del tiempo no es más que un *recurso mental* al que frecuentemente apelamos para atrapar lo inaprensible, el tiempo y su transcurso, tras el que se esconden los auténticos factores generadores de olvido.

¿Por qué el tiempo se nos antoja enemigo de la memoria?

La experiencia nos enseña —y la ciencia nos confirma— que lo aprendido, lo vivido, lo conocido y todo lo que entra en nuestra memoria es, sobre todo al principio, muy inestable. Tanto que si no lo recuerdas pronto o, mejor aún, si no lo repasas de alguna manera, ya sea tomando notas o contándolo a alguien, se corre el riesgo de perderlo, en parte o en su totalidad, a las pocas horas o días. «En la vida real —escribió William James—, al margen de sorpresas inesperadas, la mayor parte de lo que sucede ciertamente se olvida».[20] Esta evidencia cotidiana es la responsable de la idea tan arraigada en todos nosotros de que el paso del tiempo desdibuja el pasado y lo hace cada vez más inaccesible. Pero, como ya se ha señalado, la investigación ha demostrado que el simple paso del tiempo no es el factor responsable del enturbiamiento progresivo del pasado ni de la imposibilidad de recordarlo, sino que los diferentes grados de olvido se deben a la acción de otros factores sin relación con el tiempo.

La psicóloga Marigold Linton, siendo profesora en la Universidad de Utah, llevó a cabo un original estudio sobre el funcionamiento de su propia memoria que supuso un avance importante en la comprensión de las relaciones entre memoria y tiempo. Durante seis años, Linton registró diariamente al menos dos eventos específicos de su vida, que describía brevemente en su correspondiente tarjeta. La fecha del acontecimiento la escribía en el dorso de la tarjeta. Linton reunió cinco mil quinientos ítems durante los años que duró el estudio. Para evaluar su memoria, cada mes elegía dos tarjetas al azar, leía los dos eventos e intentaba recordar la fecha de cada uno de ellos y el orden en el que habían ocurrido. Como las tarjetas las sacaba al azar, algunos eventos los evaluó (y repasó) varias veces, lo que le permitió comprobar que, cuantas más veces repasaba y evaluaba el mismo registro, mejor era su recuerdo.

Pero el hallazgo más relevante fue comprobar que durante el primer año «virtualmente todos los eventos eran recordados y fechados con gran precisión», además de que eran accesibles con cualquier clave; situación que cambiaba considerablemente tras periodos de tiempo superiores. Concretamente, cuando los eventos habían ocurrido dos o más años antes era difícil recordarlos, o gran parte de ellos se había olvidado. Respecto al olvido, esta investigadora comprobó que había afectado sobre todo a los eventos poco importantes, a los de menor carga emocional y a los que se habían repasado menos veces.[21]

Los resultados de Linton han sido replicados y ampliados por otros investigadores utilizando una metodología muy parecida.[22] A partir de aquí, considero que pueden establecerse las siguientes conclusiones acerca de los efectos del tiempo sobre la memoria: (1) el recuerdo es muy estable al menos durante el primer año; (2) las claves o las ayudas con las que contamos a la hora del recuerdo determinan el éxito o fracaso del mismo; (3) el olvido depende sobremanera de la disponibilidad de claves de recuperación; (4) a medida que pasa el tiempo la eficacia de las claves es menor y, por último, (5) la «importancia» o la «rareza» de los eventos, junto a su carga emocional, potencian su recuerdo hasta el punto de poder neutralizar los hipotéticos efectos negativos del paso del tiempo.

Con otras palabras: podríamos recordar virtualmente todo o casi todo nuestro pasado si contásemos en cada momento de evocación con las claves o ayudas adecuadas o si los episodios que queremos recuperar los vivimos envueltos en emociones intensas. ¿Significa esto, entonces, que el paso del tiempo no ejerce efecto alguno sobre el pasado? La respuesta es sí, efectivamente, el tiempo como tal no altera las huellas de memoria. Retomaremos este asunto más adelante cuando abordemos en profundidad el fenómeno del *olvido*.

Entonces ¿por qué —por lo general— a medida que el tiempo pasa las experiencias vividas parece que se borran de la memoria?

LO QUE NO SE USA SE DEBILITA, PERO NO SE PIERDE

Cualquiera de nosotros sabe por experiencia que los diferentes dispositivos o máquinas informáticas que forman parte de nuestra vida cotidiana —pensemos en un ordenador o en un teléfono móvil— *actualizan* sus programas con cierta regularidad, lo que significa, básicamente, que incorporan nuevas estrategias o modos de tratar la información, corrigen errores y eliminan datos innecesarios. En una palabra, estos artilugios se «ponen al día» con relativa frecuencia. Pues bien, nuestra memoria —un conglomerado de sistemas de procesamiento de información infinitamente más complejo, sofisticado y perfecto que cualquiera de esos aparatos— hace eso y mucho más desde hace decenas de miles de años. Es decir, nuestra memoria ha sido diseñada evolutivamente para actualizar sus contenidos continuamente.

Está demostrado científicamente que, para funcionar con eficacia, nuestra memoria tiene que estar actualizando permanentemente su contenido. Imagínense lo disfuncional que resultaría que, por ejemplo, cuando fuésemos a recoger nuestro coche del aparcamiento de nuestro trabajo o del aparcamiento de una gran zona comercial, en lugar de recordar el lugar exacto donde lo hemos dejado hoy, recordásemos dónde lo aparcamos ayer, anteayer, la semana pasada o, peor aún, todos los días que hemos aparcado allí. Sería para volverse locos. Una auténtica pesadilla. Como si cuando necesitamos recordar la matrícula de nuestro coche actual apareciesen en nuestra conciencia (es decir, recordásemos) las matrículas de los diferentes coches que hemos tenido en nuestra vida. O si cuando fuésemos a recordar nuestro número de teléfono fijo recordásemos todos los números de teléfono que hemos tenido desde hace montones de años.

Frente a esos hipotéticos casos, que supondrían un auténtico caos mental, el día a día nos demuestra que generalmente eso no ocurre, sino que recordamos con precisión y rapidez, por ejemplo, dónde hemos aparcado esta mañana o cuál es la matrícula de nuestro coche, etcétera, en lugar de recordar dónde aparcamos la semana pasada o cuál era la matrícula del coche que teníamos hace años.

Una explicación plausible de todo ello sería que nuestra memoria va dejando a un lado, desactivando o quitando fuerza a toda aquella información que se vuelve anticuada para poder recordar adecuadamente la información actual. Así, cuando vamos al aparcamiento del centro comercial a recoger nuestro coche, recordamos sin dificultad el lugar exacto (por ejemplo, letra y número) donde lo hemos aparcado hoy gracias a que el resto de las huellas de memoria de donde lo hemos aparcado en el pasado se han ido debilitando con el paso del tiempo. Por qué se han debilitado con el transcurso de los días lo comentaremos ahora. Naturalmente, la información que se va debilitando —el término técnico es «inhibiendo»— es la que produce en nosotros la sensación de olvido, bien porque cada vez la recordamos peor, bien porque se vuelve inaccesible por completo.

La explicación de por qué se debilitan o se inhiben las huellas de memoria anticuadas reside en el hecho de que, al no ser necesarias, se han dejado de utilizar; de modo que el *uso/desuso* de la información se convierte en un factor crucial para entender tanto el funcionamiento óptimo de la memoria como gran parte de los olvidos cotidianos que, con frecuencia, atribuimos al paso del tiempo.

Esta es en esencia la idea propuesta hace algunos años por el psicólogo Robert Bjork, profesor de la Universidad de California en Los Ángeles, a través de su «*nueva teoría del desuso*»,[23] cuya premisa básica es que la memoria tiene que estar continuamente *actualizando* o *poniendo al día* sus contenidos para poder funcionar con eficacia, lo que implica perder acceso a información vieja que hemos dejado de usar.

Una explicación de este proceso de actualización o puesta al día de nuestra memoria parte del supuesto de que cualquier contenido de nuestra memoria posee dos fuerzas: una *fuerza de almacenamiento*, que podría entenderse como la garantía de que algo se mantendrá en nuestra memoria, y que está determinada por la calidad del aprendizaje (por ejemplo, cuanto mejor se aprenda algo, más fuerza de almacenamiento tendrá), y una *fuerza de recuperación*, o la facilidad actual para acceder a ella, y que depende de la frecuencia con la que usamos dicho elemento (por ejemplo, cuanto más se usa o recuerda una información, más fuerza de recuperación adquiere).

Todo ello significa que cuando aprendemos algo muy bien, por ejemplo, la matrícula de nuestro coche, la huella de esa información adquiere una gran «fuerza de almacenamiento» que garantizará su permanencia en nuestra memoria. Por otro lado, cada vez que utilizamos el número de la matrícula, por ejemplo, para obtener el tíquet de aparcamiento en cualquier calle de una gran ciudad, aumenta su «fuerza de recuperación», lo que garantizará un acceso rápido y preciso cada vez que lo necesitemos. Si a partir de un determinado momento dejamos de usar una información concreta —imaginemos que por diferentes razones dejamos de utilizar nuestro coche para desplazarnos por la ciudad y, en consecuencia, no necesitamos usar el número de la matrícula—, disminuirá su «fuerza de recuperación» hasta niveles en que resultará muy difícil o incluso imposible recordarla. En tales casos solemos decir «la he olvidado»; sin embargo, y esto es importante, el desuso de una información no afecta a su «fuerza de almacenamiento» (es decir, el desuso no deteriora la huella de memoria no utilizada), sino que sólo disminuye o debilita su «fuerza de recuperación». Esto significa que, si en un futuro la volvemos a necesitar, su reaprendizaje se producirá casi de inmediato y con toda facilidad, lo que demuestra que dicha información sigue estando en la memoria.

A nivel teórico, la pérdida de «fuerza de recuperación» se asume que es el resultado de la llamada *inhibición de recuperación* que sufre la información que no usamos para no interferir en el momento del recuerdo con la información que buscamos. Por ejemplo, si volvemos al caso frecuente del coche estacionado en el aparcamiento de una gran zona comercial, cuando nos dirigimos con el carro de la compra al lugar donde hemos aparcado, la huella de memoria del lugar donde se encuentra se activará, mientras que las huellas correspondientes a los lugares de todos los días anteriores se *inhibirán* y nuestro recuerdo tendrá éxito.[24] Si las huellas antiguas no se inhibiesen, se produciría una fuerte interferencia con la huella actual, lo que se traduciría en una incapacidad, más o menos duradera, para localizar nuestro automóvil. Aunque a veces podamos sufrir algún despiste al respecto —atribuible más a la atención que a la memoria—, por lo general todos recordamos sin dificultad dónde aparcamos cada día nuestro automóvil.

A partir de aquí, podemos plantear que el olvido o los fallos para recuperar la información «desusada» no deben considerarse como defectos del sistema de memoria, sino como el aspecto negativo de un proceso que tiene una importante función adaptativa; a saber, aumentar la velocidad y la exactitud con la que podemos recuperar la información relevante en cada momento. Así pues, desde una perspectiva evolucionista, la *nueva teoría del desuso* lo que postula es que los contenidos de memoria más fácilmente accesibles, es decir, que podemos recordar mejor, son aquellos que hemos estado usando o recuperando con más frecuencia. Esta aseveración tiene un carácter eminentemente adaptativo, como hemos apuntado, ya que la información que está siendo recuperada o utilizada de manera más habitual en cualquier momento presente o en el pasado reciente tiende a ser, por lógica, la información más relevante para nuestros intereses, problemas, objetivos y planes actuales. Por el contrario, la información que no se ha usado en el pasado reciente tiende a ser, en general, la menos relevante. Por tanto, todo lo que vayamos a necesitar recordar con una alta probabilidad en el futuro inmediato tenderá a estar accesible, mientras que todo lo que sea irrelevante o interfiera o esté desfasado, como por ejemplo la vieja matrícula o dónde aparcamos el coche ayer, estará inaccesible.

En buena lógica, el *uso* y el *desuso* de algo, ya sea una experiencia pasada o un sencillo objeto, va asociado necesariamente al factor tiempo. Los usos implican alta frecuencia temporal y los desusos frecuencia baja o periodos más o menos largos de tiempo sin utilizar el elemento en cuestión. Lo que significa que tanto cuando usamos con mucha frecuencia algo como cuando dejamos de usarlo estamos asumiendo que es el paso del tiempo el que define los efectos del uso y del desuso; de ahí que el factor crucial para explicar el olvido no sea el paso del tiempo *per se*, sino lo que ocurre mientras el tiempo pasa, es decir, el *uso* (que impide el olvido) o el *desuso* (que provoca olvido) de los contenidos de nuestra memoria.

Entonces ¿se desvanece el pasado, los recuerdos, a medida que el tiempo pasa? Depende del uso que hagamos: las experiencias vividas se mantendrán nítidas, llenas de detalles e inmunes al olvido si las recordamos con frecuencia o podrán debilitarse y llegar a resultar inaccesibles si no las evocamos.

Pero el uso y desuso de los contenidos de nuestra memoria no es la única variable que permite explicar el nivel de accesibilidad de los recuerdos. Hay otros factores que juegan un papel tanto o más relevante que la frecuencia de las evocaciones. Por ejemplo, la *trascendencia* de lo vivido, sea a nivel personal (por ejemplo, el nacimiento de un hijo, la muerte de un amigo) o a nivel colectivo (por ejemplo, el asesinato de una persona de relevancia nacional o internacional, el estallido de una guerra), grabará con tanta fuerza las experiencias en nuestra memoria que el paso del tiempo no significará nada, porque esos recuerdos se mantendrán nítidos y llenos de fuerza toda la vida. Ahora bien, si nos paramos un momento e intentamos averiguar qué hay debajo de eso que hemos llamado «trascendencia» de lo ocurrido, descubrimos que justamente la trascendencia de cualquier evento va a estar determinada en última instancia por la carga emocional que movilice ese evento y sus consecuencias. Lo que saca a la luz el factor que, en mi opinión, juega el más decisivo papel en la formación y mantenimiento de los recuerdos: la *emoción*.

Como hemos ido pergeñando y dejando entrever en la mayor parte de los capítulos anteriores, el pasado, el tiempo vivido o la historia narrada de la propia vida es una construcción continua pero cambiante en la que el ingrediente capital, esto es, el «superglú» que pega, cohesiona y ata, esculpe y da forma en la factoría de nuestra memoria a nuestra íntima y personal biografía es *la emoción*, y sus representantes cognitivos, *los sentimientos*.[25]

A nadie se le escapa que lo que mejor se recuerda, tanto por la facilidad con la que se evoca como por la precisión y riqueza de matices, es todo lo que hemos vivido envuelto en alegría, gozo, placer, ilusión y felicidad, o tristeza, miedo, terror, sufrimiento y aflicción.

Las experiencias cargadas de emociones y sentimientos intensos quedan grabadas literalmente a fuego en la memoria y desafían el tiempo y el olvido. Con la salvedad de aquellas experiencias en las que el nivel de emocionalidad negativa resulta tan insoportable que nuestras defensas mentales las suprimen o las reprimen arrojándolas, por un periodo indeterminado, a la oscuridad más absoluta del rincón del olvido.[26]

LA EMOCIÓN, EL GRAN ALIADO DE LA MEMORIA

Los humanos somos seres emocionales y eso configura nuestra vida, porque la trama de nuestra autobiografía, la argamasa que une y cohesiona la narración que nos define como personas únicas y diferentes de los demás, son las emociones y los afectos sentidos y desplegados en el devenir de cada cual. El estudio de los «recuerdos definidores del yo» nos ha puesto de manifiesto que las experiencias que nos hacen como somos son siempre experiencias emocionales. Por eso, entiendo que los recuerdos emocionales se configuran como testigos clave para comprendernos y para comprender a los demás. Una idea que comparte Daniel Reisberg, profesor de Psicología en el Reed College, cuando dice que «si tratamos de entender qué piensa una persona de sí misma, cómo ve su vida o qué opina de su pasado, tenemos que comprender sus recuerdos emocionales».[27]

¿Cómo afecta la emoción a la memoria?

La influencia que la emoción ejerce sobre la memoria se refleja a través de caminos y maneras diferentes. Por un lado, contribuye de un modo decisivo a la formación de recuerdos, lo que trae consigo una cantidad de recuerdos emocionales muy superior a la de recuerdos emocionalmente neutros. Por otro, añade a los recuerdos una gran nitidez y viveza; y, por último, convierte esos recuerdos emocionales en historias rebosantes de detalles muy exactos y precisos. La combinación de estos tres efectos garantizará la pervivencia y longevidad de lo que se vivió empapado de emociones y sentimientos. La emoción, en definitiva, alarga la vida de los recuerdos y actúa como un freno contra el olvido.[28]

Detengámonos siquiera brevemente en los tres efectos señalados porque encierran matices muy interesantes.

Tenemos más recuerdos emocionales que recuerdos neutros

Por lo general, y con independencia de que el clima emocional de los recuerdos sea positivo o negativo, las personas recuerdan más acontecimientos emocionales que neutros. Todo indica que es una cuestión de cantidad: nuestra memoria registra y guarda infinitamente más experiencias vividas entre emociones, alegres o tristes, que eventos emocionalmente vacíos.

Este es un fenómeno que también han observado los psicólogos de la memoria en sus laboratorios. Las tasas de recuerdo de una variedad de estímulos, como listas de palabras, historias, dibujos o fotografías, son superiores cuando tales estímulos son emocionalmente positivos o negativos que cuando son neutros.

En resumen, parece claro que las experiencias vividas entre emociones dejan muchos más recuerdos que las experiencias neutras o planas emocionalmente. Ahora bien, este hallazgo, que resulta esperable para cualquiera, yo diría que conduce, casi de manera inevitable, a una pregunta que despierta mucho más interés. A saber: *emocionalmente hablando, ¿qué se recuerda más, lo alegre o lo triste, lo positivo o lo negativo?*

Aunque Nietzsche advirtiera, con la vehemencia que le caracterizaba, que «sólo lo que no deja de *doler* permanece en la memoria",[29] la respuesta no es sencilla. Y la razón estriba en que hay estudios que demuestran que se imponen los recuerdos agradables y estudios que concluyen que se recuerdan más las experiencias negativas que las positivas. Esta falta de consenso creo que podría explicarse si se introduce la variable «periodo de la vida», porque, como veremos, el balance entre positividad y negatividad de los recuerdos experimenta cambios importantes a lo largo de la vida.

No obstante, lo que parece claro desde un punto de vista filogenético (no entro ahora en la esfera ontogenética) es que los mecanismos de memoria han evolucionado para facilitar la codificación y recuperación de la información emocional que resulta relevante tanto para la supervivencia como para el bienestar de los individuos. Una idea que resulta especialmente plausible para las experiencias negativas, en el sentido de que recordar un evento negativo ayudará a una persona a evitarlo en un futuro. Una persona que haya sufrido una agresión en un lugar concreto recordará con toda intensidad y nitidez dicho evento negativo cada vez que pase por el lugar del asalto, lo que le ayudará a tomar precauciones o a evitar directamente pasar por allí. Ejemplos como este ayudan a entender con claridad el papel de guía de nuestra memoria y su incalculable valor adaptativo.

A propósito de ello, me permitiré relatarles una experiencia personal que considero pertinente y muy ilustrativa de lo que estamos comentando. Una mañana de diciembre de hace exactamente diez años, cuando me dirigía en mi coche a la universidad, sufrí un accidente sin otra consecuencia, afortunadamente, que un tremendo sobresalto y una respuesta muy intensa de miedo con la sensación clarísima de gran peligro y amenaza para mi vida. En concreto, lo ocurrido fue lo siguiente: al tomar la última curva en la carretera de salida de mi ciudad para incorporarme a la autovía, y como consecuencia, probablemente, de que habían caído las primeras gotas de lluvia tras un periodo prolongado de sequía, mi coche derrapó y giró varias veces sobre las cuatro ruedas sin llegar a volcar (es decir, hizo un sobreviraje o «trompo», según la jerga automovilística). Lo relevante de aquel acontecimiento es que, desde entonces, siempre, absolutamente siempre que paso por esa curva —algo que hago casi todos los días, incluidos muchos fines de semana— o, mejor dicho, unos metros antes de llegar a la susodicha curva, mi memoria me hace revivir el percance sufrido hace tantos años, lo que me lleva a conducir ese tramo curvo de carretera con sumo cuidado y con toda mi atención centrada en la conducción. Eso ha ocurrido ya miles de veces y es independiente de que vaya solo o acompañado, escuchando música o hablando. Siempre que me estoy acercando a ese punto, mi memoria salta como un resorte y me dice, me grita: «¡Eh! ¡Cuidado! Esa curva es peligrosa»; es decir, aparece el recuerdo negativo como una alarma que me avisa de que debo tomar precauciones para evitar una situación que pondría en peligro mi vida.

No obstante, nuestra memoria autobiográfica guarda también muchos recuerdos de eventos positivos que son tan relevantes o más para el logro de objetivos que los recuerdos de eventos negativos. De hecho, se ha comprobado que, cuando los estímulos positivos y negativos son igualmente relevantes para los intereses del individuo, tienen la misma capacidad para capturar atención y, en consecuencia, su probabilidad de recuerdo posterior es similar. Pero hay más fenómenos interesantes relacionados, porque a medida que se envejece esa tendencia igualitaria cambia, en el sentido de que los recuerdos de eventos agradables sobrepasan en número y se imponen a los recuerdos desagradables. Esta superioridad de los recuerdos emocionales positivos se atribuye al llamado «efecto de positividad de la memoria», en el que nos detendremos en el capítulo 10.

Ahora bien, todo esto parece confirmado con poblaciones sanas o sin trastornos o enfermedades mentales serias. Porque, por ejemplo, en el caso de pacientes con depresión grave está confirmado que su memoria parece orientada o sesgada hacia lo negativo. El paciente con depresión da la impresión de que sólo recuerda acontecimientos desagradables, tristes, trágicos, y eso es algo que ocurre tanto cuando recuerda espontáneamente episodios de su pasado como cuando se le pide que recuerde acontecimientos personales a partir de palabras que se le van diciendo (por ejemplo, *escuela*, *fuego*, *agua*, etc.). En un estudio considerado un clásico en este terreno,[30] se comprobó que, cuando se pedía a pacientes con distintos grados de depresión que produjesen recuerdos autobiográficos en respuesta a palabras neutrales, la velocidad y la cantidad de recuerdos de experiencias desagradables o tristes aumentaba en función de la severidad de la depresión. Lo que significa que, cuanto más deprimidos estaban, más recuerdos tristes tenían y antes los recordaban.

A este fenómeno se le conoce en psicología de la memoria con el nombre de «congruencia entre recuerdo y estado de ánimo» y, en realidad, es algo que se da, aunque en un nivel menos dramático que en los pacientes con diagnóstico de depresión, en la mayoría de las personas. Así, resulta fácil comprobar cómo las personas felices tienden a contar historias felices, sus recuerdos son generalmente agradables y contemplan su futuro con optimismo; mientras que las personas tristes o deprimidas cuentan historias tristes y sus recuerdos suelen ser negativos. La razón estriba en que el estado de ánimo del momento presente ejerce una poderosa influencia sobre cómo percibimos todo lo que nos rodea, incluidos nosotros mismos.

Recuerdos vívidos y rebosantes de detalles: los recuerdos fotográficos

Los efectos de la emoción sobre la memoria se hacen especialmente visibles cuando se analizan la claridad y riqueza de atributos de los recuerdos. Aunque la especial nitidez es algo consustancial a todos los recuerdos emocionales, los llamados «recuerdos fotográficos» constituyen uno de los ejemplos paradigmáticos de recuerdos vívidos. Como veremos enseguida, en ocasiones la noticia de un acontecimiento altamente emocional y de gran trascendencia (por ejemplo, el asesinato del presidente John F. Kennedy) genera un recuerdo con cualidades casi fotográficas de las circunstancias en las que alguien se encontraba cuando se enteró de dicho suceso. No obstante, los «recuerdos fotográficos» no suelen ser frecuentes. Sin embargo, todo el mundo tiene recuerdos que conservan la nitidez y la riqueza de los detalles perceptivos, con independencia de que se trate de recuerdos de eventos traumáticos y de enorme trascendencia nacional o internacional o de recuerdos de experiencias altamente positivas pero de carácter privado, razón por la cual se ha postulado que la emoción dispara un mecanismo que guarda lo que ocurrió en ese instante y aumenta la confianza en la exactitud y veracidad de lo recordado.

Lo que resulta indudable es que el ejemplo de recuerdos vívidos y nítidos por su riqueza de detalles perceptivos que ha atraído de un modo especial el interés de los científicos y por consiguiente nos ofrecen más información sobre las relaciones entre emoción y memoria son los mencionados *recuerdos fotográficos.*

¿Dónde estaba usted cuando se enteró de...?

La edad de los recuerdos (o el tiempo transcurrido desde su experiencia original) generalmente no se establece sobre información contenida en los mismos, sino a partir de operaciones derivadas de elementos externos al propio recuerdo. Un poco más adelante ahondaremos algo más en esta cuestión.

La mayor o menor antigüedad de una experiencia pasada no se establece, por ejemplo, a partir de la borrosidad o de la nitidez, respectivamente, de su representación en la memoria, ni del grado de viveza de las imágenes que trae consigo, ni tampoco se deriva de la fuerza de las emociones que acompañan a la evocación de tal experiencia. Si así fuera, cualquiera podría concluir hoy de forma errónea que el intento golpista del 23 de febrero de 1981 (23-F en adelante) se produjo hace unos días. Porque ¿quién no experimenta la sensación de que «parece que fue ayer» cuando se le refiere aquel aciago día? No importa que hayan pasado ya más de cuarenta años (!); la mayor parte de los españoles de más de sesenta años a los que se les pregunta por aquel suceso, cómo se enteró o dónde estaba, responde con una gran seguridad y riqueza de detalles: «Lo recuerdo perfectamente, como si hubiese ocurrido ayer tarde. Estaba en casa, en mi despacho, con mi amigo... preparando el proyecto de... cuando entró mi mujer y nos dijo, ¿sabéis que han asaltado el Congreso de los Diputados?».

Algunos estudios sobre recuerdos fotográficos

En una investigación propia sobre los recuerdos del 23-F, realizada y publicada hace unos años,[31] pude comprobar de manera empírica que las especiales características de los sucesos del 23-F generaron en la memoria de la mayoría de los españoles un recuerdo especialmente vívido, claro y repleto de detalles sobre las circunstancias en las que se encontraban cuando les dieron la noticia, un recuerdo casi fotográfico del escenario en el que estaban, que parece haber quedado congelado en su memoria y que, además, parece inmune al olvido y al paso del tiempo.

¿Por qué algunas experiencias quedan registradas en la memoria con tanta fidelidad y durante tanto tiempo? ¿Qué factores determinan que un acontecimiento concreto de la vida persista en la memoria, que se mantenga accesible a la conciencia y que siga influyendo durante días, meses, años o la vida entera?

Mi memoria autobiográfica guarda un recuerdo nítido, intacto y eterno del momento en el que me enteré de que el presidente Kennedy había sido asesinado, un recuerdo que se ajusta fielmente a lo que se entiende por «recuerdo fotográfico». Yo era un adolescente el 23 de noviembre de 1963, el día que el presidente de Estados Unidos John F. Kennedy fue asesinado a tiros en Dallas; pero, aunque hayan transcurrido ya casi sesenta años, la noticia de aquel asesinato fue algo tan inesperado, produjo en mí (como en millones de personas de todo el mundo) un impacto emocional tan brutal y lo entendí como algo tan trascendental para el mundo entero que dejó una huella en mi memoria de tal intensidad emocional y con tal riqueza de detalles que, a fecha de hoy, se me aparece tan claro y brillante como el más inolvidable de mis recuerdos. Puedo ver en este instante con toda claridad dónde estaba y con quiénes estaba, qué estaba haciendo, quién y cómo nos dio la noticia, cuál fue mi reacción emocional, qué hice a continuación y un largo etcétera. Algo parecido a lo que diría cualquiera de ustedes si le preguntaran acerca de su recuerdo de los ataques terroristas del 11 de septiembre de 2001 contra Estados Unidos y, más concretamente, contra las Torres Gemelas de Nueva York.

Los innumerables estudios realizados sobre la memoria de circunstancias tan dramáticas e inesperadas como esas coinciden en señalar que la noticia de sucesos con un alto grado de sorpresa, fuerte impacto emocional y trascendencia personal o nacional genera en la mayoría de las personas un recuerdo muy vívido y detallado del contexto en el que se encuentran cuando se enteran de tales sucesos.

A finales de los años setenta del pasado siglo, los psicólogos Roger Brown y James Kulik, de la Universidad de Harvard, decidieron llamar a este tipo de recuerdos *flashbulb memories* (recuerdos fotográficos),[32] porque, según sus propias palabras, «preservan indiscriminadamente la escena como si se tratase de una fotografía».[33] Como si en el momento de la noticia nuestro cerebro recibiese un fogonazo, parecido al del flash de una cámara fotográfica, que hace que todo el contexto en el que nos encontramos quede congelado y retenido en la memoria. De hecho, el rasgo fundamental que destacaron Brown y Kulik del término *flashbulb memories* es que se refiere no exactamente a «los recuerdos [...] del evento crucial, sino a los de las circunstancias en que alguien se enteró de él».[34]

El primer estudio conocido sobre este tipo de recuerdos lo llevó a cabo el psicólogo estadounidense F. W. Colegrove en 1899, quien evaluó la memoria de un grupo de ciudadanos acerca del asesinato del presidente Lincoln («*Do you recall where you were when you heard that Lincoln was shot?*», o «¿Recuerda dónde estaba usted cuando se enteró de que Lincoln había sido tiroteado?», fue la pregunta que hizo). Comprobó que la mayoría de los entrevistados recordaban perfectamente *cuándo* se habían enterado, *dónde* estaban y *quién* les había dado la noticia.

Tomando este estudio de Colegrove como referencia, Brown y Kulik pidieron a un grupo de adultos estadounidenses que evocaran y escribieran sus recuerdos sobre las circunstancias en las que se encontraban cuando se enteraron del asesinato de John F. Kennedy, Martin Luther King, Robert Kennedy y otras personas relevantes ya fallecidas. Uno de los hallazgos más interesantes fue que los tipos de información aportados por los participantes eran muy consistentes. En concreto, más de la mitad incluyó en sus relatos estas cinco clases de información: *lugar* (dónde se encontraban cuando se enteraron), *actividad* (qué estaban haciendo), *informante* (a través de quién o de qué medio se habían enterado), *emoción* (o reacción emocional tanto propia como de los otros ante la noticia) y *consecuencias inmediatas* (qué habían hecho a continuación). Los investigadores comprobaron que estas categorías constituían una «forma canónica» para este tipo de recuerdos, «en el sentido de que se recordaban con mayor probabilidad que cualquier otro contenido, aunque ninguno de los participantes en el estudio utilizó siempre todas».[35]

Desde entonces, muchos estudios han coincidido en señalar que la noticia de acontecimientos inesperados y de relevancia personal o social produce recuerdos muy vivos de las circunstancias en que se produce y, además, que esos recuerdos incluyen prácticamente siempre las tres primeras categorías, esto es, dónde te encontrabas, qué estabas haciendo y quién te dio la noticia.

Por ejemplo, el psicólogo sueco Sven Christianson, de la Universidad de Estocolmo, comprobó que, seis semanas después del asesinato del primer ministro sueco Olof Palme, el 97% de los participantes recordaban dónde se encontraban cuando se enteraron de la luctuosa noticia, el 92% la actividad que realizaban y el 100% recordaban el informante.[36]

Otros ejemplos más recientes que confirman lo señalado son dos estudios diferentes que evaluaron la memoria de los ataques terroristas del 11-S. En el primero de ellos[37] se comprobó que, tres meses después de la tragedia, los porcentajes de participantes que recordaban estas tres categorías eran extraordinariamente elevados: *lugar* (100%), *actividad* (98%) e *informante* (100%). En el segundo, realizado dos años después de los atentados,[38] se constató que entre el 95% y el 100% de los participantes recordaban información muy detallada sobre el lugar en el que se encontraban, lo que estaban haciendo y a través de qué o de quién se enteraron de los atentados del 11-S.

¿Cómo se explica la formación de estos recuerdos tan nítidos, tan vívidos y, al parecer, de una extraordinaria longevidad?

En 1967, el neurocientífico estadounidense Robert Livingston había propuesto una interesante teoría, conocida como la teoría neurofisiológica del «*Now print!*» («¡Imprimir!»), en la que postuló que, cuando el cerebro percibe un evento como nuevo y con un alto significado biológico, el sistema límbico (o cerebro emocional) da la orden de que se «imprima» todo lo relacionado con ese evento. Partiendo de esta idea, Brown y Kulik explicaron la formación de los *recuerdos fotográficos* apelando a la existencia de ese hipotético «mecanismo cerebral especial», que se dispararía cuando un acontecimiento sobrepasa los niveles críticos de sorpresa y trascendencia o cuando tiene una gran significación biológica o social, y que crea en la memoria un registro permanente de todo el evento, incluyendo el registro automático de las circunstancias concomitantes.

Como han demostrado los descubrimientos más recientes en el campo de la neurociencia, los planteamientos de Livingston sólo han sido confirmados de forma parcial. En concreto, existe evidencia sólida de que ante una situación emocionalmente fuerte se produce un incremento significativo de la actividad en el sistema límbico (sobre todo de la amígdala, una estructura de dicho sistema considerada como el centro del procesamiento emocional) que explicaría el hecho, ya comentado, de que recordemos mejor las experiencias emocionales que las neutras o con poca carga emocional. Sin embargo, los neurocientíficos consideran que no se dispone de suficientes datos como para aceptar la existencia de un «mecanismo cerebral especial» (en el sentido *fuerte* de Livingston) que se pone en marcha en situaciones inesperadas y extremadamente importantes para el individuo.

Exista o no ese mecanismo, lo que sí parece digno de ser destacado sobre los *recuerdos fotográficos* es que aumentan de forma extraordinaria la *confianza* que las personas otorgan a la veracidad y exactitud de estos recuerdos, aunque ello no signifique que sean necesariamente exactos. Algunos estudios han confirmado que, en efecto, los recuerdos fotográficos pueden contener errores,[39] por lo que, como plantean los profesores Jennifer Talarico y David Rubin, de la Universidad de Duke, «el verdadero misterio no es por qué los recuerdos fotográficos son tan exactos y tan duraderos, sino por qué la gente confía tanto en su exactitud».[40]

Mientras ese y otros misterios e interrogantes siguen esperando una respuesta neurocognitiva, quisiera señalar que desde una perspectiva sociocognitiva se ha señalado que vivencias traumáticas como violaciones, guerras, asesinatos de líderes o sucesos políticos inesperados de trascendencia nacional generan recuerdos de extraordinaria longevidad porque alteran profundamente el conjunto de creencias básicas que las personas tienen sobre sí mismas, el mundo y los demás. No obstante, y como ya se ha dicho, no todos los recuerdos vívidos y persistentes son el resultado de un trauma personal o colectivo. Claro que no. La mayoría de las personas guardan también en su memoria recuerdos nítidos e imborrables de experiencias emocionalmente positivas con la misma riqueza de detalles contextuales que los recuerdos fotográficos. Un buen ejemplo de ese tipo de recuerdos lo encontrarán los españoles de sesenta años o más en el día de su primera comunión.

Lo que considero fundamental en este contexto es destacar el hecho comprobado de que en la memoria de cualquier persona existen recuerdos intensos y resistentes al olvido, no necesariamente traumáticos, y que ello nos revela el poder de la memoria humana y la garantía personal y social que dicho fenómeno comporta. Y ello es así porque este tipo de recuerdos podrían representar un caso excepcional en la dinámica de la memoria humana. De sobra es sabido que la memoria se caracteriza por su especial sensibilidad a los efectos de múltiples factores internos y externos, individuales y sociales, que pueden alterar y distorsionar su contenido e incluso inocular recuerdos de algo que nunca ocurrió. Trabajos de historiadores, psicólogos sociales, escritores o periodistas han dejado patente cómo la memoria individual y colectiva se ha visto desde siempre amenazada por campañas de desinformación —programadas desde los centros de poder— cuya finalidad no es otra que distorsionar o destruir el recuerdo de acontecimientos e incluso de periodos muy concretos de la historia de un pueblo. Ahora sólo quiero destacar que, ante la especial vulnerabilidad de la memoria al cambio, al error y a la falsificación, la constatación de que al mismo tiempo nuestra memoria es lo suficientemente poderosa como para registrar y mantener con una extraordinaria fidelidad recuerdos prácticamente inmutables de sucesos de especial trascendencia individual y social convierte esta capacidad neurocognitiva en garante de nuestra identidad y de nuestra historia tanto individual como colectiva.

La memoria humana, que es un sistema frágil y poderoso a la vez, está al servicio, como ya hemos visto, de funciones psicosociales tan relevantes como la organización de nuestro conocimiento sobre el mundo o la construcción de la identidad personal, social y nacional. Objetivos estos que requieren para su consecución que las personas puedan compartir modelos de mundo construidos sobre experiencias colectivas cognitivamente concordantes y no sobre reconstrucciones espurias y discrepantes del pasado.

A LA BÚSQUEDA DEL TIEMPO VIVIDO:
LA CURVA DE RECUPERACIÓN DEL CICLO DE LA VIDA

Aun asumiendo que la mayor parte de lo vivido está guardado en nuestra memoria, es un hecho fácilmente constatable que nunca podemos recuperar o recordar todo lo que quisiéramos. «Cada persona sabe más que lo que podría relatarse en una nueva y larga vida», escribió Canetti.[41] Más aún, la sensación que habitualmente se tiene es que lo que podemos recuperar de nuestra memoria es una parte casi insignificante de todo lo vivido y allí guardado. Sin embargo, y aunque es un hecho comprobado científicamente que en la memoria tenemos siempre mucha más información que la que podemos recuperar sobre cualquier asunto,[42] los estudios demuestran que la recuperación del pasado autobiográfico depende, hasta cierto punto, del periodo de la vida que queramos recordar.

En efecto, cuando a personas mayores de treinta y cinco-cuarenta años se les pide que evoquen recuerdos personales, y se representa gráficamente la frecuencia y edad de tales recuerdos, aparece la llamada *curva de recuperación del ciclo de la vida*, en la que se distinguen diferentes periodos de especial relevancia en el desarrollo del yo. Lo primero que este hallazgo pone de manifiesto es un fenómeno muy interesante; a saber, que la accesibilidad del pasado personal no presenta una distribución temporal uniforme o, lo que es lo mismo, que no recordamos por igual lo que hemos vivido en los diferentes periodos de nuestra vida, aunque esto no implica necesariamente que lo más antiguo se recuerde peor. Veamos lo que nos dice la investigación.

David Rubin y su equipo de la Universidad de Duke llevaron a cabo el primer estudio en el que se analizó la forma que toma la curva de la memoria a través del ciclo completo de la vida. En el estudio participaron cuarenta personas de edades comprendidas entre los veinte y los setenta años a las que individualmente se les presentaron una serie de palabras de una en una (por ejemplo, *moneda, fuego, bandera, amigo*, etc.), y se les pidió que contasen el recuerdo autobiográfico que les evocase cada una.[43] Tras la presentación de todas las palabras y el relato de todos los recuerdos correspondientes, se pidió a los participantes que fechasen cada uno de los recuerdos con la mayor precisión posible.

Permítanme una pequeña digresión sobre la cuestión del fechado de los recuerdos. Siguiendo el mismo procedimiento, otros investigadores han comprobado empíricamente que la fiabilidad del datado de los recuerdos es bastante alta y, para el caso concreto de las personas que llevan un diario —en cuyo caso la verificación es posible—, se ha demostrado que el fechado es muy preciso. Sin embargo, eso no significa que los recuerdos autobiográficos contengan representaciones *directas* del tiempo. ¿Qué significa esto? Sencillamente, que los recuerdos autobiográficos, que contienen información bastante precisa sobre lugares, personas, objetos, acciones, pensamientos y emociones, por lo general, no contienen, sin embargo, información sobre la fecha exacta de las experiencias. «He olvidado las fechas, pero no las imágenes, de aquellas vacaciones», escribió con toda razón Rudyard Kipling en *Algo de mí mismo*,[44] sus memorias póstumas.

La mayor parte de las veces, la fecha o el momento en que ocurrió un acontecimiento es algo que debemos *reconstruir* sirviéndonos de diferentes claves o información temporal relacionada. Así, si lo piensa usted un poco, comprobará que *la edad de sus recuerdos* (entendiendo por «edad» el tiempo transcurrido desde que se produjo el evento hasta la fecha en la que se recuerda) no la establece —salvo excepciones, como señalábamos anteriormente— sobre criterios intrínsecos a los mismos, sino a partir de *inferencias* derivadas de elementos externos e internos al propio recuerdo y, generalmente, *a posteriori*. Veamos un ejemplo.

«¿Cuándo estuviste en Berlín la última vez?», me preguntó no hace mucho un compañero de trabajo. «¿La última vez que estuve en Berlín...? Bueno, en este momento no recuerdo exactamente en qué año fue —le dije—, pero puedo averiguarlo. Vamos a ver, me acuerdo de que fue con motivo de mi participación en el International Congress of Psychology. Este congreso —continué razonando— se celebra cada cuatro años y el último se celebró en 2016 en Japón, el penúltimo se celebró en 2012, no recuerdo dónde, pero sé que yo no he asistido a los dos últimos; por tanto, el de Berlín fue en 2008. Ya está —concluí—, la última vez que estuve en Berlín fue en el verano de 2008». Más o menos de este modo es como habitualmente procedemos para establecer el momento en el que ocurrieron los acontecimientos que han dejado alguna huella en nuestra memoria;[45] aunque, en ocasiones, la fecha puede estar incrustada en la huella de memoria, pero no es habitual.

Volviendo a la distribución de los recuerdos según su edad, se ha comprobado que, cuando se han combinado los datos de muchos participantes y de distintos estudios, resulta un patrón consistente de distribución temporal del pasado personal en el que destacan tres fenómenos básicos: 1) los adultos tenemos muy pocos recuerdos de los primeros años de la vida y prácticamente ninguno anterior a los dos años y medio-tres años; 2) la mayor cantidad de recuerdos autobiográficos de las personas adultas (si y sólo si son mayores de treinta y cinco-cuarenta años) corresponden al periodo de su vida comprendido entre los quince y los veinticinco años, y 3) la accesibilidad a los recuerdos de los últimos veinte años de la propia vida disminuye hacia atrás, desde el momento presente hasta el periodo anterior.

Estos tres fenómenos básicos se corresponden con tres periodos denominados, respectivamente, así: el periodo de la *amnesia infantil*, que abarcaría desde el nacimiento hasta aproximadamente los tres-cuatro años; el periodo de la *reminiscencia*, que se extiende, más o menos, desde los quince a los veinticinco años, y el periodo de *recencia* o relativo a lo reciente, que muestra una curva de olvido que va declinando hacia atrás desde el momento presente hasta el inicio de los años de la reminiscencia.

Parece bien confirmado por otros investigadores que la accesibilidad de nuestro pasado tiende a ajustarse a ese patrón o forma de la denominada *curva de recuperación del ciclo de la vida*. De hecho, Rubin considera que dicha «curva» es uno de los fenómenos más robustos y fiables en la investigación contemporánea de la memoria y, según estudios más recientes, se trata de un fenómeno universal.[46]

¿Por qué nuestra memoria autobiográfica no pone a nuestra disposición el tiempo vivido de un modo uniforme y equitativamente distribuido, sino que selecciona unos periodos y los mantiene accesibles al recuerdo, mientras nos priva de otros arrojándolos al rincón del olvido? Básicamente, porque unos periodos de la vida son más relevantes que otros para el desarrollo del yo.

La escasez de recuerdos de la niñez (*amnesia infantil*) y la abundancia de la adolescencia y primera juventud (*reminiscencia*), en especial del periodo que va de los quince a los veinticinco años, se han tratado de explicar desde diferentes perspectivas teóricas. Como veremos en capítulos posteriores, todavía no existe un acuerdo entre los científicos respecto a su explicación; sin embargo, lo que sí parece claro es que la existencia de estos dos fenómenos (la *amnesia infantil* y *la reminiscencia*) no es un capricho de nuestra memoria, sino que está íntimamente ligada al *desarrollo del yo*, que durante esas primeras fases de la vida atraviesa periodos de *cambios rápidos* y de gran *inestabilidad* antes de llegar a la formación de un *sistema estable del yo*, hacia el final de la adolescencia, y a la formación de la *identidad narrativa*, al comienzo de la juventud. Dos hitos en el desarrollo psicológico de todo individuo. Entonces, una hipótesis muy sugerente sobre la alta accesibilidad de los recuerdos de algunos periodos sería, como tendremos ocasión de discutir más adelante, que tales recuerdos autobiográficos resultan esenciales para el mantenimiento de la *coherencia del yo* a través del tiempo.

Lo que recordamos son historias

Los seres humanos somos contadores de historias. Lo venimos diciendo desde el comienzo de este libro. Pero contadores de historias reales, de historias personales, de historias cotidianas. Los seres humanos hemos desarrollado la capacidad para transformar en historias lo que nos acontece a cada momento. Y de ese modo, mediante la transformación de lo vivido en narraciones, vamos construyendo nuestra propia historia, un relato personal e íntimo en el que acabará anidando nuestra identidad, nuestro yo. Porque, no lo olvidemos, lo que nos hace humanos es la capacidad para crear una biografía del yo. Biografía que compartimos con nuestros semejantes cada vez que nos relacionamos con ellos.

Piénselo un momento y comprobará que la materia prima fundamental de las conversaciones con nuestros semejantes es el intercambio de historias acerca de lo que vamos viviendo cada momento, cada día. Te encuentras con un amigo e, inmediatamente después del saludo de rigor, surgen las preguntas: «¿Qué tal?, ¿dónde estuviste ayer?», «Hola, Juan. Pues, ayer...», y le cuentas a tu amigo en una historia lo que viviste. Porque cuando una persona evoca cualquier experiencia personal de su pasado no lo hace recitando una lista inconexa de hechos, atributos o características, sino a través de una narración, con una estructura muy similar a la estructura narrativa de otras formas de comunicación social.[47]

A raíz de la publicación de su autobiografía *Vida de este chico*, el escritor estadounidense Tobias Wolff declaró: «Se trata de una historia que mi memoria cuenta, así que sigue siendo una historia. Si uno no hace de algo una historia, acaba produciendo *Los papeles del Pentágono*».[48] Los recuerdos y la propia memoria autobiográfica se construyen en forma de narraciones porque, como han señalado los psicólogos William Hirst y David Manier, de la New School for Social Research, recordar es un acto de comunicación. Según sus palabras:

> La gente rememora la historia de sus vidas escribiendo autobiografías, conversando con parientes, amigos y extraños, e incluso hablándose a sí misma [...]. El acto de recordar no puede separarse del acto de comunicar, ni la memoria autobiográfica puede ser considerada como algo distinto del discurso mismo. Las evocaciones surgen de [...] un deseo de comunicarse con otros sobre el pasado personal.[49]

Estos y otros autores han insistido igualmente en cómo el discurso empleado influye en lo que se evoca y cómo se evoca. Es un hecho constatado que la misma persona recuerda y narra el mismo episodio de modo diferente según el contexto o el oyente a quien va dirigido. Así, la historia que se recuerda toma formas distintas cuando se escribe una autobiografía, cuando se cuenta a un grupo de extraños, cuando se rememora con un amigo íntimo o cuando se evoca a través de un diálogo interno. En definitiva, las convenciones sociales de la escritura o del habla autobiográfica, el papel de los interlocutores, los supuestos sobre el uso del lenguaje en las conversaciones, el ajuste del significado al contexto y la relación social entre el hablante y sus interlocutores representan un conjunto de factores que determinan tanto la forma como el contenido de las historias autobiográficas.[50]

Aprendiendo a contar historias

La naturaleza social de los recuerdos autobiográficos supone que los individuos tenemos que *aprender* a narrar o a contar lo que vivimos en forma de historias a través de nuestra interacción con otras personas. Un grupo importante de psicólogas del desarrollo de la City University de Nueva York, lideradas por Katherine Nelson, llevan años aportando datos muy interesantes sobre el desarrollo de las habilidades narrativas de los niños para hablar a otras personas de sus recuerdos. Entre sus hallazgos destaca el papel básico desempeñado por los padres y, muy especialmente, los estilos que estos adoptan cuando hablan del pasado con sus propios hijos.

En este sentido, resulta muy sugerente la distinción establecida por una de dichas psicólogas, Minda Tessler, entre lo que ella llama madres de «estilo paradigmático» y madres de «estilo narrativo».[51] Las primeras se caracterizan por poner el énfasis en los atributos de los objetos y, en consecuencia, plantean a sus hijos preguntas del tipo: «¿Qué tiene la ardilla en la boca?»; mientras que las «madres narrativas» se centran en la intencionalidad, la causalidad y la temporalidad, por lo que sus preguntas son del tipo: «¿Viste cómo la ardilla enterraba la nuez para poder encontrarla y comérsela cuando llegue el invierno?».

A partir de esa distinción, esta investigadora ha descubierto que los hijos de «madres narrativas» recuerdan significativamente más que los hijos de «madres paradigmáticas». Y lo que parece más importante, Tessler también ha llegado a la conclusión de que los niños sólo recuerdan aquello de lo que han hablado con los adultos. En concreto, esta investigadora comprobó que ningún niño de los participantes en uno de sus estudios —el que incluía la visita a un museo— recordaba nada de la experiencia del museo si después de la visita no habían hablado de ello con sus madres. Hasta tal punto eran así las cosas que los niños *sólo recordaban* lo que su madre y cada uno de ellos habían *hablado juntos*, y eran incapaces de recordar nada de lo que su madre hubiese hablado sola acerca del museo y nada de lo que cada uno de ellos hubiese comentado a solas.

Estos hallazgos han sido replicados con éxito en otros estudios y permiten establecer, al menos, dos importantes principios; por un lado, que la narración de los episodios vividos (que implica construir una historia y contarla) resulta fundamental para que estos se fijen en la memoria y sean memorables, y, por otro, que el contexto social parece esencial tanto para compartir las experiencias como para compartir los recuerdos que guardamos de ellas. Como se recordará, ambos principios son elementos esenciales para el proceso de desarrollo de la memoria autobiográfica (ver capítulo 3), un proceso de interacción social en el que los niños aprenden poco a poco *cómo* contar a los demás sus recuerdos, a través de las llamadas «charlas sobre recuerdos» o conversaciones sobre eventos pasados entre la madre (o los padres) y el niño o la niña, *cómo* organizar sus recuerdos narrativamente y, en definitiva, *cómo* recordar.[52]

Una cuestión adicional y que no está resuelta definitivamente entre los teóricos es si los recuerdos autobiográficos quedan registrados en la memoria como narraciones o si la estructura narrativa se impone posteriormente durante la evocación. Teniendo en cuenta el conocimiento actual sobre la dinámica de la memoria y su naturaleza constructiva y reconstructiva, entiendo que los recuerdos de las experiencias de la vida sólo se organizan narrativamente si son recuperados, ya sea para contarlos a otros o para contárnoslos a nosotros mismos. Por tanto, y con ello volvemos a la idea esencial que subrayábamos al principio de este capítulo respecto a que es el acto de recordar el que convierte lo vivido en memoria: la *experiencia* se convierte en *narración* y esta en *recuerdo* a través de la *recuperación*.

Los caminos del recuerdo son... enigmáticos

¿Cómo es posible volver a revivir el pasado? ¿Cómo nos las arreglamos los humanos para reconstruir las experiencias pasadas? ¿Qué condiciones deben darse y con qué ayudas debemos contar para recuperar el tiempo vivido?

Si se piensa despacio, que dispongamos de la capacidad para guardar registros de lo vivido y mantenerlos en la memoria prácticamente durante toda la vida es algo tan sorprendente que no puede dejar indiferente a nadie. Sin embargo, entiendo que *recuperar y traer al presente y revivir lo vivido* (o parte de ello) y, además, con la rapidez y la facilidad con la que solemos hacerlo es el fenómeno más sorprendente de la memoria humana.

Científicos y no científicos, cualquier persona con la más leve inquietud por conocerse, no importa la condición académica ni social, acaba asombrada ante el fenómeno de la memoria. Jane Austen, como tantos otros excelentes novelistas (esas personas con una capacidad especial para observar el alma humana, penetrar en ella y diseccionar sus secretos), expresa su admiración y asombro ante el milagro del *recuerdo* a través de la protagonista de *Mansfield Park*, la joven Fanny Price, con estas palabras: «Si alguna facultad de nuestra naturaleza puede considerarse *más* sorprendente que las demás, creo que es la memoria. [...] Pero el poder de recordar y olvidar parece un misterio especialmente inalcanzable».[53]

Recordar es un «misterio» no solamente para Fanny Price. Cómo realizamos esa proeza es algo que la ciencia todavía sólo conoce mínimamente. No obstante, sabemos que en ese proceso casi mágico de *traer el ayer al ahora* han de confluir diferentes condiciones y elementos para hacerlo posible. El genial e inclasificable escritor inglés Thomas de Quincey (1785-1859) escribió en su autobiográfica *Suspiria de profundis* (1845) que el cerebro humano es un palimpsesto, esto es, «una membrana o rollo del que se ha borrado el manuscrito mediante reiteradas aplicaciones», lo que significa que sobre las huellas del viejo texto se escribe el nuevo y así sucesivamente. Como él mismo nos dice:

> Mi cerebro es un palimpsesto, tu cerebro, ¡oh lector!, es un palimpsesto. Sobre tu cerebro han ido cayendo, con la suavidad de la luz, capas de ideas, imágenes y sentimientos. Cada generación parece enterrar a todas las anteriores, aunque en realidad ninguna se haya extinguido.[54]

Nuestra memoria se asemeja, hasta cierto punto, a un palimpsesto: guardamos una experiencia y cada vez que la evocamos volvemos a construirla y, en cierto modo, a escribirla sobre la anterior sin destruir la primitiva (no como los ordenadores, que al escribir y grabar sobre el registro existente borran este último). Borges, gran admirador de De Quincey, retoma en su obsesivo y onírico relato *La memoria de Shakespeare* la idea del palimpsesto como metáfora de nuestro cerebro, donde cada nueva huella de memoria cubre la huella anterior y esta es cubierta por la siguiente, para destacar e insistir en la fuerza de la memoria, «la todopoderosa memoria», nos dice, «capaz de exhumar cualquier impresión, por momentánea que haya sido, si le dan el estímulo suficiente».[55]

Recordar es —¡claro que sí!— una forma de exhumación de lo vivido para volverlo a vivir. No importa el tiempo transcurrido ni la profundidad de las reliquias del pasado. A través de la recuperación, es decir, de los recuerdos, nuestra memoria pone de manifiesto su asombroso poder para revivir lo vivido; pero, como muy acertadamente matizó Borges, si cuenta con «el estímulo suficiente». Ahora bien, lo que Borges llama «estímulo suficiente» se concreta, a la luz del conocimiento aportado por la ciencia, en determinados requisitos o condiciones.

En 1983, en su gran obra teórica *Elements of Episodic Memory*, el profesor Tulving estableció las dos condiciones necesarias para que se produzca la recuperación. En primer lugar, que el sistema se encuentre en *modo recuperación*, sobre el que dijo: «No sabemos casi nada sobre el "modo recuperación", excepto que constituye una condición necesaria para la recuperación».[56] Por el momento, digamos que el «modo recuperación» se refiere a los procesos relacionados con «viajar hacia atrás en el tiempo subjetivo». Y una segunda condición: a saber, que alguna *clave de recuperación* esté presente (recordemos que por «clave de recuperación» se entiende cualquier estímulo, por simple que pueda parecer, que inicie y guíe los procesos de búsqueda en el vasto territorio de la memoria). Detengámonos en cada una de estas dos condiciones básicas.

Modo recuperación

Vivimos inmersos en ambientes o contextos concretos (unos *externos*, con personas, objetos, espacios o lugares en los que se desenvuelve nuestro quehacer cotidiano; otros *internos*, como el estado fisiológico y el estado emocional de cada cual). Estos contextos tienen asociaciones más o menos fuertes con nuestro pasado y, sin embargo, todo ese mundo vinculado a nosotros no actúa habitualmente como clave de recuperación. Es decir, que todos esos estímulos no nos están evocando permanentemente recuerdos a los que sin duda alguna están unidos. La razón fundamental es que nuestra mente y nuestro cerebro no se encuentran habitualmente en «modo recuperación», un estado particular que hace que un cambio en el ambiente actúe como un activador o clave eficaz de recuperación de episodios autobiográficos.

Veamos un ejemplo. Cada vez que usted entra en el salón de su casa probablemente no experimenta ninguna evocación del día que compró o alquiló esa vivienda ni de las incontables anécdotas e historias que ha vivido en ese espacio, a pesar de que ese salón y muchos de los muebles y objetos que lo adornan son claves eficaces para evocar el primer día que entró allí y multitud de momentos posteriores. Tan eficaces son todas esas claves que si en el momento en que entra alguien le preguntase: «¿Se acuerda del día que compró esta casa?» o «¿Recuerda la primera vez que entró en este salón?», respondería sin dudar: «Por supuesto que me acuerdo, hasta de los más pequeños detalles». ¿Por qué, entonces, cuando ha pasado al salón, no han aparecido en su conciencia los múltiples recuerdos asociados a él? Sencillamente, porque antes de oír esa pregunta su sistema cerebro-mente no se encontraba en un estado o disposición especial para recuperar el pasado, es decir, no estaba en «modo recuperación», una de las condiciones necesarias para recordar. Como suelo decir a mis alumnos, es una cuestión de «on/off»: modo recuperación activado/modo recuperación apagado.

Si tenemos presente que evocar las experiencias pasadas supone siempre realizar un viaje mental hacia atrás a través del tiempo subjetivo, resulta fácil entender que nuestro sistema de memoria tiene que entrar en un estado o disposición especial para realizar ese viaje.

En mi opinión, el hecho de que nuestro cerebro no se encuentre siempre en «modo recuperación» es una ventaja adaptativa que nos protege de la incontrolable avalancha de recuerdos que desencadenarían las infinitas claves de recuperación entre las que nos movemos a diario. En la condición «off», nuestro cerebro impide que los contextos o ambientes familiares y conocidos estén actuando continuamente como «recordatorios» de nuestro pasado.

Ahora bien, apelar a una «disposición mental» que garantice que los eventos estimulares serán procesados como *claves* para recuperar el tiempo vivido no es ni una hipótesis ni una elucubración, sino un hecho científicamente constatado. Quiero decir que el «modo recuperación» es un proceso observado, tanto a nivel cognitivo como cerebral, en investigaciones recientes en las que mediante diversas técnicas de registro de la actividad cerebral se ha podido comprobar cómo determinadas regiones cerebrales[57] adoptan un tipo específico de activación para facilitar el procesamiento de los estímulos como «claves de recuperación» episódica. A partir de estos hallazgos, el *modo recuperación* se define como:

> Un estado o disposición neurocognitiva que permite mantener en el foco de la atención un segmento del propio pasado personal, tratar la información entrante como «claves de recuperación» de eventos concretos del pasado, evitar el procesamiento de estímulos irrelevantes y tomar conciencia de que el producto de la recuperación es un evento recordado.[58]

Sabemos todavía muy poco no sólo sobre el funcionamiento general del «modo recuperación», como advirtió Tulving, sino sobre las operaciones que, como vemos, conlleva. En mi opinión, una vez que el cerebro entra en *modo recuperación*, todas esas operaciones se ponen en marcha de forma automática y, muy probablemente, lo hacen en cascada o tal vez en paralelo, es decir, de manera simultánea (aunque tal extremo se desconoce).

Pero ¿cómo entramos en «modo recuperación»? ¿Quién o qué pulsa el botón «on»?

Las claves de recuperación: el «dedo» que pulsa «on»

El inabarcable territorio de nuestra memoria autobiográfica, ese insondable universo de historias vividas que guardan lo que fuimos y lo que somos, es —como todo sistema de memoria a largo plazo— un mar en calma, un bosque arropado por el silencio absoluto de la noche en el que todo duerme. Nuestra memoria personal es el reino de la quietud, del reposo, del sueño. Todo allí se mantiene callado y adormecido pero latente, esperando la voz o la orden para saltar al escenario de nuestra conciencia, donde se producirá el reencuentro entre el ayer y el ahora.

La pregunta de un amigo —«¿Te acuerdas de...?»— o un aroma silvestre, un cierto perfume, la llegada al pueblo de tu infancia, el reencuentro con tu vieja muñeca de trapo, las primeras notas de una canción de tu adolescencia... obran el milagro de la recuperación: el despertar de los recuerdos dormidos durante años, décadas, horas o la vida entera. Son las llamadas «claves de recuperación» de memoria, el «dedo mágico» que pulsa el botón «on» y pone en danza toda la magia y el misterio de la evocación. Es «la magdalena de Proust» que todos llevamos en innumerables y variadas copias en nuestra memoria.

Entro en la frutería donde habitualmente compro. Escojo en primer lugar las frutas y paso a continuación a la zona de las verduras. Veo que hay unos tomates en rama rojos y brillantes de una redondez perfecta, me acerco y toco el tallo verde y piloso que los une, siento de inmediato el olor intenso, espeso e inconfundible que impregna mis dedos. Acerco mi mano a la nariz y, de inmediato, emprendo un viaje que en millonésimas de segundo me transporta de vuelta a mi infancia: mi abuelo me lleva de la mano por el pequeño huerto de tomates, pimientos, pepinos, melones y algunas sandías que cada verano cultiva para consumo de nuestra familia durante la estancia estival en aquella propiedad suya en la que disfruté los veranos de mi niñez y primera adolescencia. Hay otros olores y perfumes en mi memoria que me transportan a esa parte de mi pasado, pero ninguno con la intensidad y la rapidez con que lo hace el olor de las tomateras.

Una experiencia similar nos la cuenta Amory Clay, protagonista y narradora de *Suave caricia*, la novela del británico William Boyd donde se mezclan magistralmente la historia, la ficción y la fotografía para construir un retrato apasionado del siglo XX a través de la cámara y la voz de Amory. En realidad, la historia que se cuenta es la historia de la propia Amory, quien a punto de cumplir setenta años se retira a la isla de Barrandale y, desde ese presente, nos narra su vida. Una vida que cambió de rumbo cuando, con motivo de su séptimo cumpleaños, su tío Greville, afamado fotógrafo, le regaló una cámara. De ese día de celebración, Amory confiesa que apenas recuerda gran cosa, salvo a su tío Greville, siempre impecablemente vestido y perfumado. Y es su perfume, por encima de todo lo demás, lo que persiste en su memoria y despierta sus recuerdos:

> [...] los recuerdos que guardo de ese día tienen más que ver con Greville. Del momento en que se acuclilló a mi lado para enseñarme cómo funcionaba la cámara, lo que ha permanecido en mi mente, más que ninguna otra cosa, es el olor de la pomada o macasar que se ponía en el pelo: un aroma a natillas y jazmín.[59]

Los olores y la memoria son dos aliados muy especiales. Nuestra historia evolutiva como mamíferos y el valor adaptativo que el olfato desempeñó en nuestros ancestros fue diseñando un cerebro con un centro dedicado casi exclusivamente al procesamiento y análisis de los olores: el *rinencéfalo*, que literalmente significa «cerebro de la nariz».

El hecho de haber tenido un cerebro exclusivo para los olores nos da una idea de la importancia que el olfato tuvo para nuestros antepasados y sigue teniendo para nosotros. Todo lo que entra por nuestros sentidos, salvo los estímulos olfativos, pasa por el *tálamo* (una estructura de extraordinaria relevancia situada en el centro del cerebro y que hace las veces de puerta de acceso al neocórtex), antes de acabar en sus correspondientes áreas corticales. Los olores, en cambio, no pasan primero por el tálamo, sino que van directamente a «su propio cerebro», el viejo rinencéfalo, modernamente denominado *sistema límbico*.[60] El sistema límbico o cerebro emocional incluye diferentes estructuras, algunas de las cuales juegan un papel básico en las emociones (las amígdalas cerebrales) y en la memoria (los hipocampos), lo que nos ayuda a entender la vinculación tan fuerte entre olores, aromas o perfumes y los recuerdos cargados de emociones.

Kipling expresó con su proverbial sabiduría la íntima vinculación entre los olores y la memoria emocional cuando escribió: «Los olores son más certeros que las imágenes y los sonidos para hacer vibrar las fibras del corazón». Una idea que Pessoa confirma con su desbordada sensibilidad:

> El olfato es una vista extraña. Evoca paisajes sentimentales mediante un dibujar súbito de lo subconsciente. He sentido esto muchas veces. Paso por una calle. No veo nada o, mejor, mirándolo todo, veo como todo el mundo ve. [...] Paso por una calle. De una panadería sale un olor a pan que da náuseas por lo dulce de su olor: y mi infancia se yergue desde determinado barrio distante, y otra panadería me surge de aquel reino de hadas que es todo lo que se nos ha muerto. Paso por una calle. Huele de repente a las frutas del tablero inclinado de la tienda estrecha; y mi breve vida en el campo, no sé ya cuándo ni dónde, tiene árboles al final y sosiego en mi corazón, indiscutiblemente niño.[61]

Los olores, en definitiva, actúan como la clave de recuperación de memoria más rápida y más directa, pero también más resistente al paso del tiempo y, por tanto, más duradera. Proust certifica esa infinita longevidad de la memoria de olores en el primer volumen de su colosal obra cuando escribe:

> Pero cuando nada subsiste ya de un pasado antiguo, cuando han muerto los seres y se han derrumbado las cosas, solos, más frágiles, más vivos, más inmateriales, más persistentes y más fieles que nunca, el olor y el sabor perduran mucho más, y recuerdan, y aguardan, y esperan, sobre las ruinas de todo, y soportan sin doblegarse en su impalpable gotita el edificio enorme del recuerdo.[62]

Me gusta la música, probablemente mi mejor aliado con el pasado. Me apasiona la música. Tengo una discoteca con miles de vinilos, centenares de compact discs y otros soportes. No revelo nada nuevo si digo que la música nos transporta al pasado fácilmente; sólo quiero relatar otra particular y personal vinculación entre una canción y el viaje al pasado personal. Muchas muchísimas canciones me llevan a mi adolescencia, pero, cuando Françoise Hardy comienza a cantar *Tous les garçons et les filles*, siento una avalancha de emociones y recuerdos ¡tan concretos!, con escenarios nítidos, amigos, amigas, sol, verano y una felicidad tan intensa que me lleva al estremecimiento. Es la vuelta inmediata a mi pueblo, a mi lugar de origen, sin moverme del sillón de mi actual casa, a más de cuatrocientos kilómetros de distancia.

Cuando en ocasiones recorro de verdad esos kilómetros y llego a mi pueblo, en el que no vivo desde hace más de cincuenta años, no necesito olores ni música para entrar en «modo recuperación». Llegar a mi pueblo, pasear por la plaza, caminar por «mi calle» y pasar por la puerta de «mi casa», mirar con detenimiento, sin prisas, todos y cada uno de los rincones de ese pueblo blanquísimo, cubierto de un cielo azul intenso y un sol ardiente; cuando eso ocurre, digo, todo parece aliarse para llamar a la puerta de mi memoria y despertar infinitos recuerdos de mi infancia y adolescencia. Repárese en que lo que ahora pulsa el botón «on» son los *lugares* físicos donde nací y corrí y jugué cuando la vida me estaba enseñando a mirar el mundo.

La fuerza de los lugares, de los ambientes, de los contextos físicos en los que hemos experimentado vivencias llenas de emociones y sentimientos es arrolladora en el territorio de la memoria.[63] Todo el mundo sabe por experiencia que la vuelta a los escenarios de la infancia, sean el pueblo, la vieja escuela o el campo de fútbol donde corríamos tras una pelota de goma o de trapo, produce literalmente una auténtica avalancha de recuerdos que sobrecogen y nos hacen caer en la cuenta de que un sinnúmero de experiencias de las que creíamos no tener ya el más mínimo recuerdo no sólo no se han perdido, sino que siguen vivas, latiendo con fuerza, disponibles y accesibles en nuestra memoria.

Józef Wittlin (1896-1976), uno de los máximos representantes del exilio intelectual polaco, autor de *Mi Lvov* («Mía, aunque no nací en ella», nos dice de esa ciudad), considerada por algunos como «la obra maestra del ensayo autobiográfico»,[64] transmite con una sensibilidad sin límites el sobrecogimiento que se apodera de él cuando vuelve a su ciudad «en calidad de visitante emocionado» y, de un modo especial, cuando el tren que lo lleva lo acerca a su Lvov veintitantos años después de abandonarla.

El corazón (si es que dispongo de tal) batía con fuerza al acercarme a ella, como si yo fuera un novio chapado a la antigua antes de su boda. Esperaba impacientemente ante la ventana del vagón la aparición de los bosques que rodeaban la ciudad, y, un poco después, veía cómo, en medio del verdor ondulado, surgían una tras otra, tan cercanas a mi corazón (si es que lo poseo) las torres de San Jur, Santa Elzbieta, la torre del ayuntamiento, la de la catedral...

La emoción que embarga a Wittlin cuando se acerca a su Lvov —viajes que siempre «tenían algo del regreso del hijo pródigo»— es de tal intensidad que «pocas veces me hallaba del todo consciente cuando el tren frenaba su avance y entraba triunfalmente en una de las naves gemelas [...] de la Estación Central». Un lugar mágico y sobrecogedor para él, sin parangón con ninguna otra estación. Tanto que, como el propio Wittlin nos sigue diciendo: «En este cansino viaje llamado vida me ha tocado arribar a estaciones un sinfín de veces, pero ninguna [...] despertó en mí tanta excitación, (ni) tales escalofríos metafísicos» como la Estación Central de Lvov, que, recuerda, le servía en su adolescencia «de refugio durante mis escapadas de las clases de matemáticas y física».[65]

Los lugares del pasado, el pueblo o la ciudad donde se vivió, sus paisajes (que tan sentidamente describió Julio Llamazares en su viaje por «el Curueño, el legendario río de mi infancia»),[66] los escenarios cotidianos de la niñez: la casa, nuestra casa, tu calle... actúan como recordatorios capaces de despertar hasta los recuerdos más hondos y escondidos de nuestra memoria. Tanto que, a veces, uno llega a sentirse desbordado y conmovido hasta las lágrimas y el estremecimiento. O hasta el dolor candente y vivo de un pasado de sangre y muerte, como en el caso de los excombatientes que visitan muchos años después los antiguos frentes de guerra. O hasta el terror y el desamparo más absolutos cuando las víctimas supervivientes de los campos de exterminio nazis vuelven a entrar como visitantes en los escenarios infernales de los que milagrosamente salieron.

Aharon Appelfeld, víctima de niño del infierno concentracionario nazi, nos brinda numerosos testimonios personales de esos despertares de miedo y terror cuando su cuerpo recibe señales físicas aparentemente neutras o insignificantes. Según sus propias palabras:

> Como gran parte de la guerra la pasé en pueblos, campos, junto a ríos y en bosques, ese verdor quedó grabado en mí, y, cada vez que me quito los zapatos y piso la hierba, inmediatamente recuerdo los pastos y los animales moteados dispersos por la distancia infinita, y el miedo a los espacios abiertos retorna. [...] A veces me encuentro en un callejón oscuro, y tengo la certeza de que, en breve, se cerrarán las verjas y no podré salir. [...] Hay veces en que una postura al sentarme o estando de pie traen a mi memoria una estación de tren repleta de gente y hatillos, peleas, golpes a los niños y manos que suplican una y otra vez: «Agua, agua». [...] A veces basta con un objeto viejo abandonado a un lado del camino para que asciendan del abismo cientos de pies arrastrándose en una larga caravana, y a quien caiga nadie lo levantará.[67]

El panorama recorrido hasta aquí parece indicarnos que el despertar y la exhumación del tiempo vivido depende o, mejor, está con frecuencia en manos de azares inocentes, de ángeles y demonios invisibles o de hados y leviatanes ocultos, que se cruzan en nuestro camino como una tormenta de verano, repentina y traicionera, que nos cala hasta los huesos del alma y despierta de su encanto y saca —y parafraseo a Rodó— de esa profundidad ignorada de nosotros mismos, «donde vagaron por misteriosos rumbos»,[68] ayeres de mil colores, dulces y amargos, alegres y tristes, afligidos y dolientes. «La memoria del hombre —escribió Borges— es un desorden de posibilidades indefinidas»,[69] y así es, hasta cierto punto; porque la memoria no guarda recuerdos ni historias completas y cerradas, ya lo hemos dicho, sino bocetos o esquemas de las experiencias vividas. Lo que descansa en los abismos de nuestra memoria probablemente se asemeja más al desorden borgiano que a la biblioteca de Alejandría. Por tanto, no es una fantasía grandilocuente ni una hipérbole hablar del «milagro» que obra la acción de *recordar*: ese viaje al pasado personal en contra de la flecha del tiempo durante el que se reconstruye, a partir de un olor, una fotografía, una canción, una puesta de sol, un desván oscuro y polvoriento o el ruido de un motor, una experiencia vivida en el pasado más remoto de nuestra vida que nos puede hacer temblar de alegría o de miedo con la misma intensidad o virulencia con la que la vivimos un lejanísimo día. El recuerdo, en fin, es el elixir mágico que libera y conforma, armoniza e impone orden y belleza a los vestigios del pasado.

Sin embargo, no se agotan aquí los aliados del recuerdo. Además de todas esas señales externas a nosotros que lanzan el primer reclamo para despertar viejos recuerdos, existe todo un mundo de señales internas en nuestro propio cuerpo que pueden actuar con la misma eficacia que los olores, las imágenes o las texturas que arañan o acarician nuestra piel. Es el territorio del llamado *contexto interno* o ambiente interior de la persona, que incluye tanto el estado fisiológico como el estado emocional o afectivo. Estos estados internos, al igual que el contexto externo, ejercen una profunda influencia sobre la memoria en general y sobre el recuerdo en particular.

Se dispone de evidencia clínica y experimental que demuestra que algunas cosas se recuerdan mejor cuando, durante la recuperación, las personas se encuentran en un estado fisiológico igual o similar al que se encontraban durante el aprendizaje. Estos descubrimientos tienen su origen en observaciones clínicas y estudios de psicólogos y psiquiatras que trabajan con pacientes alcohólicos. Pero con independencia de la investigación científica, la vida ofrece abundantes ejemplos sobre la dependencia que se establece a veces entre recuerdos, olvidos y alcohol. Desde antiguo se conocen anécdotas, unas llenas de gracia y otras de dramatismo, sobre el funcionamiento digamos «caprichoso» de la memoria de las personas alcohólicas. Por ejemplo, no es extraño que estos pacientes guarden o escondan dinero o alcohol mientras están bebidos, sean incapaces de encontrarlo cuando están sobrios y, sorprendentemente, recuerden sin dificultad dónde lo guardaron cuando vuelven a estar ebrios. Es decir, que el estado de embriaguez actúa como guía del recuerdo.

El psiquiatra estadounidense Donald Goodwin, experto investigador del alcoholismo, recoge en uno de sus trabajos el siguiente caso:

Un ama de casa de cuarenta y siete años escribía cartas cuando estaba bebida. A veces, tomaba notas para una carta y comenzaba a escribirla, pero no la terminaba. Al día siguiente, una vez sobria, era incapaz de descifrar las notas. Después, comenzaba a beber de nuevo y, tras unos cuantos tragos, las notas recobraban su significado y ella reanudaba la escritura de la carta. «Era como recuperar el lápiz allí donde lo había perdido», decía.[70]

Está claro que para esa mujer el alcohol era un aliado eficaz para devolver al presente un pasado que, de otra manera, se resistía a ser revivido.

Ese juego desconcertante de olvidos y recuerdos en manos de la embriaguez está magistralmente representado en la película *Luces de la ciudad* (1931), del genial Charles Chaplin. En esa comedia romántica se establece una relación personal muy interesante para nuestros objetivos: una noche, un vagabundo (Charles Chaplin) salva de la muerte a un millonario completamente ebrio que intenta suicidarse arrojándose a los depósitos de agua de la ciudad con una roca atada al cuello. Como muestra de agradecimiento, el hombre rico invita al vagabundo a su casa y lo colma de favores y agradecimientos. Sin embargo, a la mañana siguiente, el millonario ahora sobrio no recuerda en absoluto al vagabundo y lo expulsa a patadas de su casa. Poco tiempo después, el millonario, borracho de nuevo, intenta otra vez suicidarse y el vagabundo lo vuelve a salvar. El millonario reconoce al vagabundo, recuerda cuando lo salvó la primera vez y le muestra de nuevo su agradecimiento, lo vuelve a llevar a su casa y lo colma de favores. Pero, a la mañana siguiente, el rico hombre sobrio no recuerda otra vez al vagabundo y la historia se repite.

En psicología de la memoria, este fenómeno se denomina «memoria o recuerdo dependiente del estado» (en los dos casos anteriores, se hablaría de «estado interno farmacológico» por tratarse de un estado determinado por el alcohol), y ha sido observado por los investigadores utilizando, además del alcohol, otras drogas como, por ejemplo, óxido nitroso (un anestésico), metilfenidato (un psicoestimulante), marihuana, nicotina o cafeína. Todo lo cual pone de manifiesto la íntima dependencia entre la memoria y nuestros estados internos. Estados que no se limitan a la fisiología de nuestro cuerpo, sino que también incluyen nuestros estados de ánimo.

Así, está científicamente comprobado que lo que se ha experimentado o aprendido bajo un determinado estado de ánimo, por ejemplo, feliz o triste, se recuerda mejor si al inicio de la recuperación la persona retorna a ese mismo estado. Para nuestros propósitos, la cuestión de importancia que subyace a este efecto es que el estado de ánimo presente durante el momento de la vivencia parece servir subsiguientemente como clave de recuperación durante el recuerdo. No obstante, donde se aprecia con mayor claridad el papel de los estados emocionales como claves de recuperación del pasado —al modo como un olor o una canción despiertan experiencias personales remotas— es en esos momentos de la vida cotidiana en los que el estado de ánimo nos lleva a evocar tiempos vividos que se ajustan o son *congruentes* con dicho estado. Unas páginas más atrás nos hemos referido a este fenómeno, llamado «memoria o recuerdo *congruente* con el estado de ánimo», que, en pocas palabras, nos enseña cómo nuestro ánimo actual (alegre, triste, optimista, amargado o deprimido) actúa como un despertador de experiencias pasadas del mismo signo emocional.

Llegados a este punto, el lector podría hacerse el siguiente planteamiento: de acuerdo, la recuperación del tiempo vivido depende sobremanera de una variedad asombrosa de claves: olores, perfumes, sabores, imágenes, texturas, sonidos, canciones, estados de ánimo, etcétera, etcétera, que pulsan el botón «on» para que nuestra memoria entre en «modo recuperación»; pero se trata en todos los casos de estímulos con los que, podríamos decir, te encuentras casualmente, como la mañana en la que Proust, distraído, abrumado por la tristeza del presente, se lleva a la boca una cucharada de té con un trozo de magdalena y, de pronto, siente un estremecimiento, una alegría y un delicioso placer y la «deflagración del recuerdo» que lo transporta a su infancia. Por tanto, esos recordatorios no son, en realidad, algo que tú buscas para ayudarte a recordar, sino que se trata de contingencias, azares, suerte, percances, destino o como queramos llamarlo, pero son siempre algo ajeno a nuestros deseos inmediatos, a nuestros pensamientos, a nuestra voluntad. ¿Significa esto, entonces, que la recuperación del pasado se produce generalmente de un modo involuntario? ¿Qué pasa con el recuerdo voluntario? ¿Existe, se da, o eso de «voluntario» es sólo una ilusión?

No es voluntario todo lo que recuerdas

Ante todo, debe tenerse presente que el acto de recordar comienza siempre, como ya se ha señalado, con una *clave*, que en ocasiones es *externa*, como, por ejemplo, un olor o la pregunta de un amigo —«¿Te acuerdas del día que fuimos con nuestras hijas al Museo del Prado?»— y otras *interna*, como, por ejemplo, fiebre y malestar con los que despiertas una mañana que te llevan a acordarte de otras ocasiones similares; y también puede ser una combinación de ambos tipos, como, por ejemplo, cuando un amigo te dice: «¿Te acuerdas de la tarde en que te presenté a Mercedes?» (la mujer que luego se convertiría en tu esposa) y tu corazón, en ese preciso instante, da un salto que te estremece. Así pues, la irrupción de esos disparadores que llevan a nuestra memoria o a nuestro sistema cerebro-mente al «modo recuperación», y que representan siempre el *comienzo* de la construcción de un recuerdo, por lo general tienen poco que ver con nuestra voluntad y nuestras intenciones de evocar el pasado.

La cuestión que se plantea, por tanto, es si *siempre que evocamos* un episodio pasado las claves dirigen *hasta el final* todo el proceso de recordar, al margen de nuestra voluntad e intenciones (como sí ocurre en el caso de los *recuerdos involuntarios*) o si, en ocasiones, consciente e intencionadamente se *retoma* la información que ha activado la clave y, a partir de ahí, se dirige la recuperación del pasado (en cuyo caso, hablaríamos de *recuerdos voluntarios*).

Aunque en el seno de la ciencia de la memoria se admite la existencia de ambos tipos de recuerdos,[71] en mi opinión el asunto no está claro. O no está lo suficientemente claro. Porque, si de la existencia de los recuerdos involuntarios no parece existir la más mínima duda, hablar de recuerdos voluntarios es, cuando menos, aventurado e inconsistente. Sobre todo si se tiene en cuenta, a la luz del conocimiento científico sobre las relaciones entre memoria y conciencia[72] (y, cómo no, a partir también de la propia introspección), que el proceso de recordar, además de extraordinariamente complejo, se lleva a cabo en su mayor parte al margen de nuestra conciencia y de nuestras intenciones. Porque uno puede iniciar de forma voluntaria, por ejemplo, la recuperación del recuerdo de aquella mañana en que llevó por primera vez a su hija al Museo del Prado y, tras un breve espacio de tiempo y la intención clara de recuperar aquella visita, recordar con claridad aquel episodio, pero nunca podrá saber qué ha ocurrido en su memoria entre el inicio del deseo de recordar y la aparición en el escenario de su conciencia de esa experiencia completa, cargada de imágenes, emociones y sentimientos.

Como coinciden en señalar algunos expertos, de hecho, sólo nos percatamos de algunos *outputs* (o productos parciales) del proceso de recuerdo, pero nunca del *proceso* como tal.[73]

¿Se puede hablar, entonces, de recuerdos voluntarios?

Como he apuntado, en psicología de la memoria se establece una distinción clara entre recuerdos *voluntarios* y recuerdos *involuntarios*; sin embargo, esta distinción es un asunto heredado y asumido acríticamente desde 1885, fecha en la que apareció el primer estudio experimental de la memoria, *Über das Gedächtnis* (*Sobre la memoria*), del filósofo alemán Hermann Ebbinghaus (1850-1909). En mi opinión, sobre esa distinción no se han realizado estudios exhaustivos hasta la fecha. Y, aunque existen algunos intentos por arrojar luz sobre la realidad ontológica de los recuerdos voluntarios, los investigadores reconocen explícitamente que «esta se apoya más en creencias derivadas de nuestras experiencias introspectivas que en datos empíricos sólidos».[74]

Nadie duda de que en nuestra vida cotidiana pasamos por muchos momentos que nos llevan a buscar en nuestra memoria de un modo intencionado y voluntario episodios concretos, como cuando un viejo compañero de internado te dice: «¿Te acuerdas de la tarde que tomamos café con nuestro profesor X y nos dejó fumar un cigarrillo?», y nosotros, en un acto volitivo y lleno de intencionalidad, echamos la vista atrás y buceamos en nuestra memoria hasta encontrar o intentar encontrar ese viejo recuerdo.

Ahora bien, ¿el hecho de que intervenga la voluntad y la toma de decisiones en esa búsqueda confiere al recuerdo el carácter de «voluntario»? Creo sinceramente que no. Porque una cosa es desear recordar algo («¿Te acuerdas de la tarde que tomamos café...?») y esforzarse intencionadamente por traer ese recuerdo a la mente y otra muy diferente poder exhumar a voluntad aquel episodio y construir el recuerdo voluntariamente. En casos así, lo único que podemos asegurar es que deseamos recordarlo, que asignamos «esfuerzo cognitivo» y enfocamos nuestra atención —no sabría decir con precisión a dónde— o, simplemente, que nos concentramos en buscar aquel episodio y poco más. Porque la sensación que tienes es que, ensimismado en tu intento por evocar aquel día, de repente, cuando menos te lo esperas, aparecen las imágenes con todos los personajes de aquella tarde y tomas conciencia de que sí lo recuerdas. ¿Qué ha ocurrido en tu cabeza? ¿Qué operaciones, mecanismos o estrategias has seguido para encontrar ese episodio? Creo que nunca lo sabremos, por la sencilla razón de que todo eso se ha llevado a cabo al margen de la conciencia.

Si nos trasladamos a los escenarios mentales de nuestros sistemas de memoria, en un recuerdo voluntario o, mejor dicho, en el acto de recordar llamado «voluntario», a lo máximo que llega esa voluntariedad es a prestar atención y, en consecuencia, a colocar en nuestra *memoria operativa* (la memoria con la que trabajamos mental y conscientemente) la pregunta: «¿Te acuerdas de la tarde que tomamos café con...?». Y en ese escenario mental resonará la pregunta de nuestro amigo o la repetiremos nosotros las veces que creamos necesario («¿... la tarde que tomamos café con...?), esperando que, al otro lado del muro infranqueable para la conciencia del territorio de las memorias a largo plazo, el eco de esas preguntas active, despierte o exhume el episodio que está atado a lo que significa «...la tarde que tomamos café con nuestro profesor X y nos dejó fumar un cigarrillo». Téngase en cuenta que en nuestra memoria operativa se llevan a cabo todas las operaciones mentales conscientes; sin embargo, lo que ocurre al otro lado del muro, en los dominios de la memoria a largo plazo, es del todo inaccesible a la voluntad, a la intención y a la conciencia.

No está justificado, por tanto, hablar de *recuerdos voluntarios* en sentido estricto: lo que creemos que es un recuerdo voluntario es, salvo en su inicio, un recuerdo involuntario. Así pues, creo que en estos casos sería más adecuado hablar de recuerdos «*voluntariamente iniciados*» o —siguiendo al psicólogo John Mace[75]— recuerdos «*relativamente voluntarios*». Y es que, como de manera explícita propugnan algunos investigadores, en nuestra vida cotidiana, en el día a día —frente a las situaciones artificiales de laboratorio—, lo habitual es el recuerdo espontáneo, automático e involuntario,[76] aunque creamos que podemos recuperar nuestro pasado voluntariamente.

Proust tuvo la perspicacia suficiente como para comprobar que el único camino posible a nuestro pasado es la «memoria involuntaria», dado que «las cosas venidas por la memoria voluntaria, la memoria de la inteligencia —escribió—, y los datos que ella da respecto al pasado no conservan de él nada». El pasado, nuestro pasado, «se oculta fuera de los dominios y del alcance» de la memoria voluntaria, por lo que intentar evocarlo con su ayuda «es trabajo perdido», sentenció Proust.[77]

¿Qué podemos concluir de todo ello? Probablemente, muchas cosas, pero yo sólo quiero resaltar la que en estos momentos me parece crucial. Y es que, en última instancia, la recuperación del tiempo vivido depende en lo fundamental del encuentro —de nuestros sentidos, de nuestro cerebro y de nuestra memoria— con esos «pulsadores» que encienden el *modo recuperación* y que llamamos *claves de recuperación*. El papel que eventualmente puedan jugar nuestra voluntad, nuestra intención y nuestra conciencia, aun siendo importante, no pasa de ser secundario.

Cuando L. P. Hartley escribe «el pasado es un país extranjero; allí las cosas se hacen de manera distinta»,[78] creo que acierta de lleno si pensamos en *el pasado* que guarda nuestra memoria. De ahí que me permita parafrasear a Hartley y declarar que el tiempo vivido se encuentra, en efecto, en un país extraño, donde las cosas se hacen siguiendo reglas que no acertamos a comprender del todo.

¿QUÉ GUARDA LA MEMORIA DE TODO LO VIVIDO?

Mi memoria no guarda lo que ocurrió. Mi memoria guarda lo que *me ocurrió a mí*. Del mismo modo que su memoria, querido lector, guarda lo que le ocurrió a usted. Este hecho incontestable explica las discrepancias que a menudo se observan entre los recuerdos de personas que compartieron los mismos acontecimientos.

En su personalísima obra *Nada que temer* («esto no es mi autobiografía», se afirma), el escritor británico Julian Barnes insiste en mostrar cómo los recuerdos de los mismos eventos difieren siempre entre su hermano y él. Un fenómeno que comprueba también entre sus abuelos, quienes llevaban un diario cada uno y, según cuenta Barnes, algunas noches leían en voz alta lo que habían anotado semanas o años antes. Lo sorprendente era que, incluso en lo relativo a acontecimientos irrelevantes, nunca coincidían. Por ejemplo, el abuelo leía: «Viernes. Trabajo en el jardín. Planto patatas», y el mismo día la abuela había anotado en su diario: «Tonterías. Llueve todo el día. Demasiada agua para trabajar en el jardín». Esta falta de coincidencia entre los recuerdos de sus abuelos, por un lado, y los suyos y los de su hermano, por otro, es un asunto que le inquieta y le lleva a reflexionar sobre la fiabilidad de la memoria. Algo que resuelve con la flema y la gracia que le caracterizan: «Como filósofo, (mi hermano) cree que los recuerdos son con frecuencia falsos. [...] Como yo soy más confiado, o me engaño más, continuaré con mis recuerdos como si fueran verdaderos».[79]

Y es que nuestra memoria no guarda los episodios de nuestra vida: nuestra memoria guarda las vivencias de aquellos episodios o, lo que es lo mismo, las experiencias personales, lo que sentimos y experimentamos al vivirlos. David Shields apoya con total claridad esta idea en su original y provocadora obra *Hambre de realidad*, cuando escribe: «Lo que se conserva en la memoria no son los verdaderos sucesos, sino el modo en que les dimos sentido y los encajamos en nuestra experiencia».[80]

¿Significa esto que, como se oye decir tantas veces, la memoria falsifica la realidad? El propio Shields, que mantiene la tesis de que, en todas las formas narrativas, «ficción/no ficción es una distinción completamente inútil», considera dicha posibilidad, porque la memoria, dice, reescribe el pasado «de cara al sentimiento». Sin embargo, creo que Shields, para quien todo es ficción y no ficción al mismo tiempo («Nos soñamos despiertos a cada minuto del día»), cae en cierta contradicción cuando profundiza en el océano infinito de la memoria. De lo contrario, no plantearía que «a menudo el recuerdo nos engaña» al tiempo que afirma que «la realidad cobra forma sólo en la memoria».[81] Salvo que esté asumiendo una de las premisas básicas de quien esto escribe; a saber, que en nosotros, los humanos, la realidad mental emerge de lo que *creemos* que sucedió, coincida o no con lo que se supone que sucedió. Es decir, y esto nos lleva a los filósofos presocráticos, la realidad existe en tanto en cuanto una mente interpreta lo que le llega del mundo. En otras palabras, la realidad es una creación mental, una obra de nuestra memoria; lo que nos permite asumir que nuestra realidad psicológica es tan importante para nosotros como la verdad histórica. Más aún, «nuestra única verdad —como escribe Oliver Sacks— es la verdad narrativa, las historias que nos contamos unos a otros y a nosotros mismos».[82]

En mi opinión, este es el problema de fondo que ignoran muchos escritores cuando tratan de enjuiciar la fiabilidad de la memoria (sobre todo, los que han hecho importantes incursiones en la «literatura del yo» o autobiográfica), y que les lleva a desconfiar tanto de la memoria. Admito que las autobiografías sean una mezcla de recuerdos fieles a experiencias vividas y de invenciones para rellenar «los vacíos del olvido» —como dice Caballero Bonald—, pero de ahí no se puede establecer esa especie de principio universal, tan extendido entre escritores y críticos, de que toda la memoria es una invención, algo de lo que no te puedes fiar. Hasta el punto de afirmar sin pudor alguno, como hizo Caballero Bonald, que «todo el que recuerda miente».[83] O como Antonio Gala, cuando escribió «nada fue en la realidad como lo recordamos».[84]

Ante semejantes afirmaciones —creo que exageradas y, por consiguiente, inexactas—, resulta muy oportuna la advertencia de Siri Hustvedt cuando dice: «No olvidemos que cada vez que evocamos un recuerdo, este está sujeto a cambios, pero tampoco olvidemos que esos cambios pueden traer consigo verdades».[85] Los cambios que se producen en los recuerdos no conducen necesariamente ni al alejamiento de la verdad ni a la distorsión de la realidad experimentada. Pero es que, además, cabe preguntarse: ¿qué es «lo que ocurrió»?, ¿cuál fue «la realidad»?, ¿lo que usted recuerda o lo que recuerdo yo? Más aún, ¿acaso existe un registro objetivo en algún lugar con el que calibrar el grado de veracidad de lo que mi memoria evoca? Creo que ha llegado el momento de romper una lanza firme y afilada en favor de la memoria y de su fiabilidad.

Para ello, lo primero que quiero afirmar es que la memoria autobiográfica no fue diseñada por la evolución para guardar una copia literal de «la realidad» ni de los acontecimientos en los que nos vemos envueltos. La memoria autobiográfica tiene como función primordial *dar sentido* y guardar las *experiencias* de su poseedor, sobre las que se erige y sustenta la propia identidad, y que le sirven de guía y predicción en la aventura privada y social que define su vida.[86] Si la memoria autobiográfica funcionase como una cámara de vídeo que guarda una copia fiel de lo que podríamos llamar «realidad objetiva», no nos serviría de nada. Fundamentalmente, porque los hipotéticos recuerdos que surgiesen de esa «realidad» no tendrían significado alguno para nosotros.

La vida de todo ser humano implica una identidad, un sujeto cargado de experiencia y de propósitos; una persona con un proyecto de vida, con objetivos y planes, con conocimiento de quién es, de quiénes son los que le rodean, de cómo son sus relaciones íntimas, privadas y públicas, de lo que significan las acciones de unos y otros, de lo que significan las emociones y los sentimientos que empapan todas las actuaciones humanas. En definitiva, la vida de cualquier persona es, por encima de todo, significado, intención y trascendencia, porque los seres humanos somos animales cargados de valores, creencias, actitudes, intenciones, emociones y un montón de cosas más. Somos seres intencionales y no máquinas frías e indiferentes a lo que ocurre a nuestro alrededor. Por eso, todo lo que nos sucede es analizado en un proceso rápido —y casi siempre inconsciente— de juicios y valoraciones, a través de un entramado complejísimo que se ha tejido con lo que podríamos denominar nuestro conocimiento previo acerca del mundo y nuestras actitudes, creencias, valores, emociones y sentimientos, prejuicios y convencionalismos sociales, hábitos y estereotipos, estados de ánimo y un largo etcétera. Un proceso continuo de evaluación y categorización en el que los «jueces» son precisamente esos factores que se acaban de mencionar. Por consiguiente, lo que guarda nuestra memoria no es, no puede ser, una réplica isomorfa o una instantánea de lo que ocurre a nuestro alrededor, eso es lo que haría un artefacto de grabación como una cámara fotográfica o de cine. Lo que nuestra memoria registra es necesariamente algo distinto, por eso hablamos de *experiencias* o de *vivencias* y no de eventos: eso es lo que queda registrado en nuestra memoria. Sabedor de esta realidad, Castilla del Pino proclama al comienzo de su autobiografía: «Para mis recuerdos me he bastado a mí mismo, y apenas si he tenido necesidad de contrastarlos. Cuando lo intenté, comprobé que cada uno de los que participamos en la misma situación la experimentamos de una manera singular».[87] No encontrará usted —como le ocurría a Julian Barnes— dos testigos del mismo suceso que lo describan de idéntica forma, y no porque alguno o los dos mientan, no. La razón es muy sencilla: cada uno ha visto el suceso desde su propia perspectiva, cada uno lo ha interpretado y valorado desde presupuestos diferentes, lo ha sentido con emociones diferentes, lo ha asociado a experiencias previas diferentes, lo ha incorporado, en fin, a una vida diferente.[88]

Proust lo entendió muy bien. Y escribió al respecto:

> [...] hasta ese acto tan sencillo que llamamos «ver a una persona conocida» es, en parte, un acto intelectual. Llenamos la apariencia física del ser que está ante nosotros con todas las nociones que respecto a él tenemos, y el aspecto total que de una persona nos formamos está integrado en su mayor parte por dichas nociones.[89]

Así funciona la memoria. Para eso tenemos memoria, para que en el diario íntimo e intransferible de la vida de cada persona quede un registro de *sus* vivencias, que, inevitablemente, serán siempre únicas, intransferibles e irrepetibles.

Irrepetibles, sí. Porque todo es irrepetible. Nada se repite ante los ojos y el corazón de las personas. «No vemos dos veces el mismo cerezo —escribió Marguerite Yourcenar— ni la misma luna sobre la que se recorta un pino. Todo momento es el último porque es único».[90] Todo es único, sí. Nada, absolutamente nada, ni siquiera los sucesos más simples e insignificantes que acaecen todos y cada uno de los días de la vida de una persona son idénticos a los del día anterior. «Al volver tres veces a un sitio, vuelves a tres sitios», nos dice Shields.[91] Todo es, en cierto modo, nuevo cada vez: la alarma del despertador, el amanecer, levantarse, desayunar, oír las campanadas en el reloj de la plaza, la llegada del autobús, el encuentro con los tuyos, con tus amigos, con los compañeros de trabajo, etcétera, etcétera, significan siempre experiencias diferentes. Cada momento de nuestras vidas, cada uno de los episodios de los que somos testigos o partícipes se experimenta o se vive siempre de un modo único, singular, exclusivo, porque, como estamos señalando, antes de quedar convertido en contenido de nuestra memoria y, por tanto, en algo recordable, tiene que ser analizado, interpretado y categorizado a través de los filtros de lo que constituye «nuestra manera de ver el mundo», o lo que en términos científicos llamamos nuestros *modelos de mundo* o, como señaló Frederic Bartlett, nuestros *esquemas* del mundo.

La memoria, pues, ni inventa ni falsifica la realidad vivida, sencillamente la interpreta, la hace significativa para el propio sujeto y así construye una *experiencia*, que es lo que guarda. Después, en el momento del recuerdo, esa experiencia se reconstruye en forma de narración. Por eso está cargada de verdad la frase con la que García Márquez abre su autobiografía *Vivir para contarla*: «La vida no es la que uno vivió, sino la que recuerda y cómo la recuerda para contarla». (Distinto asunto es el de los recuerdos falsos: historias inoculadas o implantadas en nuestra memoria que no hemos vivido y que, sin embargo, evocamos y revivimos como nuestras. De las memorias falsas hablaremos más adelante).

¿Cambia, entonces, la memoria la realidad? Claro que la cambia, pero la realidad de nuestra alma, como escribió Wittlin, no la realidad de los otros.

En consecuencia, ir en busca del *tiempo vivido* es una aventura arriesgada que exige valentía y honestidad para asumir como propio el pasado que nuestra memoria guarda. Un pasado que, cuando se describe —como señaló Canetti[92]—, «crece en todas direcciones», por lo que el viaje en busca del tiempo vivido debería iniciarse aceptando «como verdadera cada imagen del mundo reflejada en la memoria», en palabras de Wittlin,[93] y asumiendo que será un viaje lleno de luces y de sombras, en compañía unas veces de ángeles y otras de demonios, porque toda persona —y parafraseo a Borges[94]— está obligada a sobrellevar la carga de su memoria, que no es otra cosa —añado yo— que el equipaje de su vida.

7

Paraísos perdidos

> Mi infancia son recuerdos de un patio de Sevilla,
> y un huerto claro donde madura el limonero.
>
> ANTONIO MACHADO
>
> Nadie se olvida de los lugares donde corría de niño.
>
> BERNARD MALAMUD
>
> ¿Se comprenderá alguna vez el drama de un hombre que en ningún momento de su vida ha podido olvidar el Paraíso?
>
> E. M. CIORAN

SOMOS NUESTRA INFANCIA

Las experiencias de los primeros años marcan para siempre nuestras vidas. Lo que nos sucede en los años más tempranos de nuestra existencia deja una marca indeleble en nuestra memoria que modela definitivamente nuestras creencias y actitudes ante el mundo y la vida en general. Nacemos tan limpios de actitudes y prejuicios, tan libres de ataduras y convencionalismos, que la vida nos inunda y nos convierte en tierra fértil cual ribera del Nilo. «Las primeras visiones de un niño —escribió Manuel Vicent— se convierten en lacres de luz que sellan su alma».[1] Nuestro cerebro se ha comparado con una *tabula rasa* al nacer, una tablilla de cera, en la que las primeras experiencias dejarán surcos imborrables sobre los que irá cayendo y germinando la semilla de todo lo que después seremos. Por eso me parece tan acertado afirmar, como sabiamente hace Juan Cruz, que «somos nuestra infancia»,[2] porque la infancia nos marca a fuego y para siempre.

La infancia son años de luz y de sol, de sorpresas y descubrimientos, de magia y milagros, de caricias y ternura, de inocencia y candor, de sueños imposibles y deseos desbordados, pero también de oscuridad y frío, de miedo y lágrimas, de desamparo y pérdidas, de dolor y malestar, de abandono y llanto. Son años en los que la vida atraviesa el alma limpia y transparente de una criatura que corre y ríe, sin ninguna sombra de miedo ni de sospecha del mal, bajo la mirada protectora del cielo de sus mayores. Es el mundo de la verdad, de la seguridad, de la espontaneidad, de la mirada ingenua, del asombro permanente y de la risa límpida, pero también del acecho de la mentira y de la traición, de la pérdida de la ingenuidad, de la aparición de la mirada triste y desconfiada, del abandono de la inocencia. Nadie como Rilke condensó en una frase todo lo que la infancia significa cuando dijo: «La verdadera patria del hombre es la infancia», el punto de referencia, la raíz del árbol de nuestra vida, el paraíso perdido al que, a veces, se añora volver y en cuyos recuerdos buscamos refugio cuando el abatimiento y el desánimo nos invaden.

Descubriendo el mundo

Llegamos a este mundo con nuestro cerebro y todo nuestro cuerpo abiertos de par en par para descubrir e interpretar todo lo que nos rodea. Como aprendices inmaduros de una candidez absoluta, nos enfrentamos al mundo desprovistos de herramientas cognitivas y emocionales adecuadas para interpretar lo que sucede a nuestro alrededor. «Las primeras sensaciones —como muy acertadamente advierte Vicent—, aromas, sonidos, sabores, trazan caminos interiores que uno tendrá que recorrer una y otra vez hasta formar profundos surcos que conducen desde el placer al terror».[3] En tal estado de desprotección, hemos de ir afrontando las más diversas experiencias, los lances propios de la vida. La mirada tierna, el calor, la sonrisa y las caricias de tu madre, la oscuridad inquietante de la noche que borra los ojos y esconde los sonidos y los roces cálidos de todos los que te quieren, la voz grave pero tierna y tranquilizadora de tu padre, la seguridad de tu casa, la sorpresa sobrecogedora y a veces amenazante de las caras y las voces extrañas, el amor de tu abuela, las historias fantásticas que cada noche te cuenta tu madre para que el sueño venza el miedo a la oscuridad, el malestar y el dolor físico, el temor a algunos animales, el desconsuelo frente a la soledad, el miedo a perderse, la violencia de algunas personas mayores o la agresividad de ciertos extraños, los regalos del día de Reyes, la pelota de goma, las espadas de madera y el aro y el trompo, las carreras entre risas y gritos con tus amigos, las alabanzas o las burlas de algunos mayores, las caídas y los golpes, las pequeñas heridas y las lágrimas, el descubrimiento del mundo de la naturaleza más allá de las fronteras de tu calle y del reino de la seguridad de tu casa, las frutas silvestres y los nidos de gorriones, la lluvia y el frío y el milagro de la nieve, la escuela y la disciplina, los tebeos y los libros, las cajas de lápices de colores y el placer de pintar y colorear, el mundo fantástico del cine, donde soñar con héroes bíblicos, monstruos temibles y valientes espadachines era la cita más deseada en aquellas tardes frías y plomizas de invierno... ¡el descubrimiento, en fin, de tantas y tantas cosas más! Un mundo, un universo, lleno de infinitos regalos y posibilidades para el alma cándida e inocente del niño que fuimos y que nunca dejaremos de ser. Porque todo lo que la infancia guarda quedará en nuestra memoria envuelto en el celofán del asombro, la admiración y la magia, y acabará convirtiéndose en la imagen de la felicidad.

En sus *Diarios*, Ionesco escribió:

> La infancia es el mundo del milagro o de lo maravilloso: es como si la creación surgiese, luminosa, de la noche, completamente nueva y completamente fresca, y completamente asombrosa.[4]

MEMORIA DEL PARAÍSO

La infancia no es una edad. La infancia, como dice Luis Mateo Díez, «es un estado de inocencia y sabiduría ciega»[5] en el que la vida va construyendo un caleidoscopio de trances y avatares llenos de alegrías y lágrimas que nuestra memoria guardará para siempre. Después, durante los años de madurez o en plena vejez, no importa la edad, el recuerdo nos dirá, como escribió Manuel Vicent,[6] si aquella infancia, la nuestra, fue el paraíso o, quizá, el infierno. Aunque, ante una disyuntiva tan radical, soy de los que tiende a pensar que la infancia es el paraíso, el origen de la felicidad.

A la pregunta de qué recuerda de su infancia, el escritor Juan Marsé responde también con esa idea.

> Recuerdo esas correrías por los campos del Penedés, hacia las albercas. Corríamos con los chavales del pueblo, robábamos frutas. Iba con mi abuela a buscar hierba para los conejos. Para mí esa es la imagen de la felicidad [...]. Lo siento así, como el paraíso perdido. Ya sé que era una época atroz, pero esa es la sensación que me ha dejado, la de un paraíso perdido.[7]

Creo que si existe un paraíso en la vida de los humanos sólo puede localizarse en la infancia. O, dicho de otra manera: la infancia existe para ser vivida como un Edén, en el que todo, hasta las desventuras, suele dejar en la memoria del adulto la sensación de felicidad de un paraíso perdido. Doris Lessing, laureada con el Nobel de Literatura en 2007, lo entiende también así cuando, en su autobiografía *Dentro de mí*, escribe:

> No hay odio sobre la tierra tan violento como la rabia de un niño. Ahí estaba Gerald Nelligan enfrentándose a su madre y gritando: «No, no quiero, no voy a disfrazarme, ¿por qué tengo que hacerlo?». Me llevaba dos años, un chico grandote, pero ahora se le veía dominado por esa rabia furiosa y vociferante que hace palidecer la cara y que es típica de los niños que se sienten atrapados. Pero más tarde dirán: «Disfruté de una maravillosa y feliz infancia».[8]

Y Lessing concluye ese episodio afirmando: «La naturaleza sabe lo que se hace, prescribiendo amnesia sobre la primera infancia». Y es que me inclino a pensar que la infancia como infierno, cuando ocurre, y sé que muchas veces ocurre, no puede ser más que una anomalía de la Vida, una aberración de la especie humana.

Pero la *infancia* no se constituye en *realidad consciente* en la memoria hasta la adultez. «La infancia se torna más plena —escribió Canetti— conforme envejecemos»;[9] y es que, contemplada desde la distancia que alargan los años, «la infancia —en palabras de Juan Cruz— es un abismo del que uno sale como si no comprendiera nada».[10] Será después, una vez que, como escribió Borges, «la memoria labra su íntimo Edén»,[11] cuando la infancia emerge como *paraíso*. El niño vive dentro del ahora y del asombro permanente. Todo es nuevo y puro, y fresco, en la infancia. El alma infantil no guarda cromos repetidos. Cuando las cosas dejan de ser asombrosas, «cuando —como escribió Ionesco— el mundo nos parece "ya visto", cuando uno se acostumbra a la existencia, ya se es adulto».[12] Y es entonces —cuando la infancia ha terminado— cuando elevamos a mito aquella época y la recordamos convertida en el territorio de la felicidad: un territorio o, mejor, un paraíso perdido para siempre del que la adultez nos expulsa y al que, en momentos de nostalgia, añoramos volver. ¡Qué sabia lucidez la de Proust cuando escribió: «Los verdaderos paraísos son los paraísos que hemos perdido!».[13]

La infancia humana acaba siendo un misterio a los ojos del adulto, que se siente impotente para desvelarlo y acaba asumiendo lo que sus emociones y sentimientos le dictan: «Que todo aquello era hermoso porque estaba creando su recuerdo», como escribió la poeta Julia Uceda.[14] Porque es entonces cuando la memoria (autobiográfica) nace y comienza a guardar recuerdos; un proceso de aprendizaje que necesitará unos años hasta alcanzar el nivel de maestría suficiente como para crear y guardar los primeros recuerdos de nuestra vida.

Durante los dos o tres primeros años, los niños tienen memoria, claro que sí, pero es una memoria frágil e incompleta que sólo alcanza a guardar sensaciones, emociones, sentimientos, conocimiento sobre el mundo que se va descubriendo y habilidades que permitirán al pequeño explorar y manipular ese mundo cercano y seguro, pero no recuerdos para evocar y contar después. Como ya hemos comentado[15] y desarrollaremos en profundidad más adelante, la memoria se convierte en auténtica creadora y guardiana de nuestro pasado hacia los tres años, porque para transformar lo vivido en recuerdos es necesario que el niño posea lenguaje: el vehículo esencial para convertir lo experimentado y sentido en historia narrada.

A partir de entonces, entre la infancia y la memoria se trenza una historia fantástica y llena de magia, porque la memoria más temprana, capaz de guardar sólo balbuceos cromáticos entre brumas y nubes difuminadas de olores y caricias, pasará a convertirse en pocos años en auténtica fortaleza de historias y vivencias que nos acompañarán toda la vida. Preso de esa magia, del universo resplandeciente de la infancia, Ionesco escribió: «La luz más cegadora, la luz de Italia, el cielo más puro de Escandinavia en el mes de junio, no es más que penumbra cuando se la compara con la luz de la infancia. Hasta las noches eran azules».[16]

Pero la infancia no sólo es la primera memoria de nuestras vidas, sino que será siempre la última en apagarse. En 1881, el psicólogo francés Théodule Ribot escribió en su tratado sobre *las enfermedades de la memoria* que los recuerdos «se borran descendiendo hacia el pasado»: primero se borra lo reciente y lo último en desaparecer serán los recuerdos de la infancia. Esta «ley de regresión», llamada así por Ribot,[17] rige el destino de la memoria cuando el cerebro sufre el azote de las enfermedades neurodegenerativas: la destrucción progresiva de los recuerdos no se rige por el azar, sino que sigue una marcha lógica, una ley; de modo que, como escribe Juan Cruz, «el último bastión es la infancia».[18]

La alianza imperecedera entre la infancia y la memoria nos hace como somos, porque las primeras experiencias operan cual hábiles manos de alfarero que moldean nuestro yo, nuestra esencia, nuestra identidad. «La infancia es mi identidad», declaraba Jorge Semprún. Y añadía:

> Sin memoria, después de haber usado tantas identidades falsas, yo no hubiera sido nada, y esa memoria es la de la infancia. La memoria corrige la esquizofrenia del exilio, de los nombres falsos, de mi propio

ser bilingüe. Me aferro a la memoria para decir: «Yo soy aquel niño de Santander que veía a su padre recitar versos ante la bahía».[19]

Y es que el niño que fuimos nunca nos abandona. Una idea que Ortega subrayó con absoluta firmeza y claridad. No hay nada más falso, en su opinión, que asumir que «la madurez trae consigo la desaparición de la niñez en el hombre». Muy al contrario, afirmó, la madurez es «una integración de la infancia». Y añadió: «Todo el que tenga fino oído psicológico habrá notado que su personalidad adulta forma una sólida coraza hecha de buen sentido, de previsión y cálculo, de enérgica voluntad, dentro de la cual se agita, incansable y prisionero, un niño audaz».[20]

Un niño «prisionero» y «audaz» asido a recuerdos imborrables que aseguran su supervivencia. Porque nadie, en sus adentros, quiere dejar de ser quien fue. Porque la infancia, «aunque la quieras olvidar no puedes», como decía Ana María Matute. Por eso tiene sentido afirmar que somos nuestra infancia, ese «estado» en el que surge nuestro yo y se forja nuestro destino.

El poder determinante de las experiencias de la infancia

Como venimos diciendo, la infancia nos moldea, nos configura como personas. Las experiencias de los primeros años de la vida, al ser todas ellas «primeras experiencias», quedarán grabadas con hierro candente en nuestra memoria y constituirán los cimientos sobre los que se levantará todo el edificio de nuestra personalidad. Eso significa que en esos años (además de iniciarse el desarrollo de todos los procesos cognitivos) se va a ir configurando el perfil emocional y moral que nos definirá como personas. No pretendo ignorar la importancia crucial del desarrollo del cerebro en los tres-cinco primeros años de la vida, sólo que, en este contexto, entiendo que lo relevante es centrarse en los aspectos vivenciales de la infancia.

El activista estadounidense Malcolm X era un niño de cuatro años cuando fue víctima de una terrible experiencia de odio y violencia racial que marcaría para siempre su vida y su destino. Según su propio relato:

> Mi madre estaba embarazada de nuevo, en esta ocasión de la más pequeña de mis hermanas. Poco después de nacer Yvonne, llegó la noche de la pesadilla de 1929, mi recuerdo vívido más antiguo. Recuerdo que de repente me vi despierto dentro de un caos aterrador de disparos de pistola, gritos, humo y llamas. Mi padre daba gritos y disparaba a dos hombres blancos que habían prendido el fuego y huían corriendo. Nuestra casa ardía y el fuego nos rodeaba por todas partes. Nosotros nos atropellábamos y chocábamos y caíamos unos sobre otros tratando de escapar. Mi madre, con el bebé en brazos, consiguió llegar al patio justo antes de que la casa se derrumbara entre una lluvia de chispas. Recuerdo que estábamos en la calle, de noche, en ropa interior, llorando y chillando como locos. Llegaron un policía blanco y los bomberos, y se quedaron mirando cómo el fuego consumía la casa hasta los cimientos.[21]

Malcolm X contó muchas veces este incidente en sus intervenciones públicas. Una prueba evidente de que el recuerdo de aquel horrible suceso de su infancia había conformado definitivamente sus creencias e ideas políticas acerca del racismo en Estados Unidos.

El físico teórico y ensayista científico estadounidense Jeremy Bernstein publicó en 1983 un original artículo, titulado «A Child's Garden of Science», con los recuerdos más tempranos de una serie de científicos que, según ellos, contenían las primeras experiencias infantiles que determinaron de una manera definitiva lo que habían llegado a ser. Uno de los entrevistados fue Hans Bethe, destacado físico-matemático y ganador del Nobel de Física en 1967, quien, ante la pregunta de Bernstein «¿cuál fue su recuerdo matemático más temprano?», respondió: «Cuando tenía cinco años, un día iba paseando con mi madre y le dije:"¿No es extraño que cuando un cero va al final de un número significa mucho, pero si va al principio no significa nada?"».[22]

Para Bethe, aquel enigma abrió las puertas a su interés por las matemáticas y la física. Otro caso digno de mención es el del matemático de origen polaco Stanislaw Ulam, coautor con John von

Neumann del método Montecarlo y uno de los responsables del Proyecto Manhattan. Según recoge Bernstein, Ulam escribió en su autobiografía:

> Tuve una curiosidad matemática desde muy pequeño. Mi padre tenía en su biblioteca una colección maravillosa de libros alemanes, *Reklam*, se llamaba. Uno de aquellos libros era *Álgebra*, de Euler. Cuando yo tenía unos diez u once años, lo abrí y lo miré y recuerdo que me produjo una sensación misteriosa. Los símbolos me parecieron signos mágicos y me pregunté si algún día yo llegaría a entenderlos. Esto probablemente contribuyó al desarrollo de mi curiosidad matemática.[23]

Bernstein refiere más ejemplos de eminentes científicos que recuerdan con claridad un momento de su infancia especialmente determinante del rumbo de sus vidas, incluido el caso de Einstein (comentado en nuestro capítulo 2) y el asombro que le produjo, a sus cuatro años, el comportamiento tan determinado de la aguja de la brújula que le mostró su padre.

En estos y en otros muchos casos conocidos, se trata siempre de experiencias que, por razones que escapan a nuestra comprensión, conectan con las aspiraciones y deseos más profundos del niño, desconocidos incluso para él al tratarse de fuerzas o motivos todavía en fase germinal, que saltan como un resorte interior y lo conmueven, lo emocionan o lo hechizan hasta el punto de generarle recuerdos intensos e imborrables que, como guías invisibles, jugarán un papel determinante en su vida.

La infancia, la etapa inaugural de nuestra vida, es el sembradío donde germinarán no sólo las semillas de nuestras trayectorias profesionales, sino de todo nuestro equipaje cognitivo, emocional, social y moral. «El canto del poeta —escribió Ortega— y la palabra del sabio, la ambición del político y el gesto del guerrero son siempre ecos adultos de un incorregible niño prisionero».[24]

Porque la infancia nos conforma y su memoria nos guía y protege. «Aquel calor hermoso que imperó en mi infancia me vedó cualquier resentimiento», escribió Camus, para subrayar el efecto salvífico de su niñez «de pobreza y de luz», pero «cuyo recuerdo aún me ampara». Pobreza y luz: *el revés y el derecho* camusiano: un juego de contrarios donde la pobreza no era desgracia, porque «la luz derramaba sobre ella sus riquezas».[25]

La idea de «infancia protectora», llena de candidez e inocencia, la encontramos magistralmente representada en un pasaje de *La escritura o la vida* de Semprún. Se trata de aquella mañana de 1943 en la que, en plena guerra de resistencia contra el invasor alemán, dos jóvenes armados del maquis, el propio Jorge Semprún y Julien, exploran y estudian el terreno en la comarca de Semur-en-Auxois con el fin de preparar una emboscada a los alemanes. En la parte alta del río, un alemán aparece en motocicleta. Jorge y Julien están esperando... Pero dejemos que sea el propio Semprún quien nos cuente la historia:

El alemán estaba solo, teníamos nuestras Smith and Wesson. La distancia que nos separaba de él era la correcta, lo teníamos perfectamente al alcance de nuestras armas. Se podía recuperar una moto, una metralleta.

Estábamos a cubierto, al acecho: era un blanco perfecto. Así pues, tuvimos, Julien y yo, la misma ocurrencia.

Pero, de repente, el joven soldado alemán levantó la vista hacia el cielo y se puso a cantar *Kommt eine weisse Taube zu Dir geflogen*... [el principio de *La paloma* en alemán].

Tuve un sobresalto, estuve a punto de hacer ruido al golpear el cañón de la Smith and Wesson contra la roca que nos cobijaba. Julien me fulminó con la mirada.

Tal vez esa canción no le recordara nada. Tal vez ni siquiera sabía que era *La paloma*. Aunque lo supiera, tal vez *La paloma* no le recordara nada. La infancia, las criadas que cantan en los lavaderos, las músicas de los quioscos de música, en los parques sombreados de los lugares de veraneo, ¡*La paloma*! ¿Cómo no iba a sobresaltarme escuchando esa canción?

El alemán seguía cantando, con su hermosa voz rubia.

Mi mano se puso a temblar. Ahora me resultaba imposible dispararle. Como si el hecho de cantar aquella melodía de mi infancia, aquel estribillo lleno de nostalgia, hiciera que se volviera súbitamente inocente. [...] Era absurdo, lo sabía perfectamente. Pero era incapaz de disparar a ese joven alemán que cantaba *La paloma* a rostro descubierto, en la candidez de una mañana de otoño, en lo más profundo de la dulzura profunda de un paisaje de Francia.

Bajé el cañón alargado de mi Smith and Wesson, pintado con minio antioxidante de color rojo vivo.

Julien, que ha visto mi gesto, dobla el brazo él también.

Me observa con cara de preocupación, preguntándose sin duda qué me está pasando.

Me está pasando *La paloma*, eso es todo: la infancia española que me golpea en pleno rostro.[26]

«Me está pasando *La paloma*», se dice a sí mismo Semprún, más de cincuenta años después, para entender cómo la aparición súbita de su infancia en alas de aquella *paloma* estaba paralizando su cuerpo, deteniendo su mano, anulándole la decisión de disparar a muerte a aquel joven alemán. Sí, aquella canción, *La paloma*, había despertado en el joven maquis Jorge al «niño audaz» del que habló Ortega y que nunca nos abandona. Porque, como dijo Ana María Matute, «la infancia dura más que la vida».

¡La infancia dura más que la vida! Sí, creo que esta contundente declaración recoge sabiamente la trascendencia de los primeros años de nuestra vida. Y es que el mundo de la infancia es tan fértil y de tanta «sabiduría ciega» que recopila todo, da forma a las experiencias y guarda su entraña en la memoria, en frascos de esencia, en cápsulas cargadas de futuro, en modelos comprimidos de todo lo que después seremos.

Elias Canetti escribió a este respecto: «Todo lo que he vivido más tarde ya había sucedido una vez en Rustschuk»,[27] la ciudad donde nació y vivió sus seis primeros años. Casi con idénticas palabras, el italiano Erri de Luca expresa la misma idea cuando dice: «La vida añadida más tarde, lejos de aquel lugar, no fue más que una divagación».[28] El mismo sentimiento que transmite Appelfeld cuando escribe: «Yo era un niño durante la guerra. Aquel niño creció, y todo lo que le sucedió a él y en él, continuó durante sus años de adulto», porque «todo... estaba ligado al mundo en el que había crecido».[29] Y en total consonancia con estos testimonios, Ernesto Sabato —con motivo de la publicación de su autobiografía *Antes del fin*— declaró respecto a la huella indeleble que nos deja la infancia: «Todo lo que sucedió después estaba allí, como germen, como presentimiento, como destino».[30] Porque la infancia nos configura, la infancia determina nuestro destino, la infancia —como escribió la poeta brasileña Lya Luft— «es el terreno sobre el que caminaremos toda nuestra vida». «Ahora tengo cuarenta y ocho años —escribió Juan Cruz en *La foto de los suecos*—; cuando me enfrento a lo que me sucede cada día no tengo edad ninguna: conservo los mismos temores de mi infancia; creo que jamás abandoné la infancia...».[31]

Y es que, como afirmó el inefable Henry Roth, «la vida es una secuela de la infancia». Sí, con esa rotundidad entiendo que debe asumirse la trascendencia de la infancia en la vida humana, porque allí se trazan las líneas maestras del edificio personal, allí arraiga el árbol de la vida, allí, en la infancia, empiezan a germinar las semillas del adulto, allí se guardan las llaves y los enigmas que permiten entrar en el complejo mundo interior del ser humano. La poeta estadounidense Louise Glück cierra su poema «Nostos» (palabra griega que significa «vuelta a casa») con estas palabras:

Miramos el mundo una sola vez, en la infancia.
El resto es memoria.

Son tantas y tantas las grandes figuras de la literatura y del pensamiento que se percataron y subrayaron esta realidad, esta gran verdad de la vida, que es que el ser humano camina siempre sobre las huellas de su infancia, que resultaría aburrido y pesado —además de inalcanzable— tratar de reflejarlas aquí y ahora. No obstante, no quiero sustraerme ni privarle a usted, querido lector, de la ternura y de la perspicacia de algunos testimonios más.

Por un lado, el testimonio personal de Elie Wiesel, superviviente de los campos de concentración nazis, quien en su obra *El día* ilustra con sentidos ejemplos esa gran verdad, y dice:

[...] cuando por casualidad me embriago con una puesta de sol, mi corazón se llena de nostalgia por Sighet, la pequeña aldea de mi infancia, y empieza a latir tan fuerte, tan rápido, que una semana después todavía soy incapaz de recuperar el aliento; [...] el eco de una melodía jasídica, con la cual el hombre se remonta a sus orígenes me emociona más que Bach, Beethoven y Mozart juntos; [...] cuando mis ojos se posan en una mujer, siempre evocan en mí la imagen de mi abuela.[32]

Por otro, he aquí las sabias palabras de Doris Lessing con las que subraya el poder determinante de las experiencias de la infancia en la configuración del adulto. En su obra autobiográfica *Dentro de mí*, nos dice:

> Hoy miro a un niño de corta edad en brazos de un amigo cariñoso y sé que esto afectará al niño para siempre, como un pequeño almacén secreto de bondad, o una de aquellas pastillas de reacción retrasada, que van soltando elixires en la corriente sanguínea todo el día... o toda una vida.[33]

Y, para cerrar este apartado, recurro al corazón sensible de Fernando Pessoa y a su singular e íntimo *Libro del desasosiego*, donde nos legó un texto de una ternura infinita por el niño que fue, y que fuimos, y que nunca dejó/dejaremos de ser:

> Dios me creó para niño y me dejó siempre niño. Pero ¿por qué dejó que la vida me maltratase y me quitase los juguetes, y me dejase solo en el recreo, estrujando con unas manos tan débiles el babi azul sucio de lágrimas incesantes? Si yo no podía vivir sino acariciado, ¿por qué echaron fuera a mi cariño? Ah, cada vez que veo en la calle a un niño llorando, un niño exiliado de los otros, me duele más que la tristeza del niño en el horror desprevenido de mi corazón exhausto. Me duelo con toda la estatura de la vida sentida, y son mías las manos que retuercen el borde del babi, son mías las bocas torcidas por las lágrimas verdaderas, es mía la debilidad, es mía la soledad, y las risas de la vida adulta que pasa me gastan como luces de fósforos frotados en el tejido sensible de mi corazón.[34]

Primeros recuerdos

Hemos reiterado antes que la infancia nos marca, la infancia nos moldea, la infancia nos configura, la infancia nos define, la infancia es el auténtico paraíso perdido, la infancia queda adherida a nuestro yo y así continuará toda la vida. Pero ¿qué guarda nuestra memoria de aquellos años de magia y sorpresa?, ¿los recuerdos de la infancia contienen experiencias reales o son invenciones tejidas al amparo de lo que cuentan nuestros mayores?; en definitiva, ¿qué recuerda el adulto de su infancia?

«Yo no tengo recuerdos de mi infancia». Con esta contundencia abre el inefable escritor francés Georges Perec la parte autobiográfica de su entrañable *W o el recuerdo de la infancia*, para, unas páginas más adelante, precisar:

> No sé en qué punto se rompieron los hilos que me ligan a mi infancia. Como todas las personas, o casi todas, tuve un padre y una madre, un orinal, una cuna, un sonajero y más tarde una bicicleta [...]. Como todas las personas, lo he olvidado todo sobre los primeros años de mi existencia.[35]

El hecho más evidente respecto a la memoria de la infancia es que los adultos tenemos muy pocos recuerdos de los primeros años. Lo cual no deja de ser sorprendente si se tiene en cuenta el papel tan determinante que, como venimos señalando, juega la infancia o, más exactamente, lo vivido y experimentado en la infancia a lo largo de la vida. Freud no fue ajeno en absoluto a esta paradoja y escribió:

> Es indudable que los sucesos de nuestros primeros años infantiles dejan en nuestra alma huellas indelebles; pero cuando preguntamos a nuestra *memoria* [...] permanece muda o nos ofrece tan sólo un número relativamente pequeño de recuerdos aislados.[36]

Y, en efecto, todo parece indicar que la escasez de recuerdos de los años de infancia se concreta, por un lado, en la carencia (casi) absoluta de recuerdos de los dos, tres o cuatro primeros años de la vida y, por otro, en el olvido de gran parte de los recuerdos formados hasta los siete u ocho años de edad.

Los adultos no tenemos, por lo general, recuerdos de lo que nos ocurrió antes de cumplir los tres o cuatro primeros años, aunque algunas personas afirman recordar acontecimientos de cuando tenían un año e incluso menos. En tales casos, lo habitual es que sus «recuerdos» se limiten a sensaciones, por lo general auditivas y visuales, como sonidos, destellos, luces, colores, paisajes, o, a lo sumo, a fragmentos de hechos inconexos, pero no a historias o relatos con cierta coherencia narrativa, que es lo que caracteriza un verdadero recuerdo. Veamos algunos ejemplos.

Virginia Woolf empieza su texto autobiográfico *Apunte del pasado* relatando los que considera sus tres primeros recuerdos, todos ellos «recuerdos de color y sonido», escribe. El más importante de los tres, tan importante que —según Woolf— sobre él se apoyaría su vida:

> Es el recuerdo de yacer en cama, medio dormida, medio despierta, en el cuarto de los niños de St. Ives. Y es el recuerdo de oír olas al romper, una, dos, una, dos, y mandando el agua a la playa; y después, rompiendo, una, dos, una, dos, detrás de una persiana amarilla. Es el recuerdo de oír cómo la persiana arrastraba por el suelo la pequeña pieza en forma de bellota del extremo del cordón, cuando el viento impulsaba la persiana hacia fuera. Es el recuerdo de yacer, y de oír el agua, y de ver esta luz, y de sentir, es casi imposible que yo esté aquí; de sentir el más puro éxtasis que se pueda concebir. Podría consumir horas intentando escribir esto tal como debiera escribirse, a fin de comunicar aquella sensación que incluso en este momento tan fuertemente experimento. [...] El graznar de las cornejas es parte del romper de las olas —una, dos, una, dos—, y el sonido del agua al retirarse la ola, para luego volver a alzarse, y yo yacía allí, medio despierta, medio dormida, gozando de un éxtasis tal que no puedo describirlo.[37]

La extraordinaria capacidad para penetrar en los vericuetos de su propia mente, su casi obsesivo amor por los detalles y la elegancia de su escritura permiten a Vladimir Nabokov describirnos su «primer destello de conciencia completa» sobre lo que considera su primera memoria, como una amalgama de luces, manchas y destellos fluyendo en «el puro elemento del tiempo». He aquí sus palabras:

> Al escudriñar mi infancia (que es lo que más se parece a escudriñar la eternidad) veo el despertar de la conciencia como una serie de destellos espaciados, y los intervalos que los separan van disminuyen-

do gradualmente hasta que se forman luminosos bloques de percepción que proporcionan a la memoria un resbaladizo asidero [...]. A juzgar por la intensa luz que [...] invade de inmediato mi memoria con manchas lobuladas de sol que se cuelan por entre capas superpuestas de verdor, el día al que me refiero pudo ser el del cumpleaños de mi madre, al final del verano, en el campo [...]. Ciertamente, desde mi actual cresta de tiempo remoto, aislado y casi deshabitado, veo a mi yo diminuto que celebra, en aquel día de agosto de 1903, el nacimiento de la vida consciente.[38]

La siempre elegante y precisa pluma de José Manuel Caballero Bonald transmite también con su proverbial sabiduría esas memorias imprecisas y sensuales, no verbales, pero de profundo impacto en el alma del niño incapaz todavía de construir recuerdos y de situarse en ellos. Así, en su primer volumen autobiográfico, *Tiempo de guerras perdidas*, escribió:

> Los veranos más remotos de que tengo noticias se refieren al campo, que es donde solíamos pasar las vacaciones [...] ese es un tramo de mi primera memoria muy borroso, apenas esbozado a través de emergencias fragmentarias en las que no acierto a reconocerme [...]. Pero sí conservo una noción inequívoca de lo que podría ser la interiorización sensible del campo, en sus más rudimentarios términos comparativos: por ejemplo, un olor hecho de muchos olores impredecibles, la luz de aluminio de los almijares, la calentura estacionada en las cepas, la soledad taciturna del crepúsculo... Y, sobre todo, esa emanación visceral, como salida del útero de la tierra, que circunvalaba la comarca entera durante la vendimia. No conservo los recuerdos, sino la sedimentación emocionante de esos recuerdos, es decir, lo que yo sentía en abstracto cuando estaba allí y todavía siento hoy cada vez que vuelvo a aquellos recodos de la campiña jerezana.[39]

Karl Ove Knausgård indaga también en la naturaleza informe de las huellas tempranas de nuestra memoria, aunque lo hace subiendo un nivel de concreción al pasar de las luces, los destellos o los olores a las imágenes visuales y la profunda huella que pueden dejar en la memoria. En la ya citada *La isla de la infancia*, el escritor noruego escribe:

El paisaje de la infancia no es el mismo que el que sigue luego, está cargado de una manera muy diferente. En ese paisaje cada piedra, cada árbol tenía un significado; y dado que todo se veía por primera vez, y además se veía muchas veces, ha quedado anclado en lo más profundo de la conciencia, no sólo vaga y aproximadamente, tal y como el paisaje de delante de casa se les aparece a los adultos si cierran los ojos para evocarlo, sino de un modo monstruosamente preciso y detallado. En mi mente sólo tengo que abrir la puerta y salir para que las imágenes fluyan.[40]

Al comienzo de su obra autobiográfica *Dentro de mí*, la escritora británica Doris Lessing se plantea el problema de la recuperación de lo ocurrido durante la niñez y, tras proponer diferentes supuestos acerca de la naturaleza y la veracidad de los recuerdos tempranos, concluye que los recuerdos de la infancia contienen básicamente sensaciones y percepciones sobre el entorno físico —con frecuencia, feo, amenazante y gigantesco— en el que se mueve el niño. He aquí su descripción desde la perspectiva de campo o de primera persona:

Una cosa minúscula entre pesados gigantes, que dan golpes fortuitos, que huelen, que se agachan hacia ti con grandes y feas caras peludas, mostrando grandes dientes sucios. El pie que miras con recelo, mientras intentas no perder de vista todos los otros peligros, es casi tan grande como tú. Las manos que suelen agarrarte pueden estrujarte hasta dejarte casi sin respiración. Las habitaciones por las que corres, los muebles entre los que te mueves, ventanas, puertas, son enormes, nada es de tu tamaño, pero un día serás lo bastante alta para llegar hasta la manija de la puerta o el tirador de un armario. Estos son los auténticos recuerdos de la infancia, y cualquier otra cosa que te iguale con los adultos es una invención posterior. Un intenso sentido físico, esta es la verdad de la infancia.[41]

Esta propuesta de Lessing me parece muy interesante porque supone avanzar un paso más en la concreción de los primeros recuerdos: de las imágenes visuales indeterminadas a los objetos: caras, manos, pies, puertas, muebles, etc. Objetos todos enormes, inaccesibles o amenazantes que invaden físicamente a los niños. Sin embargo, al concluir que esos son los verdaderos recuerdos de la infancia y que todo lo que se asemeje a los recuerdos de los adultos (entiéndase, una narración) es una invención posterior, me parece un planteamiento radical y poco probable, dado que nos llevaría a asumir que todo recuerdo de la infancia que se ajuste a un relato bien narrado es una fantasía o una invención del adulto. Naturalmente, tal consideración resulta insostenible a la luz de los hechos que nos ofrecen tanto la ciencia como los innumerables testimonios de personas de todo tipo; salvo que Lessing se estuviera refiriendo a los «recuerdos» de eventos ocurridos durante el primer o segundo año de vida. De hecho, ella misma nos demuestra que las cosas no parecen ser así cuando nos cuenta abundantes recuerdos de su infancia «rodeados de encanto y magia» en forma de historias «maravillosas» como esta:

> He perdido mi oveja de juguete, un pedazo de madera sobre ruedas recubierto con auténtica piel de cordero. Estoy llorando y me alejo para ver un rebaño de corderos y al pastor, un hombre alto y oscuro con ropas oscuras, mirándome. El polvo se arremolina alrededor de él y de las ovejas, y un crepúsculo enrojece el polvo. Esto es todo. En mis *Historias bíblicas para niños* había un dibujo del Buen Pastor, pero allí no podía haber polvo, ni olor de corderos y polvo. La memoria está cargada de sentido, vuelve y vuelve, y nunca sé por qué.[42]

La memoria siempre vuelve. Claro que sí. Aunque sea avara y no le guste dar, como escribió Isaac Bashevis Singer, premio Nobel de Literatura en 1978, en *El esclavo*. El secreto parece estar en no rendirse, en pedir con insistencia: «Si no se le da reposo —continúa diciéndonos el narrador de *El esclavo*—, [la memoria] acaba por devolver cuanto se ha depositado en ella».[43] Una idea que Singer corrobora en su obra autobiográfica *Amor y exilio* con abundantes recuerdos de sus primeros años. Recuerdos que, en contra de la primera opinión de Lessing, toman la forma de narraciones comparables a las del adulto. He aquí un ejemplo:

> Cuando nos trasladamos a Radzymin, yo tenía tres años y cinco meses; sin embargo, hasta hoy recuerdo Leoncin y los episodios que allí viví. Cuando al cabo de unos años se lo conté a mi madre, se re-

sistió a creerme. Me interrogó acerca de los detalles y llegué a convencerla de que decía la verdad. Le describí cada casa, cada tienda, así como a muchas de las familias judías vecinas del lugar. También me acordé de un buen número de gentiles, tanto polacos como alemanes [...]. Llegué a recordar un largo paseo hasta el Vístula acompañado de mi hermana Híndele y otras dos muchachas, así como la ceremonia de la circuncisión de mi hermano Móishe, tres años menor que yo. Mi madre no dejaba de exclamar: «¡Qué memoria! ¡Que Dios te guarde del mal de ojo!».[44]

Los recuerdos de la infancia constituyen un universo de mil caras por su extraordinaria variedad. Un universo heterogéneo en el que se mezclan y entrecruzan huellas del pasado más remoto de una total simplicidad pero profunda impresión, como esos destellos, colores, luces u olores de los que hablan Woolf, Nabokov y Caballero Bonald, con imágenes de objetos bien definidos, enormes, amenazantes o inaccesibles, como los que recuerda Lessing y, cómo no, con relatos que son auténticas historias llenas de coherencia y sentido como las que nos ofrece Singer. Y ese universo es tan desigual porque no podría ser de otra manera. La razón básica estriba en algo tan sencillo y fundamental como que la infancia es un periodo de desarrollo y cambio permanentes en el que la memoria nace y evoluciona desde formas totalmente simples y limitadas, incapaces de atrapar y retener nada más allá de las sensaciones puras y básicas de la vida, hasta formas de memoria cada vez más complejas que, en íntima conexión con otros procesos cognitivos, adquieren progresivamente capacidad para recoger y guardar las experiencias del día a día en forma de historias que, además, en la infancia servirán de sustento y garantía al incipiente yo.

Origen de los recuerdos más tempranos

Cuando se aborda el origen de los recuerdos de la infancia surge de inmediato una duda acerca de su veracidad: ¿los recuerdos que los adultos evocan de su infancia proceden de experiencias vividas o son historias construidas a partir de lo que han oído contar a sus mayores?

LA MEMORIA Y LA VIDA

En su obra autobiográfica *Las pequeñas memorias*, José Saramago, premio Nobel de Literatura en 1998, se plantea exactamente la misma duda:

> A veces me pregunto si ciertos recuerdos son realmente míos, si no serán otra cosa que memorias ajenas de episodios de los que fui actor inconsciente y de los que más tarde tuve conocimiento porque me los narraron personas que sí estuvieron presentes.[45]

La primera frase, las palabras con las que el escritor brasileño Jorge Amado arranca su autobiografía *Memoria de un niño*, abre de par en par igualmente el dilema que nos ocupa. He aquí su testimonio:

> De tanto oírsela contar a mi madre la escena me resulta tan viva y real como si hubiese guardado memoria de lo acontecido: la yegua que cae muerta, mi padre bañado en sangre alzándome del suelo.[46]

El suceso de la muerte de la yegua tuvo lugar cuando él era un niño de sólo diez meses; sin embargo, su memoria construye una historia nítida, llena de emoción y riquísima en detalles:

> Tenía yo diez meses, gateaba por el mirador de la casa al final del crepúsculo, cuando las primeras sombras de la noche caían sobre los campos de cacao recién plantados encima de la selva virgen, inhóspita y antigua. [...] Mi padre estaba cortando caña para la yegua, su montura preferida. El *jagunço* [hombre armado al servicio de un hacendado], apostado tras un guayabo, con el arma de repetición apoyada en una horquilla de una rama (así lo veo en la nítida rememoración), esperó el mejor momento para descargar el arma. ¿Qué fue lo que salvó al condenado? Un movimiento brusco de él o de la yegua, pues el animal recibió la bala mortal, mientras en los hombros y en la espalda del coronel Joao Amado de Faria se incrustaban esquirlas de plomo que jamás quiso retirar, visibles bajo la piel hasta el fin de sus días [...]. Aún consiguió el herido alzar al hijo y llevarlo hasta la cocina, donde estaba doña Eulalia preparando la cena. Le entregó al niño cubierto con la sangre paterna. Sucedió en el lejano 1913. Yo había nacido en agosto de 1912, en aquella misma plantación de cacao.[47]

Amado continúa narrando acontecimientos terribles, catástrofes naturales como la inundación a comienzos de 1914 por la crecida del río Cachoeira, que dejó a su familia en la pobreza absoluta y convirtió a sus padres en fugitivos, en refugiados a la búsqueda de un techo. Cuando ocurrió aquel desastre, el escritor era un niño de dieciséis meses, pero su memoria recuerda esos episodios. Y Jorge Amado se hace una pregunta crucial:

> ¿Existirá aún algún recuerdo guardado en la retina del niño —las aguas creciendo, entrando por las tierras, cubriendo los herbazales, arrastrando animales, restaurando el misterio violado de la selva—, o todo es el resultado de los relatos oídos?[48]

No me cabe la menor duda de que *algunos* recuerdos de la infancia que se recuperan con total claridad y que entran en nuestra conciencia con una sensación inequívoca de pasado vivido y experimentado personalmente tienen su origen en historias oídas a nuestros mayores en repetidas ocasiones y no en algo acontecido a nosotros. La memoria humana está diseñada para guardar no sólo lo vivido por su poseedor, sino todo lo que le llega. Ahí radica precisamente su fuerza. Y eso que «le llega» procede tanto del *exterior* —como las historias que cuentan los adultos— como del *interior* —los pensamientos, fantasías, imaginaciones o cualquier otra operación mental, cuyos productos dejan su huella en la propia memoria—.

Un magnífico ejemplo de cómo el pensar o imaginar repetidas veces algo oído acaba creando un recuerdo cuya evocación, aun a sabiendas de que no puede proceder de la experiencia personal, genera en la persona la sensación de pasado y puede emocionar como el recuerdo de acontecimientos vividos a plena conciencia, lo encontramos en la inconmensurable obra autobiográfica del escritor francés François de Chateaubriand (1768-1848) *Memorias de ultratumba*. En el *Libro I*, escribe:

> Estaba casi muerto cuando vine al mundo. El bramido de las olas, encrespadas por una borrasca que anunciaba el equinoccio de otoño, impedía oír mis gritos: me han contado a menudo estos detalles; su tristeza no se ha borrado nunca de mi memoria. No pasa día sin que,

meditando acerca de lo que he sido, no vuelva a ver en mi imaginación el peñasco sobre el cual nací, la habitación donde mi madre me infligió la vida, la tempestad cuyo ruido acunó mi primer sueño, el desdichado hermano que me dio un nombre que casi siempre he llevado en la desgracia. El cielo pareció haber reunido estas distintas circunstancias para poner en mi cuna la imagen de mi destino.[49]

Lo destacable de este caso es comprobar cómo un recuerdo falso —y es falso en el sentido de que a pesar de contener elementos que ciertamente ocurrieron no tiene su origen, evidentemente, en una vivencia del recién nacido Chateaubriand, sino en una construcción que él elabora a partir de las muchas veces que le contaron las circunstancias de su nacimiento— le hace sentir siempre que lo evoca emociones intensas y revivir imágenes visuales y auditivas similares a las que acompañan a los recuerdos verdaderos.

Un caso similar pero más interesante, si cabe, como ahora veremos, es el recuerdo falso que el eminente psicólogo y epistemólogo Jean Piaget nos cuenta en su obra *La formación del símbolo en el niño*. En el apartado que dedica a la explicación freudiana del pensamiento simbólico, Piaget hace referencia a los recuerdos que «dependen de otras personas», y lo ilustra con un ejemplo personal extraordinariamente convincente. Así lo cuenta el propio Piaget:

> [...] uno de mis más antiguos recuerdos se remontaría, si fuera cierto, a mi segundo año de vida. Veo todavía, en efecto, con una gran precisión visual, la escena siguiente en la que he creído hasta alrededor de los quince años: iba sentado en un cochecito de niño empujado por mi niñera por los Campos Elíseos (cerca del Grand Palais), cuando un individuo quiso raptarme. La correa de cuero ajustada a la altura de mis caderas me retuvo, mientras la niñera trataba valerosamente de interponerse entre el hombre y yo (hasta recibió algunos arañazos que aún puedo ver vagamente en su frente). Se formó una aglomeración y un agente de policía con capa corta y un bastón blanco se acercó, lo que hizo huir al individuo. Veo todavía toda la escena y hasta la localizo cerca de la estación del metro. Cuando tenía alrededor de quince años, mis padres recibieron de mi antigua niñera una carta anunciándoles su conversión al Ejército de Salvación. Deseaba confesar sus antiguas faltas y, en particular, devolver el reloj recibido

como recompensa de esta historia, totalmente inventada por ella (incluyendo el detalle de los rasguños). He debido, pues, escuchar de niño el relato de los hechos en los que mis padres creyeron y lo proyecté en el pasado bajo la forma de un recuerdo visual que es, pues, falso. Muchos recuerdos son, sin duda, del mismo tipo.[50]

Este recuerdo falso resulta muy interesante porque, además de ilustrar excelentemente el caso de la creación de recuerdos infantiles que dependen de personas ajenas al niño, el detallado relato de Piaget permite sacar a la luz una serie de cuestiones que, en mi opinión, nos dan mucha información acerca de cómo funciona nuestra memoria.

En primer lugar, destacaría la facilidad con la que la memoria hace suyos relatos ajenos y los convierte en recuerdos personales, que, por definición, son falsos (más adelante veremos que este fenómeno no es exclusivo de la infancia, sino que puede darse y, de hecho, se da en cualquier época de la vida). En segundo lugar, que la recuperación o evocación de un recuerdo falso se acompaña siempre de la misma sensación de pasado y de pertenencia que la evocación de recuerdos auténticos, es decir, que se trata de algo que le sucedió al sujeto que lo evoca (esta es la conciencia autonoética). En tercer lugar, que, aunque surja la oportunidad que desmienta que tal evento le sucedió al sujeto que recuerda —en el caso de Piaget, el desmentido se produjo cuando tenía quince años—, ese recuerdo, que a partir de entonces será considerado «falso» por el propio sujeto, no sufrirá cambio alguno ni en su estructura ni en su contenido ni en la conciencia autonoética que acompañará a su evocación, salvo en la *creencia*[51] de que ocurrió. Piaget supo, desde que tenía quince años, que aquel intento de rapto no llegó a producirse nunca, por lo que dejó de creer en dicho recuerdo; sin embargo, él recordó siempre, con todo detalle y con numerosas y nítidas imágenes visuales, aquel día en el que un individuo intentó raptarlo mientras su niñera lo paseaba por los Campos Elíseos.

A este respecto, cabría preguntarse: ¿cambió algo en la memoria de Piaget el hecho de que su antigua niñera decidiera ingresar en el Ejército de Salvación y confesase sus mentiras? En mi opinión, muy pocas cosas. Aquella historia y su correspondiente recuerdo comparte emociones, sentimientos e imágenes, como un recuerdo más en la memoria de Piaget, con el resto de sus recuerdos. Lo único que hará diferente a ese recuerdo es que cada vez que Piaget lo evoque aparecerá con el veredicto de «falso» y carente de lo que actualmente se llama «creencia autobiográfica» o «creencia de que ocurrió».[52] Exactamente igual que en el caso referido de Chateaubriand: él sabe positivamente que nadie puede recordar el momento de su nacimiento, pero ese conocimiento no cambia en absoluto la representación mental cargada de emociones e imágenes que él experimenta cada vez que «recuerda» el día en que nació.

No es difícil inventar el pasado propio o ajeno, ni embellecerlo ni cambiarlo; lo comprobamos en el capítulo 3. Pero es en la infancia donde la influencia de los adultos puede alterar con mayor facilidad el recuerdo de los niños o inocular recuerdos íntegramente falsos. «Los adultos nunca paran de plantar recuerdos en los niños», dice Coetzee. Y, apelando a su propia experiencia, añade:

> [...] yo no tengo recuerdos de antes de los cuatro años que no me hayan venido impuestos, o incluso instalados, ya sea por las palabras de mi madre o bien por alguna fotografía que mi madre ha interpretado para mí. «¿No te acuerdas? Esto fue el día en que cumpliste tres años. Esto fue cuando vivíamos en aquella casa vieja y fea de Warrenton, donde hacía tanto calor y se oía a los mosquitos toda la noche».[53]

Convencida de semejante hecho, Doris Lessing escribió al respecto:

> Un padre dice: «Te llevamos al mar y levantaste un castillo de arena, ¿no lo recuerdas?... Mira, aquí está la fotografía». E inmediatamente el niño construye, a partir de las palabras y de la fotografía, un recuerdo que pasa a ser suyo.[54]

Sin embargo, frente a esa realidad, Lessing se rebela y reivindica con toda firmeza que lo que ella recuerda es lo que ocurrió y no lo que le contaron sus padres. Sus recuerdos, nos dice, son «auténticos recuerdos», auténticas historias en las que confía. «En parte —argumenta—, porque he pasado parte de mi infancia "fijando" momentos en mi pensamiento». Y continúa diciendo:

Claramente tuve que luchar para establecer una realidad propia, contra la insistencia de los adultos para que aceptara la suya. Me presionaron para que admitiera que lo que yo sabía que era cierto no lo era. [...] Por qué, si no, mi preocupación que duró años: *esta* es la verdad, *esto* es lo que sucedió, mantente en ello, no les permitas que te disuadan de ello.[55]

El caso de Lessing es paradigmático porque dedica mucho tiempo y espacio —y así se refleja en su autobiografía— a contrastar la versión de su madre y la suya propia sobre los mismos episodios de su infancia para insistir en que las cosas ocurrieron como ella, y no su madre, las recuerda. Todo un ejemplo de reivindicación de la memoria infantil.

Pero ni todos los recuerdos de la infancia son invenciones a partir de relatos oídos a los adultos ni todos los recuerdos de los primeros años son «auténticos recuerdos» como subraya Lessing. Probablemente, la mayor parte de los recuerdos de la infancia recogen una mezcla de sensaciones, emociones, experiencias vividas, invenciones por influencia de los mayores y creaciones de la propia memoria. Y es que no hay recuerdos *puros*, pero ni en la infancia ni en la adultez, como veremos más adelante.

Lo interesante de este planteamiento es que viene a poner de manifiesto que la memoria humana funciona desde muy temprano con la misma dinámica con la que funcionará el resto de la vida: es decir, reconstruyendo experiencias vividas que acaban siendo, al convertirse en narrativas, historias en las que se combinan y entrelazan elementos de la vivencia original con retazos de historias oídas y detalles añadidos para su ajuste al contexto en que se recuerda.

La poeta Julia Uceda escribió un delicioso poema, «El tiempo me recuerda», que se abre con unos versos llenos de sabiduría respecto al origen amalgamado de los recuerdos. Dice así:

Recordar no es siempre regresar a lo que ha sido.
En la memoria hay algas que arrastran extrañas maravillas;
objetos que no nos pertenecen o que nunca flotaron.[56]

¿A CUÁNDO SE REMONTAN LOS PRIMEROS RECUERDOS?

Durante más de veinticinco años, he iniciado las clases prácticas de la asignatura Psicología de la memoria planteando a mis alumnos esta pregunta: «¿Cuál es tu recuerdo más antiguo?». La idea de dicha práctica no es mía, sino que se remonta a las postrimerías del siglo XIX, cuando dos psicólogos franceses llevaron a cabo el primer estudio sobre los recuerdos más tempranos que los adultos pueden evocar de su infancia.

Encuesta sobre los primeros recuerdos

A finales del siglo XIX, el psicólogo francés Victor Henri (1872-1940), colaborador de Alfred Binet y uno de los mayores especialistas de su tiempo en psicología de la memoria,[57] elaboró junto con su esposa Catherine Henri un cuestionario sobre los recuerdos más tempranos. El cuestionario, titulado *Enquête sur les premiers souvenirs de l'enfance*, contenía once preguntas y fue publicado en 1895 en revistas científicas de diferentes países (Francia, Rusia, Inglaterra y Estados Unidos), con la petición expresa de que fuese cumplimentado por adultos.[58] El objetivo del estudio, se decía, era ver qué tipos de recuerdos podían recuperar las personas adultas de los años de su niñez. En concreto, en el cuestionario se pedía a los participantes que evocasen sus primeros recuerdos infantiles (la pregunta número 4 decía exactamente: «*Quel est le premier souvenir que vous avez de votre enfance?*»), las imágenes sensoriales con las que estaban asociados y las fechas de tales recuerdos. Además, con el cuestionario se pretendía analizar otras cuestiones de importancia tales como la edad y la profesión de los participantes, la naturaleza de las imágenes predominantes (visuales y auditivas), el contenido de los recuerdos, la frecuencia con la que los habían evocado, las personas y objetos involucrados y la importancia personal de los eventos originales.

Respondieron 123 personas (35 mujeres y 88 hombres) de entre dieciséis y sesenta y cinco años, y los resultados fueron publicados en 1897 en la revista francesa *L'Année Psychologique*.[59]

Con este estudio, Victor y Catherine Henri aportaron la primera evidencia empírica sobre la *escasez* de recuerdos que los adultos tenemos acerca de los eventos ocurridos en los primeros años de la vida; tanto que la mayoría de los participantes mostraban tener una amnesia casi total de lo vivido en sus dos o tres primeros años. En efecto, los Henri comprobaron que la mayor parte de los primeros recuerdos procedían de acontecimientos ocurridos hacia los *tres años*: esta fue la edad promedio de los recuerdos de 118 participantes. No obstante, es importante señalar que algunos participantes, aunque muy pocos, indicaron tener recuerdos de edades más tempranas (uno de ellos lo dató a los seis meses, dos a los ocho meses y cuatro al año) mientras algunos otros, por el contrario, situaban su primer recuerdo después de los seis (cinco personas), los siete (dos) y los ocho años (un participante).

Otro hallazgo de los Henri que merece ser especialmente destacado se refiere al papel determinante de las *emociones*. A este respecto, comprobaron que los primeros recuerdos solían ir acompañados de sentimientos y emociones fuertes, y que el impacto emocional era tanto mayor cuanto más temprano era el recuerdo. Así, una de las participantes recordaba cuándo comenzó a andar sola y aseguraba que había sido antes del año y medio de edad: según su relato, se veía caminando de una señora a otra con la ayuda de una silla, y aquello —escribió— «me producía un gran placer». Otra había escrito:

> Cuando me retiraron el biberón, estuve varios días llorando por mi «bibe» y, como me habían dicho que se lo había llevado un perro, un día que vi uno, dije: «¡El perrito que se llevó mi bibe!». Tenía catorce meses.[60]

Por el contrario, los primeros recuerdos de las personas que los habían situado a los cinco o seis años, aunque también habían impresionado a los pequeños, generalmente contenían una carga emocional menor. He aquí un ejemplo:

> Veo la clase de los más pequeños en la escuela primaria a la que acabo de llegar; el maestro, un señor con unos anteojos que me impresionan, está de pie junto a su mesa regla en mano; se acerca a la

persona que me acompaña. Mientras tanto, de pie, yo miro las paredes cubiertas de colores, mapas, la pizarra, los bancos de los alumnos, etc. Yo tenía alrededor de seis años.[61]

Otra observación relevante relacionada con la edad del primer recuerdo es que las personas que lo situaban muy pronto, digamos con un año de edad, tenían también otros recuerdos de los dos o los tres años y, lo que parece más interesante, podían reconstruir el curso de su vida desde los cinco o seis años en adelante; mientras que aquellos que situaban su primer recuerdo a los cinco o seis años no podían empezar a reconstruir su corriente de vida hasta los ocho, nueve o diez años. Por tanto, como señaló Freud a propósito de este hallazgo, «lo que se adelanta o retrasa en los distintos individuos no es tan sólo el momento del primer recuerdo, sino toda la función de la memoria».[62]

Quisiera destacar, por último, que en este trabajo de los Henri se encuentra también la primera referencia al modo como los adultos tienden a percibirse a sí mismos cuando evocan sus recuerdos más antiguos. En concreto, estos psicólogos franceses comprobaron la tendencia de los participantes a ver al niño o niña que fueron desde la perspectiva de un observador externo (ver capítulo 2). Uno de tales recuerdos rezaba así: «Estoy a la orilla del mar y mi madre me tiene en brazos; este cuadro se me aparece como si yo estuviese lejos de la escena».[63]

Repercusión e importancia de «la encuesta» de los Henri

El estudio sobre los primeros recuerdos de Victor y Catherine Henri podría haber tenido el mismo destino que tantos y tantos excelentes trabajos de entonces y de ahora; esto es, quedar perdido e ignorado en las páginas de revistas científicas que acumulan polvo y desinterés en un mundo cada vez más desbordado por sus propias publicaciones. Sin embargo, el trabajo de los Henri llegó a las manos de Sigmund Freud, quien lo valoró muy positivamente y «enlazó» sus «interesantísimos resultados» a los de su propio estudio sobre «los recuerdos calificados por nosotros de *encubridores*».[64] En efecto, en su trabajo titulado «Los recuerdos encubridores», publicado en 1899, Freud recurre con frecuencia a los resultados del estudio de los Henri para confirmar muchas de sus ideas sobre el contenido y las características de los recuerdos infantiles. Esta circunstancia fue determinante para la difusión internacional del estudio de los psicólogos franceses y para el hecho de que haya pasado a la historia de la psicología de la memoria como una investigación de referencia obligada.

Y es que *Enquête sur les premiers souvenirs de l'enfance* es una investigación, además de muy rigurosa y detallada, extraordinariamente exhaustiva: los Henri analizaron casi todas las cuestiones que en la actualidad se consideran relevantes sobre los primeros recuerdos; a saber: la ausencia total de recuerdos de los dos-tres primeros años de la vida, la edad promedio del recuerdo más antiguo, el papel crucial de las emociones, el predominio de las imágenes visuales sobre las auditivas y, en definitiva, la escasez de recuerdos de los años de la infancia.

No incluyeron sin embargo en su *Encuesta*, y así lo reconocen los propios autores, ninguna cuestión para valorar la exactitud del primer recuerdo; no obstante, aportaron los comentarios que un número importante de participantes hicieron para confirmar la veracidad de sus recuerdos, y comprobaron que, en todos los casos excepto en dos, la verificación confirmó su exactitud. He aquí uno de los casos que los autores consideraron más interesantes:

> Mi recuerdo más antiguo es un balcón, o galería de madera, que se extiende a la altura del primer piso de una casa de campo; una balaustrada de madera tallada protegía el balcón: puedo ver su altura muy bien, que me parece muy grande comparada conmigo. La veo desde fuera, como si yo estuviese en el patio. Es un recuerdo que a menudo me devuelve a mi infancia, sin que pueda localizarlo ni estar seguro siquiera de que es un recuerdo: en realidad, creo que reaparece más en sueños que en estado de vigilia. Ha tenido cierta importancia para mí, pero no está conectado a nada. Cuando tenía quince o dieciséis años, pasé por un pueblo del que mis padres se habían trasladado cuando yo tenía dos años; al que no creo haber vuelto desde entonces. En cualquier caso, no reconocí nada del pueblo: ni la iglesia, cerca de

la cual vivíamos, ni la plaza ni ninguna casa; pero, al ver el balcón, inmediatamente lo reconocí como mi balcón, el balcón de mi recuerdo. Entonces pregunté qué casa era esa y era la casa en la que habíamos vivido.[65]

El problema de la verificabilidad de los recuerdos autobiográficos en general, y de los primeros recuerdos en particular, es el mayor escollo al que con frecuencia han de hacer frente los investigadores y para el que, por lo general, no es fácil encontrar una solución. Razón por la cual me ha parecido pertinente detenernos en la estrategia metodológica seguida por los Henri para controlar la veracidad de los primeros recuerdos. En años recientes, cuando el problema de la amnesia infantil se ha empezado a estudiar con niños en lugar de con adultos, este problema se resuelve pidiendo a los padres la verificación de los primeros recuerdos de sus hijos.

El trabajo de los Henri fue el primer estudio sobre los recuerdos más tempranos. Ningún investigador había realizado hasta entonces nada parecido, lo cual suponía una dificultad añadida.[66] Sin embargo, tuvieron la suficiente intuición y genialidad como para explorar, según se ha dicho, las cuestiones verdaderamente esenciales. Ahora bien, su estudio se basó en una encuesta, por lo que, como reconocen al final de su artículo los propios autores, «no se debe esperar encontrar en una encuesta la solución definitiva a ninguna cuestión». Las encuestas «se quedan siempre en la superficie [...] nunca nos dicen el porqué de las cosas», aunque sí muestran «los asuntos que deben ser estudiados».[67] Y así ha sido: en las últimas décadas, con el resurgimiento del interés por desentrañar el problema de la «amnesia infantil», los resultados de los Henri han marcado el punto de partida de las numerosas investigaciones que tratan de encontrar las causas del fenómeno y de delimitar sus fronteras.

En síntesis, los muchos estudios recientes en este campo podrían agruparse en torno a cuatro objetivos: la edad del primer recuerdo, el contenido o las cualidades de los primeros recuerdos, la explicación de la amnesia infantil y la escasez de recuerdos de toda la infancia. Detengámonos siquiera brevemente en cada uno de ellos.

¿CUÁL ES TU RECUERDO MÁS ANTIGUO?

El interés de los científicos por conocer a cuándo se remontan los recuerdos más tempranos de una persona se justifica no sólo porque pone de manifiesto la ausencia prácticamente total de recuerdos de los primeros años de vida, sino, sobre todo, porque con ese conocimiento se puede precisar el momento (aproximado) en el que, por un lado, finaliza la «amnesia infantil» y, por otro, comienza a funcionar el sistema de memoria autobiográfica.

Si bien Freud señaló en un principio que todos experimentamos un olvido o una «peculiar amnesia que oculta [...] los primeros años de [la] infancia hasta el séptimo o el octavo»,[68] la práctica totalidad de estudios posteriores no han confirmado dicha estimación temporal, sino más bien los hallazgos originales de los Henri, dado que la edad promedio del recuerdo más temprano encontrada en tales estudios es exactamente de 3,48 años.[69] La misma edad que también aparece en los cálculos de mis propios estudios.

En efecto, tomando como base los datos recopilados durante casi tres décadas con mis alumnos —en la práctica «¿Cuál es tu recuerdo más antiguo?», mencionada anteriormente—, sobre una muestra que sobrepasa los dos mil quinientos participantes (de edades comprendidas entre los diecinueve y veintiún años), he podido comprobar que el 80-85 % situaba su primer recuerdo entre los tres y los cuatro años (edad promedio: tres años y medio). Asimismo, y como comprueban sistemáticamente todos los investigadores desde el primer estudio conocido, en nuestro estudio encontramos una gran dispersión en el fechado del primer recuerdo (de un año o menos a once-doce años); es decir, una gran variabilidad entre los participantes, con algunos sujetos (0,6 %) que lo situaban antes del primer año y un número muy reducido (0,2 por %) que lo situaban a los once-doce años.

La frontera de la amnesia infantil o del comienzo de la memoria autobiográfica parece situarse en los tres años y medio. Ese es el punto en el que tradicionalmente se han fijado los límites de la amnesia infantil; sin embargo, estudios recientes han hecho ver que la investigación se ha realizado hasta ahora sólo con adultos, y han demostrado que, cuando se incluyen en los estudios niños y adolescentes, la edad del primer recuerdo cambia de forma significativa respecto a ese punto.[70]

En concreto, los estudios más recientes han puesto de manifiesto tres hallazgos interesantes: por un lado, que los niños y los adolescentes evocan más recuerdos que los adultos de acontecimientos vividos antes de cumplir los tres años; por otro, que los niños y los adolescentes sitúan su recuerdo más antiguo por debajo de los tres años y medio típicos de los adultos[71] y, por último, que todo el mundo, sean adultos, adolescentes o niños, tiende a situar sus recuerdos más antiguos a una edad más tardía que a la que en realidad ocurrieron (algo que se ha comprobado al comparar la información de los participantes con la proporcionada por los padres u otros adultos que estuvieron presentes en el momento de los acontecimientos).

Este último hallazgo ha sido explicado por la profesora Carole Peterson, de la Memorial University de Newfoundland, apelando al llamado «efecto telescopio» (*telescoping*). Los psicólogos de la memoria han comprobado hace tiempo que uno de los errores más frecuentes de la memoria autobiográfica se produce cuando tratamos de datar episodios concretos de nuestro pasado, ya sea, por ejemplo, la visita a un médico, un viaje o la compra de cualquier producto. Dicho error consiste en que, a pesar de recordarse bien el evento, se recuerda más cerca del presente de lo que ocurrió. A quién no le resultan familiares situaciones en las que decimos: «¿Ya han pasado cinco años desde la última vez que nos vimos? Pero si yo creía que sólo hacía tres años», o «¿Tu coche tiene ya diez años? ¡Qué barbaridad! Yo no le hubiese echado más de seis o siete». En casos como estos se habla del «efecto telescopio» porque es como si el tiempo se encogiese hacia el presente, en un equivalente temporal al encogimiento o reducción de la distancia que se produce cuando se mira a un punto lejano a través de un telescopio. Pues bien, Peterson ha comprobado que, si se corrige el «efecto telescopio», la edad real del primer recuerdo estaría alrededor de los dos años y medio,[72] es decir, un año antes de los tres y medio que tradicionalmente se ha creído.

Todo lo cual permite establecer, al menos, dos importantes conclusiones. Una, que la edad atribuida al primer recuerdo, esto es, la fijación de la frontera que señala, por un lado, el fin de la amnesia infantil y, por otro, el comienzo de la memoria autobiográfica, es algo que parece ir subiendo a medida que el niño crece y va alcanzando la adolescencia y la posterior adultez. Y dos, que la densidad o cantidad de recuerdos de la infancia aumenta durante los años del desarrollo. Este último hallazgo refuerza la idea de que un número significativo de recuerdos de los primeros años de la infancia se pierden para siempre a medida que crecemos, ¿quizá porque no están bien codificados y, en consecuencia, son muy frágiles y vulnerables a múltiples factores? Retomaremos este asunto un poco más adelante.

Algunas cualidades de los primeros recuerdos

Los primeros recuerdos están cargados de emociones

Como hemos visto en capítulos previos, las emociones desempeñan un papel fundamental en la fijación de los recuerdos. Por otra parte, esto es algo que se sabe desde tiempo inmemorial. Si nos centramos en los recuerdos más tempranos que siguen estando accesibles tanto en los niños como en los adolescentes y los adultos, existe un acuerdo prácticamente general entre los investigadores respecto al papel crucial jugado por las emociones. En otras palabras, los recuerdos más antiguos que han sobrevivido en nuestra memoria al paso de los años suelen ser de eventos que produjeron un fuerte impacto emocional.

«Mi primer recuerdo está bañado en rojo». Con estas palabras, que de inmediato hacen pensar al lector en una historia inquietante, abre Elias Canetti *La lengua salvada*, el primer volumen de su autobiografía. Y, en efecto, se trata de una historia empapada de terror, un recuerdo cargado de miedo que Canetti vivió cuando era un niño de sólo dos años y que le acompañó el resto de su vida. Siguiendo su narración, la historia de ese impactante recuerdo fue así:

> En brazos de una muchacha salgo por una puerta, el suelo que veo es rojo, y a la izquierda desciende una escalera que también es

roja. Enfrente de nosotros, a la misma altura, se abre una puerta y por ella sale un hombre sonriente que viene hacia mí amablemente. Se me acerca, se para y dice:
—¡Enséñame la lengua!
Yo saco la lengua, él mete la mano en el bolsillo y extrae una navaja, la abre, acerca el filo a mi lengua. Dice:
—Ahora le cortamos la lengua.
No me atrevo a retirar la lengua, él se me acerca más y más, pronto la rozará con la hoja. En el último momento aparta el cuchillo y dice:
—Hoy todavía no, mañana.
Vuelve a cerrar la navaja y se la guarda en el bolsillo.
Todas las mañanas salimos por esa puerta al pasillo rojo, la puerta se abre y aparece el hombre sonriente. Sé lo que va a decir y espero su orden de enseñarle la lengua. Sé que me la va a cortar y cada vez tengo más miedo.[73]

Canetti no contó nada a nadie durante diez años sobre aquellos episodios aterradores de cada mañana. Hasta que un día, cuando tenía doce años, preguntó a su madre por aquella muchacha, de «apenas quince años», que sus padres trajeron de Bulgaria a la pensión del municipio alemán de Karlsbad para que cuidase del pequeño Elias durante el verano de 1907. Y es entonces cuando se entera de por qué, a las pocas semanas de aquellos temibles encuentros con el hombre que le cortará la lengua, los padres, que han descubierto que la niñera sale cada mañana, muy temprano, con el niño en brazos para verse con el joven de la habitación de enfrente, la envían de vuelta a Bulgaria. El adolescente Canetti comprenderá también entonces que la amenaza de cortarle la lengua fue la manera con la que «el hombre sonriente» se aseguró de que el niño no diría jamás nada sobre su relación con la niñera.

Ahora bien, las emociones que tiñen de afecto los primeros recuerdos no han de ser siempre negativas, como en el caso de Canetti. Los recuerdos más tempranos pueden haberse engendrado igualmente en situaciones placenteras.

El poeta sueco Tomas Tranströmer, ganador del Nobel de Literatura de 2011, cuenta en su obra autobiográfica *Visión de la memoria* un episodio lleno de emociones positivas que él considera su recuerdo más antiguo:

> El recuerdo más temprano que puedo registrar es un sentimiento. Un sentimiento de orgullo. Acabo de cumplir tres años y alguien dice que esto es muy importante, que ahora ya soy grande. Estoy acostado en una habitación luminosa y luego me levanto y camino sobre el piso, increíblemente consciente de que me estoy volviendo grande. Tengo una muñeca a la cual he puesto el nombre más hermoso que pude encontrar: Karin Spinna. La trato maternalmente. Ella es más bien una compañera, o un amor.[74]

Existe un acuerdo general entre los investigadores en que los primeros recuerdos están teñidos de emociones nítidas y generalmente intensas; sin embargo, no parece haber una opinión unánime respecto a la *naturaleza* de tales emociones, en el sentido de si predominan las positivas o las negativas. En otras palabras, ¿predominan los recuerdos agradables o los desagradables?

No son pocos los estudios que han abordado desde las primeras décadas del pasado siglo esta cuestión; sin embargo, el panorama que ofrecen es relativamente diverso, dado que en algunos estudios se ha encontrado un predominio de recuerdos placenteros, mientras en otros ha aparecido el patrón contrario. No obstante, investigaciones recientes parecen inclinar la balanza hacia un predominio de los recuerdos desagradables.[75]

Personalmente, he analizado esta característica con mis alumnos y mis datos vienen a coincidir con dicha tendencia. En un estudio en el que participaron 118 estudiantes de ambos sexos y con edades comprendidas entre los dieciocho y los veintiún años, se observó un predominio significativo de primeros recuerdos asociados a emociones negativas como miedo, tristeza o vergüenza (51,7%), frente a los recuerdos cargados de emociones positivas tales como alegría, cariño o asombro (35,6%). El porcentaje restante correspondió a recuerdos emocionalmente vacíos o neutros (12,7%).

En este punto, resulta ineludible señalar que Freud había planteado en su ya citado trabajo «Los recuerdos encubridores» que los escasos recuerdos infantiles que conserva el adulto suelen tener «por contenido impresiones cotidianas e indiferentes que no pudieron provocar afecto ninguno en el niño», es decir, vacías de emoción, y, sin embargo, «quedaron impresas en su memoria con todo detalle». ¿Cómo entender y explicar —se preguntaba Freud— que la memoria del adulto conserve lo intrascendente y nimio de su infancia y en cambio haya rechazado lo importante, lo que de verdad ha causado «gran impresión al niño»?[76]

La razón de esa aparente paradoja estribaría, en su opinión, en el hecho —comprobable a través del análisis psíquico— de que muchas de las experiencias del niño son traumáticas y, en consecuencia, están cargadas de emociones negativas que le provocan ansiedad. Ante situaciones así, se pone en marcha un mecanismo de defensa que reprime el recuerdo ansiógeno y lo oculta con otro emocionalmente neutro que queda retenido en la memoria. Así pues, y como el propio Freud dejó escrito:

> Los recuerdos infantiles indiferentes deben su existencia a un proceso de desplazamiento y constituyen en la reproducción un sustitutivo de otras impresiones verdaderamente importantes [...]. Dado que estos recuerdos infantiles indiferentes deben su conservación no al propio contenido, sino a una relación asociativa del mismo con otro contenido reprimido, creemos que está justificado el nombre de *recuerdos encubridores* (*Deckrinnerungen*) con que los designamos.[77]

Los recuerdos infantiles incluirían, pues, según Freud, dos contenidos diferentes: uno *latente* o implícito que al haber sido reprimido no está accesible para el recuerdo, y un contenido *manifiesto* o recordable que encubre y enmascara, a modo de pantalla, los auténticos recuerdos. En definitiva, la mayor parte de los recuerdos infantiles habría que considerarlos, en opinión de Freud, *recuerdos encubridores*, o, lo que es lo mismo, recuerdos falsos carentes de emoción e interés que han desplazado y sustituido los contenidos psíquicos de experiencias reales intensas, llenas de afecto negativo, que son potencialmente dañinas para el yo. Un descubrimiento que supone —escribe Freud— «una prueba más de la íntima relación entre la vida anímica del niño y el material psíquico de la neurosis».[78]

De estas palabras de Freud puede inferirse, en buena lógica mental, que la represión de los recuerdos de la infancia estará asociada en el adulto a rasgos de personalidad neurótica o inestabilidad emocional. Lo que significaría que, por ejemplo, los adultos con niveles altos de *ansiedad*[79] (o neurosis, en sus diferentes manifestaciones) tendrán significativamente menos recuerdos infantiles que los adultos con niveles bajos en el mismo rasgo.

Aunque *a priori* esta hipótesis pudiera resultar difícil de comprobar, desde el primer tercio del pasado siglo se han ido publicando estudios experimentales en los que se comprueba que las personas con puntuaciones altas en diferentes escalas de personalidad como *neuroticismo* (inestabilidad emocional) o *represión* (estilo de afrontamiento represor) no sólo tienen menos recuerdos de su infancia que las personas con puntuaciones bajas en las mismas escalas, sino que su recuerdo más antiguo es de una edad más tardía.[80]

En definitiva, los primeros recuerdos presentan una serie de características, como la fuerte carga emocional, el predominio de recuerdos con afecto negativo, la tendencia a ser recordados desde la perspectiva de un observador externo, la abundancia de detalles perceptivos, sobre todo visuales, etcétera, que podría llevar a pensar que se trata de recuerdos singulares o únicos. Sin embargo, tales características no los hace diferentes de los recuerdos de edades posteriores. Todo lo contrario, las cualidades de los recuerdos infantiles ponen de manifiesto, como ya se ha dicho, su gran similitud con las cualidades de los recuerdos adultos. Lo que no parece ofrecer dudas es que *lo que los adultos pueden recordar de su infancia parece tener una significación personal especial*, o incluso muy especial. Tanto es así que, como veremos a continuación, algunos psicólogos atribuyen a los primeros recuerdos un valor proyectivo para la práctica clínica.

El valor proyectivo del primer recuerdo

El psicoanalista Alfred Adler atribuyó un significado especial a los primeros recuerdos que evocan los adultos. En concreto, el primer recuerdo de una persona —es decir, el que ella considera como su recuerdo más antiguo— «muestra el estilo de vida en sus orígenes y en sus expresiones más simples», escribió Adler. A partir del primer recuerdo, continúa diciendo, «podemos juzgar si el niño fue mimado o abandonado; hasta qué punto fue educado para cooperar con los demás, con quién prefirió cooperar; qué problemas tuvo que afrontar y cómo luchó contra ellos». Para Adler, pues, el primer recuerdo contiene las claves para entender al adulto actual. De ahí su insistencia en preguntar por los primeros recuerdos en la primera sesión de psicoterapia: «Nunca investigaría una personalidad sin pedir al paciente que cuente su primer recuerdo», escribió.[81]

La confianza de Adler en el valor proyectivo del contenido de los primeros recuerdos[82] fue tan absoluta que le llevó a dejar del todo al margen el problema de la veracidad. Si tales recuerdos son exactos o inexactos, verdaderos o falsos, «es comparativamente indiferente», señaló. «Lo realmente valioso de estos recuerdos —continúa diciendo— es que representan el juicio del individuo». Un pensamiento que nos traslada a la ya comentada propuesta de Spence:[83] lo que el individuo cree que es verdad (su «verdad narrativa») es más importante que la verdad objetiva (la «verdad histórica»), en el caso de que «la verdad objetiva» exista. Algo que los psicólogos estadounidenses Philip Zimbardo y John Boyd expresan también con toda claridad cuando escriben: «Después de todo, la gente vive su vida basándose en sus recuerdos personales, en lo que cree que es cierto, no en una versión sancionada oficialmente de sucesos registrados en una historia objetiva».[84]

En fin, y con independencia de si el primer recuerdo se convierte en una ventana a la biografía de una persona e incluso adquiere valor diagnóstico para definir el estilo de vida del individuo, como sostuvo Adler y propugnan los psicólogos adlerianos,[85] lo que sí parece probado es que los escasos recuerdos que los adultos conservan de la primera infancia suelen ser de acontecimientos vividos entre emociones intensas que dejan una marca indeleble en los rasgos de su personalidad.[86]

Amnesia infantil: ¿por qué los adultos no tenemos recuerdos de los primeros años de la vida?

Si bien, como ya se comentó, las primeras constataciones empíricas del fenómeno de la *amnesia infantil* se deben a la psicóloga estadounidense Caroline Miles (1895) y, sobre todo, al trabajo de los psicólogos franceses Victor y Catherine Henri (1898), fue Freud quien llamó la atención sobre el mismo, acuñó el término «amnesia infantil» para denominarlo y adelantó una explicación.[87] En su obra *Tres ensayos para una teoría sexual*, concretamente en el segundo de los ensayos, «La sexualidad infantil», escribió:

> [...] un fenómeno psíquico que hasta ahora ha eludido toda explicación [...] [es] la peculiar *amnesia* que oculta a los ojos de la mayoría de los hombres, aunque no de todos, los primeros años de su infancia hasta el séptimo o el octavo. No se nos habría ocurrido hasta ahora maravillarnos de esta amnesia, aunque había gran razón para ello, pues los que durante la infancia nos han rodeado nos comunican posteriormente que en estos años, de los que nada hemos retenido en nuestra memoria, fuera de algunos incomprensibles recuerdos fragmentarios, hubimos de reaccionar vivamente ante determinadas impresiones, sabiendo ya exteriorizar en forma humana dolores y alegrías, mostrando abrigar amor, celos y otras pasiones que nos conmovían violentamente, y ejecutando actos que fueron tomados por los adultos como prueba de una naciente capacidad de juicio. Mas de esto no recordamos nada al llegar a la edad adulta.[88]

Como se puede apreciar, Freud no sólo advierte de la existencia de una «peculiar amnesia» de los primeros años de la vida, sino que se sorprende de que un fenómeno tan patente y singular haya sido ignorado por la investigación. «Miramos con demasiada indiferencia el hecho de la amnesia infantil», había escrito un año antes, en 1904. Y, en el mismo trabajo, sigue diciendo:

> Nos olvidamos de cuán altos rendimientos intelectuales y de cuán complicadas emociones es capaz un niño de cuatro años, y no nos asombramos como debiéramos de que la memoria de los años

posteriores haya conservado generalmente tan poca cosa de estos procesos psíquicos.[89]

Pero su inquietud intelectual le lleva a preguntarse por el origen o la causa de esa amnesia:

¿Por qué razón permanece tan retrasada nuestra memoria con respecto a nuestras demás actividades anímicas, cuando tenemos fundados motivos para suponer que en ninguna otra época es esta facultad tan apta como en los años de la infancia para recoger las impresiones y reproducirlas luego?[90]

Freud se resiste a aceptar un retraso evolutivo o una incapacidad de la memoria del niño para guardar y mantener aquellas impresiones de las experiencias vividas que, incluso habiendo sido olvidadas, han de dejar «hondísima huella» en su memoria, y, acto seguido, propone una explicación:

No puede existir, por tanto, una real desaparición de las impresiones infantiles; debe más bien tratarse de una amnesia análoga a aquella que comprobamos en los neuróticos con respecto a los sucesos sobrevenidos en épocas más avanzadas de la vida y que consiste en una mera exclusión de la conciencia (represión).[91]

Para Freud, pues, la incapacidad de los adultos para recordar experiencias de los primeros años de su vida se debe a que han sido *reprimidas*, lo que significa, no que hayan sido borradas de la memoria, sino que se ha *bloqueado* su acceso a la conciencia. Al tratarse de recuerdos de la llamada «fase edípica», su contenido, de naturaleza predominantemente sexual, será inadecuado y perturbador y, en consecuencia, se verá desplazado y sustituido por *recuerdos encubridores* carentes de emociones y afectos.

Esta teoría, sin embargo, ha sido invalidada a partir de abundantes estudios observacionales con niños de entre un año y medio y cinco años en los que se ha comprobado que tanto sus recuerdos como sus monólogos no contienen más emociones positivas ni negativas que los de edades superiores; esto es, que los recuerdos de la primera infancia no son ni más amenazantes o perturbadores —como para ser reprimidos— ni más benignos o indiferentes —como para ser recuerdos encubiertos— que los recuerdos de etapas posteriores.[92]

La teoría freudiana de la represión o del bloqueo fue la primera propuesta explicativa de la amnesia infantil. Desde entonces, se han planteado otras muchas teorías para explicar el fenómeno, aunque, como vamos a ver, la amnesia infantil continúa siendo un fenómeno intrigante para los investigadores. Teniendo en cuenta que una exposición detallada de las mismas sobrepasa los objetivos de este capítulo, sólo expondré los postulados básicos de cada una de ellas.

Los recuerdos infantiles son inaccesibles

Ernest G. Schachtel (1903-1975), un psicoanalista alemán afincado en Estados Unidos, explicó la amnesia infantil en términos de una «discontinuidad cognitiva» entre el niño y el adulto. Muy influenciado por las ideas del psicólogo británico Frederic Bartlett acerca de la memoria, en el sentido de que los recuerdos no son huellas estáticas e inalterables, sino el resultado de procesos de reconstrucción guiados por «esquemas», Schachtel propuso en 1947 una explicación de la amnesia infantil con la siguiente argumentación: 1) los *esquemas* son estructuras de conocimiento que se van adquiriendo y modificando durante el desarrollo; 2) *recordar* supone siempre reconstruir las experiencias pasadas utilizando los esquemas disponibles en cada momento del desarrollo; entonces, 3) los recuerdos correspondientes al periodo de la amnesia infantil resultan *inaccesibles* para los adultos porque los esquemas del adulto no son «receptáculos apropiados» para la reconstrucción de las experiencias infantiles.[93]

Sin embargo, la evidencia de que los esquemas de los niños no son diferentes de los esquemas de los adultos es también muy abundante. De modo que los científicos actuales coinciden en señalar que las formas básicas de estructurar, representar e interpretar la realidad no varían sustancialmente desde la primera infancia a la adultez.[94] Esta conclusión, por tanto, hace inadecuada la explicación de Schachtel.

LA MEMORIA Y LA VIDA

Los niños pequeños... ¿no tienen memoria?

Aunque resulte sorprendente, la idea de que la amnesia infantil del adulto se debe a que en los primeros años de la vida no hay recuerdos que recuperar sencillamente porque los niños pequeños no tienen memoria fue algo asumido por muchos psicólogos hasta bien entrada la segunda mitad del pasado siglo. Esa idea no empezó a desvanecerse hasta su total desaparición hasta la década de 1970, gracias fundamentalmente a los datos aportados por dos líneas de investigación con bebés y niños de pocos años.

Por un lado, la psicóloga Carolyn Rovee-Collier, de la Universidad de Rutgers, utilizando un procedimiento experimental que incluía la colocación de un móvil de figuras de colores sobre la cuna de bebés de dos y tres meses, demostraría que, a esa edad tan temprana, los bebés no sólo tienen memoria, sino que esta es muy específica. En concreto, a los tres meses reconocen sin dificultad los diferentes móviles y retienen información sobre el lugar en el que se ha producido la presentación, y a los seis meses su memoria retiene el orden temporal en el que se les presentan los estímulos.[95] Esta memoria preverbal la observan a diario las madres en sus bebés a través de multitud de reacciones, ya sea ante su presencia, su voz, su olor, o ante objetos como el chupete que el bebé reconoce de inmediato, etcétera.

Por otro lado, en la década de 1970 el grupo de investigación de Katherine Nelson, de la City University de Nueva York, comenzó una serie de estudios con niños de dos años y medio y tres años en los que comprobaron con absoluta claridad, entre otras cosas, que los niños de esas edades tienen una memoria excelente para recordar y contar lo que viven en un evento familiar como, por ejemplo, comer en la guardería o ir a un McDonald's.[96] Otros grupos de investigación también han comprobado la excelente memoria de niños de dos y tres años que han vivido experiencias muy estresantes, como sufrir heridas que exigió llevarlos a los servicios de urgencias hospitalarias o vivir el azote destructivo de un huracán. En todos esos casos, se comprobó que los niños recordaban con bastante detalle tales experiencias pocos meses después.[97]

En conclusión, los niños claro que tienen memoria desde muy temprano. Otra cosa distinta es si esas primeras experiencias dejan huellas duraderas en ella. Una cuestión para la que se ofrecen respuestas en el siguiente apartado.

Los recuerdos tempranos de los niños pequeños son frágiles y se olvidan

Desde que la amnesia infantil se está estudiando con niños en lugar de con adultos, estamos asistiendo a un avance extraordinario en el conocimiento de la naturaleza y dinámica de la memoria infantil. Una serie de estudios muy recientes de Carole Peterson han desvelado fenómenos muy interesantes, como, por ejemplo, que los niños de tan sólo dieciocho meses recuerdan experiencias tempranas, aunque tales recuerdos son frágiles y muy vulnerables al olvido. En uno de sus estudios más conocidos y considerado como la primera investigación longitudinal sobre amnesia infantil[98], Peterson y sus colaboradoras entrevistaron a 140 niños (65 chicas y 75 chicos) de entre cuatro y trece años, divididos en cinco grupos de edad, a los que pidieron que pensasen en sus tres recuerdos más antiguos. A continuación, se les invitó a dar más información mediante preguntas como: «¿Qué más recuerdas de aquello?», «¿Qué edad tenías...?», «¿Te acuerdas de la época del año?», «¿Era verano, invierno... Navidad?», «¿Dónde ocurrió?», «¿Cómo te sentiste?». A continuación, se pidió a los padres que verificasen tales recuerdos, y corroboraron la mayor parte.

Uno de los primeros hallazgos fue que, cuanto más pequeños eran los niños, su primer recuerdo era de edades más tempranas. En algún caso, el recuerdo más antiguo se situaba a los dieciocho meses de edad. Dos años más tarde, los mismos niños fueron entrevistados de nuevo y se les plantearon idénticas cuestiones; en especial, que contasen sus tres recuerdos más antiguos. Los resultados aportaron hallazgos muy interesantes. En concreto, cuanto más pequeños eran, más diferentes eran sus tres primeros recuerdos en la segunda entrevista; de modo que los dos grupos de menor edad (los que tenían cuatro-cinco años y seis-siete años al comienzo del estudio) no sólo recordaban eventos distintos, sino que los recuerdos que habían contado dos años antes habían desaparecido. «Lo que más nos sorprendió —declaró al respecto la profesora Peterson a la BBC— fue que incluso dándoles a estos niños claves muy detalladas sobre los recuerdos que nos habían contado dos años antes, nos decían: "No, eso nunca me pasó a mí"».[99]

Como explican las autoras del estudio, todo indica que «los recuerdos muy tempranos de los niños más pequeños son frágiles y vulnerables al olvido».[100] Por el contrario, los niños de los grupos mayores (diez-once años y doce-trece años) contaron los mismos recuerdos en ambas entrevistas, incluso con los mismos detalles, lo que demuestra que sus recuerdos eran muy estables.

Peterson señaló también, en la entrevista citada, que, en general, «los primeros recuerdos de los niños pequeños cambian y son reemplazados por recuerdos de edades más tardías»; en otras palabras, los recuerdos de los niños pequeños son muy inestables y, en consecuencia, se pierden. Por el contrario, «la memoria de los niños mayores se vuelve más consistente a medida que crecen», de modo que «hacia los diez años sus recuerdos están bien consolidados». Estos hallazgos ponen de manifiesto algo nuevo, y es que la amnesia de las experiencias infantiles comienza en la misma infancia y no en la adultez, como se había creído tradicionalmente.

Ahora bien, ¿por qué se olvidan las experiencias de los primeros años? Como veremos, esta cuestión sigue sin resolverse, aunque tanto los psicólogos como los neurocientíficos están adelantando algunas propuestas muy sugerentes.

Sin un «yo» no hay recuerdos

Como se expuso en el capítulo 3, el psicólogo Mark Howe, de la City University de Londres, sostiene que la aparición de la memoria autobiográfica —el sistema que construye los recuerdos— depende de que la mente del niño disponga previamente de un «yo cognitivo»; esto es, que el niño tenga un *sentido de sí mismo* que le permita organizar y regular la experiencia en forma, inicialmente, de memoria genérica (es decir, semántica más que autobiográfica). Una vez que esa estructura mental se ha desarrollado, algo que ocurre hacia los dieciocho meses, el niño estará capacitado para organizar, agrupar y personalizar la información y las experiencias en recuerdos autobiográficos. Esto suele ocurrir hacia el final del segundo año de vida, cuando se produce, como dice Mark, el «encuentro entre el yo y la memoria». A partir de entonces, las experiencias vividas por el niño se convertirán en recuerdos personales o «cosas que me sucedieron a mí». Sin olvidar —como advierte Howe— que ese proceso de personalización de las experiencias es predominantemente de naturaleza social.

Por consiguiente, la amnesia infantil será el resultado de la ausencia en los primeros años de la vida de un esquema del yo, de una falta de autoconciencia o de conciencia autonoética, que se traducirá en la incapacidad de los niños pequeños para codificar los acontecimientos que viven como «experiencias personales».[101]

Los recuerdos necesitan lenguaje

Los recuerdos son narraciones, cuentos, historias que nos contamos a nosotros mismos y compartimos con los demás. La memoria autobiográfica es una construcción narrativa que emerge y se desarrolla en un contexto social, donde el niño aprende a estructurar los recuerdos de forma secuenciada (es decir, con una lógica temporal). Como ampliamente explican Katherine Nelson y Robyn Fivush[102] y anticipamos también en el capítulo 3, este aprendizaje es a la vez *lingüístico, cognitivo, social y cultural*. Se produce de forma *gradual* en el marco de las interacciones de los niños con sus cuidadores adultos y *paralela*, pero no independientemente del desarrollo de competencias que, como la teoría de la mente (la capacidad de atribuir estados mentales a sí mismo y a los demás) o la intencionalidad (la capacidad de sostener estados internos —de emoción, atención, deseo o creencias— sobre algo), posibilitan construir y manejar representaciones acerca de uno mismo. El lenguaje provee términos y estructuras (por ejemplo, para marcar el tiempo y su sucesión) sin los que, simplemente, es imposible *narrar*. Así, la existencia previa del «yo», como propone Howe,[103] sería un factor que posibilita la emergencia de la memoria autobiográfica, pero no es el único (ni mucho menos el primero en el desarrollo humano).

Entonces, según Nelson, la amnesia infantil se explicaría en términos de la incapacidad narrativa de los niños pequeños, como consecuencia de la falta de un desarrollo apropiado de todos esos factores, pero particularmente del lenguaje, donde se vuelcan esas otras competencias y se aprenden los recursos genuinamente narrativos.

En su bella e inclasificable obra *Y nuestros rostros, mi vida, breves como fotos*, el escritor y poeta británico John Berger describe con inusitada lucidez y sabiduría la experiencia infantil más temprana en la que la ausencia del verbo, cuando aún no se ha producido el milagro del lenguaje, impide la creación de recuerdos. He aquí sus palabras:

> La incapacidad para recordar tal vez sea en sí misma un recuerdo. Vivíamos sin nombres. Había ciertas fuerzas elementales —el calor, el frío, el dolor, el cariño— que eran reconocibles; y también algunas personas. Pero no había ni nombres ni verbos. Incluso el primer pronombre personal era más el desarrollo de una convicción que un hecho. Y debido a esa carencia no existían los recuerdos.[104]

¿Qué hemos aprendido sobre la amnesia infantil durante el último siglo?

Nadie pone en duda el extraordinario avance que se ha producido en la comprensión de la amnesia infantil a lo largo de las últimas décadas. No obstante, y a pesar de los continuos y cada vez más abundantes estudios, este fenómeno enigmático se ha resistido, y se sigue resistiendo, a ser entendido y explicado de forma convincente. Pero, como decimos, los avances por desvelar su misteriosa naturaleza han sido notables.

En resumen, he aquí los principales descubrimientos sobre los que existe un amplio acuerdo entre los científicos:

1) La amnesia infantil no es un fenómeno propio o exclusivo de los adultos, sino que comienza o se empieza a experimentar en la infancia y continúa durante la adolescencia y la adultez.

2) Aunque existen grandes diferencias individuales, la frontera de la amnesia infantil no parecen ser los tres años y medio, como se ha mantenido desde los hallazgos de los Henri, sino que se situaría algo antes, hacia los dos años y medio.

3) Ahora bien, el hecho de fijar los dos años y medio como la edad promedio del primer recuerdo no significa que la amnesia infantil desaparezca bruscamente a esa edad. Todo parece indicar que su desaparición es un proceso gradual. De hecho, tanto en el ámbito de la psicología de la memoria como en el de la neurociencia cognitiva[105] los descubrimientos apuntan a la existencia de dos fases o periodos: un primer periodo de *amnesia muy densa*, que cubriría aproximadamente los dos primeros años, y de los que casi nadie recuerda nada, y un segundo periodo de *amnesia menos densa*, que duraría hasta los cuatro-seis años, y que, aunque incluye algunos recuerdos, se caracteriza por una gran pobreza y escasez de estos.

4) Tanto el origen como el final de la amnesia infantil no pueden explicarse a partir de un único factor. Cada vez resulta más evidente que en la explicación de la amnesia infantil hay que contar con múltiples procesos (cognitivos, lingüísticos, sociales y culturales) involucrados en el desarrollo humano en general y en la emergencia y maduración de la memoria autobiográfica en particular.

Frente a estas ideas, cada vez más sólidas y confirmadas, los científicos continúan siendo desafiados por dos grandes interrogantes: ¿por qué los recuerdos más tempranos, que los niños de cuatro y cinco años pueden evocar con gran detalle, se olvidan poco después durante la misma infancia?, y ¿por qué, en definitiva, tenemos tan pocos recuerdos de la infancia?

¿POR QUÉ LA MEMORIA DE LA INFANCIA FUNCIONA DE UN MODO TAN EXTRAÑO?

La evidencia científica comentada nos ha puesto de manifiesto que los niños pequeños, incluyendo a los bebés, tienen una capacidad prodigiosa para aprender y guardar recuerdos de sus experiencias, que pueden recuperar pasados días, meses o años. Sin embargo, la mayor parte de los recuerdos tempranos parece que se van desvaneciendo y olvidando a medida que el niño crece, hasta aproximadamente los ocho-diez años, cuando los recuerdos se hacen estables.

¿Qué ocurre en los primeros años de la vida para que los recuerdos sean tan inestables y vulnerables al olvido? Aunque aún no exista un consenso general entre los investigadores, las explicaciones actuales de los psicólogos apuntan a que algunos procesos básicos de memoria, sobre todo, la *codificación* y la *consolidación*, aún no se han desarrollado por completo en los niños pequeños.

Así, Mark Howe considera que en la primera infancia los niños tratan o procesan las experiencias de un modo incompleto e insuficiente, lo que dará lugar a huellas de memoria poco organizadas y escasamente elaboradas que, en consecuencia, hará que los recuerdos se desvanezcan u olviden bastante pronto.[106]

En una línea de pensamiento muy similar, Patricia Bauer, de la Universidad de Emory, considera que en la infancia se produce «un olvido acelerado» de los recuerdos autobiográficos. Esta investigadora ha comprobado de manera experimental que la tasa o velocidad de olvido de los niños de entre cuatro y ocho años es significativamente muy superior a la de los adultos, y atribuye dicho olvido a una *consolidación* incompleta, que produciría recuerdos muy vulnerables a la degradación y a su desaparición.[107]

El resultado final de estos procesos básicos de memoria, imperfectos por inmaduros, será un almacén o reservorio cada vez más reducido de recuerdos autobiográficos de la infancia.

Lo interesante de este planteamiento en términos estrictamente psicológicos es que cada vez se ve más reforzado con hallazgos procedentes de la investigación en neurociencia. El primero y fundamental de tales hallazgos es que los neurocientíficos han comprobado de manera experimental que la amnesia infantil es un fenómeno que también se produce en otras especies animales (por ejemplo, primates no humanos y roedores), lo que les ha llevado a sugerir que la amnesia infantil no puede explicarse por completo apelando a factores exclusivamente humanos.

La neurociencia cognitiva actual se enfrenta a la comprensión y explicación de la amnesia infantil desde dos planteamientos distintos.

La razón estriba en que si bien por un lado los recuerdos tempranos se olvidan, por otro está documentado también que las experiencias vividas en el primer periodo posnatal influyen en la conducta adulta porque afectan profundamente a las funciones y a la fisiología del cerebro. Un ejemplo de esto último es el hecho demostrado de que experiencias amenazantes o traumáticas tempranas predisponen a desórdenes psicopatológicos posteriores como el «trastorno de estrés postraumático», la depresión o los trastornos de ansiedad.[108]

¿Cómo explicar —se preguntan los investigadores— que las experiencias tempranas afecten a la vida de los adultos si estos no pueden recordar tales experiencias?

Los intentos de explicación de esta paradoja han llevado a los científicos a decantarse por una de estas dos hipótesis: una, la amnesia infantil es el resultado de *procesos alterados de consolidación*, no por inmadurez cerebral, sino porque la maduración del cerebro a esa edad es continua y permanente. Dos, la amnesia infantil no implica el borrado de las huellas de memoria, sino la imposibilidad de recuperarlas; en otras palabras, las experiencias tempranas quedan almacenadas en la memoria a largo plazo como «recuerdos latentes» o «huellas de memoria no expresadas», pero con suficiente fuerza como para afectar a la vida adulta.[109] Analicemos brevemente cada una de ellas.

Para entender la hipótesis de la *consolidación alterada* necesitamos tener en cuenta un par de ideas muy básicas: la primera, que la *consolidación* se refiere al conjunto de procesos (neurobiológicos y cognitivos) que transforman los recuerdos a corto plazo (temporales e inestables) en recuerdos a largo plazo (permanentes y estables);[110] y la segunda, que el hipocampo[111] desempeña un papel crucial en la consolidación. Pues bien, la propuesta más reciente en neurociencia cognitiva es que la pérdida de memoria de los niños se debe a los altos niveles de *neurogénesis* (o generación de nuevas neuronas) que experimenta el hipocampo durante los cuatro o cinco primeros años de vida.[112] ¿Qué se quiere decir con esto? Muy sencillo: que hasta los cuatro o cinco años el hipocampo humano es tan dinámico que no puede guardar recuerdos de forma estable. La razón estriba en que la agregación continuada de neuronas nuevas rompe las conexiones sinápticas de los circuitos de memoria que ya existen en el hipocampo e impide que se complete la consolidación, es decir, la formación de recuerdos duraderos. A partir de los cuatro-cinco años, la neurogénesis disminuye y eso explicaría que los niños mayores tengan recuerdos cada vez más estables y duraderos.

¿Cómo conciliar esta explicación —avalada por resultados experimentales contrastados— con la que considera que los primeros recuerdos no se destruyen, sino que se vuelven irrecuperables y mantienen sus efectos sobre la conducta durante toda la vida? Por el momento, ni hay pruebas para conciliar ambas propuestas ni tampoco para descartar ninguna de las dos; sencillamente, porque ambas cuentan con apoyos: la primera se basa —como acabamos de ver— en procesos cerebrales (la neurogénesis) ampliamente comprobados, y la segunda, si bien el supuesto de los recuerdos latentes e irrecuperables es algo sometido a debate, se basa en el argumento de que las experiencias tempranas adversas tienen efectos no deseados en la conducta adulta, algo que también está ampliamente demostrado tanto en el plano experimental como clínico.[113]

En mi opinión, la solución, al menos parcial, a la paradoja de los neurocientíficos —¿cómo algo que no se puede recordar puede tener efectos sobre la vida adulta?— residiría en la distinción entre *memoria explícita* (consciente y verbalizable) y *memoria implícita* (automática o inconsciente y no traducible a palabras). Como hemos expuesto en capítulos previos, lo que guarda nuestra memoria de las experiencias vividas es una mezcla de sensaciones, percepciones y vivencias envueltas en emociones, sentimientos, anhelos y deseos que atraviesan el umbral de nuestra personalidad y se ajustan y acomodan a nuestros principios, prejuicios y creencias para poder pasar a formar parte de nuestra historia de vida. Después, esos productos, con el sello personal de cada vida, se manifestarán completos o parcialmente por diferentes vías: una *explícita*, en forma de recuerdos o relatos de la historia vivida; y otra *implícita*, como la sensación de felicidad o de fracaso que a veces nos embarga, el tono vital sosegado, alegre o triste que caracteriza a cada persona, las intuiciones, los síntomas físicos (o mejor, psicosomáticos) que duelen y afligen, etcétera.

¿Qué ocurre entonces con todo lo vivido durante la infancia? Es una realidad innegable que apenas si nos quedan recuerdos recuperables explícitamente de aquellas experiencias llenas de asombro y aventura. Asumámoslo, pues: olvidamos gran parte de la infancia. Pero ¿significa eso que perdemos la primera infancia para siempre? A nivel consciente, todo apunta a que sí; sin embargo, los tesoros y también los demonios que la memoria guarda de aquel paraíso perdido se manifiestan por diferentes y, a veces, insospechados caminos. Porque no todo han de ser recuerdos o manifestaciones explícitas. Existen también los caminos no visibles por los que transita esa memoria que no controlamos en absoluto y que llamamos *implícita*, esos vericuetos que *no* atraviesan el campo de la conciencia por los que afloran y nos invaden las viejas emociones, con sus afectos cálidos y tiernos y sus miedos y temores, y que determinan y guían nuestros pasos con la misma e incluso mayor fuerza que las rememoraciones conscientes. Y es que, como señala Siri Hustvedt:

> Aunque olvidamos la mayor parte de nuestra tierna infancia, en nuestro interior permanece la impronta de esos días, los primeros intercambios entre la madre y el bebé, el vaivén que te acuna, la sensación de ser mecidos en unos brazos, de ser observados, arrullados...[114]

En el siguiente apartado hablaremos de algunas de esas manifestaciones inasibles, pero de una intensidad emocional que en ocasiones llegan a estremecer, de nuestro pasado más remoto.

APEGO O LA CREACIÓN DE VÍNCULOS EMOCIONALES ENTRE LAS PERSONAS Y SU MUNDO

Desde nuestro despertar a la vida, las personas tendemos a crear lazos emocionales con todo lo que nos rodea: nuestra madre (la primera y fundamental figura vincular) y el resto de los miembros de la familia, nuestra habitación, nuestros juguetes, nuestra mascota, nuestra casa, nuestra calle («o sea, el mundo» o, mejor, la primera «metáfora del mundo», como escribió Millás),[115] nuestra ciudad, nuestro país. A tales vínculos emocionales entre las personas y sus entornos —personales, sociales y físicos— se les denomina «apego» y su comprensión nos ayuda a entender muchos de nuestros motivos, deseos, aspiraciones y, cómo no, el bienestar y la felicidad o las tribulaciones y el sufrimiento, así como los comportamientos que de todo ello se derivan.

El conocimiento actual sobre el *apego humano*[116] y el papel tan relevante que desempeña en el bienestar psicológico y la salud mental de cualquier persona a lo largo de toda su vida tiene su arranque en los estudios del psiquiatra y psicoanalista británico John Bowlby (1907-1990), quien, apartándose de la ortodoxia psicoanalítica y en contra también de la doctrina conductista, que consideraban que la separación de la madre no afectaría significativamente al niño si este mantenía cubiertas las necesidades de alimentación y cobijo, demostró que tal suposición era un error al descubrir que el afecto de la madre, su cercanía, sus cuidados y caricias eran, en realidad, mucho más importantes para el desarrollo emocional y cognitivo del niño que la alimentación.[117]

Investigaciones del propio Bowlby, de colaboradores suyos (el mejor ejemplo es el de Mary Ainsworth)[118] y de otros psicólogos interesados en el estudio de los efectos de la separación materna (la figura clave aquí fue Harry Harlow)[119] permitieron establecer una serie de conclusiones para la *teoría del apego*. La conclusión fundamental fue que la cercanía de la madre, con sus caricias, calor, afecto y cuidados, incluso su mera presencia, con independencia de que proporcione alimento o no, es el factor crucial para generar en el niño *apego*, esto es, lazos afectivos con ella, la madre, esa figura que le cuida y le genera seguridad, tranquilidad y ausencia de ansiedad; es decir, una «base segura» —como dijo Ainsworth— desde la que explorar y conocer el mundo sin miedos.

El *apego a la madre*, que comienza en el parto y se consolida a lo largo del primer año de vida del bebé, se asume que es un proceso determinado de forma biológica y del que depende y sobre el que se construirán posteriormente todas las relaciones emocionales de la vida de cualquier individuo. Y es que, en efecto, sobre ese «vínculo emocional primario» se levantará todo el edificio emocional de *apegos* y *querencias* a las personas, los lugares y también a los objetos significativos en la vida de cualquiera de nosotros.

Tras los vínculos con las personas (o *apego interpersonal*), el *apego a los lugares* es, sin duda alguna, el tipo de lazo emocional que más nos define como personas y en el que nos centraremos a continuación.

Desde muy pequeños, se da en nosotros la propensión a vincularnos emocionalmente con lugares, espacios o ámbitos concretos, vastos territorios o diminutos rincones que nos dan seguridad y protección. Lugares generalmente circunscritos o delimitados —nuestra casa, nuestra calle, nuestro pueblo, nuestro país— que llegarán a adquirir un extraordinario valor y un alto significado vital porque pasarán a formar parte no sólo de nuestra geografía emocional, sino de nuestra propia identidad personal y social.

Apego a los lugares

El filósofo rumano Emil Cioran había anotado en su obra póstuma *Cuadernos*: «Cuanto más avanzo en edad, más siento la profundidad de los lazos que me unen a mis orígenes. Mi país me obsesiona: no puedo separarme de él ni olvidarlo».[120]

Les confieso que, desde una edad muy temprana, me he sentido impresionado por algo para lo que —durante muchos años— no encontraba una explicación convincente: ¿por qué las personas que han abandonado la tierra en la que vivieron su infancia pasan el resto de su vida deseando volver a ella? Los primeros testimonios de personas que añoraban volver a su tierra seguro que los vi en aquellas historias sorprendentes y complejas que el cine llevaba a mi pueblo, o en las historias reales que a veces oía de mis mayores. Poco después, sería la propia experiencia personal la que con toda crudeza me hizo ver que las personas que, por las razones que fueren, cambiaron su lugar de residencia después de la niñez, a partir de un determinado momento, generalmente entradas en la madurez («Cuanto más envejezco, más rumano me siento», escribió Cioran),[121] experimentan un deseo cada vez más imperioso de regresar definitivamente a su pueblo, a su ciudad, a su país. Pueblo, ciudad o país que no tienen que ser necesariamente el lugar en el que nacieron, sino aquel que marcó su infancia; porque, como escribió Rilke, «no se es de ningún país más que del país de la infancia».

Indudablemente, los testimonios son infinitos porque infinito es el número de seres humanos que sienten el desarraigo en sus entrañas. Cuando hablamos de sentimientos de pérdida, de quebranto o de desamparo por la ruptura de los lazos con el territorio de la infancia, no importan las razones por las que una persona se ha visto obligada a abandonar su ciudad, su pueblo o su país. Lo que intento decir es que no han de ser necesariamente el exilio o el destierro impuestos por la fuerza las únicas condiciones que generen esos sentimientos. La fragilidad humana ante el *desapego* tiene mil caras, y las diferentes sensibilidades nos permiten entender los temores, el desamparo, el dolor y la aflicción, así como los deseos, anhelos y sueños rotos de todos aquellos a los que el destino sacó de *su* tierra, ya fuera por propia voluntad o por la imposición y la fuerza.

El apego de Józef Wittlin a Lvov, la ciudad en la que vivió desde los ocho a los dieciocho años, y el profundo estremecimiento que le produce siquiera pensar en volver a esa ciudad, su ciudad: «Mi Lvov. Mía, aunque no nací en ella»,[122] son un ejemplo enternecedor de la fuerza e intensidad con la que nos atrae ese paraíso perdido del que salimos, a veces en contra de nuestros deseos más profundos. «¿Cómo había podido mudarme para siempre de una ciudad tan bella y acogedora?», se pregunta Wittlin. Una ciudad, *su* ciudad, en la que, nos dice: «[...] de no haber sido por la Primera Guerra Mundial y sus consecuencias, me hubiera quedado hasta el fin de mi periplo terrenal sentado en uno de los bancos municipales del sitio real de Lvov».[123]

En especial dramáticos resultan los casos de desapego de las personas que son brutalmente arrancadas de su país y, con ello, de su ciudad y de su casa. Son las historias de tantos y tantos seres humanos obligados a abandonar su patria, heridos de por vida, y, derrotados, vagar por exilios y destierros.

El poeta argentino Juan Gelman, galardonado con el Premio Cervantes en 2007, se vio obligado a exiliarse en Italia en 1975 por las amenazas de muerte de los escuadrones paramilitares de la Triple A. En 1980, en Roma, en aquella «tierra ajena», escribe —en palabras del poeta mexicano Marco Antonio Campos[124]— «uno de sus más lúcidos, amargos y dolorosos libros»: *Bajo la lluvia ajena (notas al pie de una derrota)*. Una obra empapada en un dolor infinito donde reflexiona sobre el destierro, la ausencia y la pérdida de tantos «hermanitos» y de su paraíso: Argentina. Su país, su patria, su casa. «Porque mi tierra es única», escribe. Y añade: «No es la mejor, es única».[125]

Certero Gelman al poner el dedo en la llaga, al apelar al sentimiento que más hiere y atormenta al desplazado, al desterrado, al exiliado: la conciencia dolida por la pérdida de sus territorios, de sus lugares, que para cada cual siempre son únicos. Y desde la desolación más profunda ante tanta pérdida, Gelman confiesa lo que más le duele: su derrota, y lo hace sin ambages, a cara descubierta, desde sus entrañas desgarradas:

> Yo no me voy a avergonzar de mis tristezas, mis nostalgias. Extraño la callecita donde mataron a mi perro, y yo lloré junto a su muerte, y estoy pegado al empedrado con sangre donde mi perro se murió, existo todavía a partir de eso, existo de eso, soy eso, a nadie pediré permiso para tener nostalgia de eso. ¿Acaso soy otra cosa? Vinieron dictaduras militares, gobiernos civiles y nuevas dictaduras militares, me quitaron los libros, el pan, el hijo, desesperaron a mi madre, me echaron del país, asesinaron a mis hermanitos, a mis compañeros los torturaron, deshicieron, los rompieron. Ninguno me sacó de la calle donde estoy llorando al lado de mi perro. [...] No era perfecto mi país antes del golpe militar. Pero era mi estar [...]. Es justo que la extrañe. [...] Te amo, patria, y me amas.[126]

Pero el alma de Gelman alcanza su máxima desolación cuando, en el fragmento XVI, grita desde la desazón y la pena:

> No debiera arrancarse a la gente de su tierra o país, no a la fuerza. La gente queda dolorida, la tierra queda dolorida. Nacemos y nos cortan el cordón umbilical. Nos destierran y nadie nos corta la memoria, la lengua, las calores.[127]

«Nadie nos corta la memoria» cuando nos destierran, es el lamento profundo de Gelman, porque ahí está la fuente de su dolor, porque es la memoria la que le mantiene unido a su tierra. La memoria es el inquebrantable cordón umbilical con el pasado, el lazo imperecedero con todo aquello que desde que nacemos se va agarrando a nuestro corazón para siempre —madre, familia, amigos, casa, calle, pueblo, perro, libros..., país— y cuyo recuerdo nunca dejará de remover y mantener vivos nuestros deseos de volver a sentir aquellas sensaciones de seguridad y protección que echaron sus raíces en el paraíso de nuestra infancia. Deseos y anhelos que se tornan espinas cuando la distancia, el desarraigo o el destierro se convierten en los peores enemigos de los lazos del apego con nuestros mundos personales.

Detengámonos un momento en la siguiente historia:

«Al sitiar los alemanes Leningrado, en noviembre de 1941, unos doscientos niños de la guerra pasamos a vivir en el número 8 de la calle Tverskaya». Así comienzan el relato de su dramática odisea Celso López García, de setenta y cinco años, y María Luisa Díez Sola, de setenta y seis, dos «niños de la guerra» enviados «por seis meses» a la URSS a finales de septiembre de 1937, cuando tenían once y doce años, respectivamente, pero de donde no volverían hasta cuarenta y seis años después.[128]

> La ciudad era un cementerio —continúan recordando estos dos supervivientes de mil batallas—. Pasábamos un hambre atroz. [...] Se hacía sopa con un kilo de guisantes para doscientos. [...] No había alcantarillado, y teníamos que acarrear el agua desde el helado río Nevá. Por el día bombardeaba la artillería alemana. Por la noche, la aviación. [...] El 19 de marzo de 1942 nos evacuaron a través del lago Ládoga, totalmente congelado. Viajamos más de un mes hacia el sur en tren [...], hacinados en vagones de mercancías, hasta llegar a Krasnodar. Los alemanes nos pisaban los talones y, ya en agosto, tuvimos que huir hacia Georgia, a través de las montañas del Cáucaso, a más de tres mil metros de altura, entre nieves perpetuas. [...] Un día, en medio de una intensa lluvia, los paracaidistas cayeron a pocos metros. Echamos a correr, pero hicieron prisioneros a unos cuarenta niños. Lo que es la vida; tuvieron suerte. Los enviaron a España. A nosotros nos tocó esperar aún cuarenta años.

Celso y María Luisa siguen recordando experiencias extraordinariamente vívidas y de una gran dureza física y psicológica hasta llegar a Tiflis, capital de Georgia, donde la «normalidad» volvió a sus vidas: los estudios, el trabajo, el inicio de su relación amorosa, que culminaría con su casamiento en Moscú en 1947. Después vendrían el nacimiento de su hija y, bastantes años después, los de sus tres nietos y los de sus dos bisnietos, todos ellos rusos, naturalmente; toda su familia rusa y sesenta y cuatro años vividos en aquel país. ¡Toda su vida! Y, sin embargo, ni un solo día han dejado de soñar con volver a su tierra: «Siempre hemos querido vivir en España», confiesan.

No deja de ser sorprendente, por muy conocidas que resulten experiencias tan desgarradoras como la relatada y por mucho que sepamos sobre el apego, que, después de toda una vida, las personas que han emigrado a lugares alejados del paisaje de su infancia, sean ciudades o países extraños, sigan añorando y deseando volver a su tierra. ¡Y con qué fuerza! Parecería como que los recuerdos de su niñez les impiden de por vida echar raíces en tierras ajenas. Juan Gelman así lo sintió cuando, desde su destierro en Roma, escribe: «Soy una planta monstruosa. Mis raíces están a miles de kilómetros de mí y no nos ata un tallo, nos separan dos mares y un océano».[129]

«Estoy deseando jubilarme para venirme definitivamente con mi familia al pueblo», me decía un emigrante que en los años sesenta se vio obligado por las necesidades económicas a buscar trabajo en un país centroeuropeo, donde se casó con una nativa y donde vive con su familia desde entonces. «La tierra de uno tira mucho», se oye con frecuencia en boca de quien no vive en «su» pueblo. Y es que esa es la sensación íntima y profunda de todo emigrante: la fuerza del apego a los lugares de la infancia. Algo intangible pero muy intenso que atrae como un imán hacia el territorio de la niñez, un deseo de «volver a casa» que tira como aquella cuerda que nos arrastraba hacia la línea que marcaba el terreno contrario cuando de pequeños jugábamos al «tira y afloja» o juego de la soga. Y es que, como estamos viendo, la memoria de la niñez guarda y preserva intactos los vínculos afectivos que durante la infancia nos conectaron a nuestros lugares y que, durante el resto de la vida, actuarán como un poderosísimo e invisible lazo[130] que no sólo nos mantiene atados a aquellos remotos lugares en los que jugamos, reímos, lloramos, amamos y fuimos amados de niños, sino que con la edad reverdece y aumenta su fuerza centrípeta.

Tomando como base la experiencia y los numerosos estudios que en los últimos años se están realizando sobre las relaciones afectivas entre los individuos y los lugares,[131] parece claro que la mayoría de las personas tienen al menos un lugar significativo con el que se sienten emocionalmente conectados: la casa, el barrio, la ciudad...

Lo interesante del *apego a los lugares* es que cumple las mismas funciones que el *apego interpersonal*.[132] Esto significa que los lugares a los que se está conectado emocionalmente actúan como la madre que protege y da seguridad a su pequeño, de ahí que, a imagen y semejanza del niño, el adulto en tierra extraña haga todo lo posible por mantener la proximidad física o simbólica con sus lugares más significativos, que visitará siempre que pueda en un impulso inconsciente por reafirmar su identidad y renovar su sentido de pertenencia. «Yo vengo al pueblo siempre que puedo: en Semana Santa, en Navidad y, por supuesto, en verano», me dicen con frecuencia muchos de mis paisanos emigrados cuando coincido con ellos en nuestro pueblo.

Asimismo, se sabe que la separación obligada de esos lugares —tal y como revelan las experiencias de exilio y destierro— puede generar en los individuos sentimientos de pérdida, aflicción y dolor tan intensos como los que produce la pérdida de seres queridos. En definitiva, el *apego a los lugares* —que no ha de ser necesariamente un fenómeno consciente— juega un papel clave en el bienestar y la felicidad de las personas porque preserva y alimenta el sentido de pertenencia, la autoestima, la satisfacción con la vida y con el mundo circundante, así como todo aquello que aumenta la sensación de sentirse libre en un entorno seguro.

Ahora bien, de entre todos los posibles lugares con los que establecemos vínculos afectivos lo seres humanos, ninguno resulta tan determinante en nuestras vidas como el que creamos en nuestra infancia con la casa en la que crecimos.

El paraíso privado de nuestra casa

El filósofo francés Gaston Bachelard (1884-1962), autor de *La poética del espacio*, una obra de extraordinaria belleza donde analiza desde una perspectiva fenomenológica lo que él llama «las imágenes de la intimidad» y, en especial, la poética de la casa, escribió: «La casa es nuestro rincón del mundo. Es —se ha dicho con frecuencia— nuestro primer universo. Es realmente un cosmos. Un cosmos en toda la acepción del término».[133]

La casa (o el hogar)[134] es, en efecto, un universo privado e íntimo en el que nos enraizamos y protegemos frente a todo lo ajeno. La casa es el primer lugar en el que sentimos el apego como seguridad y bienestar. El lugar del que nos apropiamos más tempranamente y convertimos en «nuestro». Cuando el niño dice «mi casa» está convirtiendo un espacio cerrado, con muros y techo protector, en una parte de su vida. Todo lo que habita en «su casa» está representado en su mente con un adjetivo posesivo: mi madre, mi padre, mis hermanos, mi abuela..., mi cuarto, mi ropa, mis juguetes, mi perro... Un universo privado, sólo de él y de los suyos, íntimo, protector, que empieza (hacia dentro) y acaba (hacia fuera) en el umbral de la puerta, sobre el que se irá construyendo su yo, su identidad, y donde aprenderá a entender su relación con el mundo.

La infancia llena la casa de significados positivos y, así, la casa se convierte en sinónimo de amor, bienestar, tranquilidad, seguridad y amparo; de modo que la casa, nuestra casa, acaba simbolizando a la madre, la figura protectora por excelencia.

El escritor francés Henri Bosco (1888-1976) nos ofrece, en su novela *Malicroix*, un pasaje en el que la casa se transforma en madre protectora que salvaguarda al hijo frente a la furia de la tormenta con un valor y una grandeza propiamente humanas:

> La casa luchaba bravamente. Primero se quejó; los peores vendavales la atacaron por todas partes a la vez, con un odio bien claro y tales rugidos de rabia que, por momentos, el miedo me daba escalofríos. Pero ella se mantuvo. Desde el comienzo de la tempestad unos vientos gruñones la tomaron con el tejado. Trataron de arrancarlo, de deslomarlo, de hacerlo pedazos, de aspirarlo, pero abombó la espalda y se adhirió a la vieja armazón. Entonces llegaron otros vientos y precipitándose a ras del suelo embistieron las paredes. Todo se conmovió bajo el impetuoso choque, pero la casa flexible, doblegándose, resistió a la bestia. Estaba indudablemente adherida a la tierra de la isla

por raíces inquebrantables que daban a sus delgadas paredes de caña enlucida y tablas una fuerza sobrenatural. Por mucho que insultaran las puertas y las contraventanas, que se pronunciaran terribles amenazas trompeteando en la chimenea, el ser ya humano, donde yo refugiaba mi cuerpo, no cedió ni un ápice a la tempestad. La casa se estrechó contra mí como una loba, y por momentos sentía su aroma descender maternalmente hasta mi corazón. Aquella noche fue verdaderamente mi madre.[135]

El poeta lituano Oscar W. de Lubicz Milosz ensambló las imágenes de la casa y de la madre con extraordinaria belleza poética cuando escribió: «Digo: mi madre, y es en ti en quien pienso, ¡oh Casa! / Casa de los bellos estíos obscuros de mi infancia».[136] Dos entrañables versos con los que Milosz abre su poema «*Insomnio*», una profunda y sentida evocación de la infancia que el poeta rememora a través de la identificación de la casa de su niñez con su madre. Y así, desde la emoción doliente del niño que ha perdido el refugio de su infancia, Milosz evoca «el paraíso perdido de mi lluviosa alameda / Donde con voz velada el pájaro de la infancia me llama», y, con profunda tristeza, inquiere a *su casa* como si interpelara a *su madre*:

> *Madre, ¿por qué me pusiste en el alma este terrible,*
> *este insaciable amor del hombre? ¡Oh!, di, ¿por qué*
> *no me envolviste en tierno polvo*
> *como esos viejísimos libros ruidosos que sienten el viento*
> *y el sol de los recuerdos y por qué no he*
> *vivido solitario y sin deseo al abrigo de tus techos bajos,*
> *con los ojos hacia la ventana irisada donde el tábano, el amigo*
> *de los días infantiles, zumba en el azul de la vejez?*
> *[...]*
> *¡Oh, Casa, Casa! ¿Por qué me dejaste partir?*
> *¿Por qué no has querido guardarme? ¿Por qué, Madre?*

«¡Oh, casa! ¡Oh, madre!», grita Milosz. Diríase que la experiencia vital funde, en el crisol del alma humana, esas dos figuras protectoras en una sola imagen que simboliza amparo, seguridad, sosiego y bienestar.

Ese significado protector y maternal de la casa lo expresa también, en términos muy parecidos, el propio Bachelard cuando escribe:

> Sin ella [la casa] el hombre sería un ser disperso. Lo sostiene a través de las tormentas del cielo y de las tormentas de la vida. Es cuerpo y alma. Es el primer mundo del ser humano. Antes de ser «lanzado al mundo» [...], el hombre es depositado en la cuna de la casa. Y siempre, en nuestros sueños, la casa es una gran cuna.[137]

¿Sería muy aventurado, entonces, pensar que perder la casa podría ser tan doloroso como perder a la madre? Más arriba hemos señalado que el *apego a los lugares* —y la *casa* es el lugar sagrado por excelencia— desempeña las mismas funciones que el *apego a las personas* —con la *madre* como figura vincular por antonomasia— y que la pérdida de los primeros puede provocar los mismos sentimientos de pena y dolor que la de los seres queridos. Así las cosas, creo que en nuestro mundo de hoy es fácil encontrar respuesta a la pregunta anterior. Para ello, valgan de ejemplo tres situaciones muy concretas a cuál más cruel: los infinitos dramas que viven las personas que son desahuciadas, seres humanos a los que se expulsa de sus casas, de su refugio, de su santuario, y quedan a la intemperie como huérfanos de todo y de nada; las innumerables víctimas que sobreviven a bombardeos y su vida queda reducida a vagar entre los escombros de sus casas como animalillos desamparados y malheridos, y los incontables desplazados que, tras perder su casa y todos sus bienes, buscan desesperadamente refugio en lugares extraños a los que no les une afecto alguno. Todos ellos —los desahuciados, los maltratados y malheridos, los desplazados y refugiados— son seres humanos a los que el mundo actual ha arrancado un trozo fundamental de su ser-y-estar-en-el-mundo y ha condenado a peregrinar sin posibilidad de retorno a ese punto de referencia, a ese lugar fijo que es *la casa* y todos los demás lugares en los que se sentían seguros, protegidos y vinculados emocionalmente.

El profundo significado protector de la casa está grabado a fuego en la memoria desde la infancia; por eso, cuando se pierde o cuando es arrebatada injustamente, los recuerdos y el sentimiento de desamparo que quedan son sal para la herida emocional que acompañará siempre a esos seres desterrados.

En un bellísimo texto rebosante de ternura y melancolía por la pérdida del paraíso de su infancia, Albert Camus rememora, desde la penumbra de un bar de Argel, la ciudad de su infancia adonde ha vuelto como el «emigrante que regresa a su patria», emociones en estado puro de instantes suspendidos en la eternidad —son palabras suyas—, y escribe:

> Me acuerdo de un niño que vivió en un barrio pobre. ¡Aquel barrio, aquella casa! Sólo tenía un piso, y no había luz en las escaleras. Incluso ahora, transcurridos ya tantos años, podría el niño regresar a esa casa en plena noche. Sabe que subiría por las escaleras a toda velocidad sin tropezar ni una vez. Tiene impregnado de esa casa incluso el cuerpo. Y conserva en las piernas la medida exacta de la altura de los peldaños. Y en la mano el horror instintivo, nunca superado, de la barandilla de la escalera. Y era por las cucarachas.[138]

El joven Friedrich Nietzsche describe, en su autobiografía *De mi vida*, la profunda tristeza y la dolorosa incertidumbre («Nunca como entonces me pareció mi futuro tan negro e intenso»)[139] que le embargaron al tener que abandonar su casa y su pueblo siendo un niño de cinco años. Así lo dejó escrito:

> Todavía puedo acordarme del último día y la última noche que pasamos allí [en Röcken, su pueblo]. Al atardecer, aún jugué con otros niños sabiendo que esta era la última vez. La campana vespertina vertía su melancólico tañido sobre los campos, un mate oscuro se cernió sobre la tierra, en el cielo brillaban la luna y las trémulas estrellas. No pude dormir mucho tiempo; a las doce y media de la noche bajé otra vez al patio. Había aquí varios carros que estaban cargando; la tenue luz de las linternas iluminaba tétricamente la escena. En aquel momento me parecía imposible que mi hogar pudiese estar en otra parte. ¡Qué doloroso era separarse del pueblo en el que habíamos sentido tanta alegría y tanto dolor, en el que quedaban las queridas tumbas del padre y del hermanito, en el que sus habitantes nos habían tratado siempre con tanto amor y amistad! Apenas iluminó la clara aurora los campos, ya rodaba el coche por la carretera, llevándonos hacia Naum-

burg, en donde nos esperaba un nuevo hogar. ¡Adiós, adiós, querida casa paterna![140]

Y es que la casa, como sostuvo el arquitecto noruego Norberg-Schulz, es «el sitio donde el niño aprende a comprender su existencia en el mundo y el lugar de donde el hombre parte y al que regresa».[141] Christian Norberg-Schulz (1926-2000) fue un destacado teórico e historiador de la arquitectura especialmente interesado en lo que él denominó «el espacio existencial». Desde esa idea de que la casa es el lugar central de la existencia de todo ser humano, escribió: « A un corazón fiel no le gusta vagar sin rumbo fijo y sin un hogar al que regresar. Necesita un espacio al que poder retornar, un refugio tranquilo y seguro».[142]

Porque, como sostiene David Seamon, profesor de Arquitectura de la Universidad Estatal de Kansas, la vida humana es imposible sin un lugar. Los seres humanos necesitan un espacio en el que anclarse, vincularse emocionalmente y transformar ese lugar de existencia en un hogar.

A partir de entonces, la casa, nuestra casa, se convierte en nuestro mundo, el lugar sagrado, mágico, con el que establecemos un profundo e indestructible vínculo. Por eso, cuando una persona piensa en «su casa» o dice «mi casa» le invade una mezcla de sensaciones y sentimientos muy difícil de traducir a palabras. A mi entender, el *apego al hogar* es un *estado mental* (ninguna otra expresión captura mejor lo que el apego al hogar significa) de una extraordinaria complejidad emocional y cognitiva. Para la arquitecta británica Clare Marcus, se trataría de un proceso tan complejo, tan personal, que probablemente nunca pueda ser explicado en su totalidad.[143] Quizá porque, como señaló el también arquitecto Robert Riley, el recuerdo de un lugar puede que tenga menos que ver con el lugar *per se* que con la añoranza y la necesidad de las emociones y sentimientos que entonces evocó.[144] No lo sabemos a ciencia cierta; aunque, en mi opinión, eso no le resta intensidad ni trascendencia al recuerdo.

Józef Wittlin expresó la misma idea respecto a su añorada Lvov cuando escribió: «No es Lvov lo que echamos de menos tras años de distanciamiento, sino a nosotros mismos en aquella Lvov».[145] Al igual que la poeta estadounidense Louise Bogan (1897-1970) cuando recuerda la casa de su infancia como el lugar donde cree haberse sentido más feliz en toda su vida, y se pregunta:

> ¿Por qué recuerdo esta casa como la más feliz de mi vida, si la verdad es que yo nunca fui feliz allí? Sin embargo, ahora me doy cuenta de que fue la casa donde comencé a leer, con entusiasmo y con placer. Fue la primera casa en la que las estanterías formaban parte del edificio. Es una casa a la que vuelvo en un sueño recurrente. Vuelvo a esa casa tal y como soy ahora. Coloco mis sillas, mis cuadros, pero sobre todo mis libros. Reorganizo la casa de arriba abajo: nuevas cortinas en las ventanas, cuadros nuevos en las paredes. Pero, de alguna forma, las viejas habitaciones siguen estando allí, como sombras que se filtran. Indestructibles. Fijas.[146]

Como he sugerido unas líneas más arriba, no importa si el apego a la casa nos conmueve por el recuerdo de la casa en sí o por las emociones que evoca su recuerdo, aunque coincido con Clare Marcus en que ambos factores juegan un papel significativo. Pero es que, además, los casos de Wittlin y Bogan vienen a confirmar lo que ya hemos señalado en capítulos previos, que los seres humanos actuamos en función de nuestra realidad mental; por tanto, lo relevante es que la evocación de «nuestra casa» moviliza de inmediato una mezcla extraña, compleja y muy particular de imágenes, emociones, sentimientos, afectos y querencias de extraordinaria intensidad que determinan —la mayor parte de las veces al margen de nuestra conciencia— nuestras actitudes presentes hacia nosotros mismos y los otros, nuestros deseos y anhelos y, por supuesto, nuestro comportamiento.

La vida nos brinda innumerables ejemplos de cómo los vínculos afectivos con nuestra casa —al igual que los que mantenemos con nuestros padres o con nuestro pueblo— dejan en nuestra memoria representaciones cargadas de amor, de afecto y de seguridad; de modo que su simple evocación tiene siempre un efecto salvífico y protector. Quién, estando lejos de su hogar, no ha experimentado un alivio, una mejoría o una recuperación total de un malestar pasajero al entrar de nuevo en su casa. Aharon Appelfeld cuenta, en su obra ya citada *Historia de una vida*, la nostalgia y el dolor de su abuelo cuando, debido a su enfermedad, aceptó abandonar su casa del pueblo —«donde habían nacido él, sus padres y los padres de sus padres»— y trasladarse a vivir con ellos a la ciudad. Aunque nunca se quejaba ni pedía nada, «a veces lo inundaba la nostalgia por su pueblo», escribe Appelfeld, y continúa diciendo:

> Era una melancolía muy real, como si estuviera cerca de los árboles y los arroyos que rodeaban su casa del pueblo, que ahora estaba cerrada con llave [...]. Una vez oí que le decía a mi madre: «Llevadme de regreso al pueblo, por favor, me cuesta estar fuera de mi casa».[147]

El apego de este anciano a su casa, a la seguridad de su refugio protector, nos muestra la fuerza de esos lazos invisibles trenzados en la infancia y que se mantienen toda la vida. Vínculos indisolubles que parece que tiran con especial intensidad cuando las personas sienten la inseguridad, el malestar, la enfermedad o la cercanía de la muerte. ¡Cuántos ancianos se resisten numantinamente a abandonar su casa incluso cuando las circunstancias personales y familiares se vuelven por completo adversas!

Somos criaturas indefensas que hacen de su casa un baluarte contra las inclemencias de la vida: un recinto sagrado en el que construimos nuestro mundo al calor de lo nuestro; una fortaleza privada donde nos descubrimos como individuos y aprendemos lo que somos; porque la casa, nuestra casa, se acaba convirtiendo —como dice Marcus[148]— en el espejo de nuestro yo: nuestra casa está tan impregnada de nosotros que llega a ser una extensión de nosotros mismos. Por eso el apego a la casa, la conexión emocional entre ese lugar y la persona que la habita, es algo que trasciende lo físico e incluso lo comunicable y se convierte en una experiencia única para cada persona. El escritor inglés Edward M. Forster (1879-1970), haciendo gala de una extraordinaria agudeza psicológica, transmite magistralmente la experiencia humana que significa la conexión espiritual con los lugares cuando, en su aclamada novela *Regreso a Howards End*, escribe:

> Para ellos, Howards End era una casa. No podían saber que para ella había sido un espíritu para el que anhelaba un heredero espiritual.

[...] ¿Es posible legar las posesiones del espíritu? ¿Tiene descendencia el alma? ¿Puede transmitirse la pasión por un olmo, una parra, una gavilla de trigo cubierta de rocío...?[149]

El apego en general y el apego a la casa en particular son una experiencia humana universal que trasciende fronteras y culturas y nos hace a todos iguales. La memoria de nuestra casa de la infancia es un universo de sentimientos y emociones que anida para siempre en el alma y guía nuestra búsqueda y configura nuestro modo de sentir y percibir los espacios que a lo largo de la vida acabamos convirtiendo en nuestros hogares. La vida es imposible, como señaló Norberg-Schulz, sin el espacio existencial de nuestra casa. Al abrigo de nuestra casa, nuestro yo recupera su ánimo y restaña las heridas de la intemperie de la vida. Siempre es así: la sombra de nuestra casa nos devuelve la quietud y apaga el miedo. Lo aprendimos en la infancia y nos acompañará siempre como un sortilegio atado a nuestra alma. Quizá por eso, cuando una tristeza infinita lo invade, Pessoa se refugia en el recuerdo de «la quinta» de su infancia y reclama que le devuelvan aquel pasado donde acunó sus sueños:

> ¡Ah, me acuerdo bien! Era en la quinta antigua y a la hora de la velada; después de coser y hacer punto, llegaba el té, y las tostadas, y el sueño bueno que yo había de dormir. Dame esto otra vez, tal cual era, con el reloj tictaqueando al fondo, y guárdate para ti todos los dioses. ¿Qué es para mí un Olimpo que no me sabe a las tostadas del pasado? ¿Qué tengo yo que ver con unos dioses que no tienen mi reloj antiguo? [...] Restitúyeme el pasado y guárdate la verdad. Dame otra vez la infancia y llévate contigo a Dios.[150]

Desde el convencimiento más profundo, considero que la vuelta a la casa donde crecimos es el deseo misterioso y callado, secreto —¿inconsciente quizá?—, de todo ser humano en su búsqueda incesante del mundo feliz y seguro de su infancia, un paraíso perdido, pero a salvo para siempre en su memoria. «A medida que nos acercamos a la muerte —escribió Ernesto Sabato en su autobiografía—, también nos inclinamos hacia la tierra. Pero no a la tierra en general, sino a aquel pedazo, a aquel ínfimo pero tan querido, tan añorado pedazo de tierra en que transcurrió nuestra infancia».[151] Porque la vuelta a casa significa siempre volver a ocupar el centro de gravedad de lo que somos, encontrarse cara a cara con el niño que fuimos y recuperar el ánimo y la seguridad que la vida ha ido arañando.

Nuestros lugares de origen, la casa donde despertamos a la vida, la calle en la que corrimos y jugamos y el pueblo o la ciudad que nos protegió bajo sus maternales brazos son los espacios míticos y simbólicos de cada ser humano porque guardan para siempre, gracias a vínculos invisibles enraizados en los orígenes de nuestras emociones y afectos, las señas de identidad que nos mantienen unidos a nuestros territorios sagrados: lugares que nos amparan y protegen frente a los avatares de la vida; esas aventuras y desventuras que, antes o después, acaban convirtiéndonos a todos en exiliados del pasado.

Como John Lennon escribió y The Beatles cantaron, hay lugares que se recuerdan toda la vida.

Así es y así será.

8

La cara oculta de la memoria

> Grados de la desesperación: No recordar nada, algo, todo.
>
> ELIAS CANETTI

> Todo se hunde en la niebla del olvido pero cuando la niebla se despeja el olvido está lleno de memoria.
>
> MARIO BENEDETTI

> Si se pudiera romper y tirar el pasado como el borrador de una carta o de un libro... Pero ahí queda siempre, manchando la copia en limpio.
>
> JULIO CORTÁZAR

EL OLVIDO O LA CARA OCULTA DE LA MEMORIA

El olvido no es lo contrario de la memoria ni la negación de esta. Lo contrario de la memoria es la *amnesia* y la negación de la memoria es la *desmemoria*. El *olvido es memoria*, aunque parezca un sinsentido. El olvido es una manifestación más de la memoria o, para ser más exactos, la expresión generalmente incómoda de procesos que están a su servicio. «El olvido —escribió Borges— es una de las formas de la memoria, su vago sótano, la otra cara secreta de la moneda».[1] Y muchos siglos antes, en la teoría de la memoria que san Agustín desarrolló en sus *Confesiones*, concretamente en el capítulo XVI del Libro X, titulado *Et oblivionis memoria est*, el obispo de Hipona dejó escrito:

«*Inesse oblivionem in memoria mea*», esto es, «el olvido está en mi memoria».[2]

El olvido, infinitas veces, es un fenómeno pasajero, un fallo circunstancial, el resultado de la toma de un camino equivocado, que, como la experiencia nos enseña, puede ser corregido o desandado. De modo que, en múltiples ocasiones también, cuando se desanda el camino equivocado y se toma el correcto, lo que quisimos recordar y se resistió a aparecer en nuestra conciencia una o dos o más veces ahora hace acto de presencia y nos complace y alivia, al tiempo que nos enseña que lo que buscábamos no se había perdido, que, tras esos intentos vanos, lo que deseábamos recordar aparece formando parte de la memoria.

En su descomunal intento por «reconquistar tierras al olvido», Proust expresó con toda intensidad ese placer interior que colma el anhelo cuando encuentra el camino o la puerta que excarcela lo recluido en la oscuridad del olvido.

> Pero a veces, en el momento en que todo nos parece perdido, llega la señal que puede salvarnos; hemos llamado a todas las puertas que no dan a ningún sitio, y la única por la que podemos entrar y que habríamos buscado en vano durante cien años, tropezamos con ella sin saberlo y se nos abre.[3]

Benedetti expresó con su proverbial belleza poética su fe en los tesoros que esconde el olvido cuando escribió: «Hay quienes imaginan el olvido como un depósito desierto, una cosecha de la nada y, sin embargo, el olvido está lleno de memoria».[4]

El olvido no significa, pues, que lo que buscamos en nuestra memoria y no encontramos se lo haya llevado para siempre Leteo, ese río del infierno del que hablaron los antiguos griegos, en cuyas aguas se disuelven los recuerdos hasta ser eliminados. Todo parece indicar, como veremos, que, aunque el olvido se representa a veces —como escribió Paul Ricoeur[5]— como una «inquietante amenaza» contra la memoria, no hay que considerarlo como evidencia de que lo que no podemos recuperar ha desaparecido de nuestra memoria.

No obstante, ello no significa negar que, en ocasiones, una experiencia pasada, el lugar donde guardaste algo o el nombre de la persona que tienes delante resulten difíciles o imposibles de recordar. No, en absoluto. Esas ocasiones de olvido forman parte del vivir cotidiano. Lo que queremos subrayar es que esa *sensación subjetiva* de que se ha olvidado algo no significa pérdida, eliminación o borrado definitivo de la memoria de ese algo, sino imposibilidad temporal de poder acceder a ello. Como muy acertadamente escribió al respecto la profesora Aurora Suengas, de la Universidad Complutense de Madrid, «el "aparente" olvido de las cosas oscurece la intrínseca durabilidad de la memoria».[6]

Es un hecho que, a fecha de hoy, la ciencia no dispone de ningún dato que permita afirmar que a nivel humano el olvido que experimentan las personas sanas sea el resultado de ruptura o pérdida de conexiones en las redes cerebrales de memoria, un fenómeno que, de producirse, sí permitiría asumir que lo olvidado ha desaparecido para siempre de la memoria.[7]

Como vimos en el capítulo 6, y retomaremos en este, los recuerdos, el conocimiento o la información que no se recuperan, esto es, que no se usan ni se repasan nunca o casi nunca, entran en un estado de latencia o de oscuridad y pierden fuerza, brillo, vitalidad. Son contenidos de memoria que se retiran debilitados del escenario cotidiano de nuestra conciencia y van quedando relegados en ese «vago sótano» que decía Borges, de donde resultará difícil recuperarlos; pero, no imposible, porque no se destruyen.

En su libro de memorias *Confesiones de un burgués*, el escritor húngaro Sándor Márai describe con sabiduría la experiencia del recuerdo trabajoso y escurridizo de esas huellas de memoria que el abandono ha convertido en reliquias herrumbrosas del pasado, pero que el recuerdo puede rescatar del fondo extraviado de la memoria. Estas son sus palabras:

> Algunas etapas de mi vida, el aspecto exterior de ciertas personas, determinados encuentros aparecen entre mis recuerdos como a través de una bruma, casi no han dejado rastro; me acuerdo de algunos acontecimientos ligados entre sí por lazos débiles, reunidos en una sola y enorme masa. Esa masa encierra, como el ámbar que contiene los restos de un insecto, la vida simbólica de algunas personas. [...]

LA MEMORIA Y LA VIDA

Tengo mala memoria y soy ingrato. A veces surge del caos alguna persona y a su alrededor los recuerdos cristalizan en hilachas como si fuesen algas, y tengo que sacarlos y dejarlos limpios porque están cubiertos de los restos del pasado.[8]

Por supuesto que el olvido frustra, irrita, desconcierta, o eso, al menos, es lo que con frecuencia sentimos cuando lo que buscamos en la memoria, ese recuerdo que queremos recuperar, no aparece; y, sin embargo, otras veces daríamos lo que fuera para que ese irritante olvido viniese en nuestra ayuda y se llevara consigo los recuerdos que nos torturan. Y es que el olvido ¡tiene tantas caras! Tiene una cara ingrata, incómoda y exasperante —seguramente, la más conocida— que oculta lo deseado, lo que necesitamos aquí y ahora; tiene otra cara dolida, reconfortante y piadosa que se lleva lo que nos hiere y nos libera de culpas, congojas y tormento; tiene el olvido también una cara amable y servicial que retira, limpia y descarga los sistemas de memoria de informaciones inútiles que podrían sobrecargar e incluso bloquear todo el sistema, y, probablemente, esconda más caras que sorprenden y desconciertan, como veremos más adelante. Todo lo cual nos permite anticipar que el olvido es consustancial a la memoria, «una función —como escribió William James— tan importante como el recuerdo»[9] para el buen funcionamiento de nuestra memoria, a pesar de las aparentes molestias y frustraciones que con frecuencia genera.

James habló de «irregularidades» del olvido, precisamente para dar a entender las muchas y diferentes escaramuzas a las que nos somete:

Una cosa que se olvida un día será recordada al siguiente. Algo que hemos hecho los esfuerzos más intensos para recordar, y todo ha sido en vano, entrará tranquilamente en nuestra conciencia cuando hayamos abandonado los intentos por recordarlo, tan inocentemente como si nunca lo hubiéramos buscado.[10]

O, lo que es más desconcertante, experiencias vividas en el pasado más remoto y completamente olvidadas que, por razones difíciles de averiguar, reviven después de muchos años perdidas en el rincón más recóndito de la memoria. James ilustra esta «irregularidad» con el caso «más frecuentemente citado», según sus palabras, dado a conocer por el poeta y filósofo inglés Samuel Taylor Coleridge[11] en su obra *Biographia literaria* (1817). Un caso verdaderamente sorprendente que considero oportuno reproducir por su rareza y porque entiendo que merece mantenerse vivo:

> En una ciudad católico-romana de Alemania, una joven, que nunca había sabido leer ni escribir, fue atacada de fiebre, y los sacerdotes dijeron que estaba poseída del demonio, porque la oían hablar latín, griego y hebreo. Se escribieron todas las frases que pronunciaba en sus accesos de delirio, y se halló que constituían sentencias inteligibles en sí mismas, pero que tenían poca conexión entre sí. De sus dichos hebreos, sólo algunos podían atribuirse a la Biblia y la mayoría parecían estar en el dialecto rabínico. Todo fraude estaba fuera de duda; la mujer era una criatura sencilla, no había duda respecto a la fiebre. Tardó mucho en conseguirse una explicación que no fuese la de la posesión demoniaca. Al fin el misterio fue descubierto por un médico, que se determinó a escudriñar la historia de la muchacha, y que, después de muchas molestias, descubrió que a la edad de nueve años había sido caritativamente recogida por un antiguo pastor protestante, un gran erudito hebreo, en cuya casa vivió hasta su muerte. Al hacer una indagación más detallada parece que había sido la costumbre de este anciano pasear por su casa, estando la cocina abierta, y leerse a sí mismo en alta voz algo de sus libros. Fueron rebuscados los libros y entre ellos se encontraron varios de los Padres griegos y latinos, junto con una colección de escritos rabínicos. En estas obras se identificaron varios pasajes copiados al lado de la cama de la joven, no dejando lugar a duda respecto a su origen.[12]

Casos como el de esta joven alemana elevan nuestro asombro y desconcierto frente al olvido hasta los límites de la incomprensión e incluso del misterio. Porque ¿qué es realmente el olvido?, ¿borra el olvido la memoria o sólo la oculta?, ¿por qué se produce?, ¿por qué cuando se disuelve lo hace de modos tan distintos?, ¿necesita la memoria el olvido?, y, si es así, ¿para qué sirve el olvido?, ¿cuál es su función? Antes de tratar de responder estas cuestiones, me gustaría adelantar una idea general o premisa básica, y es que, como dijo James,[13] si lo recordáramos todo lo pasaríamos tan mal en la vida como si no recordáramos nada. Una idea que el novelista y agudo pensador checo Milan Kundera lleva hasta el extremo cuando escribe: «Si alguien pudiera conservar en su memoria todo lo que ha vivido, si pudiera evocar cuando quisiera cualquier fragmento de su pasado, no tendría nada que ver con un ser humano».[14]

De lo que se desprende, y nos detendremos más abajo en ello, que el olvido es necesario. Mas, antes de adentrarnos en esas cuestiones, necesitamos poner en claro de qué hablamos cuando hablamos de «olvido».

¿QUÉ ENTIENDE LA CIENCIA POR OLVIDO?

En contra de lo que establece Harald Weinrich,[15] en la primera página de su obra *Leteo*, pienso que no podemos avanzar ni una línea más sin presentar una definición científica de la palabra «olvido».

Es un hecho comprobado que no todo el mundo ni todos los investigadores utilizan el término «olvido» para referirse a lo mismo. Y es que la palabra «olvido», como señalara Ricoeur, es de una «polisemia agobiante».[16] Tanto es así que ni entre los científicos de la memoria la palabra «olvido» tiene un único significado.

En el marco de la ciencia de la memoria, el término «olvido» se ha utilizado para referirse a alguno de estos fenómenos: (1) «el borrado completo» de la huella de memoria que no puede recordarse; (2) la eliminación de información irrelevante o espuria gracias a la acción de determinados mecanismos encargados de reducir la carga informativa de los sistemas de memoria; (3) un «fallo de recuperación» que sería subsanable con claves adecuadas, y (4) un proceso inhibitorio que facilita el recuerdo.

El olvido como «borrado» o destrucción de huellas

Probablemente, la idea más extendida entre la gente corriente acerca del olvido sea aquella que asume que cuando algo se ha olvidado es porque ha desaparecido de la memoria, es decir, que algo que estaba en la memoria, por las razones que sea, deja de estar. En el seno de la psicología de la memoria, se barajó hace décadas esa misma idea, esto es, que el olvido podía ser un fenómeno dependiente del estado de las huellas de memoria; se asumió, por tanto, que las huellas pueden deteriorarse, dañarse o, en definitiva, desaparecer. Sin embargo, la investigación experimental fue invalidando sistemáticamente tal hipótesis al comprobar que los datos eran contrarios a la misma y consistentes con una explicación del olvido en términos no de deterioro o de destrucción de las huellas, sino de «fallos de recuperación de huellas completamente intactas».[17] Retomaremos esta propuesta más adelante.

Asimismo, y en fechas más cercanas, ha sido la neurociencia cognitiva la que ha invalidado la hipótesis del borrado de las huellas por entender que carece de validez científica. El neurocientífico Michael Davis, de la Universidad de Emory, considera que la acepción del olvido como «borrado total» de las huellas o trazas de memoria es una posibilidad teórica que presenta un problema insalvable. Y es que someterla a prueba exigiría analizar un circuito cerebral muy simple y comprobar que, una vez que el organismo en cuestión ha olvidado algo aprendido, la conexión o sinapsis entre neuronas de la que dependía dicho aprendizaje se ha destruido o ha desaparecido. Como ha advertido Davis, la posibilidad de dicha prueba es nula hoy por hoy; de modo que no se puede afirmar que se produzca olvido en ese sentido. Por consiguiente, esta «forma fuerte» del concepto de olvido es estéril en términos científicos «porque probablemente nunca pueda ser probada», y, por tanto, debe ser descartada.[18]

Ahora bien, esto no significa que nuestro cerebro no elimine gran parte de la información que le llega. No, en absoluto: como veremos a continuación, los sistemas de memoria deben ser limpiados o liberados de grandes cantidades de información para no resultar sobrecargados y, en consecuencia, quedar bloqueados. Si bien esa eliminación de información no debe ser considerada olvido en sentido estricto y después veremos por qué.

El cerebro elimina grandes cantidades de información

Como he destacado en trabajos previos,[19] el hecho de que la memoria humana sea el resultado de complejos procesos de adaptación y exaptación biológicas implica necesariamente la existencia de una serie de constricciones orientadas, como en todo sistema altamente evolucionado, a garantizar su conservación.[20] A este respecto, la pregunta adecuada para nuestros objetivos sería esta: ¿en nuestro sistema de memoria entra y queda retenida *toda* la información que llega a nuestro cerebro?, o, expresada en términos evolucionistas, ¿resultaría adaptativo para el ser humano retener en su memoria *todo* lo que siente y percibe? De entrada, parece que lo adaptativo sería retener en la memoria solamente lo relevante para el desarrollo de una vida normal y desprenderse (olvidarse) de todo lo demás. Sin embargo, la observación de la realidad diaria no parece muy acorde con esa intuición cargada de lógica al mostrarnos cómo nuestra memoria guarda, con frecuencia, hasta las cosas más superficiales e inútiles. Esta realidad es confirmada por la neurociencia, aunque, como veremos, se trata más de una apariencia que de una realidad.

Para resolver la cuestión planteada necesitamos revisar, siquiera brevemente, algunas ideas muy básicas en el ámbito de la neurociencia cognitiva, por lo que me voy a permitir una digresión.

Para empezar, señalaré que el descubrimiento de la *plasticidad sináptica* (o capacidad de las neuronas para modular con la experiencia la fuerza y la estructura de sus conexiones sinápticas) ha puesto de manifiesto no sólo que las neuronas individuales pueden mantener información o, lo que es lo mismo, que tienen propiedades intrínsecamente mnemónicas, sino que toda la arquitectura cerebral es plástica, es decir, que puede ser cambiada por la experiencia, lo que significa, en última instancia, que el *encéfalo* (cerebro y cerebelo) *es un órgano biológicamente preparado para almacenar información.*[21] En otras palabras, el hecho de que las neuronas tengan propiedades mnemónicas convierte a todo *el cerebro en un sistema de memoria*. Por tanto, podemos concluir que, desde un punto de vista neurofisiológico, los sistemas cerebrales de memoria están preparados para reaccionar ante cualquier estimulación y, en concreto, para elaborar y almacenar las «impresiones» que han ejercido algún influjo en el sistema nervioso.

Ahora bien, ¿tales impresiones, trazas o huellas tienen un carácter permanente o su conservación depende de la acción de determinados mecanismos restrictivos que están al servicio de la memoria?

Está comprobado que las huellas que las sensaciones dejan en nuestro cerebro son elementos en un principio muy inestables y vulnerables a multitud de variables que las modulan y alteran o directamente las destruyen. De modo que, durante ese primer estadio de alta fragilidad, las huellas tienen dos posibles destinos: o son *consolidadas* y transformadas en huellas permanentes de memoria a largo plazo, o son *eliminadas* y desaparecen para siempre. ¿*Cómo* y *cuándo* se decide ese destino?

Desde los mismos inicios del pasado siglo xx, se ha ido acumulando evidencia experimental que confirma la idea de que el destino eventual de las huellas de memoria («a corto plazo» sería su correcta denominación) no se resuelve del todo en el momento del aprendizaje, sino que se ve afectado tanto por eventos *externos* (por ejemplo, la repetición o nuevos encuentros con el estímulo, la entrada de información nueva, etc.) como por eventos *internos* (entre estos destacan, a nivel neurobiológico, los procesos de consolidación, y, a nivel cognitivo, el repaso, la atención, la organización de lo aprendido o la reconstrucción de los recuerdos); lo que en términos neurobiológicos significaría que los acontecimientos subsiguientes al aprendizaje influirán en el destino de las huellas de memoria remodelando y alterando los circuitos neurales involucrados en la representación original.

Sin duda alguna, el evento fundamental en la determinación de ese destino son los *procesos de consolidación*, que transforman huellas inestables de memoria a corto plazo en huellas permanentes de memoria a largo plazo. La dinámica de la consolidación de la memoria es compleja y lenta, y alrededor de ella giran todos los demás eventos mencionados, ejerciendo efectos facilitadores unos y perturbadores otros. Durante ese juego delicado y todavía bastante enigmático, que traerá consigo la formación de memorias estables y duraderas, van a suceder eventos neuroquímicos de la complejidad de la síntesis de proteínas y eventos a nivel celular de auténtica lucha y competición[22] que darán lugar a la eliminación de grandes cantidades de información. Naturalmente, no es este el lugar indicado para analizarlos;[23] sólo insistiré en que una gran parte de las impresiones sensoriales no se convierten en huellas permanentes de memoria, sino que no pasan de ser —como advirtiera Ribot[24]— más que simples elementos inestables que son eliminados y desaparecen para siempre.

No obstante, nos detendremos, aunque de forma somera, en comentar los efectos cruciales que ejerce sobre la memoria y sobre la información irrelevante un fenómeno que no dudo en calificar de intrigante y que sigue rodeado de un cierto halo de misterio para todos. Me refiero a los sueños o, más concretamente, a la fase del dormir en la que soñamos, llamada por los expertos fase de «sueño paradójico» o de «movimientos oculares rápidos» (*rapid eye movements*, REM).

El papel del sueño REM en la memoria y el olvido

Antes de entrar en materia, quisiera señalar algo que me parece admirable y de sumo interés para nuestros objetivos: el gran neurólogo británico John Hughlings Jackson (1835-1911), cuyos escritos continúan siendo una referencia obligada entre los estudiosos del cerebro, propuso, hace más de cien años y sin haber realizado ningún estudio sobre el sueño, una hipótesis sobre las relaciones entre *sueño* y *memoria* que la investigación actual está confirmando.[25] En concreto, Jackson sugirió que el sueño tiene una doble función respecto a la memoria: por un lado, *borra* los recuerdos innecesarios y elimina las conexiones neuronales correspondientes que se establecen durante la vigilia, y, por otro, *consolida* los recuerdos más necesarios.

Cuando Jackson hizo esa sugerencia no se sabía prácticamente nada de la función del sueño ni por supuesto de su fisiología. De hecho, hasta la década de los cincuenta del pasado siglo no se desveló la fisiología del sueño humano,[26] con la descripción de diferentes fases que, básicamente, consisten en una alternancia cíclica entre periodos de actividad eléctrica de ondas rápidas y de ondas lentas, acompañadas de periodos de «movimientos oculares rápidos» (REM) y periodos de «no-movimientos oculares rápidos» (NREM), respectivamente.[27] Experiencias cotidianas y de laboratorio confirman que, si a una persona se le despierta durante o inmediatamente después de una fase REM, existe una probabilidad muy alta de que diga que estaba soñando. Actualmente sabemos que si bien los sueños —el fenómeno onírico— pueden producirse en cualquier fase del dormir, estos son especialmente frecuentes durante las fases de sueño REM.

Los científicos tienen planteadas muchas preguntas sobre estos asuntos para las que todavía no disponen de respuestas definitivas; cuestiones que sobrepasan los objetivos de este capítulo. Pero hay una que no podemos eludir porque resulta especialmente relevante para nuestro análisis: ¿qué función cumple el sueño REM?

Los neurocientíficos coinciden en que la función primordial de las fases de sueño REM es consolidar y mantener la plasticidad sináptica que se ha iniciado durante la vigilia; es decir, fortalecer lo que se ha aprendido. Está demostrado que el patrón de actividad eléctrica del hipocampo (una de las estructuras cerebrales fundamentales para el aprendizaje y la memoria) es el mismo durante la fase de aprendizaje que durante el sueño REM, un hallazgo que concuerda con otro hecho demostrado: que las asambleas de neuronas hipocampales que se disparan juntas durante el aprendizaje de una tarea se vuelven a disparar juntas durante el sueño REM subsiguiente. Es decir, que el patrón de actividad eléctrica que aparece cuando el cerebro durmiente entra en un periodo de sueño REM sería algo así como un interruptor que pone en marcha el reprocesamiento de la información adquirida por el cerebro despierto.

La función, pues, del sueño REM sería fortalecer la conectividad de las asambleas neuronales del hipocampo y, de esa manera, *consolidar* la información en huellas de memoria a largo plazo que serán devueltas al neocórtex para su almacenamiento definitivo, justo en el siguiente periodo de sueño de ondas lentas o NREM.[28]

Sin embargo, esta fascinante historia no termina aquí, porque, al parecer, al tiempo que se fortalecen o consolidan las huellas de la información nueva, está en marcha un proceso de limpieza o borrado de «memorias espurias» o asociaciones azarosas sin fundamento, así como de todos los restos de información inútil que sólo servirían para entorpecer el funcionamiento de la memoria.

Esta idea tiene su origen en un artículo publicado en 1965 por dos físicos británicos[29] en el que planteaban que la función del sueño REM sería poner en marcha un mecanismo «supervisor» que analiza la información nueva que entra en el sistema durante el día y decide, durante la noche, qué se guarda y qué se borra de la memoria.

Partiendo de esta idea, en la década de 1980, el físico y biólogo molecular Francis Crick,[30] que trabajaba desde 1973 en el Instituto Salk de Estudios Biológicos de La Jolla, publicó, junto con su colega Graeme Mitchison, un breve artículo en la prestigiosa revista *Nature* en el que plantearon la hipótesis de que la función del sueño REM era permitir la acción de un mecanismo de «desaprendizaje» o de «aprendizaje inverso» que se encargaría de limpiar los sistemas de memoria eliminando o borrando las asociaciones mnemónicas espurias formadas a lo largo del día.[31]

Respecto a esta propuesta hay que reconocer que, aunque resulta muy sugerente, ha carecido hasta ahora de evidencia experimental en su apoyo. Sin embargo, en una investigación reciente, un grupo de neurocientíficos de la Universidad de Nueva York ha comprobado experimentalmente que el sueño REM desempeña, además de un papel fundamental en la consolidación de la memoria, una función de *desaprendizaje* mediante «la poda selectiva de espinas dendríticas que perturbarían la formación de conexiones neuronales estables».[32]

En definitiva, y aunque no tomemos al pie de la letra la conclusión de Crick y Mitchison de que *«we dream in order to forget»*[33] («soñamos para olvidar»), todo apunta a que el sueño REM consolida y elimina grandes cantidades de información. Ahora bien, ¿se puede hablar de «olvido» en casos como este?

La respuesta no ofrece dudas para los científicos de la memoria: no, no se debe hablar de olvido. La eliminación o el borrado de información que se produce durante el sueño REM no debe considerarse olvido. Las huellas, impresiones, asociaciones o la información que elimina y borra el sueño REM no son todavía, en sentido estricto, memoria. A lo sumo, son esos «engramas no-recordados» de los que hablaba Tulving (ver capítulo 6), que, al no haber sido nunca recuperados, ni son memoria ni, por consiguiente, algo que se pueda olvidar.

Porque, y esta es una idea que debe ser subrayada, para poder hablar de *olvido* en sentido riguroso debe constatarse que *algo que se recordó* en una o en varias ocasiones anteriores *ahora no se puede recordar*.[34]

El olvido como «fallo de recuperación»

En psicología de la memoria existe un *corpus* de conocimiento riguroso y sólido derivado de abundante investigación experimental que avala la idea de que *el estado de las huellas* no es el factor crucial en la producción de olvido. Como señalamos un poco más arriba, huellas de memoria completamente intactas resultan inaccesibles en ocasiones, mientras que en otros momentos se recuperan con éxito. Este hallazgo experimental —del que encontramos innumerables ejemplos en la vida cotidiana— se ha confirmado una y otra vez al demostrar, utilizando diferentes claves para recuperar la misma información, que unas claves resultan eficaces y otras inadecuadas.[35] A partir de esta evidencia, los científicos pusieron el foco en la información de la que dispone el individuo a la hora de recordar y comprobaron que el recuerdo y, por tanto, el olvido dependen fundamentalmente de las *claves de recuperación*. Y es que, como señaló Tulving: «Recordamos un evento si ha dejado tras de sí una huella *y* si algo nos lo recuerda»,[36] es decir, que disponer de claves eficaces (el «algo» de Tulving) es la condición *sine qua non* para recuperar o recordar y, al contrario, la ausencia de claves o contar con claves inadecuadas nos lleva a la experiencia del olvido.

Los científicos de la memoria consideran que la información contenida en las huellas de memoria es constante mientras que lo que cambia, lo que puede variar y varía, es la calidad de las claves. De modo que se asume que el *olvido* es el resultado de un fallo ocasional de recuperación, probablemente porque la información contenida en las claves es insuficiente o inadecuada.

Las huellas de memoria bien consolidadas no se destruyen ni se pierden, lo que significa que están *disponibles* (o almacenadas) en la memoria, pero, como las condiciones cognitivas y contextuales de los individuos varían, las huellas pueden volverse temporalmente *inaccesibles* (siguen almacenadas, pero no se puede acceder a ellas).[37] Como escribió Tulving: «Olvidar algo que una vez supimos no significa necesariamente que la huella de memoria se haya perdido, puede que sólo esté inaccesible».[38]

Ese es el argumento central: no se trata, pues, de negar que el olvido exista, no, sino de entenderlo como resultado de fallos en el momento del recuerdo y no como desaparición o borrado de la memoria de aquello que se busca. Esta concepción científica del olvido no es exclusiva de los investigadores de la memoria; está presente, explícita o implícitamente, en el pensamiento de incontables pensadores, escritores, poetas y gente en general, como vamos a ver a continuación.

¿LO GUARDADO EN LA MEMORIA ES PARA SIEMPRE?

El ensayista Thomas de Quincey (1785-1859) lo expresó de diferentes formas en no pocas páginas de sus escritos. En 1821, en su más célebre obra, *Confesiones de un inglés comedor de opio*, en la parte dedicada a «los dolores del opio», refiere, además de los sufrimientos de su cuerpo y los efectos paralizantes sobre su intelecto, cómo el opio le afectó gravemente el sentido del espacio y del tiempo, le provocó distorsiones perceptivas, experiencias que hoy no dudaríamos en calificar de alucinatorias, y unos efectos sorprendentes sobre su memoria. A este respecto, escribió:

> Volvían a mí los más nimios incidentes de la infancia o escenas olvidadas de otros años; no puede decirse que los recordara, ya que si alguien me hubiese hablado de ellos estando yo despierto no habría podido darme cuenta de que formaban parte de mi experiencia. Pero tal como se disponían ante mí, en sueños semejantes a intuiciones, revestidos de las más efímeras circunstancias y sentimientos que una vez los acompañaron, los *reconocía* al instante. Una de mis parientes

más cercanas me ha contado que, siendo niña, se cayó al río y estaba a punto de perecer cuando acudieron en su auxilio: en ese momento crítico vio su vida entera desplegarse simultáneamente ante sus ojos, como en un espejo, al tiempo que se desarrollaba en ella la facultad de comprender el todo y cada una de sus partes. Bien puedo creerlo cuando recuerdo algunas de mis experiencias con el opio [...]. Así que de esto al menos me siento seguro: para la mente no existe nada parecido al *olvido*; miles de accidentes pueden interponer un velo, y lo harán, entre nuestra conciencia actual y las inscripciones secretas de la mente, pero accidentes del mismo tipo rasgarán ese velo; y, velada o no, la inscripción perdura para siempre.[39]

Para De Quincey, el asunto no deja espacio a la duda, «las inscripciones de la mente» —las huellas de memoria o los engramas, en la terminología actual— se mantienen para siempre: la memoria no pierde lo que ha guardado. Esas «inscripciones» pueden palidecer o velarse por los efectos de mil sucesos y hacernos sentir que el olvido se las ha llevado, pero no es así. Nada (o casi nada) se borra de la memoria una vez grabado y consolidado por muy antiguo que sea. Experiencias de la infancia que se creen olvidadas o la vida entera pueden revivir en momentos inesperados. Algunas de esas remotísimas experiencias pueden ser de absoluta trascendencia, como en el caso que refiere de su parienta al borde de la muerte, y otras de una completa insignificancia, como cuando el propio De Quincey, en *Suspiria de profundis*, escribe:

> Es raro que mi memoria pierda algo que vale la pena recordar. (Lo insignificante perece en el acto). Así se explica que algunos fragmentos de poetas latinos o ingleses que sólo puedo haber leído una vez (y hace treinta años) vuelvan a mí ahora, cuando me acuesto a esperar en vano al sueño.[40]

«¿Quién dice que se olvida? No hay olvido», escribió Luis Cernuda,[41] advirtiendo de que lo vivido se mantiene a buen recaudo en el seno de la memoria. La vida nos ofrece infinitas señales de que el olvido, por mucho que nos acose e invada, y lo olvidado, por mucho que nos exaspere, están llenos de memoria, como cantó Benedetti.

A veces, señales desapercibidas rompen los muros del olvido y lo que creíamos perdido aparece de repente.

Sí, ¡cuántas veces *el ayer* llega de improviso, sin avisar, sin esperarlo!

El escritor argentino Bioy Casares, en su obra miscelánea, dentro del género memorialístico, *Descanso de caminantes*, escribió:

> *30 septiembre 1986.* Ayer tuve una prueba de que en la memoria guardamos todo. Una prueba, al menos, para una mente como la mía, racional y pragmática, pero desprovista de conocimientos científicos. Cuando salía para una reunión de Estancias, a las cinco menos veinte de la tarde, mientras ponía en marcha el motor de mi auto, recordé las palabras *mascula siente*. Muy pronto recordé su origen: estaban en unos versos latinos que dictó Albesa, nuestro profesor de latín de primer año en el Instituto Libre (yo era entonces, en 1929, un chico tímido que no sabía nada de latín) [...]. A lo largo de las horas de lo que restaba del día fueron recomponiéndose algunas líneas y esta mañana la estrofita íntegra apareció en mi memoria. [...] Yo las había apuntado en mi libreta [...]. Hoy sobreviven, por lo menos, en un viejo que no podría repetir de memoria ningún verso de Virgilio y que no sabe, ni supo, latín.[42]

En «Carta a Maurice Nadeau», donde Georges Perec pone al corriente de sus proyectos al escritor y editor Nadeau, Perec escribe:

> El tercer libro es una novela de aventuras. Nació de un recuerdo de niñez; o, más exactamente, de una fantasía que desarrollé abundantemente a los doce o trece años [...]. Lo había olvidado completamente; lo recordé de nuevo en Venecia, una tarde, en septiembre de 1967, estando un poco borracho.[43]

Teniendo en cuenta que Perec había nacido en marzo de 1937, dicha fantasía la había desarrollado en 1949 o 1950. Y un día de septiembre, diecisiete o dieciocho años después, durante los que permaneció «completamente» olvidada, aquella ensoñación adolescente renació.

Otras veces, sin embargo, esas de las que somos totalmente conscientes y que tanto desazonan, traspasar la negrura del olvido supone una auténtica lucha interior, un esfuerzo denodado, la «voluntad de sacar de tu interior momentos de algo vivido», como escribió Perec,[44] entregarse a «la tarea de recordar», en palabras de De Quincey. Y en ningún caso desistir.

Un ejemplo admirable de esa actitud y de la decisión de recuperar fragmentos del propio pasado a sabiendas de la dificultad que muchas veces entraña nos lo ofrece Perec cuando, tras «obligarse a recordar», confiesa: «En general tenía que pasar entre un cuarto de hora y tres cuartos de hora de vacilación, de búsqueda completamente vaga antes de que surgiese un recuerdo».[45] Y poco después añade: «[...] además, en el momento de sacar ese recuerdo tiene uno realmente la impresión de arrancarlo del lugar donde siempre estuvo».[46]

El «lugar donde siempre estuvo» dice Perec, advirtiéndonos de que lo olvidado permanece atado a nuestra memoria.

No obstante, los intentos de exhumación de un recuerdo olvidado no siempre acaban en éxito por mucho que nos obliguemos a recordar. Son muchas las ocasiones en las que la búsqueda resulta infructuosa. El olvido oculta ciertamente vastos territorios de «un país extraño», peculiar, desconocido, donde ni el tiempo existe ni la viveza de los recuerdos depende de su edad. Por eso, quizá convenga aceptar que los territorios del *olvido* forman parte de ese «país extranjero» que es *el pasado* donde, como señaló Hartley, «las cosas se hacen de manera distinta». Más aún, no sabemos cómo se hacen las cosas en ese país; aunque sí sabemos (o, al menos, así lo asume la ciencia) que allí está lo que buscamos y que si contamos con las claves precisas lo podremos recuperar. Pero mejor entremos con Hartley en ese «país extranjero» del que habló y veamos lo que nos reserva.

Traspasado el umbral de la primera frase de *El mensajero*, donde se proclama la rareza del país del pasado, el narrador nos cuenta la siguiente historia:

> Cuando me tropecé con el diario estaba en el fondo de una caja roja de cartón bastante estropeada donde de pequeño guardaba mis cuellos almidonados. Alguien, probablemente mi madre, la había llenado con tesoros de aquellos días: dos erizos de mar, [...] dos imanes oxidados, [...] algunos negativos en un rollo muy apretado, [...] una

pequeña cerradura de combinación con tres filas de letras [...]. Estas reliquias no estaban sucias ni tampoco exactamente limpias: poseían la pátina del tiempo; y, al tocarlas por primera vez al cabo de más de cincuenta años, tuve un recuerdo de lo que cada una había significado para mí, intangible como el poder de atracción de los imanes, pero perceptible. Hubo un intercambio entre ellas y yo: ese placer tan íntimo del reconocimiento, el júbilo casi místico de poseer algo cuando se es muy pequeño: sentimientos de los que, a mis sesenta y tantos años, me sentí avergonzado.

Era un pasar lista a la inversa; las criaturas de otro tiempo decían sus nombres, y yo respondía «Servidor». Sólo el diario se negó a revelar su identidad.

[...] Sin duda lo tuve [el diario] en mucho aprecio, ¿por qué no podía entonces ubicarlo?

No quería tocarlo y lo atribuí a que suponía un desafío para mi buena memoria: estaba orgulloso de ella y no me gustaban los apuntadores. De manera que me quedé contemplando el diario como si fuera un espacio en blanco en un crucigrama. Pero siguió sin hacerse la luz, y de repente empecé a manosear la cerradura, porque recordé cómo en el colegio, siempre era capaz de abrirlo al tacto cuando otra persona había fijado la combinación. [...] y esto fue lo que me encontré haciendo ahora de manera instintiva, como si tuviera un público delante. Después de una pausa intemporal oí el débil chasquido y sentí cómo los lados de la cerradura se aflojaban y se separaban; y al mismo tiempo, semejante a una liberación por simpatía en el interior de mi cerebro, el secreto del diario apareció ante mí.[47]

¿Qué nos revela este texto? ¿Nos ayuda o nos da alguna pista para entender las reglas o los códigos por los que se rigen los territorios del olvido? En mi opinión, se trata, por encima de todo, de otro excelente ejemplo de cómo, por mucho tiempo que haya transcurrido —en este caso, cincuenta años—, las experiencias personales están a buen recaudo en la memoria, aunque el manto oscuro del olvido las haya ocultado. Experiencias o recuerdos que siguen estando *disponibles* a la espera de la *clave o claves de recuperación* que obren el milagro de revivirlas y traerlas al presente.

Para nuestros propósitos, la esencia del pasaje anterior sería esta: Leo Colston (así se llama el protagonista), un hombre de sesenta y tantos años que se ha marcado como tarea para pasar las tardes invernales ordenar una habitación repleta de cosas viejas, empieza su labor abriendo una caja de cartón donde encuentra un montón de «tesoros» de su infancia: un diario, una cerradura con un código para su apertura y otros objetos que no ve desde hace más de cincuenta años. Como suele suceder en casos así, al ir cogiéndolos siente una avalancha de emociones que lo devuelven a sus doce años. Colston tiene un *recuerdo* inmediato de cada uno de los objetos menos del diario, que, aunque *reconoce*[48] como algo suyo, se extraña de que no le diga nada, de que no le evoque el más mínimo recuerdo. Lo mira con detenimiento y nada ocurre. Su memoria no reacciona, no hay recuerdo, su mente es como una hoja en blanco. (Me permito señalar que, hasta ese momento, el diario, que Colston mira y toca una y otra vez y que podríamos suponer que sería una clave eficaz, no está funcionando como tal). En ese estado de contemplación, toma inconscientemente la cerradura y empieza a «manosearla» tal y como lo hacía ante sus compañeros de colegio cuando quería demostrarles sus especiales habilidades para abrirla sin mirar. Colston está ausente, como en trance... Hasta que, de pronto, oye un débil chasquido y siente cómo la cerradura se abre... y es entonces, justo cuando sus dedos y sus oídos mandan a su cerebro un revoltijo de sensaciones que despiertan las que sentía de niño, cuando el diario cobra vida y, rompiendo el velo negro del olvido, renace en su memoria como un recuerdo rebosante de experiencias. La clave recordatoria no era, pues, el propio diario, sino las maniobras de apertura de su cerradura, que en su infancia cerraba aquel dietario privado y que ahora era un objeto más dentro de aquella caja de tesoros infantiles.

Lo que ocurre a continuación es imaginable, un recuerdo tira de otro y este de otro más que, a su vez, saca otro, y así la memoria de Colston se inunda de recuerdos de momentos, mañanas, tardes, días de internado, vacaciones de verano en casa de un amigo y un sinfín de aventuras de aquel año de 1900, que es el que recoge todo el diario.

Resulta oportuno advertir cómo en esa dinámica de recuperación del pasado la clave externa tira del primer recuerdo y, a partir de ahí, ese mismo recuerdo hace de clave para recuperar un segundo recuerdo, que, por su parte, tirará de un tercero y así sucesivamente. Es como el canasto de cerezas con el que se ha comparado tantas veces nuestra memoria: tomas una cereza que arrastra otra y esta a otra a la que está ensartada que tira de otra y de otra y de otra..., y lo que iba a ser una sola cereza acaba siendo un racimo.

En uno más de sus muchos relatos autobiográficos, el titulado *Los lugares de una fuga*, Perec nos ofrece un magnífico ejemplo de cómo los recuerdos se agrupan y encadenan unos a otros y así pueden permanecer años y décadas, ocultos entre las grietas del olvido, y cómo al recuperar uno se produce una riada de recuerdos que ya creíamos perdidos para siempre. En dicho relato, Perec fantasea con diferentes planes de fuga de un niño que bien temprano sale de casa de sus tíos, con los que vive, y en lugar de ir al colegio vagabundea durante todo el día por diferentes lugares de París hasta que, ya de noche, un hombre lo encuentra sentado en un banco y lo lleva a la comisaría de policía del Grand-Palais, donde los agentes le darán un bocadillo de paté y un tazón de agua, y de donde, más tarde, lo recogerán sus tíos. Tras contarnos las muchas aventuras del pequeño fugado, Perec, en un intercambio de voces entre el narrador y el yo narrativo, nos dice:

> Cuando, veinte años después, se acordó de esto (cuando, veinte años después, me acordé de esto), todo era al principio vago y opaco. Después comenzaron a aparecer los detalles uno a uno:
> la canica, el banco, el panecillo;
> el paseo, el bosque, las rocallas;
> el tiovivo, las marionetas;
> la portezuela;
> la calle Assomption, el metro, los agentes;
> el bocadillo y el tazón, el gran tazón de loza blanca con los bordes mellados y el fondo cubiertos de estrías grisáceas en el que había bebido agua
> (en el que yo había bebido agua).
>
> Y se puso a temblar durante un rato, un largo rato, ante la página en blanco
> (y me puse a temblar durante un rato, un largo rato, ante la página en blanco).[49]

Este es otro excelente ejemplo de tiempo vivido y sepultado durante veinte años que revive encadenando imágenes, objetos, lugares, sensaciones y experiencias, envuelto todo ello en emociones que conmueven y estremecen... y que demuestra una vez más que lo que se cree olvidado no se ha perdido, aguarda en el lado oscuro de la memoria «profundamente oculto, profundamente escondido y de alguna manera negado», como también dejó escrito Perec.[50]

Entonces ¿los recuerdos son indestructibles? Todos los datos, los aportados por la ciencia de la memoria y por los escritores y pensadores, así como los derivados de las experiencias personales, apuntan en la misma dirección: las experiencias humanas, las vivencias que marcan y definen una vida son parte inherente del núcleo de la memoria autobiográfica y, aunque un número incontable de ellas vayan *perdiendo accesibilidad* al quedar ocultas en el territorio del olvido, se mantienen *disponibles*. Bergson escribió:

> Arrastramos con nosotros, sin enterarnos de ello, la totalidad de nuestro pasado; pero nuestra memoria no vuelca en el presente más que los dos o tres recuerdos que completarán por algún lado nuestra situación actual.[51]

En definitiva, lo que el olvido pone de manifiesto, en el momento en que deseamos recuperar algo de nuestra memoria, es la ausencia de un «anzuelo», un «tirador», como lo llamaba Castilla del Pino, o una «clave» que «pesque», «agarre» o «conecte» con el recuerdo perdido. ¿Significa esto que si tuviéramos siempre a mano la clave adecuada podríamos recuperar todos y cada uno de los momentos vividos? En teoría, probablemente sí. Aunque, como iremos viendo, las cosas tienden a ser más complejas de lo que *a priori* se imaginan. La cuestión es que, si bien las *claves* son una condición *necesaria* para recordar, no son una condición *suficiente*. Es decir, que aunque la clave adecuada esté presente, el recuerdo no está *siempre* garantizado: existen diferentes factores y circunstancias que pueden impedirlo y generar olvido. Hablaremos de todo ello un poco más adelante.

Por el momento digamos que la memoria humana se vale del ocultamiento o del debilitamiento de aquello que, desde una perspectiva adaptativa, deja de ser útil en el presente. De ahí que el *olvido* sea considerado por los científicos actuales como un fenómeno *necesario*, al quitar fuerza o inhibir las huellas de memoria que van quedando desfasadas y que, de seguir activas, entorpecerían la recuperación de las que resultan necesarias en el presente de cada persona. Olvidar huellas o contenidos de memoria es sinónimo de *dejar de estar accesibles*, pero *sin dejar de estar disponibles* (es decir, guardadas en la memoria), por lo que pueden revivir en el momento en que se produzca un encuentro «mágico» con *ese algo del presente*, precisamente porque «ese algo» fue parte integrante del episodio vivido y quedó incrustado en las huellas de memoria que entonces se formaron y que ahora se desean evocar.

No obstante, las preguntas que todos nos planteamos una y otra vez suelen ser siempre las mismas: ¿por qué se produce el olvido?, ¿por qué la gente olvida información que en otro tiempo recordaba?, ¿por qué a veces nos resulta imposible recordar algo que estamos convencidos de que sabemos?

Para responder a estos interrogantes resulta imprescindible tener en cuenta que el olvido, como ya se ha señalado, tiene diferentes caras.

Todos los olvidos no son iguales

Aunque se tiende a considerar el olvido como el aspecto negativo de la memoria y a asociarlo emocionalmente con la queja, la experiencia nos enseña que en innumerables ocasiones necesitamos o deseamos de manera ardiente olvidar. Por ejemplo, si cambiamos la contraseña de cualquiera de los múltiples dispositivos electrónicos que manejamos a diario o de alguna de las muchas cuentas con las que operamos por internet, debemos olvidar la antigua para poder abrir, entrar o acceder sin problema a esos ámbitos virtuales; si hemos cometido un acto que atenaza nuestra conciencia con la culpa, ansiamos olvidarlo y nos afanamos por expulsar ese recuerdo de nuestra cabeza. En estos casos y en tantos otros de la vida cotidiana, resulta evidente que el olvido no sólo no es «malo» sino deseable, hasta el punto de poder llegar a convertirse en obsesión.

Por tanto, a la hora de encontrar respuesta al porqué del olvido, resulta obligado establecer una distinción entre, al menos, dos tipos de olvido: por un lado, el que llamaremos olvido *espontáneo* o *incidental*, que es el que se produce al margen de nuestros deseos o intención de olvidar, como, por ejemplo, olvidar dónde guardé la llave de repuesto del coche, cómo se llamaba el padre del general cartaginés Aníbal o qué postula el principio de Arquímedes. Se trata del tipo de olvido más frecuente en nuestro día a día y que, al no ser deseado, irrita y perturba nuestro ánimo.

Por otro lado, está el olvido que los científicos de la memoria tradicionalmente han denominado olvido *motivado*, para referirse a aquellas situaciones en las que el individuo tiene motivos para desear olvidar algo (por ejemplo, un insulto, una ofensa, una discusión desagradable, una agresión, etc.) y recurre a procesos o conductas intencionadas con el fin de disminuir la accesibilidad de determinados contenidos de memoria y, de ese modo, rebajar el malestar psicológico. Este olvido motivado podría producirse bien de un modo *voluntario* o *intencional* (la *supresión* de recuerdos sería un buen ejemplo), bien de un modo *involuntario* (el fenómeno de la *represión* sería el ejemplo típico).[52]

¿POR QUÉ SE PRODUCE EL OLVIDO ESPONTÁNEO?

Históricamente, los psicólogos de la memoria han explicado el olvido espontáneo desde dos perspectivas diferentes. Por un lado, apelando al paso del tiempo. Esta perspectiva considera el olvido como un proceso *pasivo* y está representada por la denominada *teoría del decaimiento*. Por otro, asumiendo una especie de competición o entorpecimiento entre las múltiples huellas de memoria que acabará deteriorándolas hasta el extremo de hacerlas irrecuperables. Esta segunda perspectiva considera el olvido un proceso *activo* y está representada por la *teoría de la interferencia*.

Teniendo en cuenta que en nuestro capítulo 6 nos detuvimos en el análisis de los efectos del paso del tiempo sobre la memoria y concluimos —recuérdese— que el tiempo como tal no altera las huellas de memoria, sino que son otros factores (entre los que destacamos el *desuso*) los que a través del tiempo oscurecen, debilitan y esconden nuestros recuerdos, es el momento de olvidarnos del transcurso temporal como tal y de tratar de identificar otros probables factores causantes de olvido. Factores que la actual ciencia de la memoria considera que, con diferentes formas, se esconden bajo el manto del complejo y todavía no bien conocido fenómeno de la *interferencia*.

La interferencia como una forma de competición

Hugo Münsterberg (1863-1916), un psicólogo alemán discípulo de Wilhelm Wundt[53] en Leipzig y posteriormente director del Laboratorio de Psicología de la Universidad de Harvard, fue uno de los primeros en advertir los fundamentos de la *teoría de la interferencia* a través de observaciones cotidianas de sus propios hábitos motores. Contaba Münsterberg que, cansado de llevar su reloj de bolsillo en el lado izquierdo de su chaleco, un día decidió cambiarlo al bolsillo derecho sin sospechar que aquel cambio le iba a acarrear un auténtico quebradero de cabeza, porque, desde aquel día, cada vez que decidía mirar la hora o que alguien se la preguntaba se hacía un lío, vacilaba, dudaba, su cabeza giraba a la izquierda y a la derecha y sus manos competían por sacar el reloj, por lo que tardaba más de lo habitual en encontrarlo y responder.[54]

Seguro que experiencias como la de Münsterberg resultan familiares para cualquiera que haya cambiado alguna vez sus rutinas o la manera habitual de hacer ese tipo de cosas que hacemos de forma automática, precisamente porque, al cambiar, la nueva rutina va a entrar en conflicto con el viejo hábito. Este es precisamente uno de los principios básicos de la teoría de la interferencia, que vamos a ilustrar a continuación con un ejemplo muy sencillo y claro. (A propósito de los *hábitos* —término referido al conjunto de disposiciones o acciones que se adquieren poco a poco a base de práctica—, conviene tener presente que son formas de *memoria* (procedimental),[55] por lo que pueden ser modificados, debilitados y ocultados en los abismos del olvido).

Detengámonos en una experiencia que seguro que resulta muy familiar para cualquiera que conduzca habitualmente. Supongamos que su automóvil está equipado con una caja de cambios en la que la marcha atrás se pone llevando la palanca de cambios a la derecha y, a continuación, hacia atrás. Como usted lleva conduciendo bastantes años, los cambios de marcha los realiza con rapidez y por lo general de un modo inconsciente o automático gracias a que, con la práctica, usted ha adquirido ese hábito o habilidad motora. Por razones que no vienen al caso, un día su automóvil se avería y se ve obligado a tomar prestado el coche de su hija para desplazarse a su trabajo, con la advertencia explícita de que las marchas del automóvil de su hija dependen de una caja de cambios con un sistema diferente; sobre todo, en lo que se refiere a la marcha atrás, que se pone moviendo la palanca primero a la izquierda y después hacia delante; es decir, prácticamente al contrario que en su propio coche. La primera vez que lo va a conducir, su atención está muy alerta y centrada en que, en efecto, la marcha atrás sigue un patrón nuevo para usted. Con sumo cuidado y con toda su atención concentrada en esa maniobra, usted sale del aparcamiento y conduce sin problema alguno hasta su trabajo. Sin embargo, es un hecho previsible que su atención no va a estar disponible siempre que vaya a realizar la maniobra de retroceso, sino que durante los días que conduzca el coche de su hija probablemente su atención estará en múltiples asuntos y problemas que rondan su cabeza mientras maniobra con la palanca de cambios. Por tanto, la probabilidad de que en alguna ocasión trate de poner la marcha atrás guiado de forma inconsciente por su viejo hábito va a ser altísima, con el consiguiente error y rectificación inmediata si no quiere producir una avería en la caja de cambios. Esta imposición del viejo hábito sobre la información nueva, que significa que lo viejo impide recordar o hace olvidar lo nuevo, aunque sólo sea por un momento, es un ejemplo muy claro de interferencia entre contenidos de la memoria. Una interferencia, no obstante, que irá desapareciendo con el transcurso de los días, de modo que al tercer o cuarto día usted habrá adquirido un nuevo hábito que le permitirá poner correctamente la marcha atrás en el coche de su hija sin tener que prestar atención. Lo que significa que en su *memoria procedimental* se habrá creado un nuevo hábito, dentro del complejísimo patrón que guía su conducta de conducir, que le indicará (sin necesidad de atender a ello) que la marcha atrás exige mover la palanca de cambios primero a la izquierda y después hacia delante.

Lo interesante y sorprendente de esta historia es que los «problemas» con la marcha atrás no se acabarán aquí, porque cuando al cabo de una o dos semanas vuelva usted a conducir su propio coche comprobará, no sin cierta perplejidad y desconcierto, ¡que ahora tiende a poner la marcha atrás en su coche según el patrón del coche de su hija! «Pero ¿qué está pasando en mi cabeza?», se preguntará usted. Muy sencillo: el nuevo hábito adquirido tras conducir el coche de su hija durante unos días ahora se impone y domina al viejo; esto es, lo nuevo interfiere e impide recordar o hace olvidar lo viejo.

Este sencillo ejemplo nos permite observar que se pueden producir, pues, dos tipos de interferencia entre los contenidos antiguos y los nuevos de nuestra memoria: una interferencia *proactiva* o *hacia delante*, que supone que lo viejo se impone e impide recordar lo nuevo, y una interferencia *retroactiva* o *hacia atrás*, que significa que lo nuevo se impone y entorpece el recuerdo de lo viejo. Aunque el uso de los verbos «imponerse» o «dominar» pueda parecer inadecuado o exagerado para referirse a la dinámica entre viejos y nuevos hábitos o entre vieja y nueva información, resultan no obstante muy adecuados porque, como advierten los expertos, en situaciones como la descrita se establece una auténtica *competición* entre las posibles respuestas disponibles en nuestra memoria para resolver la interferencia a la que nos enfrentamos.

Hay una historia real que ilustra muy bien, entre otras cosas, cómo el fenómeno de la *interferencia* puede llegar a convertirse en un problema desconcertante, incluso doloroso, y de difícil solución. Se trata del caso de Solomon Veniaminovich Shereshevsky (1886-1958),[56] un hombre de una excepcional memoria que dedicó una parte importante de su vida a trabajar como mnemonista profesional, es decir, a hacer demostraciones de su asombrosa memoria en espectáculos públicos. Cada noche, Shereshevsky ofrecía a su público un número consistente en recitar de memoria pizarras repletas de letras y números que, tras un simple vistazo, recordaba frente al respetable y de espaldas a la pizarra con total precisión. Todo un éxito. La portentosa memoria de Shereshevsky dejaba al público atónito, estupefacto, sin palabras. Hasta el día en que el empresario le pidió repetir su espectáculo en varias sesiones diarias. A partir de entonces, comenzaron sus problemas.

En efecto, el problema de Shereshevsky, su terrible problema, surgió cuando al tener que ofrecer al público tres o cuatro sesiones cada tarde comprobó que al encontrase en la segunda o tercera, o peor aún, en la cuarta sesión, tratando de recordar la ingente cantidad de letras y números que le acababan de mostrar, aparecían en su memoria (operativa, así se llama la memoria con la que se trabaja en el momento presente) las pizarras de letras y números de las sesiones anteriores. Es decir, que en su mente consciente se desataba una auténtica batalla entre los recuerdos antiguos (aunque su antigüedad fuese de sólo unas pocas horas) y el recuerdo recién formado por imponerse cada uno de ellos sobre los demás; una verdadera competición similar a la que se establece entre los corredores que pugnan por alcanzar la meta en primer lugar; aunque, si se me permite, yo diría que con una diferencia sustancial: y es que, si bien entre los atletas no se permiten los empujones ni las zancadillas, entre los recuerdos de nuestra memoria sí parece desencadenarse una especie de «juego sucio», donde se entorpece, se estorba, se daña o se anula al contrario con tal de erigirse en ganador. Por eso la *interferencia* significa siempre un freno, un inconveniente o un obstáculo con resultado de olvido, que, en el caso concreto de la *interferencia proactiva* que sufría Shereshevsky, significaba sentirse atrapado en una situación mental de extrema confusión en la que le resultaba muy difícil y exasperante tratar de resolver el conflicto que suponía descartar la información de las sesiones anteriores y recordar con éxito sólo la del momento presente. Un poco más adelante retomaremos el caso de este hombre y su insólita incapacidad para olvidar.

Los ejemplos comentados nos permiten entender la interferencia como un fenómeno de entorpecimiento entre lo que ya conocemos o sabemos y los aprendizajes nuevos y viceversa, lo que se traduce en una *competición* en el momento de la recuperación. Sin embargo, el fenómeno de la interferencia incluye otras formas.

La interferencia como degradación de la memoria

Aunque me confieso un incrédulo total acerca de la utilidad de los refranes y proverbios populares como guías de conducta, fundamentalmente porque la mayor parte de ellos tienen un contrario, reconozco que conforman un *corpus* de conocimiento —reflejo de lo que me atrevería a calificar como «destellos aislados de sabiduría»— que nos puede dar una idea global y rápida acerca de creencias y actitudes muy extendidas —por lo general ni confirmadas ni desmentidas— sobre todo lo habido y por haber.

Viene a cuento este breve exordio porque quiero comenzar la exposición sobre la *interferencia como un fenómeno que degrada las huellas de memoria* partiendo precisamente de un viejo refrán español: «lección dormida, lección aprendida». Cuando de niños, nuestros padres y abuelos nos decían estas palabras, lo que en realidad nos estaban diciendo era que el dormir y el descanso tras el estudio mejorarían lo estudiado.

¿Hay algo de verdad en ese refrán? ¿Qué nos dice la ciencia al respecto?

Durante el primer cuarto del pasado siglo XX, diferentes psicólogos realizaron numerosos experimentos siguiendo un mismo procedimiento: en primer lugar, los sujetos participantes aprendían una lista de palabras; a continuación, la mitad de ellos descansaban o dormían mientras la otra mitad tenía que realizar otra tarea, por ejemplo, de cálculo mental; por último, todos debían recordar la lista de palabras de la primera fase.[57] Sistemáticamente, los psicólogos comprobaban que las personas que habían descansado o dormido tras el aprendizaje recordaban más palabras que los que habían continuado despiertos y realizando otra actividad mental, o, en términos de olvido, que este era mayor cuando los sujetos permanecían despiertos que cuando estaban descansando o dormidos durante el intervalo de tiempo entre el aprendizaje y el recuerdo.

El olvido de palabras de los sujetos que permanecían despiertos y activos fue atribuido, por tanto, a la *interferencia* que las otras actividades realizadas durante el estado de vigilia producían sobre la memoria de la lista. Pero ¿por qué se producía esa interferencia? ¿Qué ocurría en la memoria durante el sueño y durante la vigilia?

Una primera explicación cargada de lógica, y que muchos años después sería confirmada, fue que la actividad fisiológica de las memorias nuevas, es decir, de lo recién aprendido, se mantiene durante un periodo de tiempo limitado en un estado muy inestable y modificable, y después de ese tiempo se *consolida* en un estado permanente. Entonces, si durante ese periodo de alta vulnerabilidad de las huellas nuevas entra en la memoria otra información, esta última puede degradar las primeras porque interrumpe el proceso de consolidación.

En el procedimiento experimental comentado, este tipo de *interferencia degradante* afectaría sólo a los sujetos que tras el aprendizaje de la lista de palabras continuaban activos realizando otra tarea, pero no a los que descansaban o dormían, y de ahí sus diferentes niveles de recuerdo. Muy poco tiempo después, el psicólogo británico William McDougall señaló que este hallazgo «arroja luz sobre el hecho, experimentado por algunas personas, de que lo que se aprende inmediatamente antes de irse a dormir se recuerda con frecuencia con una precisión excepcional».[58]

Anteriormente hemos expuesto algunas ideas básicas sobre los procesos de consolidación de la memoria, así como sobre el papel clave que determinadas fases del sueño (en concreto, la fase REM) juegan en la fijación o consolidación de lo que se ha aprendido durante el estado de vigilia. Hoy en día, pues, hay razones fundadas para aceptar el viejo proverbio «lección dormida, lección aprendida», aunque los argumentos actuales son muy diferentes a los de hace décadas.

En definitiva, numerosos estudios realizados durante la primera mitad del pasado siglo confirmaron cómo la interferencia entre contenidos de memoria se refleja también en una forma de olvido resultante de la alteración, degradación o interrupción de los procesos de consolidación de las huellas recientes por la llegada de otras nuevas.

Interferencia y olvido asociados al propio recuerdo

Si bien el estudio del olvido ha estado presente en psicología desde el primer estudio experimental sobre la memoria —el conocido e influyente trabajo llevado a cabo por Hermann Ebbinghaus en el último cuarto del siglo XIX—, en las últimas décadas estamos asistiendo a un interés renovado de psicólogos y neurocientíficos de la memoria por desentrañar este fenómeno, convencidos de que avanzar en el conocimiento del olvido resultará crucial para entender cómo funciona nuestra memoria. El aumento de estudios en este campo ha generado no sólo nuevas perspectivas desde las que analizar y entender el olvido, sino el descubrimiento de nuevas formas de olvido.[59]

Sin duda alguna, uno de los hallazgos más sorprendentes ha sido que *el recuerdo produce olvido*. Sí, cada vez se dispone de más evidencia científica que demuestra que el acto de recordar algo produce pérdidas en el recuerdo de información relacionada; o, lo que es lo mismo, cada vez que recordamos algo olvidamos elementos o información relacionada con lo recordado.

Ahora bien, que el recuerdo lleve consigo un cierto grado de olvido no significa que sea la información recordada la que se ve afectada por el olvido. La información recordada de forma precisa, además de recordarse, será más fácilmente recordada en un futuro porque aumentará —como se vio en el capítulo 6— su *fuerza de recuperación*. Lo que ocurre cada vez que se recuerda algo es que la información relacionada o asociada a las mismas claves que la recordada sufre temporalmente olvido. La explicación de estos descubrimientos ha supuesto un replanteamiento profundo de la dinámica de la memoria humana y en especial del papel del olvido.

Pero que el acto de recordar produzca olvido ¿no parece un sinsentido o el reflejo de un sistema defectuoso? ¿Por qué recuperar o sacar algo de la memoria ha de tener un coste que se paga con olvido? Estas y otras preguntas similares encuentran respuesta en una serie de observaciones y hallazgos que el psicólogo Robert Bjork, uno de los grandes teóricos de la memoria, viene haciendo desde mediados de la década de 1970. La idea básica del planteamiento de Bjork es que el proceso de recuperación es «un modificador de la memoria», por entender que el recuerdo de un ítem modifica el estado de dicho ítem en la memoria. «Un ítem —escribió Bjork— rara vez puede, si es que puede, ser recuperado de la memoria sin modificar de manera significativa la representación de dicho ítem».[60] En otras palabras, el acto de recordar *per se* cambia nuestros recuerdos, pero, y he aquí un descubrimiento sorprendente, los cambios afectan no sólo a lo recordado, sino también a la información relacionada que en ese momento no evocamos.[61]

¿Cómo afecta el acto de recordar a uno y otra? Cuando recuperamos algo de la memoria, lo recordado experimenta cambios positivos que se traducen en que se hace más recordable en el futuro. Estoy seguro de que esto es algo que experimentamos todos con frecuencia: cuando evocas algo y te lo cuentas a ti mismo o lo cuentas a otros (para eso lo evocas) sientes cómo la historia se ordena, se aclara en tu cabeza, se hace más consistente. En este sentido, la investigación demuestra que cuanto más se recuerda algo más aumenta su longevidad y la facilidad y rapidez con la que lo recordamos.

Más aún, el efecto del recuerdo sobre lo recordado es tan benéfico que, como se ha demostrado, recordar una información concreta potencia más su retención que si se estudia de nuevo.[62] Este hallazgo trae a mi memoria aquellos momentos, siendo niño y adolescente, en los que durante la preparación de un examen llegaba un punto en el que decidía —siguiendo los tempranos consejos de mi madre— poner a prueba lo que había aprendido y recitaba en voz alta lo que estaba aprendiendo en lugar de seguir estudiándolo, convencido de que oyéndomelo (recordándomelo) lo fijaría definitivamente en mi memoria. Y así era: la evocación en voz alta lo grababa en mi memoria con más fuerza que si lo seguía estudiando.

La ciencia de la memoria demostró hace años que el recuerdo es en sí mismo un recurso muy eficaz de aprendizaje. Pero, al mismo tiempo, y como indicábamos antes, el acto de recordar algo puede modificar también información relacionada pero no recordada, aunque en este caso lo hace alterando su recuerdo; es decir, generando olvido. Los psicólogos de la memoria llaman a este fenómeno *olvido inducido por la recuperación*, un tipo de olvido que se asume es el resultado de *procesos inhibitorios* que facilitan la recuperación de lo que se busca *reduciendo la accesibilidad* de los recuerdos competidores. Se trata, pues, de un olvido con un fin muy claro: facilitar el recuerdo, de ahí que se considere un tipo de olvido de gran valor adaptativo.

El procedimiento experimental para el estudio del «olvido inducido por la recuperación» es original y complejo y no procede exponerlo aquí en detalle.[63] De un modo muy esquemático, el procedimiento —denominado «paradigma de práctica de la recuperación»— consta básicamente de tres fases: en la primera, los participantes estudian para su posterior recuerdo una serie de categorías, como «frutas», «bebidas», «árboles» o «metales», con seis miembros cada una (por ejemplo, frutas: plátano, naranja, piña, kiwi, manzana, pera; bebidas: tequila, ginebra...; árboles: palmera, álamo...; o metales: cromo, mercurio...); a continuación, realizan repetidos ensayos de recuperación, pero sólo de la mitad de los elementos de la mitad de las categorías; finalmente, los participantes realizan un test de recuerdo en el que se les anima a que recuerden tantos miembros de cada categoría como puedan.

Desde el estudio pionero,[64] los diferentes investigadores han confirmado los dos hallazgos que resultan especialmente relevantes: en primer lugar, y como era previsible, que los ejemplares con los que se practica la recuperación se recuerdan significativamente mejor que aquellos con los que no se ha practicado; en segundo lugar, y he aquí el hallazgo de mayor interés y que no estaba previsto inicialmente, que la práctica de la recuperación con la mitad de los miembros altera hasta llevar al olvido a la otra mitad de la misma categoría que no ha recibido práctica alguna. En resumen, el recuerdo repetido de determinada información produce olvido de información relacionada; es decir, que, como decíamos antes, *el recuerdo produce olvido*, un descubrimiento de extraordinaria relevancia para la teoría de la memoria que ha llevado a los científicos a replantearse las *funciones adaptativas* de los mecanismos de la *interferencia* causante del olvido. Porque, como veremos a continuación, *el olvido no es algo negativo por naturaleza*, sino que parece cumplir una función crucial en la dinámica de la memoria: facilitar el recuerdo.

¿Cómo supera nuestra memoria la interferencia?

De igual modo que la evolución ha dotado a nuestro organismo de un sistema biológico interno de defensa para afrontar y superar agresiones (externas e internas), disfunciones o patologías, lo ha equipado también con todo un arsenal de estrategias, mecanismos y recursos mentales para poder responder siempre a las demandas del medio de la manera más adaptativa.

Si nos ceñimos al ámbito de la memoria, el desarrollo cognitivo pone a nuestra disposición recursos y estrategias para hacer frente de la manera más eficaz a una realidad ineluctable: que nuestra memoria tiene una capacidad prácticamente ilimitada. La cantidad de información que existe en nuestra memoria es tal que, con frecuencia, mucha de esa información (nombres, lugares donde hemos dejado algo, números de teléfono, conceptos, episodios vividos, acontecimientos públicos, etcétera) no se puede recordar, no porque se haya perdido, sino porque no siempre podemos acceder a los desvanes del olvido.

Tras más de un siglo de investigación sobre el olvido, la ciencia de la memoria asume que la razón fundamental por la que las personas olvidamos información o, más exactamente, no podemos recordar algo que en otro momento era recordable es que *el acceso* a esa información está cerrado o bloqueado por la *interferencia* de información competitiva.

A este respecto, conviene tener presente una idea básica ya expuesta; a saber, que el olvido es un fenómeno transitorio, pasajero. Siempre lo es. La vida y la ciencia nos ofrecen innumerables ejemplos de que no hay olvidos definitivos. Lo que en este momento no recuerdas puede aparecer al minuto siguiente o mañana, o dentro de una semana o de un mes. Acontecimientos remotos de nuestra vida que han permanecido dormidos durante años, décadas o casi una vida entera emergen en la memoria en el momento más inesperado. Y es que lo que una vez se recordó permanece para siempre en la memoria.

Con todo ello presente, la pregunta clave que hay que responder es esta: ¿cómo resuelve nuestra memoria el problema de la interferencia? Veamos.

El olvido como inhibición

Un principio casi axiomático para cualquier investigador de la memoria es que esta funciona adecuadamente porque dispone tanto de procesos y mecanismos *facilitadores* (piénsese, por ejemplo, en los procesos básicos de codificación, consolidación o recuperación) como de procesos y mecanismos *inhibidores*. Por ejemplo, para poder recordar adecuadamente mi actual contraseña de acceso a la web de mi universidad, mi memoria necesita no sólo tenerla bien codificada (aprendida), sino al mismo tiempo «desactivar» o «inhibir» (en una palabra: ¡olvidar!) las muchas contraseñas anteriores. De lo contrario, las viejas contraseñas interferirían e impedirían el recuerdo de la contraseña correcta.

Este ejemplo contiene un principio que puede generalizarse a cualquier situación de recuerdo; a saber, no es deseable ni sería adaptativo que cada vez que quisiéramos recordar algo, lo que fuese, la contraseña, el nombre de cada uno de mis compañeros o dónde he aparcado el coche esta mañana, toda, absolutamente toda la información que existe en mi memoria relacionada con las contraseñas, los nombres o los lugares donde he ido aparcando a lo largo del tiempo, se activase. ¿Se imagina el caos mental y conductual que supondría para usted si cuando hoy fuese a recoger su coche aparecieran en su memoria operativa (la única memoria consciente) todos los recuerdos de dónde lo ha aparcado desde que empezó a trabajar en su empresa hace quince, veinte o más años? La experiencia nos dice que nada parecido a eso suele ocurrir y el secreto reside en que en toda situación de recuerdo se pone en marcha, además del proceso de recuperación, un mecanismo de *inhibición* que actúa sobre las huellas no deseadas (siguiendo con el ejemplo, las huellas de dónde hemos aparcado en el pasado) y reduce o bloquea su accesibilidad. Por consiguiente, ese mecanismo de retracción de la accesibilidad de las huellas de memoria no deseadas, o *inhibición de la recuperación*, desempeña un papel tan fundamental como es regular la accesibilidad de las huellas de memoria y evitar así la *interferencia*. La *inhibición* puede considerarse, por tanto, como un *mecanismo de control* de los recuerdos no deseados que genera olvido.

Y es que la memoria —¿acaso se puede dudar?— necesita mecanismos de *control*. Téngase en cuenta que continuamente estamos en medio de un flujo constante de información, la que nos llega, la que seleccionamos y codificamos, y la que recuperamos o evocamos. Aunque por lo general nuestra memoria puede, y de hecho lleva a cabo tales operaciones sin dificultad, es evidente que todo ello implica una gran complejidad. Por otro lado, en buena lógica cabe suponer que, cuanta más información guarde nuestra memoria, más complicado resultará recuperar con eficacia la que se busca; sobre todo, si se tiene presente otra realidad constatada, y es que nuestra memoria no guarda elementos aislados, sino bloques de información asociada, conectada y entrelazada, tanto a nivel semántico como episódico. Además, está comprobado que el hecho de que muchas de las huellas guardadas en la memoria estén relacionadas o asociadas las convierte en competidoras, lo que significa dificultar la recuperación e incrementar la probabilidad de errores. Por si toda esa situación no fuese ya extremadamente complicada, es un hecho que en el mundo real las claves de que disponemos en cualquier momento a la hora de recordar algo no siempre están bien definidas ni son señales claras e inequívocas, de modo que, con frecuencia, cuando deseamos recordar algo concreto no sólo se activa la información deseada, sino que también lo hacen otras informaciones relacionadas, lo que puede traer consigo situaciones de competición y conflicto.

Ahora bien, el control de la memoria no sólo supone *seleccionar* una respuesta e *inhibir* las no deseadas, sino que con frecuencia exige *impedir* que un determinado recuerdo entre en nuestra conciencia. En el devenir cotidiano, no es extraño encontrarse con recordatorios o claves atadas a experiencias desagradables y dolorosas. Por ejemplo, subir a un tren en el que un aciago día se produjo un atentado terrorista letal y sanguinario, abrir un cajón de tu escritorio y encontrarte fotografías de un buen amigo ya desaparecido, ir a comprar el periódico y cruzarte con el vecino con el que un día discutiste acalorada y agriamente, etcétera. En tales situaciones, lo deseable es impedir cuanto antes que los recuerdos dolorosos y tristes ligados a esas claves resuciten e invadan nuestra conciencia. O, dicho en términos técnicos, lo adaptativo en esos casos sería *parar el proceso de recuperación* de los recuerdos hirientes o no deseados.

A este respecto, hay que señalar que, si bien en el laboratorio se ha confirmado la posibilidad de detener voluntariamente el proceso de recuperación de ítems simples como palabras aisladas,[65] en la vida real no resulta fácil parar y no recordar acontecimientos dolorosos. Retomaremos este asunto un poco más adelante, cuando analicemos el olvido voluntario y su viabilidad.

En cualquier caso, la investigación sugiere que cuando se impide la entrada en la conciencia de un recuerdo no deseado la huella de memoria correspondiente sufre un cierto déficit, algo así como si sus atributos perdieran fuerza y se rebajase su accesibilidad, una situación que concuerda con la idea de inhibición.[66]

Así pues, tanto la supresión de las respuestas competidoras como impedir que entren en la conciencia recuerdos molestos o hirientes cumplen la misma función, que no es otra que facilitar la recuperación de la respuesta seleccionada al tiempo que producir olvido. Resulta plausible asumir, entonces, que la inhibición y el olvido subyacente desempeñan una clara función adaptativa.

Como señaló Robert Bjork,[67] nuestra memoria —a diferencia de los ordenadores personales— no destruye la vieja información cuando aprendemos información nueva relacionada, como por ejemplo una nueva contraseña, sino que mantiene todas. La mente humana ha desarrollado estrategias cognitivas que permiten «prescindir» de la vieja información que deja de ser útil sin tener que borrarla. Como estamos viendo, la información obsoleta no desaparece de la memoria, simplemente va perdiendo cada vez más fuerza de recuperación, porque cada vez que recuperamos la información nueva la inservible va aumentando su carga inhibitoria. Lo que se traducirá en la sensación de que se ha olvidado, aunque esa pérdida de accesibilidad no signifique que ya no está en la memoria. Sigue estando disponible, tal y como lo demuestra el hecho de que se puede reaprender con toda facilidad y rapidez si las circunstancias futuras lo requiriesen.

En conclusión, *gran parte de nuestros olvidos se producen por un proceso de inhibición* que regula la accesibilidad de las huellas de memoria. Cuando un recuerdo interfiere con la recuperación de otro o se trata de un recuerdo no deseado, se pone en marcha un proceso de inhibición que altera el estado de activación de ese recuerdo y reduce su accesibilidad para el futuro, lo que significa que aumenta la probabilidad de ser olvidado. Gran parte de nuestros olvidos no deberían considerarse, pues, fallos de nuestra memoria, sino la respuesta adaptativa que tiende a mejorar la recuperación eficaz de lo deseado.

Es, en definitiva, gracias al olvido como nuestra memoria se habilita para recordar. La memoria tiende por naturaleza a registrarlo todo, a almacenar hasta el exceso y la sobrecarga, y los olvidos resultan ser el aliviadero, el aliado *necesario* que protege nuestra memoria de excesos y bloqueos. ¿Qué haríamos, entonces, sin olvido?

Necesidad de olvidar

En general, cuando la gente habla de la memoria es para referirse al olvido más que al recuerdo: «Tengo muy mala memoria», «se me olvida todo», son expresiones exageradamente frecuentes. Creo que es una realidad que casi todo el mundo tiene asumido una especie de axioma que rezaría así: «Recordar es bueno, olvidar es malo». Sin embargo, sin olvido nada iría bien, ni nuestra memoria ni, por supuesto, nuestra vida. Acabamos de ver cómo el olvido facilita el recuerdo y cómo, en general, resulta imprescindible para un funcionamiento eficaz de la memoria.

El olvido es necesario, lo dejó claro William James cuando advertía de que si recordáramos absolutamente todo lo pasaríamos tan mal en la vida como si no recordáramos nada.

Creo que Borges entendió como nadie la maldición que supondría tener una memoria que guardara y recordara todo. En su genial y espléndido cuento «Funes el memorioso», Borges traza con prosa perfecta el retrato de un muchacho que, tras ser «volteado por un redomón», quedó tullido y sin esperanza de recuperación. La historia se hace fascinante desde el momento de la caída, porque aquel joven gaucho de diecinueve años, que «había vivido como quien sueña: miraba sin ver, oía sin oír, se olvidaba de todo, de casi todo», ahora tenía una memoria prodigiosa, infalible. La caída del caballo le hizo perder la conciencia, pero cuando la recobró «el presente era casi intolerable de tan rico y tan nítido, y también las memorias más antiguas y más triviales».[68] Funes, sorprendentemente, no pierde la memoria al ser «volteado» por un caballo, sino el olvido y, así, la genialidad de Borges convierte a un muchacho malherido y golpeado en la cabeza en un ser superior, en «un Zaratustra cimarrón y vernáculo» con una memoria abrumadoramente precisa.

Escribe Borges que, mientras nosotros sólo llegamos a percibir de un vistazo tres copas en una mesa, Funes era capaz de retener «todos los vástagos y racimos y frutos que comprende una parra». Y añade:

> Sabía las formas de las nubes astrales del amanecer del 30 de abril de 1882 y podía compararlas en el recuerdo con las vetas de un libro en pasta española que sólo había mirado una vez y con las líneas de la espuma que un río levantó en el Río Negro la víspera de la acción del Quebracho.[69]

Funes lo recuerda todo, no olvida nada. Funes *no puede* olvidar nada. «Lo pensado una sola vez ya no podía borrársele». Funes es un ser humano cautivo de una memoria implacable e inasequible al olvido.

> Funes no sólo recordaba cada hoja de cada árbol de cada monte, sino cada una de las veces que la había percibido o imaginado. [...] Funes discernía continuamente los tranquilos avances de la corrupción, de las caries, de la fatiga. Notaba los progresos de la muerte, de la humedad. [...] Babilonia, Londres y Nueva York han abrumado con feroz esplendor la imaginación de los hombres; nadie, en sus torres populosas o en sus avenidas urgentes, ha sentido el calor y la presión de una realidad tan infatigable como la que día y noche convergía sobre el infeliz Ireneo.[70]

A Borges le obsesionó la memoria. El enigma de la memoria. Un misterio que le abrumaba, convencido de que en exceso se convierte en la peor de las maldiciones. En el último encuentro entre el narrador y Funes, este le confiesa: «Más recuerdos tengo yo solo que los que habrán tenido todos los hombres desde que el mundo es mundo [...] [Pero] mi memoria, señor, es como vaciadero de basuras».[71]

En febrero de 1941, un año antes de publicar «Funes el memorioso» y con motivo entonces del reciente fallecimiento de James Joyce, Borges escribe lo que se supone es un obituario al autor de *Ulises* en la revista *Sur* de Buenos Aires. Sorprendentemente, la primera mitad de ese escrito —titulado «Fragmento sobre Joyce»[72]— es una alusión al cuento, todavía borrador, de «Funes el memorioso» y a la portentosa memoria del «compadrito» Ireneo Funes. Me parece pertinente traer a colación aquel «Fragmento...» porque ilustra muy bien la lastimosa opinión que el propio Borges tiene del joven Ireneo.

> Del compadrito mágico de mi cuento cabe afirmar que es un precursor de los superhombres, un Zarathustra [*sic*] suburbano y parcial; lo indiscutible es que es un monstruo.[73]

La memoria total sin sombra de olvido convirtió a Ireneo Funes en un monstruo. Borges lo confiesa profundamente convencido: «Lo indiscutible es que es un monstruo».

Un ser humano así, sumido en su propio vértigo, amarrado a los detalles, incapaz de ideas generales, incapaz de pensar, porque «pensar es olvidar diferencias, es generalizar, abstraer»,[74] un superhombre, un Zaratustra, nace en la mente de Borges influido, sin duda, por las ideas de Friedrich Nietzsche, uno de los filósofos releídos por el escritor argentino;[75] en concreto, del pasaje de la obra *Sobre la utilidad y el perjuicio de la historia para la vida*, donde el filósofo alemán declara *la necesidad vital del olvido* con estas palabras:

> Imaginemos el caso extremo de un hombre al que se le hubiera desposeído completamente de la fuerza de olvidar, alguien que estuviera condenado a ver en todas partes un devenir. Ese hombre no sería capaz de creer más en su propia existencia, ya que vería todas las cosas fluir separadamente en puntos móviles. Se perdería así en esta corriente del devenir. Como ese discípulo consecuente de Heráclito, apenas se atreverá ya a levantar un dedo. Y es que en toda acción hay olvido, de igual modo que la vida de todo organismo no sólo necesita luz sino también oscuridad. [...] Es posible vivir casi sin recuerdos, e incluso vivir feliz, [...] pero es completamente imposible vivir sin olvidar.[76]

Necesitamos olvidar. Aunque nos quejemos del olvido, la vida —según subrayó Nietzsche— no es posible sin olvidar. El olvido es mucho más necesario de lo que imaginamos, como veremos a continuación. Los científicos de la memoria —como venimos comprobando— no dudan al afirmar que el olvido es exactamente lo que necesita nuestra memoria para funcionar de manera óptima. En su más conocida e influyente obra *Les maladies de la mémoire*, el psicólogo francés Théodule Ribot (1839-1916) destacó el valor y la necesidad del olvido. Según sus propias palabras:

> [...] una condición de la memoria es el olvido. Sin el olvido total de un número prodigioso de estados de conciencia y el olvido momentáneo de otro gran número, no podemos recordar. El olvido, salvo en ciertos casos, no es, pues, una enfermedad de la memoria, sino una condición de su salud y de su vida.[77]

La vida nos enseña que son muchas las razones que nos llevan a desear olvidar y a poner en práctica intencionadamente acciones (mentales o conductuales) para «ocultarla» o «expulsar» de nuestra memoria información, conocimiento o recuerdos concretos. Y es que un mundo o una vida sin olvido, aunque muchas personas lo anhelen, no sería nada deseable. La prueba más convincente de ello la encontramos en los testimonios de personas que, aunque nos sorprenda, no pueden o no saben olvidar.

El hombre que tuvo que aprender a olvidar

El neuropsicólogo soviético Alexander R. Luria tuvo la oportunidad de estudiar de un modo sistemático y a lo largo de más de treinta años las excepcionales dotes de memoria de Solomon V. Shereshevsky, «un ser extraño», en palabras del propio Luria que, tras fracasar en la música y en el periodismo, se hizo mnemonista profesional, comprobando entonces, por extraño que pueda parecer, que *no sabía olvidar*.

Como hemos recordado unas páginas atrás en este mismo capítulo, Shereshevsky se encontró en su trabajo de mnemonista con el terrible problema de *no poder olvidar* la información de las sesiones anteriores y constató angustiado que esa información interfería y le impedía recordar con claridad la del momento presente. ¿Qué hacer para impedir aquellas situaciones en las que se sentía anegado de recuerdos inútiles?, ¿qué podía hacer para olvidarlos?, ¿cómo aprender a apartar de su memoria las imágenes con la información que ya no necesitaba? Siguiendo el relato de Luria, Shereshevsky se vio en la necesidad de aprender «el arte de olvidar», para lo que recurrió a diversas estrategias mentales que le llevaban a manipular las imágenes, borrarlas, taparlas mentalmente, separarse de ellas..., pero ni aun así conseguía librarse de ellas. He aquí un fragmento de sus propios relatos:

> Tengo miedo de confundir las diversas sesiones [se refiere a su espectáculo]. Por eso, borro mentalmente la pizarra y la recubro de una película totalmente opaca e impenetrable... Luego separo mentalmente esa película de la pizarra y oigo, incluso, cómo cruje. Cuando termina la sesión, borro todo lo escrito, me aparto de la pizarra y vuelvo a retirar la película... Mientras hablo, siento cómo mis manos la estrujan. Y, sin embargo, tan pronto como me acerco a la pizarra, las cifras pueden aparecer de nuevo. Cualquier asociación, por pequeña que sea, hace que, sin darme cuenta, siga leyendo el cuadro anterior.[78]

Desanimado ante la inutilidad de sus medidas, Shereshevsky decidió poner en práctica justo aquello que la gente hace para recordar la información que le interesa, convencido de que así tampoco él tendría que recordar lo anotado. Este fue su razonamiento:

> La gente para acordarse toma notas... Si yo lo hiciese sería ridículo, así que lo resolví a mi modo. El individuo que anota no tiene necesidad de recordar, pero si no tuviera lápiz a mano y no pudiera anotarlo, lo recordaría... Entonces, si yo anoto las cosas, sabré que no tengo necesidad de acordarme de ellas... Empecé a ponerlo en práctica en casos sencillos: números de teléfono, apellidos, encargos diversos. Pero no conseguí nada, veía mentalmente lo anotado... Procuraba anotarlo en papelitos del mismo tipo y escritos con el mismo lápiz, pero de todas formas no conseguía nada...[79]

Sin embargo, «anotar para no recordar» tampoco surtió el efecto deseado, por lo que decidió quemar las notas donde había escrito lo que quería olvidar. Pero, «ni siquiera el fuego era capaz de borrar los rastros de lo que debía ser destruido», escribió Luria. Aquel hombre seguía viendo en el papel calcinado las huellas de las cifras que quería olvidar. Shereshevsky estaba desesperado, necesitaba olvidar para poder trabajar. No poder olvidar llegó a convertirse en su mayor y «más doloroso» problema. Hasta que un día, de un modo espontáneo, encontró la solución, cuya naturaleza resultó incomprensible tanto para Luria como para él, quien narró así su experiencia:

> Un día, era el 23 de abril, tuve tres sesiones seguidas. Estaba físicamente cansado y pensaba en la forma de llevar a cabo la cuarta sesión. Temía que se me apareciesen los cuadros de las tres anteriores... Era un problema terrible para mí... ¿Vería o no el primer cuadro?... Tengo miedo de que ocurra... Quiero que no aparezca... Y pensé: el cuadro ya no aparece y sé la razón: ¡yo no quiero que aparezca!... Por consiguiente, si yo no quiero, no aparece... Entonces, todo radica en que tome conciencia de ello.[80]

Sorprendentemente, aquel método funcionó y Luria argumentó que probablemente el olvido se había producido por «su *inhibición*, completada por la autosugestión».[81] Las palabras del propio Shereshevsky son muy reveladoras a ese respecto:

> Me sentí liberado de inmediato. La certeza de que estaba a salvo de los errores me daba mayor seguridad. Hablaba con soltura, me podía permitir el lujo de hacer pausas, sabía que, de acuerdo con mi deseo, la imagen no aparecería y me encontraba perfectamente.[82]

Por extraño que parezca, y lo es, este hombre había aprendido a olvidar, había descubierto la estrategia del *olvido voluntario* («[...] sabía que, de acuerdo con mi deseo, la imagen no aparecería», señaló) y Luria lo atribuyó sabiamente a la *inhibición*, o «inhibición de la recuperación» según la terminología actual. Retomaremos estos asuntos inmediatamente.

No obstante, la cuestión de fondo —y de extraordinaria trascendencia— que plantea este caso es el espinoso y controvertido asunto acerca de si las personas tenemos la capacidad para olvidar voluntariamente. Por Cicerón sabemos que Temístocles, el general ateniense dotado de una prodigiosa memoria, se quejaba, precisamente, de no poder olvidar lo que deseaba: «Recuerdo aun lo que no quiero; [en cambio] no puedo olvidar lo que quiero».[83] Y es que, desde la antigua Grecia, desde Homero hasta nuestros días, el ser humano anda buscando un «arte del olvido» (*ars oblivionis*), seducido quizá por el centelleo del viejo «arte de la memoria» (*ars memoriae*).

OLVIDO VOLUNTARIO, ¿REALIDAD O QUIMERA?

Las personas dedicamos un tiempo considerable de nuestra vida a regular los contenidos de nuestra mente consciente; sobre todo, cuando lo que entra en nuestra conciencia es el recuerdo o la imagen de una experiencia dolorosa, triste o simplemente desagradable. La ansiedad y el malestar son enemigos naturales de nuestro cuerpo y de nuestra mente, de ahí que el objetivo prioritario de esta última sea mantenernos siempre a salvo, lejos del dolor y del sufrimiento, liberándonos de todo aquello que altere nuestro bienestar. Aunque este principio abarca tanto la salvaguarda de nuestro cuerpo como la de nuestra mente (por una cuestión de pura supervivencia), en este contexto nos referiremos sólo al bienestar psicológico, lo que significa que hablaremos del *control mental*.

Si bien en los últimos años se han hecho muy populares una gran variedad de técnicas o terapias autodenominadas de control mental o de «autocontrol», el sentido psicológico básico de la expresión «control mental» es tan antiguo como la humanidad y forma parte de nuestro funcionamiento psicológico cotidiano. El *control mental* es un proceso cognitivo que ponemos en marcha tanto para dirigir nuestra atención y ser conscientes de recuerdos y pensamientos que consideramos relevantes y positivos, como para neutralizar o anular aquellos otros que entran en nuestra conciencia cargados o asociados a emociones desagradables y negativas. En pocas palabras, el objetivo final del control mental es mantener la idea (real o ilusoria) de que somos dueños de nuestros actos y no de que nuestra conducta está al albur de nuestras emociones.

Tratar de olvidar una ofensa, un disgusto con un amigo, un desengaño o una pérdida serían situaciones claras que exigen *control mental*. Por tanto, y es importante incidir en ello, el denominado «olvido voluntario» u olvido motivado es siempre (se consiga o no) un proceso de control mental,[84] que como cualquier otro proceso cognitivo exige esfuerzo, disciplina y habilidades o estrategias eficientes.

A lo largo de la vida, la experiencia nos va enseñando que los recuerdos de experiencias negativas nos alteran emocionalmente y nos conducen con facilidad a estados de tristeza, culpa, ira, vergüenza o ansiedad de los que intentamos salir recurriendo a diferentes estrategias, recursos o trucos que nos permitan deshacernos de tales recuerdos, olvidarlos, expulsarlos de nuestra conciencia. Se trata de esas situaciones en las que el olvido, tan denostado siempre y tan asociado a la frustración, se convierte en un bien anhelado. Pero ¿podemos olvidar voluntariamente los recuerdos que nos molestan, inquietan o mortifican?

Desde la Antigüedad contamos con testimonios que avalan que controlar el contenido de nuestra memoria para mejorar el recuerdo es posible; sin embargo, controlar la memoria para *olvidar* el pasado doloroso sigue siendo más una aspiración humana que una realidad.

Del «arte de la memoria» al (anhelado) «arte del olvido»

> ¿No puedes ayudar a una mente enferma,
> arrancar de la memoria una arraigada pena,
> borrar las angustias grabadas en el cerebro,
> y, con algún suave antídoto de olvido,
> limpiar el oprimido pecho de esas cosas
> peligrosas que ahogan el corazón?
>
> WILLIAM SHAKESPEARE[85]

Los antiguos griegos inventaron muchas artes, incluido el arte de la memoria: un conjunto de reglas y preceptos para el perfeccionamiento de la memoria. Los orígenes fundacionales de dicho arte nos llevan a una curiosa historia acaecida en la región de Tesalia en torno al 500 a. C.

El atleta y púgil Escopas, hijo de una noble familia, organiza un banquete para celebrar sus victorias y encarga al poeta Simónides de Ceos (556-468 a. C.) un canto de alabanza (un epinicio) que deberá recitar al comienzo de la celebración. Simónides ensalza solemnemente las hazañas de Escopas, pero este queda descontento porque Simónides ha dedicado dos terceras partes de su panegírico a elogiar a los jóvenes dioses deportistas Cástor y Pólux y sólo el tercio restante a él. El mezquino Escopas dice al poeta que, por lo tanto, él sólo le pagará un tercio de lo acordado y que los dioses le paguen los otros dos tercios. Durante el banquete celebrado a continuación, Simónides recibe un mensaje en el que se le dice que dos jóvenes le están esperando fuera y quieren verle. Simónides sale del salón, pero no encuentra a nadie esperándolo en la calle. Durante su ausencia, se derrumba la techumbre de la sala y aplasta y sepulta bajo los escombros a Escopas y a todos los invitados. Todos han muerto excepto Simónides. De este modo, los dioses Cástor y Pólux —los jóvenes invisibles que hacen salir a Simónides— pagan en persona su deuda de gratitud a Simónides y castigan la mezquindad de Escopas.

Pero la historia continúa, porque los cadáveres quedan tan destrozados y desfigurados que cuando los parientes llegan a recogerlos para su enterramiento son incapaces de identificarlos. Por fortuna, Simónides, como buen poeta, posee una excelente memoria espacial y es capaz de identificar a cada uno de los invitados por el lugar donde estaba sentado. Y así indica a los parientes cuáles son sus muertos. La ubicación en el espacio de cada comensal permite, pues, a Simónides recordar quién era cada uno.[86]

Como señala Frances Yates en *El arte de la memoria* —la obra moderna pionera y más exhaustiva sobre la historia del arte clásico de la memoria—, «esta experiencia sugirió al poeta los principios del arte de la memoria, del que se le considera inventor».[87] No obstante, fue Cicerón quien recogió la historia completa del suceso en su obra

De oratore —donde reflexiona sobre la memoria y la incluye como una parte de la Retórica[88]— y considera a Simónides como el inventor de la «mnemotecnia» o «arte de la memoria».

Para entender la importancia que desde la Antigüedad hasta el Renacimiento se le atribuyó al *arte de la memoria* resulta fundamental tener en cuenta que la *memoria* era una parte de la Retórica grecorromana. Para llegar a ser un buen orador había que perfeccionar la *memoria* («el arte de retener lo que se debe decir y no olvidarlo», según Quintiliano) y así estar capacitado para ofrecer largos discursos con indefectible precisión. El buen orador no podía olvidar parte alguna de su discurso ni recurrir a notas escritas; su discurso debía salir limpiamente y sin titubeos de su memoria.

La anécdota del trágico final del banquete de Escopas y cómo gracias al «recuerdo de los lugares» Simónides ayuda a identificar los cuerpos servirá al poeta para establecer que una «disposición ordenada» es el punto de partida para una buena memoria. En consecuencia:

> [Simónides] infirió —y son palabras de Cicerón— que las personas que deseasen adquirir esta facultad [de la memoria] han de seleccionar lugares y han de formar imágenes mentales de las cosas que deseen recordar, y almacenar esas imágenes en los lugares, de modo que el orden de los lugares preserve el orden de las cosas, y las imágenes de las cosas denoten a las cosas mismas, y utilizaremos los lugares y las imágenes respectivamente como una tablilla de escribir de cera y las letras escritas en ella.[89]

El arte de la memoria clásico es pues un «arte espacial» que exige, en primer lugar, elegir una serie fija de «lugares» (*loci*, en latín) que resulten conocidos, como la propia casa y sus diferentes estancias, incluidas las estatuas y los adornos; a continuación, el orador debe transformar sus palabras en imágenes visuales que irá colocando ordenadamente en cada uno de esos lugares y, por último, en el momento del discurso, irá recorriendo mentalmente tales lugares y recordando, gracias a las imágenes, las palabras de su discurso.

Este método, llamado de los *loci*, se encuentra descrito con todo detalle en la obra latina *Ad Herennium*, el tratado de Retórica más antiguo conocido y que fue atribuido erróneamente a Cicerón. Esta obra anónima actuó de transmisor del *ars memoriae* a la Edad Media e influyó decisivamente en todos los tratados sobre el arte de la memoria del Renacimiento y la Edad Moderna. Como parte integrante de la tradición europea, el arte de la memoria continúa entre nosotros, aunque el actual desarrollo tecnológico y, lo más importante en mi opinión, el limitado fundamento teórico de dicho «arte» en el contexto del amplio y profundo conocimiento actual de la memoria, lo han relegado a niveles irrelevantes. En mi opinión, y en pocas palabras, *el arte de la memoria clásico no sirve para recordar la propia vida*. Y es así por muchas razones; la principal, porque la memoria autobiográfica es una construcción narrativa del propio yo y no una mera recuperación de ítems sueltos.

Una excelente demostración moderna de cómo funciona el método de los *loci* lo encontramos precisamente en Solomon V. Shereshevsky, el mnemonista que tuvo que aprender a olvidar como ya hemos visto y que utilizaba un método para memorizar casi idéntico al recomendado por Simónides, esto es, basado en «imágenes» y «lugares».

Una de las tareas que Luria empleaba con Shereshevsky para evaluar su ilimitada memoria consistía en leerle largas listas de palabras que este debía recordar tras periodos muy variables de tiempo, desde minutos a horas, días, semanas o años. Luria nos describe en el siguiente extracto lo que Shereshevsky hacía para no olvidar ninguna palabra:

> Cuando a S. [el modo abreviado con el que el psicólogo se refiere a Shereshevsky] se le leía una lista de palabras, cada una de ellas originaba una imagen visual. Cuando la lista era muy larga, S. se veía obligado a «distribuir» esas imágenes en cierto orden. Casi siempre —y ese procedimiento lo utilizó durante toda su vida— «colocaba» o «distribuía» esas imágenes a lo largo de algún camino. A veces era una calle de su ciudad natal o el patio de su casa, que había quedado vivamente impreso en su memoria desde los días de su niñez. En otras ocasiones se trataba de alguna calle de Moscú que él solía recorrer con frecuencia. Elegía a menudo la calle Gorki, empezando por la plaza Maiakovski. Avanzaba despacio calle abajo y «colocaba» las imágenes

junto a las casas, los portales y los escaparates de las tiendas; a veces, sin darse cuenta, él mismo se veía caminando por su entrañable Torzhok natal y finalizaba su recorrido junto a la casa donde había vivido siendo niño.[90]

La estrategia de convertir las palabras en imágenes visuales que colocaba en lugares concretos y muy conocidos por él permitía a Shereshevsky recordar la lista completa de palabras empezando por el principio, por el final o por cualquier punto de la lista. Para ello —nos dice Luria— «le bastaba comenzar su paseo desde el principio o desde el final de la calle o bien hallar la imagen del objeto citado y a continuación "mirar" lo que tenía a un lado y al otro».[91]

No obstante, Shereshevsky cometía a veces pequeños errores; en concreto, olvidaba alguna palabra. Por ejemplo, en una ocasión olvidó «lápiz», en otra olvidó «huevo», en una tercera lista olvidó «bandera» y en una cuarta olvidó «dirigible». La explicación del propio Shereshevsky de aquellos ocasionales olvidos es una sorprendente fuente de información acerca de cómo trabajaba su memoria. He aquí sus palabras:

> Coloqué el «lápiz» junto a una verja, ¿sabe?, la verja que está en esa calle, y el lápiz se fundió con ella, de forma que pasé a su lado sin verlo... Lo mismo me sucedió con la palabra «huevo». Lo puse sobre un fondo blanco de pared blanca y se fundió con ella. ¿Cómo podía haber visto un huevo blanco sobre el fondo de una pared blanca?... Y el «dirigible», que es gris, se confundió con la acera donde lo puse, que también era gris... La «bandera», la bandera roja..., ya sabe que el edificio del Soviet de Moscú es rojo y yo la coloqué junto al muro y, claro, pasé de largo sin verla... A veces coloco la palabra en un sitio oscuro y entonces tampoco la veo al pasar.[92]

Como advierte Luria —y me atrevo a adelantar que coincidiremos todos con su interpretación—, los olvidos de Shereshevsky no eran en realidad fallos de memoria, sino fallos perceptivos: omitía algunas palabras no porque las hubiese olvidado, sino porque su imagen se confundía por falta de contraste o de iluminación con el fondo. Lo interesante y sorprendente de este caso es que Shereshevsky había desarrollado su estrategia —el método de los *loci* tal y como aparece descrito en los textos latinos— sin tener ningún conocimiento sobre ese antiguo método, sino como un completo autodidacta.[93]

No obstante, la historia de Solomon Shereshevsky y su prodigiosa memoria nos enseñan que más que un «arte de la memoria» lo que este hombre necesitaba —y de hecho necesitó, tal y como hemos visto un poco antes— era un «arte del olvido». Justamente lo mismo que reivindicó dos mil quinientos años antes Temístocles, el afamado político y general ateniense a quien «se le quedaba en la memoria todo lo que había oído o visto», y que, según Plutarco (*Vidas paralelas*), tenía una memoria tan prodigiosa que conocía por su nombre a todos y cada uno de los ciudadanos de Atenas. Cuenta Cicerón, a este respecto, que cierto día Simónides tuvo un encuentro con su contemporáneo Temístocles y se ofreció a enseñarle el arte de la memoria. La reacción de Temístocles, un hombre por lo demás muy ambicioso, muy altivo y soberbio, no pudo ser más áspera con Simónides, quien comprobó que el general se burlaba de la mnemotecnia y replicaba que él no necesitaba «arte de memoria» alguno, sino todo lo contrario, lo que él necesitaba era un «arte del olvido».[94]

El filólogo románico y filósofo alemán Harald Weinrich sitúa en esa anécdota el nacimiento de *la idea* de un «arte del olvido» (*ars oblivionis* o *ars oblivionalis*), concretada en un deseo y una búsqueda que no ha desaparecido desde entonces de la faz de la tierra. Porque, si existe un arte de la memoria, ¿por qué no buscar un arte del olvido?

Pero ¿existe un arte del olvido? La magnífica y sólida obra de Weinrich, *Leteo*, es una búsqueda exhaustiva y meticulosa del arte del olvido en la historia de la cultura occidental siguiendo los caminos de la filosofía y, muy especialmente, de la literatura. Un viaje desde Homero a Borges, pasando por el Renacimiento, la Ilustración y el Romanticismo. Weinrich invita al lector a buscar con él «referencias que indican que quizá ese arte del olvido existe en alguna parte»; sin embargo, y a pesar de su profunda indagación en esas imperecederas y valiosas fuentes donde reposa la cultura de Occidente, el *olvido* surge, claro que sí, o como dice el propio Weinrich, «uno se lo encuentra a cada paso»,[95] pero *el arte de olvidar*, ese remedio eficaz para echar voluntariamente al río del olvido lo que atormenta al corazón humano, no aparece por parte alguna.

Y es que, como sentenció el docto jesuita Baltasar Gracián (1601-1658) en *El arte de la prudencia*: «Saber olvidar, más es dicha que arte», advirtiendo de que «las cosas que son más para olvidadas son las más acordadas». De modo que, o la fortuna te premia con el olvido de «lo que ha de dar pena», o no hay arte conocido para cambiar esa «villanía» de la memoria.[96]

Unos años antes, el filósofo y humanista Michel de Montaigne (1533-1592) había recogido en sus *Ensayos* exactamente el mismo pensamiento acerca de la imposibilidad de olvidar lo que nos apena y entristece. En el Libro II de la citada obra, Montaigne se queja de la inconsistencia y necedad de algunos consejos de la filosofía, como aquel que recomienda —escribe— «no conservar en la memoria sino la felicidad pasada, y de borrar los disgustos sufridos, *como si el arte del olvido estuviese en nuestro poder*».[97] Montaigne no oculta su decepción ante tan vanos consejos, y con airada disconformidad continúa diciendo:

> ¡Cómo!, ¿la filosofía, que debe entregarme las armas para luchar contra la fortuna, que debe endurecer mi ánimo para que pueda pisotear todas las adversidades humanas, incurre en la blandura de hacerme escapar merced a estos rodeos cobardes y ridículos? La memoria nos representa, en efecto, no lo que nosotros elegimos, sino lo que ella quiere. Aún más, nada imprime tan vivamente cosa alguna en nuestro recuerdo como el deseo de olvidarla.[98]

«Es falso», por tanto, enfatiza Montaigne, decir que «depende de nosotros sepultar como en perpetuo olvido las cosas adversas, y recordar con alegría y dulzura las cosas propicias».[99] Lo que «es cierto», concluye, es que «no puedo olvidar lo que quiero».

No poder olvidar lo que deseamos —como proclama Montaigne— para aliviar a nuestra alma del hierro candente del dolor revivido es una carga en la vida de todo ser humano. El anhelo «del bien del olvido», en palabras de Rodó,[100] está presente en la vida de todos, como lo está en las grandes obras de escritores y pensadores desde siempre y, naturalmente, también ha sido —o, mejor, está siendo— objeto de estudio de la actual ciencia de la memoria, como veremos después.

En mi opinión, pocos escritores han expresado con tanta intensidad y realismo como Dostoyevski el tormento y desesperación que los *recuerdos* de experiencias horribles o turbadoras pueden provocar en el alma humana.

El gran novelista ruso Fiódor Dostoyevski (1821-1881) ha sido, sin duda, uno de los escritores con mayor capacidad para adentrarse en los vericuetos de la mente humana y vislumbrar los oscuros instintos, motivos y razones que empujan a las personas a hacer lo que hacen, desde las acciones más humanas y justas a los actos más abominables y despiadados. No en vano Nietzsche escribió que Dostoyevski era «el único psicólogo del que he tenido algo que aprender».[101]

En su extensa obra, Dostoyevski se adentra con frecuencia en el misterio de la memoria y el olvido y, de un modo muy especial, en el sufrimiento que genera la imposibilidad de olvidar aquello que atormenta y debilita el corazón humano.

En su novela *El adolescente* (1875), el narrador, el joven Dolgoruki, asiste un día con un amigo a una reunión con otros jóvenes en la que la conversación deriva hacia la naturaleza y el carácter del hombre ruso. No hay acuerdo entre los interlocutores. Los argumentos de unos y otros difieren en si es la primacía del pensamiento y la razón o la de los sentimientos la que define al pueblo ruso. «El pensamiento emana del sentimiento», argumenta uno de ellos. «Los hombres son muy diferentes», responde otro decidido a poner fin a la discusión, «unos cambian fácilmente de sentimientos; otros, con dolor». A Dolgoruki, que ha permanecido en silencio hasta entonces, le gusta esa idea: son los sentimientos los que nos hacen como somos, viene a pensar, y responde:

> ¡Es exactamente como usted dice! [...] En Moscú, hace cuatro años de esto, un general... Es que, fíjense, yo no lo conocía, pero... Puede ser que, en el fondo, por sí mismo no fuese digno de inspirar respeto... Además, el hecho mismo podía parecer irracional, pero... En fin, vean lo que pasó, perdió un hijo, o más bien dos hijas, una después

de la otra, de la escarlatina... ¡Y bien!, se quedó súbitamente tan abrumado, que no olvidó jamás su dolor; daba lástima verle, y finalmente se murió apenas seis meses más tarde. Que murió de ese dolor es un hecho.[102]

El recuerdo insoportable del dolor puede destruir y destruye al ser humano. Dostoyevski lo sabe muy bien. Su propia vida estuvo llena de avatares tristes, dolorosos, trágicos. Su padre fue un hombre cruel que maltrataba a su madre, él quedó huérfano siendo adolescente, a los veintiocho años fue detenido y condenado a muerte, se le conmutó la pena capital por el destierro a Siberia en un campo de trabajos forzados donde vivió durante cuatro años entre criminales de la peor calaña, perdió a dos de sus hijos siendo niños, entre otras desgracias. A pesar de tanta adversidad, la vida de Dostoyevski no llegó a quebrarse y con una entereza moral admirable fue vertiendo su drama interior en su obra literaria. «¡La vida es infinitamente más rica que nuestras invenciones! ¡No existe imaginación que nos proporcione lo que a veces da la vida más corriente y vulgar!»,[103] fue el consejo que en una ocasión ofreció a una joven escritora. Y de su mirada penetrante a todo lo que ocurría a su alrededor, a su propia vida y a una autoobservación profunda y analítica, Dostoyevski fue tomando la materia con la que construye su colosal obra.

En mi opinión, y para los propósitos del asunto que nos ocupa, desde una edad temprana el espíritu de Dostoyevski fue especialmente sensible a tres desviaciones humanas: la crueldad absurda, el sufrimiento causado a un inocente y el sentimiento autodestructivo de la culpa: tres cuchillos que apuñalan el corazón azuzados por el *recuerdo* y que, de una u otra forma, aparecen en la mayor parte de sus novelas.[104]

Aunque en ninguna de un modo tan sobrecogedor, descarnado y opresivo como en su obra cumbre *Crimen y castigo*. En palabras del propio Dostoyevski, «se trata del relato psicológico de un crimen» que Rodión Raskólnikov, un joven «poco reflexivo y carente de principios sólidos» comete influido por «ideas extrañas e imprecisas».[105] Raskólnikov asesina con frialdad y fiereza a una «vieja usurera»[106] convencido de que «la relajación de la voluntad» y «el eclipse del entendimiento» que se apoderarán de él durante el momento del crimen pasarán poco tiempo después «como pasa toda enfermedad» y, sobre todo, porque «lo pensado por él no es un crimen». Pero Raskólnikov comprobará de inmediato que el recuerdo del crimen que ha cometido no lo va a dejar vivir: la misma noche de su execrable acto caerá preso de aterradoras angustias y profundos escalofríos, se apoderarán de su cuerpo la fiebre, dolores de cabeza insoportables y un sudor frío que le harán temer que se está volviendo loco. Sentirá que la razón se le debilita, se le quiebra, «la mente se le empieza a ofuscar» y un tormento interior le devorará las entrañas. ¿Es posible que el castigo haya empezado ya?, se pregunta.

El recuerdo del crimen se adueña de su mente y de su cuerpo. Una «atormentadora inquietud» se apodera de él. El miedo lo invade de pies a cabeza. Raskólnikov cae en un trance de sensaciones angustiosas como no había experimentado jamás. Se siente enfermo. Su pensamiento y su razón se enturbian. Una mezcla tenebrosa de «soledad y aislamiento infinitos y dolorosos» ahogan su alma. Se desespera, grita, cae en un sueño profundo, despierta, se levanta, pero sigue sufriendo, sintiendo un «horror infinito». Los recuerdos no dejan de avivar el fuego de su enfermedad. «El miedo, como capa de hielo —nos dice el narrador—, le envolvió el alma; le torturaba, le agarrotaba el cuerpo».[107] La fiebre le hace delirar durante días, ha perdido la noción del tiempo, no está seguro de nada. «¿Qué me pasa? ¿Continúo delirando, o vivo la realidad?».[108] A veces tiene la impresión de que lleva un mes enfermo y otras cree que no ha transcurrido ni un solo día desde «aquello». Pierde por momentos el control de su memoria, pero hay un horror interior que le obsesiona. Hay momentos en los que se olvida de algo de lo que sabe «que no era posible olvidarse»; pero «aquello» no deja de atormentarle y se tortura luchando por recordarlo. Lo revive una y otra vez. Lo recuerda todo, hasta el mínimo detalle. Es un recuerdo que no puede expulsar de su cabeza. Una fiera que lo despedaza día y noche. Llora, gime, se pone furioso: «Dios mío, que termine todo como sea, pero cuanto antes»,[109] se dice.

Dostoyevski conduce con mano maestra la atormentada historia del joven Raskólnikov desde el crimen y la enfermedad —el castigo que le inflige el recuerdo de su pecado— hasta el arrepentimiento y la redención. Pero esa parte de la historia de Raskólnikov ya no procede contarla aquí. La lección que nos importa destacar, aquí y ahora, de la profunda disección que Dostoyevski nos ofrece de ese ser humano es la imposibilidad de escapar al acoso y tortura de los recuerdos que le atormentan, confirmándonos que no hay reglas ni arte ni método alguno para olvidarlos.

No existe un *arte del olvido*. Desistamos de su búsqueda. No puede existir. El semiólogo y filósofo italiano Umberto Eco publicó en 1988 un interesante y muy ameno estudio sobre el hipotético y anhelado arte del olvido en el que demuestra, desde una perspectiva semiológica, la imposibilidad de un *ars oblivionalis*. En pocas palabras, el argumento básico de Eco es que todo arte es un sistema semiótico que, como tal, hace visible lo invisible o que «trae al presente lo que no está presente», como sucede, por ejemplo, con el *arte de la memoria*; por consiguiente, un «arte del olvido» sería un oxímoron o una *contradictio in terminis*. De ahí su conclusión clara y contundente: «¿Un arte del olvido? ¡Olvídelo!».[110]

¿Qué nos dice la ciencia de la memoria sobre el olvido voluntario?

Los psicólogos de la memoria llevan décadas investigando las posibilidades y los límites del *olvido voluntario* y en un primer momento llegaron a sugerir que, en contra de la creencia dominante de que decir a alguien que olvide algo hará que lo recuerde más, la información «que hay que olvidar» podría olvidarse con éxito siguiendo determinadas instrucciones. Sin embargo, investigaciones recientes en el propio seno de la psicología han matizado mucho tales creencias. De hecho, actualmente existe un gran debate respecto a hasta qué punto podemos olvidar voluntariamente determinados contenidos de memoria. Un debate que resulta especialmente controvertido cuando aborda la posibilidad de olvidar experiencias emocionales.

La razón fundamental estriba en que el *olvido voluntario* o *intencional* es un proceso mucho más complejo de lo que se pensaba, por estar sujeto o depender de diferentes factores. Para entender la complejidad del proceso vamos a plantear la cuestión a diferentes niveles, que podrían presentarse en forma de preguntas que, aunque parecidas, difieren entre sí de un modo significativo.

¿Puede una persona olvidar voluntariamente información?
¿Puede una persona olvidar voluntariamente una experiencia trivial?
¿Puede una persona olvidar voluntariamente una experiencia emocional?

¿Puede una persona olvidar voluntariamente información?

En términos generales, puede decirse que sin duda ninguna todos olvidamos voluntariamente grandes cantidades de información todos los días, ya sea porque no nos interesa o porque a partir de un determinado momento deja de sernos útil. Los ejemplos de olvido voluntario que comentábamos páginas atrás, como olvidar la vieja contraseña o la matrícula del coche que ya no tenemos, ilustran el caso de olvido de informaciones que dejan de ser necesarias.

Y ¿cómo lo hacemos? Ante esta pregunta, las respuestas más frecuentes suelen ser: «No prestando atención», «No pensando en ello», «Atendiendo a otra cosa» y frases parecidas. Durante muchos años, en mis clases de Psicología de la memoria, una vez que mis alumnos habían respondido esa sencilla pregunta, pasábamos a una práctica consistente en la réplica de un conocido experimento.

En primer lugar, les leía las siguientes instrucciones:

> Esto es un experimento de memoria. A continuación, te leeré una lista de palabras. Debes estar muy atento porque, tras la lectura de cada una de las palabras, te iré diciendo lo que debes hacer con ellas. En concreto, en unas ocasiones te diré «Recordar» y en otras «Olvidar». Después, en la fase de test, sólo tendrás que recordar las palabras que fueron seguidas de la instrucción «Recordar». ¿Entendido?

Acto seguido, les presentaba una lista de palabras de este modo:

TEATRO - Recordar
CUADRO - Olvidar
PUERTO - Recordar
ESPEJO - Recordar
PLANETA - Olvidar
...

Así hasta dieciocho palabras, de las que nueve habían recibido la instrucción «Recordar» (se les llama «palabras R») y las otras nueve la instrucción «Olvidar» (llamadas «palabras O»). La tasa de presentación era de una palabra cada dos segundos, de modo que entre palabra y palabra había un silencio de aproximadamente un segundo. Finalizada la presentación, les leía estas otras instrucciones:

> Ahora, trata de recordar *todas* las palabras en el orden que tú quieras. Incluso las que fueron seguidas de la instrucción «Olvidar». Sí, ya sé que antes te dije otra cosa, pero todo ello forma parte del experimento. Por tanto, escribe en tu hoja de respuestas todas las palabras que puedas recordar de la lista de estudio con independencia de la instrucción que recibieran.

Naturalmente, estas instrucciones les sorprendían por el «engaño» al que les había sometido. Pero, tras unas sonrisas y algún comentario jocoso, realizaban la tarea de recuerdo con sumo interés.

¿Qué sucedería? ¿Habrían olvidado las palabras que iban acompañadas de «Olvidar» y sólo recordarían las que iban seguidas de «Recordar» o serían capaces de recordar un buen número de las dieciocho palabras estudiadas con independencia de la instrucción que las acompañara?

Como otros investigadores habían comprobado en auténticos experimentos (lo nuestro no pasaba de ser una demostración práctica en un aula), mis estudiantes *olvidaban fácilmente* —o eran incapaces de recordar— *las palabras que había que «olvidar»*. En concreto, del total de palabras recordadas, alrededor de un 90% eran «palabras R» y un 10% o menos «palabras O», por mucho que se esforzasen en recordar estas últimas. La explicación de este hallazgo es exactamente la misma de cómo olvidamos la vieja contraseña y recordamos la nueva: gracias al llamado *repaso selectivo*; es decir, prestando atención y repitiendo o repasando mentalmente las palabras que se acompañan de la consigna «Recordar» (o, en su caso, la contraseña nueva) y no prestando atención e ignorando las que hay que «Olvidar» (como hacemos con la contraseña antigua). La evidencia científica asegura que la asignación de atención y el repaso mental son dos estrategias de control cognitivo que fortalecen las huellas de memoria, aceleran su consolidación y, en consecuencia, garantizan el recuerdo. Algo que sabemos por experiencia y practicamos desde nuestros años de escuela.

El procedimiento expuesto forma parte del llamado *paradigma de olvido dirigido*, un análogo experimental de laboratorio para estudiar el olvido voluntario.[111]

En definitiva, bajo determinadas condiciones, *las personas pueden olvidar voluntariamente información variada*, sobre todo información *trivial* (o carente de emociones) como palabras de una lista, y también información algo más compleja como códigos, contraseñas, números de teléfono y otras informaciones emocionalmente neutras que pierden su utilidad. Pero...

¿Puede una persona olvidar voluntariamente una experiencia emocional?

Los hallazgos experimentales obtenidos con el *paradigma de olvido dirigido* sirven para demostrar, básicamente, que el *olvido voluntario* es un recurso esencial del sistema humano de memoria para controlar su contenido. Como comentábamos antes, las personas dedicamos bastante tiempo a controlar los contenidos de nuestra mente, y las razones suelen ser muy variadas y los recursos o mecanismos de que disponemos también.

Un recurso muy socorrido en el día a día es *atender* a determinados aspectos del mundo mientras ignoramos el resto. Otro es la estrategia de *suprimir en el acto* o sobre la marcha determinados pensamientos de manera deliberada. Sin embargo, está comprobado que tanto la *atención selectiva* como la *supresión inmediata* de pensamientos son métodos frágiles de control mental. ¿Por qué? Sencillamente, porque, por una parte, la atención puede ser atraída por estímulos intensos y no deseados que la capturan y desenganchan y, por otra, porque la supresión deliberada para olvidar algo fracasa con frecuencia y acaba produciendo el indeseado «efecto rebote», es decir, que lo que se deseaba olvidar adquiera más fuerza de recuperación.[112] A lo que habría que añadir que ambos métodos alcanzan sus niveles máximos de fragilidad e ineficacia cuando la *emoción* entra en escena.

En efecto, los estudios sobre *atención selectiva* han confirmado que los estímulos cargados emocionalmente atrapan la atención rápida e involuntariamente,[113] y la investigación sobre *supresión de pensamientos* ha demostrado que esta generalmente fracasa cuando lo que se intenta suprimir son contenidos mentales o pensamientos envueltos en emociones y sentimientos. En definitiva, la investigación pone de manifiesto que *la emoción* limita seriamente la capacidad para el control mental.

Y el *olvido voluntario o intencional* ¿funciona como estrategia de control mental? Por un lado, los estudios sobre olvido dirigido muestran que es posible olvidar determinada información cuando la persona se siente motivada para hacerlo; aunque hay que reconocer que tales hallazgos se han obtenido cuando lo que había que olvidar eran listas de palabras emocionalmente vacías. Así pues, queda por responder esta otra pregunta: ¿se confirmarían tales hallazgos si lo que tienen que olvidar de manera voluntaria los sujetos son materiales cargados emocionalmente?

La capacidad de las personas para olvidar, expulsar o borrar de su memoria voluntariamente las experiencias de su pasado que les resultan molestas, dolorosas o insoportables está siendo investigada desde los inicios del presente siglo con extraordinario interés tanto por psicólogos y psicopatólogos como por neurocientíficos, y la conclusión a la que llegan todos es que *los recuerdos emocionales son muy resistentes al olvido*. Analicemos con cierto detalle esta conclusión.

Utilizando cualquiera de los métodos del paradigma de olvido dirigido, los científicos comprueban una y otra vez, tanto a nivel comportamental como neural (cerebral), que la emoción limita e incluso anula la capacidad de las personas para controlar los contenidos mentales, en general, y de la memoria en particular. Las distintas explicaciones resultan coincidentes e integrables en un todo coherente, aunque cada una aporta una perspectiva diferente. Algo, en mi opinión, que las hace muy atractivas y que demuestra el avance al que estamos asistiendo en los últimos años. Veamos, de forma breve, cómo se ha ido construyendo una explicación cada vez más sólida para la realidad cotidiana de que el olvido de las experiencias emocionales es sencillamente imposible.

¿Por qué y cómo la emoción impide el olvido de los recuerdos desagradables o indeseables?

Un estudio pionero y fundamental en este campo concluyó que *la emoción* «puede cortocircuitar» o neutralizar «los intentos de las personas por olvidar los episodios de su pasado que más desean olvidar».[114]

Una explicación de esa conclusión, desde un nivel estrictamente *cognitivo*, sería esta: (1) La información emocional o los eventos emocionales tienen mayor «saliencia» que la información neutral o los eventos triviales, es decir, destacan o sobresalen en el contexto en el que ocurren, por lo que capturan o acaparan la atención. (2) Está comprobado que los estímulos que llaman fuertemente nuestra atención se procesan, incluso sin necesidad de proponérnoslo (de «modo incidental», se dice en psicología de la memoria), hasta los niveles cognitivos más profundos. (3) El resultado de ese procesamiento profundo son huellas de memoria muy «elaboradas» (o con una gran riqueza de detalles) y muy «distintivas». (4) El hecho de que los recuerdos emocionales sean memorias muy elaboradas y muy distintivas los convierte en recuerdos resistentes a nuestros intentos por olvidarlos.

¿Y qué ocurre en nuestro cerebro para que los recuerdos emocionales sean tan refractarios a los intentos por olvidarlos? Veamos la explicación neurocognitiva.

Actualmente se dispone de evidencia neurocognitiva que avala y enriquece la explicación cognitiva anterior gracias a una serie de hallazgos muy reveladores. En efecto, destacados estudios en los que se han empleado diferentes técnicas de investigación (IRMf, ERP, entre otras)[115] han confirmado lo siguiente: (1) Las personas pueden *suprimir voluntariamente* los recuerdos no deseados, y al hacerlo inducen el olvido de tales recuerdos (este es un hallazgo básico, aunque la evidencia procede de estudios con material emocionalmente neutro). (2) El proceso de supresión de recuerdos se inicia con la activación de áreas de la corteza prefrontal dorsolateral del hemisferio derecho que actúan como un inhibidor del sistema de memoria del lóbulo temporal (el hipocampo es la estructura central).[116] (3) La abundante y reciente evidencia disponible permite establecer que el control mnemónico, tanto de la información neutral como de la emocional, involucra una red frontoparietal derecha que, por un lado, *desactiva* el «sistema hipocampal» e *interrumpe* así la recuperación episódica (es decir, posibilita el olvido voluntario de la información neutral) y, por otro, pero al mismo tiempo, *reduce* (pero no neutraliza) la activación del «sistema amigdalino», lo que explicaría la dificultad para olvidar la información emocional.

Pero ¿por qué las inhibiciones prefrontales afectan tanto al hipocampo y tan poco a la amígdala y todo ello se traduce en ese olvido diferencial? Para responder esta cuestión, considero necesario tener presente algunos descubrimientos fundamentales.

En primer lugar, el *sistema hipocampal* procesa y registra los eventos autobiográficos en su contexto espacial y temporal, pero sólo lo que podríamos llamar la historia «fría» de lo sucedido, es decir, el acontecimiento despojado de emociones y sentimientos; los denominados componentes «calientes» de los eventos son procesados por el *sistema amigdalino*. Después, en el momento del recuerdo, se activan de un modo coordinado hipocampo y amígdala (además de otras áreas de la corteza) y la evocación es una historia completa de lo vivido con emociones y sentimientos.

En segundo lugar, la *consolidación amigdalina* de los recuerdos emocionales es más lenta que la *consolidación hipocampal* de los recuerdos neutros, de ahí que el paso del tiempo juegue a favor de los primeros (está comprobado que los eventos emocionales se recuerdan mejor transcurrido un tiempo) y en contra de los últimos (los eventos triviales se olvidan rápidamente); lo que se traduce en un olvido más lento en la amígdala que en el hipocampo.

Una tercera idea fundamental para nuestros propósitos tiene que ver con los efectos diferenciales del estrés sobre hipocampo y amígdala. Se dispone de evidencia científica muy sólida que asegura que las hormonas del estrés (el *cortisol*, sobre todo) potencian la actividad de la amígdala, pero dañan el funcionamiento del hipocampo (de hecho, las situaciones de estrés crónico pueden acabar produciendo atrofia hipocampal),[117] lo que se traduce en experiencias emocionales intensas disociadas de un recuerdo, por lo general muy pobre, de lo sucedido. En pocas palabras, el estrés fortalece los recuerdos emocionales y facilita el olvido de los recuerdos emocionalmente neutros.

Si tenemos en cuenta que la intrusión de un recuerdo emocional negativo —y digo «intrusión» porque ese tipo de recuerdos tienden a invadir cual intrusos nuestra conciencia al margen de nuestros deseos— viene siempre acompañada de una elevación endógena del nivel de estrés, con el consiguiente aumento de los niveles de cortisol, y que esa alteración estresante, ese malestar, va por delante siempre de nuestros intentos por olvidar o suprimir dicho recuerdo indeseable, es comprensible que los mecanismos inhibitorios procedentes de la red frontoparietal tengan un efecto poderoso sobre un hipocampo alterado por el estrés y un efecto reducido o nulo sobre una amígdala fortalecida por el mismo estrés. El resultado de dicha inhibición permitirá, por consiguiente, un olvido voluntario en cierta medida fácil de información o recuerdos emocionalmente vacíos dependientes del hipocampo, frente a un olvido voluntario virtualmente imposible de los recuerdos, dependientes de la amígdala, empapados en emociones y sentimientos que duelen y mortifican.

En definitiva, la ciencia cognitiva de la memoria confirma lo que la vida cotidiana nos enseña, esto es, que mientras los recuerdos intrascendentes pueden olvidarse con facilidad, los recuerdos emocionales que deseamos expulsar de la conciencia son imposibles de olvidar de manera voluntaria. El profesor Joseph LeDoux, de la Universidad de Nueva York, uno de los mayores expertos en el funcionamiento de la amígdala y la memoria emocional, lo viene repitiendo desde hace años: «Los recuerdos emocionales son indelebles».[118]

La experiencia vital y la investigación científica coinciden, pues, en que el «arte del olvido» no es más que una quimera, un anhelo inalcanzable cuando los recuerdos nos atormentan y nos doblegan y nos resistimos a aceptar que no podemos olvidar lo que duele; porque el olvido deseado, como sentenció Gracián, «más es dicha que arte». O magia, o un milagro, como el que ansía Vania Petróvich, el narrador de la novela de Dostoyevski *Humillados y ofendidos*, un escritor fracasado, torturado por el recuerdo de un amor no correspondido y enfermo de tisis en un hospital, cuando decide escribir sus memorias y confiesa:

> Los recuerdos de todo este penoso último año de mi vida acuden de forma constante e involuntaria a mi memoria. [...] Todas esas impresiones del pasado me turban, a veces, hasta el dolor, hasta el tormento. [...] pensé en lo magnífico que sería si por arte de magia o por un milagro pudiera olvidar todo.[119]

Una última lección podría extraerse de todo lo expuesto: aunque las personas intentan borrar las experiencias emocionales dolorosas, y lo hacen profundamente motivados, esa motivación no significa que tengan la capacidad para hacerlo. Algo que se pone especialmente de manifiesto en los casos de personas que sufren *trastorno de estrés postraumático* (TEPT). Recordemos que estos pacientes (y así se expuso en el capítulo 5) se sienten totalmente incapaces de expulsar de su memoria los recuerdos traumáticos que como intrusos desalmados invaden su conciencia y alteran dramáticamente sus vidas, por mucha motivación que les mueva en sus intentos por olvidar. Sin embargo, frente a esa condición extrema de memoria que les hace vivir permanentemente atrapados en sus recuerdos traumáticos (*hipermnesia*), resulta oportuno tener presente que otros pacientes de TEPT, aunque su incidencia es mucho menor, experimentan otra condición extrema de memoria pero de signo contrario (*amnesia*), en el sentido de que o no recuerdan absolutamente nada del evento traumático o sus recuerdos se limitan a fragmentos inconexos del mismo. Como en el caso de Ángel, un superviviente de los atentados terroristas en los trenes de cercanías de Madrid aquel espantoso 11-M de 2004. Seis meses después de la tragedia, se pudo comprobar que este hombre continuaba sin recordar absolutamente nada de la masacre en la que se vio envuelto.[120] Otros ejemplos de amnesia traumática han sido expuestos en varios de nuestros capítulos previos,[121] y veremos enseguida algún caso más de este tipo de amnesia (llamada *disociativa* o *psicógena*).

¿Cómo explicar que un mismo trastorno provoque formas de memoria tan opuestas?

Naturalmente, en este capítulo dedicado por entero al olvido, sólo nos detendremos en buscar respuesta a la *amnesia*[122] u olvido por estrés traumático que algunas personas (que no han de ser necesariamente pacientes con diagnóstico TEPT) presentan respecto a experiencias desagradables o dolorosas. La pregunta pertinente ante estos casos de olvido extremo, que sin duda alguna son casos de *olvido motivado*, sería esta: ¿qué recurso, estrategia o mecanismo neurocognitivo produce ese tipo de olvido?

Represión

Como hemos ido viendo a medida que avanzábamos en el desarrollo del presente capítulo, en las últimas décadas del pasado siglo XX se produce un incremento del interés por desentrañar la naturaleza del olvido, que traerá consigo un cambio conceptual extraordinario al considerar el olvido como un fenómeno activo que regula y facilita el trabajo de la memoria. El olvido deja de considerarse un fenómeno negativo y se confirma que, mediante la inhibición de la recuperación, el olvido desempeña un papel clave en la función adaptativa de la memoria. Tanto la psicología cognitiva como la neurociencia cognitiva del presente siglo XXI han dado un vuelco total al concepto de olvido al demostrar que tanto a nivel cognitivo como neural los procesos de olvido activo permiten suprimir recuerdos gracias a que pueden modular (o inhibir) las activaciones de las estructuras cerebrales involucradas en la memoria.[123]

Sin embargo, más de un siglo antes de que los psicólogos y neurocientíficos reconociesen las ventajas del olvido, Sigmund Freud había propuesto un tipo de olvido activo y motivado —la *represión*[124]— para expulsar de la conciencia los recuerdos desagradables y evitar el conflicto mental y la angustia. «El motivo y la intención de la represión —escribió— son evitar el displacer».[125]

En sus primeros trabajos, Freud consideró la *represión* como un acto *voluntario* y *consciente* que impide la entrada en la conciencia o expulsa de ella las representaciones o recuerdos que generen angustia. En la obra coescrita con Josef Breuer y publicada en 1895, *Estudios sobre la histeria*, puede leerse:

> [...] por el análisis de casos análogos sabíamos ya que en los casos de adquisición de la histeria es indispensable la existencia de una previa condición: la de que una *representación sea expulsada voluntariamente de la conciencia* (reprimida) y excluida de la elaboración asociativa.[126]

No obstante, con el paso de los años Freud pasó a considerar la *represión* como un *mecanismo de defensa* que actúa de un modo *automático* o *inconsciente*. En su trabajo «Lo inconsciente» de 1915, escribió:

> Existen actos psíquicos de muy diversa categoría que, sin embargo, coinciden con el hecho de ser inconscientes. Lo inconsciente comprende, por un lado, actos latentes y temporalmente inconscientes, que, fuera de esto, en nada se diferencian de los conscientes, y, por otro, procesos tales como los reprimidos, que si llegaran a ser conscientes presentarían notables diferencias con los demás de este género. [...] Hemos llegado a la conclusión —escribió unas páginas más adelante— de que la represión es un proceso que [...] se desarrolla en la frontera entre los sistemas Inconsciente y Consciente.[127]

Este desdoblamiento conceptual pasó a formar parte de la tradición psicoanalítica, que, desde Freud, distingue entre *supresión* o inhibición intencional y *voluntaria*, y *represión* o inhibición automática e *involuntaria* de recuerdos y pensamientos desagradables o ansiógenos. Al margen de esta distinción, Freud subrayó que la «esencia» de la represión «*consiste exclusivamente en rechazar y mantener alejados de lo consciente a determinados elementos*».[128]

Lo destacable de esta diferenciación freudiana entre dos formas de olvido motivado es que se adelantó casi un siglo a lo que la actual ciencia de la memoria plantea sobre el olvido, que, como hemos visto, ha pasado a ser considerado como un proceso activo que interrumpe el procesamiento de los recuerdos, bien de un modo motivado *voluntario* (*supresión*) bien de un modo motivado *involuntario* (*represión*). La capacidad humana para *suprimir* voluntariamente recuerdos cuenta, como vimos, con evidencia experimental proveniente de la psicología y de la neurociencia cognitiva. Michael Anderson, de la Universidad de Cambridge, lleva años aportando datos que demuestran que la *supresión* voluntaria de recuerdos depende de un aumento de la actividad del córtex prefrontal y un decremento de la actividad del hipocampo (la «red frontoparietal» mencionada anteriormente).[129]

Por otra parte, la evidencia en favor de la *represión* proviene fundamentalmente del ámbito clínico, como veremos enseguida. No obstante, me parece importante señalar que ya se dispone de algunos estudios neurocientíficos en los que mediante la técnica de IRMf se ha encontrado una asociación entre la represión de los recuerdos de los pacientes con amnesia disociativa y un patrón alterado de actividad cerebral.[130]

Los casos de amnesia *disociativa* (o *psicógena*) ilustran dramáticamente cómo en situaciones traumáticas o de estrés extremo se pone en marcha el mecanismo de la *represión* como una forma de liberación a la que el cerebro recurre para expulsar de la conciencia el recuerdo de experiencias emocionales insoportables. Veamos un caso real de *amnesia disociativa selectiva.*

Dos parejas están sentadas en la terraza exterior de un restaurante. Una de las mujeres ve cómo tres hombres vienen hacia ellos. Ella percibe su actitud hostil, dirigida principalmente hacia los hombres que las acompañan. Lo siguiente que puede recordar es que está de rodillas junto a su marido que acaba de ser apuñalado hasta morir.

Los informes médicos y policiales señalaron que la mujer no se encontraba bajo los efectos del alcohol ni de ninguna otra droga en el momento del suceso; sin embargo, dos años después de aquel terrible y traumático suceso, los psicólogos que la evaluaron pudieron comprobar que seguía sin poder recordar la secuencia completa de eventos horribles que transcurrieron desde el momento en que vio a los asesinos acercándose y el final de la historia con ella junto a su marido asesinado, que es lo único que recordaba.[131] Según los testigos presenciales, la mujer se levantó y trató de detener a los asesinos, luchó y forcejeó, pero estos la tiraron al suelo y la amenazaron con un cuchillo en la garganta, y desde aquella posición pudo ver cómo su marido era asesinado. Sin embargo, ella no tiene ningún recuerdo de toda esa parte central y espantosa del suceso en la que, además, estuvo activamente involucrada. Desde entonces, «algo» en la mente de esta mujer mantiene sepultados los recuerdos de la parte más dura, violenta e insoportable: sus forcejeos, su lucha, su angustia, su horror y su infinito dolor al ver cómo asesinaban a su marido. Ese «algo» que la defiende y la protege de una ansiedad y un sufrimiento que su cerebro no podría soportar es la *represión*, una forma de olvido que tiene *motivos* para dispararse involuntariamente. Porque todas las personas estamos *motivadas* para defender y mantener nuestra integridad física y mental. Es una cuestión de pura supervivencia, de instinto de conservación, con la salvedad de que la *represión* actúa siempre frente a una fuente de peligro interna.

El neurólogo Oliver Sacks cuenta que tuvo un paciente que, tras sufrir una lesión en los lóbulos frontales (recuérdese que ahí se localizan los procesos de control inhibitorio), sintió cómo recuerdos profundamente reprimidos —en concreto, recuerdos de un asesinato que había cometido— quedaban libres y le atormentaban noche y día.[132] Y es que lo reprimido, como advirtió Freud, no sólo no se destruye, sino que desde fuera de la conciencia sigue afectando (implícitamente) a la experiencia, el pensamiento y la conducta del individuo,[133] de tal manera que cuando las fuerzas represoras fallan («la represión exige un esfuerzo continuado», escribió Freud)[134] o los procesos de control inhibitorio se debilitan (como en el caso del paciente de Sacks), los recuerdos reprimidos se hacen conscientes y vuelven.

«La represión es universal en los seres humanos», declara Sacks siguiendo el pensamiento freudiano, y yo comparto esa idea. La literatura científica muestra cómo desde Freud hasta nuestros días los psicólogos han reconocido y descrito múltiples e ingeniosas estrategias a las que recurre la mente humana para rechazar, transformar o reorganizar la información sobre eventos emocionales negativos. Esas estrategias o mecanismos, que podrían agruparse en torno al afrontamiento, las defensas psicológicas y la racionalización, conforman el denominado por el psicólogo social Daniel T. Gilbert, de la Universidad de Harvard, «sistema inmunitario psicológico».[135] Es decir, que, y volvemos a un argumento ya planteado, al igual que nuestro cuerpo está equipado con un sistema inmunitario fisiológico, nuestra mente o, mejor, nuestro sistema cerebro-mente dispone de un *sistema inmunitario psicológico* que puede negar, neutralizar o expulsar de la conciencia cualquier recuerdo o pensamiento que amenace nuestra estabilidad emocional. ¿Cómo lo hacemos? No lo sabemos, sencillamente porque tales defensas (negación, racionalización, represión, etc.) actúan debajo de nuestra conciencia, lo cual, desde mi punto de vista, supone una ventaja, y me explico. Numerosas investigaciones sobre el llamado «inconsciente cognitivo»[136] confirman que los procesos mentales conscientes son significativamente más lentos que los inconscientes.[137] La conciencia, la última conquista en la evolución humana, «la recién llegada» a la escena evolucionista, es lenta y de una capacidad extraordinariamente limitada.[138] Parece obvio, entonces, que en situaciones traumáticas o de altísimo estrés (recordemos el caso de la mujer que ve cómo asesinan a su marido) los mecanismos de represión y olvido actúen rápidamente, sin detenerse en implicar a la conciencia para la toma de decisiones, y de un modo inconsciente e involuntario ordenen que la amígdala —el centro de procesamiento del miedo— «cierre los archivos del hipocampo».[139]

No debe ignorarse, no obstante, que históricamente «la represión ha sido un rompecabezas para la psicología científica»,[140] que la ha calificado desde antiguo como un fenómeno indemostrable, de ser un mito clínico y de estar basada más en anécdotas que en hechos objetivos y replicables.[141] Sin embargo, las cosas han cambiado de manera significativa en las dos últimas décadas; y la razón estriba en que, por un lado, la investigación experimental no deja de aportar evidencia de que la *supresión* de recuerdos es un proceso activo de olvido motivado y un análogo de laboratorio de la *represión* inconsciente,[142] y, por otro, porque tanto los estudios clínicos con pacientes con amnesia disociativa como los estudios neuropsicológicos con pacientes que han sufrido daños cerebrales (concretamente, en el lóbulo parietal derecho) demuestran que todos ellos hacen un uso masivo no sólo de la represión, sino —como ha indicado el neurólogo V. S. Ramachandran— de todo el conjunto de mecanismos de defensa freudianos.[143]

En mi opinión, si la realidad cotidiana, la evidencia clínica y psicopatológica y la vida, en última instancia, nos están poniendo de manifiesto de forma permanente que los seres humanos somos intrínsecamente vulnerables a los conflictos morales y emocionales, ¿cómo dudar o negar o ignorar que nuestro universo mental no puede existir sin defensas?

En definitiva, la *represión* es una realidad mental innegable y, parafraseando al profesor Michael Anderson,[144] diría que las teorías del olvido que rechacen la existencia de la *represión* —entendida como un proceso de control motivado del acceso a la conciencia de los recuerdos y pensamientos dolorosos— estarán negando la existencia de una fuerza poderosa y fundamental que, junto a otras estrategias y mecanismos defensivos, configura la retención de nuestro pasado y contribuye al modelado de la condición humana.

A MODO DE CONCLUSIÓN

Si bien William James advirtió hace casi un siglo y medio de la necesidad del olvido para el buen funcionamiento de la memoria, poco se sabía entonces acerca de los motivos y los procesos subyacentes a las ausencias de memoria. Por tanto, era necesario saber por qué olvidamos y de qué modo olvidamos. Aunque todavía queda mucho camino por recorrer en ese universo multiforme y recóndito del olvido, hay algo que actualmente podemos afirmar con rotundidad: el olvido es un proceso activo que facilita el recuerdo reduciendo el nivel de accesibilidad de la información que no es relevante en cada momento y que, de no ser amortiguada o inhibida, impediría recordar con la rapidez y precisión con la que solemos hacerlo.

Y subrayo un par de ideas para terminar:

Una, el olvido no es el enemigo de la memoria ni su contrario, sino su mejor aliado, por mucha frustración que a veces genere. De hecho, gracias al olvido la memoria se adapta tanto a nuestros objetivos *cognitivos* —facilitando el recuerdo— como a nuestros objetivos *emocionales* —aliviando nuestras aflicciones—.

Y dos, los olvidos son siempre temporales, pasajeros; extraños e inesperados «eclipses parciales» de memoria de duración indeterminada pero limitada. Porque lo olvidado no se borra ni se expulsa de la memoria, sólo reposa en su cara oculta. Si no fuera así, si el olvido borrase los recuerdos, olvidar iría en contra de la propia supervivencia. Biológica y psicológicamente estamos hechos para guardar lo vivido —lo bueno y lo malo— y usarlo como salvaguarda frente a los avatares de la aventura inexplorada y misteriosa de la vida. Así se manifiesta la función adaptativa y protectora de nuestra memoria.

«Todo lo que ha sido es eterno», sentenció Nietzsche.[145]
«En realidad, nunca se olvida nada», confesó Camus.[146]

9

Fantasmas en la memoria

—Nadie puede creer cosas que son imposibles.
—Me parece evidente que no tienes mucha práctica —replicó la Reina—. Cuando yo tenía tu edad, siempre solía hacerlo durante media hora cada día. ¡Como que a veces llegué hasta creer en seis cosas imposibles antes del desayuno!

Lewis Carroll

«Yo he hecho eso», dice mi memoria. «Yo no puedo haber hecho eso» dice mi orgullo y permanece inflexible. Al final la memoria cede.

Friedrich Nietzsche

La memoria no es un instrumento para explorar el pasado, sino su teatro.

Walter Benjamin

La memoria puede ser un cronista preciso del pasado, pero también es vulnerable a la pérdida y la distorsión.

Daniel Schacter

La fantasía, que nadie lo dude, es la ortopedia del sujeto.

Carlos Castilla del Pino

La fragilidad de la memoria

Lo que nuestra memoria guarda no son sólo registros de experiencias reales vividas en el pasado. En nuestra memoria hay también mucha imaginación, muchas fantasías y, con frecuencia, abundantes fantasmas.

La memoria humana es asombrosa y admirable por infinidad de razones, lo estamos comprobando desde el primer capítulo. Sin embargo, su particular dinámica de construcción y reconstrucción de las experiencias vividas la hacen en especial sensible y vulnerable a numerosos factores que, al estar presentes tanto durante la construcción como en el momento de la reconstrucción de los recuerdos, potencialmente modifican, deforman y cambian sus contenidos.

Recordemos que nuestra memoria lleva a cabo su trabajo siempre bajo los efectos de una gran variedad de factores que hacen que lo que se guarda sea necesariamente una versión personal de lo ocurrido. Recordemos también que la función primordial de la memoria autobiográfica no es guardar los eventos, sino *dar sentido* y guardar las *experiencias* de tales eventos; por tanto, lo que nuestra memoria autobiográfica registra es el producto resultante de *filtrar* los acontecimientos en los que participamos a través de un tamiz tejido con nuestras emociones y sentimientos, actitudes y prejuicios, valores y creencias, objetivos vitales y necesidades, conocimiento acerca del mundo, estado de ánimo y motivaciones, presión social y convencionalismos culturales. Más aún, al evocar el pasado y convertirlo en historias, de forma necesaria imprimimos una estructura narrativa que nos fuerza a añadir elementos de relleno, a modificar ligeramente lo experimentado o a introducir detalles nuevos que cierren y completen o hagan la historia más comprensible para nuestro interlocutor. Por tanto, lo que nuestra memoria recupera *no es, no puede ser*, una copia *literal* del pasado.

Todo ello ayuda a entender que la memoria humana, y en concreto la memoria autobiográfica, sea un sistema extremadamente flexible, maleable y adaptativo. Gracias a su flexibilidad, la información nueva y la información almacenada se mezclan, se combinan, se modifican y se actualizan y ajustan a las exigencias del yo. Porque no debemos olvidar que los recuerdos no son historias fijas e inamovibles, sino construcciones mentales transitorias sujetas al cambio y a la revisión cada vez que recordamos algo. Entonces, un sistema tan dinámico y maleable como la memoria autobiográfica ha de ser necesariamente un sistema propenso a la comisión eventual de errores, esto es, a generar a veces recuerdos deformados o con poca e incluso ninguna correspondencia con la realidad.

La memoria autobiográfica no es ni puede ser perfecta ni infalible. La memoria autobiográfica contiene errores, muchos más de los que pudieran imaginarse, lo cual no significa desconfiar o negar su fiabilidad, sino reconocer que la construcción y la reconstrucción son los procesos naturales de la creación tanto de recuerdos verdaderos como de recuerdos falsos.

Hasta donde sabemos, ni la ciencia ni la propia experiencia proporcionan claves o modos para distinguir un recuerdo verdadero de un recuerdo falso. La psicóloga Elizabeth Loftus, actualmente profesora emérita en la Universidad de California en Irvine, y una de las mayores expertas en «memorias falsas», ha señalado a este respecto:

> Sólo porque alguien cuente algo totalmente convencido, sólo porque lo ilustre con un montón de detalles, sólo porque exprese emoción al contarlo, no significa que lo que cuenta le ocurriera de verdad. No podemos distinguir con seguridad los recuerdos verdaderos de los recuerdos falsos.[1]

Y es que los recuerdos falsos pueden contener tantas emociones, tantos detalles y parecer tan reales como los recuerdos verdaderos, esto es, los recuerdos de eventos que sí se vivieron de verdad. De ahí que nuestra capacidad para evaluar la exactitud de nuestros recuerdos sea muy limitada y, aunque como dicen los expertos, «las representaciones del pasado que el sistema crea son básicamente exactas»,[2] debe asumirse como una realidad incuestionable que tanto los recuerdos verdaderos como los recuerdos falsos constituyen las señas de identidad de la memoria autobiográfica.

Los recuerdos falsos forman parte de nuestra vida diaria; de hecho, la mayor parte de ellos se refiere a situaciones cotidianas sin trascendencia alguna, como creer que has cerrado la llave de paso del gas antes de irte a dormir o que le has devuelto a tu amigo el libro que te prestó hace tiempo cuando, en ambos casos, todo pudo haber quedado sólo en la intención de hacerlo. O como el recuerdo falso de Piaget, expuesto y analizado en el capítulo 7, de haber sido víctima de un intento de rapto cuando a la edad de dos años su niñera lo paseaba por los Campos Elíseos y en el que creyó hasta los quince años. Como veremos enseguida, los procesos subyacentes a cualquier caso de recuerdo veraz, distorsionado o completamente falso son en esencia los mismos. La única diferencia vendrá marcada por sus consecuencias. Así, mientras en los ejemplos referidos, incluido el recuerdo de Piaget, la trascendencia es mínima o se reduce a la mera anécdota, las consecuencias pueden ser dramáticamente muy diferentes si de un recuerdo falso se hace depender, por ejemplo, el veredicto de culpabilidad de una persona. De ahí que la fragilidad de la memoria y la probabilidad de que se generen recuerdos falsos se convierta en un serio problema en el ámbito concreto del testimonio de los testigos en los procedimientos judiciales.

Resulta interesante constatar que los términos «memoria falsa» o «recuerdos falsos» y «recuerdos verdaderos» se han hecho necesarios e imprescindibles en el contexto del estudio científico de la memoria desde hace poco más de dos décadas. Las razones fundamentales para la introducción de tales términos han sido, en primer lugar, la alarma social creada en Estados Unidos en la década de los noventa del pasado siglo al hacerse públicos incontables casos de adultos que, en sesiones de terapia psicológica, recordaban súbitamente experiencias, reprimidas durante décadas, de haber sufrido abusos y todo tipo de experiencias horribles en su infancia; en segundo lugar, la constatación científica de que la gente normal puede guardar en su memoria numerosos recuerdos, en los que cree a pies juntillas, de cosas que no les han sucedido jamás, y, por último, el desarrollo de un nuevo campo de investigación —la *ciencia de la memoria falsa*[3]— movido y apremiado por tales hechos.

EL RECUERDO Y LA VERDAD NO SIEMPRE COINCIDEN[4]

Todo empezó en Estados Unidos durante la última década del siglo XX a raíz de una serie de sucesos de enorme repercusión social que cambiarían el modo de pensar sobre la memoria. El año 1990 se producirá un evento judicial que, dada su alta notoriedad y fuerte repercusión social, se considera el punto de arranque de toda una serie de acontecimientos judiciales, sociales y psicológicos que, en resumidas cuentas, acabarían cuestionando y sometiendo a escrutinio científico la fiabilidad de la memoria humana. El evento en cuestión fue el juicio celebrado en 1990 en el que se condenó a cadena perpetua a George Franklin por considerarlo culpable del asesinato en 1969 de la niña de nueve años Susan Nason. Durante más de dos décadas aquel asesinato se mantuvo sin resolver, hasta que en noviembre de 1990 se reabrió el caso y un jurado popular de California llegó al veredicto de culpabilidad de Franklin. Lo destacable del caso fue que la única evidencia en contra de Franklin con la que contó el jurado fueron los recuerdos, reprimidos durante veinte años y de repente recuperados, de Eileen, la hija del propio George Franklin. Eileen Franklin-Lipsker, que tenía veintinueve años en el momento del juicio, dijo que, un día, mientras jugaba con sus dos hijos pequeños, había recuperado un recuerdo horrible, y relató con todo lujo de detalles cómo vio a su padre matar a su amiga Susan veinte años antes. A pesar de que una eminente psiquiatra avaló la autenticidad del recuerdo de Eileen, cinco años después un juez federal revocó la condena por entender que las pruebas en contra de Franklin eran poco fiables.[5]

Este caso produjo una gran conmoción en todo el país y actuó como desencadenante de una verdadera avalancha de demandas judiciales de mujeres y hombres que, durante sus sesiones de psicoterapia, evocaban de repente episodios de su infancia en los que habían sufrido abusos sexuales o habían sido sometidos a ritos satánicos —y ahora viene lo más doloroso— a manos de sus padres o familiares cercanos. La gran publicidad dada a estas resurrecciones repentinas de recuerdos horribles y macabros trajo consigo, según palabras de Elizabeth Loftus, «una nueva pesadilla colectiva» (la anterior la había generado la guerra de Vietnam) centrada en la posibilidad de que cualquier persona adulta podía haber sido víctima en su infancia de abusos sexuales, cuyos recuerdos estarían reprimidos, o en el hecho de que numerosos niños con memorias todavía frágiles y maleables los estuviesen padeciendo actualmente. La consecuencia de aquella agitación social es fácilmente constatable con sólo revisar lo ocurrido al respecto en la década de 1990. Los psicólogos Charles Brainerd y Valerie Reyna, de la Universidad de Cornell, presentaron al comienzo de su obra *The Science of False Memory*, publicada en 2005, un recuento breve pero muy ilustrativo de las innumerables demandas, acusaciones a profesores y educadores, condenas de padres o condenas de profesionales de la psicoterapia ocurridas en dicha década. Condenas que, afortunadamente, acabarían recusadas y anuladas, la mayor parte de ellas, ante la sospecha fundada de los jueces de que todo había sido producto de recuerdos inducidos o inoculados, tanto en los adultos como en los niños, mediante entrevistas tendenciosas o métodos terapéuticos poco éticos. No obstante, el daño perpetrado a multitud de familias, que quedaron destrozadas, y a muchos profesores y educadores, que vieron sus vidas arruinadas, nunca sería reparado. En definitiva, aquellos acontecimientos vinieron a cuestionar la fiabilidad de la memoria humana al tiempo que pusieron de manifiesto cómo su extraordinaria maleabilidad permite la implantación de recuerdos falsos en personas de cualquier edad. Ante tal estado de cosas, las autoridades políticas y científicas de algunos países (por ejemplo, la American Psychological Association o la British Psychological Society) incluyeron entre sus objetivos prioritarios la investigación rigurosa y exhaustiva del fenómeno de la falsificación de los recuerdos.

La cuestión básica que había que responder era esta: ¿cómo surgen y se desarrollan los recuerdos falsos en la memoria de las personas?

RECORDAR ES CONSTRUIR MÁS QUE REPRODUCIR

Que la memoria humana contiene errores es algo sabido desde siempre sin duda alguna. Ahora bien, el abordaje científico de las falsificaciones de la memoria no se ha producido hasta hace relativamente poco, aunque, como ocurre con un buen número de asuntos científicos, hay antecedentes más antiguos en trabajos aislados de investigadores interesados por el estudio de los errores e ilusiones de memoria en las postrimerías del siglo XIX y primeras décadas del XX.[6] En ese sentido, el gran antecedente de este campo de investigación —que yo me atrevería a calificar como el auténtico origen— se encuentra en la monografía *Remembering* del eminente psicólogo británico de la primera mitad del pasado siglo sir Frederic Bartlett.[7]

Como psicólogo experimental, Bartlett comenzó interesándose por los *procesos de percibir*; sin embargo, enseguida comprobó que el estudio de la percepción le conducía de manera inevitable al estudio de la memoria, dos procesos —percepción y memoria— íntimamente conectados y de naturaleza constructiva (los contenidos de la memoria son los productos de la percepción, sería la tesis central de la teoría de la memoria que los psicólogos Fergus Craik y Robert Lockhart formularon cuarenta años después).[8]

Los estudios de Bartlett sobre la memoria (o sobre «recordar», como él prefería llamarlos) significaron una gran innovación al utilizar como materiales «historias» en lugar de las tradicionales «sílabas sin sentido». Bartlett leía a sus sujetos experimentales historias repletas de significado (por ejemplo, cuentos populares indios, como el célebre «La guerra de los fantasmas») y medía el recuerdo siguiendo el método denominado *reproducción repetida*, es decir, cada uno de los participantes tenía que recordar repetidas veces la misma historia; por ejemplo, a los quince minutos, después de un mes, transcurridos seis meses o a los dos años y medio de haberla escuchado. De esta manera, encontró que los recuerdos de los diferentes sujetos presentaban una serie de características similares acerca de la naturaleza del recordar y de los tipos de *transformaciones* cuando recordaban historias.

En concreto, Bartlett comprobó que lo más característico de los recuerdos era que las historias se iban acortando en función de la longitud de los tiempos de demora; es decir, que las historias que los sujetos recordaban eran más breves cuanto más tiempo hacía que las habían escuchado. Pero lo más interesante fue descubrir que el acortamiento de los recuerdos se acompañaba de una serie de características muy relevantes; por ejemplo, los participantes solían cambiar el orden de los acontecimientos, omitían en sus narraciones los detalles o elementos que no encajaban en sus expectativas o sencillamente cambiaban las palabras que no les resultaban familiares por otras más frecuentes y, lo más sobresaliente, iban *distorsionando* el contenido de la historia hasta hacerlo lo más compatible posible con sus experiencias de la vida cotidiana.

A partir de estos y otros hallazgos similares, Bartlett concluiría que lo que se recuerda son siempre *reconstrucciones* que se llevan a cabo bajo la influencia del *conocimiento previo* que el individuo tiene acumulado en su memoria acerca del mundo. A ese conocimiento previo Bartlett lo llamó *esquemas*.[9] De ahí que cuando la historia que se escucha, o alguna parte de ella, no es compatible con los esquemas o el modelo de mundo del sujeto, el recuerdo cambia o distorsiona esa historia. Así pues, lo que nuestra memoria guarda son versiones esquematizadas y, con frecuencia, *deformadas* de lo que ocurrió. Después, a la hora de recordar, el individuo activará el esquema almacenado en su memoria y (re)construirá el evento original a partir de sus experiencias pasadas, lo que propiciará la comisión de errores. Y es que, como dijo Bartlett, «el recuerdo resulta ser mucho más una cuestión de construcción que una cuestión de mera reproducción».[10]

Bartlett propugnó, asimismo, que el acto de recordar es básicamente una actividad social, que resultará distorsionada también por las creencias, actitudes, estereotipos o prejuicios de la persona que recuerda. Una idea que como veremos a continuación sería confirmada empíricamente por los psicólogos Allport y Postman pocos años después.

Rumores: ver, oír y... contar

Los psicólogos Gordon Allport y Leo Postman, de la Universidad de Harvard, llevaron a cabo en la década de 1940 una serie de experimentos cuyo objetivo era entender y explicar el fenómeno social de los *rumores*. Su monografía *The Psychology of Rumor*[11] recoge los interesantes resultados de aquellos estudios.

Siguiendo los trabajos de Bartlett, estos psicólogos utilizaron el método de *reproducción serial*,[12] cuyo procedimiento fue como sigue: al primer sujeto de un grupo de seis o siete personas se le proyectaba una diapositiva que contenía, por ejemplo, una escena de un vagón de metro en el que viajan un grupo de personas: dos mujeres y tres hombres sentados, una de las mujeres lleva un bebé en brazos, uno de los hombres lee un periódico y otro tiene aspecto de judío ortodoxo; además, en el centro del vagón hay dos hombres de pie hablando, uno negro y otro blanco, y este último, el hombre blanco, lleva en la mano una navaja de afeitar. En el interior del vagón hay carteles publicitarios y por las ventanas se ven algunas señales informativas.

Con la diapositiva en la pantalla y el primer sujeto presente, el experimentador hace una descripción que incluye unos veinte detalles de la escena que están viendo ambos. Terminada la descripción del experimentador, se apaga la diapositiva y entra en la sala el segundo sujeto, al que el primero —que es el único que ha visto y verá la escena— contará lo que recuerda de lo visto y escuchado. A continuación, entra en la sala un tercer sujeto que escuchará lo que le cuente, «lo más exactamente posible», el segundo. Este tercer sujeto deberá contar al cuarto lo que recuerda que le ha contado el anterior, y así sucesivamente. El procedimiento finalizaba comparando el recuerdo del último sujeto del grupo con la escena real de la diapositiva.

Los investigadores comprobaron que todas las escenas de las diferentes diapositivas utilizadas iban sufriendo transformaciones y distorsiones cada vez mayores a medida que la información pasaba de una persona a otra. Por ejemplo, la escena del metro se había transformado, al llegar al último de los participantes de tres de los diferentes grupos experimentales, en estas historias:

Recuerdo final (Grupo 1)
Esto tiene lugar en la esquina de una calle. Está ocurriendo algo. Hay un negro con una navaja, un hombre sin afeitar, dos mujeres leyendo diarios no muy interesadas en lo que está ocurriendo.

Recuerdo final (Grupo 2)
Se trata de un metro de Nueva York que se dirige a Portland Street. Hay una mujer judía y un muchacho negro que tiene una navaja en la mano. La mujer tiene un niño o un perro. El tren va a Deyer Street, y no sé más.

Recuerdo final (Grupo 3)
Escena típica en un metro. En la imagen hay tres personas de pie. El metro tiene las características habituales. Hay carteles publicitarios, uno de ellos de McGinnis como candidato a alcalde. Sentados están una mujer y un hombre. Otros dos hombres, uno negro, están discutiendo de las próximas elecciones. El negro blande una navaja. En otra parte del vagón hay una mujer de pie con un niño en brazos. Eso es también común en el metro.[13]

Resulta interesante comprobar cómo a partir de la misma escena (el interior de un vagón del metro) los recuerdos experimentan una serie de distorsiones cada vez mayores a medida que van atravesando la memoria de cada persona. Es decir, que la memoria de cada individuo añade su propia versión y el error o los errores se acumulan tanto a nivel cuantitativo como cualitativo. Si nos centramos en los cambios cualitativos, la distorsión más destacable e informativa es que la navaja (de afeitar) acababa siempre, en todos los grupos sin excepción, en manos del hombre negro. No se trata, pues, de una distorsión fortuita ni azarosa. El hecho de que la memoria de todos los grupos borre la navaja de la mano del hombre blanco y la coloque en la mano del hombre negro es la confirmación de algo que ya se ha dicho, esto es, que la construcción de los recuerdos es un proceso fuertemente influido y moldeado por el conocimiento que cada persona tiene del mundo en el que vive; un conocimiento o, mejor, un modelo de mundo que se configura y reconfigura bajo la influencia permanente de las propias creencias, actitudes o prejuicios, así como de todo tipo de convencionalismos culturales. Esos factores, de cuya fuerza rara vez nos percatamos, son los mayores responsables de los cambios, distorsiones y errores que, en general, sufren nuestros recuerdos.

Como estamos viendo, la memoria humana es, a la par que poderosa, extremadamente sensible a los efectos de innumerables factores, unos internos y otros externos, que pueden, en ocasiones, llevar su fragilidad y maleabilidad hasta el extremo de crear en su seno recuerdos completamente falsos.

Desinforma que algo queda

Antes de continuar me parece oportuno señalar que la investigación científica ha dejado muy claro que ni las distorsiones de los recuerdos ni la generación de recuerdos falsos son fenómenos raros o excepcionales que a veces los psicólogos observan en sus estudios de laboratorio. Todo lo contrario, los errores de memoria, las deformaciones de los recuerdos o la creencia en recuerdos de eventos que nunca se vivieron forman parte de la vida cotidiana de cualquier persona.[14]

A finales de la década de 1970, Elizabeth Loftus realizó los primeros trabajos en los que demostraba que, si tras la ocurrencia de un evento se proporciona a los testigos información falsa sobre dicho evento, es decir, se les engaña o «desinforma» respecto a lo que han presenciado, se altera sistemáticamente el recuerdo de ese evento.[15] Un buen número de estudios posteriores con el procedimiento ideado por Loftus —llamado *paradigma de desinformación*— han confirmado que, en efecto, la información falsa relativa al suceso pero que se da con posterioridad al mismo se integra en la memoria original de dicho evento y distorsiona su recuerdo.

El procedimiento utilizado para demostrar de forma experimental el *efecto de desinformación* es muy sencillo: en un primer momento, los participantes en el estudio visionan un vídeo en el que se produce un suceso (por ejemplo, una chica camina por una calle con el bolso colgado en bandolera; un hombre de apariencia normal se acerca y le roba el bolso; a consecuencia del tirón la chica sufre una pequeña herida en el cuello y sangra; el hombre corre con el bolso y se esconde detrás de una puerta). A continuación, a cada participante se le entrega un informe escrito, con el ruego de que lo lea para reforzar su memoria, donde se narra lo ocurrido, pero en el que se han cambiado algunos detalles por información falsa (por ejemplo, se dice que la chica resultó herida en el brazo y que el ladrón cruzó corriendo la calle y se escondió detrás de un coche). Uno o dos días después, se pide a los participantes que cuenten *lo que vieron* en el vídeo.[16]

Los resultados de estos estudios confirman todos ellos las predicciones y hallazgos de Loftus; esto es, la información falsa sobre un evento que se proporciona con posterioridad entra en la memoria, sustituye a la información verídica y queda integrada como parte del recuerdo original. Loftus ilustró muy acertadamente el fenómeno de la desinformación con la metáfora del «caballo de Troya»: la información falsa nos invade y engaña de manera ingenua sin que detectemos su presencia.[17]

Como ha advertido más recientemente esta investigadora, la desinformación llega a producirse por diferentes y múltiples vías, como cuando los testigos del mismo suceso conversan entre ellos, cuando durante el juicio los abogados les plantean preguntas claramente engañosas o cuando leen en la prensa, oyen en la radio o ven en la televisión las noticias sobre el evento que ellos presenciaron. En todos esos casos y muchos otros, la memoria de los testigos puede ser presa de la desinformación. Y es que a esas fuentes externas de desinformación hay que unir las fuentes internas que distorsionan también la memoria. Porque, como concluye Loftus, «cada vez que recuperamos y reconstruimos recuerdos, las distorsiones pueden infiltrarse sin una influencia externa explícita y convertirse en elementos de desinformación».[18]

El factor sugestión

El mayor o menor efecto de la información engañosa posterior al evento está íntimamente relacionado con una variable de personalidad; en concreto, con el grado de sugestionabilidad del testigo. Este es un asunto, sin duda, de enorme relevancia; sin embargo, no nos detendremos demasiado en él por razones de pertinencia y también de espacio.[19] Sí mencionaremos, no obstante, aquellas variables que se asume que juegan un papel clave en la sugestión de las personas. En concreto, son estas:

— La sugestionabilidad de un testigo *aumenta a medida que se alarga el intervalo temporal* entre un suceso y el recuerdo del mismo. En otras palabras, una persona que ha presenciado un evento es tanto más sugestionable cuanto más tiempo transcurre, lo que significa que será más fácil modificar sus recuerdos cuanto más se retrase su testimonio.

— La sugestionabilidad se ve *realzada por la autoridad percibida* en la persona que hace las sugerencias. Todos tenemos infinidad de experiencias de cuando éramos niños de que lo que te decía, por ejemplo, el cura o el maestro —máximas autoridades en nuestro mundo— te lo creías sin dudarlo ni un momento, sin plantearte jamás si sería verdad o mentira.

— Las personas *somos tanto más sugestionables cuanto más plausibles* nos parecen las sugerencias. Si alguien presencia una colisión entre dos coches, uno de color blanco y otro gris, en la que las únicas consecuencias fueron pequeñas abolladuras en ambos automóviles, hay más probabilidades de que su recuerdo cambie ante la sugerencia falsa de que un coche era negro que si la sugerencia falsa incluye un camión que se precipita y aplasta a un automóvil blanco.

— La mera *repetición de las sugerencias falsas aumenta sus efectos*. Joseph Goebbels, ministro de Propaganda del Tercer Reich, lo entendió muy bien, y de ahí su famosa frase: «Una mentira repetida mil veces se convierte en verdad». Lo interesante de este aserto es que la investigación psicológica ha demostrado que Goebbels llevaba razón y ha encontrado la explicación. Veamos cómo.

Sin ánimo alguno de alargar este apartado, considero pertinente señalar siquiera un par de ideas. Por un lado, la psicología ha mostrado que los seres humanos somos extremadamente sensibles a la *frecuencia*.[20] Por otro, la frecuencia con la que ocurre algo (sea un evento, una simple frase o un eslogan) es un criterio del que las personas nos valemos para establecer la validez y plausibilidad de los acontecimientos.[21] Es el llamado *efecto de verdad ilusoria* —también conocido como «efecto de validez» o «efecto de reiteración»—, el fenómeno subyacente al hecho de que cuanto más se repite una afirmación más verdadera parece, con independencia de que se base en hechos verdaderos o falsos. La actual proliferación en las modernas redes sociales de las *fake news* o noticias falsas y el tremendo impacto sobre las opiniones de la gente encuentra su explicación en los hallazgos psicológicos apuntados.

La sugestión y las variables asociadas añaden más evidencia sobre la maleabilidad de la memoria, una propiedad tan notoria que la distorsión de los recuerdos o la creación de recuerdos sin base real parecen poseer el don de la ubicuidad. Así es, cualquier tipo de cambio, transformación o implantación de recuerdos son fenómenos intrínsecos a la memoria de cualquiera con independencia de su nivel educativo, sexo o edad (aunque los niños son más susceptibles) y, además, pueden afectar tanto a eventos insignificantes, como estar convencido de haber cerrado la llave del gas cuando en realidad todo quedó en la intención de hacerlo, como a acontecimientos violentos y traumáticos de la gravedad de un crimen, una violación, etcétera.[22]

Creación e implantación de recuerdos falsos

Creación de recuerdos falsos en el laboratorio

Los estudios experimentales sobre creación de recuerdos falsos en el laboratorio son abundantísimos. El procedimiento estándar es el llamado *paradigma DRM*,[23] que consiste en presentar a los participantes listas de palabras para memorizar, con la particularidad de que todas las palabras de cada lista son asociados semánticos de alto nivel de una misma palabra (llamada «cebo») que no se incluye en la lista. Por ejemplo, la lista formada por las palabras *hilo, coser, pinchar, dedal, dolor, punta, pinchazo, fina, punzante* y *costura* no incluye la palabra «cebo» (aquí aparece unas líneas más abajo) de la que todas esas palabras son asociados de alto nivel. Pues bien, en los test de recuerdo o de reconocimiento posteriores a la presentación de esa lista, los sujetos tienden a recordar o reconocer erróneamente la palabra *aguja* y a creer con *un nivel de confianza casi absoluto* que esa palabra también había sido presentada.

Este paradigma experimental es otro procedimiento sencillo para demostrar la facilidad con la que se puede manipular la memoria en el laboratorio. No nos detendremos en los pormenores de estas investigaciones.[24] Lo que procede ahora es plantearse la siguiente pregunta: ¿estos hallazgos permiten suponer que también se pueden crear recuerdos falsos de eventos de la vida real mucho más complejos que una simple palabra? O, en definitiva, ¿podría alguien implantar en nuestra memoria un recuerdo completamente falso de un evento complejo?

Implantación de recuerdos autobiográficos falsos

Se dispone de abundante evidencia científica que confirma que es posible (aunque no sencillo) crear recuerdos falsos de eventos complejos o, más concretamente, que se pueden *implantar* en la gente recuerdos autobiográficos falsos. Elizabeth Loftus y Jacqueline Pickrell lo demostraron por primera vez en su trabajo de 1995.[25]

El objetivo de aquel estudio fue implantar en veinticuatro adultos de edades comprendidas entre dieciocho y cincuenta y tres años el recuerdo falso de haberse perdido en un gran centro comercial siendo niños. Antes de iniciar el experimento y con la ayuda de un familiar, las investigadoras recopilaron información detallada de tres eventos reales de la infancia de los participantes, más otra serie de datos que les permitieran construir una historia falsa sobre su extravío en el centro comercial.

El experimento propiamente dicho comenzaba con una entrevista en la que se pedía al participante que tratase de recordar unas historias de su infancia que los padres o algún familiar habían contado a las investigadoras. Para facilitarles la tarea, se les entregaba un pequeño bloc en el que se describían brevemente, con un solo párrafo, cuatro historias, con la particularidad de que tres eran verdaderas y una falsa (haberse perdido en un centro comercial cuando tenían cinco años), y se les pedía que leyesen primero lo que se decía de cada evento y a continuación escribiesen todo lo que recordasen de cada uno. El párrafo sobre el falso extravío incluía detalles tales como que habían estado perdidos bastante rato, que habían llorado, que una señora muy amable los había consolado y llevado al centro de control y que finalmente su familia los había recogido. Transcurridas unas dos semanas, hubo dos entrevistas más con las investigadoras en las que se les pedía que contasen otra vez cada suceso con el máximo detalle posible.

Los resultados fueron interesantes: en la primera entrevista, es decir, después de leer las historias breves que las investigadoras habían escrito en el bloc, los participantes recordaron cuarenta y nueve de los setenta y dos eventos verdaderos (69%), y, en cuanto al evento falso, siete participantes (29%) lo recordaron total o parcialmente. Por último, en las dos entrevistas siguientes, se comprobó que seis participantes (25%) seguían recordando el evento fabricado, lo que indicaba que al final del experimento el recuerdo falso había sido inoculado en la cuarta parte de los participantes.

Aunque aparecieron algunas diferencias entre los recuerdos verdaderos y los falsos, en el sentido de que el nivel de claridad y la cantidad de palabras de las descripciones de los recuerdos verdaderos eran superiores, las narraciones de los recuerdos falsos eran realmente convincentes. Tanto que, unos años después, Loftus escribió: «Si un espectador hubiese visto a muchos de nuestros participantes describir un evento, le habría resultado muy difícil saber si el relato era de un recuerdo verdadero o de uno falso».[26]

Ahora bien, ¿el dato de que de veinticuatro adultos sólo seis llegaran a crear un recuerdo fabricado por personas ajenas es una prueba de que es posible inocular recuerdos falsos? Como han advertido algunos investigadores,[27] la cuestión clave en estos estudios no es el mayor o menor número de sujetos a los que se inocula o implanta un recuerdo falso, sino que la tasa de implantación sea superior a cero. Por tanto, la respuesta a la pregunta inicial es afirmativa: se pueden implantar recuerdos autobiográficos falsos; aunque, como vamos a ver a continuación, existen algunas restricciones a este proceso.

Así, si bien otros investigadores, utilizando la misma metodología de Loftus y Pickrell, han implantado recuerdos falsos de una variedad de eventos (por ejemplo, haber montado en un globo aerostático, haber sido atendido en un hospital por una infección de oídos e incluso recordar un móvil de colores colocado sobre la cuna al día siguiente del nacimiento),[28] la psicóloga Kathy Pezdek y su equipo de la Universidad de Claremont han puesto de manifiesto a partir de diferentes experimentos que la implantación de recuerdos falsos es un proceso limitado, en el sentido de que sólo se producirá si las historias fabricadas resultan verosímiles, aceptables o posibles para el sujeto. Por ejemplo, si el recuerdo falso que deseaba implantarse era haber asistido siendo niños (católicos *versus* judíos) a una ceremonia religiosa (judía *versus* católica, respectivamente) o haberse perdido en un centro comercial (dos eventos plausibles), un número considerable de participantes creaba el recuerdo falso; sin embargo, si el recuerdo falso era que cuando tenían cinco o seis años les llevaron a un hospital y les administraron un enema rectal (un evento poco plausible), ningún participante admitió que les hubiese ocurrido tal hecho.[29]

En definitiva, la investigación demuestra que, en efecto, se pueden implantar recuerdos autobiográficos falsos, pero no siempre. La mayor o menor probabilidad parece estar determinada por la mayor o menor *plausibilidad* del evento falso. En una revisión relativamente reciente de la literatura científica sobre implantación de recuerdos falsos, Kathy Pezdek y Iris Blandon-Gitlin hacen una llamada a la prudencia de los investigadores y advierten acerca de los límites de este fenómeno, dado que, en su opinión, «los recuerdos de eventos falsos no son tan fáciles de construir e implantar como se ha sugerido hasta ahora».[30]

Y es que la propia *plausibilidad* de un evento está determinada a su vez por otros factores, entre los que destacarían el nivel de sugestionabilidad de los sujetos, la capacidad para formar y manipular imágenes mentales, la imaginación y lo que podríamos llamar la consistencia del evento con la propia biografía. Respecto a este último factor, resultaría prácticamente imposible inocular el recuerdo falso de que siendo niño alguien se perdió en un centro comercial si ese alguien vivió toda su vida en un pequeño pueblo en el que sólo había una pequeña tienda de comestibles, por lo que un suceso así resultaría absolutamente incongruente con la memoria autobiográfica de esa persona y sería rechazado como algo que ocurrió en su vida.

El análisis de las variables individuales mencionadas se considera de gran importancia porque puede ayudar a entender otro gran interrogante; concretamente, por qué los recuerdos falsos pueden implantarse en unas personas y no en otras. Volveremos sobre este asunto, antes vamos a analizar otros procesos que nos allanen el camino para una mejor comprensión del fenómeno de creación de recuerdos falsos.

Cada vez parece más claro que la distorsión, creación o implantación de recuerdos falsos dependen también, además de la sugestionabilidad o de la imaginación, como se ha dicho, de las fantasías, los deseos y los sueños de cada persona. La psicóloga Marcia Johnson, en la actualidad profesora emérita en la Universidad de Yale, inició hace cinco décadas una línea de investigación cuyo objetivo central es entender los procesos gracias a los cuales las personas distinguen (o confunden) lo imaginado de lo percibido a través de los sentidos.

Confundir lo imaginado con lo percibido no es ninguna rareza ni nada propio de gente que ha perdido el juicio. En absoluto. La vida cotidiana de cualquier persona está salpicada de momentos en los que cree haber hecho algo cuando, en realidad, nada fue más allá de sus pensamientos o deseos. El hecho básico del que se derivan esas confusiones es que todos los productos de nuestros pensamientos, imaginación, fantasías o deseos quedan registrados en la memoria como huellas o contenidos similares —aunque diferenciables— de los productos de todo lo que vemos, oímos y percibimos en general. Y es que, como muy acertadamente nos dice el narrador de *El vendedor de cuentos*, la novela del filósofo y escritor noruego Jostein Gaarder:

> La memoria no tiene compartimentos para cosas que he visto y oído y para cosas que he imaginado. No tengo más que una sola memoria, y en ella deben tener cabida tanto las impresiones sensoriales del pasado como la vida imaginada.[31]

Los hallazgos de Johnson y el marco teórico propuesto han devenido en las últimas décadas en el marco teórico con mayor poder explicativo del fenómeno de las memorias distorsionadas y falsas. Como veremos a continuación, los recuerdos generados a partir de lo percibido y de lo imaginado suelen tener características lo bastante diferentes como para permitirnos saber si se trata de un recuerdo con base real o, por el contrario, de un producto de la imaginación; aunque, a veces, nos equivocamos.

La procedencia de los recuerdos

Los interesantes hallazgos de Marcia Johnson tienen su punto de arranque en dos ideas básicas. La primera hace referencia a algo ya comentado en el capítulo anterior; concretamente, que el simple hecho de recordar modifica lo recordado. De lo que se deriva que, cuanto más recordemos o narremos un episodio de nuestro pasado, más se deformará. En los estudios sobre la memoria de los testigos, hay un ejemplo clásico: cuantas más veces se pide a un testigo que describa la cara de un sospechoso, más dificultades tendrá después para reconocer esa cara en una fotografía.[32]

En un momento de la novela *La esposa del Dios del Fuego*, de la escritora de origen chino Amy Tan, la narradora, una mujer septuagenaria, cuenta a su hija cómo los recuerdos que guarda de su propia madre, que la abandonó siendo ella una niña de seis años, son cada vez más borrosos y cómo, cuanto más lucha por mantener un recuerdo claro de su cara, más cambia el rostro de su madre. Así lo cuenta:

> Pasaban los años y yo intentaba conservar el recuerdo de su cara, las palabras que decía, las cosas que hacíamos juntas. La recuerdo de diez mil maneras diferentes. Eso es lo que siempre dicen los chinos, *yi wan*, diez mil de esto y diez mil de aquello, siempre un número muy alto, siempre una exageración. Pero he pensado en mi madre durante casi setenta años, por lo que bien podrían ser diez mil veces diferentes y ella habrá cambiado de diez mil maneras distintas, cada vez que la recordaba. Por eso es muy posible que mi recuerdo de ella ya no sea fiel.
>
> ¡Qué triste! Eso es lo más triste cuando pierdes a un ser querido, que esa persona sigue cambiando. Y más tarde te preguntas si es la misma persona que perdiste. Tal vez perdiste más, tal vez menos, diez mil cosas diferentes que salen de tu memoria o de tu imaginación, y no sabes cuáles son ciertas y cuáles falsas.[33]

La segunda es una vieja idea ponderada y discutida por los filósofos empiristas británicos y que en la psicología actual se expresa con este aserto: las fuentes de los recuerdos son esencialmente dos, una externa, la percepción, y otra interna, la imaginación. O lo que es lo mismo, unos recuerdos tienen su origen en lo que experimentamos en el mundo externo (por ejemplo, unas vacaciones en la playa, una comida con los amigos, la asistencia a un concierto), mientras que otros se originan en nuestros mundos internos de la imaginación, las fantasías o los sueños (por ejemplo, imaginar un viaje a China, planear cerrar la llave del gas antes de irte a dormir, soñar que te ha tocado la lotería). Aunque en principio ambos tipos de recuerdos —externos *versus* internos— pueden parecer muy diferentes (los primeros se generan en situaciones objetivas que pueden ser compartidas con otras personas, mientras que los segundos se generan o autogeneran en nuestro mundo interior), la naturaleza dinámica de la memoria nos pone de manifiesto que, en realidad, no hay recuerdos puros de ninguna de las dos categorías, sino que, en mayor o menor grado, los recuerdos tienden a ser mixtos. Lo cual no es óbice para que habitualmente distingamos con facilidad y rapidez los recuerdos que proceden de eventos externos de aquellos que son producto de nuestra imaginación. El proceso que nos facilita esa distinción se conoce como «control de realidad» (*reality monitoring*),[34] un proceso muy preciso, aunque a veces, como veremos a continuación, puede fallar y llevarnos a confundir el origen de algunos recuerdos.

¿Lo hice o sólo me imaginé haciéndolo?

Aunque a veces podemos confundirnos, por lo general las personas distinguimos con toda rapidez y facilidad si lo que recordamos es algo que vimos u oímos o, por el contrario, es algo sobre lo que estuvimos pensando y fantaseando. Resulta de especial relevancia caer en la cuenta de que los procesos de *control de realidad* son algo que nos acompaña permanentemente, aunque no seamos conscientes de ellos, y que nos permiten juzgar no sólo los recuerdos, sino lo que estamos experimentando en el momento presente. Gracias a estos procesos, en todo momento tenemos una conciencia clara (salvo situaciones especiales o anómalas) de que lo que estamos viendo u oyendo es algo real y no un sueño o una ilusión. Se trata pues de procesos generalmente inconscientes mediante los que enjuiciamos el mundo externo e interno, pasado y presente, y decidimos acerca de su origen.

Ahora bien, los procesos de *control de realidad* no son procesos de memoria en sentido estricto, sino procesos de juicio y discriminación que actúan (supervisando, enjuiciando) sobre los contenidos de nuestra memoria, razón por la cual se denominan procesos de metamemoria. Un ejemplo sencillo de metamemoria sería cuando alguien dice: «No, no, eso no pudo ser así porque si no yo lo recordaría».

En 1981, Marcia Johnson y Carol Raye presentaron un modelo que analiza paso a paso cómo nuestra mente discrimina entre recuerdos percibidos y recuerdos imaginados. Estas investigadoras hicieron una observación muy interesante para entender estos procesos; en concreto, que los recuerdos o los contenidos de nuestra memoria, aunque no lleven una etiqueta donde se especifique si son de origen externo o interno, sí están cargados de características relacionadas con su origen.

Ello significa que toda huella de memoria contiene atributos o características de tipo *sensorial* (detalles visuales sobre el tamaño, la forma o los colores, además de sonidos, sabores, texturas), *contextual* (situación o localización espacial y temporal), *afectivo* (emociones y sentimientos) y relativas a *operaciones cognitivas* (generación de imágenes, razonamiento, repaso, toma de decisiones, etc.). Ahora bien, por lo general, las huellas de memoria variarán entre sí en cantidad y clase de atributos según su origen; de modo que las huellas de origen externo contendrán muchos atributos sensoriales, contextuales y afectivos, mientras que las de origen interno contendrán sobre todo atributos derivados de operaciones cognitivas.

Veamos dos casos reales a modo de ejemplos:

Ejemplo 1. El 2 de junio de 2016, Paul McCartney actuó en Madrid y yo asistí al concierto. ¿Por qué puedo hacer esta afirmación? ¿Por qué no tengo ni la más mínima sombra de duda de que yo viví aquel evento y mi recuerdo no es una fantasía producto de mi admiración infinita por todo lo relacionado con los Beatles? Muy sencillo, porque el recuerdo que en este preciso momento tengo de aquella noche es, ante todo, un recuerdo extraordinariamente rico en detalles físicos. ¡Está tan cargado de características sensoriales, contextuales y afectivas! Recuerdo con absoluta nitidez el momento en que entré al estadio Vicente Calderón de Madrid, donde se celebró el concierto, la inmensidad del espacio, el lugar donde me situé, las caras de alegría y la algarabía disonante del gentío, la luz de anochecida que enseguida dio paso a la oscuridad de la noche al tiempo que se producía un estallido de luces de mil colores y un sonido delicioso de guitarras se imponía sobre el griterío atronador de los miles y miles de melómanos que allí estábamos esperando a que McCartney apareciese... Y apareció y nos deleitó durante tres horas ininterrumpidas con canciones de su época *beatle* y, naturalmente, con canciones de su larga y continuada carrera posterior. Fue una noche inolvidable y siento que mi recuerdo *también* rebosa emociones y sentimientos: cada canción removía en mí infinidad de recuerdos, algunos lejanísimos; como cuando cantó «Yesterday» o «Here, There and Everywhere» o «A Hard Day's Night», con la que abrió el concierto, o «Let It Be» o «Something» o «The End», con unos solos increíbles de guitarras, y tantas y tantas joyas que me emocionaron, y me emocionan y conmueven cada vez que las recuerdo o las escucho. En fin, mi recuerdo de aquel concierto es tan nítido, sensorial y cálido, afectivamente hablando, que lo veo y lo oigo cuando lo evoco, y podría convertirlo en una narración interminable adornada con infinitos detalles de todo tipo; en definitiva, un testimonio irrefutable de que yo viví aquel evento, de que yo estuve allí, de que no lo he soñado ni imaginado.

Ejemplo 2. Cincuenta y un años antes (menos un mes, para ser exactos), el 2 de julio de 1965, los Beatles dieron un concierto en Madrid, en la Plaza de Toros de las Ventas. A aquel memorable e histórico evento yo no asistí; sin embargo, recuerdo aquel día con toda claridad y la frustración y envidia que sentí por no poder ver a mis ídolos musicales. Aunque desde que se anunció aquel concierto por mi mente no pasó jamás la idea de poder acudir (para un adolescente de provincias de entonces no entraba en sus expectativas ir a Madrid para un evento como ese), soñé despierto, imaginé y fantaseé con la fortuna y felicidad que supondría poder ver en directo nada menos que a los Beatles. Desde mi pueblo, donde disfrutaba de las vacaciones de verano, seguí como pude el desarrollo de la que en aquel entonces viví como una de las más trascendentales efemérides de mi adolescencia. Recuerdo que a los pocos días una amiga me mandó desde Córdoba el número 7 de *Fans: La revista de la canción*[35] (que aún conservo), con una fotografía de los Beatles en portada y un reportaje interior con fotos de su actuación en Madrid. Leí y releí mil veces aquella revista, así como algunos de los «breves» que la prensa diaria oficial publicó, la mayor parte de ellos cargados de desprecio y desagrado, sobre «Los Escarabajos».[36] Pues bien, aunque haya pasado más de medio siglo desde entonces, de todos estos recuerdos tengo conciencia clara de cuáles proceden de hechos reales —como todas las circunstancias que acabo de comentar— y cuáles fueron autogenerados, esto es, generados en mi mente —como presenciar el concierto de los Beatles—. ¿Por qué puedo discriminar entre unos y otros? Sencillamente porque los recuerdos de origen externo están llenos de viveza, claridad e innumerables detalles sensoriales, contextuales y afectivos (dónde estaba, qué hice, qué hablé con mis amigos o cómo me sentí) sobre aquel concierto; por el contrario, el recuerdo de estar presenciando yo el concierto de los Beatles —generado en mi memoria a base de pensar, fantasear, imaginar y soñar— no contiene apenas detalles sensoriales ni contextuales, a lo sumo, imágenes fijas de su actuación tal y como los vi en las fotografías de la revista. Lo que me permite afirmar que yo no asistí al primer (y único) concierto de los Beatles en Madrid y que lo que mi memoria guarda sobre aquella actuación en el escenario de Las Ventas es un recuerdo de origen interno producto de una fantasía creada en mi imaginación.

Estos dos ejemplos nos muestran que, como señalaron las autoras del modelo, los recuerdos de origen externo son más vívidos, más claros, más intensos («las ideas de la memoria son más fuertes y vivas que las de la fantasía», escribió el filósofo empirista Hume),[37] porque contienen más características sensoriales y contextuales, así como mayor cantidad de detalles afectivos, que los recuerdos de origen interno, que se nos presentan poco claros, sin viveza, en blanco y negro (como fotografías antiguas), empañados, débiles, dados sus escasos o nulos atributos sensoriales y porque la mayor parte de la información que contienen procede de operaciones mentales como imaginar o fantasear.

A partir de esas diferencias tan claras, las personas asignamos de forma inconsciente un origen externo o interno a cualquier representación mental. Por lo general, nuestros juicios son correctos, de modo que los productos de la percepción son considerados como representaciones de experiencias sensoriales y los productos de la imaginación como «fantasías». No obstante, hay veces en las que aparecen en nuestra mente imágenes o ideas cargadas de atributos que no son propios de su clase. Imaginemos el caso de una persona que le da vueltas y vueltas, hasta llegar a la obsesión, a una imagen mental concreta (por ejemplo, las cataratas del Niágara); si eso ocurre, es altamente probable que esa representación acabe enriquecida con tal número de detalles sensoriales, contextuales y afectivos que en un momento determinado resulte tan vívida y clara que la persona le atribuya un origen externo y crea que ha estado de verdad en Niágara. Casos parecidos, aunque no necesariamente tan extremos, los experimentamos todos en nuestra vida cotidiana cuando, por ejemplo, nos asalta la duda de si realmente hicimos algo que pensamos hacer o no. Se trata siempre de esas situaciones en las que resulta difícil saber si la representación mental que nos domina procede del mundo externo o del interno porque la imagen aparece con atributos que no le pertenecen y, entonces, surge la pregunta: «*¿Lo hice o sólo me imaginé haciéndolo?*».

Por ejemplo, ¿quién no ha dudado alguna noche estando ya en la cama de si echó el cerrojo de la puerta o cerró la llave del gas tal y como planeó?, ¿quién no ha dudado alguna vez de si se tomó la pastilla después de comer cuando al levantarse de la mesa ve la cajita de comprimidos junto al plato?

Esas situaciones de duda e indecisión se producen porque el proceso *automático* de control falla ante la ambigüedad aparente de las huellas de memoria. Cuando eso ocurre, ponemos en marcha un proceso *consciente y deliberado de razonamiento* que nos permite tomar una decisión sobre el origen del recuerdo. Lo primero que suele hacerse en esos casos es analizar con todo detalle los recuerdos —el externo y el interno— tratando de encontrar detalles sensoriales y contextuales que permitan tomar una decisión («¿Cerré la llave del gas o no la cerré?... Creo que sí porque fui del comedor a la cocina expresamente a eso, pero la verdad es que no me acuerdo de haberme agachado a cerrar la llave...»). Si la duda continúa, quedan dos recursos más: repasar mentalmente las acciones tratando de encontrar lo que se denominan «recuerdos de apoyo» («Creo que sí eché el cerrojo porque cuando me acerqué a la puerta recogí el paraguas y lo puse en el paragüero; sí, estoy seguro de que lo eché») o apelar a las creencias y atribuciones sobre el funcionamiento de la propia memoria («Estoy seguro de que no me he tomado la pastilla porque si me la hubiese tomado lo recordaría muy bien»). A pesar de todo, en ocasiones no es posible llegar a ninguna conclusión segura y, dependiendo del asunto, la solución será tratar de verificar mediante la acción si se realizó o no dicho plan («No estoy seguro, así que me levantaré y veré si eché el cerrojo de la puerta... o si cerré la llave del gas»).

Repárese en que esta dinámica pone de manifiesto algo tan fundamental como que «la realidad —como señaló Marcia Johnson— no viene dada por la experiencia, sino por procesos de juicio».[38] La realidad no es algo contenido ni en la experiencia del momento presente ni en la memoria de experiencias pasadas, *la realidad es una inferencia* o una *atribución* que se deriva de procesos de juicio.

Realidad versus *fantasía*

Los procesos de *control de realidad*, sin embargo, no son más que una parte de una actividad cognitiva más global: la *monitorización de las fuentes* de la memoria.[39] A lo largo del día, las personas debemos distinguir no sólo entre fuentes *externas* e *internas*, como acabamos de ver, sino entre dos o más fuentes *externas* («¿Esa noticia la oí en la radio, me la dijo mi hija o la leí en la prensa?») o entre varias fuentes *internas* («Ahora mismo no estoy seguro de si pensé en hablar con mi jefe o es algo que he soñado»). Más aún, la información almacenada en nuestra memoria no sólo varía según su origen externo o interno, sino respecto a otros muchos factores, tales como la modalidad (visual, auditiva, verbal, pictórica, etc.), el momento y el lugar en que se produce, etcétera. Así pues, la *monitorización de las fuentes* de la memoria se refiere al proceso gracias al cual las personas recordamos cuándo, dónde y cómo adquirimos los recuerdos.

La cuestión clave, por tanto, que vertebra esos procesos es la capacidad para discriminar entre lo que sucede en nuestra mente y lo que sucede en el mundo; un asunto tan primordial como distinguir entre *realidad* y *fantasía*. Es de suponer, entonces, que los fallos de *monitorización de las fuentes* serán anormalmente frecuentes en condiciones psicopatológicas tales como la esquizofrenia o las demencias.[40] Lo cual no significa que vayan asociados sólo a trastornos mentales. En el devenir diario de cualquier persona se producen con frecuencia fallos y errores en los procesos de monitorización de las fuentes de la memoria, como ilustran los ejemplos citados más arriba. Más aún, la mayor parte de los cambios y distorsiones que sufren los recuerdos, así como la creación de recuerdos falsos se explican precisamente a partir de fallos en los procesos de monitorización. Un argumento muy simple para asumir esta idea reside en que, como ya se ha dicho, no hay recuerdos puros, casi todos nuestros recuerdos consisten en una combinación de conocimiento procedente del mundo externo y conocimiento generado internamente.

Nada mejor que un ejemplo de la propia Marcia Johnson para ilustrar lo que se acaba de señalar; esto es, cómo su memoria integró información percibida y material autogenerado en una historia coherente. Este es su relato:

> Siendo estudiante de primer año de facultad, llevé a un par de amigos a cenar a casa de mis padres. En un momento de la conversación, salió el tema de las sequías y pensé en un incidente que nos ocurrió cuando yo tenía alrededor de cinco años y decidí contar la historia: mi familia (conmigo incluida) iba en coche por el valle de San Joaquín en California y tuvimos un pinchazo. No teníamos rueda de repuesto, así que mi padre quitó la rueda pinchada e hizo autostop hasta una gasolinera para reparar el pinchazo. Mi madre, mi hermano, mi hermana y yo nos quedamos en el coche. Hacía un calor espantoso, más de 38 °C, y estábamos sedientos. Finalmente, mi hermana cogió un par de botellas vacías y se fue por la carretera hasta una granja. La dueña de la granja le explicó que en todo el valle estaban

sufriendo una fuerte sequía y que sólo le quedaba un poco de agua embotellada. La mujer reservó un vaso de agua para su niño, que estaba a punto de llegar de la escuela, y rellenó las botellas de mi hermana con el resto. Mi hermana regresó al coche y nos la bebimos toda. También recuerdo haberme sentido culpable por no haber guardado nada para mi padre, que probablemente estaría sediento cuando volviese con la rueda reparada.[41]

Johnson refiere que, tras contar la historia, sus padres le dijeron que recordaban muy bien aquel viaje y la gran sequía que hubo en todo el valle, que su hermana no dejó de quejarse del calor y que, efectivamente, tuvieron un pinchazo, etcétera, pero todo lo referente a la hermana que había ido a buscar agua a una granja no había ocurrido en absoluto. Es decir, que esa parte de su recuerdo era una invención suya. ¿Qué había pasado en la memoria de Marcia Johnson? En su opinión, lo que había ocurrido es que ella imaginó una posible solución al problema del calor y la poca agua que había y esa solución imaginada se añadió en su memoria a la historia de aquel viaje; una integración tan plausible que posteriormente, cada vez que evocaba aquel recuerdo, Johnson daba por verídica toda su historia sin percatarse de que había confundido lo percibido con lo imaginado.

Y es que nuestra memoria es especialmente sensible a los efectos contaminantes de incontables factores (nuestro conocimiento del mundo, nuestras creencias, actitudes, inferencias, imaginación, deseos, fantasías, etcétera, más la información engañosa procedente de fuentes externas) que actúan como una fábrica permanente de información que como una lluvia fina va calando en nuestra memoria de un modo natural y acaba contaminando todo. De ese modo, los recuerdos originales van siendo modificados, distorsionados e incluso transformados en recuerdos totalmente falsos. En definitiva, todo apunta a que nuestros recuerdos son todos ellos, en mayor o menor grado, una mezcla de experiencias vividas y conocimiento sugerido o imaginado que, burlando los controles de la monitorización, evocamos y narramos convencidos de que son auténticos.[42]

El poderoso influjo de la imaginación

La imaginación tiene un poder asombroso sobre nuestra memoria. El simple hecho de imaginar algo deja una huella tan nítida en la memoria que la probabilidad de que se cree un recuerdo falso sobre dicha huella o que esta se incruste en un recuerdo y lo distorsione es altísima. La imaginación está muy presente en cualquier proceso mental, desde calcular la distancia entre nuestro domicilio y la plaza más cercana hasta tomar cualquier decisión o recordar íntimamente la desagradable discusión de ayer con tu jefe. Con la particularidad de que imaginar implica siempre la generación y manejo de imágenes visuales, un tipo de imágenes con una fuerza especial para generar recuerdos. Si en este momento uno recuerda el encuentro de ayer con su jefe, de forma inmediata aparecerá en su mente (o, más exactamente, en su memoria operativa) el escenario de aquel encuentro, que el «ojo de la mente» verá con total claridad y riqueza de detalles. Si resulta que el encuentro no fue agradable, al ir evocando lo que dijo él y lo que dijimos nosotros se irán activando simultáneamente las emociones y sentimientos que se experimentaron y resultarán inevitables los juicios y valoraciones sobre lo adecuado e inadecuado de lo que allí se dijo por una y otra parte, así como posibles autorreproches que irán seguidos, con toda probabilidad, de los llamados *pensamientos contrafácticos*, que no son otra cosa que reflexiones alternativas a lo que se hizo o se dijo, del tipo: «Si yo no hubiera sacado el tema de las horas extraordinarias...», «Si en lugar de eso le hubiese dicho que me encanta mi trabajo...», «Si me hubiera callado cuando me dijo...». Un ejemplo célebre de pensamiento contrafáctico se encuentra en el Evangelio de san Juan, cuando tras la muerte de Lázaro, en ausencia de Jesús y ante la llegada de este a Betania, donde está enterrado, Marta, una hermana del fallecido, dice: «Señor, si hubieras estado aquí no habría muerto mi hermano».[43]

Teniendo en cuenta que la mente humana tiende con frecuencia a imaginar historias alternativas a los acontecimientos vividos, historias que por lo general no se confunden con lo que ocurrió de verdad, los investigadores han estudiado el poder de las reflexiones contrafácticas y la imaginación involucrada para cambiar y distorsionar el pasado.

El equipo de investigación de Elizabeth Loftus fue el primero en demostrar experimentalmente cómo imaginar una sola vez un suceso ficticio ocurrido en la infancia incrementaba la creencia y la confianza de los participantes en que tal suceso les había ocurrido siendo niños. Según estos investigadores, imaginar un evento contrafáctico *infla* (o aumenta extraordinariamente) la confianza de que ese evento ocurrió.[44] La *inflación de la imaginación* (así se ha denominado este fenómeno) ha sido confirmada por otros investigadores, que la consideran como uno de los factores definitivos en la creación de recuerdos falsos.[45] Tanto es así, que la evidencia científica demuestra que imaginar un evento, aunque sólo sea por un espacio de tiempo tan breve como un minuto, es suficiente para sembrar la semilla de un recuerdo.[46] Y eso fue lo que le ocurrió precisamente a la propia Elizabeth Loftus, tal y como nos cuenta en su obra *The Mith of Repressed Memory*. Esta es la historia de cómo una información ajena errónea y su propia imaginación crearon un recuerdo falso en el que encajaron todos los detalles.

Recuerdo un verano de hace muchos años. Yo tenía catorce años. Mi madre, mi tía Pearl y yo estábamos de vacaciones en casa de mi tío Joe, en Pensilvania. Una mañana soleada y brillante desperté y mi madre había muerto, ahogada en la piscina. He regresado mentalmente muchas veces a esa escena y cada vez que lo he hecho el recuerdo ha ganado peso y solidez. Puedo ver los imperturbables pinos, oler su fresco aliento a resina, sentir el agua verde alga del lago en mi piel, saborear el té helado con zumo de limón del tío Joe. Sin embargo, la muerte como tal era siempre algo vago y desenfocado. Yo nunca vi el cuerpo de mi madre, así que no podía imaginarla muerta. El último recuerdo que tengo de mi madre fue su visita de puntillas la noche anterior a su muerte, el abrazo rápido, el susurrante «te quiero».

Treinta años después, en la fiesta del nonagésimo cumpleaños de mi tío Joe, un pariente me dijo que fui yo quien encontró a mi madre en la piscina. Tras el shock inicial —*No, fue la tía Pearl, yo estaba durmiendo, yo no tengo ningún recuerdo*—, los recuerdos comenzaron a emerger, lentos e impredecibles como el humo de pino quebradizo de los fuegos de campamento. Podía verme a mí misma, una chica delgada de cabello oscuro, mirando la piscina de un resplandeciente azul y blanco. Mi madre, vestida con su camisón, está flotando boca abajo. «¿Mamá? ¿Mamá?». Hago la pregunta varias veces, mi voz se eleva aterrorizada. Empiezo a gritar. Recuerdo los coches de la policía, las luces parpadeantes y la camilla con la manta blanca y limpia remetida alrededor de los bordes del cuerpo [...].

Durante tres días mi recuerdo se expandió y creció. Pero al siguiente, por la mañana temprano, me llamó mi hermano para decirme que mi tío había repasado los hechos y se había dado cuenta de que había cometido un error: su memoria le había fallado. Ahora recordaba (y otros parientes lo confirmaron) que fue la tía Pearl quien encontró el cuerpo de mi madre en la piscina.[47]

Tras la llamada de su hermano, Elizabeth Loftus confiesa que se quedó desconcertada, perpleja, «con la memoria encogida, pinchada y desinflada», al comprobar que su recuerdo resultaba ser una creación falsa. «Todo lo que había hecho falta había sido una sugerencia casual» de un pariente treinta años después del evento para que su imaginación desterrara su recuerdo original y construyera un nuevo recuerdo con todo lujo de detalles. El descubrimiento de la maleabilidad de su memoria y su capacidad para crear un recuerdo falso tan preciso y tan absolutamente falto de ambigüedad le resultaba increíble. Loftus no salía de su asombro al comprobar «la credulidad inherente» de la mente humana, incluso de una mente tan «escéptica» (sic) como la suya.

¿Cómo es posible que un único acto de imaginación cambiara las creencias y los recuerdos de Loftus hasta ese nivel? En pocas palabras, el poderoso influjo de la imaginación se explicaría porque, por un lado, incrementa la claridad y viveza perceptivas de los productos imaginados hasta niveles propios de los recuerdos de origen externo, y, por otro, porque convierte esos productos de origen interno en representaciones familiares. Dadas esas condiciones, como le ocurrió a Loftus, la probabilidad de atribuir erróneamente los productos de la imaginación a fuentes externas se eleva de forma considerable.

El poderoso influjo de la imaginación sobre nuestro pasado queda recogido con precisión y contundencia en estas palabras de la propia Elizabeth Loftus: «La imaginación tiene el poder de cambiar lo que creemos sobre nuestro pasado y lo que creemos que sabemos sobre nosotros mismos».[48]

¿SOMOS TODOS PROPENSOS O SUSCEPTIBLES A CREAR RECUERDOS FALSOS?

El asunto de las diferencias individuales respecto a las distorsiones y creación de recuerdos falsos ha empezado a investigarse en las últimas décadas. Los datos más recientes apuntan a que, si bien nadie parece inmune a la contaminación y distorsión de su memoria, parecen existir determinados factores cognitivos y de personalidad que harían a unas personas más propensas, o más resistentes, a las distorsiones de memoria. Aunque todavía no se dispone de conclusiones sólidas al respecto, cada vez parece más claro que, en efecto, algunas características cognitivas o determinados rasgos de personalidad podrían estar determinando el grado de sugestionabilidad de una persona (un factor determinante en la susceptibilidad a la creación de recuerdos falsos). Sin embargo, eso no significa que exista nada parecido a un «rasgo» de (propensión a) recuerdos falsos.[49]

Algunos investigadores han observado que las personas con tendencia a las experiencias «disociativas» (entendiendo por tales experiencias las interrupciones del curso de la atención o de la memoria) y con una buena capacidad para formar imágenes mentales son más susceptibles a la *inflación* de la imaginación, una observación esta consistente con el hallazgo de que la propensión a la fantasía y una alta susceptibilidad hipnótica son predictores de inflación de la imaginación. Al mismo tiempo, otros investigadores han encontrado que las personas con un nivel bajo de inteligencia y una capacidad perceptiva pobre resultan especialmente sensibles a la *desinformación*. No obstante, y aunque los resultados disponibles de las diferentes investigaciones no son coincidentes, sí parece claro que *no* existen *correlaciones* entre las variables responsables de los diferentes tipos de distorsión de la memoria; es decir, que el hecho de que una persona sea propensa a inflar la imaginación no la hace más susceptible a los efectos de la desinformación ni viceversa.[50]

En definitiva, la mayor o menor predisposición de las personas a la formación de recuerdos falsos parece depender fundamentalmente de su capacidad para asumir y elaborar las sugerencias ajenas, de su competencia para imaginar y, muy especialmente, de sus habilidades cognitivas para monitorizar de forma eficaz las fuentes de sus recuerdos.

Entonces ¿somos todos capaces de crear recuerdos falsos? En mayor o menor grado, sí, todos lo somos. En un estudio relativamente reciente con personas con «síndrome hipertimésico»[51] o «memoria autobiográfica extremadamente superior» (HSAM, según las siglas en inglés) se ha podido comprobar que, a pesar de su desconcertante capacidad para recordar cantidades desmesuradas de detalles autobiográficos, estas personas son tan susceptibles a la creación de recuerdos falsos como las personas con una memoria típica.[52] En resumen, nadie parece inmune a la contaminación de su memoria ni a la distorsión de sus contenidos ni a la creación de recuerdos falsos. Todo ello es intrínseco a la dinámica de la memoria humana.

Criptomnesia o las «malas pasadas» de la memoria

El 27 de noviembre de 1970 tuvo lugar el lanzamiento del álbum del ex-Beatle George Harrison *All Things Must Pass*, el primer álbum triple hasta entonces en la historia del rock. Casi simultáneamente se puso a la venta el primer sencillo extraído de dicha obra: «My Sweet Lord», una hermosa y sentida canción que enseguida alcanzó los números uno de las listas de ventas en todo el mundo. Pocos meses después, exactamente el 10 de febrero de 1971, la productora musical Bright Tunes interpuso una demanda por supuesto plagio contra George Harrison. La compañía alegaba que la canción «My Sweet Lord» usaba melodías idénticas a la canción de su catálogo «He's So Fine», escrita por Ronald Mack e interpretada y grabada por el grupo estadounidense The Chiffons ocho años antes.

Tras varios años de litigio y de que expertos de ambas partes analizaran las dos canciones nota por nota, el juez falló a favor del demandante, Bright Tunes Music Corporation, y condenó a George Harrison a pagar un millón y medio de dólares por considerarlo culpable de plagio. Sin embargo, y esto es lo más interesante del fallo, el juez mostró una gran intuición psicológica en su sentencia al motivarla del modo siguiente:

> Concluyo que el compositor (Harrison), al buscar materiales musicales para revestir sus pensamientos, trabajaba con diferentes posibilidades. Mientras probaba una y otra, le vino a la mente una combinación particular que le agradó, ya que sentía que sería atractiva para un posible oyente; en otras palabras, que esta combinación de sonidos funcionaría. ¿Por qué? Porque su subconsciente sabía que ya había funcionado en una canción que su mente consciente no recordaba. Una vez obtenida esta combinación agradable de sonidos, se llevó a cabo la grabación, se preparó el contrato de derechos de autor y la canción se convirtió en un enorme éxito. ¿Usó Harrison de manera deliberada la música de «He's So Fine»? Yo no creo que lo hiciera de manera deliberada. Sin embargo, está claro que «My Sweet Lord» es la misma canción que «He's So Fine» con diferente letra [...]. Esto es, conforme a ley, una vulneración de los derechos de autor, y no lo es menos aunque se lleve a cabo subconscientemente.[53]

Esta comprensiva y sorprendente conclusión del juez, considerando a George Harrison autor de un «plagio inconsciente» por apropiarse de manera no deliberada de la esencia musical de «He's So Fine», sacó a la luz un fenómeno universal —el *plagio inconsciente* o no deliberado— que resulta de extraordinario interés en los ámbitos académicos, literarios y artísticos. Porque, si bien el plagio es sin duda alguna un acto execrable, resulta obligado reconocer que hay situaciones en las que la copia se produce de un modo involuntario.

El filósofo y psicólogo ginebrino Théodore Flournoy (1854-1920) acuñó el término «criptomnesia» (etimológicamente, «memoria oculta») para referirse precisamente a esas situaciones en las cuales una persona considera honestamente como original y propia una idea o una creación que en realidad es de otra persona.[54]

El psiquiatra y psicólogo suizo Carl Jung jugó un papel fundamental en el estudio pionero de la *criptomnesia*; tanto que algunos de sus primeros trabajos (en particular, su tesis doctoral y el ensayo titulado «Criptomnesia», publicado en 1905) son en la actualidad obras de referencia obligada en la investigación de este fenómeno. Jung señaló que la *criptomnesia* forma parte de la vida cotidiana de cualquier persona precisamente porque está dentro de los procesos psíquicos normales.

> Cuántas veces —escribió Jung— ocurre que la criptomnesia induce engañosamente al investigador, al escritor o al compositor a creer en la originalidad de sus ocurrencias, y después llega el crítico y demuestra dónde está su fuente.[55]

Los casos conocidos de *criptomnesia* son abundantes y algunos han llegado a ser, a primera vista, motivo de escándalo en círculos intelectuales por la prominencia de la persona involucrada. Así, por ejemplo, Jung comprobó que en *Así habló Zaratustra* (publicada en 1883), Nietzsche reprodujo «criptomnésicamente un pasaje de contenido inesencial» de la obra *La vidente de Prevorst* (publicada en 1829) del médico y poeta alemán Justinus Kerner, que el primero había leído siendo niño. A continuación, se reproducen los pasajes de ambos autores.

En primer lugar, veamos el escrito por Nietzsche:

> Por el tiempo en que Zaratustra residía en las islas bienaventuradas ocurrió que una nave echó el ancla junto a la isla en que se alza la montaña de fuego; *y su tripulación bajó a tierra para disparar a los conejos.* Hacia la hora del mediodía, *cuando de nuevo estuvieron reunidos el capitán de la nave y sus hombres, vieron de repente que por el aire venía hacia ellos un hombre,* y una voz dijo claramente: «¡Ya es hora! ¡Ya ha llegado la hora!» *Y cuando más cerca de ellos estuvo la figura* —pasó volando rápidamente a su lado, igual que una sombra, en dirección a la montaña de fuego— reconocieron, *para su grandísima consternación,* que era Zaratustra [...] «¡Mirad!, dijo el viejo timonel, ¡ahí va Zaratustra al infierno!».

A continuación, se reproduce el pasaje original de Kerner:

> Los cuatro capitanes de las naves y un mercader, el señor Bell, *fueron a la costa de la isla* Mount Stromboli *para disparar a los conejos.*

A las tres *reunieron a gritos a sus hombres* para regresar a bordo de sus naves, cuando con indecible asombro *vieron aparecer a dos hombres que venían hacia ellos flotando muy rápidamente por el aire*; uno iba vestido de negro y el otro llevaba vestidos de color gris; *pasaron cerca de ellos muy deprisa y, para su grandísima consternación*, descendieron en medio de las ardientes llamas *a la garganta del espantoso volcán, Mount Stromboli*.[56]

Jung destacó en cursivas las semejanzas entre los dos pasajes; sin embargo, concluyó que Nietzsche no había plagiado de manera deliberada el texto de Kerner. A través de la hermana del filósofo alemán, Jung tuvo noticia de que Nietzsche había leído con extraordinario interés la obra de Kerner a los doce años y no había vuelto a leerla después. Resulta evidente, pues, continúa Jung:

[Q]ue en el momento en que estaba describiendo poéticamente el viaje de Zaratustra al infierno, a Nietzsche se le coló a escondidas, de manera seminconsciente o inconsciente, aquella olvidada impresión procedente de su juventud.[57]

Otro caso famoso de criptomnesia o plagio involuntario es el de Helen Keller, la escritora estadounidense famosa por su valiosa producción literaria a pesar de sufrir sordoceguera desde su más temprana edad. Siguiendo su autobiografía, *La historia de mi vida*,[58] Helen careció de lenguaje hasta los siete años, edad en la que su institutriz Anne Sullivan le enseñó el alfabeto manual (deletreo de las palabras en la palma de la mano) y el braille. En 1891, con once años, Helen escribió un cuento titulado *The Frost King* como regalo de cumpleaños para su amigo Michael Anagnos, director del Instituto Perkins para Ciegos de Boston, institución a la que Keller y Sullivan estaban vinculadas. El relato gustó tanto a Anagnos que decidió publicarlo en la revista del Instituto Perkins y, poco después, aparecería reimpreso en otra revista semanal. Los lectores quedaron maravillados ante el hecho de que una niña sorda y ciega a causa de una enfermedad sufrida cuando sólo tenía diecinueve meses hubiera escrito una historia tan deliciosa y tan rica en imágenes visuales. Sin embargo, muy pronto los lectores se dieron cuenta de que el relato de Helen Keller guardaba un sorprendente parecido con el cuento *The Frost Fairies*, escrito por Margaret Canby y publicado unos años antes de que Helen naciera. Tanto el argumento como algunos pasajes del cuento de Helen eran tan idénticos a los del cuento de Canby que la admiración por Keller se tornó en condena y Helen, una niña de doce años entonces, fue obligada a comparecer ante un tribunal de investigación formado por profesores y autoridades del Instituto Perkins que la acusó de plagio, a pesar de que ella vociferó entre lágrimas que ni conocía ni recordaba haber «oído» jamás la historia escrita por Margaret Canby.

Naturalmente, parecía obvio que Helen debía de haber «oído» la historia en algún momento, y, en efecto, se pudo comprobar que la señora Hopkins, una amiga de la familia con la que Helen había pasado unos días en el verano de 1888, había «leído» a Helen el cuento de Canby, aunque Helen no llegó a recordar jamás haber «oído» la historia de las hadas de Margaret Canby. Cuando estos hechos se hicieron públicos, el Instituto Perkins reconoció que la niña había obrado honestamente y perdonó a Helen; sin embargo, la feroz y terrible humillación sufrida dejaría marcada a Helen para el resto de su vida.

El cuento *The Frost King* había sido el resultado de un «plagio involuntario»: Helen había «oído», en efecto, la historia *The Frost Fairies* tres años antes, pero, tal y como ella reconoce en su autobiografía, las historias que le leían con el alfabeto manual le resultaban después difíciles o imposibles de identificar como algo con un origen externo o, por el contrario, como producto de su imaginación. Ese tipo de evocaciones sin reconocimiento, es decir, que no se experimentan como recuerdos, son la esencia de la *criptomnesia*.

Pero la *criptomnesia*, como señaló Jung, forma parte de la vida de cualquier persona; es decir, que todos probablemente caemos en la *criptomnesia* con más frecuencia de la imaginada. En el vivir cotidiano, no resulta extraño apropiarse de ideas, frases, chistes, recetas de cocina... de otras personas y atribuirlas a nuestra genialidad.[59] En un original y muy interesante libro titulado *La psicología de la experiencia anómala*, su autor, el psicólogo canadiense Graham Reed, cuenta una experiencia personal de *criptomnesia* llena de ingenuidad y candidez que vivió siendo niño. Una noche se despertó con una «frase musical» que no podía expulsar de su cabeza. Dándole vueltas y más vueltas, la frase se convirtió en una melodía que lo mantuvo despierto y entusiasmado; hasta que, en un momento determinado, se levantó corriendo, bajó al salón, la tocó al piano y, con mucha dificultad, la transcribió en su cuaderno de música. A la mañana siguiente, antes de desayunar, la amplió y pulió y después continuó en el colegio trabajando en ella toda la mañana. A la hora de comer, corrió a casa emocionado por su maravillosa creación y completó el trabajo. Por la tarde, mientras se devanaba los sesos buscando un título, de repente, cayó en la cuenta, decepcionado, de que «su melodía» no era una creación original suya y, además, ya tenía un título bien conocido: «El Danubio azul».[60]

Esa historia recuerda, por su aparente similitud y paralelismo, la historia de «Yesterday», la magistral composición de Paul McCartney; aunque, como veremos, esta última sería una imagen especular y con un desenlace totalmente diferente. Corrían los primeros meses de 1965, los Beatles estaban en pleno rodaje de su segunda película, *Help!*, y la banda sonora del filme aún no estaba grabada. Paul aprovechaba todos los descansos para tararear al piano una melodía que afirmaba haber soñado. Contaba una y otra vez a sus compañeros que unos días antes se había despertado una mañana con esa melodía en la cabeza, tan completa que pudo tocarla al instante en su piano, hecho este que lo dejó tan sorprendido que no podía creerse que fuera original suya, sino resultado de un plagio inconsciente de alguna canción conocida que hubiera olvidado. Su incredulidad era tal que durante varias semanas se la cantó a todo el mundo —John, George, Ringo, George Martin, Alma Cogan y muchos más de los asistentes al rodaje de *Help!*— para que le confirmaran si la reconocían o no como una canción existente. «Era como entregarle algo a la policía —recuerda Paul— y, si nadie lo reclama, puedes quedártelo».

Mientras se aseguraba de que era una composición original suya, la tituló burlonamente «Scrambled Eggs» (huevos revueltos) para que se ajustara a la métrica de las tres primeras notas. Paul grabó numerosas maquetas de «Scrambled Eggs» hasta que, en mayo, en un viaje de vacaciones al Algarve, escribió la letra completa de su genial «Yesterday». Un título que sonaba tan familiar que también mantuvo muy inquieto al escrupuloso Paul por miedo, otra vez, a haberlo plagiado de otra canción. George Martin, productor de los Beatles, tranquilizó finalmente a Paul y le aseguró que tanto la canción como el título eran obra suya. El 14 de junio de 1965, Paul grabó «Yesterday» en los estudios Abbey Road de Londres. En 1999, la BBC consideró «Yesterday» como «la mejor canción del siglo» y unos años después la revista *Rolling Stone* la calificó como «la canción pop número uno de todos los tiempos».[61]

El temor de Paul McCartney a haber plagiado inconscientemente pone de manifiesto cómo muchos músicos son muy conscientes de la ubicuidad de la *criptomnesia*; es decir, de la facilidad con la que la memoria inconsciente (implícita) puede jugarte una mala pasada y hacerte experimentar y creer de buena fe que una canción ajena y que ya existe (o una historia, en el caso de los escritores) es una producción original tuya.

¿Qué mecanismo o mecanismos subyacen al fenómeno de la *criptomnesia*?, ¿cómo se explica desde la psicología de la memoria? Aunque la ciencia en general y la psicología en particular han ignorado (salvo contadas excepciones)[62] el estudio de la *criptomnesia* hasta fechas muy recientes, desde hace poco más de dos décadas los psicólogos cognitivos y sociales están llevando a cabo interesantes estudios experimentales.

La idea de partida que cuenta con un consenso general es que la *criptomnesia* o plagio inconsciente es un *fallo de memoria*. Pero ¿en qué consiste ese fallo?, ¿qué ocurre en la memoria para que una persona caiga en un acto de *criptomnesia*? Prácticamente desde los trabajos pioneros de Jung, la *criptomnesia* se ha considerado y se sigue considerando como un posible *fallo de reconocimiento*, en el sentido de que una huella antigua de memoria que la persona no recuerda en absoluto se hace consciente en un momento determinado y esa persona *no la reconoce* como algo antiguo, como algo que ha oído o leído o escuchado, y se la atribuye a sí misma.

Para entender una situación así conviene tener presente que el *reconocimiento* en general, ya sea reconocer la cara de una persona, reconocer tu propia casa, tus ropas o al vecino de enfrente, viene determinado siempre por la *sensación de familiaridad*, de modo que cuando la familiaridad no aparece no se produce reconocimiento. Pues bien, una posible explicación de la *criptomnesia* sería que, en efecto, una persona recupera involuntariamente un evento del pasado, pero este no aparece acompañado de la sensación de familiaridad y, en consecuencia, esa especie de «recuerdo» no se reconoce como algo «viejo» ni se experimenta como un auténtico recuerdo, por lo que la persona cree honestamente que es algo que ocurre por primera vez y lo *atribuye a su creatividad*.[63]

En otras palabras, la *criptomnesia* podría entenderse entonces como el resultado de una *atribución errónea*, algo que se produce cuando se atribuye un recuerdo o una idea a una fuente de memoria equivocada.[64] De hecho, diferentes estudios recientes han ofrecido explicaciones convincentes apelando precisamente a fallos en los procesos de *monitorización de las fuentes* de la memoria y concluyendo que el *plagio inconsciente* se explicaría por un error en el proceso específico de *control de realidad*, que llevaría a la persona a atribuir un origen interno a un contenido de memoria de origen externo.[65]

En definitiva, y hasta donde alcanza el conocimiento científico actual, la *criptomnesia* puede originarse por errores de *reconocimiento* o por la aplicación de criterios de decisión equivocados en el proceso de *control de las fuentes* de los recuerdos.

Ahora bien, en sentido estricto, esas explicaciones estarían apuntando al *cómo* se produce la *criptomnesia*, pero ¿*por qué* se produce? En mi opinión, uno de los factores causales se encontraría en el *deficiente estado de algunas huellas* de memoria de origen externo que, sin conciencia del sujeto, este utiliza convencido de que son suyas. Así, si ha pasado mucho *tiempo* y una huella *no se ha recuperado o usado* (pensemos, por ejemplo, en una canción que oímos hace años y no hemos vuelto a oír ni a tararear) y, además, *se codificó mal* porque, por ejemplo, se prestó *poca atención*, es muy probable que sea una *huella débil* y con *pocas características perceptivas*, por lo que contendrá *poca o muy poca información de la fuente* y, en consecuencia, su influencia posterior será mínima o nula. En otras palabras, las huellas de memoria de origen externo antiguas, poco elaboradas y poco distintivas tendrán, en caso de acceder a la conciencia, una alta probabilidad de presentarse *carentes de sensación de familiaridad* y, en consecuencia, de atribuirse a la propia creatividad. Si volvemos al caso comentado de «plagio involuntario» de Nietzsche, se recordará que la historia original de Kerner la había leído siendo niño y que la parte que «plagió» es, según palabras de Jung, un «pasaje de contenido inesencial», lo que explicaría que Nietzsche emplease dicho pasaje creyendo que era original suyo.

Se han aducido también interesantes razones psicosociales para explicar por qué se produce la *criptomnesia*. En el ámbito de la cognición social, se asume que la fiabilidad de la información depende de la *credibilidad de la fuente* de la que proviene,[66] de modo que las impresiones, juicios y valoraciones que hacemos de las personas, de sus acciones y de sus obras se llevan a cabo en función de la credibilidad que nos merecen esas personas. Así, cuando la credibilidad de una persona determinada es baja, todo lo que provenga de esa persona tendrá poca o ninguna influencia en nuestros juicios y valoraciones. Además, como las ideas, percepciones y valoraciones de uno mismo tienden a considerarse muy fiables, es bastante probable que nuestras propias producciones tengan un mayor impacto en nuestras acciones y valoraciones que la información proveniente de personas o fuentes cuya credibilidad y fiabilidad es potencialmente cuestionable.

Una situación como esa pone de manifiesto la necesidad de un sistema de memoria capaz de discriminar entre las ideas autogeneradas y las provenientes de fuentes externas poco fiables. Como hemos visto en páginas precedentes, nuestro sistema de memoria dispone de procesos capaces de establecer el origen de la información almacenada, pero también —como se ha señalado desde la psicología social[67]— de «jugar alguna mala pasada a los perceptores sociales confiados» y conducirlos a situaciones indeseadas como, por ejemplo, «el plagio involuntario» o *criptomnesia*.

En una explicación psicosocial como esta podría encajar, en mi opinión, el caso de «plagio inconsciente» de George Harrison. El ex-Beatle Harrison, una persona honesta y confiada —a pesar de su inconmensurable fama y prestigio—, trabaja dando forma a una «tonada» que lleva semanas martilleando su cabeza. Él no tiene ninguna conciencia de que se trata de una canción de un grupo estadounidense poco conocido, aunque es obvio que la ha oído. De modo que, durante el proceso de composición, un innominado «fantasma» de origen modesto grita en su memoria y engaña a Harrison haciéndole creer que es hijo de su propia creatividad. Desenlace final: las siempre «fiables» valoraciones de lo propio se imponen a las valoraciones de lo ajeno y el plagio (aunque inconsciente) se consuma.

DÉJÀ VU, ¿TRASTORNO O ENGAÑO DE LA MEMORIA?

>   Tenía en aquel tiempo unos quince años —cuenta el psicólogo Graham Reed—. Habíamos ido con el colegio de excursión a York... Di la vuelta a una esquina de la Calle Alta y entré en una de esas pequeñas callejuelas del siglo XVIII. Y de repente *supe que ya había estado allí antes*. Lo reconocí todo: la carnicería y el letrero de la vieja taberna. Lo gracioso es que no hay duda ninguna de que nunca en mi vida había estado cerca de ese lugar... Sé que parece algo misterioso...[68]

Los fantasmas de la memoria tienen múltiples caras. Si en ocasiones entran en la conciencia disfrazados de originalidad y ocultando todo atisbo de familiaridad, como en el caso de la *criptomnesia*, otras veces se envuelven en *familiaridad* vacíos de contenido, de modo que lo que se experimenta es una clara sensación de pasado sin recuerdo ni reconocimiento: una experiencia subjetiva de que lo que sucede ante nosotros ya lo hemos vivido antes.

William James se refirió a tales experiencias en sus *Principios de Psicología* reconociendo la frecuencia de las mismas:

>   Hay una experiencia curiosa que según creo todos hemos sentido: la sensación de que ya hemos experimentado el momento presente en su totalidad, de que ya hemos dicho justamente esta cosa, precisamente en este lugar, y nada menos que a esta misma gente.[69]

Sigmund Freud tampoco fue ajeno a este extraño fenómeno y, en su *Psicopatología de la vida cotidiana*, escribió:

>   A la categoría de lo maravilloso y siniestro pertenece también la peculiar sensación que se experimenta en algunos momentos y situaciones de haber vivido ya aquello mismo otra vez, de haberse encontrado antes en idéntica situación, pero sin que consigamos, por mucho que en ello nos esforcemos, recordar claramente tales experiencias y situaciones anteriores.[70]

Es la experiencia conocida como *déjà vu*, un fenómeno ampliamente experimentado por la gente en general y descrito también con lucidez por algunos novelistas y poetas. Charles Dickens alude en varios momentos de su obra maestra *David Copperfield* a esas sensaciones de *déjà vu*. En el capítulo XXXIX, David visita en Canterbury la casa del señor Wickfield y encuentra allí al señor Micawber, con quien entabla una larga conversación. En un momento determinado, y tras las palabras de Micawber, el narrador, que es el propio David Copperfield, dice:

> Todos hemos sentido alguna vez la sensación de que lo que decimos o hacemos lo hemos dicho o hecho antes, en épocas lejanas; de habernos visto rodeados, en la noche de los tiempos, de los mismos rostros, de los mismos objetos, de las mismas circunstancias; de saber de antemano lo que va a decirse.[71]

El poeta británico Dante Gabriel Rossetti (1828-1882) arranca su poema «Luz repentina» con estos versos:

Yo estuve aquí antes,
no sé decir cómo y cuándo:
conozco el prado detrás de la puerta,
el dulce aroma penetrante,
los sonidos susurrantes,
las luces a lo largo de la costa...[72]

En el ámbito clínico, y desde aproximadamente la mitad del siglo XIX hasta la mitad del XX, estas extrañas experiencias subjetivas se incluyeron dentro de los «trastornos de memoria» y fueron objeto de interminables debates, sobre todo en los círculos psiquiátricos centroeuropeos, destacando de un modo especialmente enriquecedor en la psiquiatría francesa. Los términos para referirse a tales experiencias (aunque no está claro si al mismo fenómeno) fueron muchos: sentimientos de preexistencia, fantasmas de memoria, alucinación de memoria, engaños de memoria, pseudorreminiscencias, paramnesias... y *déjà vu*. Este último término, *déjà vu*, cuyo significado literal es «ya visto», es el que ha perdurado para referirse a «cualquier impresión subjetivamente inapropiada de familiaridad entre una experiencia actual y un pasado indefinido».[73]

Repárese en que se dice «cualquier impresión», es decir, que el significado actual del término *déjà vu* no es exclusivamente la sensación de «ya visto», sino también la de «ya oído», «ya visitado», etcétera. Lo que caracteriza a todas esas situaciones es que se acompañan de una *familiaridad inapropiada*, es decir, de una familiaridad de la experiencia presente que no encaja con ninguna experiencia previa. Por el contrario, cuando alguien dice: «He estado aquí antes, sé exactamente cuándo, y reconozco que lo estoy viendo de nuevo» no estamos ante un caso de *déjà vu* porque el *reconocimiento* es el resultado de una sensación de *familiaridad real*. Como señala el psiquiatra Vernon Neppe, uno de los mayores expertos en el tema:

> El *déjà vu* es subjetivo y el pasado debe ser indefinido: si las personas recuerdan específicamente el origen de la experiencia, como en un sueño concreto, entonces no es *déjà vu* porque no es indefinido [...]. En su forma habitual, implica la impresión subjetiva de que la experiencia presente ha sucedido antes, a pesar de que no ha sucedido.[74]

¿Cómo se explica la experiencia *déjà vu*? ¿Qué ocurre para que se produzca esa extraña sensación? Desde muy antiguo —de hecho, desde san Agustín—, se apeló para su explicación a la metempsícosis (o transmigración de las almas) y a la reencarnación, dando a entender que la sensación de *déjà vu* se producía porque el sujeto había experimentado la misma o parecida situación en vidas anteriores. A finales del XIX, la psiquiatría clínica vinculó la experiencia *déjà vu* (considerada como una *paramnesia* o pseudomemoria) a pacientes con epilepsia (de un modo especial a los pacientes con epilepsia del lóbulo temporal) y con trastornos psicopatológicos como la locura, la confusión y el delirio, pero su interpretación fue objeto de acalorados debates entre aquellos que la consideraban una alteración de la percepción y los que entendían que era una alteración de la memoria.[75] A principios del siglo XX, Freud consideró un error calificar de «ilusión» la sensación *déjà vu* y defendió que se trataba de «algo que en realidad se ha vivido ya, pero que no puede ser recordado conscientemente porque no fue jamás consciente. En concreto, la sensación de *déjà vu* corresponde al recuerdo de una fantasía inconsciente».[76]

Tras aquel periodo de inusitado interés en el ámbito psiquiátrico, la experiencia *déjà vu* fue ignorada por la psicología científica por considerarla un fenómeno demasiado extraño y demasiado efímero como para ser sometido al control experimental. No obstante, en las últimas décadas ha resurgido un cierto interés por entender este fenómeno desde planteamientos puramente psicológicos. Son muchas las propuestas explicativas con las que contamos actualmente, aunque conviene advertir que más que explicaciones basadas en datos experimentales se trata de un conjunto de hipótesis especulativas con avales empíricos muy dispares.[77]

Por razones de pertinencia —y también de espacio— sólo comentaré dos propuestas que asumen que la experiencia *déjà vu* surge en la esfera de la memoria y, en concreto, en torno a la sensación de *familiaridad*. La primera, que podríamos denominar *déjà vu por familiaridad de un elemento aislado*, plantea que, en ocasiones, puede suceder que un elemento aislado del entorno en el que nos encontramos resulte familiar, pero no se reconozca porque se encuentra en un contexto nuevo, y dicha familiaridad se malinterprete y se atribuya a todo el entorno.

Imagine que visita una ciudad por primera vez y mientras pasea por una de sus calles ve una balconada muy parecida o idéntica a la balconada de la casa de su infancia. De inmediato usted siente un estremecimiento y una intensa sensación de *familiaridad*. La sensación es tan fuerte que su mente es incapaz de conectarla con la balconada de su antigua casa y atribuye erróneamente esa *familiaridad* —localizada en un espacio concreto y limitado— a toda la calle («Yo ya he visto esto antes», se dice) y, por extensión, a toda la ciudad («Yo ya he estado aquí antes»). Esta explicación del *déjà vu* a partir de un solo elemento familiar ya fue propuesta en el siglo XIX (por ejemplo, por William James) y ha sido retomada por teóricos de las últimas décadas, quienes han encontrado casos en los que la experiencia *déjà vu* puede estar también generada por más de un elemento o por la totalidad del ambiente.[78]

La otra propuesta, que denominaremos *déjà vu por familiaridad sin recuperación*, parte del hecho constatado en psicología de la memoria de que la sensación de *familiaridad* y el proceso de *recuperación* (sea en forma de *recuerdo* o de *reconocimiento*) son dos fenómenos que, aunque habitualmente funcionan de manera coordinada, en ocasiones pueden disociarse o funcionar con independencia el uno del otro.[79]

Téngase en cuenta que la sensación de *familiaridad sin recuerdo*, a pesar de producir perplejidad y cierto desconcierto, forma parte de nuestra vida cotidiana: ¡cuántas veces no se ha encontrado usted, o ha visto, a una persona y se ha dicho «conozco a esa persona y no sé de dónde ni de qué»! En esas situaciones, se experimenta una rápida e intensa sensación de *familiaridad* asociada al *reconocimiento* («conozco a esa persona») y, sin embargo, no hay recuerdo («no sé de dónde ni de qué»). La explicación estriba en que se ha activado una representación de su *memoria semántica* («*sé* que conozco a esa persona»), pero no ha habido activación alguna en su memoria autobiográfica (concretamente, del componente *episódico*), lo que representaría un caso de *disociación entre reconocimiento y recuerdo*.

Ahora bien, esas situaciones de desconcierto no son experiencias *déjà vu*, aunque se parezcan mucho. En ellas se da familiaridad y reconocimiento, mientras que en la extraña sensación de *déjà vu* se experimenta una *familiaridad* que, además de ser *falsa*, no se acompaña de reconocimiento (ni de recuerdo, claro).

El neurocientífico suizo Pierre Gloor (1923-2003), profesor de la Universidad McGill en Montreal, observó que los pacientes con epilepsia intratable del lóbulo temporal son muy propensos a «fenómenos experienciales» cuando sufren una crisis epiléptica espontánea o cuando se les estimulan eléctricamente las estructuras del lóbulo temporal (en concreto, el sistema límbico). Tales experiencias forman parte del «aura epiléptica» y consisten en alucinaciones o ilusiones visuales y auditivas, *flashbacks* de memoria autobiográfica e ilusiones de familiaridad (como el *déjà vu*), y todo ello cargado de fuertes emociones relacionadas con el pasado del paciente. Aunque posteriormente se ha aducido que las experiencias *déjà vu* de estos pacientes no son comparables (por ser de mayor duración y de contenido repetitivo) a los *déjà vu* de las personas sanas, Gloor planteó que en ambos tipos de *déjà vu* subyace una disociación entre familiaridad y recuperación.[80]

A partir de este tipo de planteamientos se ha sugerido que la experiencia *déjà vu* podría ser el resultado de la activación de una respuesta de *familiaridad en ausencia de recuperación*. Si fuese así, la experiencia *déjà vu* sería el fenómeno inverso o especular de la *criptomnesia*, un fenómeno este último que, como hemos visto, se considera resultado de *recuperación en ausencia de familiaridad*.

Desde mediados del XIX, la experiencia *déjà vu* se ha definido como una *paramnesia* o alteración de memoria asociada a trastornos neurológicos (como la epilepsia) y a trastornos mentales (como la esquizofrenia), pero ¿cómo se explica su ocurrencia en personas sin patología alguna?, ¿qué factores podrían desencadenar esa experiencia en personas sanas?

Estudios mediante cuestionarios en los que se pide a los participantes que describan las características y las condiciones en las que han experimentado un *déjà vu* han permitido comprobar que el estrés, la fatiga y la ansiedad están vinculados a dicha experiencia. Desde el siglo XIX, existen incontables informes en los que se asocia el *déjà vu* con la falta de sueño, el hambre, la pena o el agotamiento físico y mental. Así, el psicólogo británico Edward Titchener (1867-1927), profesor de la Universidad de Cornell y fundador del Estructuralismo, escribió en 1924 que «lo más frecuente es que [el *déjà vu*] ocurra tras periodos de estrés emocional o en condiciones de fatiga mental extrema». Más modernamente, se informó de la presencia de *déjà vu* en soldados de los frentes de guerra, lo que refuerza el papel causal del estrés agudo y el agotamiento físico.[81]

En definitiva, y asumiendo que el *déjà vu* es un fenómeno experiencial anómalo asociado a enfermedades cerebrales y mentales, y que en determinadas circunstancias también puede aparecer en personas sin patologías, todavía no existe ninguna explicación convincente para esta misteriosa experiencia, más allá de que sea un «engaño» de la memoria o, más específicamente, una experiencia de *reconocimiento falso*.

Entre fantasmas y enredos...
La vida sigue

Los laberintos de la memoria autobiográfica guardan el universo personal y único que cada ser humano ha creado y que reconoce como su vida. Pero la vida no es sólo lo que ocurre o ha ocurrido cada día. Nuestra vida, como señala el psicoterapeuta británico Adam Phillips en su singular *Missing Out: In Praise of the Unlived Life*,[82] también es lo que no hemos vivido pero hemos soñado. Nuestra vida también es lo que hemos deseado. Nuestra vida también es lo que hemos imaginado. Porque todo, lo vivido a la intemperie y lo vivido en la gruta íntima e inaccesible del teatro de nuestra conciencia, todo deja en nuestra memoria registros indelebles que dialogan y se entrecruzan y combinan de mil maneras. No debe sorprender entonces que la memoria siempre tome el material de sus historias de una combinación extraña de vivencias reales, de anécdotas deformadas e incluso de fantasmas y de enredos en los que, a veces, consigue hacernos caer. Resulta curioso, y además tremendamente relevante, comprobar que nuestra memoria nunca construye sus recuerdos sólo con el material crudo y frío de la realidad.

No tiene sentido, por tanto, considerar la memoria autobiográfica como un simple registro del pasado histórico. Me inclino a pensar, como señaló Walter Benjamin, que lo que guarda nuestra memoria autobiográfica es fundamentalmente «el teatro» del pasado personal y social en el que nos hemos ido construyendo como individuos con una identidad y una historia. Identidad e historia que se erigen y apoyan tanto en vivencias reales como en deseos sacrificados y en sueños no alcanzados. Identidad e historia levantadas sobre recuerdos contaminados, distorsionados, cambiados e incluso falsos. Porque no hay recuerdos puros. Y, aun así, nuestros recuerdos, todos nuestros recuerdos, sean verdaderos, deformados o falsos, constituyen nuestra vida, con ellos escribimos y reescribimos nuestra biografía, y todos ellos juegan su papel en nuestro caminar diario. Algo que sabiamente subrayó Luis Buñuel en su obra autobiográfica *Mi último suspiro* cuando dice: «Mis errores y mis dudas forman parte de mí tanto como mis certidumbres».[83] Porque un recuerdo falso no es una mentira: las personas realmente creen lo que recuerdan, aunque eso que recuerdan no lo hayan vivido jamás. Y es que, aunque nos gustaría que así fuera, la memoria humana no es el guardián neutral ni insobornable de nuestro pasado.

10

Mirando hacia atrás sin ira

> A medida que transcurren los años, todo hombre está obligado a sobrellevar la creciente carga de su memoria.
>
> J. L. BORGES

> Peligro de la longevidad: que a uno se le olvide para qué ha vivido.
>
> ELIAS CANETTI

> No es bueno dejarse envejecer por la vejez.
>
> SÁNDOR MÁRAI

> El tiempo se ahoga en la monotonía.
>
> THOMAS MANN

> La vejez (tal es el nombre que los otros le dan) puede ser el tiempo de nuestra dicha.
>
> J. L. BORGES

MI MEMORIA YA NO ES LA QUE ERA

El 27 de agosto de 1988, el escritor húngaro Sándor Márai, que por entonces tenía ochenta y ocho años, anotó en su *Diario*: «La memoria me falla: los recuerdos más lejanos son extraordinariamente vívidos; en cambio, a veces no consigo acordarme de qué ha pasado hace cinco minutos».[1]

¿Conoce usted a alguna persona mayor que no se queje de su memoria? Probablemente, no. Casi todas las personas mayores de sesenta-setenta años se quejan de que su memoria ya no funciona como antes. Los ejemplos son innumerables, como el que nos ofrece el escritor israelí Amos Oz, premio Príncipe de Asturias de las Letras en 2007, en su autobiografía novelada *Una historia de amor y oscuridad*, donde cuenta la historia de su infancia y adolescencia adornada con innumerables anécdotas de cuatro generaciones familiares. Un día, su tía Sonia, de ochenta y cinco años, le dice:

> ¡Y ahora fíjate en cómo se burla de mí la memoria! No consigo acordarme de dónde acabo de dejar el reloj, pero que esa mujer a la que jamás he visto se llamaba Elizaveta Franzovna y que, hará unos ochenta años, nuestra princesa Liubov Nikititzna fue a buscarla a Túnez, eso sí que lo recuerdo con absoluta claridad.[2]

Si bien la memoria se nos puede antojar caprichosa a cualquier edad, será durante el otoño de nuestra vida cuando sus «caprichos» estarán más presentes. Desconcierta —como les ocurría a Márai y a la tía de Amos Oz— que lo más antiguo nos lo traiga con rapidez y nos lo presente con toda nitidez y claridad y, sin embargo, lo más reciente lo oculte en sus oscuros desvanes. Aunque esta no sea la única rareza o incoherencia, sí que es una de las que origina más quejas en las personas mayores.

El inmortal Johann W. Goethe refiere en su autobiografía *Poesía y verdad* el caso de un «caballero de San Luis», un septuagenario a quien le gustaba acompañar en sus paseos y escuchar sus relatos, pero que a la larga, y a pesar de su ingenio y elocuente verbo, llegó a hacerse pesado de tanto quejarse, una y otra vez, de «su pérdida de memoria, sobre todo en lo que se refiere a los acontecimientos más recientes».[3]

«Mi memoria ya no es la que era» es la expresión que mejor recoge lo que las personas adultas suelen experimentar a medida que avanzan en edad.

«Me acuerdo estupendamente de los nombres de los chicos y chicas con los que jugaba de niño en mi calle y, sin embargo, ahora me cuesta recordar los nombres de mis vecinos».

«Me acuerdo hasta de las coplas que cantaba en el colegio de párvulos, pero no me acuerdo nunca de dónde dejo las gafas».

«Se me olvidan los nombres de gente que conozco de toda la vida».

«Cada vez tengo más dificultad para encontrar palabras mientras hablo».

«Voy a la cocina a por una cucharilla y cuando llego no sé a qué he ido».

«A veces, durante una conversación, se me va de la cabeza lo que estaba diciendo y no sé qué decir».

«Lo que más me irrita de mi memoria es que no me acuerdo de los nombres de las personas con las que estoy hablando».[4]

Esta es una pequeña muestra de quejas que, con seguridad, todos hemos oído alguna vez o quizá hemos experimentado personalmente. Resultan tan familiares que a nadie pueden extrañar.

¿Significa esto que la memoria va empeorando a medida que se envejece? ¿Existe una base real y científica de que el envejecimiento natural produce un declive de la memoria?[5]

Como señalé hace unos años, estas preguntas no son irrelevantes, porque podría darse el caso de que las quejas de memoria de las personas de edad avanzada no fuesen más que una impresión subjetiva motivada más por ansiedad o depresión que por defectos o daños cerebrales reales y objetivables producidos por el envejecimiento del cerebro.[6] De hecho, no todas las personas que ya han pasado de los sesenta-setenta años, por poner una edad relativamente elevada, acusan el mismo nivel de «pérdida» de memoria ni de declive cognitivo general, como tampoco acusan el mismo deterioro en su estado físico. La razón estriba en el hecho suficientemente probado de que el envejecimiento —sea en el plano físico o en el cognitivo— es un proceso individualizado: cada persona envejece a su manera, dependiendo, entre otros, de factores tales como las enfermedades cardiovasculares, el nivel educativo y el nivel ocupacional.

Además, conviene dejar muy claro que una cosa es el *declive* de memoria que experimentan las personas con un «envejecimiento saludable» (esto es, sin evidencia alguna de enfermedad cerebral) y otra muy distinta las *alteraciones* de memoria que sufren las personas con cerebros dañados por enfermedades neurodegenerativas con demencias asociadas, como en el caso de la enfermedad de Alzheimer. Los avances más recientes en psicología y neurociencia han llevado a los investigadores a insistir cada vez más en que hay que diferenciar entre el «declive *normal*» y el «declive *patológico*» de la memoria relacionados con la edad.[7] Dado que los objetivos de este libro no incluyen el análisis de ninguna patología de la memoria, nos ceñiremos exclusivamente al análisis del hipotético *declive normal* que experimenta la *memoria autobiográfica* de las personas con un envejecimiento saludable. Entonces, la pregunta sobre la que pivotará este capítulo será la siguiente: *¿cómo afecta, si es que afecta, el envejecimiento saludable a la memoria y muy especialmente a la memoria autobiográfica?*

CREENCIAS O IDEAS FALSAS SOBRE EL ENVEJECIMIENTO
Y LA MEMORIA

Sobre cualquier aspecto o fenómeno humano y no humano existen siempre numerosos mitos o ideas falsas. Por lo que respecta a la memoria, la situación no podía ser menos, de modo que entre la gente en general se mantienen y propagan una gran cantidad de creencias erróneas sobre la memoria y, en particular, sobre las relaciones entre envejecimiento y memoria. De las muchas ideas falsas acerca de los supuestos efectos negativos que la edad va ejerciendo sobre la memoria he seleccionado las cuatro que me parecen más relevantes para nuestros objetivos:[8]

- La capacidad de la memoria va disminuyendo inevitablemente con la edad hasta casi desaparecer.
- Los frecuentes olvidos de las personas mayores se deben a la pérdida constante de neuronas (las células nerviosas).
- Las personas adultas pierden cada día unas diez mil neuronas.
- Los fallos de memoria de los adultos mayores anuncian el comienzo de la enfermedad de Alzheimer.

Como decimos, se trata de creencias falsas, ideas equivocadas, falacias; es decir, que ninguna de ellas tiene fundamento científico. A continuación, y de un modo lo más breve posible, comentaré cada una de ellas.

Falacia 1. *La capacidad de la memoria va disminuyendo inevitablemente con la edad hasta casi desaparecer.* La prueba más sencilla y asequible para desmentir esta creencia errónea la encontramos en la realidad cotidiana. No hay más que observar a nuestros conocidos, familiares o amigos de cierta edad y que gocen de una buena salud para comprobar que su memoria, si bien presenta un cierto declive que se refleja en fallos intrascendentes, no ha perdido su capacidad para mantener conversaciones llenas de interés, evocar historias pasadas plenas de detalles y emoción y enjuiciar la vida con sentencias y consejos cargados de sabiduría.

El gran orador y moralista romano Marco Tulio Cicerón (106-43 a. C.) nos legó, en su tratado *De Senectute* (o «Acerca de la vejez»), pasajes brillantes en favor de la buena salud de la memoria por mucho que la vida se alargue. Ante la objeción de que «la memoria disminuye con la edad», su respuesta fue contundente: «Estoy de acuerdo, si no la ejercitas o si es que eres lerdo por naturaleza». E ilustra su dictamen con este hermoso pasaje lleno de optimismo:

> Temístocles había aprendido los nombres de todos sus conciudadanos; ¿creéis acaso que, al hacerse viejo, solía saludar como Lisímaco al que era Arístides? Por mi parte yo conozco no sólo a los vivos, sino también a sus padres y abuelos, y ni al leer los epitafios temo que vaya a perder la memoria, es más, al leerlos vuelvo a acordarme de los muertos.[9] Y ciertamente no he oído que ningún anciano haya olvidado en qué lugar ha escondido su tesoro. Recuerdan todas las cosas que les preocupan, los compromisos fijados, quién les debe o a quién deben ellos.
>
> Y ¿qué hay de los jurisconsultos, los pontífices y los augures? ¡Cuántas cosas recuerdan los viejos filósofos! Pues las cualidades naturales permanecen en los viejos con tal de que permanezca también el interés y la actividad. Y esto no sólo en los hombres ilustres y públicos, sino también en la vida privada y tranquila.[10]

Continúa Cicerón su visión positiva de la memoria en la vejez con el ejemplo de los poetas griegos —Sófocles, Homero, Hesíodo...—, los grandes filósofos, como Pitágoras, Platón o Demócrito, y pregunta: «¿Es que en todos ellos la dedicación a sus estudios no duró lo que su vida?». En definitiva, la tesis de Cicerón coincide con los hallazgos más recientes de la psicología cognitiva y la neurociencia cognitiva del envejecimiento y la memoria, a saber, que *el envejecimiento no produce un deterioro generalizado de todas las funciones de la memoria*, sino todo lo contrario, que la mayor parte de los sistemas de memoria no se ven afectados por la edad.[11] Analizaremos este asunto en profundidad más adelante.

Falacia 2. *Los frecuentes olvidos de las personas mayores se deben a la pérdida constante de neuronas*. Sin duda alguna, este es el mito más extendido acerca de por qué la memoria declina con el envejecimiento. Una falacia muy extendida no sólo entre el ciudadano de a pie, sino también en los ámbitos científicos, donde durante décadas llegó a ocupar un considerable espacio en los tratados de neuropatología. El origen de esa idea errónea procede de una serie de estudios *post mortem* muy influyentes realizados entre las décadas de 1950 a 1980 en los que se demostraba la existencia de niveles significativos de muerte neuronal tanto en seres humanos de edades avanzadas como en primates no humanos y roedores. En concreto, en aquellos estudios se llegó a afirmar que la mayor parte de la *corteza cerebral* (o neocórtex) y ciertos subcampos *hipocampales*[12] perdían con la edad entre un 25 % y un 50 % de sus neuronas. Sin embargo, estudios posteriores rechazaron tales conclusiones al demostrar que la mayor parte de aquellos datos eran poco fiables, probablemente porque en tales estudios (realizados mediante autopsias) se habían incluido de forma inadvertida cerebros de pacientes que habían sufrido la enfermedad de Alzheimer u otras enfermedades neurodegenerativas que, como es sabido, sí causan una elevada y extensa muerte neuronal.

Los nuevos estudios sobre envejecimiento cerebral y recuento neuronal, en los que se han excluido los cerebros de personas que hubieran padecido algún tipo de demencia y en los que se han utilizado nuevos y sofisticados métodos de recuento, han llegado a la sorprendente conclusión de que el envejecimiento saludable no produce una muerte neuronal significativa ni en el *neocórtex* ni en el *hipocampo*; de hecho, la pérdida neuronal en ambas estructuras se califica de insignificante.[13] No obstante, y como veremos, el envejecimiento sí puede tener un significativo efecto en otras regiones, como los *lóbulos frontales*, y en una serie de estructuras subcorticales que conforman el llamado *prosencéfalo basal*.

Falacia 3. *Las personas adultas pierden cada día unas diez mil neuronas.* Seguro que usted ha oído alguna vez esta frase, porque se trata de una de las creencias falsas más extendidas en todo el mundo. Sin embargo, ningún científico ha encontrado jamás la procedencia de dicha creencia ni a partir de qué estudio pudo haber surgido. En otras palabras, no existe ninguna evidencia científica que la avale. En realidad, la investigación nos dice justo lo contrario, que el cerebro adulto pierde una cantidad insignificante de neuronas, a pesar de que, como acabamos de ver, en décadas pasadas se creyó lo contrario.

La muerte neuronal, curiosamente, es un proceso natural ligado sobre todo al periodo temprano del desarrollo, de modo que mueren menos neuronas en los cerebros de las personas mayores que en los cerebros de los fetos.[14]

Falacia 4. *Los fallos de memoria de los adultos mayores anuncian el comienzo de la enfermedad de Alzheimer.* Esta creencia se debe más a la preocupación y el miedo que a la evidencia científica. Es verdad que históricamente se creyó que los primeros síntomas de la enfermedad de Alzheimer eran una acentuación de la senescencia normal; sin embargo, desde finales de la década de 1960 no han cesado los esfuerzos por distinguir los cambios cerebrales debidos a una variedad de patologías de los asociados al envejecimiento saludable.[15]

En la actualidad, la evidencia científica disponible establece diferencias claras a este respecto. Así, frente al hallazgo comentado de una pérdida insignificante de neuronas en la corteza y en el hipocampo de los cerebros de ancianos sanos, se ha corroborado que en los cerebros afectados por el alzhéimer ambas regiones cerebrales están literalmente devastadas. Además, en el mal de Alzheimer aparecen perfiles neuropatológicos (sobre todo, ovillos neurofibrilares y placas seniles)[16] diferentes de los perfiles observados en los ancianos sanos, tanto en extensión como en intensidad (aunque más adelante introduciremos algunos matices al respecto).

Estos hallazgos tienen una gran importancia porque nos revelan, al menos, tres cuestiones fundamentales. En primer lugar, que el hipotético declive de la memoria asociado al envejecimiento saludable y los déficits de memoria que presentan los pacientes de alzhéimer son el reflejo de cambios cerebrales diferentes. En segundo lugar, que el declive de memoria relacionado con la edad y las alteraciones de memoria propias de la enfermedad de Alzheimer son fenómenos cualitativamente diferentes, por lo que no deben considerarse parte de un continuo. Y, por último, que los fallos de memoria de las personas mayores no reflejan ni anuncian la aparición de la enfermedad de Alzheimer. Como señaló al respecto el profesor Daniel Schacter: «La memoria se ve afectada por el envejecimiento, pero la naturaleza de los cambios y las razones de por qué se producen son diferentes de lo que muchos de nosotros creemos y tememos».[17]

Envejecimiento y memoria: ¿qué dice la ciencia actual?

Que nuestra memoria *puede* perder eficacia cuando nos hacemos mayores es algo asumido. La cuestión es averiguar si esa supuesta merma en su actividad, primero, es real; es decir, si se debe a un auténtico declive en el funcionamiento de los sistemas y procesos de memoria o por el contrario tiene su origen en defectos de otros procesos y mecanismos cognitivos; y, segundo, si los declives están presentes en el funcionamiento general de toda la memoria o afectan sólo a algunos sistemas.

El asunto no es fácil de dilucidar y la prueba es el gran número de teorías que desde hace años tratan de explicar el declive cognitivo en general, y el de la memoria en particular, que presentan un número significativo de personas mayores.

Sin embargo, como iremos viendo, la visión acerca de los efectos del envejecimiento sobre la memoria ha cambiado de manera considerable en las dos últimas décadas. Si bien en la década de los noventa del pasado siglo el acuerdo más sobresaliente entre los científicos se concretó en destacar que el funcionamiento de la memoria de las personas mayores es extremadamente variable,[18] en el sentido de que hay tareas de memoria que los mayores suelen realizar peor que los jóvenes y tareas o situaciones en las que su memoria funciona tan bien como la de los jóvenes, en los últimos años se ha descubierto que aquella «desconcertante» variabilidad lo que estaba reflejando *de facto* era la heterogeneidad de las muestras estudiadas. Una heterogeneidad que viene marcada, como se ha comprobado posteriormente, por las distintas *trayectorias de envejecimiento* neurocognitivo que presentan los seres humanos.

No obstante, todo apunta a que hay algunos sistemas de memoria especialmente vulnerables al envejecimiento con independencia de la trayectoria. En concreto, los investigadores coinciden en que la *memoria operativa* o a corto plazo[19] y la *memoria episódica* son los sistemas más expuestos al cambio a medida que se envejece.

Un poco más adelante abordaremos con detalle cómo y por qué pueden manifestarse algunos declives en la memoria operativa y en la memoria episódica de las personas mayores.

Estas realidades ponen de manifiesto una idea básica de especial relevancia y que ya ha sido sugerida; esto es, que el envejecimiento no produce un declive de toda la memoria, sino que sólo parece afectar, cuando afecta, a algún sistema. La pregunta que surge de inmediato es esta: ¿por qué ocurre esto?

Hace años que los científicos advirtieron de que en el envejecimiento del cerebro se encuentran las claves para entender los declives cognitivos asociados a la edad. Parece lógico suponer que, si el cerebro sufre cambios estructurales y funcionales a medida que envejece, dichos cambios se reflejen en el nivel cognitivo de la memoria, la atención, el razonamiento, etc. Entremos, pues, en el ámbito del envejecimiento cerebral y tratemos de encontrar las razones que nos ayuden a explicar los posibles cambios o declives de la memoria.

ENVEJECIMIENTO DEL CEREBRO[20] Y DECLIVE COGNITIVO:
UNA BREVE EXPOSICIÓN

Las investigaciones recientes sobre el envejecimiento cerebral destacan todas ellas la complejidad que supone concretar qué ocurre en el cerebro humano cuando este envejece. Sobre todo, porque los procesos de envejecimiento se nos presentan como relativamente aleatorios. Y es que tanto el comienzo como el progreso de los cambios cerebrales asociados al envejecimiento siguen trayectorias diferentes en cada individuo. A este respecto, la profesora Cheryl Grady, de la Universidad de Toronto y una de las grandes expertas en neurociencia cognitiva del envejecimiento, cierra uno de sus más importantes trabajos sobre «envejecimiento neurocognitivo» con estas palabras: «Está claro que el envejecimiento [del cerebro] está influenciado por un gran número de factores, incluyendo la genética y la experiencia de la vida, que varían de individuo a individuo».[21]

Según Grady, el envejecimiento del cerebro es un proceso de una complejidad extraordinaria porque depende de la interacción de múltiples dimensiones, cada una de las cuales incluye, a su vez, una amplia variedad de elementos físicos y conductuales en interacción permanente con el propio proceso de envejecimiento. Para hacerse una idea de dicha complejidad, debe tenerse en cuenta que las dimensiones incluyen la *estructura cerebral* (que comprende la materia gris, la materia blanca, neurotransmisores y sistema vascular), la *función cerebral* (esto es, actividad, variabilidad y conectividad funcional), la *cognición* (atención, percepción, memoria, lenguaje...) y *otros factores* (genes, educación, experiencia vital, estrés, ejercicio, dieta...). A lo largo de la vida, todos esos factores están en interacción permanente con el largo proceso de envejecimiento, que, teniendo en cuenta la enorme variabilidad intrínseca de cada uno de dichos factores en cada individuo, dará como resultado el envejecimiento diferencial del cerebro. De ahí que los expertos lleven años advirtiendo de que «la variabilidad del envejecimiento cognitivo entre individuos es sorprendente». Tanto que, mientras unas personas experimentan un declive brusco y acelerado, otras conservan un buen funcionamiento cognitivo hasta el final de sus días. En ese sentido, hay estudios en los que se ha comprobado cómo personas de ochenta años tienen un rendimiento tan bueno o incluso mejor que individuos de cuarenta años en tareas de memoria episódica, que se supone se altera con la edad.[22]

Expresado de un modo sencillo, cada persona envejece a su manera. Y esto es así porque cada persona tiene una trayectoria vital propia y aunque, como estamos viendo, son muchos los factores determinantes de tales trayectorias, cada vez parece más claro que unas personas son más resilientes que otras a los efectos erosivos del envejecimiento y a las patologías asociadas al mismo. La evidencia clínica dejó patente hace años que no existe una relación directa entre el grado de patología o daño cerebral y la manifestación clínica de esa patología.[23] Un hecho que ha llevado a los científicos a plantear la existencia de ciertos mecanismos cerebrales y cognitivos que permitirían a algunos individuos resistir el impacto del envejecimiento cognitivo y mitigar los declives que acarrea la patología cerebral. Volveremos sobre este asunto y analizaremos esos mecanismos protectores que en un principio se englobaron bajo el concepto general de «reserva» y que conforman y explican el grado de *resiliencia* individual.

Desde las primeras fases de la vida hasta la edad más avanzada, el bagaje genético de cada persona está influyendo en la estructura y función de su cerebro mediante la interacción permanente con los factores ambientales, sociales, ocupacionales y propios de su estilo de vida. No obstante, el envejecimiento del cerebro trae consigo una serie de cambios estructurales y funcionales[24] que, en mayor o menor grado, parecen afectar a las personas de edad avanzada en general y que serían los responsables de los declives cognitivos. A este respecto, existe un elevado número de teorías e hipótesis sobre el envejecimiento neurocognitivo cuyas propuestas básicas trataré de exponer a continuación del modo más simple y breve posible.[25]

Uno de los cambios más evidentes del envejecimiento cerebral es la *reducción de la velocidad de procesamiento de la información* o, en otras palabras, un enlentecimiento de los procesos cognitivos.[26] La propia vida y numerosos estudios ponen de manifiesto que las personas mayores, en general, suelen ser más lentas que los jóvenes para realizar cualquier tipo de tarea mental; de modo que suelen necesitar más tiempo para razonar, para entender unas instrucciones, para solucionar cualquier problema, para tomar decisiones o para recordar.

Otro cambio importante es el que se produce en la parte anterior del cerebro, concretamente en los *lóbulos frontales*, que con el envejecimiento sufren una importante *reducción de su volumen*. Ese encogimiento o atrofia frontal conlleva, entre otras cosas, una reducción en el aporte sanguíneo, lo que significa un descenso de los niveles de oxígeno y glucosa (el alimento de las neuronas), que puede dar lugar a un hipometabolismo frontal.[27] Curiosamente, las regiones posteriores del cerebro se mantienen preservadas a lo largo del proceso de envejecimiento.

Los *lóbulos frontales* están involucrados en numerosos procesos, mecanismos y funciones cognitivas, además de participar en importantes redes de memoria. Por ejemplo, juegan un papel clave en procesos básicos como la codificación y recuperación de la memoria episódica, así como en los procesos de control cognitivo, en la atención selectiva y en la llamada «función ejecutiva» (responsable de la planificación, realización y logro de cualquier objetivo). Entonces, una consecuencia muy relevante de esa *atrofia frontal* sería la pérdida considerable de *control cognitivo*, que se traduciría en un declive de la *atención selectiva* y en la incapacidad de *inhibir* la información irrelevante o distractora. Para algunos investigadores, este *déficit inhibitorio* sería el responsable máximo del declive cognitivo asociado a la edad.[28] Téngase en cuenta que, para realizar adecuadamente cualquier tarea, la que sea, desde mantener una conversación a relatar un episodio del pasado personal, es necesario discriminar siempre entre lo relevante y lo irrelevante: lo relevante recibirá atención y será tratado eficientemente, mientras que lo irrelevante será inhibido o ignorado. Hay muchos estudios que refuerzan la idea de que el envejecimiento altera los procesos de control y genera desinhibición. En la vida cotidiana de las personas de edad avanzada no es difícil encontrar ejemplos o situaciones de pérdida del control inhibitorio. Por ejemplo, es fácil observar cómo a veces pierden el hilo de la historia que están contando y se enredan en aspectos irrelevantes; es lo que familiarmente se llama «irse por las ramas». La merma de control cognitivo ayuda a entender también por qué en las personas mayores se acrecienta la tendencia a decir y contar «todo lo que se les pasa por la cabeza».

Íntimamente conectado con la atrofia frontal hay otro cambio en la función cerebral asociado al envejecimiento. Se trata de lo que los expertos llaman «reducción o pérdida de la asimetría hemisférica».[29] Está demostrado que cuando las personas jóvenes realizan una tarea de *memoria operativa verbal* (por ejemplo, repetir series de dígitos que se les van diciendo) se activan áreas del córtex prefrontal *izquierdo*, mientras que cuando la tarea es de *memoria operativa espacial* (por ejemplo, describir el recorrido que seguirían para ir desde su casa al centro de su ciudad) se activa el córtex prefrontal *derecho*. Pues bien, esa *asimetría* dependiente de la tarea parece que se pierde cuando se envejece, dado que en las personas mayores se produce una activación simultánea en ambos lóbulos frontales, es decir, *bilateral* (y simétrica), tanto si la persona realiza una tarea de memoria operativa verbal como espacial, lo que significa una mayor activación.

¿A qué se debe esa pérdida de asimetría y el aumento de la activación? Al parecer, la atrofia frontal trae consigo, además de cambios neurales importantes tanto en materia gris como en materia blanca, una «reorganización» de las redes neurocognitivas, *reorganización* que se ha interpretado como un *proceso compensatorio*. Lo interesante de esa interpretación es que está siendo confirmada (como veremos más adelante) con nuevas y abundantes propuestas acerca de la existencia en algunos adultos mayores de cierta «reserva» cerebral y cognitiva que les hace especialmente resilientes frente al envejecimiento o la patología cerebral.

Hacia una visión positiva del envejecimiento

Tradicionalmente, el envejecimiento ha sido considerado como la fase de la vida caracterizada por *deterioro* físico y cognitivo. Una visión *negativa* que ha contaminado no sólo la opinión popular, sino también la de los académicos, investigadores y profesionales de la salud. Es un hecho que la extensa literatura científica sobre envejecimiento se ha centrado históricamente en *las pérdidas y los cambios negativos* sin reconocer el crecimiento, la recuperación y las ganancias que se producen a medida que se envejece.[30] Una forma clara de «edadismo»,[31] como señaló con toda contundencia el psiquiatra y gerontólogo Robert Butler, introductor de dicho término, cuando escribió: «La medicina y las ciencias del comportamiento han hecho suyas las actitudes sociales al presentar la vejez como una horrible letanía de males físicos y emocionales».[32]

Durante décadas, el estereotipo negativo de la edad fue aceptado como «la norma» por todo el mundo. Esta situación se mantuvo, aproximadamente, hasta mediados de la década de 1990, cuando los avances en el ámbito de la psicología y la neurociencia cognitivas del envejecimiento animaron a los científicos a introducir la expresión «envejecimiento exitoso» (*successful aging*)[33] para poner de manifiesto la necesidad de cambiar y desterrar la visión negativa del envejecimiento. Considero oportuno señalar que construir una expresión con las palabras «envejecimiento» y «exitoso» suponía para el *zeitgeist* de la época una contradicción en toda regla; sin embargo, desde aquella década de los noventa la literatura científica sobre envejecimiento exitoso no ha dejado de crecer y de constatar que dicha expresión se ajusta a la realidad.[34]

Precisamente las ideas mencionadas sobre procesos *compensatorios* y *reserva* han supuesto un revulsivo frente a la tradicional visión negativa del envejecimiento como un proceso irreversible y generalizado de pérdidas y deterioro. La neurocientífica cognitiva Patricia Reuter-Lorenz, de la Universidad de Michigan, expresó hace unos años el cambio hacia una visión positiva y optimista del envejecimiento con estas palabras llenas de entusiasmo: «La gran historia de la neurociencia cognitiva del envejecimiento es el descubrimiento reciente de lo que parece ser una reorganización y compensación funcional del cerebro que va envejeciendo».[35]

Y es que, en efecto, el cerebro humano tiene la capacidad de reorganizarse y usar sus recursos para compensar o mitigar gran parte de los declives cognitivos que acompañan al deterioro anatómico y funcional asociado al envejecimiento natural. Como se ha sugerido, no se da una correlación entre acumulación de patología cerebral y deterioro cognitivo: está suficientemente demostrado que la patología cerebral que caracteriza a los cerebros con demencia (por ejemplo, acumulación de las proteínas β-amiloide y tau) está también presente en los cerebros de algunos adultos mayores (se estima que en alrededor de un 30%) que, sin embargo, mantienen un funcionamiento cognitivo preservado toda su vida.[36] La idea de *resiliencia* cerebral —la capacidad del cerebro para hacer frente a la patología y mantener su función— surgió precisamente a partir de tales hallazgos. Los neurocientíficos coinciden en que la resiliencia se construye a lo largo de la vida y depende de una serie de mecanismos que, a su vez, dependen de una variedad de factores que se pueden modificar. Esta última idea es muy interesante en tanto en cuanto pone de manifiesto que factores tales como el nivel de estudios, la ocupación profesional, la actividad física, el ocio y el estilo de vida en general actúan como modificadores de la resiliencia cerebral.

Por lo que se refiere a los mecanismos, algunos neurocientíficos han apelado a una especie de *andamiaje compensatorio*[37] para designar una forma adaptativa de plasticidad que permitiría a los cerebros de las personas mayores involucrarse en circuitos neurales suplementarios para preservar o compensar la función cognitiva frente al declive estructural y funcional del cerebro que envejece. La activación frontal bilateral que se observa en adultos mayores, y que ha sido comentada en el apartado anterior, sería un reflejo de dicho andamiaje.

En el fondo, la idea de «andamiaje compensatorio» es equivalente a la idea más antigua de «reserva»,[38] un constructo teórico que incluye los mecanismos básicos de resiliencia que actualmente acaparan el interés de los neurocientíficos; a saber, *reserva cerebral y cognitiva, mantenimiento cerebral* y *compensación*; esto es, factores que frenan, mitigan y pueden compensar, hasta cierto punto, el declive cognitivo del cerebro que envejece. Todo ello es posible porque, como explícitamente nos dicen los neurocientíficos, «a pesar del sustancial declive anatómico y funcional, el cerebro envejecido retiene un sorprendente grado de plasticidad neural y de flexibilidad funcional».[39]

Más adelante retomaremos y comentaremos con cierto detalle los mecanismos mencionados y su efecto amortiguador sobre el declive de la memoria.

¿Cómo se refleja el envejecimiento cerebral en la memoria?

En contra de lo que se ha pensado tradicionalmente, el envejecimiento tiene unos efectos negativos relativamente pequeños sobre la memoria. Como ya se ha dicho, los numerosos estudios realizados señalan con claridad que hay unos sistemas más vulnerables que otros al envejecimiento. En concreto, sólo la *memoria operativa* (o memoria a corto plazo) y la *memoria episódica* (el componente sensorio-perceptivo del sistema de memoria autobiográfica) pueden sufrir declives significativos cuando los adultos avanzan en edad. Otros sistemas, como la *memoria semántica* (el conocimiento general acerca del mundo y del lenguaje) y la *memoria procedimental* (las habilidades o destrezas adquiridas o cómo se hacen las cosas) apenas se ven afectados por el envejecimiento.[40] Una de las razones fundamentales de que estos dos últimos sistemas no declinen con la edad radica en que las regiones o áreas del cerebro en las que están implementados no experimentan cambios significativos con el envejecimiento cerebral. Analicemos el estado de la cuestión empezando por la memoria operativa.

¿Cómo y por qué declina la memoria operativa con el envejecimiento?

El sistema de memoria a corto plazo o *memoria operativa* se considera la «memoria central de trabajo» o «la mesa de trabajo»[41] donde se lleva a cabo la actividad mental consciente. Su función es mantener activada, durante un corto espacio de tiempo, una cantidad muy limitada de información mientras participa en la realización de un rango muy amplio de tareas como, por ejemplo, una operación de cálculo mental, leer o escribir, estudiar, mantener una conversación, ir de un lugar determinado a otro con un objetivo concreto (como de casa al banco a sacar dinero, o desde el comedor a la cocina con la intención de coger un tenedor que falta en la mesa), etcétera, etcétera.

En mi opinión, el sistema de *memoria operativa* es el que experimenta el declive más claro y evidente para cualquier persona de edad avanzada. Los fallos de esta memoria son los más frecuentes y los que más desconciertan e irritan. Si tenemos en cuenta que este es el sistema con el que trabajamos mentalmente y, por tanto, el que está activado durante la realización de la mayor parte de las actividades cotidianas, es fácil entender que sus fallos sean los más notorios, los más visibles, de los que más nos damos cuenta y, naturalmente, los que más incomodan. Veamos en primer lugar unos ejemplos y después tratemos de entender por qué se producen (aunque los ejemplos se expresen en primera persona no son necesariamente personales):

«Estoy sentado cómodamente mirando la televisión, me apetece tomar un yogur, voy a la cocina y cuando llego no sé a qué he ido».

«Voy al dormitorio con la intención de coger el reloj que dejé en la mesilla de noche, al entrar compruebo que el balcón está abierto, cierro el balcón, bajo la persiana, corro las cortinas y me vuelvo a donde estaba, me siento y caigo en la cuenta de que se me ha olvidado el reloj».

«A veces, mientras estoy leyendo una novela, me doy cuenta de que he leído una página entera y no me he enterado de lo que he leído».

«Salgo a la calle con la intención de sacar dinero en el cajero automático, a medio camino me encuentro con un amigo que me pregunta por la familia, nos paramos, me invita a caminar mientras hablamos, nos despedimos y me vuelvo a casa olvidándome de ir al cajero».

«Llamo por teléfono a un amigo con la intención de invitarlo a comer el fin de semana, nos saludamos y me cuenta que le han llamado de una importante empresa ofreciéndole un trabajo, celebramos con alegría el ofrecimiento, nos despedimos y me olvido de invitarlo a comer el fin de semana».

Estos ejemplos,[42] que podrían extenderse hasta el infinito, recogen fallos u olvidos del sistema de *memoria operativa* o a corto plazo. Tales olvidos pueden producirse, y de hecho se producen, en personas de cualquier edad; sin embargo, está comprobado que su frecuencia aumenta de forma significativa en los adultos mayores.

¿Por qué se producen esos fallos u olvidos? ¿Cómo se explican?

En primer lugar, hay que tener presente que la *memoria operativa* es un sistema altamente dependiente de la *atención*; tanto que sin atención esta memoria no podría funcionar adecuadamente en la mayor parte de las actividades humanas porque la información que entra en ella se desvanece en pocos segundos (entre quince-veinte segundos, aproximadamente; de ahí que se le denomine «memoria a corto plazo»). De hecho, el componente central de esta memoria es lo que los expertos llaman «ejecutivo central», que en esencia es un controlador de los recursos atencionales del que depende tanto focalizar o concentrar la atención en el objetivo actual como cambiar la atención de ese objetivo a otro. Así pues, gracias a un adecuado *control de la atención*, la memoria operativa puede cumplir eficazmente sus funciones.

Si volvemos a los ejemplos anteriores, se puede comprobar que, en realidad, todos y cada uno de esos fallos u olvidos se han producido por la misma razón; a saber, porque durante la realización de un plan la atención que lo mantenía activado y consciente fue atrapada por un estímulo no previsto (es decir, por un «distractor» externo o interno) que desplazó o expulsó de «la mesa de trabajo mental» dicho plan y pasó a ocupar su sitio, dando lugar al olvido del objetivo central que teníamos entre manos.

¿Por qué a medida que se envejece aumentan estos fallos, estos olvidos, estos despistes? Y digo «despistes» porque, en realidad, son *fallos de atención* más que de memoria. La respuesta la encontramos en los efectos atrofiantes que el envejecimiento puede tener sobre los lóbulos frontales. Como ya se dijo, la atrofia frontal trae consigo una serie de déficits en procesos y mecanismos que tienen una clara implementación en dichas regiones cerebrales, entre los que merecen especial mención la pérdida o merma significativa de *control cognitivo*, con el consiguiente declive de la *atención selectiva* y la incapacidad para *inhibir* la información irrelevante o distractora. En otras palabras, la atrofia frontal afecta negativamente a todas las funciones ejecutivas y, de un modo concreto, al *ejecutivo central* (el supervisor y controlador de los recursos atencionales), que perderá su capacidad para mantener la atención focalizada en el plan que se está llevando a cabo con el consiguiente riesgo de que estímulos irrelevantes capturen la atención y desactiven el contenido de la memoria operativa. El resultado de todo eso parece claro: las acciones que se estaban realizando (ir a la cocina a por un yogur o al dormitorio a recoger el reloj, comprender o enterarse de la página que se estaba leyendo, dirigirse al cajero a sacar dinero o hablar por teléfono con un amigo para invitarlo a comer) quedan abortadas, interrumpidas, por la invasión del «espacio mental de trabajo» de estímulos ajenos al plan, irrelevantes y distractores, que no han podido ser inhibidos. En su relato autobiográfico, Luis Buñuel reconoció en sí mismo este problema cuando escribió:

> Con la edad, con el inevitable debilitamiento de la memoria inmediata [...] debo tener cuidado. Comienzo una historia, la abandono enseguida para hacer un paréntesis que me parece interesante, después de lo cual olvido mi punto de partida y me pierdo. Siempre pregunto a mis amigos: «¿Por qué os estaba contando esto?».[43]

En definitiva, la *memoria operativa* experimenta fallos importantes a medida que se envejece porque el envejecimiento cerebral (frontal) altera el funcionamiento de la atención.

Cambios en la memoria episódica asociados a la edad

Cuando las personas mayores se quejan de su memoria, de que ya no les funciona como antes, de que ya no es la que era y otros lamentos parecidos, se están refiriendo al declive de su *memoria episódica* y casi siempre a los problemas que experimentan al tratar de recordar eventos o acciones relativamente recientes («¿qué cenamos anoche?») o muy recientes («¿dónde habré puesto las gafas?»). En realidad, estos ejemplos lo que indican es una dificultad para recordar *los detalles* de acontecimientos recientes: la persona recuerda que cenó anoche, pero le cuesta mucho recordar *qué* cenó; del mismo modo que recuerda que se quitó las gafas, pero es incapaz de recordar *dónde* las dejó. Si se piensa un poco, se comprobará que esos problemas de los mayores con los recuerdos episódicos apuntan a dificultades para recuperar lo que se conoce como el *contexto*, es decir, las circunstancias en las que ocurren las cosas.

En efecto, es un hecho científicamente probado y fácilmente comprobable en la realidad cotidiana que a las personas mayores, en general, no les resulta fácil recordar los *detalles* del contexto. Por ejemplo, *qué* ocurrió («me quité las gafas, pero ¿qué hice con ellas?»), *cuándo* ocurrió («sé que hablé con María, pero ahora mismo no recuerdo si fue ayer o hace más días»), *dónde* ocurrió (reconocen una cara, pero quizá no recuerden dónde la vieron antes), *quién* dijo qué en una conversación, *dónde* y *cómo* se enteraron de algo, etcétera.

Esas dificultades permiten entender, entre otras cosas, por qué las personas mayores olvidan con frecuencia *la fuente* de la información; esto es, recuerdan la información nueva, pero suelen olvidar *dónde* se enteraron (¿en la televisión, en el periódico...?) o *quién* se la dijo (¿una amiga, su marido, su hijo...?). Existe una anécdota del presidente Ronald Reagan que ilustra muy bien el olvido de la fuente de los recuerdos.

En la campaña electoral a la presidencia de 1980, Ronald Reagan contó repetidas veces como algo real la conmovedora historia de un piloto de bombardero que, tras ser dañado gravemente su avión por un disparo enemigo, ordenó a su artillero abandonar el aparato; sin embargo, el joven artillero estaba tan gravemente herido que no podía evacuar el aparato. Llegado a este punto, Reagan apenas podía contener las lágrimas cuando pronunciaba la heroica respuesta del piloto: «No importa. Caeremos juntos». La prensa se dio cuenta enseguida de que esa historia era una copia casi exacta de una escena de la película de 1944, *A Wing and a Prayer* (aquí conocida como *Alas y una plegaria*), dirigida por Henry Hathaway. Aparentemente, Reagan había retenido en su memoria los hechos, pero había olvidado su procedencia, es decir, la fuente.[44]

Los pacientes con lesiones en los lóbulos frontales son incapaces de recordar la fuente de los recuerdos: aprenden y recuerdan información nueva, pero padecen lo que se denomina «amnesia de la fuente». En los adultos mayores sanos que presentan este problema se habla de «olvido de la fuente» por entender que el término «amnesia» resulta excesivo; aunque, como han señalado algunos expertos, tales olvidos podrían estar reflejando el mismo tipo de déficit de los lóbulos frontales, pero en una forma subclínica.[45] Una sugerencia que se vería reforzada por el dato constatado de atrofia frontal en el envejecimiento saludable, aunque hay más explicaciones, como iremos viendo.

No es un problema de memoria, sino de atención

Si se analiza la estructura global de cualquier recuerdo (evoquemos, por ejemplo, el día de nuestro último cumpleaños) es fácil comprobar que en el acontecimiento que lo originó hay siempre un *núcleo* central, donde se concentra la esencia de lo vivido (en nuestro ejemplo, la celebración familiar de nuestro cumpleaños), más toda una colección de *detalles* circundantes *asociados* a ese núcleo, que lo envuelven y le darán posteriormente consistencia narrativa (*cuándo* y *dónde* fue la celebración, *quiénes* nos acompañaron y *qué* regalos nos hicieron, *qué* comimos y bebimos, etc.). De un modo natural, el núcleo de todo evento acapara por su relevancia la mayor parte de los recursos de atención, mientras que los detalles o elementos secundarios reciben por lo general los recursos restantes, es decir, menos atención. Esto ocurre siempre —lo importante o relevante capturará nuestra atención mientras lo secundario o irrelevante recibirá poca (o menos) atención—, con independencia de si se es joven o entrado en años. De ahí que, por norma, todos recordemos mejor la esencia de lo ocurrido (por ejemplo, que el día de nuestro último cumpleaños disfrutamos de una cariñosa y agradable reunión familiar) que los detalles que lo rodearon. Lo cual no significa que en nuestra memoria no tengamos un número importante de recuerdos extraordinariamente ricos en detalles; por supuesto que los tenemos, siempre y cuando los eventos originales los experimentáramos prestándoles suficiente atención.

Todo lo cual nos lleva a reconocer lo que los científicos de la memoria plantean: que *la memoria episódica necesita niveles muy altos de atención.* Y es que no podía ser de otra manera. ¿Por qué? Por muchas razones. La fundamental: porque los acontecimientos de cada día, por sencillos que sean, son siempre nuevos, singulares, únicos y, además, suelen contener muchísima información; por tanto, no es fácil aplicar esquemas previos, por muy bien aprendidos que estén, ni durante la codificación (es decir, cuando los estamos viviendo) ni durante la recuperación (es decir, cuando los evocamos).

A partir de este sencillo análisis, resulta plausible atribuir el declive de la memoria episódica de las personas mayores —esto es, su dificultad para recordar los detalles contextuales— a una reducción de los recursos de atención y a la gran labilidad atencional asociada. Una atención lábil significa incapacidad para mantenerla focalizada en los estímulos relevantes y, en consecuencia, una alta vulnerabilidad a las distracciones, que es lo que suele ocurrirles a las personas de edad avanzada. No obstante, esta explicación en términos de déficits atencionales, que permitiría entender por qué los adultos mayores tienden a olvidar los detalles de los eventos, resulta insuficiente para explicar algo más básico, como es la creación de lazos asociativos entre esos detalles contextuales y el núcleo del evento.

Déficit asociativo o la dificultad para crear «todos» cohesionados

Como señaló el gran teórico Endel Tulving, los recuerdos episódicos son representaciones mentales donde están entrelazados y asociados los componentes contextuales, temporales y espaciales del suceso experimentado. Es decir, que el contenido episódico de un recuerdo es un conjunto de *asociaciones* entre el momento, el lugar, los protagonistas y todos los elementos perceptivos que conformaron el evento. Cualquier recuerdo autobiográfico de un episodio de nuestra vida incluye, por encima de todo, lo que podríamos llamar un «núcleo semántico» integrado por el estado mental del sujeto y el significado o la esencia de dicho episodio (por ejemplo, «sé que cené», no «supongo que cené»), asociado o «ligado» todo ello a información (episódica) sobre el momento y el lugar en el que ocurrió, las personas que participaron y sus comportamientos, etc. Dicho «ligamiento» o asociación es fundamental y debe producirse entre todos los componentes del episodio para garantizar que se recuerdan todos juntos y que pertenecen a la misma experiencia.

El hecho de que con frecuencia las personas mayores experimenten un declive de memoria que les lleva a olvidar el contexto o parte de él se explica actualmente, además de por una pérdida significativa de recursos atencionales, por sus problemas para crear asociaciones o ligamientos entre los detalles específicos de un evento. Se dispone de evidencia científica que confirma que los adultos mayores suelen tener dificultades para ensamblar los diferentes aspectos de un episodio en una unidad cohesionada, lo que explicaría sus problemas para recordar la información específica de los sucesos, a pesar de que su capacidad para recordar la esencia o el núcleo semántico de los mismos no declina con la edad.[46] En pocas palabras, esto revela que, si bien su sistema de memoria autobiográfica no se deteriora significativamente, el componente episódico de dicho sistema sí tiende a verse afectado por el envejecimiento. Lo que explicaría, por ejemplo, que una persona de edad avanzada recuerde que el día de su último cumpleaños su familia le organizó una fiesta, pero tenga problemas para recordar algunos o muchos de los detalles de dicha fiesta.

Parece, pues, que al envejecer aumentan las dificultades para crear lazos asociativos entre los componentes de una experiencia, al tiempo que las asociaciones antiguas se van debilitando, como ocurre, por lo visto, con los nombres propios y las personas a las que están asociados, como veremos enseguida.

El *declive asociativo* se atribuye al hecho de que el envejecimiento del cerebro afecta negativamente a los llamados procesos de «ligamiento» (*binding*), responsables de integrar, unir o ligar (de ahí el nombre) los múltiples componentes de cualquier experiencia en una huella coherente de memoria. Desde hace años, se sabe que el *ligamiento* coincide con la primera fase de los procesos de *consolidación* (responsables, como sabemos, de convertir las huellas inestables de memoria en registros estables y permanentes de memoria a largo plazo), procesos que dependen, sobre todo en sus primeros momentos, del hipocampo.[47] La cuestión que surge de inmediato es esta: si el envejecimiento no produce muerte neuronal en el hipocampo, como ya se dijo, ¿cómo es que los procesos de *ligamiento* sí parecen presentar deficiencias cuando se envejece?

El caso es que, si bien el hipocampo no experimenta una pérdida significativa de neuronas durante el envejecimiento, hay otras estructuras cerebrales relacionadas que sí. En concreto, está comprobado que el llamado *prosencéfalo basal* (una serie de pequeñas estructuras subcorticales situadas en la base de la región anterior de ambos hemisferios cerebrales)[48] sufre una notable pérdida neuronal. La importancia del prosencéfalo basal estriba en que suministra al *hipocampo* la *acetilcolina*, un neurotransmisor o mensajero químico fundamental para el funcionamiento de los circuitos de memoria. Se sabe que daños serios en el prosencéfalo basal causan una amnesia similar a la que producen los daños en el sistema hipocampal. Este paralelismo se explica porque al deteriorarse las fibras colinérgicas (las que liberan la acetilcolina) del prosencéfalo basal se acaban dañando los circuitos bioquímicos del hipocampo (y por la misma razón los de los lóbulos frontales), con la consiguiente alteración funcional de la memoria; esta disfunción puede llegar a ser tan grave como la que produce una lesión estructural en el propio hipocampo.[49] Por otro lado, existe abundante evidencia científica de que los cambios bioquímicos del hipocampo producen atrofia y dañan su funcionamiento,[50] por lo que acaban perturbando el proceso de *ligamiento* o, lo que es lo mismo, la capacidad para establecer *asociaciones* nuevas (por ejemplo, palabras con palabras, detalles con su contexto, nombres con caras, etc.).

Esa alteración de la memoria para la información asociativa, sobre todo cuando los componentes de la asociación están representados en diferentes regiones de la corteza cerebral (pensemos en una cara y un nombre), podría ayudarnos a entender y a explicar también por qué las personas mayores olvidan con frecuencia los nombres de las personas conocidas.

Recordar los nombres de las personas: una asociación difícil para todo el mundo

Una experiencia familiar para cualquiera es la de encontrarse con alguien a quien reconoce de inmediato, pero no recordar su nombre. En muchas de esas ocasiones, te das cuenta de que incluso sabes mucho sobre la vida de esa persona; por ejemplo, dónde vive, en qué trabaja, quiénes son su familia o que es una persona simpática y amable, pero, sin embargo, eres incapaz de ponerle nombre. Y es que, como la investigación científica ha demostrado, recordar los nombres de las personas es una de las tareas de memoria más desafiantes para los adultos de todas las edades. No es fácil, no, poner nombres a las caras, una habilidad difícil de por sí que, además, empeora con la edad, incluso en el envejecimiento exitoso, probablemente debido a cambios en los mecanismos asociativos de la memoria episódica, como después veremos.

Llamar por su nombre a una persona es un gesto muy valorado socialmente; sobre todo cuando se trata de personas conocidas; razón por la cual olvidar el nombre de los vecinos o de personas a las que se conoce de toda la vida genera situaciones embarazosas y muy incómodas para ambas partes. No debe extrañar, por tanto, que algunos adultos de edad avanzada lleguen incluso a restringir sus relaciones sociales para evitar el difícil y doloroso trance que les acarrea encontrarse con una vecina y no poder llamarla por su nombre. Como en el caso de Carmen, una mujer de ochenta y seis años, quien con enorme pesar me confesaba un día:

> Lo que más me hace sufrir es no acordarme del nombre de mis vecinas. ¿Tú te crees que salgo por la mañana a la puerta de la calle y me encuentro con... mi vecina de la puerta de más arriba, que nos conocemos de toda la vida, y me dice: «Buenos días, Carmen» y yo sólo le puedo decir: «Buenos días...», ¡porque no me acuerdo cómo se llama!? Así que lo que hago ahora es no salir a la calle.

Antes de entrar en materia, conviene hacer una observación que me parece fundamental. El olvido de los nombres de la gente conocida o la dificultad para recordarlos no significa, en realidad, que se hayan olvidado los nombres como tales. Lo que significa ese olvido es que se ha *bloqueado* de forma momentánea la ruta que lleva de una cara conocida a un nombre concreto. Es decir, se ha interrumpido o se ha debilitado la conexión que mantenía ligados cara y nombre en nuestra memoria. Digo esto porque está suficientemente comprobado que, si a un adulto con problemas para recordar los nombres de sus conocidos se le pide que diga nombres de personas, por lo general no tiene ningún problema para recitar un buen número de nombres propios. Su problema, por tanto, no debe identificarse (en contra de lo que plantean algunos científicos) como un fallo de su memoria semántica (el sistema responsable de mantener el conocimiento sobre el mundo y sobre el lenguaje, del que forman parte también los nombres propios), sino como un fallo de memoria episódica.

Hecha esta observación, pasemos a analizar por qué los nombres de personas son difíciles de recordar.

Para empezar, veamos un curioso descubrimiento conocido en psicología como *la paradoja Baker-baker* (en inglés, *baker* significa «panadero»). A dos grupos de participantes jóvenes se les presentaron, de una en una, una serie de fotografías con las caras de hombres desconocidos. En un grupo, cada foto iba acompañada del apellido, mientras que en el otro cada foto se acompañaba de la profesión. La tarea de los participantes era aprender cómo se llamaban o qué profesión tenían. Lo interesante es que para los apellidos y para las profesiones se utilizaron las mismas palabras, con la diferencia de que a los participantes del primer grupo lo que en realidad se les estaba diciendo era: este señor se llama Baker, este otro Smith, este Potter, etc., mientras que a los del segundo grupo lo que se les estaba indicando era: este señor es *a baker* (un panadero), este otro *a smith* (un herrero), este *a potter* (un alfarero), etc. Cuando después se les fueron presentando las caras y se les pidió que dijesen el nombre o la profesión, según el grupo, se comprobó que el recuerdo de las profesiones era muy bueno, mientras que el recuerdo de los nombres era muy bajo. Esta es «la paradoja Baker-baker», el descubrimiento de que una palabra como *Baker* presentada como un nombre (o apellido) es más difícil de recordar que la misma palabra (*baker*) presentada como una profesión.[51]

Pero ¿por qué el recuerdo de la misma palabra es más difícil si se usa como nombre que si se usa como profesión?

En general, parece suficientemente demostrado que recordar los nombres de las personas es más difícil, para adultos de cualquier edad, que recordar otros tipos de información, como los nombres comunes de objetos, lugares, hobbies o profesiones. Pero ¿por qué es difícil recordar el nombre de las personas?, ¿por qué los nombres propios «tienen una propensión frustrante a ser olvidados»?[52]

Este es un asunto con una larga tradición filosófica, que se remonta a mediados del siglo XIX con John Stuart Mill, quien escribió: «Los nombres propios no son connotativos: denotan a los individuos a los que llaman, pero no indican ni implican ningún atributo que pertenezca a esos individuos. [...] Un nombre propio no es más que una marca sin sentido».[53]

Filósofos posteriores a Mill han coincidido en señalar que, en efecto, los nombres propios denotan o identifican a los individuos, pero no tienen «sentido» porque no describen propiedades o características del individuo al que se refieren, algo que sí ocurre con los nombres comunes. Por ejemplo, el nombre propio «Daniel» nos dice muy poco de esa persona, la única información que contiene es que es un nombre de varón. Sin embargo, la palabra «músico», por ejemplo, es muy descriptiva en tanto que nos da mucha información acerca de la naturaleza del trabajo de esa persona, costumbres, lugares que frecuenta, etc. Todo ello hace que los nombres comunes como «músico», o «panadero» si volvemos a la *paradoja Baker-baker*, nos proporcionen mucha información y asociaciones basadas en nuestro conocimiento sobre los músicos o los panaderos que harán fácil su recuerdo, mientras que el nombre «Daniel» o el apellido «Baker» no son más que eso: una arbitrariedad, o «una marca sin sentido», como dijo Mill, difícil de recordar.

El hecho de que los nombres propios no incluyan ningún rasgo de sus dueños lleva consigo que el vínculo asociativo con su referente (la cara) sea mucho más débil que en el caso de los nombres comunes, lo que se traducirá, a nivel cognitivo, en la dificultad para integrar los nombres de las personas con asociaciones, conocimiento y conceptos relacionados y, a nivel práctico, en la dificultad para recordarlos.

En definitiva, los nombres de las personas resultan difíciles de recordar para cualquier persona de cualquier edad, básicamente porque son palabras carentes o vacías de significado, por lo que su recuerdo dependerá de un modo crucial de la fuerza del lazo asociativo entre el nombre y la cara. Naturalmente, dicha fuerza estará determinada por diferentes factores, como el uso, la familiaridad, la cercanía y también, como se ha descubierto recientemente, por factores sociales y emocionales (por ejemplo, se recuerdan mejor los nombres de las personas de edades cercanas a la propia).[54]

¿Por qué el recuerdo de los nombres propios se hace más difícil con el envejecimiento?

Un punto de partida fundamental para nuestros objetivos es la constatación experimental de que los adultos mayores no tienen ningún déficit de memoria en comparación con adultos jóvenes para recordar nombres, por un lado, ni para recordar caras, por otro, pero sí presentan una memoria significativamente peor cuando lo que han de recordar son *asociaciones* entre nombres y caras.[55]

El declive asociativo se manifiesta no sólo en el aprendizaje de los nombres de las personas que se acaban de conocer, sino también a la hora de recordar cómo se llaman las personas conocidas. La explicación radica en que el envejecimiento no sólo parece disminuir las posibilidades de crear asociaciones nuevas, lo que indicaría fallos en los procesos de aprendizaje (o de codificación) del nombre correspondiente a una cara, sino que deteriora también los procesos de recuerdo (o de recuperación) de asociaciones ya establecidas.

En personas con un envejecimiento saludable estos olvidos suelen ser ocasionales, es decir, que se resuelven en un momento posterior (que puede ir de minutos a horas o días) de un modo espontáneo o con una pequeña ayuda externa (por ejemplo, indicándoles la letra inicial). Por esta razón, se habla de «bloqueos», es decir, de la imposibilidad *temporal* de acceder al nombre de una persona conocida. Una condición muy diferente sería la de las personas que sufren una dificultad *permanente* para recordar nombres propios, en cuyo caso se habla de «anomia de nombres propios», un trastorno neuropsicológico resultante de daños cerebrales.

A pesar de los muchos estudios realizados en las últimas décadas, todavía no contamos con una explicación satisfactoria de por qué las personas mayores tienen más dificultades que los jóvenes para recordar nombres de personas conocidas. Parece claro que no es un problema de ruptura de asociaciones (a lo sumo, de debilitamiento) dado que tales olvidos son temporales, por lo que se barajan algunos otros factores más como causantes de esos bloqueos. En mi opinión, a la hipótesis del déficit asociativo podría añadirse otra hipótesis muy sugerente, como la ya mencionada *disminución de recursos atencionales* como consecuencia de la atrofia frontal asociada al envejecimiento; una propuesta que se ve reforzada por la constatación de que la incidencia de bloqueos de nombres propios en personas mayores aumenta cuando se sienten cansados, estresados o enfermos,[56] condiciones —en especial la fatiga y el estrés[57]— que, como se sabe, reducen la capacidad de la atención.

Pero, además del déficit de la memoria asociativa y de la reducción de los recursos atencionales, deberían tenerse presentes otras variables asociadas al envejecimiento del cerebro, como el *enlentecimiento* del procesamiento de la información y la *disminución* del control cognitivo. Me parece razonable asumir que una velocidad de recuperación reducida y un cierto descontrol a la hora de inhibir los nombres que no pertenecen a la persona que queremos llamar por su nombre (y que acuden a nuestra mente cuando tratamos de recordar cómo se llama esa persona) pueden entorpecer o impedir el recuerdo del nombre que se busca. Por todo ello, me inclino a pensar que los fallos de los mayores en un proceso tan *complejo* como el recuerdo de los nombres propios probablemente sean el resultado de la intervención defectuosa de factores como los mencionados a los que se sumaría, en muchos casos, la influencia insidiosa de factores emocionales y afectivos como la ansiedad y la depresión, nada infrecuentes en las personas de edad avanzada. No obstante, resulta clara la necesidad de más estudios para poder establecer una conclusión sólida acerca del incremento de la dificultad para recordar los nombres propios a medida que se envejece.

En *resumen*, el declive de la *memoria episódica* asociado al envejecimiento se concretaría —aunque, como veremos, no *necesariamente* en todas las personas— en dificultades para recordar los detalles de los eventos, en un incremento de fallos en procesos de *control de realidad* como confundir u olvidar las fuentes de la memoria y, quizá de un modo especial por su relevancia social, en la dificultad para recordar los nombres de las personas conocidas.

TRAYECTORIAS DE ENVEJECIMIENTO Y MEMORIA

La respuesta a la pregunta de si la memoria, en general, declina o no con el envejecimiento está cambiando en las últimas décadas y la razón no es otra que el gran avance experimentado en el conocimiento relativo al declive cognitivo asociado a la edad; en particular, la constatación de la gran variabilidad de trayectorias individuales del envejecimiento cognitivo.

La investigación reciente en neurociencia cognitiva del envejecimiento está permitiendo distinguir tres trayectorias generales. Por un lado, la de aquellas personas de edad avanzada que presentan un deterioro cognitivo claro y significativo (patológico) que puede acabar en demencia. Por otro, la de aquellos individuos con un «envejecimiento saludable», es decir, que no sufren ninguna enfermedad o daño cerebral conocido y experimentan un declive cognitivo «habitual»[58] o leve en procesos o habilidades cognitivas muy concretas (por ejemplo, déficit de atención o fallos en memoria operativa y memoria episódica, como los descritos en páginas anteriores). Por último, y esta ha supuesto un descubrimiento de extraordinaria relevancia, la trayectoria de aquellas personas con un «envejecimiento óptimo», esto es, individuos adultos cuyos procesos y capacidades cognitivas se mantienen preservados durante toda su vida.[59]

Esta gran variabilidad pone de manifiesto, entre otras cosas, como ha advertido el neurocientífico Oury Monchi, profesor de la Universidad de Calgary, que «el envejecimiento no está necesariamente asociado a una pérdida significativa de la función cognitiva».[60] Esta conclusión implica un cambio conceptual radical —como ha quedado dicho unas páginas atrás— respecto a la idea profundamente arraigada desde antiguo de que el envejecimiento del cerebro conlleva un inevitable deterioro cognitivo que no se puede ni enlentecer ni mitigar.

Mecanismos moduladores de las trayectorias de envejecimiento

¿Cómo se explican las diferentes trayectorias de envejecimiento? Las investigaciones recientes permiten señalar que las tres trayectorias mencionadas son sin duda alguna el reflejo de complejas interacciones entre los factores genéticos y los factores ambientales, pero con la salvedad de que dichas interacciones, y esta es la gran novedad, están moduladas en mayor o menor medida por el grado de resiliencia, resultante de la acción de mecanismos tales como la *reserva (cerebral y cognitiva)*, el *mantenimiento* y la *compensación*. Estos mecanismos desempeñan una función protectora y compensatoria frente al deterioro cerebral y cognitivo.[61] Veamos en qué consiste cada uno de estos mecanismos.

La *reserva neurocognitiva* se refiere a la acumulación de recursos (neurales y cognitivos) que se va produciendo a lo largo de la vida —aunque de un modo especial durante la infancia y la juventud— y que atenúa y ayuda a compensar los declives neurocognitivos ocasionados por el envejecimiento o por patologías cerebrales. En otras palabras, la *reserva* sería algo así como «el capital neurocognitivo» de un cerebro en un momento dado y se concretaría, además de en un mayor número de conexiones neuronales, en un conjunto de destrezas, habilidades o repertorio de respuestas que permiten afrontar con bastante éxito el declive cognitivo asociado al envejecimiento e incluso reducir de manera significativa el riesgo de demencia. Idealmente, un buen nivel de *reserva* podría contrarrestar por completo el declive cognitivo; sin embargo, hasta donde se sabe, sólo lo mitiga.[62]

Dado que la *reserva* es y sigue siendo un factor inespecífico de la estructura o la función del cerebro, y quizá por eso no es posible medirla directamente, los investigadores utilizan medidas de factores que covarían con ella o contribuyen a su desarrollo. Así, se dispone de evidencia científica que demuestra que el nivel educativo, la actividad física, la ocupación profesional, las actividades de ocio, la salud y el estilo de vida (considerados todos ellos «modificadores de la resiliencia»)[63] juegan un papel determinante en la acumulación de *reserva neurocognitiva*.[64] Una explicación pionera de por qué esos factores generan *reserva* planteó hace unos años que un estilo de vida enriquecido intelectual y socialmente aumentaría la densidad sináptica (es decir, el número de conexiones entre neuronas) en determinadas regiones cerebrales, una reserva cerebral que protegería y compensaría el declive neurocognitivo.[65] En años posteriores se ha confirmado dicha propuesta y son varios los estudios que han observado, por ejemplo, que los sujetos con un nivel educativo alto presentan cambios estructurales en ciertas regiones del cerebro que no aparecen en los sujetos con niveles educativos bajos, y que esos cambios correlacionan con el hecho de que las personas con más años de educación afrontan mejor los efectos del envejecimiento y las enfermedades cerebrales relacionadas con la edad.[66]

En íntima relación con la *reserva* está el mecanismo de *mantenimiento*, que se refiere a la conservación del «capital» de recursos neurales acumulados mediante la *reparación* continua del deterioro cerebral que se produce tanto a nivel celular como molecular a consecuencia del «desgaste». Se dispone de evidencia científica de que, por ejemplo, la *actividad física* puede ayudar a *mantener* «la juventud del cerebro» reduciendo los cambios cerebrales y activando procesos de reparación neural que reducirían los cambios cognitivos. El descubrimiento más sorprendente en este sentido es el relacionado con la *osteocalcina*, una hormona secretada por el hueso cuando se realiza actividad física. Recientes estudios han comprobado que la *osteocalcina* es necesaria para el mantenimiento de la memoria a largo plazo dependiente del hipocampo (concretamente, del sistema episódico) y fundamental para la reparación del deterioro asociado al envejecimiento de dicha memoria. Un descubrimiento que avala los efectos benéficos del ejercicio físico en el mantenimiento de la memoria episódica durante la edad avanzada.[67]

Aunque el *mantenimiento* se produce a lo largo de todo el ciclo vital, resulta especialmente crucial cuando el deterioro es mucho mayor, esto es, durante la vejez. No obstante, la evidencia científica es muy clara respecto a los límites del *mantenimiento*, en el sentido de que por mucha *reserva* que haya no parece que los procesos de reparación contrarresten por completo el deterioro neurocognitivo. Lo que sí es una realidad constatada es que el mecanismo de *mantenimiento* puede retrasar o minimizar dicho declive.[68]

Por último, el mecanismo de *compensación* se refiere a la utilización o aplicación de los recursos neurales de la reserva para mejorar el rendimiento cognitivo en tareas y situaciones que entrañan dificultad. Un ejemplo claro de *compensación,* ya comentado, es la activación bilateral (en concreto, en los lóbulos frontales) observada en los adultos de edad avanzada respecto a los jóvenes en determinadas tareas. A este respecto, resulta interesante señalar que estudios recientes han corroborado que la «bilateralidad» es un indicador claro de *compensación* al observar cómo los adultos jóvenes *también* muestran una activación en ambos lóbulos en tareas difíciles.[69] Un hallazgo que, como ha sugerido el profesor Fergus Craik, del Rotman Research Institute de Toronto, indica que la activación del «otro» hemisferio es una reacción compensatoria general ante la dificultad de la tarea, pero con la particularidad de que los adultos mayores recurren a este mecanismo antes; es decir, desde el comienzo de la tarea.[70]

Lo que hace especialmente relevante el hallazgo de la bilateralidad y confirma su naturaleza compensatoria en el envejecimiento es el nuevo descubrimiento —extraordinario, sin duda— de que en las personas de edad avanzada la activación bilateral se acompaña de una mayor *conectividad funcional* entre las regiones frontales y el resto del cerebro.

En efecto, un recientísimo estudio[71] sobre memoria episódica y neuroimágenes funcionales (IRMf), liderado por el neurocientífico cognitivo Roberto Cabeza, profesor de la Universidad de Duke, ofrece unos resultados de gran relevancia para entender los procesos *compensatorios* del envejecimiento cerebral. En dicho estudio, en el que participaron veintiún jóvenes (edad promedio: 23,5 años) y veinte personas mayores (edad promedio: 70,5 años), destacan tres grandes hallazgos. Primero, se comprobó que en los adultos mayores las regiones frontales estaban más integradas funcionalmente con el resto de las redes cerebrales que en los jóvenes, y que esa mayor integración iba asociada a un mejor recuerdo. Segundo, las regiones frontales mostraron una *reconfiguración* más fuerte de los patrones de conectividad en los adultos mayores que en los jóvenes. Por último, y este me parece el descubrimiento que más claramente refleja la *compensación*, el incremento de la reconfiguración frontal en los mayores se producía ante una reducción de la reconfiguración en el lóbulo temporal medial (la región crucial para la memoria episódica) y su menor conectividad con el resto del cerebro.

En pocas palabras, estos hallazgos sugieren que cuando el cerebro que envejece empieza a acusar un funcionamiento deficiente en el *sistema de memoria del lóbulo temporal medial* (el *hipocampo* es la estructura fundamental de ese sistema), con el consiguiente *declive de la memoria episódica*, las regiones frontales cambian o reconfiguran sus conexiones dentro del complejo global de redes cerebrales para *compensar* dicho declive.

La *reconfiguración compensatoria* de los lóbulos frontales para contrarrestar los déficits de memoria episódica refuerza la idea ya señalada de que el envejecimiento no debe asociarse necesariamente a deterioro y pérdidas.

Entonces ¿*declina realmente la memoria a largo plazo con el envejecimiento?* Antes de responder a esta pregunta conviene señalar que el interés de los investigadores y el foco de sus estudios están centrados principalmente en averiguar el destino de la *memoria episódica*, dado que como ya hemos visto todo apunta a que es la única forma de memoria a largo plazo que puede sufrir una pérdida seria con el envejecimiento.[72] La memoria episódica, no lo olvidemos, es un componente del sistema de memoria autobiográfica, de cuya suerte hablaremos enseguida. Respecto a los otros sistemas de memoria a largo plazo, como la memoria semántica o la memoria procedimental, todo indica que el envejecimiento no les afecta significativamente. Y, por lo que respecta a la *memoria operativa* o a corto plazo, hemos visto que este sistema sufre un deterioro significativo a medida que se envejece como consecuencia del deterioro de la atención. Parece, entonces, que la pregunta que debemos responder es esta otra:

¿Se deteriora o no se deteriora la memoria episódica?

Los descubrimientos recientes apuntan a que la respuesta final depende básicamente de los posibles efectos de los mecanismos moduladores sobre las tres trayectorias de envejecimiento. Lo cual significa de entrada que *no todas las personas sufrirán un declive de su memoria episódica*. En efecto, y teniendo en cuenta lo expuesto, el «envejecimiento de la memoria» y sus posibles cambios está determinado tanto por *factores genéticos* (determinantes, por ejemplo, de una porción sustancial de la marcada variabilidad individual en capacidades cognitivas, cociente intelectual, funcionamiento de la memoria, etc.) como por el *estilo de vida* (nivel educativo, ocupación, actividad física, estrés, dieta, actividades de ocio, etc.). La combinación de estos factores determinará una de estas tres trayectorias de la memoria episódica: (1) un deterioro patológico, (2) un declive habitual o (3) un envejecimiento exitoso u óptimo de la memoria episódica. Sin embargo, estos itinerarios pueden ser —y de hecho lo son— modificados, cambiados o reforzados por los efectos de los tres mecanismos neurocognitivos mencionados (*reserva, mantenimiento y compensación*).[73]

Se dispone de evidencia científica de que el itinerario 1 puede ser modificado y cambiar al itinerario 2 por factores propios del estilo de vida que generan *reserva* cognitiva, tales como la educación y la actividad física. En concreto, personas con una alta predisposición genética a la atrofia hipocampal en la vejez[74] y que probablemente presentarían un «declive patológico de memoria episódica» pueden tener, si disponen de un buen nivel de *reserva*, un «declive habitual de la memoria episódica» (itinerario 2). Asimismo, se ha comprobado que personas con patología cerebral asociada al envejecimiento que les conduciría directamente a un «declive habitual de la memoria episódica» (itinerario 2) pueden *compensar* dicho declive y alcanzar un «envejecimiento exitoso» de su memoria episódica (itinerario 3).[75] En definitiva, el *envejecimiento exitoso de la memoria episódica* no sólo es un hecho, sino que puede alcanzarse, como se ve, por diferentes vías, sin olvidar, naturalmente, la de las personas con ausencia de patología cerebral asociada a la edad, que son las que con mayor probabilidad tendrán un envejecimiento exitoso de su memoria episódica.

Así pues, y aunque sin duda alguna existe una gran variabilidad entre los individuos con respecto a qué mecanismos juegan un papel decisivo en el envejecimiento de su memoria, los descubrimientos recientes indican que *el envejecimiento no conlleva ni produce necesariamente un deterioro de la memoria episódica.*

Curiosamente, hace años que algunos científicos señalaron algo que entonces resultó muy sorprendente; en concreto, que el envejecimiento *per se* (es decir, sin una patología cerebral concomitante) no determinaba el deterioro de la memoria asociado a la edad.[76] Un planteamiento que, como acabamos de ver, está siendo corroborado por un número creciente de investigaciones de los últimos años que muestran cómo muchos adultos de edad avanzada cuentan con recursos neurales y cognitivos que les permiten compensar los déficits de su memoria episódica.[77]

Trascendencia de los primeros años de la vida

Resulta de extraordinaria importancia reseñar que al tiempo que se ha ido avanzando en el conocimiento de los factores protectores y potenciadores de trayectorias saludables de envejecimiento, otros neurocientíficos han ido encontrando cada vez más datos que vinculan los cambios funcionales del envejecimiento del cerebro con el curso del desarrollo cerebral en los primeros años de la vida; en otras palabras, que los cambios funcionales del cerebro que envejece están estrechamente relacionados con el neurodesarrollo.

Aunque todavía no se sabe demasiado acerca de cómo los factores tempranos del desarrollo humano afectan a los cambios del cerebro y de la cognición a lo largo de la vida, se empieza a disponer de evidencias que señalan que factores tales como el peso al nacer y la educación parental, esto es, el estilo de crianza que madres y padres ponen en práctica con sus bebés, podrían predecir las variaciones funcionales que tanto el cerebro como la cognición experimentan durante el envejecimiento, al tiempo que ponen de manifiesto que esos factores determinantes de los primeros años *marcan* el cerebro y la cognición para el resto de la vida.[78]

Estos hallazgos resultan muy reveladores para el asunto que nos ocupa porque refuerzan la idea de que el deterioro o declive de la memoria episódica que presenta un número importante de adultos mayores no debería atribuirse en exclusiva al envejecimiento, sino que debe ser considerado como un fenómeno dependiente de factores que operan a lo largo de la vida. En este sentido, un recientísimo estudio sobre la estabilidad funcional de la memoria episódica a lo largo de la vida (utilizando la técnica de IRMf), en el que participaron quinientas cuarenta personas de ambos sexos con un rango de edad de seis a ochenta y dos años, ha demostrado que, en efecto, los declives de la memoria episódica que pueden observarse en personas mayores no son el resultado de la acción de mecanismos específicos o exclusivos de las etapas avanzadas de la vida, como se ha creído desde antiguo, sino que tanto la función cognitiva general como la estructura del cerebro propias de esas etapas están determinadas por factores de la vida temprana. Por tanto, concluyen los propios investigadores, «el mantenimiento y el declive de la memoria episódica en la edad avanzada debe ser entendido desde una perspectiva integral de todo el ciclo de la vida en lugar de como un fenómeno exclusivo de la vejez».[79]

Envejecimiento y memoria semántica:
del saber a la sabiduría

Hablar de *memoria semántica* es hablar de nuestro conocimiento, de nuestros saberes, de todo lo que hemos ido aprendiendo desde pequeños, en casa, en el colegio, en la calle, en el trabajo y en el devenir diario de nuestras vidas. Lo que guarda nuestra memoria semántica y lo que nos trae cuando lo necesitamos son, pues, conocimientos sobre los principios generales que rigen el mundo, el comportamiento humano y las interacciones sociales. Por eso, hablar de memoria semántica es hablar de *experiencia*.

La memoria semántica de una persona hace referencia a todo lo que esa persona *sabe*, no a lo que recuerda de su pasado personal, sino a lo que *sabe* acerca del mundo en el que vive. De ahí que, al contrario que la memoria episódica, siempre específica y asociada a los detalles del contexto espacial y temporal, la *memoria semántica* representa conocimiento general desvinculado de todo contexto. Seguro que usted sabe cómo averiguar el área de un triángulo o que si toca los hilos conductores de un cable eléctrico puede sufrir una descarga eléctrica, pero seguro que no recuerda el momento en el que adquirió esos conocimientos ni los detalles. Por tanto, hablar de memoria semántica es hablar de hechos, conceptos, reglas, valores o normas generales.

En definitiva, podríamos decir que la memoria semántica se encarga de mantener a buen recaudo los conocimientos acerca del mundo en general y la experiencia de vida que de ellos se deriva. Por ello, podemos preguntarnos: ¿afecta el envejecimiento a la memoria semántica?

Los investigadores coinciden en que el envejecimiento saludable mantiene prácticamente preservada (es decir, sin detrimento significativo) la memoria semántica.[80] Un hallazgo que corrobora lo que la vida nos muestra, esto es, que las personas mayores sanas conservan su conocimiento y experiencia a lo largo de toda la vida. Algo que, como hemos visto unas páginas más atrás, Cicerón ya reivindicó en su obra *De senectute*, cuando apelaba a los grandes poetas y filósofos griegos y a su memoria saludable a pesar de su vejez.

Lo interesante de este hecho es que el envejecimiento saludable no sólo no deteriora los conocimientos de la persona, sino que precisamente por ello le ofrece la posibilidad de que sus saberes le abran la puerta de la *sabiduría*. Y es que el potencial latente en la vejez es extraordinario. Como estamos viendo, el envejecimiento no debe considerarse sinónimo de *pérdida*, sobre todo a nivel cognitivo o mental. En primer lugar, porque la realidad muestra que no es así, y, en segundo lugar, porque los estudios científicos confirman que el envejecimiento saludable es una fuente inagotable de *ganancias* en conocimiento y habilidades. Por tanto, una visión realista y positiva de la vejez implica reconocer que esta es una etapa más de la vida, con su propio potencial para seguir creciendo intelectual y vitalmente. El escritor alemán Hermann Hesse, premiado con el Nobel de Literatura en 1946, lo expresó con su característica serenidad y sabiduría cuando escribió:

Por bella que sea la juventud, por bello que sea el tiempo de la efervescencia y de las luchas, también el proceso de envejecimiento y maduración tiene su belleza y su felicidad. [...] Con cincuenta años el hombre [...] aprende a esperar, aprende a callar, aprende a escuchar, y si esas buenas prendas han de adquirirse mediante ciertos achaques y debilidades considera tal adquisición como una ganancia.[81]

Una de las *ganancias* íntimamente relacionadas con la memoria semántica es la *sabiduría*, que Tomás de Aquino definió como «el conocimiento cierto de las causas más profundas de todo» y que la psicología actual considera una de las piedras angulares para analizar el potencial de la vejez. No obstante, no ha sido hasta la década de 1980 cuando los psicólogos han empezado a interesarse por el estudio de la sabiduría a fin de entender su naturaleza y desarrollo y, de un modo especial, por desentrañar las relaciones entre sabiduría y envejecimiento.

Pero no es fácil precisar qué es la sabiduría, esa cualidad humana muy apreciada desde siempre, pero enigmática y llena de misterio.

Desde la Antigüedad y de un modo especial en la Biblia se han cantado sus bondades y se la ha valorado como el mayor de los tesoros. «Dichoso el que encuentra sabiduría —se dice en el libro de los Proverbios—, adquirirla vale más que la plata, es más provechosa que el oro y más valiosa que las perlas». Y en el libro de Job se apostilla: «No la iguala el topacio de Etiopía, ni se cambia por el oro más puro». Pero ¿dónde se encuentra la sabiduría?, se pregunta el mismo Job, y continúa su elogio con estas hermosas palabras:

> *El ser humano desconoce su camino,*
> *no se encuentra en la tierra de los vivos.*
> *Dice el Océano: «No está en mí»;*
> *responde el Mar: «No está conmigo».*
> *No puede adquirirse con oro*
> *ni comprarse a peso de plata;*
> *no se paga con oro de Ofir,*
> *con ónices preciosos o zafiros;*
> *no la igualan el oro ni el vidrio,*

ni se paga con vasos de oro fino.
[...] Sólo Dios encontró su camino,
él llegó a descubrir su morada.[82]

Para Job y otros libros sagrados, Dios es la fuente de toda sabiduría. Una idea que se ha mantenido en muchas culturas a lo largo de la historia y que ha derivado en la creencia popular de que algunas cualidades humanas, como las habilidades musicales y motoras, la inteligencia o la propia sabiduría, son regalos de los dioses, una especie de esencias inmutables, potenciales innatos muy difíciles de enseñar.[83] La sabiduría se considera, pues, tanto a nivel popular como en el seno de la filosofía y la psicología, un don muy escaso. A este respecto, el filósofo y profundo pensador Montaigne escribió: «En toda la Antigüedad, apenas distinguimos a una docena de hombres que hayan conducido su vida por un camino cierto y seguro, en lo cual radica el objetivo principal de la sabiduría».[84]

Asimismo, en la mayor parte de las culturas se ha mantenido desde siempre la creencia de que la sabiduría se adquiere y aumenta con la edad, es decir, que la sabiduría y la edad forman parte de la misma trayectoria evolutiva. Y algo más, se considera que la sabiduría exige inteligencia y reflexión, pero no conocimientos académicos ni títulos universitarios. Para los filósofos socráticos, «las personas sabias podían ser analfabetas y las totalmente insensatas podían ser astutas y expertas. [...] Por tanto —continúa diciendo Daniel Robinson, profesor de Psicología de la Universidad de Georgetown—, ser sabio no es poseer un elevado cociente intelectual ni ser un maestro de ajedrez ni un físico teórico. Es ser un cierto tipo de persona, temperamental y moralmente cautivada por el amor a la armonía, la belleza y la verdad».[85] En esa misma línea de pensamiento, el escritor argentino Ernesto Sabato escribió:

> En las comunidades arcaicas, mientras el padre iba en busca de alimento y las mujeres se dedicaban a la alfarería o al cuidado de los cultivos, los chiquitos, sentados sobre las rodillas de sus abuelos, eran educados en su sabiduría; no en el sentido que le otorga a esta palabra la civilización cientificista, sino aquella que nos ayuda a vivir y a mo-

rir, la sabiduría de esos consejeros, que en general eran analfabetos, pero [que], como un día me dijo el gran poeta Senghor en Dakar: «La muerte de uno de esos ancianos es lo que para ustedes sería el incendio de una biblioteca de pensadores y poetas».[86]

¿Qué es la sabiduría para la ciencia actual?

El psicólogo alemán Paul B. Baltes (1939-2006), uno de los grandes líderes en el estudio científico de la sabiduría y autor del *Modelo Berlín de sabiduría*, consideraba la sabiduría como el conocimiento útil para tratar los problemas de la vida, y la definió como «conocimiento experto» para abordar «la pragmática fundamental de la vida que permite intuiciones, juicios y consejos excepcionales acerca de los asuntos complejos e inciertos de la condición humana». En otras palabras, para Baltes la persona sabia sería aquella que atesora conocimiento, intuiciones, buen juicio y capacidad para aconsejar sobre los «aspectos que constituyen la quintaesencia de la condición humana».[87]

Naturalmente, hay otras muchas formas de definir la sabiduría, pero en esencia todos los científicos coinciden en que se trata de una capacidad especial para aplicar el conocimiento con prudencia y sensatez a los retos de la vida. No obstante, resulta oportuno señalar que mientras unos científicos han hecho hincapié en los aspectos cognitivos ignorando los factores emocionales, otros, por el contrario, han subrayado la integración de cognición y emoción en la sabiduría. Traigo a colación esta discrepancia porque se ha encontrado una diferencia similar en el modo como se entiende o conceptualiza la sabiduría en la cultura occidental y en la oriental. En concreto, la investigación demuestra que, mientras en Occidente se priorizan los factores cognitivos como los predictores ideales de una persona sabia, en Oriente se destacan los factores emocionales.[88]

Es un hecho que la sabiduría sigue envuelta en el misterio. Los investigadores tienen planteadas una serie de preguntas para las que todavía no han obtenido respuestas consensuadas. Entre las grandes preguntas que aguardan respuesta, yo destacaría las tres siguientes: ¿cuál es el origen de la sabiduría: se trata de un don innato o de una habilidad que se adquiere?; ¿cómo se desarrolla o de qué variables depende su adquisición?, y ¿qué relación existe entre sabiduría y edad? Como se acaba de decir, aún no existe acuerdo respecto a las respuestas que los diferentes estudiosos ofrecen a esas preguntas, así que expondré de la manera más sencilla y breve posible el estado actual de la cuestión.

Históricamente ha predominado la creencia de que la sabiduría es un regalo o un don con el que se nace y que se mantiene inmutable a lo largo de la vida. Sin embargo, la mayor parte de los científicos consideran que se trata de una cualidad humana que se adquiere, es decir, que se puede aprender y enseñar y cuyo desarrollo comienza pronto en la vida —«los bloques esenciales para la construcción de la sabiduría se adquieren durante la adolescencia y la adultez temprana», han señalado algunos autores.[89]

En consonancia con dicho planteamiento, el *desarrollo* de la sabiduría estaría determinado por variables de diferente naturaleza. En concreto, *variables cognitivas*, donde destacaría el conocimiento o memoria semántica; *variables de personalidad*, tales como la flexibilidad y apertura mental, la tolerancia, la prudencia o la capacidad de reflexión, y, por su puesto, las *experiencias de vida* o lo que genéricamente llamamos la *experiencia*. Hay, claro, otras variables que modularían el desarrollo de la sabiduría, como las circunstancias sociales, económicas y culturales en las que la gente viva. En definitiva, tal cantidad y variedad de factores generarán grandes diferencias individuales, un asunto en el que el profesor Robert Sternberg, de la Universidad de Yale, y otro de los grandes expertos en este campo, insiste hasta el punto de plantear que «las diferencias individuales en el desarrollo de la sabiduría son tan grandes que los promedios probablemente nos dicen poco sobre cómo se desarrolla la sabiduría».[90]

¿Y qué papel juega la *edad* en el desarrollo de la sabiduría? A lo largo de la historia y a través de las diferentes culturas se ha asumido casi como una verdad axiomática que la sabiduría crece y se engrandece con la edad. Los estudios modernos, sin embargo, arrojan resultados muy desiguales; tanto que mientras unos argumentan que, en efecto, la sabiduría se incrementa con la edad y alcanza su cenit durante la vejez, otros concluyen que una vez adquirida, hacia el final de la adolescencia o principios de la adultez, se mantiene estable hasta la vejez avanzada, e incluso otros afirman que la sabiduría se va perdiendo a medida que se envejece.

En un contexto científico con resultados tan contradictorios sobre el papel de la edad, me decanto (porque en esencia coincido) por posiciones como la del neuropsicólogo ruso Elkhonon Goldberg, profesor de la Universidad de Nueva York, quien sostiene que la sabiduría alcanza su cenit durante la vejez. En un libro con un título muy sugerente, *La paradoja de la sabiduría*, Goldberg argumenta que es precisamente a una edad tardía, y a pesar de que el cerebro ya puede estar «tocado por el envejecimiento y la neuroerosión», cuando el vigor y solidez mental de algunas personas alcanza su punto culminante: la sabiduría. Desde su profundo conocimiento del cerebro humano y de los efectos del envejecimiento saludable, Goldberg presenta abundantes datos que confirman que, y destaco sus palabras: «[N]o sólo es posible mantener una vida mental vigorosa durante toda la vida, sino que en algunas personas esta alcanza su punto álgido a una edad bastante avanzada».[91]

¿Cómo se explica esta paradoja? Es decir, ¿cómo es posible que de un cerebro añoso emerja una cualidad intelectual y moral tan elevada como la sabiduría? Asumo, como declaran algunos expertos en estos asuntos, que la edad como tal no explica nada —como el tiempo, ¿recuerdan?—. La explicación habría que buscarla en lo que ocurre con el transcurso de los años; de modo que la edad sería más bien un facilitador, un mediador o un conseguidor de muchas cosas, como el crecimiento personal o la capacidad para aprender de la experiencia.[92] Lo que ocurre con el transcurso de los años es, por encima de todo, que se adquiere *experiencia*, esto es, conocimiento de la vida y de sus gentes; de ahí que tendamos a pensar que es la edad como tal el factor que permite a las personas acumular en su *memoria semántica* lo que la vida le va enseñando, ese destilado de saberes al que llamamos *experiencia* y gracias al cual sacamos provecho de lo vivido.

Sin embargo, y aunque desde la Antigüedad la *experiencia* ha estado ligada a la sabiduría, «la experiencia no crea la sabiduría», como muy acertadamente precisa Sternberg. Para que en una persona brote el «pensamiento sabio» es necesario algo más; en concreto, que esa persona esté dotada de la capacidad para *reflexionar* sobre su experiencia vital.[93] Porque la experiencia se convierte en fuente de sabiduría cuando la persona analiza y da sentido a lo vivido mediante la reflexión. «Experiencia y reflexión», un binomio que Hermann Hesse iguala a «doctrina y sabiduría de anciano».[94]

Así pues, podemos establecer que la sabiduría surge básicamente de la combinación de tres elementos: *memoria, experiencia* y *reflexión*, con la salvedad de que la *memoria semántica* o el conocimiento acerca del mundo —y este era nuestro punto de arranque— es el fundamento del que emana la sabiduría.

«La memoria es la madre de toda sabiduría», dejó dicho el gran dramaturgo griego Esquilo (c. 525-465 a. C.). Y es que la memoria semántica —y quisiera recalcar lo siguiente—, además de acumular experiencia y saberes, mantiene y preserva también la moralidad y la eticidad resultado de la reflexión. Por tanto, es gracias a la memoria semántica, fundamentalmente, como algunas personas acceden al «olimpo» de la sabiduría.

Pero hay algo más que me gustaría señalar, y es que la «paradoja» de la sabiduría se torna en «paradoja aparente» porque al ser la memoria semántica un sistema de memoria implementada en el neocórtex (la parte más extensa, más compleja y más reciente desde una perspectiva evolutiva de la corteza cerebral y que apenas se deteriora con el envejecimiento), la sabiduría puede alcanzar su plenitud en el otoño de la vida.

Y una reflexión final: ¿la persona sabia nace o se hace? Los datos científicos parecen apuntar mayoritariamente en la dirección de que las personas sabias *se hacen*; sin embargo, reconozco que hay algo que a mí se me escapa. Es la sensación de que me falta algo cuando trato de entender lo que caracteriza a una «persona sabia» a partir de los datos fríos que la ciencia me ofrece, porque las personas sabias tienen para mí algo especial; de modo que no puedo evitar seguir sintiendo y pensando en ese halo de misterio que desde antiguo ha envuelto a la sabiduría. Así que me veo tentado a plantear que en la persona sabia debe haber *algo más* que una excelente memoria semántica, una mente flexible y abierta a la experiencia, un pensamiento autorreflexivo, una actitud prudente y sensata frente a los problemas, etcétera. Pienso que la sabiduría es algo intangible que *emerge* de la *integración* de todos esos factores, pero que es algo más que la suma de todos ellos, porque la sabiduría es algo nuevo y distinto. La sabiduría es algo que brota de la combinación de sus partes componentes, pero que no es reductible a ellas. Ningún todo es igual a la suma de sus partes y la sabiduría es un todo.

Entonces ¿qué hay además en las personas sabias para que esas cualidades —que seguro que comparten con una infinidad de personas sin especial sabiduría— se integren en el todo supremo de la sabiduría?

Y de la tentación paso a la convicción íntima de que las personas sabias poseen un don innato e inmanente que las hace especiales. ¿Un rasgo oculto, quizá?, ¿un sexto sentido?, ¿un regalo genético?, ¿una gracia de los dioses? Admito que no lo sé, pero me pregunto si ese «algo especial» no podría ser una especie de «catalizador interno» que, al modo como los catalizadores químicos proporcionan caminos alternativos y posibilitan las reacciones, facilita la integración de las distintas cualidades intelectuales y morales en ese todo especial que llamamos sabiduría.

Enredado entre mil dudas, me alivian las «sabias» palabras de Robert Sternberg: «Entender la sabiduría de forma plena y correcta probablemente requiera más sabiduría que la que cualquiera de nosotros tiene».[95]

Y LA MEMORIA AUTOBIOGRÁFICA, ¿QUÉ CAMBIOS EXPERIMENTA DURANTE EL ENVEJECIMIENTO?

Somos lo que nuestra memoria guarda, y de un modo especial nuestra memoria autobiográfica. Esta memoria nos define, porque —recordemos— no se limita a atesorar las experiencias personales de nuestro pasado cargadas de detalles sensoriales y perceptivos, imágenes y emociones, sentimientos y afectos, sino porque también en su seno se construye nuestra identidad, se mantiene la coherencia y la continuidad de nuestra vida y se acaba escribiendo la historia de vida que cada cual abraza como «su vida». Gracias a la memoria autobiográfica cada persona puede viajar hacia atrás a través del tiempo subjetivo y revivir las experiencias pasadas con la conciencia clara de que fue ella quien vivió todo aquello. Recordar consiste precisamente en eso, en revivir lo vivido construyendo narrativas del propio yo en las que se integran pasado, presente y futuro. Y es gracias a esas historias, internalizadas primero y narradas a otros después, como nuestra vida se llena de significado, unidad y propósito.

Toda evocación autobiográfica implica siempre, como vemos, la experiencia subjetiva de revivir una parte de nuestro pasado. Ahora bien, algo muy interesante que debe tenerse en cuenta es que esa experiencia subjetiva o fenomenológica varía de unos recuerdos a otros en función de los atributos o dimensiones fenomenológicas que los acompañan. Así, unos recuerdos son vívidos y claros, mientras que otros aparecen borrosos y fragmentados; unos contienen muchos detalles sensoriales y otros resultan sensorialmente pobres; unos son emocionalmente intensos, mientras que otros contienen una carga emocional baja; unos recuerdos están empapados en emociones positivas, mientras que otros lo están en emociones negativas; a veces, la recuperación se produce desde la perspectiva del propio sujeto, mientras que en otras ocasiones se lleva a cabo desde la perspectiva de un observador; unos recuerdos se sienten psicológicamente cercanos y otros se sienten distantes, etcétera. En definitiva, los recuerdos pueden producir una gran variedad de experiencias fenomenológicas.[96] Hay recuerdos que provocan dolor y lágrimas y recuerdos que mueven a la alegría y la risa; recuerdos que torturan y afligen, y recuerdos que calman y promueven el bienestar físico y psicológico.

Una idea relevante para nuestros objetivos es que la experiencia subjetiva o fenomenológica de los recuerdos depende tanto del recuerdo evocado como de la persona que recuerda. En este sentido, es un hecho que a medida que se avanza en edad evoluciona la *historia de vida* de cada individuo con el consiguiente cambio de la experiencia subjetiva de su memoria autobiográfica. Las razones para el cambio de la fenomenología de los recuerdos pueden ser varias, pero, sin duda alguna, la fundamental es el cambio que puede experimentar la *memoria episódica* a medida que se envejece.

Antes de entrar en el análisis de los cambios que el envejecimiento puede provocar en la memoria autobiográfica, conviene recordar que la estructura de la *memoria autobiográfica* incluye dos grandes componentes, uno *episódico*, denominado «memoria autobiográfica episódica», y otro *semántico*, conocido como «memoria autobiográfica semántica» (ver capítulo 2). Todos los recuerdos incluyen los dos componentes, aunque, por lo general, el componente episódico acapara la mayor parte del contenido de las experiencias recordadas.

La distinción entre el componente episódico y el componente semántico resulta fundamental para analizar los efectos del envejecimiento sobre la memoria autobiográfica porque, a la luz de lo ya expuesto, es altamente probable que la edad no afecte por igual a ambos. Y así es, en efecto, según se ha comprobado en numerosos estudios sobre envejecimiento de la memoria autobiográfica.

La evidencia científica no parece arrojar dudas respecto a que el envejecimiento reduce la *especificidad* de la memoria autobiográfica episódica, mientras que la memoria autobiográfica semántica se mantiene preservada e incluso puede verse favorecida con la edad.[97] Sin embargo, aunque el envejecimiento lleve consigo un empobrecimiento del contenido episódico de los recuerdos a medida que se avanza en edad, se ha comprobado también que hay recuerdos vívidos y llenos de detalles que se mantienen preservados con independencia de la edad. Hablaremos de estos recuerdos un poco más adelante.

La reducción de la especificidad se concreta en la limitación de detalles de todo tipo, es decir, que el contexto espacial y temporal y las características sensoriales y perceptivas tienden a escasear en los recuerdos de muchas personas mayores. Algo que puede observarse con toda claridad en algunos de los recuerdos que Sándor Márai (1900-1989) refiere en sus *Diarios*. Así, el 16 de agosto de 1984, escribió: «Un recuerdo de mi padre. Era liberal y conservador. Los mejores de su generación eran así, aunque jamás se sabía con seguridad si eran más lo uno que lo otro».[98]

La pobreza de detalles es algo que no sólo se observa al comparar los recuerdos de los adultos mayores con los de los jóvenes, sino incluso cuando se comparan recuerdos de diferentes décadas de las mismas personas. Por ejemplo, hay datos que muestran cómo la especificidad o cantidad de detalles es menor en los recuerdos de personas de setenta y tantos años que en personas de sesenta y tantos.[99] Ese empobrecimiento en cuanto a detalles de los recuerdos a medida que se envejece nos lo vuelve a mostrar Márai en sus *Diarios*. El 20 de enero de 1985, a pocos meses de cumplir ochenta y cinco años, escribió: «Recuerdo inviernos húngaros, neoyorquinos, napolitanos, y me estremezco».[100]

Un recuerdo a todas luces genérico y prácticamente vacío de detalles, salvo del atributo emocional («me estremezco»), que, tres años después, exactamente el 25 de abril de 1988, cuando Márai cuenta ya ochenta y ocho años, aparece completamente vacío de detalles episódicos: «El remitente de una carta me pregunta qué recuerdos tengo de Kassa. Podría resumirlo en una palabra: fue una ciudad europea».[101]

Estos recuerdos del escritor Sándor Márai nos muestran con una claridad *extrema* (y subrayo «extrema» porque es altamente probable que la carencia absoluta de detalles episódicos, sobre todo del último recuerdo citado, se deba más a su profunda depresión[102] —como veremos a continuación— que a su avanzada edad), lo que la investigación señala respecto a los efectos del envejecimiento sobre la memoria autobiográfica; a saber, que a medida que se envejece se va reduciendo el contenido episódico de los recuerdos (salvo el emocional, que, como veremos, no sólo no se pierde, sino que se incrementa) en favor de un aumento del componente semántico. Un cambio de naturaleza compensatoria entre la memoria episódica y la memoria semántica que se atribuye a un proceso de *generalización* del componente episódico y que se conoce como «semantización» de la memoria autobiográfica.[103] Parece pues que, con la edad, el contenido de los recuerdos va experimentando un cambio que supone el paso de lo específico (episódico) a lo genérico (semántico).

Un ejemplo excelente de ese proceso lo encontramos también en la autobiografía de Goethe cuando rememora al conde de Thoranc, un militar francés, lugarteniente del rey, que fue alojado en su casa a principios de enero de 1759 cuando los franceses tomaron la ciudad de Frankfurt, y que el escritor describe como un hombre admirable por su amabilidad, ejemplaridad y justeza de sus acciones. Lo cual no obsta para que la memoria de Goethe refleje esa «semantización» a la que nos estamos refiriendo cuando escribe: «Aquel hombre alegre incluso había llevado a cabo una recopilación de tales decisiones salomónicas, pero yo ya sólo recuerdo la impresión general y no consigo rememorar ningún detalle concreto».[104]

La recuperación genérica del pasado no es exclusiva del envejecimiento

Considero pertinente traer a colación que este proceso de disminución de la especificidad y concreción de los recuerdos al tiempo que su contenido se va reduciendo a significado (semanticidad) se ha observado también en pacientes amnésicos (véase el caso del paciente amnésico K.C. expuesto en los capítulos 2 y 4), así como en pacientes con depresión y otros trastornos emocionales.

En lo referente a la amnesia, señalaré que, en el año 2002, cuando Henry Molaison (el famoso paciente amnésico H.M.)[105] tenía setenta y seis años, Susan Corkin, su neuropsicóloga, volvió a evaluar su memoria y comprobó que este paciente no era capaz de *recordar* nada de su pasado, ni un solo evento vivido en un lugar y en un tiempo concreto. H.M. no tenía ningún recuerdo episódico de su madre ni de su padre; de modo que, cuando ella le preguntó: «¿Cuál es el recuerdo favorito que tiene usted de su madre?», H.M. respondió: «Bueno, yo... que ella era precisamente mi madre». En realidad, H.M. recordaba a su padre y a su madre e incluso algunas vacaciones pasadas con ellos, como también recordaba a algunos amigos del instituto; sin embargo, tales recuerdos carecían por completo de detalles, como quedaba patente cuando se le pedía que hablase de esos recuerdos y era incapaz de contar nada. Los daños cerebrales causados por la intervención quirúrgica a la que había sido sometido para controlar su epilepsia habían ido eliminando con los años el *componente episódico* de su memoria autobiográfica *retrógrada* (los recuerdos formados antes de sufrir la operación), que desde entonces quedó reducida a generalidades. Corkin entendió muy bien el profundo deterioro de la memoria de este paciente cuando, en 2002, escribió: «H.M. tiene recuerdos de su infancia [...] pero esos recuerdos parecen estar *semantizados* [...]». Una condición de la memoria autobiográfica de H.M. que Corkin confirmó en trabajos posteriores. En su monografía sobre este paciente, Corkin escribió al respecto en 2014: «Ha retenido la imagen genérica de sus experiencias, pero sin ningún detalle específico».[106]

Por otro lado, desde la década de 1980, el profesor J. Mark Williams, actualmente profesor emérito de Psicología clínica de la Universidad de Oxford, ha venido observando en sus múltiples estudios sobre la especificidad de la memoria autobiográfica que, en diferentes trastornos emocionales, sobre todo en la depresión y en el trastorno de estrés postraumático, se produce una recuperación de recuerdos que podrían calificarse de hipergenéricos (*overgeneral memories*, los llama él) dado su contenido exageradamente general y prácticamente vacío de detalles. Este investigador ha demostrado que en especial los pacientes con *depresión* evocan recuerdos extremadamente genéricos cuando tratan de recuperar experiencias de episodios concretos (recuérdese el caso de Sándor Márai). En la siguiente entrevista entre un terapeuta y un paciente diagnosticado de depresión queda patente cómo el paciente se muestra renuente o incapaz de evocar (o relatar) recuerdos concretos, con detalles específicos, a pesar de los requerimientos del terapeuta.

TERAPEUTA: Cuando era joven, ¿qué cosas le hacían feliz?

PACIENTE: Bueno, las cosas solían ir bien entonces; quiero decir, mejor de lo que van ahora, creo. Cuando mi papá estaba, solía llevarme a pasear por el parque los sábados después del almuerzo.

TERAPEUTA: ¿Puede hablarme de uno de esos paseos?

PACIENTE: Bueno, solíamos salir después del almuerzo, a veces nos llevábamos un balón y jugábamos. Después, podíamos ir a ver a mi abuela, que vivía al otro lado del parque.

TERAPEUTA: Cuando piensa en el pasado, ahora, ¿puede recordar algún momento concreto? Quiero que lo intente y recuerde uno cualquiera de esos momentos. Cualquier momento servirá, no tiene que ser particularmente importante o especial.

PACIENTE: Recuerdo que a veces había otros chicos en el parque. A veces eran amigos míos y me paraba y charlaba con ellos un rato.

TERAPEUTA: ¿Recuerda algún momento concreto en el que se encontró con alguno de sus amigos?

PACIENTE: Si era invierno, normalmente no había mucha gente.[107]

¿El hecho de que el *envejecimiento*, la *amnesia orgánica* y la *depresión* tengan al parecer un efecto similar sobre la memoria autobiográfica significa que bajo las tres condiciones subyace el mismo factor causal? Hasta el momento no hay respuestas para esa cuestión; no obstante, se pueden adelantar algunas explicaciones. Por ejemplo, la «semantización» de la memoria autobiográfica durante el *envejecimiento* y en los casos de *amnesia* tiende a explicarse con argumentos muy parecidos o incluso similares. Concretamente, apelando a déficits de la memoria episódica.

Como estamos viendo, la *memoria episódica* es el componente de los sistemas de memoria a largo plazo (en concreto, de la memoria autobiográfica) más vulnerable al cambio y a las pérdidas que suelen ir asociadas al envejecimiento.[108] No puede sorprender, por tanto, que los recuerdos de algunas personas mayores presenten, como hemos visto, una reducción de los detalles contextuales como reflejo del declive de su memoria episódica. No obstante, frente a esta interpretación altamente consensuada entre los investigadores, la reducción de los detalles en las narrativas autobiográficas de las personas mayores podría significar —como veremos un poco más adelante— algo muy distinto a un declive de la memoria autobiográfica *episódica*.

En cuanto a la amnesia orgánica, la investigación ha confirmado hace décadas que lo que define el *síndrome amnésico humano* es un deterioro selectivo y gravísimo de la memoria episódica frente a un mantenimiento relativamente intacto de la memoria semántica.[109] Por tanto, resulta coherente que la memoria autobiográfica de los pacientes amnésicos se reduzca a conocimiento genérico carente de detalles episódicos, como en los casos mencionados de los pacientes amnésicos K.C. y H.M. A este respecto, me parece importante constatar que, en un trabajo de 1986, dos destacados neuropsicólogos estadounidenses, Nelson Butters y Laird Cermak, ya apuntaron en sus conclusiones sobre la amnesia la posibilidad (en mi opinión) de que lo que actualmente estamos llamando «semantización» de la memoria autobiográfica «podría representar el traslado de información del almacén episódico al almacén semántico».[110] Una hipótesis muy atractiva, porque, en el fondo, lo que se estaba planteando entonces era algo muy parecido a la idea actual de *compensación neurocognitiva*, en el sentido de que, cuando una memoria (episódica) resulta dañada a consecuencia de lesiones cerebrales, otra memoria (semántica) podría compensar a su modo los déficits.

Por último, ¿cómo explicar la hipergeneralización de los recuerdos de los pacientes con depresión y otros trastornos emocionales? Aunque se dispone de abundantes estudios y datos que muestran cómo tales pacientes agrupan o resumen sus recuerdos en categorías generales, en lugar de recuperar episodios aislados que a la fuerza estarían cargados de detalles, los investigadores no han alcanzado aún el consenso necesario para asumir una única teoría explicativa de esa tendencia a la recuperación hipergenérica del pasado. No obstante, hay propuestas explicativas muy sugerentes que encajan y son coherentes con planteamientos holísticos, como los que estoy proponiendo en esta obra, sobre el papel de la memoria en el control y regulación de nuestras vidas. En ese sentido, destacaría la propuesta que apunta a la *regulación de las emociones* como el factor determinante de la generalización de la memoria de los pacientes con depresión.[111]

Estoy de acuerdo con la asunción de que «las experiencias negativas o los traumas del pasado pueden tener efectos sobre la recuperación de eventos que nada tienen que ver con el trauma en sí»,[112] precisamente porque sabemos que el trauma y la adversidad acaban generando en las víctimas *estilos* de recuperación del pasado (o *sesgos de memoria*) que interrumpen la búsqueda en la memoria en cuanto el individuo siente que la activación de vivencias específicas amenaza con aumentar su trastorno emocional o con entrar en conflicto con la coherencia de su yo. Se trataría, pues, de un estilo de recuperación del pasado que evita lo específico, que huye de los detalles, para refugiarse en lo genérico, y que acaba convirtiéndose, por ejemplo, en las personas con depresión, en un mecanismo protector o defensivo con el que regular sus emociones y afectos no deseados y afrontar así su perturbación emocional.

Islas de recuerdos vívidos y rebosantes de detalles

Volviendo a los efectos del envejecimiento sobre la memoria autobiográfica, hay que señalar que, no obstante, no todo su contenido se vuelve genérico. Este descubrimiento —que enseguida comentaremos— resulta de trascendental importancia si tenemos presente que la *identidad* (personal y narrativa) de cualquier persona y su continuidad a través del tiempo es una representación mental que emerge, se estructura, se mantiene y se reconstruye en la entraña misma de la memoria autobiográfica. A este respecto conviene recordar que, si bien tanto el componente *episódico* como el *semántico* de la memoria autobiográfica contribuyen a la construcción, mantenimiento y continuidad de la identidad, todo indica que el papel crucial en el mantenimiento y continuidad fenomenológica de la identidad lo desempeña la memoria autobiográfica *episódica* (ver capítulo 3).

Con estas ideas *in mente*, los hallazgos comentados acerca de la generalización o «semantización» de la memoria autobiográfica a través del envejecimiento (es decir, el empobrecimiento de su componente episódico, que, como se acaba de señalar, juega un papel clave en la preservación de la identidad) nos llevan irrevocablemente a plantearnos si esos cambios y pérdidas de la memoria autobiográfica afectan a la identidad de las personas mayores.

Sin embargo, los estudios demuestran que la identidad no corre riesgo durante el envejecimiento saludable. Por muchos años que cumplan, las personas mantienen su identidad prácticamente intacta. Resulta de extraordinario interés comprobar que, aunque la *memoria autobiográfica episódica* sufra algún declive en edades avanzadas, se mantienen intactos los recuerdos vinculados al yo o a sus intereses, esos recuerdos personales que nos definen (los llamados *self-defining memories* o «recuerdos definidores del yo»).[113] Este hallazgo viene a poner de manifiesto algo ya tratado en los primeros capítulos, esto es, la función adaptativa y protectora de nuestra memoria.

En 2007, en un estudio realizado bajo mi dirección sobre «recuerdos definidores del yo» en adultos mayores, se recogieron los recuerdos de veinte participantes (once mujeres y nueve hombres), con edades comprendidas entre setenta y cinco y ochenta y tres años, a los que se pidió que seleccionasen entre tres y cinco recuerdos personales que considerasen que no podrían faltar en una hipotética historia de sus vidas. Se les dijo que tenían una semana para seleccionar y escribir sus recuerdos. Uno de los participantes, al que llamaremos Juan, de ochenta y un años (nacido en 1926), contó la siguiente historia:

> Mi padre murió cuando yo tenía catorce años. Su muerte nos dejó destrozados. Mi familia era humilde y podíamos comer y vivir gracias al trabajo de mi padre. Éramos cinco hermanos y yo era el mayor. Al faltar mi padre, nos quedamos sin nada y pasamos por muchísimas dificultades de todo tipo, sobre todo hambre y frío. Entonces, mi madre se puso a servir en una casa, pero con lo poco que ella ganaba no podíamos vivir, así que yo dejé la escuela y entré de mancebo en una tienda de ultramarinos. Allí se vendían toda clase de alimentos, garbanzos, lentejas, habichuelas, latas de conserva, bacalao, sardinas arenques, pimentón, morcillas, chorizos, salchichón, aceite de oliva y muchas más cosas. Yo era muy obediente y trabajador y el dueño enseguida me cogió cariño. No ganaba mucho, pero el dueño me daba todos los días algo para llevarlo a mi casa. Por las tardes se iba a tomar café y yo me quedaba solo, muy orgulloso al frente de la tienda, y había días en que volvía casi a la hora de cerrar; sin embargo, yo jamás me llevé nada ni cogí dinero, ni un céntimo, a pesar de la falta que hacía en mi casa, y lo podía haber hecho, pero no lo hice. Mis padres me enseñaron a ser honrado y jamás en mi vida he cogido nada que no fuera mío.[114]

El recuerdo de Juan es una narración con una abundancia de detalles asombrosa que contiene, además, muchas claves sobre la personalidad y el código de conducta de este hombre. Se trata, pues, de un excelente ejemplo de «recuerdo definidor del yo» que, sin importar la avanzada edad de su protagonista (ochenta y un años), se mantiene en su memoria autobiográfica tan vívido y rico en detalles como en cualquier adulto joven.

Y es que el envejecimiento puede erosionar en muchas personas su capacidad para recuperar los detalles o los contextos en los que vivieron episodios concretos y generar en su memoria autobiográfica sesgos hacia lo genérico en detrimento de lo específico, pero es un hecho que en ese océano de generalizaciones persisten como baluartes indestructibles islas de recuerdos que resisten los embates de la vida y el «desgaste» consustancial al envejecimiento, precisamente porque de tales recuerdos depende el mantenimiento y salvaguarda de la identidad. Es esta una hazaña colosal y fascinante de la memoria humana que, cargada de sabiduría ancestral, cuida y protege esos recuerdos que guardan las claves y la esencia de quiénes somos, y los mantiene —contra viento y marea— indemnes, completos, inalterables, rebosantes de detalles y rasgos episódicos, cargados de emociones y con el mismo nivel de accesibilidad toda la vida; todo ello con un fin muy claro: consolidar, mantener y garantizar el sentido de identidad y de continuidad a lo largo del ciclo vital.[115]

Pero es que, además, junto a esas islas protectoras de la identidad hay otras igualmente cargadas de detalles en ese supuesto mar de lo genérico. Se trata de los recuerdos afectivos o emocionales. Como ha demostrado en numerosos estudios la neurocientífica cognitiva Elizabeth Kensinger, del departamento de psicología del Boston College, la emoción ejerce un impacto crucial sobre la memoria en todas las etapas de la vida y se hace especialmente visible en el modo como recuperan su pasado los adultos mayores. Resulta muy interesante destacar, en este sentido, cómo la *emoción* puede neutralizar el efecto reductor de la especificidad de los recuerdos de las personas mayores al potenciar su capacidad para recordar los detalles episódicos.

En efecto, está demostrado que los adultos mayores no presentan ningún déficit para recordar los detalles episódicos de los eventos emocionales. Esto significa que, cuando las experiencias se viven en contextos altamente emocionales, los adultos mayores recuperan tales experiencias repletas de detalles.[116] Un caso paradigmático es el de los «recuerdos fotográficos» (*flashbulb memories*; descritos en el capítulo 6), esos recuerdos nítidos, muy precisos y eternos de las circunstancias (el contexto) en las que uno se entera de un acontecimiento sorprendente, de gran trascendencia y emocionalmente impactante. Aunque los resultados de los abundantes estudios realizados comparando adultos mayores y jóvenes no son totalmente coincidentes, parece suficientemente probado que estos recuerdos son muy resistentes al efecto de la edad; sobre todo, en lo concerniente a los detalles episódicos o contextuales, tal y como se ha demostrado en un recientísimo estudio al comprobar la ausencia total de diferencias entre el recuerdo de los adultos mayores y el recuerdo de los adultos jóvenes en detalles tan específicos como el *lugar* (dónde estaban cuando se enteraron de la noticia), la *actividad* (qué estaban haciendo), el *informante* (la persona o la fuente de información a través de la que se enteraron), la *emoción y sentimientos* (qué o cómo se sintieron) o con quién estaban.[117]

Podría argumentarse que los llamados «recuerdos fotográficos» de eventos públicos son raros o poco frecuentes en la vida de cualquiera, y es cierto; sin embargo, hay otros muchos estudios sobre recuerdos autobiográficos de eventos no trágicos ni públicos sino privados en los que se ha comprobado que las personas mayores guardan en su memoria y recuerdan episodios muy vívidos y ricos en detalles, con la particularidad de que tales detalles tienden a ser sobre todo personales y emocionales más que perceptivos. Parece que, en efecto, cuando la memoria episódica de adultos mayores y jóvenes se evalúa con medidas subjetivas (por ejemplo, con juicios personales acerca de los atributos fenomenológicos de los recuerdos), las valoraciones que los mayores hacen de la viveza o claridad subjetiva de sus recuerdos son superiores a las de los jóvenes, a pesar de que su recuerdo de los detalles perceptivos tiende a ser inferior.[118] Este *décalage* o falta de correspondencia entre el «recuerdo objetivo» (los detalles episódicos) y el «recuerdo subjetivo» (viveza/carga emocional) pone de manifiesto, entre otras cosas, cómo a medida que se envejece van cambiando los criterios con los que se evalúa el pasado y cómo las emociones y sentimientos, sobre todo de signo positivo, pasan a ocupar un lugar dominante.

¿Declive o evolución?

Las narrativas autobiográficas de los adultos mayores parece que, en efecto, son menos detalladas y más centradas en la esencia de la historia que las de los adultos jóvenes. Sin embargo, que esa reducción de los detalles episódicos sea considerada por la mayor parte de los científicos como el reflejo inequívoco del declive de la memoria episódica me parece debatible.

Durante el envejecimiento, la memoria autobiográfica experimenta una serie de cambios que, en mi opinión, no deberían considerarse declives o pérdidas, sino, muy al contrario, reflejo de una evolución o reorganización (esto es, una *ganancia*) que resulta, fundamentalmente, de la experiencia acumulada o, como se suele decir, de las enseñanzas de la vida.

Nada marca la experiencia humana de manera tan singular como la emoción, especialmente en las etapas avanzadas de la vida, cuando las emociones y los afectos van a modular con firmeza la recuperación del pasado autobiográfico. Ese impacto emocional sobre los contenidos de la memoria autobiográfica se va a manifestar a través de diferentes fenómenos de extraordinario interés en los que nos detendremos enseguida. Fenómenos que se concretan en un aumento desproporcionado de recuerdos personales de la adolescencia y la juventud (*reminiscencia*), en una clara propensión a recordar más experiencias agradables que desagradables (*efecto de positividad*) y en un cambio en los objetivos vitales regido por el énfasis en los sentimientos y en la satisfacción emocional (*selectividad socioemocional*). Si a todo ello unimos el hecho comprobado y ya comentado de que las emociones tienen un efecto mitigador de los posibles declives de la memoria episódica —en particular, potenciando y aumentando el recuerdo de los detalles de los contextos altamente emocionales—, considero que los cambios que experimentan las narrativas autobiográficas de los adultos mayores podrían explicarse no por un declive de su memoria autobiográfica episódica, sino porque los mayores experimentan, evocan y relatan su pasado personal de *manera distinta* a como lo hacen los jóvenes.

Esta última idea resulta fundamental para nuestros objetivos, porque los cambios generados por la edad no ejercen sus efectos sólo en el momento de la recuperación, sino que están presentes desde la codificación, cuando los individuos están experimentando los sucesos cotidianos. Así, está comprobado que los mayores *atienden* a aspectos y detalles de la realidad diferentes de aquellos a los que atienden los jóvenes, sencillamente porque su *motivación* e *intereses* cambian y, en consecuencia, su *percepción* del mundo cambia. Cambios que se pondrán de nuevo de manifiesto durante la evocación, de modo que, mientras que los relatos autobiográficos de los adultos jóvenes giran sobre todo en torno a los detalles perceptivos, las narrativas de los mayores se construyen fundamentalmente a partir de información emocional, semántica y conceptual.[119]

En términos de discurso o cómo se organizan los relatos, son muchos los estudios que confirman que tanto el *estilo* comunicativo como los *objetivos* de la comunicación de los adultos mayores son diferentes a los de los jóvenes. La investigación ha puesto de manifiesto que el estilo comunicativo de los adultos mayores no es literal ni reproductivo como el de los adultos jóvenes, donde priman los detalles y la reproducción fiel de los hechos, sino que es reconstructivo e interpretativo, es decir, centrado en transmitir la esencia o el significado de lo ocurrido.[120] En pocas palabras, los adultos mayores priorizan contar lo esencial de una historia frente a los detalles, un estilo narrativo que se manifiesta tanto cuando cuentan historias oídas o leídas como cuando construyen y relatan narrativas autobiográficas.[121]

Respecto a los objetivos comunicativos, está comprobado que la edad, entre otros factores, afecta con claridad a la manera en que se construyen y narran los acontecimientos del pasado precisamente porque la función social de la memoria autobiográfica va cambiando a lo largo de la vida.[122] Y así, mientras los jóvenes tienden a compartir sus recuerdos para desarrollar y mantener relaciones, los adultos mayores, además de reflexionar más sobre el pasado, comparten sus recuerdos autobiográficos para transmitir experiencias, esto es, a modo de lecciones o enseñanzas para la vida.

Por tanto, si bien los mayores conservan en su memoria recuerdos cargados de detalles, que pueden narrar con toda su riqueza episódica, el estilo y objetivos comunicativos se vuelven con la edad cada vez más pragmáticos, de modo que, unas veces de forma deliberada y otras guiados automáticamente por el hábito adquirido, evitan entrar en los detalles específicos y centran su historia en lo que consideran la esencia de la misma («Os ahorro los detalles...», «En aras de la brevedad, no entraré en los detalles...», son expresiones frecuentes en los contextos conversacionales de los adultos). Lo destacable de estos cambios, en mi opinión, es que no por eso las personas mayores pierden su capacidad para ajustarse a su interlocutor ni para contar buenas historias. Sencillamente, con la edad, se cambia el *modo* de contar la propia vida.

En definitiva, la ciencia demuestra y la experiencia enseña que «el *modo* como cada persona recuerda su pasado es tan importante como *lo que* recuerda».[123]

ENVEJECIMIENTO, RECUERDOS EMOCIONALES Y FELICIDAD

La capacidad adaptativa de la especie humana es asombrosa, algo que se pone de manifiesto tanto para hacer frente y adaptarse a los ambientes más difíciles y hostiles como para protegerse de agentes infecciosos o para compensar o mitigar los declives que a nivel interno se van experimentando a medida que se envejece. Los factores clave que posibilitan esa realidad y garantizan nuestra supervivencia se concretan en complejos y sofisticados sistemas de protección y defensa con los que, tanto a nivel fisiológico como mental, estamos equipados. En el plano biológico, los sistemas de protección (piénsese en el *sistema inmunitario fisiológico*) están siendo estudiados desde hace décadas, de ahí que quizá lo novedoso de esta historia se encuentre a nivel neurocognitivo, donde la abundante investigación de psicólogos y neurocientíficos no deja de arrojar luz sobre la existencia de mecanismos y estrategias mentales a las que recurren las personas para disminuir el impacto de las experiencias negativas, algo que, como vimos en el capítulo 8, se denomina *sistema inmunitario psicológico*. «Del mismo modo que el sistema inmunitario fisiológico —escribe en uno de sus trabajos Daniel Gilbert, el introductor de ese término— combate las amenazas a la salud física, las personas tienen un sistema inmunitario psicológico que combate las amenazas al bienestar emocional».[124]

Me parece oportuno sacar este asunto a colación porque en la segunda mitad de la vida las personas tienden a experimentar una serie de cambios emocionales y cognitivos de un alto valor adaptativo que, en mi opinión, podrían considerarse manifestaciones de ese *sistema inmunitario psicológico*. Téngase presente que, si bien las emociones juegan un importante papel durante toda la vida, a partir de la mediana edad van a ir ejerciendo un papel cada vez más prominente sobre la cognición, un cambio que tendrá implicaciones muy significativas en la memoria autobiográfica, en la modificación de la jerarquía motivacional y en la mejora de la regulación emocional, fenómenos todos ellos que servirán para aumentar el bienestar emocional y, en un grado considerable también, contrarrestar los declives cognitivos asociados al envejecimiento.

Las razones del incremento con la edad del impacto de las emociones sobre la cognición en general y sobre la memoria en particular son complejas y todavía bastante enigmáticas, aunque todo apunta a lo que en 1998 señaló la psicóloga evolutiva Gisela Labouvie-Vief, actualmente profesora emérita de la Universidad de Ginebra, cuando escribió: «La creciente complejidad de la persona madura, combinada quizá con la profunda conciencia de la transitoriedad y mortalidad del yo, eleva la comprensión de las dimensiones emocionales de la vida a un nivel cualitativamente diferente».[125]

Porque, en contra de lo que se ha pensado tradicionalmente en base más a conjeturas que a evidencia científica, la experiencia emocional no disminuye su influencia en los adultos mayores, sino todo lo contrario. La emocionalidad aumenta a medida que se envejece.[126] Como han señalado algunos investigadores, el mundo cognitivo de los mayores experimenta una especie de «giro hacia dentro» o una «centroversión», esto es, un aumento de la introspección y de la preocupación por las condiciones subjetivas de la vida, que traerá consigo una *integración dinámica* cada vez mayor de las emociones y la cognición —el estado ideal para el bienestar y la regulación emocional—, con la particularidad de que el sistema cognitivo se somete a las condiciones emocionales de la vida.[127]

El aumento de la emocionalidad, que se dejará sentir tanto sobre aquello a lo que la gente atiende como sobre aquello que recuerda, será especialmente visible en la memoria autobiográfica, cuyos contenidos experimentarán una reorganización guiada sobre todo por la valencia emocional, tal y como ponen de manifiesto los fenómenos que analizaremos a continuación.

Reminiscencia o cómo la memoria selecciona los recuerdos de «nuestra época»

Uno de los hallazgos más sólidos en la literatura científica sobre memoria autobiográfica es que los diferentes periodos vitales de nuestro pasado no presentan la misma accesibilidad a la hora de ser recordados. Es decir, que, como se expuso en el capítulo 6, nuestra memoria autobiográfica no pone a nuestra disposición el tiempo vivido de un modo uniforme y equitativamente distribuido, sino que selecciona unos periodos y los mantiene accesibles al recuerdo, mientras oculta o desdibuja otros en la trastienda del olvido.

Si a una persona de mediana edad o mayor se le dice: «Cuénteme algún recuerdo que le venga a la cabeza cuando yo le diga, por ejemplo, *amigo... moneda... agua...*», casi seguro que evocará y contará episodios vividos en su adolescencia o primera juventud. Está suficientemente comprobado que a partir de determinada edad (más o menos desde los cincuenta años y con toda seguridad desde los sesenta en adelante)[128] se produce un incremento desproporcionado de recuerdos autobiográficos de la adolescencia y la juventud, esto es, de cuando la persona tenía entre quince y veinticinco años, frente a otros periodos de la vida.

Ese aumento de recuerdos circunscrito a las experiencias de la segunda y tercera décadas del pasado personal se conoce en psicología de la memoria y en gerontología como «reminiscencia», y se operativiza con el nombre de «pico de la reminiscencia» (*the reminiscence bump*) porque en la representación gráfica de «la curva de recuperación del ciclo de la vida» (descrita en el capítulo 6) dicha curva se eleva abruptamente formando un pico en ese periodo de la vida. No importa que la persona tenga cincuenta, sesenta, setenta o noventa años, la probabilidad de que gran parte de sus recuerdos se refieran a acontecimientos vividos en su adolescencia o juventud es siempre muy alta. Resulta fundamental, por tanto, tener en cuenta que lo que determina esas evocaciones no es el mayor o menor tiempo transcurrido o la antigüedad del recuerdo, sino el periodo de la propia existencia en el que se vivieron esas experiencias.

Antes de continuar, sin embargo, considero oportuno hacer una breve digresión sobre algunos de los diferentes significados del término «reminiscencia» y acotar su uso en este contexto. Por un lado, el significado de «reminiscencia» está muy cercano e incluso se puede solapar con el de «recuerdo» y el de «evocación»; como cuando, tras la visita de un viejo amigo, el pensador Jean-Jacques Rousseau evoca recuerdos vívidos y conmovedores de sus años jóvenes y, emocionado, escribe en el Libro VIII de su autobiografía *Las confesiones*: «Todas esas tiernas reminiscencias me hicieron derramar lágrimas por mi juventud pasada».[129] Por otro lado, «reminiscencia» alude también a recuerdos imprecisos de los que sólo quedan en la memoria restos o fragmentos, como cuando Márai, en su biografía novelada *Confesiones de un burgués*, escribe: «En la tía Zsüli veía las reminiscencias del valor femenino, discreto e instintivo, en absoluto romántico, que tanto echaría de menos en las mujeres de la posguerra».[130] Sin embargo, el significado de «reminiscencia» que mejor recoge el fenómeno tal y como aparece en las personas mayores, y que adoptaremos aquí, es el de esos recuerdos episódicos que con frecuencia se desencadenan espontánea e *involuntariamente* al modo proustiano;[131] esto es, cuando determinados sonidos, olores, sabores o palabras reviven inesperadamente experiencias del pasado personal cargadas de imágenes, pensamientos y emociones. Se trataría —como nos dice el propio Proust—, de «resurrecciones de la memoria [...], esas reminiscencias del género del ruido del tenedor o del sabor de la magdalena».[132]

¿Por qué durante la madurez de la vida se produce la «reminiscencia», ese despertar de recuerdos de vivencias que se remontan a la adolescencia y la primera juventud? El primer intento explicativo de este fenómeno lo presentó en la década de 1960 el gerontólogo Robert Butler. En su opinión, ese resurgir autobiográfico o «reminiscencia» se produciría porque, bien entrada la madurez, todo ser humano inicia o intenta hacer una «revisión de su vida», un proceso privado y con frecuencia «silencioso o vagamente consciente» de «mirar atrás» para evaluar el pasado, hacer un balance de vida y extraer ideas y conclusiones que sirvan para reajustar y dar un nuevo significado a su vida al tiempo que le preparen para afrontar la muerte sin miedo. En su trabajo original *The Life Review* («La revisión de la vida»), Butler escribió:

Concibo la revisión de la vida como un proceso mental y universal que se produce de un modo natural y que se caracteriza por el retorno progresivo de las experiencias pasadas a la conciencia y, particularmente, por el resurgimiento de conflictos no resueltos que pueden volverse a revisar e integrar. Presumiblemente este proceso se activa al tomar conciencia de la proximidad de la disolución y la muerte, así como de la incapacidad de mantener el sentido de la propia invulnerabilidad.[133]

Con estas palabras, Butler pretendía no sólo llamar la atención sobre la ocurrencia en las personas mayores sanas de la experiencia interna de la revisión de la propia vida, sino también rechazar la idea reinante en la época de que la *reminiscencia* y la *revisión de la vida* eran procesos patológicos propios de una vejez deteriorada y cercana a la demencia. Su trabajo tuvo una gran trascendencia si se tiene en cuenta que cambió la actitud negativa de clínicos y gerontólogos ante el valor y el significado de ambos procesos. A partir de entonces, la reminiscencia y la revisión de la vida pasaron a considerarse procesos saludables y con un gran potencial terapéutico para la mejora de trastornos emocionales, como la depresión, frecuentes en las etapas avanzadas de la vida.

Sin embargo, los investigadores no han conseguido confirmar los asertos básicos de la propuesta de Butler, en especial que todas las personas revisen su vida llegadas a la madurez. No obstante, nada de eso supone negar la existencia del fenómeno de la *reminiscencia* ni por supuesto invalida los descubrimientos que los psicólogos de la memoria están llevando a cabo sobre su naturaleza. De hecho, estudios muy recientes coinciden en señalar que el «pico de la reminiscencia» es uno de los hallazgos más sólidos en la investigación de la memoria autobiográfica, de la que se considera un rasgo distintivo y una de sus características definitorias.[134]

En el contexto de la memoria autobiográfica, y antes de volver a la cuestión planteada acerca de por qué ocurre la reminiscencia justamente en la segunda mitad de la vida, merece ser mencionada una serie de hallazgos interesantes. Por ejemplo, se ha comprobado que *el pico de la reminiscencia* aparece no sólo en situaciones experimentales donde a los participantes se les van proporcionando palabras, como comentábamos antes, sino también en las narraciones libres como las *historias de vida* y las *autobiografías* publicadas.[135]

Al mismo tiempo, diferentes estudios de destacados sociólogos y psicólogos han coincidido en señalar que las personas mayores recuerdan con facilidad los eventos políticos de carácter nacional o internacional que acontecieron cuando tenían entre quince y veinticinco años y los valoran como especialmente relevantes, influyentes y, hasta cierto punto, definidores de «su generación» o de «su época».[136] Y es que la *reminiscencia* no se limita a la memoria episódica, sino que se produce en todos los ámbitos cognitivos: «Lo que se aprende al comienzo de la adultez —concluyó David Rubin[137]— es lo que mejor se recuerda», y lo que se convierte en «lo preferido», ya sea la música, las películas, los libros, etcétera.

En ese sentido, no está de más caer en la cuenta de que cuando los adultos mayores utilizan la expresión «en mi época...», bien para establecer comparaciones con cualquier tipo de evento («*No quiero ofender a nadie, pero el tenis que se juega hoy es bastante mediocre* [...] *en mi época había más variedad de juegos y jugadores*»), bien para quejarse de pérdida de valores («*En mi época, los policías hablaban con respeto a las señoras*»),[138] o bien para algo tan frecuente en las conversaciones cotidianas como, por ejemplo, asegurar que la música pop de «mi época» era mejor que la actual, están haciendo referencia a un periodo especial de sus vidas que, conviene recalcarlo, coincide exactamente con el *pico de la reminiscencia*.

Dicho esto, no olvidemos que la pregunta clave sigue siendo: ¿por qué durante la adultez avanzada se recuerdan de un modo especialmente vívido y con tanta abundancia episodios vividos durante la adolescencia y la juventud? En otras palabras, ¿por qué nos marca tanto lo experimentado en aquella época de nuestra vida que nos lleva a considerarla «nuestra época»? En definitiva, ¿cómo se explica el fenómeno de la reminiscencia?

Todo apunta a que durante la adolescencia y los primeros años de la juventud lo experimentado queda especialmente bien grabado en la memoria; sin duda alguna porque el periodo comprendido entre los quince y los veinticinco años es un periodo crítico en el desarrollo humano y, en consecuencia, como veremos enseguida, los recuerdos de esa época tienen algo especial. Por ejemplo, son recuerdos de fácil accesibilidad que afloran en nuestra conciencia con una frecuencia e intensidad muy superiores a los recuerdos de otros periodos vitales. Pero ¿qué factores son los responsables de esa, como diría Proust, «resurrección de la memoria» precisamente durante la madurez y no antes?

Creo que es importante empezar aludiendo al gran consenso existente entre los investigadores a la hora de explicar qué tienen de especial esos recuerdos que los hace tan relevantes y significativos como para producir el fenómeno de la reminiscencia. Y hablo de consenso porque, aunque se han presentado diferentes propuestas explicativas, estas no son excluyentes, sino todo lo contrario, ya que pueden integrarse en una explicación global y llena de matices en la que los diferentes factores identificados contribuyen de forma simultánea o encadenada a la formación del pico de la reminiscencia.

A grandes rasgos, la integración de las diferentes propuestas nos permite hacer el siguiente razonamiento:

Los sucesos de la adolescencia y la juventud se recuerdan mejor porque se viven durante el periodo en que las capacidades cognitivas se encuentran en el culmen del desarrollo,[139] un periodo caracterizado, además, por cambios rápidos, determinados básicamente por la *novedad*. La adolescencia y primera juventud son, en efecto, los años por excelencia de las experiencias nuevas. Es la época de la vida de «las primeras veces» (el primer amor, el primer beso, el primer trabajo) y está demostrado que lo novedoso atrae más atención, por lo que se codificará mejor, quedará registrado en la memoria como algo relevante y distintivo y, por consiguiente, tendrá garantizado un recuerdo muy duradero. Más aún, lo novedoso, las experiencias de «la primera vez» pasan a ser hitos sobre los que se entretejen «guiones de vida» que, por una parte, condensan los modelos y expectativas culturales y, por otra, operan como reguladores de conducta (algunos ejemplos de los llamados «guiones de vida» serían la elección de una carrera, el matrimonio o tener hijos). Al mismo tiempo, la adolescencia y el inicio de la juventud son años decisivos para otros muchos procesos, todos ellos de importancia crucial, tales como la formación de la *identidad biográfica*, que, como se recordará (ver capítulo 3), culmina hacia el final de la adolescencia con la construcción de una *narrativa* interna y continua del yo.

No es, pues, un único factor, sino la integración de elementos individuales y socioculturales lo que explicaría la gran singularidad, nitidez, emocionalidad y accesibilidad de los recuerdos formados durante la segunda y tercera décadas de la vida.[140] Ahora bien, lo definitorio de la reminiscencia no son precisamente las características cognitivas y fenomenológicas de los recuerdos, sino el hecho de que esos atributos emerjan justamente cuando las personas alcanzan los cincuenta-sesenta años y no antes. Este hecho nos conduce inevitablemente a la búsqueda de una explicación finalista. Es decir, que, una vez identificados los factores desencadenantes de la reminiscencia, es necesario saber *para qué* sirve o qué función cumple en la vida de los adultos mayores.

Estudios recientes coinciden en señalar que también *la reminiscencia cumple una función adaptativa*. Es un hecho palpable que los recuerdos propios de la reminiscencia giran en torno al yo y a la construcción de la identidad biográfica. Está comprobado que los primeros recuerdos que evocan los adultos mayores cuando se les invita a seleccionar experiencias importantes de sus vidas son precisamente «recuerdos definidores del yo», que además encajan en «guiones de vida» de su cultura y constituyen marcas o hitos en sus «historias de vida», con la particularidad añadida —y esto es de especial relevancia como veremos enseguida— de que tales recuerdos son siempre de experiencias emocionalmente *positivas*. Se trata, por tanto, de recuerdos que ayudan a preservar la identidad, que aseguran la continuidad del yo y que generan sensación de control sobre la propia vida, dado que la persona siente que esos recuerdos son los fundamentos sobre los que está anclada la historia de su vida.[141]

En definitiva, no creo aventurado plantear que la aparición de la reminiscencia sobrepasado el ecuador de la vida es una manifestación más del «sistema inmunitario psicológico», cuya función es aumentar el bienestar emocional y la satisfacción vital, así como contrarrestar los posibles declives cognitivos asociados al envejecimiento.[142]

El efecto de positividad o cómo el envejecimiento orienta la memoria hacia la felicidad

Que los recuerdos personales de los diferentes periodos de la vida no gozan todos de la misma accesibilidad es un hecho confirmado científicamente, tal y como hemos visto en este y en anteriores capítulos. Lo que no se había comprobado científicamente hasta hace pocos años es que el grado de accesibilidad parece estar determinado a lo largo de la vida por la valencia emocional, positiva *versus* negativa, del recuerdo.

A un grupo de 1.241 personas de edades comprendidas entre veinte y noventa y tres años se les pidió que evocasen el recuerdo más feliz, el más triste, el más importante y el más traumático de su vida, así como la edad que tenían en cada caso. Los resultados pusieron de manifiesto que los adultos de más de sesenta años sólo fechaban en el periodo cubierto por «el pico de la reminiscencia» los recuerdos de los sucesos más felices y más importantes, en ningún caso los recuerdos más tristes y traumáticos; sin embargo, en los jóvenes de entre veinte y treinta años el patrón se invertía.[143]

Entre otras cosas, este hallazgo puso de manifiesto lo que otros muchos estudios más recientes han confirmado, esto es, que mientras en los jóvenes los recuerdos negativos se imponen a los positivos en la memoria, en los mayores la información positiva domina a la negativa. En otras palabras, todo indica que el envejecimiento trae consigo un cambio en la organización del contenido de la memoria autobiográfica que se traducirá en un aumento de los recuerdos felices y una reducción de los recuerdos tristes.

Durante las últimas décadas se han realizado multitud de estudios que coinciden en señalar que en las personas mayores se da una interacción entre edad y emocionalidad positiva tanto en la atención como en la memoria. Esto significa que los mayores, a diferencia de los jóvenes, no sólo prefieren atender a información emocionalmente positiva y evitan atender a información negativa, sino que recuerdan mucha más información agradable que desagradable. Esta tendencia en favor de lo emocional y afectivamente positivo frente a lo negativo, conocida como *efecto de positividad*, está relacionada de manera directa con la edad, en el sentido de que aumenta a medida que se envejece.

Si nos centramos en el efecto de positividad de la memoria autobiográfica, la evidencia no deja lugar a dudas de que el envejecimiento acrecienta o facilita la construcción de recuerdos cada vez más gratificantes. El grupo de trabajo de la psicóloga Laura Carstensen, de la Universidad de Standford, líder y pionera en la investigación e identificación de dicho efecto, realizó un estudio que me parece especialmente ilustrativo. En 2001 se le pidió a un grupo de trescientas monjas de edades comprendidas entre cuarenta y siete y ciento dos años que recordasen las respuestas que habían dado en 1987, es decir, catorce años antes, a un cuestionario sobre hábitos saludables de vida, enfermedades físicas y mentales, historia médica familiar y experiencias emocionales negativas, para lo que en 2001 se les entregó el mismo cuestionario de 1987. Los resultados pusieron de manifiesto con toda claridad que las monjas de mayor edad (setenta y nueve-ciento dos años) recordaban el pasado de forma más positiva que como lo habían recordado en 1987, mientras que las más jóvenes (cuarenta y siete-sesenta y cinco años) lo recordaban más negativamente, demostrando así la influencia de la edad en el efecto de positividad de la memoria.[144]

Numerosos estudios posteriores han confirmado el *efecto de positividad* a medida que se envejece y cómo esa preferencia por lo agradable se traduce en un aumento de los recuerdos emocionalmente positivos y en una disminución de los negativos. Este es un hallazgo robusto y de probada validez científica que se considera una estrategia de *regulación emocional* que promueve y mantiene un mejor estado de ánimo, ayuda a evitar situaciones enojosas y desagradables e incrementa el bienestar emocional y la sensación de felicidad de las personas mayores.

Muchos investigadores se han preguntado, y con toda razón, cómo es posible que precisamente en los mismos periodos de la vida en los que se produce o se abre la posibilidad a declives físicos y cognitivos se produzca la *ganancia* emocional que conlleva el *efecto de positividad*. Para resolver esa cuestión contamos con evidencias procedentes de diferentes niveles de análisis.

Por un lado, está suficientemente contrastado que, aunque el envejecimiento aumente la probabilidad de deterioro físico y cognitivo, el funcionamiento emocional no sólo no se deteriora con la edad, sino que aumenta su efectividad. El efecto neutralizador, ya comentado, que ejercen las emociones sobre la especificidad de los recuerdos de las personas mayores al capacitarlas para recuperar los detalles episódicos es un buen ejemplo de este efecto, al que habría que añadir el aumento del *control emocional* y otros hallazgos considerados *efectos de la positividad* asociada al envejecimiento. Por ejemplo, la capacidad de los adultos mayores (en ocasiones superior a la de los jóvenes) para reconocer en los demás emociones tales como la felicidad, la sorpresa y el disgusto; su buena empatía emocional (frente a cierto declive de su empatía cognitiva); su inteligencia emocional (que yo calificaría de «sabia») para adaptar sus acciones a las características contextuales del problema y evitar así situaciones de conflicto familiar o interpersonal en el día a día; su excelente capacidad para identificar y detectar estímulos (sobre todo, caras) potencialmente amenazantes; el mantenimiento de niveles óptimos de la denominada «curiosidad emocional» (o interés y búsqueda de la novedad), etcétera. Esta realidad ha llevado a algunos investigadores a asegurar que, en el fondo, las personas mayores son más felices que los jóvenes porque manejan mejor sus emociones.[145]

Por otro lado, abundantes estudios, algunos longitudinales como el comentado anteriormente del grupo de Carstensen, han comprobado que los niveles de afecto negativo de los recuerdos disminuyen o se desvanecen con el envejecimiento, mientras que los niveles de afecto positivo tienden a aumentar. Es un hecho bien conocido para cualquier adulto que la intensidad afectiva de los recuerdos de cualquier tipo tiende a desvanecerse con el paso del tiempo; sin embargo, las investigaciones psicológicas sobre la *felicidad* (entendida como *bienestar subjetivo*) han observado que ese desvanecimiento no es uniforme para todos los recuerdos emocionales, sino que la pérdida de intensidad emocional es mayor y se produce antes en los recuerdos negativos que en los positivos.

El desvanecimiento diferencial de las emociones agradables frente a las desagradables se ha atribuido al denominado «sesgo del afecto evanescente» (*the fading affect bias*), cuyo postulado básico reza así: «La emoción asociada a los eventos agradables pierde menos intensidad que la emoción asociada a los eventos desagradables». Con una advertencia: este efecto no se produce en todas las personas. Los investigadores han comprobado que tanto los pacientes con *depresión* como las personas con «disforia» (depresión leve) no sólo no experimentan ese sesgo evanescente en favor de lo agradable, sino que suelen percibir sus vidas como más desgraciadas o negativas que las de los demás.[146]

En estrecha relación con la positividad, los estudios sobre las relaciones entre felicidad y memoria autobiográfica coinciden en que la mayoría de las personas percibe la vida como agradable. Los datos son muy claros en ese sentido: la inmensa mayoría de las personas (entre el 65-70%) valoran sus recuerdos autobiográficos como agradables frente a un escaso 25% que los valora como desagradables. Aunque no lo expliciten, estos estudios parten de una premisa con un valor casi axiomático para quien esto suscribe, esto es, que los contenidos de nuestra memoria, tantos los explícitos como los implícitos, dibujan y colorean el tono emocional y afectivo de nuestra vida y, así, el sentimiento de felicidad y de bienestar emocional o de tristeza y fracaso que a veces nos embarga, el tono vital sereno y entusiasta o colérico y agriado que caracteriza a cada persona son sin duda manifestaciones del peso relativo de los recuerdos positivos y negativos del pasado de cada cual.

Esa tensión permanente entre lo positivo y lo negativo del tiempo vivido y registrado en la memoria está presente a lo largo de todo el recorrido vital, con la salvedad de que, tras los periodos de la juventud y la adultez temprana caracterizados por una clara supremacía de lo negativo, la convergencia de una serie de factores como la madurez y la mayor experiencia, la nueva perspectiva temporal que acarrea el envejecimiento y cambios motivacionales asociados a la edad darán lugar a un cambio en la valencia emocional predominante en la memoria autobiográfica, que se traducirá en una preferencia y en un recuerdo mayoritario de información positiva y gratificante. El aumento del afecto positivo con la consiguiente reducción del afecto negativo se ha interpretado —y creo que de manera acertada— como la manifestación de un *mecanismo de afrontamiento saludable* que permitirá a los mayores disfrutar de una mejor regulación emocional.

Por otro lado, esa inversión de la valencia emocional de la memoria autobiográfica en favor de la información agradable es consistente con el descubrimiento de que las estructuras cerebrales involucradas en el procesamiento de la información emocional apenas muestran deterioro en los adultos mayores sanos. En concreto, los estudios muestran que la amígdala cerebral, el centro del procesamiento emocional, no sólo no experimenta declive ni en su estructura ni en su funcionamiento en los mayores sanos, sino que, según se ha podido observar en diferentes estudios utilizando la técnica de IRMf, responde antes y con mayor intensidad a los estímulos emocionales agradables en los mayores sanos que en los jóvenes, al tiempo que atenúa su respuesta ante los estímulos emocionales negativos sólo en los mayores. Es decir, que la amígdala —como ha señalado expresamente la neurocientífica Mara Mather, de la Universidad del Sur de California en Los Ángeles— no sólo no deja de responder a los estímulos emocionales en la edad avanzada, sino que cambia la valencia emocional a la que se hace más sensible o reactiva.[147]

Estos sorprendentes descubrimientos añaden fuerza a la idea de que el cerebro humano genera *ganancias* con una clara *función compensatoria* a medida que envejece; entre otras razones, para contrarrestar los declives físicos y cognitivos asociados al envejecimiento. Lo interesante es que tales compensaciones emocionales no sólo redundan a nivel neural y cognitivo, sino que proporcionan un sentimiento aumentado de positividad y de satisfacción vital al recordar el pasado vivido. Y así la evidencia nos vuelve a colocar frente a la memoria para subrayar cómo sobre todo la memoria autobiográfica, además de guiar nuestras actuaciones, es la fuente de la que brota el tono gratificante y sereno de nuestra vida, porque sin duda alguna *la memoria humana está orientada a la felicidad.*

Pero, una vez más, podemos preguntarnos: ¿por qué ocurre todo esto? ¿Cuáles son los factores o mecanismos subyacentes al efecto de positividad tanto a nivel cognitivo como emocional y neurobiológico?

El horizonte temporal marca los objetivos vitales

El tiempo, como tuvimos ocasión de comprobar en el capítulo 4, es un fenómeno enigmático y difícilmente aprehensible por la mente humana. Gracias a nuestra natural aspiración a comprender ese fenómeno que conforma nuestra esencia biológica y psicológica, las personas atrapamos el tiempo a través de sensaciones del presente y del recuerdo de las experiencias pasadas; lo que significa que el binomio tiempo-individuo descansa siempre en la subjetividad. El paso del tiempo, la duración, el orden temporal, la simultaneidad o la perspectiva temporal son siempre percepciones subjetivas. Porque el tiempo objetivo —como discutimos y analizamos en el capítulo mencionado— no existe; lo que existe para el corazón y el alma de los seres humanos es el tiempo subjetivo o, mejor aún, el *tiempo vivido*: una construcción mental de la factoría de la memoria, el centro donde se produce el proceso de «temporalización» de toda vivencia, porque gracias a la memoria nos construimos como tiempo mientras se va construyendo nuestra vida.

Desde una edad bastante temprana, las personas somos conscientes de que la vida tiene unos límites temporales, de que el reloj interno de nuestra vida marcha inexorablemente y de que el tiempo de vida es limitado. Podría decirse que durante la primera mitad de la vida es la edad cronológica el marcador temporal que rige la cognición, la motivación y la emoción. Sin embargo, a partir de la mediana edad, más o menos, la edad va a ir perdiendo relevancia en nuestra «contabilidad» vital al ser sustituida por otro índice temporal, «el sentido subjetivo del tiempo futuro», en palabras de Laura Carstensen; esto es, *la conciencia del tiempo de vida que nos queda por delante*. Como es evidente, entre estos dos índices, edad cronológica y sentido subjetivo del tiempo restante, se da una relación inversa: a más edad, menos tiempo restante. La toma de conciencia por parte de la persona adulta de esa implacable realidad, de que avanzar en edad significa acortar el horizonte temporal, trastocará los valores del tiempo percibido y convertirá «el sentido subjetivo del tiempo futuro» en el regidor y organizador de la motivación, la emoción y los objetivos vitales.

El ciclo vital es así un viaje por las distintas ventanas temporales de la propia vida que, a grandes rasgos, pasa del énfasis desproporcionado del joven en el presente inmediato y su sensibilidad prácticamente nula ante un horizonte de vida lejanísimo («Cuando tienes veinte años te sientes inmortal», decía Sartre) a la conciencia plena del adulto de que el tiempo se va acabando, de que el futuro está aquí, y a una sensibilidad creciente ante un horizonte temporal cercano que, además, se acorta cada vez a mayor velocidad.

En 1925, en su ensayo *La deshumanización del arte e ideas sobre la novela*, Ortega escribió:

> El horizonte es una línea biológica, un órgano viviente de nuestro ser; mientras gozamos de plenitud, el horizonte emigra, se dilata, ondula elástico casi al compás de nuestra respiración. En cambio, cuando el horizonte se fija es que se ha anquilosado y que nosotros ingresamos en la vejez.[148]

Muy sabiamente, Ortega repara en la inevitable atadura de nuestro ser al horizonte vital y en cómo este último cambia y se expande y restringe al ritmo de la propia vida. El filósofo no indagó, sin embargo, sobre algo que los psicólogos consideran fundamental; a saber, cómo los cambios del horizonte temporal influyen en nuestros intereses y motivaciones.

Y es que la capacidad exclusivamente humana para monitorizar el tiempo de vida hace que la percepción de los horizontes temporales ejerza un profundo impacto en la motivación. Este es el postulado central de la *teoría de la selectividad socioemocional* que desde hace más de tres décadas viene desarrollando la psicóloga Laura Carstensen. La abundante investigación demuestra que, en efecto, cuando las personas mayores perciben que su horizonte temporal se reduce debido a la edad (o por cualquier otra razón que implique una restricción del sentido subjetivo del tiempo restante de vida, como una enfermedad o una guerra, con independencia de la edad), la jerarquía motivacional de sus objetivos vitales experimenta cambios drásticos. En consecuencia, la regulación de los estados emocionales —en particular, sentirse emocional y afectivamente satisfechos— pasa a ocupar el primer lugar de los objetivos de vida.[149]

Los siguientes testimonios confirman la prioridad asignada por las personas mayores al bienestar emocional.[150]

«Desde que me jubilé —confiesa un hombre de setenta y ocho años—, tengo muy claro que lo más importante en la vida es disfrutar de mi familia y de mis nietos».

«Tengo ochenta y un años, estoy viuda desde hace dos años, pero soy feliz con mis cinco nietos. Ellos son la alegría de mi vida».

«Mi vida ahora es muy sencilla —dice un hombre de ochenta y cinco años—: desayuno, camino un buen rato con mis amigos, después de comer doy una cabezadita y por la tarde juego y disfruto con mi nieta. Todo lo demás me importa poco».

Llegados a este punto, creo fundamental destacar algo a lo que aludí páginas atrás y es cómo las personas mayores ganan en *control y regulación emocional*. Porque esa «regulación» es, en realidad, una «autorregulación» que el adulto maduro gestiona y que le permite elegir y priorizar sus objetivos. Durante los años jóvenes, cuando el tiempo se percibe abundante y con un horizonte sin límites, la motivación y los objetivos prioritarios se centran en adquirir información y conocimiento y luchar por conseguir objetivos sociales incluso cuando tales objetivos no satisfagan emocionalmente; sin embargo, durante las etapas más avanzadas de la vida, cuando el tiempo percibido es cada vez más limitado, los objetivos que expanden los horizontes de conocimiento pierden importancia y la motivación principal cambia a la búsqueda de experiencias emocionales positivas y circunstancias que optimicen el bienestar psicológico. En definitiva, y de acuerdo con la *teoría de la selectividad socioemocional*, será la toma de conciencia de que el tiempo subjetivo restante es cada vez menor lo que *motivará* a los adultos mayores a cambiar sus preferencias atencionales, cognitivas y sociales con el objetivo de optimizar la cercanía emocional y el afecto positivo.

Ese cambio motivacional es el que subyace también al *efecto de positividad* general que acompaña al envejecimiento y que comentábamos en el apartado anterior. Un efecto que deriva de importantes transiciones tanto a nivel de la *atención* —los adultos mayores atienden y piensan más en estímulos y eventos positivos y retiran su atención o no atienden a estímulos negativos— como de la *memoria* —los adultos mayores experimentan un aumento de los recuerdos autobiográficos positivos y una disminución de los negativos—. Los cambios atencionales permitirían explicar, a su vez, el hallazgo neurofisiológico del sorprendente cambio de reactividad de la amígdala según la valencia emocional de los estímulos. Resulta plausible argumentar, por tanto, que si las personas mayores no atienden a estímulos emocionalmente negativos y focalizan su atención sobre todo en estímulos positivos, los neurocientíficos encuentren una reactividad amigdalina atenuada ante la presencia de estímulos emocionalmente negativos y, al contrario, una reactividad aumentada de la amígdala frente a los estímulos de valencia emocional positiva.

Considerados en conjunto, los hallazgos comentados en los tres últimos apartados evidencian que la perspectiva menguante del tiempo futuro o el acortamiento progresivo del horizonte de vida promueven durante el envejecimiento la puesta en marcha de una serie de cambios motivacionales, emocionales y cognitivos que, al tiempo que procuran niveles más altos de felicidad, actúan como estrategias compensatorias frente a las pérdidas o declives físicos y cognitivos. La edad avanzada no supone un factor de riesgo para el «bienestar subjetivo», sino todo lo contrario. De hecho, los estudiosos hablan de «la paradoja del envejecimiento»[151] precisamente para poner de manifiesto que las personas mayores, a pesar de sus pérdidas, cuentan con suficientes ganancias como para sentirse tan felices o más que los jóvenes.

El escritor Hermann Hesse expresó con claridad y desde la perspectiva que dan los años ese papel protector y equilibrador que aporta la vejez, tal y como lo atestigua la recopilación de escritos breves reunidos bajo un título que lo dice todo: *Elogio de la vejez*. En una de sus múltiples reflexiones, escribió:

> La vejez tiene muchos achaques, pero tiene también sus ventajas. Una de ellas es la capa protectora de olvido, de cansancio, de afecto, que se interpone entre nosotros y nuestros problemas y sufrimientos.

Puede ser desidia, anquilosamiento, odiosa indiferencia; mas, vista con otra luz, puede significar también serenidad, paciencia, humor, alta sabiduría y Tao.[152]

¿Y EL TIEMPO POR QUÉ SE ACELERA CON LA EDAD?

Nuestra relación con el tiempo o cómo lo percibimos y experimentamos es una fuente inagotable de sorpresas. Pensemos en el *paso* del tiempo, en su *duración*, una de las experiencias temporales del *tiempo subjetivo*, no del tiempo objetivo o cronológico que miden los relojes, sino de ese otro tiempo construido sobre nuestro nivel de conciencia, sobre nuestros intereses, sobre la cantidad de atención prestada y, naturalmente, sobre nuestras emociones y sentimientos.

¿Recuerdan los veranos de la niñez? Largos, infinitos, eternos. ¿Y los cursos escolares de la adolescencia? Lentos, pesados, interminables. Durante la niñez y la adolescencia el tiempo cabalgaba a lomos de una tortuga. «Todo era presente —dejó recogido en sus *Diarios* Eugène Ionesco—; un día, una hora, me parecían largos, sin límite».[153]

«El tiempo nos aplastaba» —escribió Manuel Azaña en su relato autobiográfico *El jardín de los frailes* al evocar cómo pesaba el tiempo durante los años de su adolescencia vividos en el internado de los agustinos de San Lorenzo de El Escorial. Y añadió:

> [E]ra menester, para agobiarnos así, que llevásemos encima montañas de tiempo, masas de tiempo incalculable; hubiéramos querido volarlas, despedazarlas; hubiéramos querido asesinar el tiempo enemigo, interpuesto desde el momento presente sobre el mañana indeciso, en que la vida empezará a ser valiosa.[154]

Sin embargo, «el tiempo no es siempre el mismo», como escribió Buñuel, sino que cambia su marcha, se dilata y se contrae a lo largo de la vida, y, tras aquellos años de inocencia y fantasía, descubrimientos y desengaños juveniles, el tiempo, lento y parsimonioso hasta entonces, comienza a aligerar su paso como la pelota que corría calle abajo cada vez más veloz sin que hubiera manera de atraparla por mucho que corrieras. Tanto acelera su marcha que en la adultez el tiempo parece viajar en avión; porque, para las personas mayores, el tiempo literalmente vuela. Ionesco expresó con total acierto y mucha ternura esa conciencia del paso acelerado del tiempo cuando escribió:

> Estoy en la edad en que uno envejece diez años en un año, donde una hora no vale más que unos minutos, donde uno no puede ya registrar los cuartos de hora. [...] Me acuerdo del cuarto de hora de recreo en la escuela comunal. ¡Un cuarto de hora! Era largo, estaba lleno: se tenía tiempo para tener la idea de un juego, para jugarlo, para acabarlo, para volver a empezar otro...[155]

La experiencia universal de que el tiempo vuela cuando nos hacemos mayores ha intrigado desde siempre a filósofos y psicólogos. Desde la década de 1960, en el ámbito de la psicología se dispone de un buen número de estudios que han demostrado que, en efecto, las personas mayores creen o tienen la sensación de que el paso del tiempo es entonces más rápido que cuando eran jóvenes. Para explicar ese cambio en la percepción subjetiva del tiempo los investigadores han ofrecido diversas propuestas teóricas: la existencia de una especie de marcapasos o reloj interno que va enlenteciéndose con la edad, un decremento de los recursos atencionales, déficits de memoria propios de la edad, etc. Sin embargo, ninguno de tales factores ha recibido hasta ahora suficiente apoyo experimental.[156]

Estudios recientes han comprobado que la percepción subjetiva de la aceleración del tiempo a medida que se envejece no significa que la persona tenga la sensación de que el tiempo está pasando más rápido en todo momento. No, cuando se avanza en edad no hay percepción alguna de que los minutos o las horas, esto es, el tiempo cronológico, pasen cada vez más rápidos. Lo que las personas mayores experimentan es una *sensación retrospectiva* de que grandes extensiones de tiempo (las *décadas* vividas, según los estudios) han pasado volando.[157] La evidencia científica apunta —y a continuación lo ilustraremos con ejemplos de la vida cotidiana— que la sensación de que el tiempo va cada vez más rápido es una ilusión temporal generada en nuestra memoria a partir de la *densidad* de sus contenidos.[158]

Sea como fuere, ¿cómo se explica que las personas mayores sientan que la vida pasa más rápida que cuando eran jóvenes?

El filósofo francés Paul Janet (1823-1899) trató de explicar este fenómeno planteando que la aparente duración de un intervalo de tiempo en la vida de cualquiera es proporcional a la duración de toda su vida. Así, un niño de diez años experimentará un año como la décima parte de su vida, mientras que un hombre de cincuenta como una cincuentava parte. Ahora bien, y como William James señaló en 1890, ese planteamiento no es una explicación de la aceleración subjetiva de la vida, a lo sumo sólo es una descripción. En su lugar, James consideró que:

> [E]l acortamiento de los años conforme nos vamos haciendo viejos se debe a la monotonía del contenido de la memoria y a la consiguiente simplificación de la mirada retrospectiva. En la juventud podemos tener una experiencia totalmente nueva, subjetiva u objetiva, cada hora del día. La aprehensión es vívida, la retentiva vigorosa, y nuestros recuerdos de ese tiempo, como los vividos en un viaje rápido e interesante son de eventos complejos, prolongados y pródigos en detalles. Pero, como cada año que pasa convierte parte de esta experiencia en una rutina automática de la que apenas nos damos cuenta, los días y las semanas se van igualando en el recuerdo como unidades sin contenido y los años se van quedando huecos y se derrumban.[159]

Como en tantos otros asuntos relativos al psiquismo humano, el eminente psicólogo William James situó el problema de la percepción subjetiva de la aceleración del tiempo en el lugar donde ciento treinta años después la ciencia actual lo localiza: el territorio de la memoria. Como se recordará, el tiempo subjetivo es un producto mental generado en la factoría de nuestra memoria, el centro de la experiencia temporal humana. A través de los recuerdos construimos el orden temporal que nos proyecta al pasado, al presente y al futuro, las tres dimensiones temporales que nos permiten sentir el tiempo vivido. En este sentido, estudios recientes nos muestran que la duración subjetiva de un cierto periodo de tiempo depende de la cantidad de eventos vividos y almacenados en la memoria. Esto significa que vivir muchas experiencias nuevas y excitantes durante un determinado lapso de tiempo aumenta la duración subjetiva de dicho lapso cuando este se recuerda posteriormente, y a la inversa: cuando la vida está envuelta en la monotonía, como decía James, la duración subjetiva se acorta al mirarla en retrospectiva.[160]

Ionesco fue muy consciente del efecto deletéreo de la monotonía o de «la costumbre», como él la llama, sobre la percepción subjetiva del tiempo y la sensación de acortamiento del tiempo vivido cuando escribió:

> Viajo para volver a encontrar un mundo intacto sobre el que el tiempo no tenga poder. [...] Dos días en un país nuevo valen por treinta de los que uno vive en su lugar habitual, recortados por la usura, deteriorados por la costumbre. La costumbre pule el tiempo, resbala uno sobre él como sobre un suelo demasiado encerado.[161]

La acumulación en la memoria de experiencias de un periodo determinado de tiempo (sea un día, una semana, un mes o un año) implica el aumento no sólo de recuerdos, sino también de *cambios experimentados* durante ese lapso de tiempo. Y, como afirmó asimismo James, «la conciencia del cambio es la condición de la que depende nuestra percepción del flujo del tiempo».[162] En consonancia con ello, se ha comprobado que, cuantos más cambios se introducen durante un trecho de tiempo, más aumenta la duración recordada.

La conciencia del paso del tiempo y cómo la novedad, los cambios y las experiencias interesantes frenan la marcha subjetiva del tiempo fueron explorados con sabiduría por el escritor alemán Thomas Mann, premio Nobel de Literatura en 1929, en *La montaña mágica*, una «novela del tiempo» o sobre cómo sentimos el paso del tiempo. Mann supo penetrar en el misterio de la conciencia del tiempo y de la vida y aprehender con admirable perspicacia cómo «la conciencia del paso del tiempo, ante la monotonía ininterrumpida, corre el riesgo de perderse» y de debilitar con su pérdida la conciencia de la vida. «Los grandes periodos de tiempo —escribió Mann—, cuando transcurren con una monotonía ininterrumpida, llegan a encogerse en una medida que espanta mortalmente al espíritu».

Sobre esa línea argumental, Mann nos descubre —como el más sagaz de los psicólogos— por qué a medida que se envejece parece que la vida se acelera. Estas son sus palabras:

Cierto es que la monotonía y el vacío pueden dar la sensación de estirar el momento, las horas, de manera que se «hagan largas» y aburridas; pero no es menos cierto que, en el caso de grandes o grandísimas extensiones de tiempo, lo que hacen es abreviarlas, neutralizarlas hasta reducirlas a algo nimio. A la inversa, un acontecimiento novedoso e interesante es sin duda capaz de hacer más corta y fugaz una hora e incluso un día, pero, considerado el conjunto, confiere al paso del tiempo una mayor amplitud, peso y solidez, de manera que los años ricos en acontecimientos transcurren con mayor lentitud que los años pobres, vacíos y carentes de peso, que el viento barre y que pasan volando.

Las ideas de Thomas Mann coinciden con las conclusiones de los científicos actuales: el factor clave de la aceleración subjetiva de la vida durante la madurez parece depender de la relación entre rutina y novedad. Si la vida cotidiana de una persona adulta se reduce cada día a la misma cadena de acciones y experiencias rutinarias (por ejemplo, levantarse, ir al trabajo, cenar, ver la televisión, dormir y vuelta a levantarse, etc., etc.), su memoria guardará todos los días el mismo patrón rutinario, monótono y emocionalmente plano, nulo en experiencias novedosas y, por tanto, carente del más mínimo interés. «Cuando un día es igual que los demás —escribió Mann—, es como si todos ellos no fueran más que un único día». Por consiguiente, el contenido de la memoria de esa persona se reducirá a experiencias indiferenciadas, borrosas, desdibujadas, porque la misma experiencia de cada día se habrá fundido en una sola huella sin distinción alguna.[163] El resultado será, como decía James, que los años vividos envueltos en la monotonía estarán huecos, vacíos y sin nada que aportar al recuerdo. En definitiva, serán años sin peso ni interés que al recordarse pasarán a toda velocidad por la conciencia del tiempo vivido dejando la frustrante sensación de que han pasado como una exhalación. Por el contrario, cuando la vida se caracteriza por el cambio permanente, y cuando la cotidianidad está llena de actividades interesantes, emocionantes y nuevas —como ocurre durante la niñez, la adolescencia y la juventud—, la memoria no dejará de enriquecer sus contenidos, que destacarán por su singularidad y abundancia de atributos, al tiempo que aumentará la solidez y el peso de sus recuerdos, trayendo todo ello consigo la conciencia plena de que la duración de un tramo de vida determinado ha sido prolongada y densa. Convencido de ello, Mann escribió:

> Sabemos perfectamente que introducir cambios y nuevas costumbres es el único medio del que disponemos para mantenernos vivos, para refrescar nuestra percepción del tiempo, en definitiva, para rejuvenecer, refortalecer y *ralentizar* nuestra experiencia del tiempo y, con ello, renovar nuestra conciencia de la vida.[164]

Entonces ¿se acelera la vida cuando nos hacemos viejos? La ciencia nos dice que no, que nada lo confirma: ni las horas ni los días, ni los meses ni los años cambian su ritmo a lo largo de nuestra vida. Pero... «*eppur si muove*» («Y, sin embargo, se mueve»), como dijo Galileo, porque nuestra percepción subjetiva del paso de la vida nos dice, nos grita, que el tiempo pasa más rápido, que se acelera, que vuela cuando nos hacemos mayores. «Los días pueden ser iguales para un reloj, pero no para un hombre», sentenció Proust, y estaba en lo cierto. Que el tiempo cronológico sea constante significa muy poco para el ser humano, que vive sintiendo cómo «su tiempo», el tiempo subjetivo, se dilata y se contrae sobre el tiempo cronológico a tenor de su experiencia y de sus emociones. ¿Se acelera el tiempo con la edad? El tiempo subjetivo, ese tiempo emocional y privado de cada persona que no mide ningún reloj, ¡claro que se acelera durante el envejecimiento si su vida se ahoga en la monotonía! Hasta la vida más larga se convertirá en un soplo al arbitrio del viento si esa vida se diluye en la rutina.

Pero ¿quién dice que envejecer sea sólo rutina o monotonía?

11

La memoria y la vida
Reprise

1
Los misterios de la memoria centellean como luciérnagas.
Míralos, descúbrelos. ¡Son tantos!
Te deslumbrarán.

2
Entra en la noche incesante de la fábrica de los recuerdos.
La magia te espera.
Te llenará de asombro.

3
Como maternal nodriza,
la memoria mece y nutre al incipiente yo
en una simbiosis perfecta de la que emana la identidad
para proclamar quién eres.

4
¡Hay que atrapar la vida, memoria!
¡Detén el tiempo! Ese tren fugaz y enloquecido.
Rompe su hechizo,
pídele cuentas y levanta acta de todo lo vivido.

5
El pasado está ya atrapado.
Con tus noches tenebrosas y tus días de sol,
manos derramando ternura y miradas de hierro también.
Ahí lo tienes todo, nunca pasará.

6
Es hora de ir en busca del tiempo vivido.
Es necesario recuperar el ayer para entender el hoy.
Busca en tus ayeres los niños que creaste.
Si prestas atención oirás su risa.

7
Empápate en ternuras y caricias,
estás entrando en paraísos perdidos.
Tu memoria los sigue acunando.

8
Mírala a los ojos,
hay días en que la memoria se levanta reservada.
No olvides entrar en sus rincones ocultos,
esos desvanes donde habita el olvido.
Si consigues encontrar la llave mágica
descubrirás que el desván está lleno de memoria.

9
Pero, cuidado, no te contamines ni yerres,
los fantasmas acechan por todas partes
y sus enredos encandilan y engañan.

10
El crepúsculo aparece en el horizonte.
Contempla tu reinado íntimo con sosiego,
tu fiel memoria te dice que es hora de balances.
Que las pérdidas no te aflijan, las ganancias las superan.
Si miras atrás sentirás que los claroscuros se han irisado,
el sosiego y la calma acarician las arrugas del alma.
Las prisas y el ruido y la furia ya doblaron el horizonte,
el tiempo —ahora impertinente— se acorta y acelera,
esta vez está pasando para no volver.

Recuerda: la Memoria Es la Vida.

Notas

PRÓLOGO

1. Blanchot, M. (2002), *El espacio literario*, Madrid, Editora Nacional, p. 25.

1. INTRODUCCIÓN. EL DELICADO EQUILIBRIO DE TU MEMORIA

1. Sacks, O. (2003), *El tío Tungsteno: Recuerdos de un químico precoz*, Barcelona, Anagrama, p. 323.
2. Kundera, M. (2003), *La ignorancia*, Barcelona, Fábula-Tusquets, p. 134.
3. Tulving, E. (1995), *Introduction (Section VI: Memory)*, en M. Gazzaniga, ed., *The Cognitive Neurosciences*, Cambridge, The MIT Press, p. 751 (cursivas añadidas).
4. Borges, J.L. (1960), «El hacedor», en *Obras completas, 1923-1972*, Buenos Aires, Emecé Editores, 1974, p. 781.
5. El término «sinapsis» se refiere a la conexión entre células nerviosas o neuronas. En 1894, Cajal sugirió que en esa zona de transmisión probablemente se encontraban las memorias. En las décadas de los sesenta y setenta del pasado siglo, Eric Kandel confirmaría experimentalmente la intuición de Cajal.
6. Entre las modernas técnicas de neuroimagen funcional con fines investigadores destacan la tomografía por emisión de positrones (PET), la resonancia magnética funcional (RMf) y la magnetoencefalografía (MEG), que permiten observar *in vivo* cómo el cerebro aprende y recuerda.

7. Fuster, J. (1997), «Redes de memoria», *Investigación y Ciencia*, 250, pp. 30-38.

8. Los pormenores explicativos de esta idea se encuentran en diferentes trabajos de los científicos cognitivos Lynn Nadel y Morris Moscovitch y sus grupos de trabajo sobre la denominada *multiple trace theory* («teoría de huellas múltiples»). El lector interesado puede consultar, entre otros, el siguiente trabajo: Nadel, L., Samsonovitch, A., Ryan, L. y Moscovitch, M. (2000), «Multiple trace theory of human memory: computational, neuroimaging and neuropsychological results», *Hippocampus*, 10, pp. 352-368.

9. Bartlett, F. (1932), *Remembering: A study in experimental and social psychology*, Londres, Cambridge University Press. [Hay trad. cast.: *Recordar*, Madrid, Alianza, 1995].

10. Ruiz-Vargas, J.M. (1998), *Memoria de historias*. Trabajo no publicado. Universidad Autónoma de Madrid.

11. La vertiginosa evolución de la telefonía experimentada durante las dos últimas décadas convierte algunos de los ejemplos citados en reliquias de un pasado aparentemente lejanísimo.

12. Schacter, D.L. (2002), *The seven sins of memory. How the mind forgets and remembers*, Boston, Houghton Mifflin, p. 9.

13. Las palabras de Szymborska están tomadas de la obra de Anna Bikont y Joanna Szczesna (2015), *Trastos, recuerdos. Una biografía de Wisława Szymborska*, Valencia, Pre-Textos, p. 9.

14. Ruiz-Vargas, J.M. (2010), *Manual de psicología de la memoria*, Madrid, Síntesis.

15. Tulving, E. (1987), «Multiple memory systems and consciousness», *Human Neurobiology*, 6, pp. 67-80.

16. El estudio de la memoria desde una perspectiva evolucionista distingue entre sistemas de memoria *cerrados* y *abiertos*. Los sistemas *cerrados* no permiten al animal la adquisición de estrategias nuevas para hacer frente a las presiones del cambio ambiental: la conducta de tales animales está determinada por su memoria filogenética, que es rígida e invariable. Por el contrario, los sistemas de memoria *abiertos*, propios de especies más evolucionadas y poseedoras de sistemas nerviosos regidos por un cerebro complejo, se caracterizan, básicamente, por la capacidad para adquirir información nueva que les permite afrontar eficazmente los cambios ambientales. Para una exposición detallada sobre la «evolución de la memoria» a través de las especies, puede consultarse mi trabajo Ruiz-Vargas, J.M. (2002), *Memoria y olvido: Perspectivas evolucionista, cognitiva y neurocognitiva*, Madrid, Trotta.

17. He desarrollado estas ideas extensamente en varios de mis trabajos previos. El lector interesado puede consultar: Ruiz-Vargas, J.M. (1994), *La memoria humana: Función y estructura*, Madrid, Alianza; y Ruiz-Vargas, J.M. (2002), *Memoria y olvido...*, *op. cit.*

18. A modo de aclaración entre los términos «aprendizaje» y «memoria», diré que, en sentido estricto, el término «aprendizaje» sólo se refiere al primer proceso (la codificación o adquisición de información), mientras que el término «memoria» incluye la totalidad de los procesos (codificación, retención y recuperación). El término «memoria» incluye, por tanto, el término «aprendizaje».

19. Ruiz-Vargas, J.M. (1994), *La memoria humana...*, *op. cit.*, p. 94.

20. La etimología nos dice que la palabra «recordar» viene del latín *recordari*, que significa «volver a pasar por el corazón» (*re* = de nuevo, y *cordis* = corazón).

21. Ver Tulving, E. (1985), «Memory and consciousness», *Canadian Psychology*, 26, pp. 1-12.

22. Kundera, M. (2003), *La ignorancia*, *op. cit.*, p. 128.

23. Lynn, S. y McConkey, K. (1998), «Preface», en S. Lynn y K. McConkey, eds., *Truth in memory*, Nueva York, The Guilford Press.

24. Barclay, C. (1986), «Schematization of autobiographical memory», en D. Rubin, ed., *Autobiographical memory*, Nueva York, Cambridge University Press, p. 97 (cursivas añadidas).

25. Schacter, D. (1986), *Searching for memory. The brain, the mind, and the past*, Nueva York, Basic Books, p. 94 (cursivas añadidas).

26. Rondolino, F. (2000), *Un lugar tan hermoso*, Madrid, Siruela, p. 28.

27. Bellow, S. (2003), *El contacto Bella Rosa*, en *Cuentos reunidos*, Madrid, Alfaguara.

28. Castilla del Pino, C. (1997), *Pretérito imperfecto*, Barcelona, Tusquets, p. 11.

29. Hustvedt, S. (2013), *Vivir, pensar, mirar*, Barcelona, Anagrama, p. 84.

30. Con estos versos cierra Borges su poema «Cambridge», en Borges, J.L., *Obras completas, 1923-1972*, Buenos Aires, Emecé Editores, pp. 980-981.

31. Welty, E. (2012), *La palabra heredada*, Madrid, Impedimenta, p. 188.

2. Viaje a la fábrica de los recuerdos

1. Puede verse, al respecto, mi trabajo «¿Cómo funciona la memoria? El recuerdo, el olvido y otras claves psicológicas», en J.M. Ruiz-Vargas (comp.), *Claves de la memoria*, Madrid, Trotta, 1997, pp. 121-152.

2. Villoro, J. (2007), «Cantera de la memoria», en Sergio Pitol, *Trilogía de la memoria*, Barcelona, Anagrama, p. 17.

3. Para las relaciones entre tiempo y autobiografía, ver la extraordinaria obra de Schacter, D. (1996), *Searching for memory*, Nueva York, Basic Books.

4. Kotre, J. (1996), *White gloves: How we create ourselves through memory*, Nueva York, Norton.

5. Klein, S. (2001), «A self to remember», en C. Sedikides y M. Brewer, eds., *Individual self, relational self, collective self*, Filadelfia, Psychology Press.

6. Tulving, E. (1972), «Episodic and semantic memory», en E. Tulving y W. Donaldson, eds., *Organization of memory*, Nueva York, Academic Press.

7. El sistema de memoria procedimental aparece definido en el capítulo 1.

8. Tulving, E. (2002), «Episodic memory: from mind to brain», *Annual Review of Psychology*, 53, pp. 1-25.

9. Una excelente revisión del desarrollo de la memoria autobiográfica desde la infancia a la adultez se encuentra en la obra de Patricia Bauer (2007), *Remembering the times of our lives: Memory in infancy and beyond*, Mahwah, Erlbaum.

10. Para una revisión sobre memoria episódica en animales, puede verse el trabajo de Dere, E., et al., (2006), «The case for episodic memory in animals», *Neuroscience and Biobehavioral Reviews*, 30, pp. 1206-1224.

11. Fivush, R. (2011), «The development of autobiographical memory», *Annual Review of Psychology*, 62, pp. 559-582. La cita aparece en p. 563.

12. Pillemer, D. (1998), *Momentous events, vivid memories*, Cambridge, Harvard University Press.

13. Nelson, K. (1993), «The psychological and social origins of autobiographical memory», *Psychological Science*, 4, pp. 7-14.

14. Conway, M. y Pleydell-Pearce, C. (2000), «The construction of autobiographical memories in the self-memory system», *Psychological Review*, 107, pp. 261-288.

15. El *componente episódico* de la memoria autobiográfica también se denomina «memoria episódica personal» o «memoria autobiográfica episódica», al igual que el *componente semántico* también se conoce como «memoria semántica personal» o «memoria autobiográfica semántica». La distinción entre el componente episódico y el semántico de la memoria autobiográfica, así como las expresiones citadas, aparecen por primera vez en el trabajo de Tulving, E. *et al.* (1988), «Priming of semantic autobiographical knowledge: A case study of retrograde amnesia», *Brain and Cognition*, 8, pp. 3-20.

16. Conway, M. y Williams, H. (2008), «Autobiographical memory», en H. Roediger, ed., *Cognitive psychology of memory*, Oxford, Elsevier.

17. Conway, M. y Pleydell-Pearce, C. (2000), «The construction of autobiographical memories...», *op. cit.*

18. McAdams, D. (2001), «The psychology of life stories», *Review of General Psychology*, 5, pp. 100-122.

19. Para una exposición detallada, ver Conway, M. (2005), «Memory and the self», *Journal of Memory and Language*, 53, pp. 594-628.

20. Extracto de «Creía que mi padre era Dios», un breve relato de Robert Winnie incluido en el libro del mismo nombre (y cuyo subtítulo es «Relatos verídicos de la vida americana») editado por Paul Auster. Barcelona, Anagrama, 2002, pp. 321-322.

21. Sandoval, P., «Cara y cruz de los heridos en el momento más crítico», *El País*, 12 de septiembre de 2004, p. 26.

22. Semprún, J. (1995), *La escritura o la vida*, Barcelona, Tusquets.

23. Tulving, E. y Lepage, M. (2000), «Where in the brain is the awareness of one´s past?», en D. Schacter y E. Scarry, eds., *Memory, brain, and belief*, Cambridge, Harvard University Press.

24. Lem, S. (2006), *El castillo alto*, Madrid, Funambulista, pp. 12-13.

25. Brewer, W. (1988), «Memory for randomly sampled autobiographical events», en U. Neisser y E. Winograd, eds., *Remembering reconsidered: Ecological and traditional approaches to the study of memory*, Nueva York, Cambridge University Press.

26. Ver Rubin, D. (2005), «A basic-systems approach to autobiographical memory», *Current Directions in Psychological Science*, 14, pp. 79-83.

27. Greenberg, D. y Rubin, D. (2003), «The neuropsychology of autobiographical memory», *Cortex*, 39, pp. 687-728.

28. Lessing, D. (1997), *Dentro de mí*, Barcelona, Destino, p. 29.

29. Darwin, Ch. (1993), *Autobiografía*, Madrid, Alianza Cien, p. 6.

30. Freud, S. (1899), «Los recuerdos encubridores», en *Obras completas. Tomo I*, Madrid, Biblioteca Nueva, 1972, p. 341.
31. Castilla del Pino, C. (1997), *Pretérito imperfecto...*, *op. cit.*, p. 31.
32. La primera referencia al hecho de que algunas personas, cuando evocan episodios de su pasado, se colocan en *la perspectiva de un observador externo* la encontramos en un trabajo de los psicólogos franceses Victor Henri y su esposa Catherine Henri. Dicho trabajo, titulado *Enquête sur les premiers souvenirs de l'enfance*, fue publicado en 1897 en *L'Année Psychologique*, y consistió en un cuestionario sobre los recuerdos más antiguos. El reconocimiento por parte de Freud de la importancia del estudio de los Henri para la investigación de la amnesia infantil jugó un papel determinante en la difusión internacional de dicho estudio y en el hecho de que haya pasado a la historia de la psicología como un clásico ineludible. Dicho trabajo será expuesto en el capítulo 7.
33. Una excelente revisión sobre estos y otros muchos asuntos relacionados es el trabajo de Rice, H. J. (2010), «Seeing where we're at: A review of visual perspective and memory retrieval», en J. H. Mace, ed., *The Act of Remembering*, Oxford, Wiley-Blackwell.
34. La expresión «estrés emocional» hace referencia al estrés producido por eventos emocionales *negativos*.
35. Williams, A. y Moulds, M. (2007), «Cognitive avoidance of intrusive memories: Recall vantage perspective and associations with depression», *Behaviour Research and Therapy*, 45, pp. 1141-1153.
36. Ver McIsaac, H. y Eich, E. (2005), «Vantage point in traumatic memory», *Psychological Science*, 15, pp. 248-253.
37. Conway, M. (2002), «Sensory-perceptual episodic memory and its context: Autobiographical memory», en A. Baddeley, M. Conway y J. Aggleton, eds., *Episodic memory: New directions in research*, Oxford, Oxford University Press, p. 65.
38. Brewer, W. (1986), «What is autobiographical memory?», en D. Rubin, ed., *Autobiographical memory*. Nueva York, Cambridge University Press.
39. Salvo que se diga lo contrario, esta y el resto de las referencias a William James que aparecerán en este libro proceden de su monumental e influyente obra *Principios de psicología*, publicada en 1890. La cita exacta es James, W. (1890), *The Principles of Psychology*, Cambridge, Harvard University Press [existe edición en español: México, Fondo de Cultura Económica, 1989]; precisamente las páginas que se citan corresponden a dicha edición española.

40. En este extracto de James (p. 521), me he permitido cambiar algunas palabras o expresiones de la edición mexicana. La razón ha sido traducir con la máxima fidelidad posible el texto de James tal y como aparece en el original en inglés.

41. Conway, M. y Pleydell-Pearce, C. (2000) «The construction of autobiographical...», *op. cit.*

42. Ver Prebble, S., Addis, D. y Tippett, L. (2013), «Autobiographical memory and sense of self», *Psychological Bulletin*, 139, pp. 815-840.

43. Conway, M. (2005), «Memory and the self...», *op. cit.*

44. En psicología de la memoria, el término «clave» (más propiamente llamada «clave de recuperación») se refiere a cualquier tipo de información que ayuda o guía los procesos de búsqueda en la memoria. Como iremos viendo, disponer de *claves de recuperación* adecuadas y bien definidas es una condición necesaria para recuperar o recordar.

45. Proust, M. (1966), *En busca del tiempo perdido. 1. Por el camino de Swann*, Madrid, Alianza Bolsillo, pp. 60-63.

46. Para una exposición detallada sobre la naturaleza y cualidades de los recuerdos involuntarios, puede verse Berntsen, D. (2009), *Involuntary autobiographical memories*, Cambridge, Cambridge University Press.

47. Bluck, S. (2003), «Autobiographical memory: Exploring its functions in everyday life», en *Memory*, 11, pp. 113-123.

48. Ver Pillemer, D. (1992), «Remembering personal circumstances: A functional analysis», en E. Winograd y U. Neisser, eds., *Affect and accuracy in recall*, Nueva York, Cambridge University Press.

49. McLean, K., Pasupathi, M. y Pals, J. (2007), «Selves creating stories creating selves: A process model of self-development». *Personality and Social Psychology Review*, 11, pp. 262-278.

50. El lector interesado puede ver los trabajos incluidos en Fivush, R. y Hudson, J. (1990), *Knowing and remembering in young children*, Nueva York, Cambridge University Press; o la revision de Nelson, K. (1993), «The psychological and social origins of autobiographical memory», *Psychological Science*, 1, pp. 1-8.

51. Erikson, E. (1963), *Infancia y sociedad*, Buenos Aires, Hormé, 1973.

52. Nelson, K. (1993), «The psychological and social...», *op. cit.*, p. 12.

53. Alea, N. y Bluck, S. (2003), «Why are you telling me that? A conceptual model of the social function of autobiographical memory». *Memory*, 11, pp. 165-178.

54. Puede verse el trabajo de Fivush, R., Berlin, L., Sales, J.M. *et al.* (2003), «Functions of parent-child reminiscing about emotionally negative events», *Memory*, 11, pp. 179-192.

55. Fivush, R., Haden, C. y Reese, E. (1996), «Remembering, recounting, and reminiscing: The development of autobiographical memory in social context», en D. Rubin, ed., *Remembering our past: Studies in autobiographical memory*, Nueva York, Cambridge University Press.

56. Dickens, Ch. (1850), *David Copperfield*, Barcelona, Alba Editorial, 2012, pp. 235-236. [Recuérdese que *David Copperfield* es una historia contada en primera persona, donde el narrador es el propio David Copperfield].

57. Fivush, R., Haden, C. y Reese, E. (1996), «Remembering, recounting, and reminiscing», *op. cit.*

58. Miguel de Cervantes (1615), *Segunda parte del ingenioso cavallero don Quixote de la mancha*. El fragmento citado ha sido tomado de Miguel de Cervantes, *Don Quijote de la Mancha*. Edición del IV Centenario, Madrid, Real Academia Española. Asociación de Academias de la Lengua Española, 2004, pp. 562-563.

59. Ver Alea, N. y Bluck, S. (2003), «Why are you telling me that?...», *op. cit.*

60. Aunque son muchos los investigadores que han abordado los diversos factores involucrados en la función social de la memoria autobiográfica, para mi exposición he seguido fundamentalmente la exhaustiva revisión del trabajo citado de Alea y Bluck (2003).

61. Bluck, S. y Habermas, T. (2001), «Extending the study of autobiographical memory: Thinking back about life across the life span», *Review of General Psychology*, 5, pp. 135-147.

62. Erikson, E. (2000), *El ciclo vital completado*, Barcelona, Paidós Ibérica.

63. Neisser, U. (1981), «John Dean's memory: A case study», *Cognition*, 9, pp. 1-22.

64. Bell, B. y Loftus, E. (1989), «Trivial persuasion in the Courtroom: The power of (a few) minor details», *Journal of Personality and Social Psychology*, 56, pp. 669-679. La cita aparece en la p. 669.

65. Ídem, p. 670.

66. Pasupathi, M. (2001), «The social construction of the personal past and its implications for adult development», *Psychological Bulletin*, 127, pp. 651-672.

67. Webster, J. y McCall, M. (1999), «Reminiscence functions across adulthood: A replication and extension», *Journal of Adult Development*, 6, pp. 73-85.

68. Alea, N. y Bluck, S. (2003), «Why are you telling me that?», *op. cit.*, pp. 170-171.

69. Estos y otros estudios relacionados son revisados en Fivush, R. y Buckner, J. (2003), «Creating gender and identity through autobiographical narratives», en R. Fivush y C. Haden, eds., *Autobiographical memory and the construction of a narrative self: Developmental and cultural perspectives*, Hillsdale, Erlbaum, pp. 140-168.

70. Ídem, p. 652.

71. Clark, R. (1994), «Children's and adolescents' gender preferences for conversational partners for specific communicative objectives», *Journal of Social and Personal Relationships*, 11, pp. 313-319.

72. Hirst, W. y Manier, D. (1996), «Remembering as communication: A family recounts its past», en D. Rubin, ed., *Remembering our past...*, *op. cit.*, pp. 271-290.

73. Alea, N. y Bluck, S. (2003), «Why are you telling me that?...», *op. cit.*

74. Hirst, W. y Manier, D. (1996), «Remembering as communication...», *op. cit.*, p. 271.

75. Bruce, D. (1989), «Functional explanations of memory», en L. Poon, D. Rubin y B. Wilson, eds., *Everyday cognition in adulthood and late life*, Nueva York, Cambridge University Press, pp. 44-58.

76. Neisser, U. (1985), «The role of theory in the ecological study of memory: Comment on Bruce», *Journal of Experimental Psychology: General*, 114, pp. 272-276. Tulving, E. (1991), «Concepts of human memory», en L. Squire, N. Weinberger, G. Lynch y J.M. McGaugh, eds., *Memory: Organization and locus of control*, Nueva York, Oxford University Press.

77. Pillemer, D. (1998), *Momentous events, vivid memories*, Cambridge, Harvard University Press.

78. Cito a partir de Einstein, A. (1949), «Notas autobiográficas», en A. Einstein, *Autobiografía y escritos científicos*, Barcelona, Círculo de Lectores, 1995, p. 44.

79. Nietzsche, F. (2016), *De mi vida. Escritos autobiográficos de juventud (1856-1869)*, Madrid, Valdemar. Las citas literales se encuentran en las páginas 171 y 216, respectivamente.

80. Harré, R. (1982), *El ser social*, Madrid, Alianza.

81. Bluck, S. (2003), «Autobiographical memory: Exploring its functions in everyday life», *Memory*, 11, pp. 113-123.

3. ¿QUIÉNES SOMOS?

1. Este caso aparece descrito en Stracciari, A., Mattarozzi, K., Fonti, C. y Guarino, M. (2005), «Functional focal retrograde amnesia: Lost access to abstract autobiographical knowledge?», *Memory*, 13, pp. 690-699. Algunos detalles más sobre este paciente, así como el desenlace de la historia aparecen en el capítulo 12 de mi obra Ruiz-Vargas, J.M. (2010), *Manual de psicología de la memoria*, Madrid, Síntesis.

2. La *amnesia disociativa* (también llamada *amnesia psicógena* o *funcional*) es un trastorno grave, aunque reversible, de memoria retrógrada consistente en la incapacidad para recordar información personal importante desencadenada por experiencias traumáticas o estresantes y que no supone daños cerebrales detectables (DSM-IV-TR; *American Psychiatric Association*, 2000). Hay dos formas básicas: *selectiva* o parcial y *generalizada* o total. Para una exposición detallada de este tipo de amnesia, puede verse el capítulo 12 de mi trabajo Ruiz-Vargas, J.M. (2010), *Manual de psicología de la memoria...*, *op. cit.*

3. Ver a este respecto el capítulo 5 de Blanco, A., Horcajo, J. y Sánchez, F. (2017), *Cognición social*, Madrid, Pearson.

4. Klein, S. (2001), «A self to remember...», *op. cit.*, p. 28.

5. James, W. (1890), *Principios...*, *op. cit.*, p. 267.

6. La historia de Douglas Bruce está magistralmente recogida en un documental, protagonizado por el propio paciente y realizado por Rupert Murray (2005), titulado *Unknown white male* («Hombre blanco no identificado»). Todas las manifestaciones de D. Bruce que aparecen a continuación están tomadas de dicho documental. La primera referencia escrita sobre la historia de Douglas Bruce se encuentra en mi libro ya citado *Manual de psicología de la memoria* (cap. 1), de donde tomo esta breve descripción.

7. La pertenencia categorial es el principal referente de la identidad social, el que queda maltratado como consecuencia del racismo o del machismo, por ejemplo.

8. Oyserman, D. (2001), «Self-concept and identity», en A. Tesser & N. Schwarz, *The Blackwell Handbook of Social Psychology*, Malden, Blackwell, p. 449.

9. Ver, por ejemplo, Addis, D. & Tippett, L. (2004), «Memory of myself: Autobiographical memory and identity in Alzheimer's disease» *Memory*, 12, pp. 56-74.

10. Tajfel, H. (1984), *Grupos humanos y categorías sociales*, Barcelona, Herder, p. 292.

11. Erikson, E. (1963), *Infancia y sociedad...*, *op. cit.*

12. James, W. (1890), *Principios de psicología...*, *op. cit.*, p. 279.

13. Los teóricos interesados en la ontología del *self* han de abordar cuestiones tan espinosas como la relación mente-cuerpo, sujeto-objeto, el *homunculus*, el libre albedrío, etc.

14. Establecida la distinción de James entre «yo» y «mí/mío», utilizaré a partir de ahora la palabra española «yo» para incluir todos los significados de la inglesa *self*.

15. Esa es, precisamente, la pregunta a la que Mead intentó dar respuesta: ¿cómo puedo ser al mismo tiempo objeto y sujeto de mi propio conocimiento? Sólo desdoblándome en los otros, viéndolos como un espejo en el que me miro, interactuando con ellos y viendo sus reacciones cognitivas (por ejemplo, estereotipos), valorativas (reacciones emocionales) y comportamentales respecto a mí. (Nota añadida).

16. Kihlstrom, J., Beer, J. y Klein, S. (2003), «Self and identity as memory», en M. Leary y J. Tangney, eds., *Handbook of self and identity*, Nueva York, Guilford, p. 68.

17. Ver los trabajos de Nelson, K. (1988), «The ontogeny of memory for real events»; y Fivush, R. (1988), «The function of event memory: Some comments on Nelson and Barsalou». Ambos aparecen en U. Neisser y E. Winogrand, eds., *Remembering reconsidered: Ecological and traditional approaches to the study of memory*, Cambridge, Cambridge University Press.

18. De entre los muchos trabajos relevantes para estas cuestiones, puede verse la revisión siguiente: Tulving, E. (2002), «Episodic memory: From mind to brain», *Annual Review of Psychology*, 53, pp. 1-25.

19. Rosenwald, G. y Ochberg, R. (1992), «Introduction: Life stories, cultural politics, and self-understanding», en G. Rosenwald y R. Ochberg, eds., *Storied lives: The cultural politics of self-understanding*, New Haven, Yale University Press, p. 1.

20. Howe, M. (2000), *The fate of early memories: Developmental science and the retention of childhood experiences*, Washington, American Psychological Association.

21. Cf. Hirsch-Pasek, K. y Golinkoff, R. (1996), *The origins of grammar*, Cambridge, The MIT Press.

22. Howe, M. (2004), «Early memory, early self, and the emergence of autobiographical memory», en D. Beike, J. Lampinen y D. Behrend, eds., *The self and memory*, Nueva York, Hove, pp. 45-72.

23. Para una versión integrada de la teoría sociocultural de la memoria autobiográfica, en la que se incluye una exposición pormenorizada del papel de todos y cada uno de los componentes enumerados, véase el trabajo de Nelson, K. y Fivush, R. (2004), «The emergence of autobiographical memory: A social cultural developmental theory», en *Psychological Review*, 111, pp. 486-511.

24. En opinión de este grupo de investigación, son muchas las variables que desempeñan un papel clave en el surgimiento del sistema de memoria autobiográfica; por ejemplo, los sistemas básicos de memoria, la adquisición de lenguaje complejo oral o signado, la comprensión y producción narrativa, las «charlas sobre recuerdos» con los padres, el estilo comunicativo de los padres, la comprensión temporal, la representación del yo, la perspectiva personal y la teoría de la mente. La variedad y complejidad de los componentes involucrados trae consigo el surgimiento de significativas diferencias culturales, individuales y de género, tanto durante el desarrollo inicial de la memoria autobiográfica como a lo largo de toda la vida de los individuos.

25. Entre cinco y siete veces por hora, según el estudio de Miller, P.J. (1994), «Narrative practices: Their role in socialization and self-construction», en U. Neisser y R. Fivush, eds., *The remembering self*, Nueva York, Cambridge University Press, pp. 158-179.

26. Es justamente entonces cuando entra en juego la importancia de la pertenencia categorial. En su libro sobre el origen del prejuicio, el psicólogo social Rupert Brown dice que, a esa edad, los niños «están alerta a las divisiones categoriales presentes en su entorno social y son muy propensos a usarlas» [Brown, R. (1998), *Prejuicio. Su psicología social*, Madrid, Alianza, p. 144].

27. Nelson, K. (1993), «Explaining the emergence of autobiographical memory in early childhood», en A. Collins, S. Gathercole, M. Conway y P. Morris, eds., *Theories of memory*, Hove, Erlbaum, pp. 355-385. La cita aparece en p. 381.

28. Este es el punto de partida del «sistema yo-memoria» propuesto por Martin Conway y comentado en el capítulo 2.

29. Ver McAdams, D. (1985), *Power, intimacy, and the life story: Personological inquiries into identity*, Homewood, Dorsey Press.

30. Erikson, *Infancia y sociedad...*, *op. cit.*

31. Unamuno, M. (1913), *Del sentimiento trágico de la vida*, Madrid, Renacimiento, p. 12.

32. Esa diversidad de «yoes» —como advierte el psicólogo social Amalio Blanco— no puede ser cabalmente entendida al margen de nuestra múltiple pertenencia categorial; de otra manera, entraríamos en el terreno de la disociación del yo. (Comunicación personal).
33. Woolf, V. (1928), *Orlando. A biography*, Harmondsworth, Penguin, 1942. Cito a partir de la edición eBook 2014.
34. Muñoz Molina, A. (2001), *Sefarad*, Madrid, Alfaguara. Los fragmentos citados se encuentran en las páginas 443, 444 y 452-453, respectivamente.
35. Borges, J.L. (1960), «Le régret d'Héraclite», en *El hacedor*, en *Obras completas, 1923-1972*, Buenos Aires, Emecé, 1974. La cita aparece en p. 852.
36. El concepto de «yoes posibles» fue introducido y desarrollado por las psicólogas Hazel Markus y Paula Nurius en 1986. Para detalles, véase el trabajo original: Markus, H. y Nurius, P. (1986), «Possible selves», *American Psychologist*, 41, pp. 954-969.
37. Recuérdese, como se dijo en el capítulo 2, que el término «*memoria autobiográfica episódica*» es sinónimo de «memoria episódica personal», al igual que el término «*memoria autobiográfica semántica*» es sinónimo de «memoria semántica personal».
38. Addis, D. y Tippett, L. (2008), «The contributions of autobiographical memory to the content and continuity of identity», en F. Sani, ed., *Self continuity*, Nueva York, Psychology Press, p. 73.
39. Mead, G.H. (1934), *Espíritu, persona y sociedad*, Barcelona, Paidós, 1982, p. 170.
40. Bajtín, M. (2000), *Yo también soy (Fragmentos sobre el otro)*, México, Taurus. Los textos citados aparecen en las páginas 152, 161-162 y 163, respectivamente.
41. Blanco, A., Horcajo, J. y Sánchez, F. (2017), *Cognición social...*, *op. cit.*, p. 123.
42. La información que aquí se presenta sobre este paciente ha sido tomada del trabajo de Wilson, B.A. y Wearing, D. (1995), «Prisoner of consciousness: a state of just awakening following herpes simplex encephalitis», en R. Campbell y M.A. Conway, eds., *Broken memories. Case studies in memory impairment*, Oxford, Blackwell, pp. 14-30.
43. Ver capítulo 1.
44. Las relaciones entre memoria y tiempo son abordadas en profundidad en el capítulo 4.
45. Castilla del Pino, C. (1997), *Pretérito imperfecto...*, *op. cit.*, p. 11.

46. Castilla del Pino, C. (2000), «El sujeto como sistema», en *Teoría de los sentimientos*, Barcelona, Tusquets.
47. Conway, M. (2005), «Memory and the self...», *op. cit.*
48. Coetzee, J.M. y Kurtz, A. (2015), *El buen relato. Conversaciones sobre la verdad, la ficción y la terapia psicoanalítica*, Barcelona, Literatura Random House, pp. 13-14.
49. McGrath, P. (2009), *Trauma*, Barcelona, Mondadori, p. 51.
50. Lem, S. (2006), *El castillo alto*, *op. cit.*, p. 218.
51. Freud, S. (1894), «Las neuropsicosis de defensa», en *Obras completas. Volumen I.*, Madrid, Biblioteca Nueva, 1973, p. 175.
52. Bartlett, F. (1932), *Remembering...*, *op. cit.* Cito a partir de la edición española de dicha obra: Bartlett, F. (1995), *Recordar*, Madrid, Alianza, p. 383.
53. Greenwald, A. (1980), «The totalitarian ego. Fabrication and revision of personal history», *American Psychologist*, 35, pp. 603-618.
54. La cita aparece en la página 36 de la edición española de esta obra de Orwell, *1984*, Barcelona, Biblioteca Básica Salvat, 1970.
55. Kundera, M. (1982), *El libro de la risa y el olvido*, Barcelona, Seix Barral, p. 40.
56. Peetz, J. y Wilson, A. (2008), «The temporally extended self: The relation of past and future selves to current identity, motivation, and goal pursuit», *Social and Personality Psychology Compass*, 2, pp. 2090-2106.
57. James, W. (1890), *Principios...*, *op. cit.*, p. 487.
58. Para un análisis detallado del papel del presentismo en la memoria autobiográfica, ver Cameron, J., Wilson, A. y Ross, M. (2004), «Autobiographical memory and self-assessment», en D. Beike, J. Lampinen y D. Behrend, eds., *The self and memory*, Nueva York, Psychology Press.
59. Pueden verse los trabajos de Taylor, S. y Brown, J. (1988), «Illusion and well-being: A social psychological perspective on mental health», *Psychological Bulletin*, 103, pp. 193-210; y Baumeister, R. (1998), «The self», en D. Gilbert, S. Fiske y G. Lindzey, eds., *Handbook of social psychology*, Nueva York, McGraw-Hill.
60. Un análisis de las diferentes fuentes del autoconocimiento se encuentra en Sedikides, C. y Skowronski, J. (1995), «On the sources of self-knowledge: The perceived primacy of self-reflection», *Journal of Social & Clinical Psychology*, 14, pp. 224-270. Las razones por las que los individuos prefieren el pasado personal son analizadas en Wilson, A. y Ross, M. (2001), «From chump to champ: People's appraisals of their earlier and current selves», *Journal of Personality and Social Psychology*, 80, pp. 572-584.

61. Entre los casos de impostores desenmascarados que han falsificado su vida con fines espurios y que han tenido una mayor repercusión social, podrían destacarse los siguientes: el catalán Enric Marco, que durante décadas fingió haber estado preso en el campo de concentración nazi de Flossenbürg; la camboyana Somaly Mam, que inventó una infancia de maltratos y prostitución forzada, o la española Alicia Esteve Head, quien dijo ser una víctima de los atentados terroristas del 11-S cuando, en realidad, aquel día se encontraba en Barcelona.

62. Wilson, A. y Ross, M. (2001), «From chump to champ...», *op. cit.*
63. *Ibidem.*
64. Ross, M. y Wilson, A. (2002), «It feels like yesterday: Self-esteem, valence of personal past experiences, and judgments of subjective distance», *Journal of Personality and Social Psychology*, 82, pp. 792-803.
65. Wilson, A. y Ross, M. (2003), «The identity function of autobiographical memory: Times is on our side», *Memory*, 11, pp. 137-149.
66. Peetz, J. y Wilson, A. (2008), «The temporally extended self...», *op. cit.*
67. Ruiz-Vargas, J.M. (2010), *Manual de psicología de la memoria...*, *op. cit.*, p. 359.
68. Coetzee, J.M. y Kurtz, A. (2015), *El buen relato...*, *op. cit.*, p. 12.
69. Ídem, p. 23.
70. *Ibidem.*
71. Ídem, p. 11.
72. Ídem, pp. 18-19.
73. Una idea que me lleva a Goethe y a su distinción entre la «verdad de los hechos» y la «verdad esencial», subjetiva, narrativa, emocional y que da sentido a nuestra existencia. En su autobiografía *Poesía y verdad*, Goethe considera «la verdad esencial» el alma y soporte de todo relato autobiográfico. Ver Goethe, J.W. (1999), *Poesía y verdad. De mi vida*, Barcelona, Alba.
74. Spence, D.P. (1982), *Narrative truth and historical truth*, Nueva York, Norton, pp. 21-22.
75. Ídem, p. 28.
76. Singer, J. y Salovey, P. (1993), *The remembered self. Emotion and memory in personality*, Nueva York, The Free Press.
77. Coetzee, J.M. y Kurtz, A. (2015), *El buen relato...*, *op. cit.*, p. 66.
78. Spence, D. P. (1982), *Narrative truth and historical truth...*, *op. cit.*, p. 31.
79. Habermas, T. y Bluck, S. (2000), «Getting a life: The emergency of the life story in adolescence», *Psychological Bulletin*, 126, pp. 748-769.

80. Pueden verse al respecto, los trabajos de Singer, J.A. y Bluck, S. (2001), «New perspectives on autobiographical memory: The integration of narrative processing and autobiographical reasoning», *Review of General Psychology*, 5, pp. 91-99; y Bluck, S. y Habermas, T. (2001), «Extending the study of autobiographical memory: Thinking back about life across the life span», *Review of General Psychology*, 5, pp. 135-147.

81. Singer, J. (2004), «Narrative identity and meaning making across the adult lifespan: An introduction», *Journal of Personality*, 72, pp. 437-459.

82. Ver McAdams, D. (2003), «Identity and the life story», en R. Fivush y C. Haden, eds., *Autobiographical memory and the construction of a narrative self*, Mahwah, LEA.

83. Esta «historia de vida» procede de mis archivos personales.

84. Cf. McAdams, D. (2001), «The psychology of life stories», *Review of General Psychology*, 5, pp. 100-122.

85. McAdams, D. (1985), *Power, intimacy, and the life story...*, *op. cit.*

86. McAdams, D. (2001), «The psychology of life stories...», *op. cit.*

87. Erikson, E. (1963), *Infancia y sociedad...*, *op. cit.*

88. Breger, L. (1974), *From instinct to identity: The development of personality*, Englewood Cliffs, Prentice-Hall, pp. 330-331.

89. McAdams, D. (2004), «The redemptive self: Narrative identity in America today», en D. Beike, J. Lampinen y D. Behrend, eds., *The self and memory*, Nueva York, Psychology Press, p. 100.

90. Este ejemplo procede de McAdams, D., *ibidem*.

91. Siguiendo la «Introducción» de Rosa Sala a la autobiografía de Goethe *Poesía y verdad*, estas palabras se las dice Goethe a su amigo el poeta y escritor alemán Johann Peter Eckermann en marzo de 1931. Cito a partir de Goethe, J.W. (1999), *Poesía y verdad...*, *op. cit.*, p. 14.

92. Singer, J. y Salovey, P. (1993), *The remembered self...*, *op. cit.*, p. 10.

93. Ídem, p. 30.

94. Singer, J. y Blagov, P. (2004), «The integrative function of narrative processing: Autobiographical memory, self-definig memories, and the life story of identity», en D. Beike, J. Lampinen y D. Behrend eds., *The self and memory*, Nueva York, Psychology Press.

95. Ernaux, A. (1999), *La vergüenza*, Barcelona, Tusquets, pp. 11-13.

96. Ídem, p. 15.

97. Ídem, pp. 126-127. Las cursivas son mías.

98. Ídem, pp. 105-106.

99. Los ejemplos son expresiones reales de pacientes de Jefferson Singer y están tomados del trabajo de Singer, J. y Blagov, P. (2004), «The integrative function of narrative processing», *op. cit.*, p. 119.

100. McAdams, D. (2004), «The redemptive self...», *op. cit.*

101. Ruiz-Vargas, J.M. (2010), *Manual de psicología de la memoria, op. cit.*, pp. 356-357.

102. Los casos de los prisioneros de guerra están tomados de Kotre, J. (1996), *White gloves...*, *op. cit.*, p. 105.

4. ATRAPANDO LA FUGACIDAD DE LA VIDA

1. Fragmento del primer verso del poema «Ya somos el olvido» de J. L. Borges.

2. Nabokov, V. (1994), *Habla, memoria*, Barcelona, Anagrama, p. 19.

3. *Liberty Heights*, película de contenido autobiográfico del realizador Barry Levinson (1999).

4. Welty, E. (2012), *La palabra heredada, op. cit.*, p. 157.

5. Allende, I. (2000), *Retrato en sepia*, Barcelona, Plaza y Janés, p. 223.

6. Sontag, S. (2006), *Sobre la fotografía*, México, Alfaguara.

7. Ugresic, D. (2003), *El museo de la rendición incondicional*, Madrid, Alfaguara.

8. Ídem, p. 47.

9. Cruz, J. (1995), *El territorio de la memoria*, Madrid, Tauro Producciones, p. 97.

10. Castilla del Pino, C. (1997), *Pretérito imperfecto*, Barcelona, Tusquets, p. 11.

11. Ídem, p. 12.

12. Roth, P. (2003), *Patrimonio. Una historia verdadera*, Barcelona, Seix Barral, p. 237.

13. Ídem, p. 124.

14. Estas palabras las pronuncia Wiesel en la entrevista mantenida con R. Boschert-Kimmig. Dicha entrevista forma parte de la siguiente obra: *Esperar a pesar de todo. Johann Baptist Metz y Elie Wiesel*, Madrid, Trotta, 1996; p. 77.

15. Appelfeld, A. (2005), *Historia de una vida*, Barcelona, Península, p. 60.

16. Ídem, p. 10.

17. Allende, I. (2000), *Retrato en sepia, op. cit.*, p. 224.
18. Canetti, E. (1987), *El corazón secreto del reloj*, Barcelona, Debolsillo, 2016, p. 484.
19. El paciente amnésico K.C. fue explorado y evaluado por Tulving y su equipo de la Universidad de Toronto a lo largo de varios años. Los resultados de tales estudios aparecen referidos en diferentes publicaciones [Tulving, E. (1989), «Remembering and knowing the past», *American Scientist*, 77, pp. 361-367; Tulving, E. (2002), «Episodic memory: From mind to brain...», *op. cit.*; Tulving, E. (2005), «Episodic memory and autonoesis: Uniquely human?», en H. Terrace y J. Metcalfe, eds., *The missing link in cognition*, Nueva York, Oxford University Press; por citar algunos]. Por mi parte, he referido el caso de este paciente en varios trabajos previos. La descripción que aquí presento la he tomado de mi trabajo *Manual de psicología de la memoria..., op. cit.*, capítulos 1 y 10.
20. Tulving, E. (1999), «On the uniqueness of episodic memory» en L.G. Nilsson y H. Markowitsch, eds., *Cognitive neuroscience of memory*, Göttinga, Hogrefe & Huber Publishers, p. 13.
21. Mead, G. H. (1929), «The nature of the past», en J. Coss, ed., *Essays in honor of John Dewey*, Nueva York, Holt, pp. 235-242.
22. En un momento de su autobiografía *Habla, memoria (op. cit.*, p. 76), Nabokov evoca la estancia de su casa de Vyra siendo niño, donde su tío Ruka leía unos cuentos franceses que él acaba de descubrir. Aquel descubrimiento le produce una intensa emoción y su memoria se inunda de tantas imágenes y detalles de aquella habitación infantil que siente cómo «aquella robusta realidad convierte el presente en un fantasma».
23. Woolf, V. (1980), *Apunte del pasado*, en *Momentos de vida*, Barcelona, Lumen, pp. 97-98.
24. Pessoa, F. (1984), *Libro del desasosiego*, Barcelona, Seix Barral, p. 103.
25. Ídem, p. 113.
26. Proust, M. (1969), *En busca del tiempo perdido. 7. El tiempo recobrado*, Madrid, Alianza, p. 218.
27. Ídem, p. 402.
28. Pessoa, F., *Libro del desasosiego, op. cit.*, p. 306.
29. Proust, M. (1969), *En busca del tiempo perdido. 7. El tiempo recobrad, op. cit.*, p. 214.
30. Ídem, pp. 219-220 (cursivas añadidas).
31. Citado en Galindo Tixaire, A. (2005), «Einstein y el tiempo», *Revista Española de Física*, enero-marzo, pp. 64-73.

32. Proust, M. (1969), *En busca del tiempo perdido. 7. El tiempo recobrado*, *op. cit.*, p. 221.
33. Ídem, p. 220.
34. Ídem, p. 222.
35. Ídem, p. 220.
36. Pessoa, F. (1984), *Libro del desasosiego*, *op. cit.*, p. 306.
37. San Agustín (c. 397-400), *Confesiones* (Libro XI), Madrid, Gredos, 2010, p. 560.
38. Cioran, E. (1964), *La caída en el tiempo*, Barcelona, Tusquets, 2015, p. 163.
39. Proust, M. (1969), *En busca del tiempo perdido. 7. El tiempo recobrado*, *op. cit.*, p. 310.
40. José Enrique Rodó (1871-1917) fue un político y escritor uruguayo. En la página 2 de su obra más influyente, *Motivos de Proteo* (publicada en 1909), aparecen las palabras citadas. La edición utilizada es de Editorial Cervantes, Valencia, 1918.
41. Illescas Nájera, M. D. (1995), «Sobre la pluralidad de las experiencias del tiempo», en M.D. Illescas Nájera (coord.), *Un haz de reflexiones en torno al tiempo, la historia y la modernidad*, México, Universidad Iberoamericana, A.C., p. 23.
42. Pessoa, F. (1984), *Libro del desasosiego*, *op. cit.*, p. 306.
43. Serna Arango, J. (2001), «Borges y el tiempo», *Palimpsesto*, 1, pp. 120-127.
44. Encuentra Ortega, A. (2010), «Introducción», en san Agustín, *Confesiones*, Madrid, Gredos, p. 7.
45. Estas palabras de Barbour proceden de «The end of time. A Talk with Julian Barbour»: entrevista realizada por John Brockman y publicada en *Edge* el 15 de agosto de 1999. Disponible en <https://www.edge.org/conversation/the-end-of-time>.
46. San Agustín, *Confesiones*, *op. cit.*, p. 578.
47. Tolstoi, L. (1998), *Calendario de la sabiduría*, Barcelona, Martínez Roca.
48. Borges, J.L. (1941), *El jardín de senderos que se bifurcan*, en J.L. Borges, *Cuentos completos*, Barcelona, Penguin Random House, 2015, p. 156.
49. Borges, J.L. (1946), *Nueva refutación del tiempo*, en *Otras inquisiciones* (*Obras completas, 1923-1972*), Buenos Aires, Emecé, 1974, p. 770.
50. Borges, J.L. (1936), *Historia de la eternidad*, en *Historia de la eternidad* (*Obras completas, 1923-1972*), Buenos Aires, Emecé, 1974, p. 365.

51. Borges, J.L. (1972), *El pasado*, en *El oro de los tigres* (*Obras completas, 1923-1972*), Buenos Aires, Emecé, 1974.
52. Borges, J.L. (1946), *Nueva refutación...*, *op. cit.*, p. 765.
53. Los comentarios entre corchetes son míos.
54. Borges, J.L. (1946), *Nueva refutación...*, *op. cit.*, p. 771.
55. Barbour, *op. cit.*
56. Pessoa, F. (1984), *Libro del desasosiego*, *op. cit.*, p. 110. (Cursivas añadidas).
57. Canetti, E. (1992), *El suplicio de las moscas*, en *Apuntes 2*, Barcelona, Penguin Ramdon House, 2011, p. 100.
58. Ídem, p. 31.
59. Estas palabras están contenidas en la última carta de la correspondencia entre Albert Einstein y su íntimo amigo Michele Besso (tras la muerte de este último). Citadas en Prigogine, I. y Stengers, M. (1990), *La nueva alianza. Metamorfosis de la ciencia*, Madrid, Alianza, p. 303.
60. La frase corresponde al dramaturgo y ensayista belga Maurice Maeterlinck (1862-1949), galardonado con el Premio Nobel de Literatura de 1911.
61. Mead, G.H. (1929), «The nature of the past», *op. cit.*, p. 235.
62. En *La tempestad*, acto I, escena II, Shakespeare escribió: «*In the dark backward and abysm of time*», que en la edición española aparece traducido así: «En el oscuro fondo y abismo del tiempo».
63. Semprún, J. (1995), *La escritura o la vida*, Barcelona, Tusquets, p. 248 (cursivas añadidas).
64. Miller, H. (1978), *Trópico de Capricornio*, Barcelona, Alfaguara, p. 114.
65. Bergson, H. (1927), *Ensayo sobre los datos inmediatos de la conciencia*, Salamanca, Ediciones Sígueme, 1999.
66. Woolf, V. (1980), *Apunte del pasado...*, *op. cit.*, p. 98.
67. Lakoff, G y Johnson, M. (1986), *Metáforas de la vida cotidiana*, Madrid, Cátedra.
68. Lakoff, G. (1993), «The contemporary theory of metaphor», en A. Ortony, ed., *Metaphor and Thought*, Cambridge, Cambridge University Press, p. 213.
69. Ortega y Gasset, J. (1911), *Tierras de Castilla*, en *El espectador*, Barcelona, Biblioteca Básica Salvat, 1969, p. 25.
70. Los años corresponden a las fechas de las primeras ediciones en francés, todas a cargo de Presses Universitaires de France (P.U.F.).

71. Bergson, H. (1907), *La evolución creadora*, en H. Bergson, *Obras escogidas*, Madrid, Aguilar, 1948, p. 442.
72. Bergson, H. (1927), *Ensayo sobre los datos inmediatos de la conciencia*, Salamanca, Ediciones Sígueme, 1999, p. 77.
73. Bergson, H. (1907), *La evolución creadora, op. cit.*, p. 442.
74. *Ibidem*.
75. Bergson, H. (1896), *Materia y memoria*, Buenos Aires, Cactus, 2006, pp. 160-161.
76. Marías, J. (1998), *Negra espalda del tiempo*, Madrid, Alfaguara, pp. 278-279. Cursivas añadidas.
77. Ídem, p. 279.
78. Canetti, E. (1982), *La provincia del hombre*, Madrid, Taurus, p. 195.
79. Marías, J. (1998), *Negra espalda..., op. cit.*, p. 280.

5. EL PASADO NUNCA PASA

1. Lowenthal, D. (1998), *El pasado es un país extraño*, Madrid, Akal, p. 5.
2. Castilla del Pino, C. (2006), «La forma moral de la memoria. A manera de prólogo», en F. Gómez Isa (dir.), *El derecho a la memoria*, San Sebastián, Diputación Foral de Guipúzcoa, p. 18.
3. Cioran, E.M. (1993), *La caída en el tiempo*, Barcelona, Tusquets, p. 162.
4. Ídem, pp. 159-160.
5. Knausgård, K.O. (2015), *La isla de la infancia. Mi lucha:3*, Barcelona, Anagrama, p. 498.
6. Hosseini, K. (2007), *Cometas en el cielo*, Barcelona, Salamandra, p. 9.
7. Chéjov, A. (1992), *Mi vida, relato de un hombre de provincias*, en *Mi vida, el pabellón número seis y otros relatos*, Barcelona, Círculo de Lectores, p. 121.
8. Para evidencia de la biología evolucionista, ver Wolf, M., Van Doorn, G. y Weissing, F. (2008), «Evolutionary emergence of responsive and unresponsive personalities», *Proceedings of the National Academy of Sciences, USA*, 105, pp. 15825-15830. Para evidencia de la psicología del desarrollo, Belsky, J. y Pluess, M. (2009), «Beyond diathesis stress: Differential susceptibility to environmental influences», *Psychological Bulletin*, 135, pp. 885-908.

9. Para una revisión de las cuestiones fundamentales relativas a las «personas altamente sensibles», ver Aron, E., Aron, A. y Jagiellowicz, J. (2012), «Sensory processing sensitivity: A review in the light of the evolution of biological responsivity», *Personality and Social Psychology Review*, 16, pp. 1-21.

10. Dicha activación aumentada se ha observado en el cíngulo, la ínsula, el giro temporal medio, el giro frontal inferior y la corteza premotora (las últimas son el asiento de las llamadas «neuronas espejo»).

11. Toda la obra de Knausgård está llena de episodios de miedo, angustia y llanto; y, de una manera muy especial, *La isla de la infancia*. Su conciencia clara de que es y ha sido siempre una persona muy sensible, frente a un hermano menos introspectivo, más feliz y menos complicado aparece en diferentes momentos del primer volumen: *La muerte del padre*. Por ejemplo, cuando escribe: «Yngve (su hermano mayor) no era tan pusilánime y tan llorón como yo cuando éramos niños» (p. 138); o cuando los dos hermanos salen de la funeraria, antes del entierro del padre, y él se echa a llorar y dice: «Exactamente como cuando éramos niños. Yo llorando y tú mirando» (p. 262).

12. Knausgård, K.O. (2015), *La isla de la infancia, op. cit.*, p. 294.

13. Sabato, E. (1999), *Antes del fin*, Barcelona, Seix Barral, pp. 22-23.

14. Ionesco, E. (2007), *Diarios*, Madrid, Páginas de Espuma, pp. 216-217.

15. Los «recuerdos definidores del yo» fueron descritos en el capítulo 3.

16. Ionesco, E. (2007), *Diarios, op. cit.*, p. 218.

17. Ídem, p. 213.

18. Ídem, pp. 217-218.

19. Sebold, A. (2004), *Afortunada*, Barcelona, Mondadori, p. 13.

20. Ídem, p. 71.

21. La idea de la doble ofensa a las víctimas —que, en mi opinión, resulta fundamental para entender gran parte del sufrimiento humano— la planteé por primera vez en 2004, en un artículo sobre las víctimas del franquismo titulado «Los gritos de la memoria» (disponible en <http://memoriahistorica.org>).

22. Freud, S. (1922), *Más allá del principio del placer*. El ensayo utilizado es el que aparece incluido en *Psicología de las masas*, Madrid, Alianza, 1969, pp. 81-137. La cita aparece en p. 89.

23. Levi, P. (1995), *Si esto es un hombre*, Barcelona, Muchnik, pp. 26-28.

24. Palabras contenidas en su discurso de agradecimiento por el Premio de la Paz, concedido por la Asociación de Libreros y Editores alemanes en 1994. Tomadas de la contracubierta de la citada obra.

25. Castilla del Pino, C. (2006), «La forma moral de la memoria. A manera de prólogo», en Felipe Gómez Isa (dir.), *El derecho a la memoria*, San Sebastián, Diputación Foral de Guipúzcoa, pp. 15-20.

26. Ruiz-Vargas, J.M. (2005), «Recuerdos traumáticos: El enemigo interior», en A. Blanco, R. del Águila y J.M. Sabucedo, eds., *Madrid 11-M: Un análisis del mal y sus consecuencias*, Madrid, Trotta.

27. Spiegel, D. (1997), «Trauma, dissociation, and memory», en R. Yehuda y A. McFarlane, eds., *Psychobiology of posttraumatic stress disorder*, Nueva York, *Annals of the New York Academy of Sciences*, pp. 225-237.

28. Herman, J., *Trauma y recuperación*, Madrid, Espasa, p. 83.

29. Langer, L. L. (1991), *Holocaust testimonies: The ruins of memory*, New Haven, Yale University Press, pp. 53-54.

30. La segunda parte de esta historia la conté por primera vez en mi trabajo de 2004, «Los gritos de la memoria», *op. cit.*

31. La expresión es del psicólogo Bernard Baars.

32. Mnemosina, la diosa de la memoria, en la mitología griega.

33. Resulta interesante constatar que, aunque la exposición al trauma es común entre las personas, el TEPT es relativamente raro. Según datos del *National Comorbidity Survey* de Estados Unidos, el 60,7% de los adultos norteamericanos dicen haber experimentado al menos un evento traumático en su vida; sin embargo, sólo el 5% de los varones y el 10% de las mujeres han padecido estrés postraumático. La elevada disparidad entre el 60% de prevalencia de exposición al trauma y un promedio del 7% de prevalencia del TEPT indica que las respuestas individuales al trauma varían significativamente, y pone sobre el tapete una de las cuestiones básicas en esta área de estudio, a saber, ¿por qué unas personas desarrollan TEPT y otras no? Para un análisis de este problema, pueden verse los trabajos de McNally, R. (2003), *Remembering trauma*, Cambridge, Belknap Press/Harvard University Press; y Echeburúa, E. (2004), *Superar un trauma*, Madrid, Pirámide.

34. Una breve historia de aquel proceso, que fue largo y costoso, aparece en mi trabajo Ruiz-Vargas, J.M. (2006), «Trauma y memoria de la Guerra Civil y la dictadura franquista», en *Hispania Nova. Revista de Historia Contemporánea*, 6, pp. 299-336

35. Herman, J. (2004), *Trauma y recuperación, op. cit.*, p. 62; el paréntesis es mío.

36. McNally, R. (2003), *Remembering trauma, op. cit.*

37. La denominada científicamente «respuesta de sobresalto» es algo que todos hemos experimentado muchas veces en el devenir cotidiano y, en principio, no tiene nada de patológico. Se refiere a esa especie de encogimiento o contracción muscular rápida, involuntaria y refleja de los músculos faciales y de las extremidades provocada por un estímulo inesperado e intenso, generalmente acústico, como un ruido, un golpe, etc.; aunque los estímulos pueden ser de cualquier otra modalidad sensorial. En esas situaciones, la reacción motora se suele acompañar de expresiones verbales tales como «¡Ay, qué susto!», «¡Qué susto me has dado!» o similares.

38. Grinker, R. y Spiegel, J. (1945), *Men under stress*, Filadelfia, Blakeston. El sistema nervioso *simpático*, junto con el sistema nervioso *parasimpático*, forman el sistema nervioso *autónomo*. El *sistema nervioso simpático*, además de inervar la musculatura lisa, el corazón y las glándulas, es el que prepara para la acción. En situaciones de miedo o de peligro, es decir, de estrés, este sistema es el que controla gran parte del organismo. La regulación homeostática o el equilibrio interno dependen del sistema nervioso simpático.

39. Ver a este respecto «Regreso al tren del miedo», *El Mundo*, 13 de marzo de 2004, p. 18, y «Volver al tren para ahuyentar el trauma», *El País*, 17 de marzo de 2004, p. 55.

40. Herman, J. (2004), *Trauma y recuperación, op. cit.*, p. 83.

41. Ídem, p. 77.

42. Volchan, E., Souzab, G., Franklina, C. et al. (2011), «Is there tonic immobility in humans? Biological evidence from victims of traumatic stress», *Biological Psychology*, 88, pp. 13-19.

43. Frankel, N. y Smith, L. (1978), *Patton's best*, Nueva York, Hawthorne Books. Tomo la cita de Herman, J. (2004), *Trauma y recuperación, op. cit.*, p. 78.

44. Janet, P. (1919), *Les médications psychologiques*, París, Felix Alcan, p. 204.

45. Breuer, J. y Freud, S. (1895), *Estudios sobre la histeria*, en S. Freud, *Obras completas, Tomo I*, Madrid, Biblioteca Nueva, 1972, p. 44.

46. Freud, S. (1916-1917), *Lecciones introductorias al psicoanálisis*, en *Obras completas. Volumen II*, Madrid, Biblioteca Nueva, 1973, p. 2293.

47. Freud, S. (1922), *Más allá del principio del placer, op. cit.*

48. Herman, J. (2004), *Trauma y recuperación, op. cit.*, p. 69.

49. Algunos de estos ejemplos han sido tomados del trabajo de Ehlers,

A., Hackman, A., Steil, R. *et al.* (2002), «The nature of intrusive memories after trauma: the warning signal hypothesis», *Behaviour Research and Therapy*, 40, pp. 995-1002.

50. Merckelbach, H., Dekkers, T., Wessel, I. y Roefs, A. (2003), «Amnesia, flashbacks, nightmares, and dissociation in aging concentration camp survivors», *Behaviour Research and Therapy*, 41, pp. 351-360.

51. Brewin, C.R. (2003), *Post-traumatic stress disorder: malady or myth?*, New Haven, Yale University Press.

52. McGrath, P. (2009), *Trauma*, Barcelona, Mondadori, p. 126.

53. DSM-IV-TR, *op. cit.*, p. 519.

54. Roth, P. (2001), *La mancha humana*, Madrid, Alfaguara, pp. 96-97.

55. McNally, R. J. (2003), *Remembering trauma, op. cit.* Para datos más recientes que abundan en la idea de que el TEPT es básicamente un trastorno de memoria, puede consultarse la siguiente revisión: Brewin, C. (2018), «Memory and forgetting», *Current Psychiatry Reports*, 20, pp. 87.

56. La expresión tantas veces oída «los caminos del señor son inescrutables» procede, y digo «procede» porque en origen es diferente, de la que aparece en la Epístola a los Romanos del apóstol Pablo, donde, en el capítulo 11, versículo 33, dice exactamente: «¡Oh abismo de la riqueza, de la sabiduría y de la ciencia de Dios! ¡Cuán insondables son sus designios e inescrutables sus caminos!».

57. Por ejemplo, en Ruiz-Vargas, J. M. (2010), *Manual de psicología de la memoria, op. cit.*, capítulo 11.

58. El caso de C.M. está tomado del trabajo de los psicólogos suecos Christianson, S.-A. y Engelberg, E. (1997), «Remembering and forgetting traumatic experiences: A matter of survival», en M. Conway, ed., *Recovered memories and false memories*, Oxford, Oxford University Press.

59. Appelfeld, A. (2005), *Historia de una vida, op. cit.*, p. 52.

60. Ídem, p. 86.

61. *Ibidem*.

62. Ídem, p. 87.

6. EN BUSCA DEL TIEMPO VIVIDO

1. Appelfeld. A. (2005), *Historia de una vida, op. cit.*, p. 141.

2. Proust, M. (1969), *En busca del tiempo perdido. 7. El tiempo recobrado*, Madrid, Alianza, p. 8.

3. Ídem, pp. 420-421.
4. Pessoa, F. (1984), *El libro del desasosiego, op. cit.*, p. 102.
5. Ortega y Gasset, J. (1911), *Tierras de Castilla, op. cit.*, pp. 25-26.
6. Canetti, E. (1973), *La provincia del hombre. Apuntes 1942-1972*. En E. Canetti (2016), *Apuntes 1*, Barcelona, Penguin Random House, p. 409.
7. Pessoa, F. (1984), *El libro del desasosiego, op. cit.*, pp. 102-103. Cursivas añadidas.
8. Ortega y Gasset, J. (1917), *Azorín: Primores de lo vulgar*, en *Obras completas. Tomo II (1916-1934)*, Madrid, Revista de Occidente, 1963, pp. 161-162.
9. «Interview with Endel Tulving», *Journal of Cognitive Neuroscience*, 1991, 3, pp. 89-94. El extracto citado aparece en la p. 90.
10. Canetti, E. (1992), *El suplicio de las moscas*, en E. Canetti (2016), *Apuntes 2*, Barcelona, Penguin Random House, p. 100.
11. Ortega y Gasset, J. (1910), «Una polémica. I. La visión de la historia-San Pedro y San Pablo», *El Imparcial*, 19 de septiembre de 1910, en *Obras Completas. Tomo I (1902-1916)*, Madrid, Revista de Occidente, 1966, p. 157.
12. Canetti, E. (1987), *El corazón secreto del reloj*, en E. Canetti (2016), *Apuntes 1*, Barcelona, Penguin Random House, p. 484.
13. Ortega y Gasset, J. (1917). *Azorín: Primores de lo vulgar, op. cit.*, pp. 163-164.
14. Mann, T. (1924), *La montaña mágica*, Barcelona, Edhasa, 2005, p. 10.
15. Miguel de Cervantes (1615), *Don Quijote de la Mancha*, Edición del IV Centenario, *op. cit.*, pp. 134-135.
16. La representación gráfica de los resultados de Ebbinghaus le permitieron elaborar su desde entonces famosa «curva de olvido». Una curva que se asemejaría a una L por la pérdida drástica y rápida de información en las primeras horas tras el aprendizaje y el aplanamiento o reducción del olvido posterior. Para una exposición detallada del trabajo experimental de Ebbinghaus, así como de su posterior influencia, puede verse el capítulo 2 de mi libro *Manual de psicología de la memoria*, Madrid, Síntesis, 2010.
17. Canetti, E. (1987). *El corazón secreto del reloj..., op. cit.*, p. 477.
18. *Le Procurateur de Judée* apareció publicado por primera vez el 25 de diciembre de 1891 en el periódico *Le Temps*, bajo el título de *Conte pour le jour de Noël* (cuento para el día de Navidad»). En 1892, ese *Conte* fue incluido en una colección de escritos de Anatole France titulada *L'Etui de*

nacre («La caja de nácar»). En 1902, la editorial parisina Pelletan publicó por primera vez en un volumen independiente una edición de lujo de *Le Procurateur de Judée*, que incluye catorce dibujos de Eugène Grasset en el estilo de bajorrelieve de la antigua Roma. En marzo de 2010, la editorial zaragozana Contraseña publicó *El procurador de Judea*, una versión en castellano de la edición de Pelletan, que es de la que cito.

19. En la edición española de *El procurador de Judea* se incluye como *Posfacio* la nota de Leonardo Sciascia a la edición italiana.

20. James, W. (1890), *The principles of psychology*, Nueva York, Holt, p. 1577.

21. Linton, M. (1986), «Ways of searching and the contents of memory», en D. Rubin, ed., *Autobiographical memory*, Nueva York, Cambridge University Press. Las palabras citadas aparecen en p. 63.

22. Ver Wagenaar, W. (1986), «My memory: A study of autobiographical memory over six years», *Cognitive Psychology*, 18, pp. 225-252.

23. El surgimiento y evolución de las ideas contenidas en *«la nueva teoría del desuso»* pueden verse en Bjork, R. (1978), «The updating of human memory», en G.H. Brower, ed., *The Psychology of learning and motivation. Volume 12*, Nueva York, Academic Press; y Bjork, R. (1989), «Retrieval inhibition as an adaptive mechanism in human memory», en Roediger, H.L. y Craik, F.I.M., eds., *Varieties of memory and consciousness. Essays in honour of Endel Tulving*, Hillsdale, Erlbaum. El calificativo de «nueva» se debe a que Bjork reformula la «ley del desuso» que el psicólogo estadounidense Edward Thorndike había formulado a principios del siglo XX, y cuyo postulado central reza que los hábitos aprendidos se desvanecen o decaen de la memoria con el paso del tiempo si no se usan.

24. Ver Anderson, M.C. (2007), «Inhibition: Manifestations in long-term memory», en H. Roediger, Y. Dudai y S. Fitzpatrick, eds., *Science of memory: Concepts*, Oxford, Oxford University Press.

25. En términos sencillos, la diferencia entre emoción y sentimientos se establece de la siguiente manera. La *emoción* se refiere a una serie de cambios corporales (químicos, neuronales, hormonales, faciales, etc.) como respuesta a estímulos externos o internos, mientras que los *sentimientos* son la expresión cognitiva de tales cambios o, como dice Damasio, las «experiencias mentales» de dichos estados corporales.

26. En el capítulo anterior, se hace referencia al proceso de expulsión de la conciencia de los recuerdos que resultan insoportables por

su alto contenido emocional negativo. Más adelante, en el capítulo dedicado al olvido, se analizarán con detalle los procesos de supresión y represión.

27. Reisberg, D. (2006), «Memory for emotional episodes: The strengths and limits of arousal based accounts», en B. Uttl, N. Ohta y A. Siegenthaler, eds., *Memory and emotion. Interdisciplinary perspectives* (pp. 15-36), Oxford, Blackwell, p. 15.

28. Para una revisión exhaustiva de los múltiples efectos de la emoción sobre los diferentes tipos de memoria en adultos, ver la monografía de Kensinger, E. (2009), *Emotional memory across the adult lifespan*, Nueva York, Psychology Press.

29. Nietzsche, F. (1887). *De la genealogía de la moral*. En *Obras completas*, volumen 4, Madrid, Tecnos, 2016, p. 487. (Cursivas en el original).

30. Lloyd, G. y Lishman, W. (1975), «The effect of depression on the speed of recall of pleasant and unpleasant experiences», *Psychological Medicine*, 5, pp. 173-180.

31. Ruiz-Vargas, J.M. (1993), «¿Cómo recuerda usted la noticia del 23-F? Naturaleza y mecanismos de los "recuerdos-destello"», *Revista de Psicología Social*, 8, pp. 17-32.

32. No es fácil encontrar un término exacto para *flashbulb memories* en castellano, por lo que hemos decidido llamarlos con el término aproximado de «recuerdos fotográficos».

33. Brown, R. y Kulik, J. (1977), «Flashbulb Memories», *Cognition*, 5, pp. 73-99. La cita está en p. 74.

34. Ídem, p. 75.

35. Ídem, p. 80.

36. Christianson, S.-A. (1992), «Emotional stress and eyewitness memory: A critical review», *Psychological Bulletin*, 112, pp. 284-309.

37. Kvavilashvili, L., Mirani, J., Schlagman, S., y Kornbrot, D. (2003), «Comparing flashbulb memories of September 11 and the death of Princess Diana: Effects of time delays and nationality», *Applied Cognitive Psychology*, 17, pp. 1017-1031.

38. Shapiro, L. (2006), «Remembering September 11th: The role of retention interval and rehearsal on flashbulb and event memory», *Memory*, 14, pp. 129-147.

39. Ver Neisser, U. (1982), «Snapshots or benchmarks?», en U. Neisser y I.E. Hyman, eds., *Memory observed:Remembering in natural contexts*, San Francisco, Worth Publishers.

40. Talarico, J. y Rubin, D. (2003), «Confidence, not consistency, characterizes flashbulb memories», *Psychological Science*, 14, pp. 455-461. La cita aparece en p. 460.

41. Canetti, E. (1992), *El suplicio de las moscas...*, *op. cit.*, p. 101.

42. En 1923, el psicólogo estadounidense Warner Brown comprobó experimentalmente que nuestra memoria tiene siempre más información almacenada (disponible) que la que podemos recuperar (accesible). La referencia de dicho trabajo es Brown, W. (1923), «To what extent is memory measured by a single recall?», *Journal of Experimental Psychology*, 6, pp. 377-382. Los resultados de Brown han sido confirmados muchas veces después.

43. Este procedimiento se denomina *técnica de Crovitz*. La referencia de este estudio es Rubin, D., Wetzler, S. y Nebes, R. (1986), «Autobiographical memory across the lifespan», en D. Rubin, ed., *Autobiographical memory*, Nueva York, Cambridge University Press, pp. 202-221.

44. Kipling, R. (1936), *Algo de mí mismo*, Valencia, Pre-Textos, 1998, p. 32.

45. Para una exposición detallada sobre la memoria de *cuándo* ocurrieron los eventos del pasado personal, puede verse la excelente revisión de Friedman, W.J. (1993), «Memory for the time of past events», *Psychological Bulletin*, 113, pp. 44-66.

46. Conway, M., Wang, Q., Hanyu, K. y Haque, S. (2005), «A cross-cultural investigation of autobiographical memory: On the universality and cultural variation of the reminiscence bump», *Journal of Cross-Cultural Psychology*, 36, pp. 739-749.

47. Bruner, J. (2000), *Actos de significado*, Madrid, Alianza.

48. *El País*, 5 de mayo de 1991, suplemento *Libros*.

49. Hirst, W. y Manier, D. (1996), «Remembering as communication: A family recounts its past», en D. Rubin, ed., *Remembering our past. Studies in autobiographical memory* (pp. 271-290), Nueva York, Cambridge University Press, p. 271.

50. Pueden verse, entre otros, los trabajos de Tenney, Y. (1989), «Predicting conversational reports of personal events», *Cognitive Science*, 13, pp. 213-233; y Bruner, J. y Feldman, C. (1996), «Group narrative as a cultural context of autobiography», en D. Rubin, ed., *Remembering our past*, Nueva York, Cambridge University Press.

51. Los términos «paradigmático» y «narrativo» fueron introducidos por Bruner, en 1986, en su obra *Actual minds, possible words* (Cambridge,

Harvard University Press; hay edición española: Barcelona, Gedisa, 1996) para distinguir entre estilos de organización cognitiva.

52. Los estudios de Tessler, cuyos resultados básicos proceden de su tesis doctoral, aparecen comentados en el trabajo de K. Nelson (1993), «Explaining the emergence of autobiographical memory», *op. cit.*

53. Austen, J. (2014), *Mansfield Park*, Barcelona, Alba, p. 142.

54. Ambas citas de T. de Quincey proceden de *Suspiria de profundis*, Madrid, Alianza, 2008, pp. 82 y 88, respectivamente.

55. Borges, J.L. (1980), «La memoria de Shakespeare», en *Obras completas II*, Buenos Aires, Emecé, 1989, p. 396.

56. Tulving, E. (1983), *Elements of episodic memory*, Oxford, Oxford University Press, p. 169.

57. Diferentes estudios con neuroimágenes funcionales y otras técnicas de registros electrofisiológicos han confirmado la existencia de un patrón de activación neural en el *córtex prefrontal derecho* —un área involucrada en el control atencional— que se manifiesta cuando las personas se «preparan» para recuperar información episódica. Puede verse el trabajo de Herron, J. y Wilding, E. (2006), «Neural correlates of control processes engaged before and during recovery of information from episodic memory», *NeuroImage*, 30, pp. 634-644.

58. Lepage, M., Ghaffar, O., Nyberg, L. y Tulving, E. (2000), «Prefrontal cortex and episodic memory retrieval mode», *Proceedings of the National Academy of Sciences, USA*, 97, pp. 506-511. El texto citado aparece en la p. 506.

59. Boyd, W. (2015), *Suave caricia. Las muchas vidas de Amory Clay*, Barcelona, Alfaguara, p. 23.

60. El término *rhinencephalon* fue introducido en 1890 por William Turner, quien lo relacionó con la olfacción. Posteriormente, diversos investigadores (por ejemplo, Edinger, Ramón y Cajal o Papez, entre otros) coincidieron en señalar que gran parte del llamado «rinencéfalo» no tiene funciones olfatorias. Modernamente, el rinencéfalo (el cerebro primitivo) ha sido denominado también «cerebro interno», «cerebro visceral» y «sistema límbico».

61. Pessoa, F. (1984), *Libro del desasosiego, op. cit.*, p. 142.

62. Proust, M. (1985), *En busca del tiempo perdido. 1. Por el camino de Swann, op. cit.*, p. 63.

63. La vinculación emocional con los lugares se analiza con más detalle en el capítulo 7.

64. Terlecki, T. (1976), *Józef Wittlin*. «Introducción», en J. Wittlin (2006), *Mi Lvov*, Valencia, Pre-Textos, p. 18.

65. Todas las referencias de Wittlin se encuentran en Wittlin, J. (2006), *Mi Lvov, op. cit.*, pp. 29-30.

66. Llamazares, J. (1990), *El río del olvido*, Barcelona, Penguin Random House, 2016, p. 14.

67. Appelfeld, A. (2005), *Historia de una vida, op. cit.*, p. 87.

68. Rodó, J.E. (1909), *Motivos de Proteo, op. cit.*, p. 65.

69. Borges, J.L. (1980), *La memoria de Shakespeare, op. cit.*, p. 397.

70. Goodwin, D. (1995), «Alcohol amnesia», *Addiction*, 90, pp. 315-317. La cita aparece en p. 317.

71. Para exposiciones exhaustivas, pueden verse los dos trabajos siguientes: Berntsen, D. (2009), *Involuntary autobiographical memories, op. cit.*; y Mace, J. (2010), «Involuntary remembering and voluntary remembering: How different are they?», en J. Mace, ed., *The act of remembering*, Oxford, Wiley-Blackwell.

72. Ruiz-Vargas, J.M. (2000), «Sobre las relaciones entre memoria y conciencia: Un enfoque neuropsicológico», *Archivos de Neurobiología*, 63, pp. 351-368.

73. Ver Conway, M. (2007), «Remembering: A process and a state», en H. Roediger, Y. Dudai y S. Fitzpatrick, eds., *Science of memory: Concepts*, Oxford, Oxford University Press. Puede verse, además, mi trabajo Ruiz-Vargas, J.M. (2000), «¿Qué papel juega la conciencia en la memoria?», *Revista Anthropos*, 189/190, pp. 184-193.

74. Mace, J. (2010), «Involuntary remembering and voluntary remembering...», *op. cit.*, p. 51.

75. *Ibidem*.

76. Ver, por ejemplo, Franklin, S y Baars, B. (2010), «Spontaneous remembering is the norm», en J. Mace, ed., *The act of remembering*, Oxford, Wiley-Blackwell.

77. Proust, M. (1985), *En busca del tiempo perdido. 1. Por el camino de Swann, op. cit.*, p. 60.

78. Con esas palabras, «The past is a foreign country: they do things differently there», L.P. Hartley (1953) abre su novela *The go-between* (traducida al español como *El mensajero*, Barcelona, Bruguera, 1984).

79. Barnes, J. (2010), *Nada que temer*, Barcelona, Anagrama, pp. 13-14.

80. Shields, D. (2015), *Hambre de realidad. Un manifiesto*, Madrid, Círculo de Tiza, p. 79.

81. Ídem, pp. 76-83.
82. Sacks, O. (2019), *El río de la conciencia*, Barcelona, Anagrama, p. 116.
83. Entrevista a José Manuel Caballero Bonald en *Babelia*, *El País*, 15 de septiembre de 2001.
84. Gala, A. (1987), «La galleta», *El País Semanal*, 25 de enero de 1987.
85. Hustvedt, S. (2019), *Recuerdos del futuro*, Barcelona, Seix Barral, p. 124.
86. En los capítulos 2 y 3 se exponen y desarrollan en profundidad las funciones que la memoria autobiográfica cumple en nuestras vidas.
87. Castilla del Pino, C. (1977), *Pretérito imperfecto*, Barcelona, Tusquets, p. 13.
88. El gran director de cine Akira Kurosawa plasmó magistralmente en su galardonada *Rashomon*, película de 1950, la subjetividad intrínseca a todo recuerdo. Desde entonces, en psicología se habla del «efecto Rashomon» para referirse a esas situaciones en las que varias personas presencian el mismo suceso y posteriormente cada una cuenta una historia diferente, con la particularidad de que ninguna historia es falsa.
89. Proust, M. (1985), *En busca del tiempo perdido. 1. Por el camino de Swann*, *op. cit.*, p. 31.
90. Yourcenar, M. (1993), *Una vuelta por mi cárcel*, Madrid, Alfaguara.
91. Shields, D. (2015), *Hambre de realidad*, *op. cit.*, p. 89.
92. Canetti, E. (1980), *La antorcha al oído*, *op. cit.*, p. 110.
93. Estas referencias de Wittlin proceden de su obra citada *Mi Lvov*, p. 23.
94. Borges, J.L. (1980), «La memoria de Shakespeare», *op. cit.*

7. Paraísos perdidos

1. Vicent, M. (1997), *Contra paraíso*, Barcelona, Galaxia Gutenberg, p. 6.
2. Cruz, J. (2011), «Somos nuestra infancia», *El País*, 26 de febrero de 2011.
3. Vicent, M. (1997), *Contra paraíso*, *op. cit.*, p. 6.
4. Ionesco, E. (2007), *Diarios*, *op. cit.*, p. 53.
5. Mateo Díez, L. (2000), *Días del desván*, Barcelona, Suma de Letras, p. 139.
6. Vicent, M. (1997), *Contra paraíso*, *op. cit.*, p. 5.

7. Estos recuerdos los cuenta Marsé a Juan Cruz, y están tomados del trabajo citado «Somos nuestra infancia».
8. Lessing, D. (1997), *Dentro de mí, op. cit.*, p. 50.
9. Canetti, E. (1992), *El suplicio de las moscas, op. cit.*, p. 34.
10. Cruz, J. (1998), *La foto de los suecos*, Madrid, Espasa, p. 13.
11. Borges, J.L. (1959), «In Memoriam A.R.», en *El hacedor (Obras Completas, 1923-1972)*. Buenos Aires, Emecé, 1974, p. 830.
12. Ionesco, E. (2007), *Diarios, op. cit.*, p. 53.
13. Proust, M. (1969), *En busca del tiempo perdido. 7. El tiempo recobrado, op. cit.*, p. 217.
14. Uceda, J. (2010), «Hablo de la infancia» (poema). En *Hablando con un haya*, Valencia, Pre-Textos.
15. Ver capítulo 3.
16. Ionesco, E. (2007), *Diarios, op. cit.*, p. 222.
17. Ribot, Th. (1881), *Les maladies de la mémoire*. [Hay trad. cast., *Las enfermedades de la memoria*, Madrid, Daniel Jorro, 1927, pp. 120-122].
18. Cruz, J. (2011), «Somos nuestra infancia», *op. cit.*
19. Las palabras de Semprún están tomadas del trabajo citado de Juan Cruz «Somos nuestra infancia».
20. Ortega y Gasset, J. (1920), *El «Quijote» en la escuela*. En *Obras completas. Tomo II (1916-1934)*, Madrid, Revista de Occidente, 1963, p. 299.
21. Malcolm X (1965), *The autobiography of Malcolm X*, citado en Pillemer, D. (1998), *Momentous events, vivid memories..., op. cit.*, p. 75.
22. Bernstein, J. (1983), «A Child's Garden of Science», *The American Scholar*, 52, pp. 295-298. La cita aparece en p. 296.
23. *Ibidem*.
24. Ortega y Gasset (1920), *El «Quijote» en la escuela, op. cit.*, p. 300.
25. Camus, A. (1958), «Prefacio». *El revés y el derecho. Discurso de Suecia*, Madrid, Alianza, 2010, p. 13.
26. Semprún, J. (1995), *La escritura o la vida, op. cit.*, pp. 44-47.
27. Canetti, E. (1977), *La lengua salvada. Historia de una juventud. Primera parte: Rustchuk (1905-1911)*. En E. Canetti (2003), *Obras completas II*, Barcelona, Círculo de Lectores, p. 9.
28. De Luca, E. (2016), *Los peces no cierran los ojos*, Barcelona, Seix Barral, Booket, p. 124.
29. Appelfeld, A. (2005), *Historia de una vida, op. cit.*, pp. 116 y 131.
30. Berasátegui, B. (1999), «Ernesto Sábato, antes del fin», *El Cultural*, 24 de enero de 1999.

31. Cruz, J. (1998), *La foto de los suecos, op. cit.*, p. 15.
32. Wiesel, E. (2013), *El día*. En *Trilogía de la noche*, Barcelona, Austral, p. 266.
33. Lessing, D. (1997), *Dentro de mí, op. cit.*, p. 47.
34. Pessoa, F. (1984), *Libro del desasosiego, op. cit.*, p. 180.
35. Perec, G. (2014), *W o el recuerdo de la infancia*, Palencia, Menoscuarto, p. 22.
36. Freud, S. (1899), «Los recuerdos encubridores», *op. cit.*, p. 330.
37. Woolf, V. (1980), *Apunte del pasado, op. cit.*, pp. 94-96.
38. Nabokov, V. (1994), *Habla, memoria, op. cit.*, pp. 21-22.
39. Caballero Bonald, J.M. (1995), *Tiempo de guerras perdidas*, Barcelona, Anagrama, pp. 17-18.
40. Knausgård, K.O. (2015), *La isla de la infancia, op. cit.*, p. 19.
41. Lessing, D. (1997), *Dentro de mí, op. cit.*, p. 29.
42. Ídem, pp. 46-47.
43. Singer, I.B. (2005), *El esclavo*, Barcelona, Ediciones B, p. 44.
44. Singer, I.B. (2002), *Amor y exilio*, Barcelona, Ediciones B, p. 14.
45. Saramago, J. (2008), *Las pequeñas memorias*, Madrid, Punto de Lectura, p. 60.
46. Amado, J. (1996), *Memoria de un niño*, Madrid, Alianza Cien, p. 5.
47. Ídem, pp. 5-7.
48. Ídem, p. 9.
49. Chateaubriand, F. (2006), *Memorias de ultratumba. Libros I-XII*, Barcelona, Acantilado, p. 28.
50. Piaget, J. (1978), *La formación del símbolo en el niño*, México, Fondo de Cultura Económica, p. 257.
51. La *creencia* de un recuerdo autobiográfico (que no es lo mismo que el propio recuerdo autobiográfico) no es exactamente memoria, sino *metamemoria*.
52. En los últimos años ha emergido una línea de investigación sobre los llamados *nonbelieved memories*; esto es, recuerdos falsos en los que el sujeto deja de creer al demostrarse su falsedad. Para una revisión, puede verse Otgaar, H., Scoboria, A. y Mazzoni, G. (2014), «On the existence and implications of nonbelieved memories», *Current Directions in Psychological Science*, 23, pp. 349-354.
53. Coetzee, J.M. y Kurtz, A. (2015), *El buen relato, op. cit.*, p. 28.
54. Lessing, D. (1997), *Dentro de mí, op. cit.*, pp. 24-25.
55. Ídem, p. 25.

56. Uceda, J. (2010), «El tiempo me recuerda» (poema). En *Hablando con un haya*, Valencia, Pre-Textos.

57. Alfred Binet es considerado, junto con Théodore Simon, el creador de los primeros test de inteligencia (el primer test lo publicaron en 1905). Según estudios recientes, el destacado papel de Victor Henri en el campo de la memoria es una cuestión ignorada o poco conocida por los historiadores de la psicología. Ver Nicolas, S., Gounden, Y. y Piolino, P. (2013), «Victor and Catherine Henri on earliest recollections», *L'Année Psychologique/Topics in Cognitive Psychology*, 113, pp. 349-374.

58. Como señalan los propios Henri al comienzo de su trabajo de 1897, el cuestionario fue publicado en 1895 en las siguientes revistas científicas: *Revue Philosophique, Année Psychologique, Revue Philosophique Russe, American Journal of Psychology* y *Psychological Review*.

59. Henri, V. y Henri, C. (1897), «Enquête sur les premiers souvenirs de l'enfance», *L'Année Psychologique*, 3, pp. 184-198.

60. Ídem, p. 188.

61. *Ibidem*.

62. Freud, S. (1899), «Los recuerdos encubridores», *op. cit.*, p. 331.

63. Henri, V. y Henri, C. (1897), «Enquête...», *op. cit.*, p. 193.

64. Freud, S. (1899), «Los recuerdos encubridores», *op. cit.*, p. 331.

65. Henri, V. y Henri, C. (1897), «Enquête...», *op. cit.*, p. 194.

66. En 1941, los psicólogos estadounidenses George y Martha Dudycha publicaron una exhaustiva revisión sobre la investigación de la amnesia infantil. En dicha revisión se señala que, en 1895, esto es, dos años antes de que Henri y Henri publicasen los resultados de su *Encuesta*, la psicóloga estadounidense Caroline Miles había administrado un cuestionario a cien mujeres (setenta y una estudiantes y veintinueve profesoras) del Wellesley College de Massachusetts, con el fin de recoger información sobre las experiencias de la infancia. El cuestionario no era sobre memoria propiamente, como he podido comprobar yo mismo, sino que estaba compuesto por preguntas sobre asuntos muy diversos; por ejemplo: «¿Cómo distingue usted su mano derecha de su mano izquierda?», «¿Cómo recuerda un nombre olvidado?», «¿A qué le tenía miedo cuando era pequeña?», «¿Cuál es su color preferido?», «¿Cuáles eran sus juegos favoritos cuando niña?», etc.; pero en dicho cuestionario había también una pregunta que decía así: «¿Qué es lo más antiguo que con toda seguridad usted puede recordar y qué edad tenía?». Miles comprobó que la edad promedio de ese recuerdo más antiguo era de 3,09 años. Aunque Miles no identificó en

ese dato el fenómeno de la amnesia infantil, Dudycha y Dudycha consideran que Miles aportó el primer dato empírico sobre dicho fenómeno. Las referencias bibliográficas de ambos trabajos son Miles, C. (1895), «A study of individual psychology», *The American Journal of Psychology*, 6, pp. 534-558; y Dudycha, G. y Dudycha, M. (1941), «Childhood memories: a review of the literature», *Psychological Bulletin*, 36, pp. 668-682.

67. Henri, V. y Henri, C. (1897), «Enquête...», *op. cit.*, p. 197.

68. Freud, S. (1905), *Tres ensayos para una teoría sexual*, en *Obras completas. Tomo IV*, Madrid, Biblioteca Nueva, 1972, p. 1196.

69. Tustin, K., & Hayne, H. (2010), «Defining the boundary: Age-related changes in childhood amnesia», *Developmental Psychology*, 46, pp. 1049-1061.

70. Ver, entre otros, los dos siguientes estudios: Peterson, C., Hallett, D. y Compton-Gillingham, C. (2018), «Childhood amnesia in children: A prospective study across eight years», *Child Development*, 89, pp. e521-e534; y Tustin, K., & Hayne, H. (2010), «Defining the boundary...», *op. cit.*

71. En concreto, en el estudio de Tustin y Hayne, los niños de entre cinco y ocho años databan su recuerdo más antiguo entre los dieciocho meses y los dos años y los adolescentes de doce-trece años hacia los dos años y medio.

72. Wang, Q., Peterson, C. et al. (2019), «Looking at the past through a telescope: adults postdated their earliest childhood memories», *Memory*, 27, pp. 19-27.

73. Canetti, E. (2003), *La lengua salvada*, en *Obras completas II*, Barcelona, Galaxia Gutenberg, p. 7.

74. Tranströmer, T. (2012), *Visión de la memoria*, Madrid, Nórdica, p. 12.

75. Bauer, P. (2007), *Remembering the times of our lives, op. cit.*

76. Freud, S. (1899), «Los recuerdos encubridores», *op. cit.*, p. 331.

77. Freud, S. (1904), «Recuerdos infantiles y recuerdos encubridores», trabajo incluido en *Psicopatología de la vida cotidiana*, en *Obras completas. Tomo 3*, Madrid, Biblioteca Nueva, 1972, p. 782.

78. Freud, S. (1899), «Los recuerdos encubridores», *op. cit.*, p. 333.

79. Entendida como *ansiedad-rasgo* (o característica relativamente estable de personalidad ansiosa), no como *ansiedad-estado* (o episodio de inestabilidad emocional).

80. Valgan como muestra los tres trabajos siguientes: Crook, M. y Harden, L. (1931), «A quantitative investigation of early memories», *Journal*

of Social Psychology, 2, pp. 252-255. Davies, P. y Schwartz (1987), «Repression and the inaccessibility of affective memories», *Journal of Personality and Social Psychology*, 52, pp. 155-162. Myers, L. y Derakshan, N. (2004), «To forget or not forget: What do repressors forget and when do they forget?», *Cognition and Emotion*, 18, pp. 495-511.

81. Adler, A. (1931), *What Life Should Mean to You*, Boston, Little Brown, p. 47.

82. Antes que Adler, su maestro Freud ya había publicado algunos trabajos sobre los primeros recuerdos en los que defendía el valor proyectivo de los mismos para entender —como plantearía Adler después— las creencias y actitudes de los adultos. No obstante, los enfoques de Freud y Adler respecto a los primeros recuerdos difieren significativamente respecto al método interpretativo. En pocas palabras, mientras el enfoque de Freud es *nomotético* (o general), el de Adler es *idiográfico* (o individual). Ver Rom, P. (1965), «Goethe's earliest recollection», *Journal of Individual Psychology*, 21, pp. 189-193.

83. Spence, D. P. (1982), *Narrative truth and historical truth*, *op. cit.*

84. Zimbardo, P. y Boyd, J. (2009), *La paradoja del tiempo*, Barcelona, Paidós, p. 82.

85. El significado diagnóstico de los primeros recuerdos es un asunto que trasciende los objetivos de este capítulo, por lo que no nos detendremos más en ello. El lector interesado en el enfoque adleriano puede consultar la obra de Arthur J. Clark (2013), *Dawn of memories. The meaning of early recollections in life*, Lanham, Rowman & Littlefield.

86. Puede verse al respecto la extensa y original obra de Dan P. McAdams sobre psicología de la personalidad, identidad e historias de vida; en especial, McAdams, D.P. (1985), *Power, intimacy, and the life story: Personological inquiries into identity*, Nueva York, Guilford Press; y McAdams, D. y Pals, J. (2006), «A new big five fundamental principles for an integrative science of personality», *American Psychologist*, 61, pp. 204-217. Especial interés ofrece también el trabajo de Caspi, A., Harrington, H. *et al.* (2003), «Children's behavioral styles at age 3 are linked to their adult personality traits at age 26», *Journal of Personality*, 71, pp. 495-513.

87. El término «amnesia infantil» lo utiliza Freud por primera vez en su trabajo «Recuerdos infantiles y encubridores», incluido como capítulo IV en su libro de 1904, ya citado, *Psicopatología de la vida cotidiana*.

88. Freud, S. (1905), *Tres ensayos para una teoría sexual*, *op. cit.*, p. 1196.

89. Freud, S. (1904), «Recuerdos infantiles y encubridores», *op. cit.*, p. 784.

90. Freud, S. (1905), *Tres ensayos para una teoría sexual*, op. cit., p. 1196.
91. *Ibidem*.
92. La psicóloga del desarrollo Katherine Nelson y su grupo de trabajo llevan décadas aportando abundantes datos empíricos que invalidan la explicación de la amnesia infantil en términos de represión. Puede verse, por ejemplo, la última edición de la obra editada por Nelson, K. (2006), *Narratives from the crib*, Cambridge, Harvard University Press.
93. Schachtel, E. G. (1947), «On memory and childhood amnesia», *Psychiatry*, 10, pp. 1-26.
94. Fivush, R., Haden, C. y Adam, S. (1995), «Structure and coherence of preschoolers' personal narratives over time: Implications for childhood amnesia», *Journal of Experimental Child Psychology*, 60, pp. 32-56.
95. Para una revisión, ver Rovee-Collier, C. (1999), «The development of infant memory», *Current Directions in Psychological Science*, 8, pp. 80-85.
96. Nelson, K. (1993), «Explaining the emergence of autobiographical memory in early childhood», en A. Collins, S. Gathercole, M. Conway y P. Morris, eds., *Theories of memory*, Hove, Erlbaum, pp. 355-385.
97. Ver, entre otros, los dos siguientes estudios: Peterson, C. y Parsons, B. (2005), «Interviewing former 1-and 2-year-olds about medical emergencies five years later», *Law and Human Behavior*, 29, pp. 743-754; y Fivush, R., Sales, J. *et al.* (2004), «Weathering the storm: Children's long-term recall of Hurricane Andrew», *Memory*, 12, pp. 104-118.
98. Peterson, C., Warren, K. y Short, M. (2011), «Infantile amnesia across the years: A 2-year follow-up of children's earliest memories», *Child Development*, 82, pp. 1092-1105.
99. BBC News (11 may 2011): «Children can 'recall early memories', Canadian study suggests», <https://www.bbc.com/news/health-13351681>.
100. Peterson, C. *et al.* (2011), «Infantile amnesia across the years...», op. cit., p. 1103.
101. Howe, M. (2011), *The nature of early memory*, Nueva York, Oxford University Press.
102. Nelson, K. y Fivush, R. (2004), «The emergence of autobiographical memory», op. cit.
103. Merece ser reseñado que, en un recientísimo trabajo, Howe reconoce que «la existencia del yo cognitivo es una condición necesaria pero no suficiente para la creación y retención de recuerdos autobiográficos»

(p. 115). Ver Howe, M. (2019), «Unravelling the nature of early (autobiographical) memory», *Memory*, 27, pp. 115-121.

104. Berger, J. (2017), *Y nuestros rostros, mi vida, breves como fotos*, Madrid, Nórdica Libros, pp. 67-68.

105. Para evidencias en el ámbito de la psicología, ver Pillemer, D. y White, S. (1989), «Childhood events recalled by children and adults». En H. Reese, ed., *Advances in child development and behavior. Vol. 21*, San Diego, Academic Press; y Jack, F. y Hayne, H. (2010), «Childhood amnesia: Empirical evidence for a two-stage phenomenon», *Memory*, 18, pp. 831-844. Para evidencias procedentes de la neurociencia cognitiva, ver Newcombe, N., Lloyd, M. E., & Ratliff, K. R. (2007), «Development of episodic and autobiographical memory: A cognitive neuroscience perspective», *Advances in Child Development and Behavior*, 35, pp. 37-85.

106. Howe, M. (2011), *The nature of early memory, op. cit.*

107. Ver Bauer, P. y Larkina, M. (2014), «Childhood amnesia in the making: Different distributions of autobiographical memories in children and adults», *Journal of Experimental Psychology: General*, 143, pp. 597-611.

108. En un recientísimo trabajo realizado por investigadores de la Universidad de California en Los Ángeles se ha comprobado que los adultos con una historia de experiencias adversas o traumáticas en la infancia presentan una mayor propensión a sufrir enfermedades neurológicas, además de ser más vulnerables a la depresión y la ansiedad. Ver Mendizabal, A., Nathan, C., Khankhanian, P. *et al.* (2021), «Adverse childhood expe-riences in patients with neurologic disease», *Neurology: Clinical Practice*, September 22. DOI:<https://doi.org/10.1212/CPJ.0000000000001134>.

109. Travaglia, A., Bisaz, R. *et al.* (2016), «Infantile amnesia reflects a developmental critical period for hippocampal learning». *Nature Neuroscience*, 19, pp. 1225-1233.

110. Para una exposición detallada del proceso de consolidación, puede verse el capítulo 6 de mi libro: Ruiz-Vargas, J.M. (2010), *Manual de psicología de la memoria, op. cit.*

111. El hipocampo es una estructura subcortical localizada bilateralmente en la región medial de los lóbulos temporales.

112. Josselyn, S. y Frankland, P. (2012), «Infantile amnesia: A neurogenic hypothesis», *Learning & Memory*, 19, pp. 423-433.

113. Ver Struber, N., Struber, D. y Roth, G. (2014), «Impact of early adversity on glucocorticoid regulation and later mental disorders», *Neuros-*

cience Biobehavioral Review, 38, pp. 17-37; y Mendizabal, A., Nathan, C., Khankhanian, P. et al. (2021), «Adverse childhood experiences in patients with neurologic disease», *op. cit.*

114. Hustvedt, S. (2013), *Vivir, pensar, mirar, op. cit.*, p. 82.

115. Millás, J. J. (2007), *El mundo*, Barcelona, Planeta, pp. 92 y 95.

116. La propensión biológica a establecer lazos emocionales (o de proximidad) con los progenitores (o los cuidadores) y los entornos no es exclusiva de los seres humanos. Muchas otras especies animales —especialmente mamíferos y aves— desarrollan conductas de apego desde el nacimiento. La función primaria del apego es la supervivencia del individuo y de la especie.

117. La teoría del apego de John Bowlby se encuentra condensada en su trilogía *El apego y la pérdida* (1. El apego; 2. La separación, y 3. La pérdida), Barcelona, Paidós.

118. Ainsworth, M. (1967), *Infancy in Uganda: Infant care and the growth of love*, Baltimore, Johns Hopkins University Press.

119. Para una exposición compendiada de sus investigaciones, ver Harlow, H. (1958), «The nature of love», *American Psychologist*, 13, pp. 673-685.

120. Cioran, E.M. (2012), *Cuadernos (1957-1972)*, Barcelona, Fábula Tusquets, p. 39.

121. Ídem, p. 48.

122. Con estas palabras abre Wittlin su obra autobiográfica *Mi Lvov*, *op. cit.*, p. 27.

123. Ídem, pp. 28-29.

124. Campos, M. A. (2013), «Nota introductoria», en *Juan Gelman. Material de lectura*. Editado por Universidad Nacional Autónoma de México, México DF, p. 5.

125. Gelman, J. (1980), *Bajo la lluvia ajena (notas al pie de una derrota). Fragmento XVII*, en Campos, M. A. (2013) (comp.), *Juan Gelman. Material de lectura*. Editado por Universidad Nacional Autónoma de México, México DF, p. 17.

126. Ídem, fragmento III, p. 16.

127. Ídem, fragmento XVI, p. 17.

128. La historia de estos «niños de la guerra» ha sido tomada del reportaje de Luis Matías López *Los últimos niños de la guerra*, publicado en *El País Semanal* el 23 de septiembre de 2001. Las edades de los protagonistas son las del momento del reportaje.

129. Gelman, J. (1980), *Bajo la lluvia ajena. Fragmento XVI*. En Campos, M. A., *op. cit.*, p. 17.

130. Nietzsche escribió: «Los lazos más fuertes son hilos invisibles».

131. El lector interesado puede consultar, por un lado, la obra colectiva, convertida ya en un clásico, editada por I. Altman y S. Low (1992), *Place attachment*, Nueva York, Plenum Press; y, por otro, el excelente trabajo empírico de Hidalgo, M.C. y Hernández, B. (2001), «Place attachment: Conceptual and empirical questions», *Journal of Environmental Psychology*, 21, pp. 273-281, así como la revisión histórica de Lewicka, M. (2011), «Place attachment: How far have we come in the last 40 years?», *Journal of Environmental Psychology*, 31, pp. 207-230.

132. Scannell, L. y Gifford, R. (2017), «Place attachment enhances psychological need satisfaction», *Environment and Behavior*, 49, pp. 359-389.

133. Bachelard, G. (1957), *La poética del espacio*, Buenos Aires, FCE, 2000, p. 28.

134. En el mundo anglosajón existe una distinción clara y fuerte entre *house* y *home*. Aunque en español también disponemos de dos términos correspondientes: casa y hogar, tendemos a utilizarlos como sinónimos. Aquí seguiré esa tendencia. Por tanto, cada vez que aparezca el término «casa» será para entenderlo como sinónimo de «hogar».

135. Bosco, H. (1948), *Malicroix*, citado en G. Bachelard (1957), *La poética del espacio, op. cit.*, pp. 57-58.

136. Descubrí estos versos de Oscar W. de Lubicz Miłosz (Lituania, 1877-Francia, 1939) en la obra citada de Bachelard (p. 58). Indagando, llegué a descubrir que forman parte del poema «Insomnio», incluido en *Poèmes 1895-1927*, una antología poética publicada en 1929. Una curiosidad: Oscar W. de Lubicz Miłosz y el poeta polaco Czeslaw Milosz, Nobel de Literatura en 1980, eran primos.

137. Bachelard, G. (1957), *La poética del espacio, op. cit.*, p. 30.

138. Camus, A. (1937), *Entre sí y no*. Relato incluido en A. Camus, *El revés y el derecho. Discurso de Suecia*, Madrid, Alianza, 2010, p. 47.

139. Nietzsche, F. (2016), *De mi vida, op. cit.*, p. 174.

140. Ídem, pp. 43-44.

141. Norberg-Schulz, C. (1980), *Existencia, espacio y arquitectura*, Barcelona, Blume, p. 55.

142. Norberg-Shultz, C. (1985), *The concept of dwelling: On the way to figurative architecture*, Nueva York, Rizzoli, p. 12.

143. Marcus, C. (1992), «Environmental memories», en I. Altman y S. Low, eds., *Place attachment*, Nueva York, Plenum Press, p. 111.
144. Citado en C. Marcus (1992). *Ibidem*.
145. Wittlin, J. (2006), *Mi Lvov, op. cit.*, p. 23.
146. Citada en C. Marcus (1992), «Environmental memories», *op. cit.*, p. 87.
147. Appelfeld, A. (2005), *Historia de una vida, op. cit.*, p. 36.
148. Marcus, C. (1994), *House as a mirror of self. Exploring the deeper meaning of home*, Berkeley, Conari Press.
149. Forster, E.M. (1910), *Regreso a Howards End*, Madrid, Alianza, 2005. La cita está tomada de Marcus, C. (1992), «Enviromental memories», *op. cit.*, p. 112. Repárese en el énfasis que pone el autor en la expresión «una casa» precisamente para referirse sólo al edificio físico de Howards End, desprovisto de cualquier significado emocional.
150. Pessoa, F. (1984), *Libro del desasosiego, op. cit.*, p. 212.
151. Sabato, E. (1999), *Antes del fin, op. cit.*, p. 33.

8. LA CARA OCULTA DE LA MEMORIA

1. Borges, J. L. (1969), «Un lector», poema incluido en *Elogio de la sombra (Obras completas, 1923-1972)*, Buenos Aires, Emecé, 1974, p. 1016.
2. Esta cita está tomada de Sancti Aurelii Agustini, *Confessionum libri*. Obra incluida en *Patrologiae, Tomus XXXII*, París, 1845, p. 790. Disponible en <https://archive.org/details/sanctiaugustinic00auguiala/page/n5/mode/2up>.
3. Proust, M. (1969), *En busca del tiempo perdido. 7. El tiempo recobrado, op. cit.*, p. 212.
4. Benedetti, M. (1995), *El olvido está lleno de memoria*, Madrid, Visor, p. 14.
5. Ricoeur, P. (2003), *La memoria, la historia, el olvido*, Madrid, Trotta.
6. Suengas, A. (1991), «El origen de los recuerdos», en J.M. Ruiz-Vargas (dir.), *Psicología de la memoria*, Madrid, Alianza, p. 409.
7. Las amnesias orgánicas, resultado de daños cerebrales graves e irreversibles, así como las amnesias asociadas a enfermedades neurodegenerativas como la enfermedad de Alzheimer, sí significan olvido por destrucción de tejido cerebral y conectividad sináptica (entre las neuronas) y, en consecuencia, destrucción o eliminación de recuerdos.

8. Márai, S. (2004), *Confesiones de un burgués*, Barcelona, Salamandra, p. 293.

9. James, W. (1890), *The principles...*, *op. cit.*, p. 1570.

10. Ídem, pp. 1573-1574.

11. Samuel Taylor Coleridge (1772-1834), poeta, crítico y filósofo inglés, está considerado uno de los fundadores del romanticismo en Inglaterra. Hay traducción castellana de su obra *Biographia literaria* en Editorial Pre-Textos, Valencia, 2010.

12. Este texto está tomado de James, W. (1890), *Principios de Psicología*, Madrid, Jorro, 1909, p. 742.

13. James, W. (1890), *The principles...*, *op. cit.*, p. 1572.

14. Kundera, M. (2003), *La ignorancia*, *op. cit.*, p. 127.

15. Harald Weinrich, en su monografía *Leteo: Arte y crítica del olvido* (Madrid, Siruela, 1999), escribe en la primera página: «Este libro no requiere ninguna definición académica de la palabra olvido» (p. 15). No es de extrañar que, ante tan infundado planteamiento, Paul Ricoeur (2003) proponga «un marco de lectura» con el fin de acotar y aliviar «la polisemia agobiante de la palabra olvido» (*La memoria, la historia, op. cit.*, p. 541).

16. Ver nota anterior.

17. Tulving, E. (1974), «Cue-dependent forgetting», *American Scientist*, 62, pp. 74-82. La cita en p. 74.

18. Davis, M. (2007), «Forgetting: Once again, it's all about representations», en H. Roediger, Y. Dudai y S. Fitzpatrick, eds., *Science of memory: Concepts*, Oxford, Oxford University Press.

19. Ruiz-Vargas, J.M. (1994), *La memoria humana: Función y estructura*, Madrid, Alianza; y Ruiz-Vargas, J.M. (2002), *Memoria y olvido: Perspectivas evolucionista, cognitiva y neurocognitiva*, Madrid, Trotta.

20. El biólogo neodarwinista Conrad H. Waddington habló al respecto de «homeostasis evolucionista», que tendría como función impedir cambios evolutivos que pudieran perturbar el desarrollo y funcionamiento de cualquier adaptación. Ver Waddington, C.H. (1966), *Principles of development and differentiation*, Nueva York, Macmillan.

21. Ver Kandel, E. (2001), «The molecular biology of memory storage: A dialogue between genes and synapses», *Science*, 294, pp. 1030-1038.

22. El «principio de competición» de Purves y Lichtman plantea que durante la consolidación de una huella un gran número de axones compiten por las células activadas, y como resultado se produce una eliminación selec-

tiva de algunos axones, una relocalización de otros y una reducción global de los axones, dando todo ello lugar a la pérdida de algunas de las conexiones originales. Ver Purves, D. y Lichtman, J.W. (1980), «Elimination of synapses in the developing nervous system», *Science*, 210, pp. 153-157.

23. Una revisión extensa de estos procesos puede verse en el capítulo 2 de mi libro *Memoria y olvido...*, *op. cit.*

24. Ribot, Th. (1881), *Les maladies de la mémoire*, *op. cit.*

25. Jackson, J.H. (1932), *Selected Writings of John Hughlings Jackson*. Editor: J. Taylor (2 vols.), Londres, Hodder & Stoughton. La propuesta de Jackson está tomada de E. Hartmann (1977), *La función del sueño fisiológico*, Barcelona, Labor, p. 20.

26. Sobre la fisiología del sueño existen excelentes revisiones. Por ejemplo: McGrath, M.J. y Cohen, D.B. (1978), «REM sleep facilitation for adaptive waking behavior: A review of the literature», *Psychological Bulletin*, 85, pp. 24-57.

27. Además, se comprobó que el sueño REM sólo se da en aves y mamíferos y parece estar asociado a la homeotermia (o temperatura interna constante) y a la posesión de un cerebro altamente desarrollado. Ver Meddis, R. (1977), *The sleep instinct*, Londres, Routledge & Kegan Paul.

28. Buzsáki, G. (1998), «Memory consolidation during sleep: A neurophysiological perspective», *Journal of Sleep Research*, 7, pp. 17-23.

29. Newman, E.A. y Evans, C.R. (1965), «Human dream processes as analogous to computer programme clearance», *Nature*, 206, p. 534.

30. Francis Crick es el mismo biólogo que, junto con James Watson y Maurice Wilkins, había sido galardonado con el Nobel de Medicina de 1962 por el descubrimiento de la estructura de doble hélice del ADN.

31. Crick, F. y Mitchison, G. (1983), «The function of dream sleep», *Nature*, 304, pp. 111-114.

32. Li, W., Ma, L., Yang, G. & Ga, W. (2017), «REM sleep selectively prunes and maintains new synapses in development and learning», *Nature Neuroscience*, 20, pp. 427-437. Las palabras citadas aparecen en pp. 434-435. En el ámbito de la neurociencia, la expresión «poda neuronal» es muy habitual. El término «espinas dendríticas» y su descubrimiento se deben a Ramón y Cajal. Las espinas dendríticas son protuberancias en la membrana de las dendritas a través de las cuales las neuronas reciben información de otras neuronas.

33. Crick, F. y Mitchison, G. (1983), «The function of...», *op. cit.*, p. 112.

34. Tulving escribió literalmente: «*Forgetting is the inability to recall something now that could be recalled on an earlier occasion*» («El olvido es la incapacidad para recordar ahora algo que se pudo recordar en una ocasión anterior»). En Tulving, E. (1974), «Cue-dependent...», *op. cit.*, p. 74.

35. Una exposición extensa de las investigaciones experimentales acerca del efecto de las claves sobre la recuperación y el olvido se encuentra en Tulving, E. (1983), *Elements of episodic...*, *op. cit.*

36. Tulving, E. (1974), «Cue-dependent...», *op. cit.*, p. 74. El subrayado de la conjunción «y» es suyo.

37. La distinción entre «disponibilidad» y «accesibilidad» de las huellas de memoria —introducida por Tulving— resulta crucial para entender el funcionamiento de la memoria y el olvido. Para evidencia experimental, puede verse Tulving, E. y Pearlstone, Z. (1966), «Availability versus accessibility of information in memory for words», *Journal of Verbal Learning and Verbal Behavior*, 5, pp. 381-391.

38. Tulving, E. (1974), «Cue-dependent...», *op. cit.*, p. 74.

39. De Quincey, T. (1821), *Confesiones de un inglés comedor de opio*, Madrid, Alianza, 1984, p. 124.

40. De Quincey, T. (1845), *Suspiria de profundis*, *op. cit.*, pp. 50-51.

41. Verso tomado del poema de Luis Cernuda «Tristeza del recuerdo».

42. Bioy Casares, A. (2001), *Descanso de caminantes*, Buenos Aires, Sudamericana, p. 240.

43. Perec, G. (2006), Carta a Maurice Nadeau. En G. Perec, *Nací. Textos de la memoria y el olvido*, Madrid, Abada, p. 60.

44. Perec, G. (2006), «El trabajo de la memoria», en G. Perec, *Nací. Textos de la memoria y el olvido*, *op. cit.*, p. 90.

45. *Ibidem*.

46. Ídem, p. 91.

47. Hartley, L.P. (1984), *El mensajero*, *op. cit.*, pp. 7-8. He modificado ligeramente la traducción de alguna frase a partir del original inglés [Hartley, L. P. (2017), *The go-between*, Londres, Penguin].

48. Desde una perspectiva científica, existe una diferencia fundamental entre «recordar» y «reconocer». *Recordar* significa evocar un evento del pasado personal dentro de un contexto espacial (lugar) y temporal, acompañado de imágenes (sobre todo, visuales) y de conciencia autonoética. *Reconocer* implica únicamente *saber* que algo o alguien tiene relación con tu pasado. Tanto el recuerdo como el reconocimiento son

manifestaciones de memoria autobiográfica. Ver el capítulo 2 de esta obra.

49. Perec, G. (2006), «Los lugares de una fuga», en G. Perec, Nací. Textos de la memoria y el olvido, op. cit., pp. 29-30.

50. Perec, G. (2006), «El trabajo de la memoria», op. cit., p. 91.

51. Bergson, H. (1948), La evolución creadora, op. cit., pp. 582-583.

52. Aunque hay una tendencia a asumir una equiparación clara, por un lado, entre *supresión* y olvido *consciente* y, por otro, entre *represión* y olvido *inconsciente*, investigaciones recientes sugieren ser cautos a la hora de atribuir el nivel de conciencia involucrado en cada uno de estos tipos de olvido.

53. El fisiólogo y psicólogo alemán Wilhelm Wundt (1832-1920) está considerado con todo derecho uno de los padres fundadores de la psicología como ciencia experimental. En su laboratorio de Leipzig, creado en 1879, se formó un considerable número de grandes psicólogos europeos y norteamericanos.

54. Esta anécdota se encuentra relatada en McGeoch, J. (1942), *The psychology of human learning*, Nueva York, Longmans.

55. La adquisición y mantenimiento de hábitos depende de la activación de la corteza motora, del cerebelo y del estriado. Ver Squire, L. y Zola, S. (1996), «Structure and function of declarative and nondeclarative memory systems», *Proceedings of the National Academy of Sciences, USA*, 93, pp. 13515-13522.

56. La historia de Solomon V. Shereshevsky y los estudios psicológicos en los que participó para evaluar su memoria se encuentran descritos minuciosamente en la excelente monografía que el psicólogo soviético Alexander Romanovich Luria publicó a finales de 1960: Luria, A. (1973), *Pequeño libro de una gran memoria (La mente de un mnemonista)*, Madrid, Taller de Ediciones JB.

57. El trabajo pionero con este procedimiento lo llevaron a cabo los psicólogos alemanes Georg E. Müller y Alfons Pilzecker en 1900. Aunque hemos hablado de «listas de palabras», en realidad estos investigadores y todos los psicólogos de la primera mitad del siglo XX no utilizaban listas de «palabras» para memorizar, sino que, siguiendo la tradición de Ebbinghaus, presentaban a sus sujetos de estudio listas de «sílabas sin sentido». Para más información, ver Müller, G.E. y Pilzecker, A. (1900), «Experimentelle beitrage zur lehre vom gedächtnis», *Z. Psychologie*, 1, pp. 1-288.

58. McDougall, W. (1901), «Experimentelle beitrage zur lehre von gedachtniss: Von G. E. Muller und A. Pilzecker», *Mind*, 10, pp. 388-394. La cita aparece en p. 393.

59. Desde una perspectiva científica, al igual que la década de 1990 fue considerada por los grandes expertos en «psicología de la memoria» como el comienzo de «la era dorada de la memoria», creo firmemente que con los avances producidos desde el comienzo del presente siglo en el conocimiento de la naturaleza y función del olvido hemos entrado con todo derecho en la «era dorada del olvido».

60. Bjork, R. (1975), «Retrieval as a memory modifier: An interpretation of negative recency and related phenomena», en R. Solso, ed., *Information processing and cognition: The Loyola Symposium*, Hillsdale, LEA. La cita aparece en p. 123.

61. Little, J., Storm, B. y Bjork, E. (2011), «The costs and benefits of testing text materials», *Memory*, 19, pp. 346-359.

62. Roediger, H. y Karpicke, J. (2006), «The power of testing memory: Basic research and implications for educational practice», *Perspectives on Psychological Science*, 1, pp. 181-210.

63. El lector interesado puede encontrar una exposición detallada del procedimiento para el estudio del «olvido inducido por la recuperación» en el capítulo 8 de mi libro *Manual de psicología de la memoria*, *op. cit.*

64. Anderson, M.C., Bjork, R. y Bjork, E. (1994), «Remembering can cause forgetting: Retrieval dynamics in long-term memory», *Journal of Experimental Psychology: Learning, Memory and Cognition*, 20, pp. 1063-1087.

65. Michael C. Anderson y Collin Green han demostrado tal posibilidad mediante el llamado *paradigma pensar/no-pensar*. Ver Anderson, M.C. y Green, C. (2001), «Suppressing unwanted memories by executive control», *Nature*, 410, pp. 366-369.

66. Ídem.

67. Bjork, R. (2007), «Inhibition: An essential and contentious concept», en H. Roediger, Y. Dudai y S. Fitzpatrick, eds., *Science of memory: Concepts*, Oxford, Oxford University Press.

68. Borges, J.L. (1942), «Funes el memorioso», en *Artificios* (*Obras completas, 1923-1972*), Buenos Aires, Emecé, 1974, p. 488.

69. *Ibidem*.

70. Borges, J.L. (1942), «Funes el memorioso», *op. cit.*, pp. 489-490.

71. Ídem, p. 488.

72. Borges, J. L. (1941). «Fragmento sobre Joyce», *Sur*, Buenos Aires, año x, n.º 77, febrero de 1941. Disponible en <https://ellaberintodelverdugo.blogspot.com/2017/07/jorge-luis-borges-fragmento-sobre-joyce.html>.
73. *Ibidem*.
74. Borges, J. L. (1942), «Funes el memorioso», *op. cit.*, p. 490.
75. Desde el psicoanálisis a la literatura pasando por la filosofía abundan los estudios sobre el origen nietzscheano de «Funes el memorioso» de Borges. Me parece especialmente interesante el trabajo de Roxana Kreimer (2000), *Nietzsche, autor de «Funes el memorioso»*. En W. Rowe, C. Canaparo y A. Louis (comp.), *Jorge Luis Borges. Intervenciones sobre pensamiento y literatura*, Buenos Aires, Paidós.
76. Nietzsche, F. (1999), *Sobre la utilidad y el perjuicio de la historia para la vida*, Madrid, Biblioteca Nueva, pp. 42-43.
77. Ribot, Th. (1881), *Les maladies de la mémoire*, *op. cit.*, p. 59.
78. Luria, A. (1973), *Pequeño libro de una gran memoria*, *op. cit.*, p. 75.
79. *Ibidem*.
80. Ídem, pp. 76-77.
81. Ídem, p. 77. El subrayado es mío.
82. *Ibidem*.
83. La cita está tomada de Montaigne, M. de (1580), *Los ensayos (según la edición de 1595 de Marie de Gournay)*, Barcelona, Acantilado, 2007, p. 724.
84. Si bien el psicólogo cognitivo Michael C. Anderson, uno de los mayores expertos en la investigación experimental de la naturaleza y función del olvido, utiliza el término «control mnemónico» (*memory control*) para referirse al olvido voluntario, aquí seguiremos utilizando el término genérico «control mental».
85. Shakespeare, W. (1606), *Macbeth* (edición bilingüe), Barcelona, Penguin Clásicos, 2015. Cito a partir de la edición en inglés con mi propia traducción.
86. La historia de Simónides y la catástrofe del derrumbamiento con la consiguiente identificación de los cadáveres por el lugar en el que se encontraban sentados la recoge Cicerón en *De oratore*. Para elaborar mi texto me he apoyado en las obras de Frances Yates, *El arte de la memoria* (Madrid, Tecnos, 1974), y de Harald Weinrich, *Leteo* (*op. cit.*).
87. Yates, F. (1974), *El arte de la memoria*, *op. cit.*, p. 14.
88. A las cuatro partes que Aristóteles distinguió en la Retórica: *invención, disposición, elocución (o estilo) y acción*, Cicerón (y posteriormente su más afamado seguidor Quintiliano) añadió la *memoria*.

89. Cicerón, *De oratore*. La cita está tomada de Yates, *op. cit.*, p. 14.
90. Luria, A. (1973), *Pequeño libro de una gran memoria*, *op. cit.*, p. 40.
91. Ídem, p, 41.
92. Ídem, p, 44.
93. Dado que en la monografía de Luria (*Pequeño libro de una gran memoria*) no aparece ni una sola mención al «arte de la memoria» clásico, podemos entender que ni Shereshevsky ni el propio Luria conocían el viejo método grecorromano.
94. Esta anécdota está tomada de Weinrich, H. (1999), *Leteo, op. cit.*, p. 33.
95. Las palabras exactas de Weinrich aparecen en la página 35 de su obra citada *Leteo*.
96. Gracián, B. (1647), *El arte de la prudencia*, Barcelona, Temas de Hoy, 2014; aforismo 262.
97. Montaigne, M. de (1580), *Los ensayos, op. cit.*, p. 723. Cursivas añadidas.
98. Ídem, p. 724.
99. *Ibidem*, Montaigne dirige su reproche a Cicerón, quien en su obra *De finibus bonorum et malorun* («Del supremo bien y del supremo mal») dejó escrito: «*Est situm in nobis, ut et adversa quasi perpetua oblivione obruamus, et secunda iucunde et suaviter meminerimus*» («Depende de nosotros sepultar...»). No obstante, Montaigne declara que tal consejo no es de Cicerón, sino de «aquel que es el único que osó proclamarse sabio», refiriéndose al filósofo griego Epicuro.
100. Rodó, J.E. (1909), *Motivos de Proteo, op. cit.*, p. 33.
101. Nietzsche, F. (1888), *Crepúsculo de los ídolos*. En *Obras completas*. Volumen IV, Madrid, Tecnos, 2016, p. 681.
102. Dostoyevski, F. (1875), *El adolescente*, Barcelona, Juventud, 2001, p. 48.
103. Palabras tomadas del exergo de Augusto Vidal (1990), *Dostoyevski, el hombre y el artista*, Barcelona, Círculo de Lectores, p. 9.
104. Para un tratamiento más extenso y autorizado de los elementos constituyentes básicos de la obra de Dostoyevski, ver la monografía de Augusto Vidal (1990), *Dostoyevski..., op. cit.*
105. Estas tres frases sobre la idea central de lo que habría de ser la novela *Crimen y castigo* forman parte de la síntesis de la misma que el propio Dostoyevski envió al editor Katkov. Dicha síntesis la reproduce Augusto Vidal en el prólogo (titulado «Una obra cumbre») a Dostoyevski, F. (1866), *Crimen y castigo*, Barcelona, Círculo de Lectores, 1990.

106. Esta y todas las expresiones entrecomilladas del presente párrafo y del siguiente son frases literales tomadas de Dostoyevski, F. (1866), *Crimen y castigo, op. cit.*

107. Dostoyevski, F. (1866), *Crimen y castigo, op. cit.*, p. 149.

108. Ídem, p. 161.

109. Ídem, p. 124.

110. Eco, U. (1988), «An *ars oblivionalis?* Forget it!», *Publications of Modern Language Association*, 103, pp. 254-261.

111. Este paradigma experimental incluye, en realidad, dos procedimientos o métodos. El seguido por nosotros, que se denomina «método de los ítems» o «método palabra-por-palabra» y el «método de la lista» o «método de bloques». Con ambos métodos se ha comprobado que el recuerdo de las «palabras R» es significativamente muy superior al recuerdo de las «palabras O», aunque los mecanismos subyacentes varían. Si al «método palabra-por-palabra» subyace, como ya se ha dicho, el *repaso selectivo*, al «método de la lista» subyace la *inhibición de la recuperación*. Para una exposición detallada de ambos métodos y sus fundamentos teóricos, el lector interesado puede consultar el capítulo 8 de mi libro Ruiz-Vargas, J.M. (2010), *Manual de psicología de la memoria, op. cit.*

112. Para una revisión sobre «supresión de pensamientos» y el «efecto rebote», ver Wegner, D.M. y Zanakos, S. (1994), «Chronic thought suppression», *Journal of Personality*, 62, pp. 615-640.

113. Ver Herbert, C., Junghöfer, M. y Kissler, J. (2008), «Event related potentials to emotional adjectives during reading», *Psychophysiology*, 45, pp. 487-498.

114. Payne, K. y Corrigan, E. (2007), «Emotional constraints on intentional forgetting», *Journal of Experimental Social Psychology*, 43, pp. 780-786. La cita aparece en p. 780.

115. Las más utilizadas hasta ahora en este campo han sido la técnica de neuroimágenes IRMf o «Imágenes por Resonancia Magnética funcional» y la técnica electrofisiológica ERP o «Potenciales relacionados con eventos».

116. Anderson, M. C., Ochsner, K., Kuhl, B. *et al.* (2004), «Neural systems underlying the suppression of unwanted memories», *Science*, 303, pp. 232-235.

117. Sapolsky, R.M. (1996), «Why stress is bad for your brain», *Science*, 273, pp. 749-750.

118. LeDoux, J. (1992), «Emotion as memory: Anatomical systems underlying indelible neural traces», en S.-Å. Christianson, ed., *The hand-*

book of emotion and memory: Research and theory, Hillsdale, Erlbaum, p. 280.

119. Dostoyevski, F. (1861), *Humillados y ofendidos*, Madrid, Espasa, 1982, pp. 21 y 73.

120. Ellegiers, S., «Revivir la tragedia fuera de casa», *El País*, 6 de septiembre de 2004, p. 64.

121. Recordemos que en capítulos previos han ido apareciendo diferentes casos de pacientes con *amnesia disociativa*. En el capítulo 3 se exponen dos casos de *amnesia disociativa generalizada*: el del hombre sin identidad que aparece en las escaleras de una iglesia de Bolonia pidiendo ayuda porque no sabe quién es ni dónde se encuentra, y el de Douglas Bruce, que toma conciencia de que está en el metro de Nueva York y no sabe cómo ha llegado hasta allí ni quién es él mismo ni nada relativo a su propia vida. Además, en el capítulo 5 aparece descrito el caso de una mujer (C.M.) que, tras ser atacada y violada, presenta inicialmente una *amnesia disociativa generalizada* con pérdida de identidad que, a los pocos días, evoluciona y queda reducida a una *amnesia disociativa selectiva* que cubre sólo el episodio de la agresión.

122. En diferentes trabajos previos, he presentado explicaciones de las dos formas opuestas de memoria —*hipermnesia* y *amnesia*— que el estrés traumático puede provocar. Para una explicación neurocognitiva, el lector interesado puede consultar Ruiz-Vargas, J.M. (2006), «Trauma y memoria: Hacia una explicación neurocognitiva», *Revista de Psicología General y Aplicada*, 59, pp. 37-70.

123. Recientemente ha aparecido una exhaustiva y excelente revisión sobre el olvido y su papel activo en el adecuado funcionamiento de la memoria firmada por Anderson, M. y Julbert, J. (2020), «Active forgetting: Adaptation of memory by prefrontal control», *Annual Review of Psychology*, 72, pp. 13.1-13.36.

124. El término «represión» había sido introducido unos sesenta años antes por el filósofo y psicólogo alemán Johann Friedrich Herbart (1776-1841) para designar la inhibición (no defensiva) de unas ideas por otras en su lucha por mantenerse en la conciencia. Freud adaptó el concepto de Herbart y la «represión» pasó a ser considerada como una *inhibición defensiva* de los contenidos mentales insoportables.

125. Freud, S. (1915), «La represión». Cito a partir de *Los textos fundamentales del Psicoanálisis. Selección e Introducción de Anna Freud*, Madrid, Alianza, 1988. La cita aparece en p. 653.

126. Breuer, J. y Freud, S. (1895), «Estudios sobre la histeria», en *Obras completas. Volumen I*, Madrid, Biblioteca Nueva, 1973, p. 95 (cursivas en el original).

127. Freud, S. (1915), «Lo inconsciente». Cito a partir de *Los textos fundamentales del Psicoanálisis, op. cit.* Las citas aparecen en p. 193 y p. 201, respectivamente. En su «primera teoría tópica», Freud distinguió tres niveles: inconsciente, preconsciente y consciente.

128. Freud, S. (1915), «La represión», en *Los textos fundamentales..., op. cit.*, p. 647 (cursivas en el original).

129. Para más información, ver Anderson, M. C. y Julbert, J. (2020), «Active forgetting...», *op. cit.*

130. Kikuchi H., Fujii T., Abe N. *et al.* (2010), «Memory repression: brain mechanisms underlying dissociative amnesia», *Journal of Cognitive Neuroscience*, 22, pp. 602-613.

131. Este caso fue estudiado por los psicólogos suecos Sven-Ake Christianson y Elisabeth Engelberg y se encuentra expuesto en su trabajo Christianson, S.-A. y Engelberg, E. (1997), «Remembering and forgetting traumatic experiences: A matter of survival», en M. Conway, ed., *Recovered memories and false memories*. Oxford, Oxford University Press.

132. Sacks, O. (2001), *Un antropólogo en Marte*, Barcelona, Anagrama, p. 351.

133. Para Freud, los «síntomas» de las psiconeurosis son los signos externos de lo que llamó «el retorno de lo reprimido».

134. Freud, S. (1915), «La represión», *op. cit.*, p. 651.

135. Gilbert, D., Pinel, E., Wilson, T. *et al.* (1998), «Immune neglect: A source of durability bias in affective forecasting», *Journal of Personality and Social Psychology*, 75, pp. 617-638.

136. Reber, A.S. (1992), «The cognitive unconscious: An evolutionary perspective», *Consciousness and Cognition*, 2, pp. 93-133. Ver también la obra de Froufe, M. (1997), *El inconsciente cognitivo*, Madrid, Biblioteca Nueva.

137. Ver Lewicki, P., Hill, T. y Czyzewska, M. (1992), «Nonconscious acquisition of information», *American Psychologist*, 47, pp. 796-801.

138. Para un desarrollo en profundidad de los conceptos de inconsciente cognitivo, procesos explícitos e implícitos y el papel de la conciencia desde una perspectiva evolucionista, puede verse mi libro Ruiz-Vargas, J.M. (1994), *La memoria humana. Función y estructura*, Madrid, Alianza.

139. «La amígdala cierra los archivos del hipocampo» son palabras de

Temple Grandin en conversación con Oliver Sacks, que este reproduce en su obra ya citada *Un antropólogo en Marte*, p. 349. Temple Grandin, en palabras de Sacks, es «una de las autistas más extraordinarias: a pesar de su autismo, es licenciada en Zoología, enseña en la Universidad de Colorado y lleva su propio negocio». Ídem, pp. 301-302.

140. Palabras con las que se abre el trabajo del psicólogo Matthew Erdelyi (2006), «The unified theory of represión» (*Behavioral and Brain Sciences*, 29, pp. 499-551), donde el autor hace una defensa rigurosa y bien documentada del proceso de represión.

141. Para trabajos donde se niega la validez del concepto de represión pueden verse, entre otros, los dos siguientes: Loftus, E. (1993), «The reality of repressed memories», *American Psychology*, 48, pp. 518-537; y Kihlstrom, J. (2006), «Repression: A unified theory of a will-o'-the-wisp», *Behavioral and Brain Sciences*, 29, p. 523.

142. Ver, entre otros trabajos, Depue, B., Curran, T. y Banich, M. (2007), «Prefrontal regions orchestrate suppression of emotional memories via a two-phase process», *Science*, 317, pp. 215-219; y, sobre todo, la revisión reciente de Anderson, M. y y Julbert, J. (2020), «Active forgetting...», *op. cit.*

143. Ramachandran, V.S. y Blakeslee, S. (1999), *Fantasmas en el cerebro*, Barcelona, Debate. Ver especialmente el capítulo 7.

144. Anderson, M.C. y Hanslmayr, S. (2014), «Neural mechanisms of motivated forgetting», *Trends in Cognitive Science*, 18, pp. 279-292.

145. Nietzsche, F. (1901), *La voluntad de poder*, Madrid, Edaf, 2006, p. 677.

146. Camus, A. (1983), *El exilio y el reino*, Madrid, Alianza, p. 83.

9. FANTASMAS EN LA MEMORIA

1. Loftus, E. (2017), «Eavesdropping on memory», *Annual Review of Psychology*, 68, pp. 1-18. La cita aparece en p. 10.

2. Ver Conway, M. (1997), «Past and present: recovered memories and false memories», en M. Conway, ed., *Recovered memories and false memories*, Nueva York, Oxford University Press, p. 150.

3. Brainerd, C. y Reyna, V. (2005), *The science of false memory*, Nueva York, Oxford University Press.

4. El título de este apartado, «El recuerdo y la verdad no siempre coinciden», está tomado de la obra de Loftus, E. Ketcham, K. (2010), *Juicio a la memoria: Testigos presenciales y falsos culpables*, Barcelona, Alba, p. 21.

5. Un análisis pormenorizado del caso de Eileen Franklin y una interpretación desde la psicología de la memoria se encuentran en la monografía de Loftus, E. y Ketcham, K. (1994), *The myth of repressed memory*, Nueva York, St. Martin's Press. Para detalles posteriores sobre este caso, ver Loftus, E. (2017), «Eavesdropping on memory...», *op. cit.*

6. Una (breve) revisión histórica de los estudios sobre distorsiones e ilusiones de memoria puede verse en el capítulo 9 de mi libro Ruiz-Vargas, J.M. (2010), *Manual de psicología de la memoria, op. cit.*

7. Bartlett, F. (1932), *Remembering: A study in experimental and social psychology*, Londres, Cambridge University Press (ed. cast., Madrid, Alianza, 1995).

8. Craik, F. y Lockhart, R. (1972), «Levels of processing: A framework for memory research», *Journal of Verbal Learning and Verbal Behavior*, 11, pp. 671-684.

9. Téngase en cuenta que el concepto de «esquema» de Bartlett es diferente del concepto de «esquema» de Piaget.

10. Bartlett, F. (1932). *Remembering, op. cit.*, p. 273 de la edición española.

11. Allport, G. y Postman, L. (1947), *The psychology of rumor*, Nueva York, Holt. Hay edición en español: *Psicología del rumor*, Buenos Aires, Psique, 1953.

12. Tanto el método de *reproducción serial* como el de *reproducción repetida* fueron creados por Bartlett.

13. Estos tres «recuerdos finales» aparecen en las pp. 75-77 de la edición española de la obra ya citada de Allport y Postman, *Psicología del rumor.*

14. Los siguientes trabajos acreditan esta afirmación. Loftus, E. (1993), «The reality of repressed memories», *American Psychologist*, 48, pp. 518-537; Loftus, E. (2004), «Memories of things unseen», *Current Directions in Psychological Science*, 13, pp. 145-147; Loftus, E. (2017), «Eavesdropping on memory...», *op. cit.*

15. Loftus, E., Miller, D. y Burns, H. (1978), «Semantic integration of verbal information into a visual memory», *Journal of Experimental Psychology: Human Learning and Memory*, 4, pp. 19-31. Este fenómeno había sido observado y reportado a comienzos del pasado siglo XX por algunos psicólogos franceses y alemanes (por ejemplo, Binet y Stern, entre otros).

16. El ejemplo del robo del bolso está tomado de Okado, Y. y Stark, C. (2005), «Neural activity during encoding predicts false memories created by misinformation», *Learning and Memory*, 12, pp. 3-11.

17. Loftus, E. (1993), «The reality of repressed memories», *op. cit.*
18. Loftus, E. (2005), «Planting misinformation in the human mind: A 30-year investigation of the malleability of memory», *Learning and Memory*, 12, pp. 361-366. La cita aparece en p. 365.
19. El lector interesado puede consultar la siguiente revisión: Zaragoza, M., Belli, R. y Payment, K. (2007), «Misinformation effects and the suggestibility of eyewitness memory», en M. Garry y H. Hayne, eds., *Do justice and let the sky fall: Elizabeth F. Loftus and her contributions to science, law, and academic freedom*, Hillsdale, Erlbaum.
20. Underwood, B. (1971), «Recognition memory», en H. Kendler y J. Spence, eds., *Essays in neobehaviorism*, Nueva York, Appleton-Century-Crofts. De hecho, Underwood propuso que la *frecuencia* es el atributo de la memoria que nos permite distinguir con precisión entre eventos antiguos y nuevos.
21. Ver el trabajo clásico en este campo: Hasher, L., Goldstein, D. y Toppino, T. (1977), «Frequency and the conference of referential validity», *Journal of Verbal Learning and Verbal Behavior*, 16, pp. 107-112.
22. Para hacerse una idea del fenómeno de creación de recuerdos falsos incluso sobre las experiencias más horribles e insospechadas, se recomienda la lectura de los trabajos de Loftus, E. (1993), «The reality of repressed memories...», *op. cit.*; Fernández Dols, J.M. y De Rivera, J. (1997), «El síndrome de falso recuerdo: Los venenos de la memoria», en J.M. Ruiz-Vargas (comp.), *Claves de la memoria*, Madrid, Trotta, pp. 107-119; y Shaw, J. y Porter, S. (2015), «Constructing rich false memories of committing crime», *Psychological Science*, 26, pp. 291-301.
23. Las siglas DRM corresponden a los nombres de los investigadores que, en distintos momentos del pasado siglo, crearon dicho paradigma; a saber, (James) Deese, (Henry) Roediger y (Katleen) McDermott (DRM).
24. Una exposición detallada de los pormenores, hallazgos y explicaciones relacionados con el «paradigma DRM» se encuentra en el capítulo 9 de mi libro Ruiz-Vargas, J.M. (2010), *Manual de Psicología de la memoria*, *op. cit.*
25. Loftus, E. y Pickrell, J. (1995), «The formation of false memories», *Psychiatric Annals*, 25, pp. 720-725.
26. Loftus, E. (1997), «Creating false memories», *Scientific American*, 277, pp. 70-75. La cita aparece en p. 72.
27. Marsh, E., Eslick, A. y Fazio, L. (2009), «False memories», en J. Byrne, ed., *Concise learning and memory. The editor's selection*, Oxford, Elsevier, pp. 687-704.

28. Para una revisión, ver Loftus, E. (2003), «Make-believe memories», *American Psychologist*, 58, pp. 864-873.
29. Pezdek, K., Finger, K. y Hodge, D. (1997). «Planting false childhood memories: the role of event plausibility», *Psychological Science*, 8, pp. 437-441. Pezdek, K., Blandon-Gitlin, I., Lam, S. *et al.* (2006). «Is knowing believing? The role of event plausibility and background knowledge in planting false beliefs about the personal past», *Memory & Cognition*, 34, pp. 1628-1635.
30. Pezdek, K. y Blandon-Gitlin, I. (2017), «It is just harder to construct memories for false autobiographical events», *Applied Cognitive Psychology*, 31, pp. 42-44.
31. Gaarder, J. (2002), *El vendedor de cuentos*, Madrid, Siruela, p. 23.
32. Schooler, J. y Engstler-Schooler, T. (1990), «Verbal overshadowing of visual memories: Some things are better left unsaid», *Cognitive Psychology*, 22, pp. 36-71.
33. Tan, A. (1991), *La esposa del Dios del Fuego*, Barcelona, Tusquets, pp. 82-83.
34. El trabajo seminal en este campo es el de Johnson, M. y Raye, C. (1981), «Reality monitoring», *Psychological Review*, 88, pp. 67-85. No obstante, para una revisión en castellano se recomienda el excelente trabajo de Suengas, A. (1991), «El origen de los recuerdos...», *op. cit.*
35. La revista musical *Fans* fue una publicación de editorial Bruguera, que lanzó su primer número en junio de 1965 y finalizó con el número 126 en octubre de 1967. El precio de venta de cada ejemplar fue de seis pesetas durante los dos primeros años.
36. Con esta errónea traducción, «Los Escarabajos» (*beetles*), se refirió durante años la prensa franquista (*ABC*, *YA* y otros) al grupo The Beatles. La especial habilidad de los españoles para el idioma inglés es secular.
37. Tomo las palabras de Hume del trabajo ya citado de A. Suengas (1991), «El origen de los recuerdos», p. 411.
38. Johnson, M. (1988), «Discriminating the origin of information», en T. Oltmanns y B. Maher, eds., *Delusional beliefs*, Nueva York, Wiley, p. 57.
39. Johnson, M., Hashtroudi, S. y Lindsay, D. (1993), «Source monitoring», *Psychological Bulletin*, 114, pp. 3-28.
40. El profesor C. Castilla del Pino analizó este proceso en su obra *Teoría de la alucinación* (Madrid, Alianza, 1984). Resultan especialmente interesantes sus ideas sobre el concepto de «barrera diacrítica» (la que

separa realidad de fantasía) y la ruptura de esta en el sujeto alucinador (ver pp. 183-185). En línea con ello, uno de nuestros estudios permitió introducir ciertas matizaciones al respecto al demostrar experimentalmente que de tres grupos de pacientes diagnosticados de esquizofrenia paranoide (alucinadores actuales, alucinadores no actuales y no-alucinadores), sólo los alucinadores actuales presentaban un déficit significativo en los procesos de *control de realidad*. En concreto, este grupo de pacientes con esquizofrenia tendía a asignar a una fuente externa los recuerdos (o representaciones) de origen interno. Nuestros hallazgos nos permitieron concluir que es el proceso alucinatorio, y no la condición de esquizofrenia, la variable crucial en la alteración de los procesos de monitorización de las fuentes de la memoria en estos pacientes. [Referencia: Ruiz-Vargas, J.M., Cuevas, I. y López-Frutos, J.M. (1999), «Reality monitoring in a hypothetically hallucination-prone population», *Psychology in Spain*, 3, pp. 152-159].

41. Johnson, M. (1985), «The origin of memories», en P.C. Kendall, ed., *Advances in cognitive-behavioral research and therapy. Vol. 4*, Nueva York, Academic Press, p. 1.

42. Johnson, M. (1997), «Source monitoring and memory distortion», *Philosophical Transactions of the Royal Society of London*, B, 352, pp. 1733-1745.

43. Evangelio de san Juan, 11, 21. En *Sagrada Biblia*, Madrid, BAC, 1963.

44. Garry, M., Manning, C., Loftus, E. y Sherman, S. (1996), «Imagination inflation: Imagining a childhood event inflates confidence that it occurred», *Psychonomic Bulletin and Review*, 3, pp. 208-214.

45. Pueden verse, entre otros, los trabajos de Goff, L. y Roediger, H. (1998), «Imagination inflation for action events: Repeated imaginings leads to illusory recollections», *Memory & Cognition*, 26, pp. 20-33; y de Sharman, S. y Barnier, A. (2008), «Imagining nice and nasty events in childhood or adulthood: Recent positive events show the most imagination inflation», *Acta Psychologica*, 129, pp. 228-233.

46. Ver Loftus, E. (2001), «Imagining the past», *The Psychologist*, 14, pp. 584-584.

47. Loftus, E. y Ketcham, K. (1994), *The myth of repressed memory*, op. cit., pp. 39-40.

48. Loftus, E. (2001), «Imagining the past», *op. cit.*, p. 584.

49. Nichols, R. y Loftus, E. (2019), «Who is susceptible in three false memory tasks?», *Memory*, 27, pp. 962-984.

50. *Ibidem*, para una revisión.

51. Las personas con «síndrome hipertimésico», posteriormente denominado *Highly Superior Autobiographical Memory* (HSAM), se caracterizan por una capacidad excepcional para recordar con toda precisión y nitidez cualquier experiencia pasada, próxima o remota, de un modo automático, espontáneo e incontrolable, es decir, sin recurrir a ninguna estrategia mnemotécnica. El primer caso descrito y estudiado con este síndrome fue el de A.J. y corrió a cargo del equipo del profesor James McGaugh. Ver Parker, E., Cahill, L. y McGaugh, J. (2006), «A case of unusual autobiographical remembering», *Neurocase*, 12, pp. 35-49. Una descripción de ese estudio puede verse en el capítulo 1 de mi libro *Manual de psicología de la memoria*.

52. Patihis, L., Frenda, S., LePort, A. *et al.* (2013), «False memories in highly superior autobiographical memory individuals», *Proceedings of the National Academy of Sciences, USA*, 110, pp. 20947-20952.

53. Bright Tunes Music Corp., Plaintiff v. Harrisongs Music, Ltd., *et al.*, Defendants. No. 71 Civ. 602. United States District Court, S. D. New York. Aug. 31, 1976. As Amended Sept. 1, 1976. Disponible en <https://cpb-us-w2.wpmucdn.com/blogs.law.gwu.edu/dist/a/4/files/2016/05/Brite-Tunes.pdf; pp. 180-181>.

54. Théodore Flournoy introdujo el término «criptomnesia» en 1899, en su obra *Des Indes à la planète Mars, étude sur un cas de somnambulisme avec glossolalie*. Esta obra ejerció una gran influencia en el pensamiento de Carl G. Jung y de un modo determinante en su tesis doctoral, posteriormente publicada bajo el título *Acerca de la Psicología y Patología de los llamados fenómenos ocultos* (1902). Ver Jung, C.G. (1999), *Estudios psiquiátricos*, en *Obras completas, Volumen 1*, Madrid, Trotta.

55. Jung, C.G. (1902), *Acerca de la Psicología y Patología...*, *op. cit.*, p. 84.

56. Ídem, pp. 85-86.

57. Ídem, p. 86.

58. Keller, H. (1905), *La historia de mi vida*, Sevilla, Renacimiento, 2019.

59. Para una demostración experimental de que la criptomnesia o «plagio inadvertido» puede ocurrir en la vida cotidiana de cualquier persona, ver Defeldre, A.C. (2005), «Inadvertent plagiarism in everyday life», *Applied Cognitive Psychology*, 19, pp. 1033-1040.

60. Reed, G. (1998), *La psicología de la experiencia anómala: Un enfoque cognitivo*, Valencia, Promolibro, pp. 124-125.

61. La historia de la génesis de la canción «Yesterday» es conocida desde hace muchos años; no obstante, los datos que aquí utilizo, así como las palabras de Paul, los he tomado de Philip Norman (2017), *Paul McCartney: La biografía*, Barcelona, Malpaso, pp. 200-203.

62. Taylor, F. K. (1965), «Cryptomnesia and plagiarism», *British Journal of Psychiatry*, 111, pp. 1111-1118.

63. Ver Reed, G. (1998), *La psicología de la experiencia anómala...*, *op. cit.*

64. Schacter, D. L. (2003), *Los siete pecados de la memoria*, Barcelona, Ariel.

65. Landau, J. y Marsh, R. (1997), «Monitoring source in an unconscious plagiarism paradigm», *Psychonomic Bulletin & Review*, 4, pp. 265-270.

66. Ver Macrae, C. N., Bodenhausen, G. y Calvini, G. (1999), «Contexts of cryptomnesia: May the source be with you», *Social Cognition*, 17, pp. 273-297.

67. Ídem, p. 274.

68. Reed, G. (1998), *La psicología de la experiencia anómala...*, *op. cit.*, p. 132.

69. James, W. (1890), *Principios de Psicología*, *op. cit.*, p. 541.

70. Freud, S. (1904), *Psicopatología de la vida cotidiana*, en S. Freud, *Obras completas, Tomo III*, Madrid, Biblioteca Nueva, 1972, p. 922.

71. Dickens, Ch. (1850), *David Copperfield*, Barcelona, Alba, 2012, pp. 664-665.

72. Los versos de Rossetti están tomados de Sno, H., Linszen, D. y Jonghe, F. (1992), «Art imitates life: *Déjà vu* experiences in prose and poetry», *British Journal of Psychiatry*, 160, pp. 511-518.

73. Neppe, V. (1983), «The concept of déjà vu», *Parapsychological Journal of South Africa*, 4, pp. 1-10.

74. Neppe, V. (2015), «An overview perspective on what déjà vu is (Part 1)», *Journal of Psychology and Clinical Psychiatry*, 2(6): 00111. DOI: 10.15406/jpcpy.2015.02.00111.

75. Para más información, ver Marková, I. y Berrios, G. (2000), «Paramnesias and delusions of memory», en G. Berrios y J. Hodges, eds., *Memory disorders in psychiatric practice*, Cambridge, Cambridge University Press.

76. Freud, S. (1904), *Psicopatología de la vida cotidiana*, en S. Freud, *Obras completas, Tomo III*, Madrid, Biblioteca Nueva, 1972. La cita se encuentra en p. 922.

77. Para explicaciones del fenómeno *déjà vu*, ver Brown, A.S. (2003), «A review of the *déjà vu* experience», *Psychological Bulletin*, 129, pp. 394-413.
78. Sno, H. y Linszen, D. (1990), «The déjà vu experience: Remembrance of things past?», *American Journal of Psychiatry*, 147, pp. 1587-1595.
79. Evidencia experimental sobre la independencia entre «familiaridad» y «recuerdo» puede encontrarse en múltiples trabajos de psicólogos de la memoria. En el siguiente trabajo de Tulving se ofrece una explicación teórica y un paradigma experimental para su estudio (Tarea de reconocimiento con respuestas «R» –recordar- y «S» –saber-): Tulving, E. (1985), «Memory and consciousness», *Canadian Psychologist*, 26, pp. 1-12.
80. Gloor, P. (1990), «Experiential phenomena of temporal lobe epilepsy: Facts and hypotheses», *Brain*, 113, pp. 1673-1694. Para argumentaciones en favor de las diferencias entre el *déjà vu* asociado a la epilepsia del lóbulo temporal y el de los individuos sanos, ver Neppe, V. M. (1983), *The psychology of déjà vu: Have I been here before?*, Johannesburgo, Witwatersrand University Press.
81. Las palabras de Titchener están tomadas de Brown, A. S. (2004), *The déjà vu experience*, Nueva York, Psychology Press, p. 48. En esta obra puede encontrarse abundante información relativa a los efectos del estrés, la fatiga y otros factores en la generación de la experiencia *déjà vu*.
82. Phillips, A. (2013), *Missing out: In praise of the unlived life*, Londres, Penguin.
83. Buñuel, L. (1982), *Mi último suspiro*, *op. cit.*, p. 12.

10. MIRANDO HACIA ATRÁS SIN IRA

1. Márai, S. (2008), *Diarios 1984-1989*, Barcelona, Salamandra, p. 206.
2. Oz, A. (2007), *Una historia de amor y oscuridad*, Madrid, Siruela, p. 233.
3. Goethe, J.W. (1999), *Poesía y verdad*, *op. cit.*, pp. 388-389.
4. Archivo personal del autor.
5. No existe una única definición consensuada del término «envejecimiento». Según la OMS, el envejecimiento biológico puede entenderse como «la consecuencia de la acumulación de una gran variedad de daños moleculares y celulares a lo largo del tiempo, lo que lleva a un descenso gradual de las capacidades físicas y mentales, un aumento del riesgo de enfermedad y finalmente a la muerte». La cita está tomada de <https://

www.who.int/es/news-room/fact-sheets/detail/envejecimiento-y-salud>.

6. Ruiz-Vargas, J.M. (2002), «Mejore su memoria: Siempre hay tiempo», en R. Fernández-Ballesteros (dir.), *Vivir con vitalidad. Vol. III: Cuide su mente*, Madrid, Pirámide, pp. 73-112. Para una relación entre las llamadas «quejas subjetivas de memoria» y depresión y ansiedad ver Reid, L. y MacLullich, A. (2007), «Subjective memory complaints and cognitive impairment in older people», *Dementia and Geriatric Cognitive Disorders*, 22, pp. 471-485.

7. Park, D. y Festini, S. (2017), «Theories of memory and aging: A look at the past and a glimpse of the future», *Journals of Gerontology: Psychological Sciences*, 72, pp. 82-90.

8. En diferentes trabajos previos he recopilado listas más extensas de creencias falsas sobre la memoria en general y sobre los efectos del envejecimiento en la memoria en particular. Puede verse, por ejemplo, mi trabajo ya citado «Mejore su memoria: Siempre hay tiempo».

9. En la antigua Roma existía la superstición de que si se leían los epitafios de las tumbas se perdía la memoria.

10. Cicerón, M. T. (44 a. C.), *De senectute*, Madrid, Triacastela, 2001, pp. 155-157.

11. Schacter, D. (1996), *Searching memory...*, *op. cit.*, p. 283. Ver, además, Cabeza, R., Nyberg, L. y Park, D. (2017), *Cognitive Neuroscience of aging*, Nueva York, Oxford University Press.

12. La alusión explícita a los efectos de la edad sobre la corteza cerebral (neocórtex) y el hipocampo resulta de especial importancia en este contexto porque está suficientemente probado que ambas regiones cerebrales juegan un papel fundamental en la memoria a través de su participación en sistemas y circuitos de memoria.

13. Ver Morrison, J. y Hof, P. (1997), «Life and death of neurons in the aging brain», *Science*, 278, pp. 412-419.

14. Woodruff-Pak, D. (1997), *The Neuropsychology of aging*, Oxford, Blackwell.

15. Khachaturian, Z. (2011), «Revised criteria for diagnosis of Alzheimer's disease: National Institute on Aging-Alzheimer's Association diagnostic guidelines for Alzheimer's disease», *Alzheimer's & Dementia*, 7, pp. 253-256.

16. Los ovillos neurofibrilares y las placas seniles ya aparecen descritos en el trabajo pionero de Alois Alzheimer (1906). Hoy sabemos que los

ovillos neurofibrilares se forman por acumulación de la «proteína Tau» en el interior de la neurona, mientras que las *placas seniles* son resultado de acumulación en el exterior de la neurona del «péptido β-amiloide».
17. Schacter, D. (1996), *Searching for memory, op. cit.*, p. 283.
18. Los estudios de Fergus Craik, de la Universidad de Toronto, sobre los efectos del envejecimiento en la memoria, realizados durante las décadas de 1960 a 1980, son la referencia original acerca de la variabilidad del funcionamiento de la memoria de los adultos mayores. Para una revisión, puede verse Craik, F. y Jennings, J. (1992), «Human memory», en F. Craik y T. Salthouse, eds., *The handbook of aging and cognition*, Hillsdale, LEA.
19. El término «memoria operativa» es sinónimo de «memoria de trabajo» *(working memory)* y equivale al sistema de memoria conocido tradicionalmente como «a corto plazo». El apelativo histórico «a corto plazo» se estableció a finales de la década de 1940 tomando como referente el corto espacio de tiempo que la información puede mantenerse en dicho sistema si no recibe atención (unos quince-veinte segundos como máximo, según se comprobó en 1959). El apelativo «operativa» o «de trabajo» se introdujo a mediados de la década de 1970 para destacar que se trata del sistema de memoria en el que se lleva a cabo toda la actividad consciente. En efecto, todas las operaciones mentales conscientes las realizamos en el «espacio mental» de la memoria operativa o a corto plazo. Un sistema, por otra parte, de una gran complejidad y compuesto por diferentes subsistemas (verbal, espacial, ejecutivo central, entre otros; una descripción detallada puede verse en Ruiz-Vargas, J.M. (2010), *Manual de psicología de la memoria, op. cit.*).
20. Aunque el nombre adecuado de lo que hay «dentro de la cabeza» es *encéfalo* (que junto con la *médula* espinal conforman el *sistema nervioso central*), en español tendemos a utilizar como sinónimo la palabra «cerebro» a sabiendas de que tal denominación no incluye partes tan importantes como, por ejemplo, el cerebelo. Quede claro, pues, que cada vez que aparezca la palabra «cerebro» me estaré refiriendo al *encéfalo*.
21. Grady, C. (2012), «The cognitive neuroscience of ageing», *Nature Reviews/Neuroscience*, 13, pp. 491-505. La cita aparece en p. 501.
22. Cabeza, R., Albert, M. *et al.* (2018), «Maintenance, reserve and compensation: the cognitive neuroscience of healthy ageing», *Nature Reviews. Neuroscience*, 19, pp. 701-710. La cita aparece en p. 702.
23. Ver Roth, M., Tomlinson, B. E., y Blessed, G. (1967), «The *relationship* between quantitative measures of dementia and of degenerative

changes in the cerebral grey matter of elderly subjects», *Proceedings of the Society of Medicine*, 60, pp. 254-259.

24. El envejecimiento cerebral conlleva también cambios a nivel molecular a los que aquí no recurriremos. Para una revisión sobre los mecanismos moleculares básicos subyacentes al envejecimiento del cerebro, ver Yankner, B., Lu, T. y Loerch, P. (2008), «The aging brain», *Annual Review of Pathology: Mechanisms of Disease*, 3, pp. 41-66.

25. Para una revisión reciente de las teorías sobre envejecimiento cognitivo que se mencionarán a continuación, ver Ebaid, D. y Crewther, S. (2020), «Time for a systems biological approach to cognitive aging? A critical review», *Frontiers in Aging Neuroscience*, 12, pp. 1-15.

26. Salthouse T. A. (1996), «The processing-speed theory of adult age differences in cognitions», *Psychological Review*, 103, pp. 403-428.

27. Una de las primeras explicaciones del declive cognitivo fue la que apela a la conocida «hipótesis del envejecimiento frontal». Una hipótesis, por cierto, no aceptada por muchos investigadores. Para una revisión reciente de los efectos del envejecimiento sobre los lóbulos frontales, ver Zanto, T. y Gazzaley, A. (2019), «Aging of the frontal lobe», en M. D'Esposito y J.H. Grafman, eds., *Handbook of Clinical Neurology, Vol. 163: The Frontal Lobes*, Amsterdam, Elsevier.

28. La «hipótesis del déficit inhibitorio» apareció formulada por primera vez en Hasher, L. y Zacks, R. (1988), «Working memory, comprehension, and aging: a review and a new view», en G. H. Bower, ed., *Psychology of Learning and Motivation* (Vol. 22), Nueva York, Academic Press.

29. Cabeza, R. (2002), «Hemispheric asymmetry reduction in older adults: the HAROLD model», *Psychology and Aging*, 17, pp. 85-100.

30. Ver Lupien, S. y Wan, N. (2004), «Successful ageing: from cell to self», *Philosophical Transactions of the Royal Society B*, 359, pp. 1413-1426.

31. Robert Butler acuñó en 1969 el término *ageism* («edadismo») y lo definió como «un proceso de estereotipia y discriminación sistemática contra las personas por su edad». En pocas palabras, el *edadismo* se refiere, fundamentalmente, a la discriminación negativa contra las personas mayores por el hecho de ser mayores. Ver Butler, R. (1969), «Ageism: another form of bigotry», *Gerontologist*, 9, pp. 212-252. La cita de la definición de «edadismo» aparece en p. 243.

32. Butler, R. (1997), «Successful aging and the role of the life review». La cita está tomada de Lupien y Wan (2004), *op. cit.*, p. 1413.

33. Baltes P. y Baltes M. (1990), *Successful aging: Perspectives from the Behavioral Sciences*. Cambridge, Cambridge University Press.

34. Ver la excelente revisión de Nyberg, L. y Pudas, S. (2019), «Successful memory aging», *Annual Review of Psychology*, 70, pp. 219-243.
35. Reuter-Lorenz, P. y Lustig, C. (2005), «Brain aging: reorganizing discoveries about the aging mind», *Current Opinion in Neurobiology*, 15, pp. 245-251. La cita está tomada de la p. 245.
36. Ver Satz, P. (1993), «Brain reserve capacity on symptom onset after brain injury: A formulation and review of evidence for threshold theory», *Neuropsychology*, 7, pp. 273-295.
37. Park, D. y Reuter-Lorenz, P. (2009), «The adaptive brain: Aging and neurocognitive scaffolding», *Annual Review of Psychology*, 60, pp. 173-196.
38. Ver la revisión de Stern, Y. (2002), «What is cognitive reserve? Theory and research application of the reserve concept», *Journal of the International Neuropsychological Society*, 8, pp. 448-460.
39. Deng, L., Stanley, M. ... y Cabeza, R. (2021), «Age-related compensatory reconfiguration of PFC connections during episodic memory retrieval», *Cerebral Cortex*, 31, pp. 717-730. La cita está en p. 717.
40. En aras del rigor, debo decir que existe un quinto sistema de memoria —el *sistema de representación perceptiva*— que también se mantiene preservado durante el envejecimiento. Esta memoria juega un papel esencial en el reconocimiento de los objetos y las palabras. Se trata de un sistema de memoria a largo plazo que actúa a un nivel presemántico y no consciente. Algunos autores lo denominan «memoria perceptiva». Una descripción detallada aparece en mi libro *Manual de psicología de la memoria (op. cit.)*.
41. Baddeley, A. y Hitch, G. (1974), «Working memory», en G. Bower, ed., *The psychology of learning and motivation*, Nueva York, Academic Press.
42. Archivo personal del autor.
43. Buñuel, L. (1982), *Mi último suspiro, op. cit.*, p. 195.
44. La anécdota de Reagan está tomada de Schacter, D. (1996), *Searching for memory, op. cit.*, p. 287.
45. Ver Craik, F. (2002), «Cambios en la memoria humana relacionados con la edad», en D. Park y N. Schwarz, eds., *Envejecimiento cognitivo*, Madrid, Médica Panamericana.
46. Greene, N. y Naveh-Benjamin, M. (2020), «A specificity principle of memory: Evidence from aging and associative memory», *Psychological Science*, 31, pp. 316-33.
47. Una exposición detallada de los *procesos de consolidación* de la memoria puede encontrase en mi obra citada *Manual de psicología de la memoria*, capítulo 6.

48. El prosencéfalo basal (*basal forebrain*) es un grupo heterogéneo de estructuras telencefálicas situadas en la cara medial y ventral de los hemisferios cerebrales (en ellas se localizan los núcleos colinérgicos). Se extiende desde el tubérculo olfatorio en dirección rostral hasta la región hipotalámica en dirección caudal. Aunque los límites no están bien definidos, se asume que incluye *los núcleos septales, el tubérculo olfatorio,* partes de *la amígdala, la banda diagonal de Broca* y *la sustancia innominada* (o núcleo basal). Ver Zola-Morgan, S. y Squire, L. (1993), «Neuroanatomy of memory», *Annual Review of Neuroscience,* 16, pp. 547-563.

49. Ver Mayes, A. y Downes, J. (1997), «What do theories of the functional deficit(s) underlying amnesia have to explain?», *Memory,* 5, pp. 3-36. Para una exposición detallada de los diferentes tipos de amnesia, puede verse Ruiz-Vargas, J.M. (2010), *Manual de psicología de la memoria, op. cit.,* capítulo 12.

50. Driscoll, I., Hamilton, D., Petropoulos, H. *et al.* (2003), «The aging hippocampus: Cognitive, biochemical and structural findings», *Cerebral Cortex,* 13, pp. 1344-1351.

51. Ver Cohen, G. (1990), «Why is it difficult to put names to faces?», *British Journal of Psychology,* 81, pp. 287-297.

52. Para un estudio sobre la mayor dificultad para recordar nombres de personas frente a otras informaciones, ver Cohen, G. y Faulkner, D. (1986), «Memory for proper names: Age differences in retrieval», *British Journal of Psychology,* 4, pp. 187-197. Las palabras entrecomilladas están tomadas de la p. 249 del trabajo de Cohen, G. y Burke, D. (1993), «Memory for proper names: A review», *Memory,* 1, pp. 249-263.

53. Las palabras de John Stuart Mill están tomadas de las pp. 265-266 del trabajo de Semenza, C. y Sgaramella, T. (1993), «Production of proper names: A clinical case study of the effects of phonemic cueing», *Memory,* 1, pp. 265-280.

54. Strickland-Hughes, C. *et al.* (2020), «Own-age bias in face-name associations: Evidence from memory and visual attention in younger and older adults», *Cognition,* 200, 104253. <https://doi.org/10.1016/j.cognition.2020.104253>.

55. Naveh-Benjamin, *et al.* (2004), «The associative memory deficit of older adults: Further support using face-name associattions», *Psychology and Aging,* 19, pp. 541-546.

56. Cohen, G. y Faulkner, D. (1986), «Memory for proper names», *op. cit.*

57. Las alteraciones de la atención como consecuencia del estrés, la fatiga y otras variables vienen siendo estudiadas desde los años cincuenta del pasado siglo. Destacan dos trabajos considerados actualmente como clásicos: Broadbent, D.E. (1971), *Decision and stress*, Londres, Academic Press; y Kahneman, D. (1973), *Attention and effort*, Englewood Cliffs, Prentice-Hall. [Hay trad. cast.: *Atención y esfuerzo*, Madrid, Biblioteca Nueva, 1997].

58. Reconozco que la expresión «declive cognitivo *habitual*» es totalmente imprecisa. En las publicaciones en lengua inglesa, los neurocientíficos utilizan expresiones como «*normal cognitive decline*» o «*usual memory decline*» que resultan igual de imprecisas. No obstante, la imprecisión desaparece cuando se advierte de que con tales expresiones nos estamos refiriendo a los déficits cognitivos o de memoria que no interfieren con el desempeño de las actividades cotidianas.

59. Ver Cabeza, R., Albert, M. *et al.* (2018), «Maintenance, reserve and compensation...», *op. cit.*

60. Las palabras de Oury Monchi proceden de unas declaraciones hechas a la revista *Science News* (25 de agosto de 2011) con motivo de la publicación del trabajo de su equipo firmado por Martins, R., Simard, F., Provost, J. & Monchi, O. (2011 en web), «Changes in regional and temporal patterns of activity associated with aging during the performance of a lexical set-shifting task», *Cerebral Cortex*, 2012, 22, pp. 1395-1406. En este trabajo demostraron que un grupo de adultos mayores (edad media: sesenta y dos años) tenían un rendimiento equivalente a un grupo de jóvenes (edad media: veintiséis años) en una tarea cognitiva, gracias —según sus datos— a que los cerebros más viejos aprenden a asignar mejor sus recursos. En definitiva, concluía el doctor Monchi en la citada entrevista: «Los cerebros de las personas mayores no son más lentos, sino más sabios que los cerebros de los jóvenes».

61. Ver Cabeza, R., Albert, M., Belleville, S. *et al.* (2018), «Maintenance, reserve and compensation...», *op. cit.*

62. Ídem.

63. Stern, Y., Barnes, C., Grady, C. *et al.* (2019), «Brain reserve, cognitive reserve, compensation, and maintenance: operationalization, validity, and mechanisms of cognitive resilience», *Neurobiology of Aging*, 83, pp. 124-129.

64. Para una revisión actualizada, ver Alvares Pereira *et al.* (2021), «Cognitive reserve and brain maintenance in aging and dementia: An in-

tegrative review», *Applied Neuropsychology: Adult*, DOI: 10.1080/23279095. 2021.1872079.

65. Katzman R. (1993), «Education and the prevalence of dementia and Alzheimer's disease», *Neurology*, 43, pp. 13-20.

66. Liu, Y., Julkunen, V., Paajanen, T. *et al.* (2012), «Education increases reserve against Alzheimer's disease — evidence from structural MRI analysis», *Neuroradiology*, 54, pp. 929-938. Un hallazgo revelador de este estudio fue que los sujetos participantes con niveles educativos altos presentaban un mayor grosor cortical regional (concretamente en el córtex temporal transversal, la ínsula y el istmo del córtex cingulado) que los sujetos con niveles educativos bajos. Ver también el estudio de Piras *et al.* (2011), «Education mediates microstructural changes in bilateral hippocampus», *Human Brain Mapping*, 32, pp. 282-289. Un estudio posterior de Arenaza-Urquijo, E., Landeau, B., La Joie, R. *et al.* (2013), «Relationships between years of education and gray matter volume, metabolism and functional connectivity in healthy elders», *NeuroImage*, 83, pp. 450-457, demostró también las relaciones positivas entre medidas cerebrales y nivel educativo.

67. Khrimian, L., Obri, A. *et al.* (2017), «Gpr158 mediates osteocalcin's regulation of cognition», *Journal of Experimental Medicine*, 214, pp. 2859-2873. Para una revisión, ver Obri, A. *et al.* (2018), «Osteocalcin in the brain: from embryonic development to age-related decline in cognition», *Nature Reviews/Endocrinology*, 14, pp. 174-182.

68. Hertzog, C., Kramer, A. *et al.* (2008), «Enrichment effects on adult cognitive development: Can the functional capacity of older adults be preserved and enhanced?», *Psychological Science in the Public Interest*, 9, pp. 1-65.

69. Reuter-Lorenz, P. y Cappell, K. (2008). «Neurocognitive aging and the compensation hypothesis», *Current Direction in Psychological Science*, 17, pp. 177-182.

70. Craik, F. y Rose, N. (2012), «Memory encoding and aging: A neurocognitive perspective», *Neuroscience & Biobehavioral Reviews*, 36, pp. 1729-1739.

71. Deng, L., Stanley, M. ... y Cabeza, R. (2021), «Age-related compensatory reconfiguration...», *op. cit.*

72. Ronnlund, M., Nyberg, L. *et al.* (2005), «Stability, growth, and decline in adult life span development of declarative memory: cross-sectional and longitudinal data from a population-based study», *Psychology & Aging*, 20, pp. 3-18.

73. Ver la reciente y excelente revisión sobre el «envejecimiento de la memoria» firmada por Nyberg, L. y Pudas, N. (2019), «Successful memory aging», *Annual Review of Psychology*, 70, pp. 219-243.

74. La atrofia hipocampal en la vejez está asociada a la presencia de *ApoE4* (un alelo del gen de la Apolipoproteína E), vinculado a una mayor sensibilidad a desarrollar la enfermedad de Alzheimer.

75. Ver la revisión de Park, D. y Reuter-Lorenz, P. (2009), «The adaptive brain...», *op. cit.*; y el estudio de Chan, D., Shafto, N., Kievit, R. *et al.* (2018), «Lifestyle activities in mid-life contribute to cognitive reserve in late-life, independent of education, occupation, and late-life activities», *Neurobiology of Aging*, 70, pp. 180-183.

76. Fadel, J., Sarter, M. y Bruno, J. (1999), «Age-related attenuation of stimulated cortical acetylcholine release in basal forebrain-lesioned rats», *Neuroscience*, 90, pp. 793-802.

77. Ver la revisión de Wang, W., Daselaar, S. y Cabeza, R. (2017), «Episodic memory decline and healthy aging», en J. Byrne, ed., *Learning and Memory: A comprehensive reference*, Nueva York, Academic Press.

78. Walhovd, K., Krogsrud, S., Amlien, I. *et al.* (2016), «Neurodevelopmental origins of lifespan changes in brain and cognition», *Proceedings of the National Academy of Sciences, USA*, 113, pp. 9357-9362. (Este trabajo está firmado por veintidós neurocientíficos).

79. Vidal-Piñeiro, D., Sneve, M., Amlien, I. *et al.* (2021), «The functional foundations of episodic memory remain stable throughout the lifespan», *Cerebral Cortex*, 31, pp. 2098-2110. La cita está en p. 2098.

80. Ver Craik, F. (2002), «Cambios en la memoria humana...», *op. cit.*, pp. 88-89. Para un estudio más reciente, ver Meléndez, J.C., Agustí, A., Satorres, E. y Pitarque, A. (2018), «Are semantic and episodic autobiographical memories influenced by the life period remembered? Comparison of young and older adults», *European Journal of Ageing*, 15, pp. 417-424.

81. Hesse, H. (2011), *Elogio de la vejez*, Barcelona, El Aleph, p. 25.

82. Libro de los Proverbios, 3, pp. 13-15. *Libro de Job*, 28, pp. 12-23. Cito a partir de *Sagrada Biblia*. Versión oficial de la Conferencia Episcopal Española, 2011. (Acerca de la belleza y grandeza literaria del Libro de Job, me permito añadir que el influyente crítico y teórico literario Harold Bloom lo consideró, en su libro *¿Dónde se encuentra la sabiduría?*, «la obra más sabia [...] el mayor triunfo estético de la Biblia hebrea», Madrid, Taurus, 2005, pp. 9 y 15).

83. Ver Grossmann, I. (2017), «Wisdom and how to cultivate it. Re-

view of emerging evidence for a constructivist model of wise thinking», *European Psychologist*, 22, pp. 233-246.

84. Montaigne, M. de (1580), *Los ensayos, op. cit.*, p. 480.

85. Robinson, D. (1990). «Wisdom through the ages», en R. Sternberg, ed., *Wisdom: Its nature, origins, and development*, Nueva York, Cambridge University Press, pp. 14-15.

86. Sabato, E. (1999), *Antes del fin, op. cit.*, p. 18.

87. Baltes, P. y Staudinger, U. (1993), «The search for a Psychology of Wisdom», *Current Directions in Psychological Science*, 2, pp. 75-81. Las citas aparecen en pp. 76-77.

88. Takahashi, M. y Bordia, P. (2000), «The concept of wisdom: A cross-cultural comparison», *International Journal of Psychology*, 35, pp. 1-9.

89. Ver Richardson, M., y Pasupathi, M. (2005), «Young and growing wiser: Wisdom during adolescence and young adulthood», en R. Sternberg y J. Jordan, *A Handbook of Wisdom: Psychological Perspectives*, New York, Cambridge University Press. Citado en Sternberg, R. (2005), «Older but not wiser? The relationship between age and wisdom», *Ageing International*, 30, pp. 5-26.

90. Sternberg, R. (2005), «Older but not wiser?», *op. cit.*, p. 13.

91. Goldberg, E. (2007), *La paradoja de la sabiduría*, Barcelona, Drakontos Bolsillo, p. 66.

92. Ver Sternberg, R. (2005), «Older but not wiser?», *op. cit.*, p. 6.

93. *Ibidem*.

94. Hesse, H. (2011), *Elogio de la vejez, op. cit.*, p. 98.

95. Sternberg, R. (1990), «Understanding wisdom», en R. Sternberg, ed., *Wisdom: Its nature, origins, and development*, Nueva York, Cambridge University Press, p. 3.

96. Sutin, A. y Robins, R. (2007). «Phenomenology of autobiographical memories: The Memory Experiences Questionnaire», *Memory*, 15, pp. 390-411.

97. Levine, B., Svoboda, E., Hay, J. et al. (2002), «Aging and autobiographical memory: Dissociating episodic from semantic retrieval», *Psychology and Aging*, 17, pp. 677-689.

98. Márai, S. (2008), *Diarios 1984-1989, op. cit.*, p. 56.

99. Holland, C. y Rabbitt, P. (1990), «Autobiographical and text recall in the elderly: An investigation of a processing resource deficit», *The Quarterly Journal of Experimental Psychology*, 42, pp. 441-470.

100. Márai, S. (2008), *Diarios 1984-1989, op. cit.*, p. 87.

101. Ídem, p. 201.
102. En febrero de 1989, Sándor Márai acabó con su vida disparándose en la cabeza.
103. Piolino, P., Desgranges, B., Benali, K. y Eustache, F. (2002), «Episodic and semantic remote autobiographical memory in ageing», *Memory*, 10, pp. 239-257.
104. Goethe, J.W. (1999), *Poesía y verdad*, *op. cit.*, p. 102.
105. He descrito con cierto detalle la historia del paciente H.M. en varios de mis trabajos anteriores [por ejemplo, Ruiz-Vargas, J.M. (2010), *Manual de psicología de la memoria*, Madrid, Síntesis, capítulos 1 y 12; y Ruiz-Vargas, J.M. y López-Frutos, J.M. (2014), «Memoria», en P. Enríquez (coord.), *Neurociencia cognitiva*, Madrid, Sanz y Torres, cap. 6]. En síntesis, la historia clínica de H.M. (1926-2008), cuyo nombre completo desvelado tras su muerte era Henry Gustav Molaison, comienza el 25 de agosto de 1953 cuando William B. Scoville, neurocirujano del hospital de Hartford (la capital del estado de Connecticut, en Estados Unidos), le practica, con el fin de controlar su epilepsia refractaria a la medicación, una *lobectomía temporal* bilateral, un tipo de neurocirugía que implica la resección de partes de tejido cerebral de las estructuras profundas de ambos lóbulos temporales. A resultas de la operación, la frecuencia y severidad de los ataques epilépticos se redujeron significativamente; sin embargo, Henry Molaison sufrió un daño gravísimo de memoria del que nunca llegó a recuperarse. Desde la operación, H.M. padeció fundamentalmente una *amnesia anterógrada* profunda, lo que significaba una incapacidad total para convertir cualquier contenido nuevo de la memoria a corto plazo en una representación permanente de memoria a largo plazo, es decir, que este hombre no pudo crear desde entonces ningún recuerdo nuevo. Además, a medida que pasaron los años, H.M. fue perdiendo también su memoria retrógrada, esto es, los recuerdos formados antes de la neurocirugía. Para una historia actualizada sobre la vida de Henry Gustav Molaison, los orígenes de su epilepsia y el funcionamiento pormenorizado de su memoria tras la intervención quirúrgica, recomiendo la lectura de Corkin, S. (2014), *Permanent present tense. The man with no memory, and what he taught the world*, Londres, Penguin.
106. Ver Corkin, S. (2002), «What's new with the amnesic patient H.M.?», *Nature Reviews/Neuroscience*, 3, pp. 153-160 (cita en p. 157); y Corkin, S. (2014), *Permanent present tense...*, *op. cit.*, p. 3.
107. Entrevista tomada del trabajo de Williams, J.M. (1996). «Depres-

sion and the specificity of autobiographical memory», en D. Rubin, ed., *Remembering our past: Studies in autobiographical memory*, Cambridge, Cambridge University Press, pp. 245-246.

108. Un metaanálisis de cuarenta y seis estudios confirmó hace años que la memoria del contexto (memoria episódica) es significativamente más vulnerable a los efectos de la edad que la memoria del contenido (memoria semántica). Ver Spencer, W. y Raz, N. (1995), «Differential effects of aging on memory for content and context: A meta-analysis», *Psychology and Aging*, 10, pp. 527-539.

109. La idea de que la amnesia implique la alteración de la memoria episódica, pero no de la memoria semántica, aparece planteada por primera vez en el trabajo de Schacter, D. y Tulving, E. (1982), «Amnesia and memory research», en L. Cermak, ed., *Human memory and amnesia*, Hillsdale, Erlbaum, p. 24.

110. Butters, N. y Cermak, L. (1986), «A case study of the forgetting of autobiographical knowledge: Implications for the study of retrograde amnesia», en D. Rubin, ed., *Autobiographical memory*, Nueva York, Cambridge University Press, p. 270.

111. El modelo de regulación del afecto fue propuesto por J. Mark Williams en su trabajo ya citado de 1996. Para otras explicaciones de la hipergeneralización de la memoria autobiográfica en la depresión puede verse Watkins, E. (2015), «Overgeneral autobiographical memories and their relationship to rumination», en L. Watson y D. Berntsen, eds., *Clinical perspectives on autobiographical memory*, Cambridge, Cambridge University Press.

112. Estas palabras están tomadas del trabajo de Williams, J. M., Barnhofer, T., Crane, C. et al. (2007), «Autobiographical memory specificity and emotional disorder», *Psychological Bulletin*, 133, pp. 122-148. La cita aparece en p. 143.

113. Martinelli, P. y Piolino, P. (2009), «Les souvenirs définissant le soi: dernier bastion de souvenirs épisodiques dans le vieillissement normal?», *Psychologie & NeuroPsychiatrie du Vieillissement*, 7, pp. 151-67.

114. Ruiz-Vargas, J. M. (2007), *Los «recuerdos que nos definen» en personas de edad avanzada*, Universidad Autónoma de Madrid. Trabajo no publicado.

115. Ver Singer, J., Rexhaj, B. y Baddeley, J. (2007), «Older, wiser, and happier? Comparing older adults' and college students' self-defining memories», *Memory*, 15, pp. 886-898.

116. Kensinger, E. (2009), «How emotion affects older adults' memories for event details», *Memory*, 17, pp. 208-219.
117. Kopp, S., Sockol, L. y Multhaup, K. (2020), «Age-related differences in flashbulb memories: A meta-analysis», *Psychology and Aging*, 35, pp. 459-472.
118. Folville, A., D'Argembeau, A. y Bastin, Ch. (2020), «Deciphering the relationship between objective and subjective aspects of recollection in healthy aging», *Memory*, 28, pp. 362-373.
119. Mitchell, K. y Hill, E. (2019), «The impact of focusing on different features during encoding on young and older adults' source memory», *Open Psychology*, 1, pp. 106-118.
120. Ver Adams, C. (1991), «Qualitative age differences in memory for text: A lifespan developmental perspective», *Psychology and Aging*, 6, pp. 323-336.
121. Baron, J. y Bluck, S. (2009), «Autobiographical memory sharing in everyday life: Characteristics of a good story», *International Journal of Behavioral Development*, 33, pp. 105-117.
122. Pasupathi, M. (2001), «The social construction of the personal past», *op. cit.* La función social de la memoria autobiográfica aparece expuesta con detalle en nuestro capítulo 2.
123. Williams, J. M., Barnhofer, T., Crane, C. *et al.* (2007), «Autobiographical memory specificity...», *op. cit.*, p. 143.
124. Estas palabras están tomadas del trabajo de Wilson, T. y Gilbert, D. (2005), «Affective forecasting: Knowing what to want», *Current Directions in Psychological Science*, 14, pp. 131-134. La cita aparece en p. 133.
125. Labouvie-Vief, G. (1998), «Cognitive-emotional integration in adulthood», en K. Schaie y M. Lawton eds., *Annual Review of Gerontology and Geriatrics: Focus on emotion and adult development*, 17, pp. 206-237. La cita aparece en pp. 206-207.
126. Carstensen, L. y Turk-Charles, S. (1994), «The salience of emotion across the adult life span», *Psychology and Aging*, 9, pp. 259-264.
127. Estas ideas están tomadas básicamente de dos trabajos: Labouvie-Vief, G. (1998), «Cognitive-emotional integration in adulthood», *op. cit.*; y Labouvie-Vief, G. (2015), *Integrating emotions and cognition throughout the lifespan*, Cham, Springer.
128. Rubin, D. y Schulkind, M. (1997), «The distribution of autobiographical memories across the lifespan», *Memory & Cognition*, 25, pp. 859-866.

129. Rousseau, J. J. (1782), *Las confesiones*, Madrid, Alianza, 2008, p. 495.

130. Márai, S. (2004), *Confesiones de un burgués*, *op. cit.*, p. 125.

131. Tomo esta idea del trabajo de Webster, J. y McCall, M. (1999), «Reminiscence functions across adulthood: A replication and extension», *Journal of Adult Development*, 6, pp. 73-85.

132. Proust, M. (1969), *En busca del tiempo perdido. 7. El tiempo recobrado...*, *op. cit.*, pp. 225-226. El episodio del «tenedor» (o de la «cuchara») se encuentra recogido en nuestro capítulo 4; el de la magdalena, en el capítulo 2.

133. Butler, R. (1963), «The life review: An interpretation of reminiscence in the aged», *Psychiatry*, 26, pp. 65-76. La cita aparece en p. 66.

134. Ver revisión de Munawar, K., Kuhn, S. y Haque, S. (2018), «Understanding the reminiscence bump: A systematic review», *PLoS ONE* *13*(12): e0208595. <https://doi.org/10.1371/journal.pone.0208595>.

135. Para evidencia sobre «reminiscencia» e «historias de vida», ver Glück, J. y Bluck, A. (2007), «Looking back across the life span: A life story account of the reminiscence bump», *Memory & Cognition*, 35, pp. 1928-1939. Para el reflejo de la «reminiscencia» en «autobiografías publicadas», ver Benz, H., Pierce, T. y Flood, G. (2020), «The reminiscence bump effect in autobiographies», *Innovation in Aging*, 4 (Supl 1), p. 367.

136. Ver Schuman, H. y Scott, J. (1989), «Generations and collective memories», *American Sociological Review*, 54, pp. 359-381; y Sehulster, J. (1996), «In my era: Evidence for the perception of a special period of the past», *Memory*, 4, pp. 145-158, respectivamente.

137. Rubin, D., Rahhal, T. y Poon, L. (1998), «Things learned in early adulthood are remembered best», *Memory & Cognition*, 26, pp. 3-19. La cita aparece en p. 17.

138. Las dos opiniones entrecomilladas corresponden, respectivamente, al tenista ex número uno del mundo Marat Safin (*AS*, 10 de junio de 2018), y a la protagonista y narradora de la novela de J.M. Coetzee *La edad de hierro* (Barcelona, Mondadori, 2002, p. 62).

139. Se dispone de abundante evidencia que prueba que las habilidades cognitivas alcanzan su punto álgido alrededor de los veinte años para después iniciar un lento pero claro declive. Ver Rubin *et al.* (1998), «Things learned in early adulthood are remembered best...», *op. cit.*

140. Exposiciones detalladas de las diferentes propuestas explicativas del «pico de la reminiscencia» pueden verse, además de en el trabajo ya

citado de Rubin *et al.* (1998), en la revisión más reciente de Koppel, J. y Berntsen, D. (2015), «The peaks of life: The differential temporal locations of the reminiscence bump across disparate cueing methods», *Journal of Applied Research in Memory and Cognition*, 4, pp. 66-80.

141. Para la relación entre reminiscencia y el yo, ver Rathbone, C., Moulin, C. y Conway, M. (2008), «Self-centered memories: The reminiscence bump and the self», *Memory & Cognition*, 36, pp. 1403-1414. Para el sesgo de la reminiscencia hacia lo positivo, ver Rubin, D. y Berntsen, D. (2003), «Life scripts help to maintain autobiographical memories of highly positive, but not highly negative, events», *Memory & Cognition*, 31, pp. 1-14. Para la función adaptativa de la reminiscencia, ver Liao, H., Bluck, S. y Glück, J. (2021), «Recalling youth: Control over reminiscence bump events predicts life satisfaction in midlife», *Psychology and Aging*, 36, pp. 232-240.

142. Este planteamiento se acerca a las ideas propuestas por Butler en su trabajo de 1963.

143. Berntsen, D. y Rubin, D. (2002), «Emotionally charged autobiographical memories across the life span: The recall of happy, sad, traumatic, and involuntary memories», *Psychology and Aging*, 17, pp. 636-652.

144. Kennedy, Q., Mather, M. y Carstensen, L. (2004), «The role of motivation in the age-related positivity effect in autobiographical memory», *Psychological Science*, 15, pp. 208-214.

145. Una excelente revisión sobre muchos de los efectos de la positividad en el envejecimiento es el trabajo de Mather, M. (2016), «The affective Neuroscience of aging», *Annual Review of Psychology*, 67, pp. 213-238. Para estudios sobre «curiosidad emocional» en envejecimiento y enfermedad de Alzheimer, ver LaBar, K., Mesulam, M. *et al.* (2000), «Emotional curiosity: modulation of visuospatial attention by arousal is preserved in aging and early-stage Alzheimer's disease», *Neuropsychology*, 38, pp. 1734-1740. La capacidad de los adultos mayores para solucionar problemas emocionales cotidianos más eficazmente que los jóvenes se demuestra en el estudio de Blanchard-Fields, F. (2007), «Everyday problem solving and emotion: An adult developmental perspective», *Current Directions in Psychological Science*, 16, pp. 26-31.

146. Walker, W., Skowronski, J. y Thompson, Ch. (2003), «Life is pleasant —and memory helps to keep it that way!», *Review of General Psychology*, 7, pp. 203-210. La cita con el postulado básico del «sesgo del afecto evanescente» aparece en p. 203.

147. Para estudios de IMRf sobre el procesamiento diferencial de la amígdala de estímulos emocionales positivos y negativos en adultos mayores y jóvenes, ver Mather, M., Canli, T. *et al.* (2004), «Amygdala responses to emotionally valenced stimuli in older and younger adults», *Psychological Science*, 15, pp. 259-263; y Kehoe, E., Toomey, J. *et al.* (2013), «Healthy aging is associated with increased neural processing of positive valence but attenuated processing of emotional arousal: an fMRI study», *Neurobiology of Aging*, 34, pp. 809-821. La afirmación de Mather del cambio de valencia emocional de la amígdala se encuentra en Mather, M. (2016), «The affective Neuroscience of aging», *op. cit.*, p. 220.

148. Ortega y Gasset, J. (1925), *La deshumanización del arte e ideas sobre la novela*. En *Obras completas. Tomo III (1917-1928)*, Madrid, Revista de Occidente, 1966, p. 367.

149. Las primeras formulaciones de Carstensen de la *teoría de la selectividad socioemocional* se remontan a comienzos de la década de 1990. Para una revisión actualizada, ver Carstensen, L. (2006), «The influence of a sense of time on human development», *Science*, 312, pp. 1913-1915.

150. Archivo personal del autor.

151. Un trabajo relevante sobre «la paradoja del envejecimiento» es el firmado por Kunzmann, U., Little, D. y Smith, J. (2000), «Is age-related stability of subjective well-being a paradox? Cross-sectional and longitudinal evidence from the Berlin Aging Study», *Psychology and Aging*, 15, pp. 511-526.

152. Hesse, H. (2011), *Elogio de la vejez*, *op. cit.*, p. 60.

153. Ionesco, E. (2007), *Diarios*, *op. cit.*, p. 13.

154. Azaña, M. (2003), *El jardín de los frailes*, Madrid, El País, Clásicos del siglo xx, p. 27.

155. Ionesco, E. (2007), *Diarios*, *op. cit.*, p. 29.

156. Friedman, W. y Janssen, S. (2010), «Aging and the speed of time», *Acta Psychologica*, 134, pp. 130-141.

157. Janssen, S., Naka, M. y Friedman, W. (2013), «Why does life appear to speed up as people get older?», *Time & Society*, 22, pp. 274-290.

158. Flaherty, M. (1999), *A watched pot: How we experience time*, Nueva York, New York University Press.

159. James, W. (1890), *Principios de Psicología*, *op. cit.*, p. 500. Como en alguna otra ocasión anterior, me he permitido cambiar algunas palabras o expresiones de la edición mexicana con el fin de reproducir con la máxima

fidelidad posible el texto de James tal y como aparece en el original en inglés. La explicación de Paul Janet está tomada de esta obra de James.

160. Avni-Babad, D. y Ritov, I. (2003), «Routine and the perception of time», *Journal of Experimental Psychology: General*, 132, pp. 543-550.

161. Ionesco, E. (2007), *Diarios, op. cit.*, p. 15.

162. James, W. (1890), *Principios de Psicología, op. cit.*, p. 496.

163. Recomiendo vivamente la obra del psicólogo alemán Wittmann, M. (2016), *Felt time. The psychology of how we perceive time*, Cambridge, The MIT Press.

164. Esta cita de Mann y las anteriores están tomadas de su obra *La montaña mágica* (Barcelona, Edhasa), pp. 150-151.

Índice alfabético

acetilcolina, neurotransmisor, 502
actualización de la memoria, proceso de, 247-248
   fuerza de almacenamiento, 248-249
   fuerza de recuperación, 249
   inhibición de recuperación, 249-250
   nueva teoría del desuso de Bjork, 248, 250
Ad Herennium, obra anónima, 406-407
Adler, Alfred, sobre el primer recuerdo, 329-330
adolescencia, aparición del problema de la identidad en la, 146
afrontamiento saludable, mecanismo de, 549
agorafobia, papel del recuerdo en la, 74
Agustín de Hipona, san
   sobre el tiempo, 181, 183
   sobre la memoria, 361
   y la metempsícosis, 473
   Confesiones, 183, 362
Ainsworth, Mary, y la teoría del apego, 344
alcoholismo, relación entre recuerdos y olvidos en el, 280-281
Alea, Nicole, sobre la memoria autobiográfica, 92-97, 99, 129
Allende, Isabel
   sobre la fugacidad de la existencia, 160
   Retrato en sepia, 165
Allport, Gordon
   método de reproducción serial, 439-440
   sobre el *self*, 115
   sobre los rumores, 438
   The Psychology of Rumor, 438
Alzheimer, enfermedad de, 113, 482, 484
   y los fallos de memoria de los adultos mayores, 485-486
Amado, Jorge: *Memoria de un niño*, 312-313
American Psychiatric Association, 217
American Psychological Association, 436
amnesia, paciente con
   condenado a vivir en un presente perpetuo, 169
   cuando continua viviendo pero deja de existir, 167
   falta de conciencia de sí mismo, 169
   sin recuerdos episódicos, 82, 167, 527
amnesia disociativa (o psicógena), 108, 111, 423, 425, 572 n.
   fuga, como primera fase, 108

generalizada, 227, 613 n.
selectiva, 425, 613 n.
amnesia infantil, 265, 266, 331-339
 avances en la comprensión de la, 338-339
 como recuerdos latentes o huellas de memoria no expresadas, 341
 como resultado de procesos alterados de consolidación, 341
 estudios sobre la, 335
 explicación de la, 339
 frontera de la, 323, 325
amnesia orgánica, casos de, 39-40, 604 n.
amnesia por déficit de memoria visual, 71
amnesia traumática, 422-423
Anagnos, Michael, 465
Anderson, Michael C., 610 n.
 sobre la represión, 425, 428
animales, memoria episódica en, 37-38, 56, 61
Année Psychologique, L', revista, 318
ansiedad social, papel del recuerdo en la, 74, 76
apego
 a la madre, 344
 a los lugares, 345-350
 a la casa (u hogar), 350-359
 humano, teoría del, 344
 interpersonal, 350
Appelfeld, Aharon, 232, 303
 Historia de una vida, 165, 229-230, 279, 356-357
Aristóteles, 107
 cuatro partes de la Retórica, 610 n.
Aron, Arthur, 203
Aron, Elaine, 203
 y el término «persona altamente sensible» (PAS), 204
Asch, Solomon, 124
asociaciones

capacidad para establecer, 502
 recordar los nombres de las personas, 503-506
 recuerdo episódico como un conjunto de, 500
atención
 disminución de recursos de, 507
 fallos de, 496
 memoria episódica necesita niveles muy altos de, 500
 selectiva, declive de la, 496
Auschwitz, campo de concentración de, 211, 212, 213
Austen, Jane, 270
autobiografías, 20, 58, 62, 69, 116, 139, 148, 183, 252, 267, 288, 542
autocontrol, terapias de, 403
autonoesis, o autoconocimiento, 77, 128
Azaña, Manuel: *El jardín de los frailes*, 554

Bachelard, Gaston: *La poética del espacio*, 350-351, 353
Bajtín, Mijaíl, sobre la relación entre el yo y el otro, 124-125
Baltes, Paul B.: *Modelo Berlín de sabiduría*, 519
Barbour, Julian: *The End of Time*, 183, 186
Barclay, Craig, 49
Barnes, Julian: *Nada que temer*, 287, 290
Bartlett, Frederic, 132, 134, 291, 333
 Remembering, 32, 34, 83, 437
Bauer, Patricia, sobre la memoria de la infancia, 340
Beatles, The, 359, 451, 452-453, 467
Bellow, Saul: *El contacto Bella Rosa*, 50
Benedetti, Mario, 361, 362
 El olvido está lleno de memoria, 187, 375
beneffectance, en la actuación del yo, 133
Benjamin, Walter, sobre la memoria, 431, 477

Berger, John: *Y nuestros rostros, mi vida, breves como fotos*, 338
Bergson, Henri, 190, 192-193, 199, 201, 381
  sobre el pasado, 193
  Ensayo sobre los datos inmediatos de la conciencia, 192
  La evolución creadora, 192
  Materia y memoria, 192, 194
Bernstein, Jeremy: «A Child's Garden of Science», 300, 301
Bernsten, Dorthe, sobre los recuerdos involuntarios, 89
Bethe, Hans, 300
Biblia
  libro de Job, 517-518
  libro de los Proverbios, 517
  sabiduría valorada en la, 517-518
bienestar emocional, prioridad al, 551-552
Binet, Alfred, 318
  test de inteligencia de, 597 n.
Bioy Casares, Adolfo: *Descanso de caminantes*, 376
Bjork, Robert, 390, 396
  nueva teoría del desuso de la memoria según, 248
Blanchot, Maurice, sobre el escribir, 19
Blanco, Amalio, 575 n.
  Cognición social..., 125
Blandon-Gitlin, Iris, 447
Bluck, Susan: sobre la memoria autobiográfica, 92-97, 99, 129, 143
Bogan, Louise, sobre la casa de su infancia, 356
Borges, Jorge Luis, 53, 159, 174, 363
  sobre el olvido, 361
  sobre el tiempo, 181, 182, 185
  sobre la memoria del hombre, 279, 292, 479
  sobre la vejez, 479
  El hacedor, 28, 122
  El jardín de senderos que se bifurcan, 184-185
  «El pasado», 174
  «Funes el memorioso», 397-399
  La memoria de Shakespeare, 271
  Nueva refutación del tiempo, 185
  poema «Soy», 186
Bosco, Henri: *Malicroix*, 351-352
Bowlby, John, sobre la teoría del apego, 344
Boyd, John, 330
Boyd, William: *Suave caricia*, 274-275
Brainerd, Charles: *The Science of False Memory*, 436
Breaking Bad, serie de televisión, 93-94
Breger, Louis, sobre la configuración de la identidad, 146
Breuer, Josef, 221
  Estudios sobre la histeria, 424
Brewer, William
  distinción entre recuerdo autobiográfico y hecho autobiográfico, 80
  sobre las imágenes visuales y los recuerdos, 70
British Psychological Society, 436
Brown, Roger, 258, 259, 260
Brown, Warner, sobre la memoria disponible, 591 n.
Bruce, Darryl, 103
Bruce, Douglas, un caso de amnesia disociativa o psicógena, 110-112
Bruner, Jerome, 109
Buchenwald, campo de concentración de, 68, 189, 211
Buñuel, Luis: *Mi último suspiro*, 477, 497, 554
Burns, Robert, 187
Butler, Robert, 492
  acuñación del término *ageism* («edadismo»), 625 n.
  sobre la reminiscencia, 540
  The Life Review, 540-541
Butters, Nelson, 529

ÍNDICE ALFABÉTICO

Caballero Bonald, José Manuel, 231, 288, 311
  Tiempo de guerras perdidas, 308
Cabeza, Roberto, estudio sobre IRMf, 511
Calvino, Italo, sobre la memoria, 55
Campos, Marco Antonio: *Bajo la lluvia ajena (notas al pie de una derrota)*, 346
Camus, Albert
  sobre el olvido, 429
  sobre su infancia, 301-302, 354
Canby, Margaret: *The Frost Fairies*, 465-466
Canetti, Elias, 107, 165-166, 174, 188, 196, 231, 233, 236, 237, 241, 263, 291
  sobre la infancia, 297, 303
  sobre la memoria, 361, 479
  La lengua salvada, 325-326
Carroll, Lewis, sobre la memoria, 44, 431
Carstensen, Laura
  sobre el efecto de positividad, 546, 547
  sobre el tiempo futuro, 550
  teoría de la selectividad socioemocional, 551
Castilla del Pino, Carlos, 107, 128, 212, 290, 381, 618 n.-619 n.
  autobiografía *Pretérito imperfecto*, 51, 73, 163, 164
  sobre el sujeto humano, 200
  sobre la amnesia, 167
  sobre la fantasía, 431
Cástor, dios, 405
cerebro
  amígdala, como centro del procesamiento emocional, 261, 275, 420-421, 427, 549, 553
  andamiaje compensatorio en el, 493
  atrofia frontal asociada al envejecimiento, 490, 491, 496, 497, 499, 507
  como un palimpsesto, 270, 271
  copias de la información guardadas en el, 30
  declive cognitivo y envejecimiento del, 488-491
  del recién nacido, 294
  eliminación de grandes cantidades de información, 368-370
  en modo recuperación, 271-273
  hipocampo, 166, 341, 371, 420, 421, 427, 485, 502, 510, 512, 601 n.
  hipótesis del banco de memoria en el, 31
  importancia del desarrollo en los primeros años de vida, 299
  localizacionismo cerebral, 31
  mecanismo de compensación, 511
  mecanismo de mantenimiento, 510-511
  pérdida de neuronas, 482, 484-485
  principio de economía del, 83
  prosencéfalo basal, 502, 627 n.
  redes de memoria en el, 31
  reflejo en la memoria del envejecimiento del, 494
  reserva neurocognitiva, 509-510
  resiliencia del, 493, 509
  rinencéfalo, o «cerebro de la nariz», 275
  sistema amigdaliano, 420
  sistema hipocampal, 420
Cermak, Laird, 529
Cernuda, Luis, sobre el olvido, 375
Cervantes, Miguel de: *Don Quijote*, 26, 96-97, 240
Chaplin, Charles: *Luces de la ciudad*, 281
Chateaubriand, François de: *Memorias de ultratumba*, 313-314, 316
Chéjov, Antón: *Mi vida, relato de un*

hombre de provincias, 202-203
Chiffons, The: «He's So Fine», 462-463
Chirbes, Rafael, 199
Christianson, Sven, 260
Cicerón, 403, 409
  sobre la memoria en la vejez, 484
  De oratore, 405-406
  De senectute, 483, 516
claves de recuperación de memoria, 274-283, 286, 373, 378, 569 n.
C.M., un caso de amnesia disociativa, 227-228, 587 n, 613 n.
Coetzee, J. M., 316
  El buen relato, 130-131, 139-140, 142
coherencia
  según Conway, 130
  yo controlador en busca de, 130
Colegrove, F. W., 259
Coleridge, Samuel Taylor: *Biographia literaria*, 365
compensación neurocognitiva, 529-530
compresión del tiempo, metáfora de la, 128
conciencia autonoética, 43, 51, 56, 79, 223, 315
  y la memoria episódica, 60
conciencia de sí mismo, falta de, en pacientes con amnesia, 169-170
conciencia noética, 78
congruencia entre recuerdo y estado de ánimo, 255, 282
conocimiento autobiográfico, 80-81
  acontecimientos generales en el, 65, 66, 67
  definición de, 63
  en pacientes con amnesia, 82
  historias de vida en el, 64, 66, 67
  periodos de la vida en el, 64, 66, 67
  relación con la memoria episódica, 63
conservadurismo, en la actuación del yo, 133

consistencia, en conversaciones, 101
consolidación
  alterada, hipótesis de la, 341-342
  de la memoria, procesos de, 369, 501
construcción conjunta (o co-construcción), en conversaciones, 101
control cognitivo, 496
  disminución del, 507
control de realidad, proceso de, 450-451, 455, 469, 619 n.
control mental, terapias de, 403-404
conversaciones sobre el pasado, dos principios de las, 101
Conway, Martin: recuerdos autobiográficos en el *Self-Memory System* (SMS), 84
Cooley, Charles, metáfora del yo del espejo de, 124
Copérnico, Nicolás, 180
Corkin, Susan, neuropsicóloga, 527-528
Cortázar, Julio, sobre el pasado, 361
Craik, Fergus, 511
  teoría de la memoria de, 437
credibilidad de los recuerdos, papel de los detalles en la, 98-99
Crick, Francis, 372
criptomnesia, 462-471
  acuñación por Flournoy, 463
  como un fallo de memoria, 468
  estudio pionero de Jung sobre, 463-464
  y la experiencia *déjà vu*, 476
Cruz, Juan
  sobre la memoria, 162, 294, 298
  La foto de los suecos, 304
curva de recuperación del ciclo de la vida, 262-266, 539

Darwin, Charles: *Autobiografía*, 73
Daudet, Alphonse, 17
Davis, Michael, contra el borrado como borrado total, 367
Dean, John, testimonio detallado en el caso Watergate de, 99

decaimiento, teoría del, 383
déficit asociativo, 500-502, 506
déjà vu, como trastorno o engaño de la memoria, 471-476
  como una experiencia de reconocimiento falso, 476
  considerada como una paramnesia, 473, 476
  por familiaridad de un elemento aislado, 474
  por familiaridad sin recuerdo, 475
  por familiaridad sin recuperación, 475
Demócrito, 484
depresión
  papel del recuerdo en pacientes con, 74, 75, 76, 255, 528-529
desinformación
  demostración experimental del efecto de, 441-442
  paradigma de, 441
  personas propensas a la, 461
detalles en los recuerdos, relevancia de los, 98-99
Dickens, Charles: *David Copperfield*, 95-96, 472
Díez, Luis Mateo, sobre la infancia, 296
Díez Sola, María Luisa, 348
disociaciones de memoria, 39
Dostoyevski, Fiódor, 411
  Crimen y castigo, 412-414
  El adolescente, 411-412
  Humillados y ofendidos, 422
DRM, paradigma, en la creación de recuerdos falsos, 444
DSM-III (Manuel Diagnóstico y Estadístico de los Trastornos Mentales, tercera edición), 217
Dudycha, George y Martha, 597 n., 598 n.
Duras, Marguerite, 25

Ebbinghaus, Hermann
  estudio pionero sobre la memoria, 241-242, 389-390, 588 n.
  Sobre la memoria, 284
Eco, Umberto, sobre el arte del olvido, 414
edad, influencia de la, al explicar recuerdos, 100
egocentrismo, en la actuación del yo, 133
Einstein, Albert, 104, 178, 301, 582 n.
Elias, Norbert, 124
emociones
  como la gran aliada de la memoria, 252
  influencia sobre la memoria, 252-253, 256
  papel determinante en los primeros recuerdos, 319-320
  regulación de la, 530
  selectividad socioemocional, 535, 551
  sesgo del afecto evanescente, 547-548
  y declive de la memoria episódica, 535
Enquête sur les premiers souvenirs de l'enfance, 318-319, 320
  repercusión e importancia de la, 320-322
envejecimiento
  alteraciones de memoria, 482
  atrofia frontal asociada al, 490-491, 496, 497, 499, 507
  aumento de la emocionalidad, 538
  cambios en la memoria autobiográfica durante el, 523-527, 529, 530-531
  cerebral y su reflejo en la memoria, 494
  ciencia actual sobre memoria y, 486-487
  como proceso individualizado, 481
  creencia que la sabiduría aumenta con el, 518-519
  creencias falsas sobre la memoria y el, 482-486

644

declive de la memoria operativa con el, 494-497
definición de, 622 n.
del cerebro y declive cognitivo, 488-491
efecto de positividad asociado al, 545-549
exitoso, 492
hacia una visión positiva del, 491-493
mecanismos modulares de las trayectorias de, 509-512
memoria semántica y, 515-519
paradoja del, 553
pérdida de neuronas, 482, 484-485
recordar los nombres propios es más difícil con el, 506-508
saludable, 481-482, 506, 516
trascendencia de los primeros año de vida, 514-515
variabilidad de trayectorias individuales, 508
epilepsia, pacientes con, 473
Erikson, Erik
configuración de la identidad, 92, 146, 147, 148
distinción entre el yo y la identidad, 113-114
modelo del «ciclo vital» de, 97
sobre la continuidad del yo, 121, 125
Ernaux, Annie: *La vergüenza*, 151-152, 153, 209
Escopas, atleta griego, 405
Esquilo, sobre memoria y sabiduría, 522
Esteve Head, Alicia, impostora desenmascarada, 577 n.
estrategias cognitivas para controlar las emociones, 74, 76
estremecimiento, como reacción en los recuerdos involuntarios, 88, 89
Euler, Leonhard: *Álgebra*, 301

eventos originarios, en la función directiva de la memoria, 104
evitación
cognitiva, mecanismo de, 76
conductas de, en las experiencias traumáticas, 219-220
experiencias afectivas, 67
experiencias conceptuales, 67
experiencias de la vida
en la memoria autobiográfica, 57
sabiduría y, 520

familiaridad
influencia en las conversaciones sobre el pasado, 102
sensación de, y el *déjà vu*, 474
Fargo, serie, 133
Faulkner, William: *Réquiem para una mujer*, 189
felicidad
investigaciones psicológicas sobre la, 547
memoria humana orientada a la felicidad, 549
filósofos griegos, sobre la memoria, 31
Fivush, Robyn, 61, 100
sobre los recuerdos infantiles, 337
flashbacks
carentes de conciencia autonoética, 226
de experiencias traumáticas, 223-226, 228
de memoria autobiográfica, 475
flashbulb memories (recuerdos fotográficos), 258, 259
Flournoy, Théodore, acuñación del término criptomnesia, 463, 620 n.
Forster, Edward M.: *Regreso a Howards End*, 357-358
fotografías
importancia para los exiliados, 161
para capturar la experiencia y convertirla en recuerdo, 160-161

para vencer la condición fugaz de la existencia, 160
France, Anatole: *El procurador de Judea*, 242-245
Franklin, George, condenado por asesinato, 435
Franklin-Lipsker, Eileen, 435
Freud, Sigmund, 306, 320-321
  acuña el término amnesia infantil, 331
  sobre el *déjà vu*, 473-474
  sobre el olvido activo y motivado, 423
  sobre la memoria, 328
  sobre la represión, 423-424
  sobre los recuerdos infantiles, 328, 332
  sobre los traumas, 210, 221, 222-223
  Estudios sobre la histeria, 424
  La neuropsicosis de defensa, 132
  «Lo inconsciente», 424
  «Los recuerdos encubridores», 73
  Psicopatología de la vida cotidiana, 471
  Tres ensayos para una teoría sexual, 331
Fuster, Joaquín, sobre las redes de memoria, 31

Gaarder, Jostein: *El vendedor de cuentos*, 448
Gala, Antonio, 288
Galileo Galilei, 559
García Márquez, Gabriel: *Vivir para contarla*, 291
Gelman, Juan, 346, 347
genérica, memoria, 40
Gilbert, Daniel T., 427
Gloor, Pierre, sobre los pacientes con epilepsia, 475-476
Glück, Louise: poema «Nostos», 304
Goebbels, Joseph, sobre la repetición de mentiras, 443

Goethe, Johann Wolfgang von, 234-235
  Poesía y verdad, 480-481, 526-527, 577 n.
Goldberg, Elkhonon: *La paradoja de la sabiduría*, 521
Goodwin, Donald, sobre el alcoholismo, 280-281
Gracián, Baltasar, 422
  El arte de la prudencia, 410
Grady, Cheryl, sobre el envejecimiento neurocognitivo, 488
Greenberg, Daniel, 71
Greenwald, Anthony: «The Totalitarian Ego», 132, 133
griegos, antiguos, invención del arte de la memoria, 405
Grinker, Roy, 219

Habermas, Tilmann, 143
Hardy, Françoise: *Tous les garçons et les filles*, 277
Harlow, Harry, y la teoría del apego, 344
Harré, Horace Romano «Rom», sobre la memoria autobiográfica, 105
Harrison, George
  All Things Must Pass, 462
  denunciado por plagio de la canción «My Sweet Lord», 462-463, 470
Hartley, L. P., 286
  El mensajero, 377-378
hecho autobiográfico, 81-82
  según Brewer, 80
Henri, Catherine, 318, 319, 320-322, 331, 339
Henri, Victor: *Enquête sur les premiers souvenirs de l'enfance*, 318-319, 320-322, 331, 339, 568 n., 597 n.
Herman, Judith, 221
  sobre mujeres víctimas de violación, 220

Trauma y recuperación, 217
Hesíodo, 484
Hesse, Hermann
   sobre la sabiduría, 516-517, 522
   Elogio de la vejez, 553-554
hiperactivación, estado de, en las experiencias traumáticas, 219
hipertimésico, síndrome, 462, 620 n.
hipocampo, 341, 420
   en el funcionamiento de la memoria episódica, 166
Hirst, William, 267
   sobre el surgimiento de los recuerdos, 102
historias
   aprender a contar, 268-269
   contadores de, 266
historias de vida, 143, 144-145
   recuerdos definidores del yo en las, 153-154
H.M., paciente amnésico, 527, 529, 632 n.
homeostasis evolucionista, 605 n.
Homero, 28, 484
Horcajo, Javier: *Cognición social...*, 125
Hosseini, Khaled: *Cometas en el cielo*, 202
Howe, Mark, 117, 118
   relación simbiótica de la memoria y el yo, 121
   y los recuerdos infantiles, 336-338, 340, 600 n.
huellas de memoria, disponibilidad y accesibilidad de las, 607 n.
huellas múltiples, teoría de, 564 n.
Hume, David, 185, 453
Husserl, Edmund, 189
Hustvedt, Siri, 53, 288, 343

identidad
   actual de cada persona, 134
   biográfica, formación de la, 543-544
   como una historia de vida, teoría de la, 144
   conexión con los recuerdos definidores del yo, 154
   configuración de la, 92
   construcción de la, 55, 108-109, 113, 120, 124
   final de la adolescencia con el problema de la, 146, 147
   interdependencia entre memoria e, 110
   literatura científica sobre, 112
   narrativa, 143-148, 266
   pérdida de la, 113
   personal, creación y mantenimiento de la, 114-115, 124, 125
   preservación durante el envejecimiento de la, 531
   social, definición de la, 113
   y memoria, 51-54
imágenes visuales
   conversión de las palabras en, 408
   que acompañan todo recuerdo o evocación, 69
   relación con la credibilidad de los recuerdos, 70
imaginación
   confusión con la memoria, 80
   inflación de la, 459, 461
   poderoso influjo sobre la memoria de la, 458-461
impostores desenmascarados, 136, 577 n.
infancia
   alianza imperecedera con la memoria, 298-299
   cerebro del recién nacido, 294
   como un estado de inocencia y sabiduría ciega, 296
   como un paraíso perdido, 296
   descubriendo el mundo, 294-295
   funcionamiento extraño de la memoria de la, 339-343
   memoria frágil e incompleta, 297

origen de los recuerdos de la, 311-317
poder determinante de las experiencias de la, 299
primeros recuerdos de la, 305-311, 318-322
recuerdos inaccesibles de la, 333-334
según Ionesco, 295, 297, 298
según Lessing, 296-297
según Rilke, 294
según Vicent, 293-294, 296
somos nuestra, 293-294, 299
variedad de los recuerdos de la, 311
véase también amnesia infantil
inhibición
como un mecanismo de control, 394
de la recuperación, 394, 402
olvido como, 394-397
inmovilidad tónica, respuesta de, 220-221
inmunitario fisiológico, sistema, 427, 537
inmunitario psicológico, sistema, 427, 537, 544
interferencia
como degradación de la memoria, 388-389
degradante, 389
proactiva o hacia delante, 386, 387
retroactiva o hacia atrás, 386
superación por la memoria de la, 392-393
teoría de la, 383-384
International Congress of Psychology, 264
Ionesco, Eugène: *Diarios*, 206-208, 295, 297, 298, 554, 555, 557
IRMf (imagen por resonancia magnética funcional), técnica de, 204, 511, 515, 549

Jackson, John Hughlings, 370
James, William, 51, 109, 110, 137, 245
  sobre el olvido, 364, 397, 428
  sobre el presente, 134-135
  sobre el *self*, 114
  sobre la aceleración del tiempo, 556-557
  sobre los recuerdos autobiográficos, 82
  tiempo como una corriente de conciencia, 193
  Principios de Psicología, 471, 474
Janet, Paul, y la aceleración del tiempo, 556
Janet, Pierre, 221
Johnson, Marcia, 448, 449, 451, 455-457
Johnson, Mark: *Metáforas de la vida cotidiana*, 190
Joyce, James, 399
Jung, Carl Gustav, sobre la criptomnesia, 464, 465, 466
«Criptomnesia», 463

Kandel, Eric, 563 n.
Kant, Immanuel, 126, 189
Keller, Helen
  acusada de plagio, 466
  La historia de mi vida, 465
  The Frost King, 465
Kennedy, John F.
  recuerdos del asesinato de, 256, 258, 259
  sobre el éxito y el fracaso, 133
Kensinger, Elizabeth, 533
Kepler, Johannes, 180
Kerner, Justinus: *La vidente de Prevorst*, 464-465, 469
Kipling, Rudyard
  sobre los olores y la memoria, 276
  Algo de mí mismo, 264
Klein, Stanley B., 109
Knausgård, Karl Ove: *La isla de la infancia*, 201-202, 205-206, 308-309,
  La muerte del padre, 584 n.

ÍNDICE ALFABÉTICO

Kotre, John, 58
Kulik, James, 258, 259, 260
Kundera, Milan, 366
   El libro de la risa y el olvido, 133-134
   La ignorancia, 26, 46-47
Kurosawa, Akira: *Rashomon*, 594 n.
Kurtz, Arabella: *El buen relato*, 130, 138, 140-141

laberinto del tiempo, 180, 181-188
Labouvie-Vief, Gisela, 538
Lakoff, George, 191
   Metáforas de la vida cotidiana, 190
LeDoux, Joseph, 421
Lem, Stanislaw: *El castillo alto*, 69-70, 132
Lennon, John, 359
Lepage, M., sobre la memoria episódica, 69
Lessing, Doris
   sobre su primer recuerdo, 72, 311
   Dentro de mí, 296-297, 305, 309, 310, 316-317
Leteo, el río del olvido, 239, 362, 366, 409, 605 n., 610 n., 611 n.
Levi, Primo, experiencias en el campo de concentración, 211, 212
Liberty Heights, película, 160
ligamiento, procesos de, 501-502
Lincoln, Abraham, asesinato de, 259
Linton, Marigold, sobre las relaciones entre memoria y tiempo, 245-246
Livingston, Robert, 260, 261
Llamazares, Julio, 278
localizacionismo cerebral, doctrina del, 31
loci, método de los, 39, 406, 407, 409
Lockhart, Robert, teoría de la memoria de, 437
Loftus, Elizabeth, 459
   sobre la desinformación, 441
   sobre la persuasión trivial en los testimonios, 98-99
   sobre las memorias falsas, 433, 435 .

The Mith of Repressed Memory, 459-460
López García, Celso, 348
Lowenthal, David: *El pasado es un país extraño*, 199
Luca, Erri de, 303
Luft, Lya, 304
Luria, Alexander R., 400-402, 407-408

Mace, John, 286
Machado, Antonio, 293
madre, apego a la, 344
Mainer, José Carlos, sobre el surgimiento de los recuerdos, 102
Malamud, Bernard, 293
Malcolm X, experiencia de odio y violencia racial, 299-300
Mam, Somaly, impostora desenmascarada, 577 n.
Manier, David, 267
Mann, Thomas, 239, 479
   La montaña mágica, 557-559, 638 n.
Mannheim, Karl, 124
Mansfield Park, película, 270
Márai, Sándor
   sobre la memoria, 55, 479-480
   sobre la vejez, 479
   Confesiones de un burgués, 363-364, 540
   Diarios, 525, 526
Marco, Enric, impostor desenmascarado, 577 n.
Marcus, Clare, 355, 356
Marías, Javier, 107
   sobre el pasado, 195, 196
   Negra espalda del tiempo, 195-196
Marsé, Juan sobre su infancia, 296
Martin, George, productor de los Beatles, 467-468
Mather, Mara, 549
Matute, Ana María, 299, 303
McAdams, Daniel
   proceso de *selfing*, 123

sobre la identidad en la adolescencia, 147
sobre las historias de vida, 64, 144, 146
sobre los recuerdos definidores del yo, 154
McCartney, Paul, 451-452
  temor de plagio inconsciente de «Yesterday», 467-468
McDougall, William, 389
McGrath, Patrick: *Trauma*, 131, 224
McNally, Robert, 218-219
Mead, George H., 113, 124
  sobre el pasado, 170
memoria
  a corto y largo plazo, 59 *véase también* memoria operativa
  actualización de los contenidos de la, 247-248
  arte de la (*ars memoriae*), 403, 404-407
  caducidad de la, 26
  caminos de vuelta de nuestra, 226
  caminos inescrutables de nuestra, 226
  capacidad de viajar hacia atrás y hacia delante, 44
  capacidad prácticamente ilimitada, 393
  claves de recuperación de memoria, 274-283, 286
  codifica y guarda las experiencias personales, 33
  como antídoto contra la fugacidad temporal, 159
  como fenómeno neurognitivo de extraordinaria complejidad, 36
  como una base de datos, 29
  como una gran desconocida, 30
  concepto de, 17
  construcción de significados, 33-34
  criptomnesia, o malas pasadas de la, 462-471
  de acción, 45
  declarativa, 45
  declive de la operativa con el envejecimiento, 494-496, 624 n.
  declive normal de la, 482
  declive patológico de la, 482
  definición de, 36
  dependiente del estado, 281
  disociaciones de, 39, 82
  distinción entre memoria explícita y memoria implícita, 342-343
  efecto de positividad de la, 255
  efectos del envejecimiento sobre la, 482-487
  en los animales, 37-38, 56
  episódica, 42, 59
  especial relación entre el yo y la, 120-121, 131-132
  estudio pionero de Ebbinghaus sobre la, 241-242
  existencia de distintas, 39
  fiabilidad de la, 48-49
  fragilidad de la, 432-434
  función básica de la, 36, 103
  función directiva de la, 102-105, 138
  función primaria de la, 39
  función social de la, 92-102
  genérica, 40
  huellas de, 205, 228, 247, 248, 341, 363, 367, 369, 371, 373, 374, 375, 382, 383, 388, 394, 396, 417, 419, 451, 454, 469, 607 n.
  identidad y, 51-54
  influencia de la emoción sobre la memoria, 252-253
  ley de regresión de Ribot, 298
  manipulación en el laboratorio de la, 444-445
  modo recuperación, 271-273, 286
  monitorización de las fuentes de la, 455-456

olvido como la cara oculta de la, 361-366
papel del sueño REM en la, 370-373
pasado como un producto de la, 170
personal y amnesia orgánica, 40
poder transformador de la, 35
poderoso influjo de la imaginación sobre nuestra, 458-461
procedimental, 44-45, 46, 59, 385-386, 512
relacionada con nuestras habilidades y destrezas, 44
relaciones entre sueño y, 370
sistemas abiertos de, 38
teoría sociocultural del desarrollo de la, 118-119
tiempo y, 58
véase también actualización de la memoria, proceso de
memoria autobiográfica, 42-43, 45, 46, 47-48, 50, 52, 55, 57
aparición de la, 118-119
base de conocimiento de la, en el *Self-Memory System* (SMS), 84
cambios durante el envejecimiento, 523-527, 530-531
como un prerrequisito esencial del yo, 53
definición de, 62
diferencia entre memoria episódica y, 59-60
efecto de positividad de la, 546-549
en la construcción de nuestra identidad, 55
en pacientes con amnesia, 82
episódica, 525, 531, 567 n.
exclusivamente humana, 56, 62, 77
extremadamente superior (HSAM), 462
fiabilidad de la, 433-434
función directiva de la, 102-105, 138

función primordial de la, 289
función social de la, 92-101
organización estructural y jerarquizada de la, 66-67
papel de las imágenes visuales en la, 70-71
papel en nuestras vidas de la, 90-105
proceso de construcción de la, 119
relación decisiva con el yo, 91, 120
relación simbiótica con el yo, 121
requisito indispensable del yo en la, 58
retrógrada, 527
semántica, como componente de la, 123, 525, 567 n.
siempre con la conciencia autonoética, 56
memoria auditiva, pérdida de, 71
memoria episódica, 42, 59, 65
aportación a la memoria autobiográfica, 67-68, 82
como componente de la memoria autobiográfica, 123
declive en el envejecimiento, 487, 497-508, 512, 513-514, 534-535
definición de, 62, 63
diferencia entre memoria autobiográfica y, 59-60
en los animales, 37-38, 56, 61
en los niños pequeños, 61
envejecimiento exitoso de la, 513-514
hipocampo en el funcionamiento de la, 166
intervención en el proceso de recordar, 79
necesita niveles muy altos de atención, 500
orientación de la memoria hacia la felicidad, 545-549
papel en la autonoesis, 77
relación con el conocimiento autobiográfico, 63, 67

651

según Tulving, 59, 60, 69, 116, 168
visión del pasado cuando recordamos, 69
memoria operativa, o a corto plazo, 166, 369, 487, 494, 512, 624 n., 632 n.
cambios asociados a la edad, 494-497
memoria semántica, 40-42, 45, 46, 59, 65, 475, 512
envejecimiento y, 515-519
memorias falsas, 239, 291, 433, 448
véase también recuerdos falsos
Mengele, Josef, doctor, 213
mensajes inolvidables, en la función directiva de la memoria, 104
Miles, Caroline, 597 n.-598 n.
y la amnesia infantil, 331
Mill, John Stuart, 505
Millás, Juan José, 343
Miller, Henry: *Trópico de Capricornio*, 189
Milosz, Oscar W. de Lubicz, 352
Mitchison, Graeme, 372
mitología griega, río del olvido de la, 239
Mladic, Ratko, criminal de guerra, 161
mnemotecnia o arte de la memoria, 403-405
conversión de las palabras en imágenes visuales, 408
Simónides como inventor de la, 406, 407
modo recuperación, 271-273, 286
definición de, 273
Molaison, Henry, paciente amnésico, 527 *véase también* H.M.
momentos decisivos, en la función directiva de la memoria, 105
Monchi, Oury, sobre el envejecimiento, 508
monitorización de las fuentes de la memoria, 455-456, 469
Montaigne, Michel de

sobre la sabiduría, 518
Ensayos, 410
mujeres
mayor capacidad para la memoria autobiográfica de las, 100
preferidas como interlocutores, 102
Müller, Georg E., 608 n.
Münsterberg, Hugo, y la teoría de la interferencia, 384
Muñoz Molina, Antonio polifonía del yo, 122
Sefarad, 122
música, transporte al pasado con la, 276-277

Nabokov, Vladimir
sobre la transitoriedad de la vida, 160
sobre su infancia, 307-308, 311
Habla, memoria, 580 n.
Nájera, Illescas, 182
Nason, Susan, asesinato de, 435
Nature, revista, 372
Neisser, Ulric, sobre las perspectivas del recuerdo, 73, 74 73, 74
sobre la función directiva de la memoria, 103
Nelson, Katherine
sobre el valor de la memoria autobiográfica, 92
sobre la creación de una autobiografía, 62, 119
sobre la memoria infantil, 334, 337, 338, 600 n.
sobre las habilidades narrativas de los niños, 268
Neppe, Vernon, sobre el *déjà vu*, 473
Neumann, John von, 300-301
neurociencia cognitiva, 339-341, 368, 423, 425, 484, 488, 492, 508
neurogénesis, 341-342
neuroimagen funcional, técnicas de, 31
neuronas, pérdida de, 482, 484-485

neuropsicología
  distinción entre recuerdos y hechos autobiográficos, 82
  y el componente visual de la memoria autobiográfica, 71
neuroticismo, 329
Newton, Isaac
  ley de gravitación universal, 180
  sobre el tiempo, 182, 183, 184
  Philosophiæ naturalis principia mathematica, 183
Nietzsche, Friedrich, 253, 400, 429
  plagio involuntario de, 464, 465, 469-470
  sobre Dostoyevski, 411
  sobre la memoria, 431
  Así hablo Zaratustra, 464, 465
  De mi vida. Escritos autobiográficos de juventud (1856-1869), 105, 354-355
  Sobre la utilidad y el perjuicio de la historia para la vida, 399
Nigro, Georgia, 73, 74
niños pequeños
  charlas sobre recuerdos con, 119-120
  consolidación de un sentido básico del yo, 118
  desarrollo del concepto de sí mismos, 91-92
  diferencias entre niños y niñas al describir experiencias, 100-101
  distinción entres madres paradigmáticas y madres narrativas, 268
  efectos del envejecimiento sobre, 506-508
  habilidades narrativas de los, 268, 269
  memoria episódica en los, 61, 118
  tienen «yo» pero no tienen identidad, 147
  nombres, memoria de, 503-506
Norberg-Schulz, Christian, sobre el espacio existencial, 355, 358

Ochberg, Richard, 116
olores
  como la clave de recuperación más rápida, 276
  memoria y, 274-275
  rinencéfalo, o cerebro de la nariz, 275
olvido
  arte del (*ars oblivionis*), 403, 404, 409-410, 414
  como fallo de recuperación, 373-374
  como inhibición, 394
  como la carta oculta de la memoria, 361-366
  de la fuente de los recuerdos, 498-499
  espontáneo o incidental, 383-384
  fenómeno del, 246, 247
  hipótesis de borrado o destrucción de huellas, 367-368
  inducido por la recuperación, 391, 392
  motivado, 383, 423
  necesidad del, 397-400
  papel del sueño REM en el, 370-373
  paradigma de olvido dirigido, 417
  recuerdo produce, 390, 392
  según la ciencia, 366
  teoría de la interferencia, 383
  teoría del decaimiento, 383
  voluntario, 402, 403-404, 414-415, 417-418, 425
11-S, atentados del, 219, 260, 422, 577 n.
Ortega y Gasset, José
  sobre el pasado, 192, 233, 237-238
  sobre la infancia, 299, 301
  Azorín: Primores de lo vulgar, 234-235
  La deshumanización del arte e ideas sobre la novela, 551

Orwell, George: *1984*, 132
osteocalcina, hormona, 510
Oz, Amos: *Una historia de amor y oscuridad*, 480
Pablo, apóstol, 226
paciente K.C. con amnesia por accidente, 166-167
    como un caso de disociación entre la memoria semántica y y la memoria autobiográfica, 167
    condenado a vivir en un presente perpetuo, 169
    confinado en un mundo sin tiempo, 167
    sin poder pensar en el pasado ni tampoco en el futuro, 168-169
pacientes neuropsicológicos, 80
Palme, Olof, asesinato de, 260
paramnesia, o alteración de memoria asociada, 473, 476
pasado
    como impredecible, 133, 134
    como una realidad incomprendida, 188-191
    construcción y reconstrucción del, 134-135
    distancia subjetiva de los éxitos y los fracasos del, 137-138
    miradas desde diferentes perspectivas al, 71-76
    no nos abandona, 231
    nos alcanza por diferentes caminos, 226-227
    personal, factoría del, 55
    personal, realidad ontológica del, 191
    si fuera desapareciendo, 200
    surge con la memoria, 170
    vista del, cuando recordamos, 69
Pasupathi, Monisha
    sobre las características de quien escucha, 101-102
    sobre las características de quien recuerda, 99-100

Paul, Jean, sobre el recuerdo, 55
Perec, Georges
    «Carta a Maurice Nadeau», 376, 377
    Los lugares de una fuga, 380, 381
    W o el recuerdo de la infancia, 306
personalidad, efectos sobre el relato de episodios de la, 101
personas altamente sensibles (PAS), 204, 205
perspectiva de tercera persona o del observador, 72, 75, 76
perspectiva de vida, 143-144
Pessoa, Fernando
    sobre el olfato, 276
    sobre el pasado, 174, 186-187, 231, 232, 233-234
    sobre el tiempo, 180
    sobre su infancia, 358
    Libro del desasosiego, 305
Peterson, Carole, 324
    sobre los recuerdos infantiles, 335-336
Pezdek, Kathy, 446, 447
Phillips, Adam: *Missing Out: In Praise of the Unlived Life*, 477
Piaget, Jean
    sobre los recuerdos falsos, 314-316, 434
    La formación del símbolo en el niño, 314
Pickrell, Jacqueline, sobre la implantación de recuerdos falsos, 445, 446
Pillemer, David, función directiva de la memoria autobiográfica, 104-105
    Momentous events vivid memories, 104
Pilzecker, Alfons, 608 n.
Pitágoras, 484
plagio inconsciente, 463, 467
    como un fallo de memoria, 468
plasticidad sináptica, descubrimiento de la, 368
Platón, 484
Plutarco: *Vidas paralelas*, 409

Pólux, dios, 405
positividad, efecto de, 545-549, 552
Postman, Leo
   método de reproducción serial, 439-440
   sobre los rumores, 438
   The Psychology of Rumor, 438
presentismo histórico, peligros del, 135
Proust, Marcel, 174, 232, 297
   episodio de las magdalenas, 26, 88, 177, 274, 282
   sobre el olvido, 362
   sobre el pasado, 195
   sobre el paso del tiempo, 559
   sobre la lentitud subjetiva del tiempo, 181
   sobre la reminiscencia, 540, 543
   viaje al centro de la memoria de, 178
   y las resurrecciones del pasado, 173, 178
   En busca del tiempo perdido, 175-178, 180, 232, 276, 290
psicología de la memoria, 77

Quincey, Thomas de, 377
   Confesiones de un inglés comedor de opio, 374-375
   Suspiria de profundis, 270, 375
Quintiliano, 406

Ramachandran, V. S., 428
Ramón y Cajal, Santiago, 563 n.
   descubrimiento de las espinas dendríticas, 606 n.
Rathbun, Margaret, prisionera de guerra, 154
Raye, Carol, 451
razonamiento autobiográfico, 143
Reagan, Ronald, olvido de la fuente de los recuerdos en, 498
realidad
   copias isomorfas de la, 34
   procesos de control de, 450-451, 455, 508, 619 n.
   versus fantasía, 455-457
recencia, periodo de, 265
reconocer, diferencia con recordar, 607 n.
recordar
   como acto de comunicación, 267
   como una actividad social, 438
   como una lucha contra el paso del tiempo, 239-242
   diferencia con reconocer, 607 n.
   experiencia de, 77
   método de reproducción repetida, 437-438
   necesidad de, 235-238
   produce olvido, 390, 392
   véase también conciencia autonoética
recuerdos
   como contrucciones mentales transitorias, 31-32
   congruencia con el estado de ánimo, 255, 282
   definición de, 337
   definidores del yo, 152-155, 531-532, 544
   dependientes del estado, 282
   edad de los, 257
   efectos del paso del tiempo sobre nuestros, 240
   encubridores, 73, 321, 327, 328, 332
   episódicos, importancia de los, 82-83
   esquemas de, 438
   involuntarios, 283
   necesidad de lenguaje, 337-338
   no coincidentes con la verdad, 435-436
   no deseados, 395-396
   no son archivos permanentes e inmutables, 83
   olvido de la fuente de los recuerdos, 498-499

primeros de la infancia, 305-311, 318-330
procedencia de los, 449-457
proceso de formación de, 32
que nos definen, 148-155
reconstrucciones de, 34-35, 438
relativamente voluntarios, 286
supresión de, 383, 420, 427
transformación de una experiencia en, 236
valor proyectivo del primer, 329-330
voluntarios, 283-285
véase también recuerdos falsos
recuerdos autobiográficos, 81, 82
    como construcciones mentales transitorias, 31-32, 83
    falsos, implantación de, 445-448
    proceso de construcción de los, 82-83, 84
    que nos definen son los, 149
    recuerdos *self-defining memories*, 149-151
    recuperación involuntaria o accidental de, 84, 87-90
    recuperación voluntaria o estratégica, 84-87
    según Brewer, 80
    todos los recuerdos personales no son, 148
recuerdos falsos, 433-434
    autobiográficos, implantación de, 445-448
    creación en el laboratorio de, 444-445
    no son mentiras, 477
    personas propensas o susceptibles a crear, 461-462
recuerdos fotográficos, 98, 256, 533-534
    algunos estudios sobre, 257-259, 260
redes de memoria, 31
Reed, Graham: *La psicología de la experiencia anómala*, 466-467, 471
regímenes totalitarios, estrategias de control de, 132
regulación emocional, estrategia de, 546, 552
Reisberg, Daniel, 252
reminiscencia, periodo de la, 265, 266, 543
    factores desencadenantes de la, 544
    función adaptativa de la, 544
    pico de la, 539, 541-542, 543, 545
    significado de, 540
representación perceptiva, sistema de, 626 n.
represión, 329, 383, 423-428, 613 n.
    como un mecanismo de defensa, 424
    inconsciente, 427
    teoría freudiana de la, 333
reproducción repetida de los recuerdos, método de, 437-438
reserva neurocognitiva, 509-510
respuesta de sobresalto, 586 n.
Retórica grecorromana, memoria como una parte de la, 403, 406
Reuter-Lorenz, Patricia, 492
Reyna, Valerie: *The Science of False Memory*, 436
Ribot, Théodule
    tratado sobre las enfermedades de la memoria, 298, 370
    Les maladies de la mémoire, 400
Ricoeur, Paul, 362, 366
Rilke, Rainer Maria, sobre la infancia, 346
Robinson, Daniel, 518
Rodó, José Enrique, 182, 279, 410
    Motivos de Proteo, 581 n.
Rondolino, Fabrizio: *Un lugar tan hermoso*, 50
Rosencof, Mauricio, sobre la memoria, 215
Rosenwald, George, 116
Ross, Michael, 137

ÍNDICE ALFABÉTICO

sobre la teoría de la valoración personal del yo, 136
Rossetti, Dante Gabriel: «Luz repentina», 472
Roth, Henry, 27, 304
Roth, Herman, 164-165
Roth, Philip, 174
  La mancha humana, 224-225
  Patrimonio, 164-165
Rousseau, Jean-Jacques: *Las Confesiones*, 540
Rovee-Collier, Carolyn, 334
Rubin, David, 261, 263, 265, 542
  sobre las imágenes visuales y los recuerdos, 70-71
Ruiz-Vargas, José María,
  Claves de la memoria, 56, 444, 566, 617
  «¿Cómo recuerda usted la noticia del 23-F?...», 257, 590
  La memoria humana: Función y estructura, 38, 39, 368, 427, 565, 605, 614
  Los «recuerdos que nos definen» en personas de edad avanzada, 532, 633
  Manual de psicología de la memoria, 36, 108, 138, 154, 227, 341, 417, 437, 445, 487, 502, 527, 564, 572, 577, 579, 587, 601, 612, 616, 617, 624, 627, 632
  «Mejore su memoria: Siempre hay tiempo», 481, 623
  «Memoria», 527, 632
  Memoria de historias, 33, 564
  Memoria y olvido: Perspectivas evolucionista, cognitiva y neurocognitiva, 38, 38 n., 368, 564, 565, 605
  Psicología de la memoria, 363, 604
  «¿Qué papel juega la conciencia en la memoria?», 284, 593
  «Reality monitoring in a hypothetically hallucination-prone population», 456, 619

«Recuerdos traumáticos: El enemigo interior», 212, 585
«Sobre las relaciones entre memoria y conciencia: Un enfoque neuropsicológico», 283, 593
«Trauma y memoria de la Guerra Civil y la dictadura franquista», 217
«Trauma y memoria: Hacia una explicación neurocognitiva», 423, 585, 613
Sabato, Ernesto
  sobre la sabiduría, 518-519
  Antes del fin, 206, 303-304, 358-359
sabiduría
  creencia que aumenta con la edad, 518, 520-521
  desarrollo condicionado por diferentes variables, 520
  memoria semántica y, 517, 521
  para la ciencia actual, 519-523
  valorada en la Biblia, 517-518
Sacks, Oliver, 128, 288, 426
  El tío Tungsteno, 25-26
Salovey, Peter
  recuerdos definidores del yo según, 117, 142
  recuerdos *self-defining memories* según, 149-151
Sánchez, Flor: *Cognición social...*, 125
Saramago, José: *Las pequeñas memorias*, 312
Sarte, Jean-Paul, 551
Schachtel, Ernest G., 333
Schacter, Daniel
  sobre la memoria, 431, 486
  sobre la reconstrucción de los recuerdos, 34-35, 49
Sciascia, Leonardo, 245
Seamon, Dav definidores del yo según, id, 355
Sebold, Alice, 209
  Afortunada, 209-210
Seifert, Jaroslav, sobre la detención del tiempo, 160

selectividad socioemocional, teoría de la, 535, 551-552
self, término, 114
Self-Memory System (SMS) («Sistema Yo-Memoria»), 84
Semprún, Jorge, 298-299
    La escritura o la vida, 68, 189, 211, 302-303
Séneca, sobre la vida, 159
sensibilidad al procesamiento sensorial (SPS), 203-204
sentimientos, experiencias cargadas de, 251, 252
Serna Arango, Julián, 182
Shakespeare, William, 404
    sobre el pasado, 188
Shereshevsky, Solomon Veniaminovich, 386-387, 608 n.
    como mnemonista que no sabía olvidar, 400-401, 407
    estrategia de convertir las palabras en imágenes visuales, 408
    fallos perceptivos de, 408
Shields, David: *Hambre de realidad*, 287-288
sí mismo, sentido de, 117
similitud entre hablante y oyente, 102
Simon, Théodore, test de inteligencia de, 597 n.
Simónides de Ceos, 405
    como inventor de la mnemotecnia o arte de la memoria, 406, 407
sinapsis, término, 30, 367, 563 n.
Singer, Isaac Bashevis
    Amor y exilio, 310-311
    El esclavo, 310
Singer, Jefferson
    recuerdos definidores del yo según, 117, 142
    recuerdos *self-defining memories* según, 149-151
    sobre la formación de la identidad, 144

Sófocles, 484
Sontag, Susan
    coleccionar fotografías según, 161-162, 163
    Sobre la fotografía, 160-161
Spence, Donald: *Narrative Truth and Historical Truth*, 141, 142-143, 330
Sperling, George, 60
Spiegel, John, 219
Sternberg, Robert, sobre la sabiduría, 520, 521, 523
subjetividad, emergencia de la, 125
Suengas, Aurora, 363
sueño
    fase REM (movimientos oculares rápidos) del, 370-373, 389
    periodos de no-movimientos oculares rápidos (NREM), 371
    relaciones entre memoria y, 370
sueños, confusión con la memoria, 80
sugestión, factor de la, 442-444
Sullivan, Anne, 465
Svevo, Italo, 231
Szymborska, Wisława, sobre el poder transformador de la memoria, 35

Tajfel, Henri, sobre la identidad social, 113
Talarico, Jennifer, 261
TALE (*The Thinking About Life Experiences*), cuestionario, 129
Tan, Amy: *La esposa del Dios del Fuego*, 449-450
Temístocles, memoria prodigiosa de, 403, 409, 483
temporalización, proceso de, 184
TEPT, *véase* trastorno de estrés postraumático
Tessler, Minda, distinción entre madres paradigmáticas y madres narrativas, 268
testigos, memoria de los, 98-99
tiempo

ÍNDICE ALFABÉTICO

aceleración con la edad del, 554-559
 como la dimensión fugaz de la existencia, 159
 como un producto mental generado en nuestra memoria, 184
 como una corriente fluida e irreversible, 193
 efectos sobre nuestros recuerdos del paso del, 240-241
 en estado puro, 178, 179
 laberinto del, 180, 181-188
 medida del, 182
 metáfora de la compresión del, 128
 no existencia del tiempo newtoniano o absoluto, 183, 184
 objetivo, 550, 554
 recordar para la detención del, 160
 subjetivo, 175-176, 184, 554, 559
 viajar hacia atrás en el, 167-168
 vivido, 17, 29, 184, 186, 187, 189, 231, 232, 234, 236, 237, 251, 262, 265, 269, 273, 279, 282, 286, 291, 381, 539, 548, 550, 556, 557, 558
 y memoria, 58, 245-247
Titchener, Edward, sobre el *déjà vu*, 476
Tolstoi, Leon, sobre el tiempo, 184
Tomás de Aquino, sobre la sabiduría, 517
Tranströmer, Tomas: *Visión de la memoria*, 326-327
trastorno de estrés postraumático (TEPT)
 como un trastorno de la memoria autobiográfica, 226
 y memoria autobiográfica en, 218-222
 papel del recuerdo en el, 74, 75, 89, 213, 217, 341, 422
trastorno obsesivo-compulsivo, papel del recuerdo en el, 74
trauma, experiencia del, 209-210
 bomberos tras los ataques terroristas del 11-S, 219

conductas de evitación, 219-220
episodios de «re-experiencia», 218, 224-225
estado de hiperactivación, 219
flashbacks de, 223-226, 228
niños camboyanos sobrevivientes al régimen de Pol Pot, 218-219, 221
pacientes con trastorno de estrés agudo, 217
pacientes con trastorno de estrés postraumático, 213, 217, 219
perdedores de la Guerra Civil española, 214-215, 216
periodos de aflicción tras una, 217
persistencia e intrusividad de los recuerdos traumáticos, 221, 222, 223
respuesta de inmovilidad tónica, 220-221
soldados holandeses en campo de concentración japonés, 222
soldados traumatizados de la Segunda Guerra Mundial, 219, 221
supervivientes de los atentados terroristas del 11-M, 219-220, 222
supervivientes del holocausto nazi, 210-212
veteranos de la guerra del Vietnam, 222, 224-225
víctimas de ataques sexuales, 210, 212, 220, 227-228
Tsvetaieva, Marina, 189
Tulving, Endel, 27, 237, 373
 sobre el modo recuperación, 273
 sobre la función directiva de la memoria, 103
 sobre la memoria, 36, 127-128, 236
 sobre la memoria episódica, 59, 60, 69, 116, 168, 500

y la función del modelado cognitivo del mundo, 41
Elements of Episodic Memory, 271
«On the Uniqueness of Episodic Memory», 168

Uceda, Julia, 297
«El tiempo me recuerda», 317
Ugresic, Dubravka: *El museo de la rendición incondicional*, 161, 162
Ulam, Stanislaw, curiosidad matemática de, 300-301
Unamuno, Miguel de, sobre lo que determina a un hombre, 121

23-F, recuerdos del, 257
vejez, memoria en la, 479-480
véase también envejecimiento
Ventas, Rosa María, sobreviviente del 11-M, 68
verdad
 ilusioria, efecto de, 443
 mentiras repetidas y la, 443
 no siempre coinciden con el recuerdo, 435-436
viaje mental hacia atrás, 43
Vicent, Manuel, sobre la infancia, 293-294, 296
vida sin recuerdos, 166-167
Villoro, Juan, sobre el contarnos nuestras vidas, 58
vínculos emocionales, creación de, 343-350

Waddington, Conrad H., sobre la homeostasis evolucionista, 605 n.
Wearing, Clive, diarios como paciente amnésico, 126-127
Wearing, Deborah, 126-127
Weinrich, Harald
 sobre el nacimiento del arte del olvido, 409
 Leteo, 366, 409

Welty, Eudora
 sobre la vida, 160
 La palabra heredada, 54
Wiesel, Elie, superviviente de los campos de concentración, 116, 165, 235
 El día, 304-305
Williams, J. Mark, sobre sobre recuerdos hipergenéricos y depresión, 528
Wittlin, Józef: *Mi Lvov*, 277-278, 291, 292, 346, 355, 356
Wolff, Tobias: *Vida de este chico*, 267
Woolf, Virginia, 173, 174, 190, 311
 Apunte del pasado, 307
 Orlando, 121
Wundt, Wilhelm, 384, 608 n.

Yates, Frances: *El arte de la memoria*, 405
yo
 actuación sesgada por una serie de predisposiciones, 133
 cognitivo, 117
 coherencia del, a través del tiempo, 266
 continuidad del, 109, 124, 125-126, 127
 continuidad fenomenológica del, 124
 controlador en busca de coherencia, 130-133
 creación de una biografía del, 62
 definidores del, 117
 desarrollo a lo largo de toda la vida del, 91, 116
 desarrollo del, 266
 falta del sentido del yo, en pacientes con amnesia, 169-170
 memorias autobiográficas sobre el contenido del, 124
 metáfora del yo del espejo, 124
 necesidad del otro para la construcción del, 124
 operativo en el *Self-Memory System* (SMS), 84

recuerdos definidores del, 152-154
relación simbiótica con la memoria, 121
sistema estable del, 266
valoración temporal del propio, 136-137
vínculo indisoluble entre la memoria autobiográfica y el, 58, 91, 110, 120-121, 131, 149

Yourcenar, Marguerite, 290-291

Zimbardo, Philip, 330
Zweig, Stefan, sobre el motivo de vivir, 159

«Para viajar lejos no hay mejor nave que un libro».
Emily Dickinson

Gracias por tu lectura de este libro.

En **penguinlibros.club** encontrarás las mejores recomendaciones de lectura.

Únete a nuestra comunidad y viaja con nosotros.

penguinlibros.club

 penguinlibros